여러분의
꺾이지 않는 마음을
응원합니다.

인사말

시간없는 독학자를 위한
최강의 합격서

공인중개사 2차 시험은 1차 시험과 완전 다릅니다. 대체로 법령 조문이 그대로 출제되기 때문에 이해보다는 조문이 눈에 익숙해 지도록 여러 번 읽어야 합니다. 하지만 어느 과목이든 내용이 방대하기 때문에 그냥 공부하면 기억에 잘 남질 않습니다. **시험에 잘 나올 법한 조문만 골라 여러 번 반복해야 효율적으로 공부할 수 있고, 이것이 합격을 좌우합니다.** 그래서 쉽따는 이렇게 만들었습니다.

1. 법령과 기출문제로 기본서의 내용을 구성했습니다.

해당 법률을 읽기 편하게 배열했고, 최신 개정내용을 반영했습니다. 시행령과 시행규칙도 출제가 유력한 부분은 기본서의 내용으로 추가했습니다. 여기에 시중 교재 가운데 가장 방대한 분량의 기출문제로 기본서를 완성했습니다.

2. 기본서의 내용이 바로 기출문제로 연결됩니다.

쉽따책에서는 법령을 학습한 후 바로 기출문제를 경험할 수 있습니다. 관련 조문이 시험에서 어떻게 출제되는지를 바로 알게 되기 때문에 단기에 공부 요령을 터득할 수 있게 됩니다. 출제가능한 지문은 무궁무진합니다만, 요령이 생기면 나올 만한 문제를 스스로 예측할 수 있게 되어 공부가 쉬워집니다.

3. 보기지문 끝에 (○),(x)를 달았습니다.

쉽따책에서 기출문제는 '문제'이면서 동시에 기본서의 '내용'이기도 합니다. 기출 문제의 보기지문을 읽으면서 정오(正誤)를 바로 확인할 수 있어 빠른 학습이 가능 합니다. 맞는 지문은 "아, 맞구나!"하면서 지나가고, 틀린 지문은 해설을 참고하면 됩니다. 1~2회독을 신속히 마치는 데 큰 도움이 될 것입니다.

4. 시험에 나올 법한 부분을 파란색으로 표시했습니다.

방대한 조문 중에서 시험에 나올 법한 중요한 부분은 일일히 파란색으로 강조 하여 표시했습니다. 여러번 읽으면서 파란색 글자가 눈에 익숙해져야 합니다. 2차 시험문제는 지문 대부분이 파란색을 중심으로 출제됩니다.

5. 합격에 필요한 모든 것을 이 한권에 담았습니다.

쉽따책은 기본서, 요약서, 기출문제집의 경계를 무너뜨립니다. 기본서, 요약서, 기출문제집을 따로 사지 않아도 됩니다. 쉽따책 한권만 여러 번 반복해서 보면 됩니다. 그러면 여러분은 합격에 필요한 점수를 넉넉하게 얻을 수 있습니다.

쉽따는 독자님들이 저자와 함께 학습한다는 느낌이 들도록 만들었습니다. **아래와 같이 학습하면 효과가 클 거라 생각합니다.**

1. 1~2회 통독을 신속히 끝내세요.

책을 사면 바로 읽어보세요. 이해가 안 되는 내용이 나오더라도 주눅 들지 말고 쭉 읽어나가세요. 2회독을 마치면 자신감이 솔솔 생겨납니다. 회독수를 늘려갈수록 1회독에 필요한 시간이 팍팍 줄어드는 쾌감도 느껴보세요.

2. 저자의 한마디, 쉽따맨 캐릭터의 말에 귀를 기울이세요.

본문의 좌우에 배치된 저자의 한마디와 쉽따맨(쉽따걸) 캐릭터를 꼭 참고하기 바랍니다. 촌철살인의 핵심적인 내용을 담고 있어 많은 도움이 될 것입니다.

3. 별의 개수로 중요도를 표시했으니 꼭 참고하세요.

쉽따는 별★의 개수로 중요도를 표시합니다. 가장 중요한 부분은 별이 5개입니다. 별이 4개 이상인 주제는 각별히 신경 써서 공부해야 합니다.

4. 좌우 빈 칸을 활용하여 단권화해 보세요.

본문의 좌우 공간에 각자 필요한 내용을 보충하여 단권화시켜 보십시오. 단권화는 시험에 임박할수록 효과가 커집니다.

5. 너무 깊이 알려고 하지 마세요.

쉽따의 기본이론과 문제해설 정도만 알면 시험 준비에 충분합니다. 더 깊이 알려고 하지 마세요! 그러면 시간 낭비가 될 가능성이 많습니다.

6. 쉽따 블로그와 유튜브 채널에 놀러오세요.

쉽따 독자들을 위한 온라인 공간을 마련했습니다. 방문해서 저자 직강도 듣고, 수험정보도 공유하시기 바랍니다.(검색 창에 '쉽따 공인중개사')

쉽따는 아래와 같은 분들이 **주요 독자**가 되길 바랍니다.

1. 직장인과 대학생(시간 없는 사람들)

직장인과 대학생은 공부할 시간을 내기 정말 힘듭니다. 학원이나 인터넷 강의는 언감생심입니다. 쉽따는 직장인이나 대학생에게 최적화된 독학용 수험서입니다. 시간과 돈과 노력을 적게 들이면서, 자격증을 쉽게 딸 수 있도록 도와줄 것입니다.

2. 수년간 공부해도 합격하지 못하는 분들(정리 안 되는 사람들)

학원에서 수년간 공부해도 합격하지 못한 분들을 보면, 공부량은 많지만 정리가 잘 안 되는 분들이 많습니다. 쉽따는 이분들의 능력을 극대화시킬 수 있습니다.

최근 5년간 파트별 출제수 및 학습전략

구분	31회	32회	33회	34회	35회	평균출제수
국토계획법	12	12	12	12	12	12
도시개발법	6	6	6	6	6	6
도시정비법	6	6	6	6	6	6
주택법	7	7	7	7	7	7
건축법	7	7	7	7	7	7
농지법	2	2	2	2	2	2
합계	40	40	40	40	40	40

PART1. 국토계획법

국토계획법은 부동산공법 중에서 출제비중(12문제/30%)이 가장 높습니다. 하지만 난이도는 공법 중에서 가장 낮아요. 잘 준비해서 9문제 이상을 득점해야 합니다.

PART2. 도시개발법

도시개발법은 학습량 대비 출제비중이 매우 높습니다. 적은 량을 공부해도 비교적 많은 문제를 맞힐 수 있는 거죠. 4문제 정도는 거뜬할 겁니다. 이처럼 국토계획법과 도시개발법에서 총 13문제(이상)를 맞히면, 나머지 법령에 대한 부담을 덜 수 있습니다. 명심하세요!

PART3. 도시정비법

도시정비법은 학습량 대비 출제비중이 낮습니다. 공부량은 도시개발법의 거의 2배지만 출제수는 똑같이 6문제이기 때문이죠. 문제 난이도 또한 만만치 않아요. 따라서 반타작(3문제)을 목표로 하세요.

PART4. 주택법

주택법도 학습량 대비 출제비중이 낮습니다. 기출문제 중심으로 공부해 보세요. 4문제 정도를 목표로 하세요.

PART5. 건축법

건축법도 학습량은 방대하지만 출제수는 7문제뿐입니다. 역시 4문제를 목표로 준비해보세요. 이처럼 도시정비법, 주택법, 건축법에서 11문제를 맞히면 합격선(60점/24문제)이 됩니다. 부동산공법은 2차 과목 중에서 가장 방대하고 어려운 과목이라 이처럼 60점을 득점한다면 최종합격할 확률이 매우 높아집니다.

PART6. 농지법

농지법은 출제수가 적고, 마지막에 공부하는 법령이라 존재감이 별로 없습니다. 하지만 빼먹지 말고 꼭 공부하세요. 학습량이 얼마 되지 않고, 중개실무에서도 출제될 수 있으니 말입니다. 2문제 중에서 1문제는 반드시 득점해야 합니다.

01 총칙★★★

저자의 한마디

국토계획법에 등장하는 용어들을 여러 번 읽어보세요. 이어지는 학습에 도움이 되기도 하고, 용어정의 문제에도 대비할 수 있습니다.

저자의 한마디

구(예를 들어, 서초구)와 광역시의 군(예를 들어, 대구광역시 달성군)은 도시·군계획 수립대상지역이 아니고, 도의 군(예를 들어, 경상북도 영덕군)은 대상지역입니다. 그리고 지금부터는 특별시장, 광역시장, 특별자치시장, 특별자치도지사, 시장, 군수를 육장(六長)이라고 부릅시다. 이 육장이 도시·군계획을 수립하거든요!

특·광·특·특·시·군→육장

저자의 한마디

기본계획은 구속력이 없고, 관리계획은 구속력이 있습니다. 따라서 전자는 행정쟁송의 대상이 아니지만 후자는 쟁송의 대상입니다. 기본계획이 청사진에 해당한다면, 관리계획은 구체적인 실행계획이라고 생각하면 쉽죠.

도시·군관리계획 6가지
꼭 기억해!

용어 정의★★★★★

1. 광역도시계획

광역계획권의 장기발전방향을 제시하는 계획

2. 도시·군계획

① 특별시·광역시·특별자치시·특별자치도·시 또는 군(도×)의 관할 구역에 대하여 수립하는 공간구조와 발전방향에 대한 계획

② 도시·군기본계획과 도시·군관리계획으로 구분

3. 도시·군기본계획

① 특별시·광역시·특별자치시·특별자치도·시 또는 군의 관할 구역 및 생활권에 대하여 기본적인 공간구조와 장기발전방향을 제시하는 종합계획

② 도시·군관리계획 수립의 지침이 되는 계획

4. 도시·군관리계획

특별시·광역시·특별자치시·특별자치도·시 또는 군의 개발·정비 및 보전을 위하여 수립하는 토지 이용, 교통, 환경, 경관, 안전, 산업, 정보통신, 보건, 복지, 안보, 문화 등에 관한 **다음 계획**

① 용도지역·용도지구의 지정 또는 변경에 관한 계획

② 개발제한구역, 도시자연공원구역, 시가화조정구역, 수산자원보호구역(용도구역)의 지정 또는 변경에 관한 계획

③ 기반시설의 설치·정비 또는 개량에 관한 계획

④ 도시개발사업이나 정비사업에 관한 계획

⑤ 지구단위계획구역의 지정 또는 변경에 관한 계획과 지구단위계획

⑥ 도시혁신구역의 지정 또는 변경에 관한 계획과 도시혁신계획

⑦ 복합용도구역의 지정 또는 변경에 관한 계획과 복합용도계획

⑧ 도시·군계획시설입체복합구역의 지정 또는 변경에 관한 계획

국토의 계획 및 이용에 관한 법령상 **도시·군관리계획**으로 결정하여야 하는 사항이 아닌 것은?[23회]

① 개발밀도관리구역의 지정 ② 시가화조정구역의 지정
③ 지구단위계획구역의 지정 ④ 용도지역의 지정
⑤ 용도지구의 변경

① 개발밀도관리구역의 지정은 도시·군관리계획으로 결정하여야 하는 사항이 아니에요. 위 6가지 중에 없잖아요?

국토의 계획 및 이용에 관한 법령상 **도시·군관리계획**으로 결정하여야 하는 사항만을 모두 고른 것은?[26회]

> ㄱ. 도시자연공원구역의 지정　　ㄴ. 개발밀도관리구역의 지정
> ㄷ. 도시개발사업에 관한 계획　　ㄹ. 기반시설의 정비에 관한 계획

① ㄴ　② ㄷ,ㄹ　③ ㄱ,ㄴ,ㄷ　④ ㄱ,ㄴ,ㄹ　⑤ ㄱ,ㄷ,ㄹ

ㄴ. 개발밀도관리구역의 지정은 도시·군관리계획으로 결정하는 사항이 아니라고 했죠. 나머지는 도시·군관리계획으로 결정합니다. 정답⑤

저자의 한마디

나중에 배우게 될 개발밀도관리구역과 기반시설부담구역은 용도구역이 아닙니다. 따라서 도시·군관리계획으로 결정하지 않습니다.

5. 지구단위계획

도시·군계획 수립 대상지역의 일부(전부×)에 대하여 토지 이용을 합리화하고 그 기능을 증진시키며 미관을 개선하고 양호한 환경을 확보하며, 그 지역을 체계적·계획적으로 관리하기 위하여 수립하는 도시·군관리계획

6. 성장관리계획

성장관리계획구역에서의 난개발을 방지하고 계획적인 개발을 유도하기 위하여 수립하는 계획

7. 공간재구조화계획

토지의 이용 및 건축물이나 그 밖의 시설의 용도·건폐율·용적률·높이 등을 완화하는 용도구역의 효율적이고 계획적인 관리를 위하여 수립하는 계획

8. 도시혁신계획

창의적이고 혁신적인 도시공간의 개발을 목적으로 도시혁신구역에서의 토지의 이용 및 건축물의 용도·건폐율·용적률·높이 등의 제한에 관한 사항을 따로 정하기 위하여 공간재구조화계획으로 결정하는 도시·군관리계획

9. 복합용도계획

주거·상업·산업·교육·문화·의료 등 다양한 도시기능이 융복합된 공간의 조성을 목적으로 복합용도구역에서의 건축물의 용도별 구성비율 및 건폐율·용적률·높이 등의 제한에 관한 사항을 따로 정하기 위하여 공간재구조화계획으로 결정하는 도시·군관리계획

10. 기반시설

① 교통시설 : 도로·철도·항만·공항·주차장·자동차정류장·궤도·차량검사 및 면허시설

- 도로 : 일반, 자동차전용, 보행자전용, 보행자우선, 자전거전용, 고가, 지하도로(고속도로×)
- 자동차정류장 : 여객자동차터미널, 화물터미널, 공영차고지, 공동차고지, 화물자동차 휴게소, 복합환승센터

종류와 그 사례를 구분해서 기억해!

② 공간시설 : 광장 · 공원 · 녹지 · 유원지 · 공공공지

• 광장 : 교통, 일반, 경관, 지하, 건축물부설광장

③ 유통 · 공급시설 : 유통업무설비, 수도 · 전기 · 가스 · 열공급설비, 방송 · 통신시설, 공동구 · 시장, 유류저장 및 송유설비

④ 공공 · 문화체육시설 : 학교 · 공공청사 · 문화시설 · 공공필요성이 인정되는 체육시설 · 연구시설 · 사회복지시설 · 공공직업훈련시설 · 청소년수련시설

⑤ 방재시설 : 하천 · 유수지 · 저수지 · 방화설비 · 방풍설비 · 방수설비 · 사방설비 · 방조설비

⑥ 보건위생시설 : 장사시설 · 도축장 · 종합의료시설

⑦ 환경기초시설 : 하수도 · 폐기물처리 및 재활용시설 · 빗물저장 및 이용시설 · 수질오염방지시설 · 폐차장

저자의 한마디

기반시설의 종류와 해당시설을 짝짓는 문제가 간간히 출제됩니다. 준비하면 빠른 시간에 득점할 수 있는 문제들이죠.

국토계획법령상 **기반시설**의 종류와 그 해당시설의 연결로 틀린 것은?[26회]

① 교통시설 – 폐차장   ② 공간시설-유원지

③ 공공·문화체육시설 – 청소년수련시설

④ 방재시설-저수지   ⑤ 환경기초시설 – 하수도

① 폐차장은 환경기초시설에 해당합니다. 정답①

국토계획법령상 **기반시설**의 종류와 그 해당시설의 연결이 틀린 것은?[32회]

① 교통시설-차량 검사 및 면허시설   ② 공간시설-녹지

③ 유통·공급시설-방송·통신시설   ④ 공공·문화체육시설-학교

⑤ 보건위생시설-폐기물 처리 및 재활용시설

폐기물 처리 및 재활용시설은 환경기초시설입니다. 정답⑤

국토계획법률상 **기반시설**의 종류와 그 해당 시설의 연결로 틀린 것은?[28회]

① 교통시설 – 건설기계운전학원   ② 유통·공급시설-방송·통신시설

③ 방재시설 – 하천   ④ 공간시설-자연장지   ⑤ 환경기초시설-폐차장

④ 자연장지(장사시설)는 보건위생시설입니다. 정답④

국토계획법령상 **기반시설인 자동차정류장**을 세분할 경우 이에 해당하지 않는 것은?[27회]

① 화물터미널   ② 공영차고지   ③ 복합환승센터

④ 화물자동차 휴게소   ⑤ 교통광장

⑤ 교통광장은 교통시설이 아니고 공간시설입니다. 자동차정류장에 해당하는 나머지는 교통시설에 해당하죠. 정답⑤

국토의 계획 및 이용에 관한 법령상 **용어**에 관한 설명으로 옳은 것은?[35회]

① 행정청이 설치하는 공동묘지는 공공시설에 해당한다.(○)

② 성장관리계획구역에서의 난개발을 방지하고 계획적인 개발을 유도하기 위하여 수립하는 계획은 공간재구조화계획이다.(×)

③ 자전거전용도로는 기반시설에 해당하지 않는다.(×)

④ 지구단위계획구역의 지정에 관한 계획은 도시 · 군기본계획에 해당한다.(×)

⑤ 기반시설부담구역은 기반시설을 설치하기 곤란한 지역을 대상으로 지정한다.(×)

① 시행령4조2호, 시행규칙2조2호 ② 공간재구조화계획이 아니라 성장관리계획(2조 5의3호) ③ 자전거전용도로는 기반시설에 해당(시행령2조2항1호마목) ④ 도시 · 군기본계획이 아니라 도시 · 군관리계획(2조4호마목) ⑤ 기반시설부담구역이 아니라 개발밀도관리구역(2조18호)

11. 도시 · 군계획시설

기반시설 중 도시 · 군관리계획으로 결정된 시설

국토의 계획 및 이용에 관한 법령상의 **용어**에 관한 설명으로 틀린 것은?[21회수정]

① 도시·군계획은 도시·군기본계획과 도시·군관리계획으로 구분한다.(○)

② 용도지역·용도지구의 지정 또는 변경에 관한 계획은 도시·군관리계획으로 결정한다.(○)

③ 지구단위계획은 도시·군관리계획으로 결정한다.(○)

④ 도시·군관리계획을 시행하기 위한 도시개발법에 따른 도시개발사업은 도시·군계획사업에 포함된다.(○)

⑤ 기반시설은 도시·군계획시설 중 도시·군관리계획으로 결정된 시설을 말 한다.(×)

⑤ 거꾸로 되어있죠? 도시·군계획시설이 기반시설 중 도시·군관리계획으로 결정된 시설이에요.

12. 광역시설

기반시설 중 광역적인 정비체계가 필요한 시설

① 둘 이상의 특별시 · 광역시 · 특별자치시 · 특별자치도 · 시 또는 군의 관할 구역에 걸쳐 있는 시설

② 둘 이상의 특별시 · 광역시 · 특별자치시 · 특별자치도 · 시 또는 군이 공동으로 이용하는 시설

13. 공동구

전기 · 가스 · 수도 등의 공급설비, 통신시설, 하수도시설 등 지하매설물을 공동 수용함으로써 미관의 개선, 도로구조의 보전 및 교통의 원활한 소통을 위하여 지하에 설치하는 시설물

저자의 한마디

①번 지문은 시행규칙에 규정되어 있어서 정답으로 고르기 힘들 었을 겁니다. 이런 문제는 나머지 지문이 모두 틀린 걸 확인하고 골라야 해요.

저자의 한마디

기반시설의 대표적인 예인 도로는 도시 · 군관리계획으로 결정되면 도시 · 군계획시설이 되는 것이고, 여러 도시에 걸쳐있으면 광역시설도 되는 것이죠.

공동구는 기반시설 중에서
유통 · 공급시설!

14. 도시 · 군계획시설사업

도시 · 군계획시설(기반시설×)을 설치 · 정비 또는 개량하는 사업

15. 도시 · 군계획사업

도시 · 군관리계획을 시행하기 위한 **다음 사업**

① 도시 · 군계획시설사업

② 도시개발법에 따른 도시개발사업

③ 도시 및 주거환경정비법에 따른 정비사업

국토의 계획 및 이용에 관한 법령상 도시·군관리계획을 시행하기 위한 사업으로 **도시·군계획사업**에 해당하는 것을 모두 고른 것은?[29회]

> ㄱ. 도시·군계획시설사업
> ㄴ. 도시개발법에 따른 도시개발사업
> ㄷ. 도시 및 주거환경정비법에 따른 정비사업

① ㄱ ② ㄱ,ㄴ ③ ㄱ,ㄷ ④ ㄴ,ㄷ ⑤ ㄱ,ㄴ,ㄷ

이렇게 세 가지 사업을 도시·군계획사업이라고 하죠? 정답⑤

16. 도시 · 군계획사업시행자

이 법 또는 다른 법률에 따라 도시 · 군계획사업을 하는 자

17. 공공시설

도로 · 공원 · 철도 · 수도, 그밖에 대통령령으로 정하는 공공용 시설

18. 국가계획

중앙행정기관이 법률에 따라 수립하거나 국가의 정책적인 목적을 이루기 위하여 수립하는 계획 중 도시 · 군기본계획이나 도시 · 군관리계획으로 결정하여야 할 사항이 포함된 계획

19. 용도지역

토지의 이용 및 건축물의 용도, 건폐율, 용적률, 높이 등을 제한함으로써 토지를 경제적 · 효율적으로 이용하고 공공복리의 증진을 도모하기 위하여 서로 중복되지 아니하게 도시 · 군관리계획으로 결정하는 지역

용도지역, 용도지구,
용도구역의 정의,
구별하세요!

20. 용도지구

토지의 이용 및 건축물의 용도 · 건폐율 · 용적률 · 높이 등에 대한 용도지역의 제한을 강화하거나 완화하여 적용함으로써 용도지역의 기능을 증진시키고 경관 · 안전 등을 도모하기 위하여 도시 · 군관리계획으로 결정하는 지역

국토의 계획 및 이용에 관한 법률상 **용어의 정의**에 관한 조문의 일부이다. (　)에 들어갈 내용을 바르게 나열한 것은?^{30회}

> (ㄱ)(이)란 토지의 이용 및 건축물의 용도·건폐율·용적률·높이 등에 대한 (ㄴ)의 제한을 강화하거나 완화하여 적용함으로써 (ㄴ)의 기능을 증진시키고 경관·안전 등을 도모하기 위하여 도시·군관리계획으로 결정하는 지역을 말한다.

① ㄱ : 용도지구, ㄴ : 용도지역
② ㄱ : 용도지구, ㄴ : 용도구역
③ ㄱ : 용도지역, ㄴ : 용도지구
④ ㄱ : 용도지구, ㄴ : 용도지역 및 용도구역
⑤ ㄱ : 용도지역, ㄴ : 용도구역 및 용도지구

용도지구에 대한 정의죠? 경관·안전에서 용도지구라는 걸 눈치 채야 해요. 경관지구 등 용도지구는 나중에 학습합니다. 정답①

21. 용도구역

토지의 이용 및 건축물의 용도·건폐율·용적률·높이 등에 대한 <u>용도지역 및 용도지구</u>의 제한을 강화하거나 완화하여 따로 정함으로써 시가지의 무질서한 확산방지, 계획적이고 단계적인 토지이용의 도모, 혁신적이고 복합적인 토지활용의 촉진, 토지이용의 종합적 조정·관리 등을 위하여 도시·군관리계획으로 결정하는 지역

22. 개발밀도관리구역

개발로 인하여 <u>기반시설이 부족</u>할 것으로 예상되나 기반시설을 설치하기 곤란한 지역을 대상으로 건폐율이나 용적률을 강화(완화×)하여 적용하기 위하여 지정하는 구역

23. 기반시설부담구역

개발밀도관리구역 외의 지역으로서 개발로 인하여 도로, 공원, 녹지, 학교(대학×), 수도, 하수도, 폐기물처리 및 재활용시설 등 기반시설의 설치가 필요한 지역을 대상으로 기반시설을 설치하거나 그에 필요한 용지를 확보하게 하기 위하여 지정·고시하는 구역

국토의 계획 및 이용에 관한 법령상 **기반시설부담구역**에 설치가 필요한 기반시설에 해당하지 않는 것은?^{26회}

① 공원 ② 도로 ③ 대학 ④ 폐기물처리시설 ⑤ 녹지

③ 학교는 기반시설에 해당하지만 대학은 아닙니다. 정답③

용도지구
용도지역의 제한을 강화 또는 완화

용도구역
용도지역 및 용도지구의 제한을 강화 또는 완화

저자의 한마디

개발밀도관리구역과 기반시설부담구역은 모두 규제할 목적으로 지정하지만, 전자는 개발이 곤란하고 후자는 개발이 가능하다는 점이 다르죠. 두 구역은 중복지정할 수 없어요.

24. 기반시설설치비용

단독주택 및 숙박시설 등 시설의 <u>신 · 증축 행위</u>로 인하여 유발되는 기반시설을 설치하거나 그에 필요한 용지를 확보하기 위하여 부과 · 징수하는 금액

국가계획, 광역도시계획 및 도시·군계획의 관계★★

> **✚ 우선적용의 순위**
> 국가계획 〉 광역도시계획 〉 도시 · 군기본계획 〉 도시 · 군관리계획

① 도시 · 군계획은 특별시 · 광역시 · 특별자치시 · 특별자치도 · 시 또는 군의 관할 구역에서 수립되는 다른 법률에 따른 토지의 이용 · 개발 및 보전에 관한 계획의 기본이 된다.

② 광역도시계획 및 도시 · 군계획은 국가계획에 부합되어야 하며, 광역도시계획 또는 도시 · 군계획의 내용이 국가계획의 내용과 다를 때에는 <u>국가계획의 내용이 우선</u>한다. 이 경우 국가계획을 수립하려는 중앙행정기관의 장은 미리 지방자치단체의 장의 의견을 듣고 충분히 협의하여야 한다.

③ 광역도시계획이 수립되어 있는 지역에 대하여 수립하는 도시 · 군기본계획은 그 광역도시계획에 부합되어야 하며, 도시 · 군기본계획의 내용이 광역도시계획의 내용과 다를 때에는 <u>광역도시계획의 내용이 우선</u>한다.

④ 특별시장 · 광역시장 · 특별자치시장 · 특별자치도지사 · 시장 또는 군수가 관할 구역에 대하여 다른 법률에 따른 환경 · 교통 · 수도 · 하수도 · 주택 등에 관한 <u>부문별 계획</u>을 수립할 때에는 도시 · 군기본계획(관리계획×)의 내용에 부합되게 하여야 한다.

다른 법률에 따른 토지 이용에 관한 구역 등의 지정 제한★★

① 중앙행정기관의 장이나 지방자치단체의 장은 다른 법률에 따라 토지 이용에 관한 구역 등을 지정하려면 그 구역 등의 지정목적이 이 법에 따른 용도지역 · 용도지구 및 용도구역의 지정목적에 부합되도록 하여야 한다.

② 중앙행정기관의 장이나 지방자치단체의 장은 다른 법률에 따라 지정되는 구역 등 중 1㎢(도시개발법에 의한 도시개발구역의 경우는 5㎢) 이상의 구역 등을 지정하거나 변경하려면 **중앙행정기관의 장**은 <u>국토교통부장관과 협의</u>하여야 하며 **지방자치단체의 장**은 <u>국토교통부장관의 승인</u>을 받아야 한다.

③ 지방자치단체의 장이 승인을 받아야 하는 구역 등 중 5㎢(시 · 도지사가 시 · 도 도시계획위원회의 심의를 거쳐 구역 등을 지정 또는 변경하는 경우에 한정) 미만의 구역 등을 지정하거나 변경하려는 경우 **시 · 도지사**는 <u>국토교통부장관의 승인을 받지 아니</u>하되, **시장 · 군수 또는 구청장**은 <u>시 · 도지사의 승인</u>을 받아야 한다.

④ **다음 경우**에는 <u>국토교통부장관과의 협의</u>를 거치지 아니하거나 국토교통부장관 또는 시 · 도지사의 <u>승인을 받지 아니</u>한다.

ㄱ. 다른 법률에 따라 지정하거나 변경하려는 구역 등이 도시·군기본계획에 반영된 경우

ㄴ. 보전관리지역·생산관리지역·농림지역 또는 자연환경보전지역에서 다음 지역을 지정하려는 경우(계획관리지역×)

- 농지법에 따른 농업진흥지역
- 한강수계 상수원수질개선 및 주민지원 등에 관한 법률에 따른 수변구역
- 수도법에 따른 상수원보호구역
- 자연환경보전법에 따른 생태·경관보전지역
- 야생생물 보호 및 관리에 관한 법률에 따른 야생생물 특별보호구역
- 해양생태계의 보전 및 관리에 관한 법률에 따른 해양보호구역

ㄷ. 군사상 기밀을 지켜야 할 필요가 있는 구역 등을 지정하려는 경우

ㄹ. 협의 또는 승인을 얻은 구역 등의 면적의 10%의 범위 안에서 면적을 증감시키는 경우

ㅁ. 협의 또는 승인을 얻은 구역 등의 면적산정의 착오를 정정하기 위한 경우

⑤ 국토교통부장관 또는 시·도지사는 **협의 또는 승인**을 하려면 중앙도시계획위원회 또는 시·도도시계획위원회의 심의를 거쳐야 한다.

⑥ 중앙행정기관의 장이나 지방자치단체의 장은 다른 법률에 따라 지정된 토지 이용에 관한 구역 등을 **변경하거나 해제**하려면 도시·군관리계획의 입안권자의 의견을 들어야 한다. 이 경우 의견 요청을 받은 도시·군관리계획의 입안권자는 이 법에 따른 용도지역·용도지구·용도구역의 변경이 필요하면 도시·군관리계획에 반영하여야 한다.

국토의 계획 및 이용에 관한 법령상 지방자치단체의장이 **다른 법률에 따른 토지 이용에 관한 구역을 지정하는 경우**에 관한 설명으로 틀린 것은?[35회]

① 지정하려는 구역의 면적이 1제곱킬로미터 미만인 경우 국토교통부장관의 승인을 받지 않아도 된다.(○)

② 농림지역에서 수도법에 따른 상수원보호구역을 지정하는 경우 국토교통부장관의 승인을 받아야 한다.(×)

③ 지정하려는 구역이 도시·군기본계획에 반영된 경우에는 승인 없이 구역을 지정할 수 있다.(○)

④ 승인을 받아 지정한 구역의 면적의 10퍼센트의 범위 안에서 면적을 증감시키는 경우에는 따로 승인을 받지 않아도 된다.(○)

⑤ 지정된 구역을 변경하거나 해제하려면 도시·군관리계획의 입안권자의 의견을 들어야 한다.(○)

① 8조2항, 시행령5조1항 ② 국토교통부장관의 승인을 받지 않아도 됩니다.(8조4항2호다목) ③ 8조4항1호 ④ 8조4항4호, 시행령5조5항1호 ⑤ 8조6항

02 광역도시계획★★★

광역계획권의 지정★★

1. 광역계획권의 지정권자

국토교통부장관 또는 도지사(→광역계획권의 지정권자)는 둘 이상의 특별시·광역시·특별자치시·특별자치도·시 또는 군의 공간구조 및 기능을 상호 연계시키고 환경을 보전하며 광역시설을 체계적으로 정비하기 위하여 필요한 경우에는 인접한 둘 이상의 특별시·광역시·특별자치시·특별자치도·시 또는 군의 관할 구역 전부 또는 일부를 광역계획권으로 지정할 수 있다.

① 광역계획권이 둘 이상의 특별시·광역시·특별자치시·도 또는 특별자치도 (→시·도)의 관할 구역에 걸쳐 있는 경우에는 국토교통부장관이 지정한다.

② 광역계획권이 도의 관할 구역(→시·군)에 속하여 있는 경우에는 도지사가 지정한다.

2. 광역계획권의 지정 또는 변경

① 중앙행정기관의 장, 시·도지사, 시장 또는 군수는 국토교통부장관이나 도지사에게 광역계획권의 지정 또는 변경을 요청할 수 있다.

② 국토교통부장관은 광역계획권을 지정하거나 변경하려면 관계 시·도지사, 시장 또는 군수의 의견을 들은 후 중앙도시계획위원회의 심의를 거쳐야 한다.

③ 도지사가 광역계획권을 지정하거나 변경하려면 관계 중앙행정기관의 장, 관계 시·도지사, 시장 또는 군수의 의견을 들은 후 지방도시계획위원회의 심의를 거쳐야 한다.

국토의 계획 및 이용에 관한 법령상 **광역계획권**에 관한 설명으로 옳은 것은?[33회]
① 광역계획권이 둘 이상의 도의 관할 구역에 걸쳐 있는 경우, 해당 도지사들은 공동으로 광역계획권을 지정하여야 한다.(×)
② 광역계획권이 하나의 도의 관할 구역에 속하여 있는 경우, 도지사는 국토교통부장관과 공동으로 광역계획권을 지정 또는 변경하여야 한다.(×)
③ 도지사가 광역계획권을 지정하려면 관계 중앙행정기관의 장의 의견을 들은 후 중앙도시계획위원회의 심의를 거쳐야 한다.(×)
④ 국토교통부장관이 광역계획권을 변경하려면 관계 시·도지사, 시장 또는 군수의 의견을 들은 후 지방도시계획위원회의 심의를 거쳐야 한다.(×)
⑤ 중앙행정기관의 장, 시·도지사, 시장 또는 군수는 국토교통부장관이나 도지사에게 광역계획권의 지정 또는 변경을 요청할 수 있다.(○)

저자의 한마디

부동산공법에는 국토교통부장관이 여러 차례 등장하는데요. 조금 기니까 국장이라고 부르기로 해요. 지금부터 국토교통부장관은 '국장'입니다. 알았죠?

광역계획권의 지정권자는 국장과 도지사

저자의 한마디

예를 들어, 서울특별시와 경기도에 걸쳐 있으면 국장이 지정권자, 강원도의 강릉시와 평창군에 걸쳐 있으면 강원도지사가 지정권자가 됩니다. 같은 도 안에서는 도지사가 지정하면 끝!

국장은 중앙, 도지사는 지방

> ① 광역계획권이 둘 이상의 도의 관할 구역에 걸쳐 있는 경우에는 국장이 지정해요. ② 광역계획권이 하나의 도의 관할 구역에 속하여 있는 경우에는 해당 도지사가 단독으로 지정합니다. ③ 도지사는 관계 지방행정기관의 장의 의견을 들은 후 지방도시계획위원회의 심의를 거쳐야 해요. '중앙'이 아니고 '지방'이죠. ④ 국토교통부장관은 지방이 아니라 중앙도시계획위원회의 심의를 거쳐야죠.

광역도시계획의 수립★★★★

광역도시계획의 수립 절차는 **다음**과 같다. 광역도시계획의 수립기준 등은 국토교통부장관이 정한다.

지정 권자(상급자)가 광역계획권을 지정하면, 수립권자(하급자)가 광역도시계획을 수립합니다. 수립권자(하급자)가 광역도시계획을 수립하면, 다시 지정권자(상급자)가 계획을 승인하게 되는 거죠.

```
지정 →(기초조사, 주민 및 의회 의견청취) → 수립 → (협의, 심의) → 승인→(송부)
```

1. 기초조사

① 국토교통부장관, 시·도지사, 시장 또는 군수(→광역도시계획의 수립권자)는 광역도시계획을 수립하거나 변경하려면 미리 인구, 경제, 사회, 문화, 토지 이용, 환경, 교통, 주택 등의 사항 중 그 광역도시계획의 수립 또는 변경에 필요한 사항을 조사하거나 측량(→기초조사)하여야 한다.

② 국토교통부장관, 시·도지사, 시장 또는 군수는 관계 행정기관의 장에게 기초조사에 필요한 자료를 제출하도록 요청할 수 있다. 이 경우 요청을 받은 관계 행정기관의 장은 특별한 사유가 없으면 그 요청에 따라야 한다.

③ 국토교통부장관, 시·도지사, 시장 또는 군수는 효율적인 기초조사를 위하여 필요하면 기초조사를 전문기관에 의뢰할 수 있다.

④ 국토교통부장관, 시·도지사, 시장 또는 군수가 기초조사를 실시한 경우에는 해당 정보를 체계적으로 관리하고 효율적으로 활용하기 위하여 기초조사 정보체계를 구축·운영하여야 한다.

⑤ 국토교통부장관, 시·도지사, 시장 또는 군수가 기초조사정보체계를 구축한 경우에는 등록된 정보의 현황을 5년마다 확인하고 변동사항을 반영하여야 한다.

2. 주민의견 청취(공청회 개최)

① 국토교통부장관, 시·도지사, 시장 또는 군수는 광역도시계획을 수립하거나 변경하려면 미리 공청회를 열어 주민과 관계 전문가 등으로부터 의견을 들어야 하며, 공청회에서 제시된 의견이 타당하다고 인정하면 광역도시계획에 반영하여야 한다.

② 공청회는 광역계획권 단위로 개최하되, 필요한 경우에는 광역계획권을 여러 개의 지역으로 구분하여 개최할 수 있다.

③ 공청회는 국토교통부장관, 시·도지사, 시장 또는 군수가 지명하는 사람이 주재한다.

변경할 때도 공청회 필수

원파절

3. 지방의회 등 의견 청취

① 시·도지사, 시장 또는 군수는 광역도시계획을 수립하거나 변경하려면 미리 관계 시·도, 시 또는 군의 의회와 관계 시장 또는 군수의 의견을 들어야 한다.

② 국토교통부장관은 광역도시계획을 수립하거나 변경하려면 관계 시·도지사에게 광역도시계획안을 송부하여야 하며, 관계 시·도지사는 그 광역도시계획안에 대하여 그 시·도의 의회와 관계 시장 또는 군수의 의견을 들은 후 그 결과를 국토교통부장관에게 제출하여야 한다.

③ 시·도, 시 또는 군의 의회와 관계 시장 또는 군수는 특별한 사유가 없으면 30일 이내에 시·도지사, 시장 또는 군수에게 의견을 제시하여야 한다.

4. 광역도시계획의 수립

① 광역도시계획의 수립

국토교통부장관, 시·도지사, 시장 또는 군수(,광역도시계획의 수립권자)는 다음에 따라 광역도시계획을 수립하여야 한다.

수립권자	수립하는 경우
시장 또는 군수 공동수립	광역계획권이 같은 도의 관할 구역에 속하여 있는 경우 (→강원도 강릉시장과 평창군수가 공동수립)
시·도지사 공동수립	광역계획권이 둘 이상의 시·도의 관할 구역에 걸쳐 있는 경우 (→서울시장과 경기도지사가 공동수립)
도지사 단독수립	○ 광역계획권을 지정한 날부터 3년이 지날 때까지 관할 시장 또는 군수로부터 광역도시계획의 승인 신청이 없는 경우 (→강원도 강릉시장과 평창군수가 3년 동안 승인신청하지 않으면 강원도지사가 단독수립) ○ 시장 또는 군수가 협의를 거쳐 요청하는 경우 (→강원도 강릉시장과 평창군수가 협의하여 요청하면 강원도지사가 단독수립)
국장 단독수립	○ 국가계획과 관련된 광역도시계획의 수립이 필요한 경우 (→국가계획과 관련되면 국장이 단독수립) ○ 광역계획권을 지정한 날부터 3년이 지날 때까지 관할 시·도지사로부터 광역도시계획의 승인 신청이 없는 경우 (→서울시장과 경기도지사가 3년 동안 승인신청하지 않으면 국장이 단독수립)
국장과 시·도지사 공동수립	○ 시·도지사가 (협의 없이) 요청하는 경우 ○ 그밖에 필요하다고 인정되는 경우
도지사와 시장 또는 군수 공동수립	○ 시장 또는 군수가 (협의 없이) 요청하는 경우 ○ 그밖에 필요하다고 인정하는 경우

저자의 한마디

협의 없이 요청하면 상급자랑 함께 수립(공동수립)하고, 협의를 거쳐 요청하면 상급자가 혼자 수립(단독수립)합니다.

② 광역도시계획의 조정

ㄱ. 광역도시계획을 공동으로 수립하는 시·도지사는 그 내용에 관하여 서로 협의가 되지 아니하면 공동이나 단독으로 국토교통부장관에게 조정을 신청할 수 있다.

ㄴ. 국토교통부장관은 단독으로 조정신청을 받은 경우에는 기한을 정하여 당사자 간에 다시 협의를 하도록 권고할 수 있으며, 기한까지 협의가 이루어지지 아니하는 경우에는 직접 조정할 수 있다.

ㄷ. 국토교통부장관은 조정의 신청을 받거나 직접 조정하려는 경우에는 중앙도시계획위원회의 심의를 거쳐 광역도시계획의 내용을 조정하여야 한다.

ㄹ. 광역도시계획을 공동으로 수립하는 시장 또는 군수는 그 내용에 관하여 서로 협의가 되지 아니하면 공동이나 단독으로 도지사에게 조정을 신청할 수 있다.

ㅁ. 도지사가 광역도시계획을 조정하는 경우에는 국토교통부장관이 조정하는 경우를 준용한다.

③ 광역도시계획협의회의 구성 및 운영

국토교통부장관, 시·도지사, 시장 또는 군수는 광역도시계획을 공동으로 수립할 때에는 광역도시계획의 수립에 관한 협의 및 조정이나 자문 등을 위하여 광역도시계획협의회를 구성하여 운영할 수 있다.

저자의 한마디

조정신청은 수립권자가 지정권자(상급자)에게 합니다. 시·도지사는 국장에게, 시장 또는 군수는 도지사에게 조정신청을 하는 거죠! 지정권자와 수립권자의 관계를 잘 파악해 두면 굳이 암기하지 않아도 문제를 풀 수 있습니다.

국토의 계획 및 이용에 관한 법령상 **광역도시계획**에 관한 설명으로 틀린 것은?[29회]

① 중앙행정기관의 장, 시·도지사, 시장 또는 군수는 국토교통부장관이나 도지사에게 광역계획권의 변경을 요청할 수 있다.(○)

② 둘 이상의 특별시·광역시·특별자치시·특별자치도·시 또는 군의 공간구조 및 기능을 상호 연계시키고 환경을 보전하며 광역시설을 체계적으로 정비하기 위하여 필요한 경우에는 광역계획권을 지정할 수 있다.(○)

③ 국가계획과 관련된 광역도시계획의 수립이 필요한 경우 광역도시계획의 수립권자는 국토교통부장관이다.(○)

④ 광역계획권이 둘 이상의 시·도의 관할 구역에 걸쳐 있는 경우에는 관할 시·도지사가 공동으로 광역계획권을 지정하여야 한다.(×)

⑤ 국토교통부장관, 시·도지사, 시장 또는 군수는 광역도시계획을 수립하려면 미리 공청회를 열어 주민과 관계전문가 등으로부터 의견을 들어야 한다. (○)

④ 둘 이상의 시·도의 관할 구역에 걸쳐 있는 경우에는 국장이 광역계획권을 지정합니다. 공동으로 지정하는 게 아니에요.

국토계획법령상 **광역도시계획**에 관한 설명으로 틀린 것은?[32회]

① 광역도시계획의 수립기준은 국토교통부장관이 정한다.(○)

② 광역계획권이 같은 도의 관할구역에 속하고 있는 경우 관할 도지사가 광역도시계획을 수립하여야 한다.(×)

③ 시·도지사, 시장 또는 군수는 광역도시계획을 수립하거나 변경하려면 미리 관계 시·도, 시 또는 군의 의회와 관계 시장 또는 군수의 의견을 들어야 한다.(○)

④ 시장 또는 군수가 기초조사정보체계를 구축한 경우에는 등록된 정보의 현황을 5년마다 확인하고 변동사항을 반영하여야 한다.(○)

⑤ 광역계획권을 지정한 날로부터 3년이 지날 때까지 관할 시장 또는 군수로부터 광역도시계획의 승인 신청이 없는 경우 관할 도지사가 광역도시계획을 수립하여야 한다.(○)

> ② 광역계획권이 같은 도에 속해 있지 않으면 둘 이상의 시·도에 걸쳐 있는 거죠. 따라서 이 경우에는 관할 시·도지사가 공동으로 수립해요.

국토의 계획 및 이용에 관한 법령상 **광역도시계획**에 관한 설명으로 틀린 것은?[26회]

① 동일 지역에 대하여 수립된 광역도시계획의 내용과 도시·군기본계획의 내용이 다를 때에는 광역도시계획의 내용이 우선한다.(○)

② 광역계획권은 광역시장이 지정할 수 있다.(×)

③ 도지사는 시장 또는 군수가 협의를 거쳐 요청하는 경우에는 단독으로 광역도시계획을 수립할 수 있다.(○)

④ 광역도시계획을 수립하려면 광역도시계획의 수립권자는 미리 공청회를 열어야 한다.(○)

⑤ 국토교통부장관이 조정의 신청을 받아 광역도시계획의 내용을 조정하는 경우 중앙도시계획위원회의 심의를 거쳐야 한다.(○)

광역계획권의 지정권자는 국장과 도지사

> ② 광역계획권의 지정권자는 국장과 도지사입니다. 광역시장은 수립권자죠. 정답②

5. 광역도시계획의 승인

① 시·도지사는 광역도시계획을 수립하거나 변경하려면 국토교통부장관의 승인을 받아야 한다. 다만, 도지사가 시장 또는 군수의 요청으로 관할 시장 또는 군수와 공동으로 수립하는 광역도시계획과 시장 또는 군수가 협의를 거쳐 요청하는 경우에 단독으로 수립하는 광역도시계획은 국토교통부장관의 승인을 받지 않아도 된다.

② 국토교통부장관은 광역도시계획을 승인하거나 직접 광역도시계획을 수립 또는 변경(시·도지사와 공동으로 수립하거나 변경하는 경우 포함)하려면 관계 중앙행정기관과 협의한 후 중앙도시계획위원회의 심의를 거쳐야 한다.

③ 협의 요청을 받은 관계 중앙행정기관의 장은 특별한 사유가 없으면 그 요청을

받은 날부터 30일 이내에 국토교통부장관에게 의견을 제시하여야 한다.

④ 국토교통부장관은 직접 광역도시계획을 수립 또는 변경하거나 승인하였을 때에는 관계 중앙행정기관의 장과 시·도지사에게 관계 서류를 송부하여야 하며, 관계 서류를 받은 시·도지사는 그 내용을 공고하고 일반이 열람할 수 있도록 하여야 한다.

⑤ 시장 또는 군수는 광역도시계획을 수립하거나 변경하려면 도지사의 승인을 받아야 한다.

국토의 계획 및 이용에 관한 법령상 **광역도시계획**에 관한 설명으로 틀린 것은?[31회]

① 도지사는 시장 또는 군수가 협의를 거쳐 요청하는 경우에는 단독으로 광역도시계획을 수립할 수 있다.(○)

② 광역도시계획의 수립기준은 국토교통부장관이 정한다.(○)

③ 광역도시계획의 수립을 위한 공청회는 광역계획권 단위로 개최하되, 필요한 경우에는 광역계획권을 여러 개의 지역으로 구분하여 개최할 수 있다.(○)

④ 국토교통부장관은 광역도시계획을 수립하였을 때에는 직접 그 내용을 공고하고 일반이 열람할 수 있도록 하여야 한다.(×)

⑤ 광역도시계획을 공동으로 수립하는 시·도지사는 그 내용에 관하여 서로 협의가 되지 아니하면 공동이나 단독으로 국토교통부장관에게 조정을 신청할 수 있다.(○)

① 빈출지문! ④ 국장이 직접 광역도시계획의 수립내용을 공고하진 않아요. 국장으로부터 관계서류를 송부받은 시·도지사가 이를 공고하고 열람할 수 있도록 하여야 합니다.

국토의 계획 및 이용에 관한 법령상 **광역도시계획**에 관한 설명으로 옳은 것은?[27회]

① 국토교통부장관이 광역계획권을 지정하려면 관계 지방도시계획위원회의 심의를 거쳐야 한다.(×)

② 도지사가 시장 또는 군수의 요청으로 관할 시장 또는 군수와 공동으로 광역도시계획을 수립하는 경우에는 국토교통부장관의 승인을 받지 않고 광역도시계획을 수립할 수 있다.(○)

③ 중앙행정기관의 장은 국토교통부장관에게 광역계획권의 변경을 요청할 수 없다.(×)

④ 시장 또는 군수가 광역도시계획을 수립하거나 변경하려면 국토교통부장관의 승인을 받아야 한다.(×)

⑤ 광역계획권은 인접한 둘 이상의 특별시·광역시·시 또는 군의 관할구역 단위로 지정하여야 하며, 그 관할구역의 일부만을 광역계획권에 포함시킬 수는 없다.(×)

도지사는 도에서 절대자!
쉽따걸

① 국장은 '지방'이 아니라 '중앙'도시계획위원회의 심의를 거쳐야 해요. ③ 중앙행정기관의 장도 국장에게 광역계획권의 변경을 요청할 수 있죠. ④ 시장 또는 군수는 국장이 아니라 도지사 승인을 받아야죠. ⑤ 광역계획권은 예를 들어, '서울시 일부+경기도 일부'로 지정하는 것이지 '서울시 전부+경기도 전부', 즉 관할구역 단위로 지정하는 건 아니죠.

국토의 계획 및 이용에 관한 법령상 **광역도시계획** 등에 관한 설명으로 틀린 것은?(단, 조례는 고려하지 않음)[28회]

① 국토교통부장관은 광역계획권을 지정하려면 관계 시·도지사, 시장 또는 군수의 의견을 들은 후 중앙도시계획위원회의 심의를 거쳐야 한다.(○)

② 시·도지사, 시장 또는 군수는 광역도시계획을 변경하려면 미리 관계 시·도, 시 또는 군의 의회와 관계 시장 또는 군수의 의견을 들어야 한다.(○)

③ 국토교통부장관은 시·도지사가 요청하는 경우에도 시·도지사와 공동으로 광역도시계획을 수립할 수 없다.(×)

④ 시장 또는 군수는 광역도시계획을 수립하려면 도지사의 승인을 받아야 한다.(○)

⑤ 시장 또는 군수는 광역도시계획을 변경하려면 미리 공청회를 열어야 한다.(○)

③ 국장은 시·도지사가 (그냥) 요청하는 경우에 시·도지사와 공동으로 광역도시계획을 수립할 수 있어요. 반면 협의하여 요청하는 경우에는 국장 단독으로 수립할 수 있습니다.

03 도시·군기본계획★★

저자의 한마디

도시·군기본계획도 광역도시계획처럼 청사진을 제시하는 구속력 없는 계획입니다. 따라서 행정쟁송의 대상이 되지 않아요.

저자의 한마디

도시·군기본계획의 수립권자는 육장(특별시장·광역시장·특별자치시장·특별자치도지사·시장 또는 군수→여섯 우두머리)입니다. 육장은 도시·군관리계획의 입안권자이기도 하죠. 육장은 각각 자신의 관할에 대한 도시·군기본계획 및 관리계획을 수립(입안)합니다.

의견제시는 30일

도시·군기본계획의 수립절차★★★

도시·군기본계획의 수립절차는 다음과 같다. 도시·군기본계획의 수립기준 등은 국토교통부장관이 정한다.

> **(기초조사, 주민 및 의회 의견청취)→수립→(협의, 심의)→승인·자체확정→(송부·직접공고)**

1. 기초조사와 주민의견청취(공청회)

① 도시·군기본계획을 수립하거나 변경하는 경우에는 광역도시계획 수립을 위한 기초조사 및 공청회 규정을 준용한다.

② 시·도지사, 시장 또는 군수는 기초조사의 내용에 국토교통부장관이 정하는 바에 따라 실시하는 토지의 토양, 입지, 활용가능성 등 토지의 적성에 대한 평가(→토지적성평가)와 재해 취약성에 관한 분석(→재해취약성분석)을 포함하여야 한다.

③ 도시·군기본계획 입안일부터 5년 이내에 토지적성평가 또는 재해취약성 분석을 실시한 경우에는 이를 하지 아니할 수 있다.

2. 지방의회의 의견 청취

① 특별시장·광역시장·특별자치시장·특별자치도지사·시장 또는 군수는 도시·군기본계획을 수립하거나 변경하려면 미리 그 특별시·광역시·특별자치시·특별자치도·시 또는 군 의회(지방의회)의 의견을 들어야 한다.

② 특별시·광역시·특별자치시·특별자치도·시 또는 군의 의회는 특별한 사유가 없으면 30일 이내에 특별시장·광역시장·특별자치시장·특별자치도지사·시장 또는 군수에게 의견을 제시하여야 한다.

3. 수립권자와 대상지역

① 특별시장·광역시장·특별자치시장·특별자치도지사·시장 또는 군수(→육장이 도시·군기본계획의 수립권자)는 관할 구역에 대하여 도시·군 기본계획을 수립하여야 한다. 다만, 시 또는 군의 위치, 인구의 규모, 인구감소율 등을 고려하여 아래의 시 또는 군은 도시·군기본계획을 수립하지 아니할 수 있다.

> **╋ 도시·군기본계획을 수립하지 아니할 수 있는 지역**
> ㄱ. 수도권정비계획법에 의한 수도권에 속하지 아니하고 광역시와 경계를 같이하지 아니한 시 또는 군으로서 인구 10만명 이하인 시 또는 군
> ㄴ. 관할구역 전부에 대하여 광역도시계획이 수립되어 있는 시 또는 군으로서 당해 광역도시계획에 도시·군기본계획의 내용 사항이 모두 포함되어 있는 시 또는 군

② 육장은 지역여건상 필요하다고 인정되면 인접한 특별시 · 광역시 · 특별
자치시 · 특별자치도 · 시 또는 군의 관할 구역 전부 또는 일부를 포함하여
도시 · 군 기본계획을 수립할 수 있다.

4. 도시 · 군기본계획의 확정(광역지자체)

① 특별시장 · 광역시장 · 특별자치시장 또는 특별자치도지사(→육장 중 광역
지자체의 장)는 도시 · 군기본계획을 수립하거나 변경하려면 관계 행정기관의
장(국토교통부장관 포함)과 협의한 후 지방도시계획위원회의 심의를 거쳐야
한다.(→국장의 승인 없이 자체 확정 후 직접 공고)

② 협의 요청을 받은 관계 행정기관의 장은 특별한 사유가 없으면 그 요청
을 받은 날부터 30일 이내에 특별시장 · 광역시장 · 특별자치시장 또는 특별
자치도지사에게 의견을 제시하여야 한다.

5. 도시 · 군기본계획의 승인(기초지자체)

① 시장 또는 군수(→육장 중 기초지자체의 장)는 도시 · 군기본계획을 수립하거나
변경하려면 도지사의 승인을 받아야 한다.(→시장·군수는 자체 확정하지 못하고
도지사의 승인을 받아야 하고, 도지사가 송부한 승인계획을 공고)

② 도지사는 도시 · 군기본계획을 승인하려면 관계 행정기관의 장과 협의한 후
지방도시계획위원회의 심의를 거쳐야 한다.

③ 협의 요청을 받은 관계 행정기관의 장은 특별한 사유가 없으면 그 요청을
받은 날부터 30일 이내에 도지사에게 의견을 제시하여야 한다.

6. 도시·군기본계획의 정비

① 특별시장 · 광역시장 · 특별자치시장 · 특별자치도지사 · 시장 또는 군수는
5년마다 관할 구역의 도시 · 군기본계획에 대하여 타당성을 전반적으로
재검토하여 정비하여야 한다.

② 육장은 도시 · 군기본계획의 내용에 우선하는 광역도시계획의 내용 및 도시·군
기본계획에 우선하는 국가계획의 내용을 도시 · 군기본계획에 반영하여야 한다.

7. 생활권계획 수립의 특례

① 육장은 생활권역별 개발 · 정비 및 보전 등에 필요한 경우 생활권계획을 따로
수립할 수 있다.(생활권계획과 도시 · 군기본계획의 수립권자는 육장으로 동일)

② 생활권계획을 수립할 때에는 도시 · 군기본계획의 수립절차를 준용한다.

③ 생활권계획이 수립 또는 승인된 때에는 해당 계획이 수립된 생활권에
대해서는 도시 · 군기본계획이 수립 또는 변경된 것으로 본다.

육장
특·광·특·특·시·군의 長

타당성 재검토는 5년!

생활권계획은 기본계획!

국토의 계획 및 이용에 관한 법령상 **도시·군기본계획**의 수립 및 정비에 관한 조문의 일부이다. (   )에 들어갈 숫자를 옳게 연결한 것은?^{27회}

> ○ 도시·군기본계획 입안일부터 (ㄱ)년 이내에 토지적성평가를 실시한 경우 등 대통령령으로 정하는 경우에는 토지적성평가 또는 재해취약성분석을 하지 아니할 수 있다.
> ○ 시장 또는 군수는 (ㄴ)년마다 관할 구역의 도시·군기본계획에 대하여 그 타당성 여부를 전반적으로 재검토하여 정비하여야 한다.

① ㄱ: 2, ㄴ: 5 ② ㄱ: 3, ㄴ: 2 ③ ㄱ: 3, ㄴ: 5 ④ ㄱ: 5, ㄴ: 5 ⑤ ㄱ: 5, ㄴ: 10

둘 다 5년이죠? 정답④

국토의 계획 및 이용에 관한 법령상 시장 또는 군수가 **도시·군기본계획**의 승인을 받으려 할 때, **도시·군기본계획안에 첨부하여야 할 서류**에 해당하는 것은?^{33회}

도시·군기본계획 수립절차
(기초조사, 주민 및 의회 의견청취)
→수립→(협의, 심의)→승인

① 기초조사 결과   ② 청문회의 청문조서
③ 해당 시·군 및 도의 의회의 심의·의결 결과
④ 해당 시·군 및 도의 지방도시계획위원회의 심의 결과
⑤ 관계 중앙행정기관의 장과의 협의 및 중앙도시계획위원회의 심의에 필요한 서류

시장 또는 군수가 기본계획을 수립하기 전에 한 행위를 골라야죠. ② 청문회가 아니라 공청회를 해야 합니다. ③ 해당 시·군 의회의 의견청취 결과를 첨부하면 됩니다. 시장·군수가 기본계획을 수립하는데 도의회는 필요 없죠. ④ 지방도시계획위원회 심의는 도지사가 승인할 때 필요한 절차입니다. 이때는 해당 시·군이 아니라 도 지방도시계획위원회의 심의를 거쳐야 합니다. ⑤ 협의 및 심의도 도지사가 승인할 때 거쳐야 하는 절차입니다. 또한 '중앙'이 아니고, '지방'이어야 맞습니다. ① 기초조사는 계획수립할 때 가장 먼저 거치는 절차죠. 따라서 도지사의 승인을 받을 때 첨부해야 하는 서류가 됩니다. 정답①

국토계획법령상 **도시·군기본계획**에 관한 설명으로 틀린 것은?^{31회}

① 시장 또는 군수는 인접한 시 또는 군의 관할 구역을 포함하여 도시·군기본계획을 수립하려면 미리 그 시장 또는 군수와 협의하여야 한다.(○)
② 도시·군기본계획 입안일로부터 5년 이내에 토지적성평가를 실시한 경우에는 토지적성평가를 하지 아니할 수 있다.(○)
③ 시장 또는 군수는 도시·군기본계획을 수립하려면 미리 그 시 또는 군 의회의 의견을 들어야 한다.(○)
④ 시장 또는 군수는 도시·군기본계획을 변경하려면 도지사와 협의한 후 지방도시계획위원회의 심의를 거쳐야 한다.(×)
⑤ 시장 또는 군수는 5년마다 관할 구역의 도시·군기본계획에 대하여 타당성을 전반적으로 재검토하여야 한다.(○)

④ 시장 또는 군수가 도시·군기본계획을 변경하려면 도지사와 협의하는 것이 아니라 도지사의 승인을 받아야 합니다. 도지사는 이를 승인하기 위하여 관계 행정기관의 장과 협의한 후 지방도시계획위원회의 심의를 거쳐야 하는 거죠.

국토계획법령상 **도시·군기본계획**에 관한 설명으로 틀린 것은?[32회]

① 수도권정비계획법에 의한 수도권에 속하고 광역시와 경계를 같이하지 아니한 시로서 인구 20만명 이하인 시는 도시·군기본계획을 수립하지 아니할 수 있다.(×)

② 도시·군기본계획에는 기후변화 대응 및 에너지 절약에 관한 사항에 대한 정책방향이 포함되어야 한다.(○)

③ 광역도시계획이 수립되어 있는 지역에 대하여 수립하는 도시·군기본계획은 그 광역도시계획에 부합되어야 한다.(○)

④ 시장 또는 군수는 5년마다 관할 구역의 도시·군기본계획에 대하여 타당성을 전반적으로 재검토하여 정비하여야 한다.(○)

⑤ 특별시장·광역시장·특별자치시장 또는 특별자치도지사는 도시·군기본계획을 변경하려면 관계 행정기관의 장(국토교통부장관을 포함)과 협의한 후 지방도시계획위원회의 심의를 거쳐야 한다.(○)

> ① 도시·군기본계획을 수립하지 않아도 되는 경우는 1) 수도권에 속하지 않고, 2) 광역시와 경계를 같이 하지 않고, 3) 인구 10만명 이하인 경우입니다. ② 19조1항 8의2호 ⑤ 이렇게 협의와 심의를 거치면 국장의 승인 없이 바로 변경 가능해요.

국토계획법령상 **도시·군기본계획**에 관한 설명으로 옳은 것은?[24회]

① 시장·군수는 관할구역에 대해서만 도시·군기본계획을 수립할 수 있으며, 인접한 시 또는 군의 관할지역을 포함하여 계획을 수립할 수 없다.(×)

② 도시·군기본계획의 내용이 광역도시계획의 내용과 다를 때에는 국토교통부장관이 결정하는 바에 따른다.(×)

③ 수도권정비계획법에 의한 수도권에 속하지 아니하고 광역시와 경계를 같이하지 아니한 인구 7만명의 군은 도시·군기본계획을 수립하지 아니할 수 있다.(○)

④ 도시·군기본계획을 변경하는 경우에는 공청회를 개최하지 아니할 수 있다.(×)

⑤ 광역시장이 도시·군기본계획을 수립하려면 국토교통부장관의 승인을 받아야 한다.(×)

> ① 인접한 시 또는 군의 관할지역의 전부 또는 일부를 포함하여 수립할 수 있어요. ② 국장이 결정하는 것이 아니라 광역도시계획이 우선하죠. ③ 7만명은 10만명 이하니까 맞아요. ④ 변경할 때도 공청회는 필수 ⑤ 광역시장이 수립하고 스스로 확정합니다. 예를 들어, 부산시장이 부산시기본계획을 수립하는데 국장의 승인은 불필요하다는 거죠.

(기초조사, 주민 및 의회 의견청취) → 입안 → (협의, 심의) → 결정 → (고시 후 송부)

기초조사★★

도시·군관리계획을 입안하는 경우에는 광역도시계획의 수립을 위한 기초조사 규정을 준용한다.

1. 기초조사에 포함할 내용

국토교통부장관, 시·도지사, 시장 또는 군수는 기초조사의 내용에 환경성 검토, 토지적성평가와 재해취약성분석을 포함하여야 한다.

2. 기초조사 등을 실시하지 않을 수 있는 요건

도시·군관리계획으로 입안하려는 지역이 **다음 요건**에 해당하면 기초조사, 환경성 검토, 토지적성평가 또는 재해취약성분석을 하지 아니할 수 있다.

① 기초조사를 실시하지 아니할 수 있는 요건

ㄱ. 해당 지구단위계획구역이 도심지(상업지역과 상업지역에 연접한 지역)에 위치하는 경우

ㄴ. 해당 지구단위계획구역 안의 나대지면적이 구역면적의 2%에 미달하는 경우

ㄷ. 해당 지구단위계획구역 또는 도시·군계획시설부지가 다른 법률에 따라 지역·지구 등으로 지정되거나 개발계획이 수립된 경우

ㄹ. 해당 지구단위계획구역의 지정목적이 해당 구역을 정비 또는 관리하고자 하는 경우로서 지구단위계획의 내용에 너비 12미터 이상 도로의 설치계획이 없는 경우

ㅁ. 기존의 용도지구를 폐지하고 지구단위계획을 수립 또는 변경하여 그 용도지구에 따른 건축물이나 그 밖의 시설의 용도·종류 및 규모 등의 제한을 그대로 대체하려는 경우

ㅂ. 해당 도시·군계획시설의 결정을 해제하려는 경우

② 환경성 검토를 실시하지 아니할 수 있는 요건

ㄱ. 기초조사를 실시하지 아니할 수 있는 요건에 해당하는 경우

ㄴ. 전략환경영향평가 대상인 도시·군관리계획을 입안하는 경우

③ 토지적성평가를 실시하지 아니할 수 있는 요건

ㄱ. 기초조사를 실시하지 아니할 수 있는 요건에 해당하는 경우

ㄴ. 도시·군관리계획 입안일부터 5년 이내에 토지적성평가를 실시한 경우

ㄷ. 주거지역·상업지역 또는 공업지역에 도시·군관리계획을 입안하는 경우

ㄹ. 법 또는 다른 법령에 따라 조성된 지역에 도시 · 군관리계획을 입안하는 경우

ㅁ. 개발제한구역에서 조정 또는 해제된 지역에 대하여 도시 · 군관리계획을 입안하는 경우

ㅂ. 도시개발법에 따른 도시개발사업의 경우

ㅅ. 지구단위계획구역 또는 도시 · 군계획시설부지에서 도시 · 군관리계획을 입안하는 경우

ㅇ. 다음에 해당하는 용도지역 · 용도지구 · 용도구역의 지정 또는 변경의 경우

• 주거지역·상업지역·공업지역 또는 계획관리지역의 그밖의 용도지역으로의 변경(계획관리지역을 자연녹지지역으로 변경하는 경우는 제외)

• 주거지역·상업지역·공업지역 또는 계획관리지역 외의 용도지역 상호간의 변경 (자연녹지지역으로 변경하는 경우는 제외)

• 용도지구·용도구역의 지정 또는 변경(개발진흥지구의 지정 또는 확대지정은 제외)

ㅈ. 다음 기반시설을 설치하는 경우

• 용도지역별 개발행위규모에 해당하는 기반시설

• 도로 · 철도 · 궤도 · 수도 · 가스 등 선형으로 된 교통시설 및 공급시설

• 공간시설(체육공원·묘지공원 및 유원지는 제외)

• 방재시설 및 환경기초시설(폐차장은 제외)

• 개발제한구역 안에 설치하는 기반시설

토지적성평가를 실시하지 않을 수 있는 요건이 가장 많네~

토지적성평가를 실시해야 하는 경우
① 자연녹지지역으로 변경
② 개발진흥지구의 (확대)지정
③ 체육공원,묘지공원,유원지

④ 재해취약성분석을 실시하지 않을 수 있는 요건

ㄱ. 기초조사를 실시하지 아니할 수 있는 요건에 해당하는 경우

ㄴ. 도시 · 군관리계획 입안일부터 5년 이내에 재해취약성분석을 실시한 경우

ㄷ. 토지적성평가를 실시하지 아니할 수 있는 요건 중 용도지역·용도지구·용도구역의 지정 또는 변경의 경우(방재지구의 지정·변경은 제외)

ㄹ. 다음 기반시설을 설치하는 경우

• 토지적성평가를 실시하지 아니할 수 있는 요건 중 용도지역별 개발행위 규모에 해당하는 기반시설

• 공간시설 중 녹지 · 공공공지

국토의 계획 및 이용에 관한 법령상 도시·군관리계획을 입안할 때 **환경성 검토**를 실시하지 않아도 되는 경우에 해당하는 것만을 모두 고른 것은?[27회]

> ㄱ. 개발제한구역 안에 기반시설을 설치하는 경우
> ㄴ. 도시개발법에 따른 도시개발사업의 경우
> ㄷ. 해당 지구단위계획구역 안의 나대지 면적이 구역면적의 2%에 미달하는 경우

① ㄱ ② ㄷ ③ ㄱ, ㄴ ④ ㄴ,ㄷ ⑤ ㄱ,ㄴ,ㄷ

ㄱ과 ㄴ은 토지적성평가를 실시하지 아니할 수 있는 요건 ㄷ은 기초조사를 실시하지 아니할 수 있는 요건이므로 환경성 검토, 토지적성평가, 재해취약성분석을 실시하지 않을 요건이기도 합니다. 정답②

주민과 지방의회의 의견 청취**

1. 주민 의견 청취(주민공람)

① 국토교통부장관, 시 · 도지사, 시장 또는 군수는 도시 · 군관리계획을 입안할 때에는 주민의 의견을 들어야 하며, 그 의견이 타당하다고 인정되면 도시 · 군관리계획안에 반영하여야 한다. 다만, 국방상 또는 국가안전보장상 기밀을 지켜야 할 필요가 있는 사항(관계 중앙행정기관의 장이 요청하는 것만 해당) 이거나 경미한 사항인 경우에는 그러하지 아니하다.

② 국토교통부장관, 시 · 도지사, 시장 또는 군수는 **다음 경우**로서 그 내용이 해당 지방자치단체의 조례로 정하는 중요한 사항인 경우에는 그 내용을 다시 공고 · 열람하게 하여 주민의 의견을 들어야 한다.

ㄱ. 청취한 주민 의견을 도시 · 군관리계획안에 반영하고자 하는 경우

ㄴ. 관계 행정기관의 장과의 협의 및 중앙도시계획위원회의 심의, 시·도도시계획위원회의 심의 또는 시·도에 두는 건축위원회와 도시계획위원회의 공동 심의에서 제시된 의견을 반영하여 도시 · 군관리계획을 결정하고자 하는 경우

2. 지방의회 의견 청취

국토교통부장관, 시 · 도지사, 시장 또는 군수는 도시 · 군관리계획을 입안하려면 해당 지방의회의 의견을 들어야 한다.

도시·군관리계획의 입안***

1. 입안권자

① 특별시장 · 광역시장 · 특별자치시장 · 특별자치도지사 · 시장 또는 군수 (육장이 도시 · 군관리계획의 입안권자)는 관할 구역에 대하여 도시 · 군관리계획을 입안하여야 한다.

② 육장은 인접한 특별시 · 광역시 · 특별자치시 · 특별자치도 · 시 또는 군의 관할 구역 전부 또는 일부를 포함하여 도시 · 군 관리계획을 입안할 수 있다.

③ 인접한 특별시 · 광역시 · 특별자치시 · 특별자치도 · 시 또는 군의 관할 구역에 대한 도시 · 군관리계획은 관계되는 육장이 협의하여 공동으로 입안하거나 입안할 자를 정한다.

④ 협의가 성립되지 아니하는 경우 도시 · 군관리계획을 입안하려는 구역이 같은 도의 관할 구역에 속할 때에는 관할 도지사가, 둘 이상의 시 · 도의 관할 구역에 걸쳐 있을 때에는 국토교통부장관이 입안할 자를 지정하고 그 사실을 고시하여야 한다.

⑤ 국토교통부장관은 **다음 경우**에 직접 또는 관계 중앙행정기관의 장의 요청에 의하여 도시 · 군관리계획을 입안할 수 있다.(국장은 예외적인 입안권자) 이 경우 국토교통부장관은 관할 시 · 도지사 및 시장 · 군수의 의견을 들어야 한다.

ㄱ. 국가계획과 관련된 경우

ㄴ. 둘 이상의 시·도에 걸쳐 지정되는 용도지역·용도지구 또는 용도구역과 둘 이상의 시·도에 걸쳐 이루어지는 사업의 계획 중 도시·군관리계획으로 결정하여야 할 사항이 있는 경우

ㄷ. 육장이 기한까지 국토교통부장관의 도시·군관리계획 조정 요구에 따라 도시·군관리계획을 정비하지 아니하는 경우

⑥ 도지사는 **다음 경우**에 직접 또는 시장이나 군수의 요청에 의하여 도시·군관리계획을 입안할 수 있다.(→도지사는 예외적인 입안권자) 이 경우 도지사는 관계 시장 또는 군수의 의견을 들어야 한다.

육장이 입안권자, 국장과 도지사는 예외적인 입안권자!

ㄱ. 둘 이상의 시·군에 걸쳐 지정되는 용도지역·용도지구 또는 용도구역과 둘 이상의 시·군에 걸쳐 이루어지는 사업의 계획 중 도시·군관리계획으로 결정하여야 할 사항이 포함되어 있는 경우

ㄴ. 도지사가 직접 수립하는 사업의 계획으로서 도시·군관리계획으로 결정하여야 할 사항이 포함되어 있는 경우

2. 입안

① 도시·군관리계획은 광역도시계획과 도시·군기본계획(생활권계획 포함)에 부합되어야 한다.(→광역계획과 기본계획은 관리계획보다 상위 계획)

② 국토교통부장관, 시·도지사, 시장 또는 군수는 도시·군관리계획을 입안할 때에는 도시·군관리계획도서(계획도와 계획조서)와 이를 보조하는 계획설명서(기초조사결과·재원조달방안 및 경관계획 등)를 작성하여야 한다.

③ 도시·군관리계획은 계획의 상세 정도, 도시·군관리계획으로 결정하여야 하는 기반시설의 종류 등에 대하여 도시 및 농·산·어촌 지역의 인구밀도, 토지 이용의 특성 및 주변 환경 등을 종합적으로 고려하여 차등을 두어 입안하여야 한다.

④ 도시·군관리계획의 수립기준, 도시·군관리계획도서 및 계획설명서의 작성기준·작성방법 등은 국토교통부장관이 정한다.

3. 입안의 제안

① 주민(이해관계자 포함)은 **다음 사항**에 대하여 도시·군관리계획을 입안할 수 있는 자에게 도시·군관리계획의 입안을 제안할 수 있다. 이 경우 제안서에는 도시·군관리계획도서와 계획설명서를 첨부하여야 한다.

ㄱ. 기반시설의 설치·정비 또는 개량에 관한 사항

ㄴ. 지구단위계획구역의 지정 및 변경과 지구단위계획의 수립 및 변경에 관한 사항

ㄷ. 산업·유통개발진흥지구의 지정 및 변경에 관한 사항

5가지 입안 제안 사항 꼭 기억해!

• 1만㎡ 이상 3만㎡ 미만의 면적

• 자연녹지지역·계획관리지역 또는 생산관리지역에 지정

ㄹ. 용도지구 중 해당 용도지구에 따른 건축물이나 그 밖의 시설의 용도·종류 및 규모 등의 제한을 지구단위계획으로 대체하기 위한 용도지구의 지정 및 변경에 관한 사항

ㅁ. 도시 · 군계획시설입체복합구역의 지정 및 변경과 도시 · 군계획시설입체복합구역의 건축제한 · 건폐율 · 용적률 · 높이 등에 관한 사항

② (①-ㄱ,ㅁ)을 제안하는 경우에는 대상 토지 면적의 5분의 4 이상에 해당하는 토지소유자의 동의를 받아야 하고, (①-ㄴ,ㄷ,ㄹ)의 경우에는 대상 토지 면적의 3분의 2 이상에 해당 하는 토지소유자의 동의를 받아야 한다. 이 경우 동의 대상 토지 면적에서 국·공유지는 제외한다.

③ 도시 · 군관리계획의 입안을 제안받은 자(→국토교통부장관, 시 · 도지사, 시장 또는 군수)는 그 처리 결과를 제안자에게 알려야 한다. 제안일부터 45일 이내에 도시 · 군관리계획 입안에의 반영 여부를 제안자에게 통보하여야 하나, 부득이한 사정이 있는 경우에는 1회에 한하여 30일을 연장할 수 있다.

④ 도시 · 군관리계획의 입안을 제안받은 자는 제안자와 협의하여 제안된 도시 · 군관리계획의 입안 및 결정에 필요한 비용의 전부 또는 일부를 제안자에게 부담시킬 수 있다.

저자의 한마디

토지소유자 4/5 또는 2/3이상의 동의가 아니라 대상토지면적의 4/5 또는 2/3에 해당하는 토지소유자의 동의입니다.

최장 75일이군! (45일 + 30일)

4. 입안의 특례

① 국토교통부장관, 시 · 도지사, 시장 또는 군수는 도시 · 군관리계획을 조속히 입안하여야 할 필요가 있다고 인정되면 광역도시계획이나 도시 · 군기본계획을 수립할 때에 도시 · 군관리계획을 함께 입안할 수 있다.

② 국토교통부장관, 시 · 도지사, 시장 또는 군수는 필요하다고 인정되면 도시·군관리계획을 입안할 때에 협의하여야 할 사항에 관하여 관계 중앙행정기관의 장이나 관계 행정기관의 장과 협의할 수 있다.

③ 미리 협의한 사항에 대하여는 도시 · 군관리계획의 결정에 따른 협의를 생략할 수 있다.

국토의 계획 및 이용에 관한 법령상 주민이 **도시·군관리계획**의 입안권자에게 그 **입안을 제안**할 수 있는 사항이 아닌 것은?[34회]
① 입지규제최소구역의 지정 및 변경과 입지규제최소구역 계획의 수립 및 변경에 관한 사항
② 지구단위계획구역의 지정 및 변경과 지구단위계획의 수립 및 변경에 관한 사항
③ 기반시설의 설치·정비 또는 개량에 관한 사항
④ 산업·유통개발진흥지구의 변경에 관한 사항
⑤ 시가화조정구역의 지정 및 변경에 관한 사항

⑤ 시가화조정구역의 지정 및 변경에 관한 사항은 입안제안할 수 없어요.(26조1항) 정답⑤

국토의 계획 및 이용에 관한 법령상 주민이 **도시·군관리계획의 입안을 제안**하려는 경우 요구되는 제안 사항별 토지소유자의 동의 요건으로 틀린 것은?(단, 동의 대상 토지 면적에서 국 ·공유지는 제외함)[29회]
① 기반시설의 설치에 관한 사항 : 대상 토지 면적의 5분의 4 이상(○)
② 기반시설의 정비에 관한 사항 : 대상 토지 면적의 3분의 2 이상(×)

③ 지구단위계획구역의 지정과 지구단위계획의 수립에 관한 사항 : 대상 토지 면적의 3분의 2 이상(○)

④ 산업·유통개발진흥지구의 지정에 관한 사항 : 대상 토지 면적의 3분의 2 이상(○)

⑤ 용도지구 중 해당 용도지구에 따른 건축물이나 그 밖의 시설의 용도·종류 및 규모 등의 제한을 지구단위계획으로 대체하기 위한 용도지구의 지정에 관한 사항 : 대상 토지 면적의 3분의 2 이상(○)

①② 기반시설의 설치·정비 또는 개량에 관한 사항을 입안 제안하는 경우는 모두 대상토지면적의 5분의 4 이상의 동의가 필요해요.

국토계획법령상 **도시·군관리계획**에 관한 설명으로 틀린 것은?[32회]

① 국토교통부장관은 국가계획과 관련된 경우 직접 도시·군관리계획을 입안할 수 있다.(○)

② 주민은 산업·유통개발진흥지구의 지정에 관한 사항에 대하여 도시·군관리계획의 입안권자에게 입안을 제안할 수 있다.(○)

③ 도시·군관리계획으로 입안하려는 지구단위계획구역이 상업지역에 위치하는 경우에는 재해취약성분석을 하지 아니할 수 있다.(○)

④ 도시·군관리계획 결정의 효력은 지형도면을 고시한 다음 날부터 발생한다.(×)

도시·군관리계획 결정의 효력은 지형도면을 고시한 날부터 발생한다.(31조1항)

⑤ 인접한 특별시·광역시·특별자치시·특별자치도·시 또는 군의 관할구역에 대한 도시·군관리계획은 관계 특별시장·광역시장·특별자치시장·특별자치도지사·시장 또는 군수가 협의하여 공동으로 입안하거나 입안할 자를 정한다.(○)

② 산업·유통개발진흥지구는 주민입안 제안사항 ③ 도심지(상업지역과 그에 연접한 지역)은 기초조사, 환경성검토, 토지적성평가, 재해취약성분석을 모두 생략할 수 있어요. ④ 지형도면 고시일에 발생해요. 다음 날 아니에요.

국토의 계획 및 이용에 관한 법령상 주민이 **도시·군관리계획의 입안을 제안**하는 경우에 관한 설명으로 틀린 것은?[30회]

① 도시·군관리계획의 입안을 제안받은 자는 제안자와 협의하여 제안된 도시·군관리계획의 입안 및 결정에 필요한 비용의 전부 또는 일부를 제안자에게 부담시킬 수 있다.(○)

② 제안서에는 도시·군관리 계획도서뿐만 아니라 계획설명서도 첨부하여야 한다.(○)

③ 도시·군관리계획의 입안을 제안받은 자는 그 처리 결과를 제안자에게 알려야 한다.(○)

④ 산업·유통개발진흥지구의 지정 및 변경에 관한 사항은 입안제안의 대상에 해당하지 않는다.(×)

⑤ 도시·군관리계획의 입안을 제안하려는 자가 토지소유자의 동의를 받아야 하는 경우 국·공유지는 동의 대상 토지 면적에서 제외된다.(○)

④ 산업·유통개발진흥지구의 지정 및 변경에 관한 사항은 주민 입안 제안 사항입니다.

도시·군관리계획의 결정****

1. 결정권자

저자의 한마디

도시·군관리계획의 결정권자는 원칙적으로 시·도지사이고, 대도시시장, 시장·군수, 국장이 예외적으로 결정권자가 됩니다.

① 도시 · 군관리계획은 시 · 도지사가 직접 또는 시장 · 군수의 신청에 따라 결정한다.(→시 · 도지사가 도시 · 군관리계획의 결정권자).

② 서울특별시와 광역시 및 특별자치시를 제외한 인구 50만 이상의 대도시(→대도시, 예를 들어 성남시)의 경우에는 해당 시장(→대도시 시장, 예를 들어 성남시장)이 직접 결정한다.

저자의 한마디

인구 50만 이상의 대도시시장은 기초지자체의 장이긴 하지만, 도시·군관리계획의 결정에 있어서는 광역지자체의 장(시·도지사)과 같은 권한을 행사합니다.

③ **다음의 도시 · 군관리계획은** 시장 또는 군수가 직접 결정한다.

ㄱ. 시장 또는 군수가 입안한 지구단위계획구역의 지정 · 변경과 지구단위계획의 수립 · 변경에 관한 도시 · 군관리계획

ㄴ. 지구단위계획으로 대체하는 용도지구 폐지에 관한 도시 · 군관리계획

    (대도시 시장을 제외한 해당 시장 또는 군수가 도지사와 미리 협의한 경우에 한정)

④ **다음의 도시 · 군관리계획은** 국토교통부장관이 결정한다.(ㄹ은 해양수산부장관이 결정)

ㄱ. 국토교통부장관이 입안한 도시 · 군관리계획(→1. 국가계획의 경우, 2. 둘이상의 시·도에 걸친 경우, 3. 육장이 정비하지 않은 경우)

ㄴ. 개발제한구역의 지정 및 변경에 관한 도시 · 군관리계획

ㄷ. 시가화조정구역의 지정 및 변경에 관한 도시 · 군관리계획

ㄹ. 수산자원보호구역의 지정 및 변경에 관한 도시 · 군관리계획(→해장이 결정)

해양수산부장관은 해장!

2. 결정

① 시 · 도지사는 도시 · 군관리계획을 결정하려면 관계 행정기관의 장과 미리 협의하여야 하며, 국토교통부장관이 도시 · 군관리계획을 결정하려면 관계 중앙행정기관의 장과 미리 협의하여야 한다. 이 경우 협의 요청을 받은 기관의 장은 특별한 사유가 없으면 그 요청을 받은 날부터 30일 이내에 의견을 제시하여야 한다.

② 시 · 도지사는 국토교통부장관이 입안하여 결정한 도시 · 군관리계획을 변경하거나 그밖에 중요한 사항에 관한 도시 · 군관리계획을 결정하려면 미리 국토교통부장관과 협의하여야 한다.

지구단위계획 결정에는 건축위원회도 참여!

③ 국토교통부장관은 도시 · 군관리계획을 결정하려면 중앙도시계획위원회의 심의를 거쳐야 하며, 시 · 도지사가 도시 · 군관리계획을 결정하려면 시 · 도 도시계획위원회의 심의를 거쳐야 한다. 다만, 시 · 도지사가 지구단위계획이나 지구단위계획으로 대체하는 용도지구 폐지에 관한 사항을 결정하려면 시 · 도에 두는 건축위원회와 도시계획위원회가 공동으로 하는 심의를 거쳐야 한다.

④ 국토교통부장관이나 시·도지사는 국방상 또는 국가안전보장상 기밀을 지켜야 할 필요가 있다고 인정되면(관계 중앙행정기관의 장이 요청할 때만 해당) 그 도시·군관리계획의 전부 또는 일부에 대하여 규정에 따른 절차를 생략할 수 있다.

⑤ 국토교통부장관이나 시·도지사는 도시·군관리계획을 결정하면 그 결정을 고시하고, 관계 서류를 관계 육장(입안권자)에게 송부하여 일반이 열람할 수 있도록 하여야 한다.

⑥ 시장 또는 군수가 도시·군관리계획을 결정하는 경우에는 위의 규정을 준용 한다.

저자의 한마디

⑤ 도시·군관리계획은 결정권자가 직접 고시합니다. 반면, 도시·군기본계획을 도지사가 승인하는 경우에는 직접 고시하지 않고, 시장·군수에게 송부하여 공고하고 열람하게 합니다. 단, 도시·군기본계획을 특·광·특·특이 자체확정하는 경우에는 직접 공고합니다.

3. 지형도면의 고시

① 육장은 도시·군관리계획 결정이 고시되면 지적이 표시된 지형도에 도시·군관리계획에 관한 사항을 자세히 밝힌 도면(→지형도면)을 작성하여야 한다. (→육장이 지형도면의 작성의무자)

② 시장(대도시 시장 제외)이나 군수는 지형도에 도시·군관리계획(지구단위계획구역의 지정·변경과 지구단위계획의 수립·변경에 관한 도시·군 관리계획 제외)에 관한 사항을 자세히 밝힌 도면(→지형도면)을 작성하면 도지사의 승인을 받아야 한다. 이 경우 지형도면의 승인 신청을 받은 도지사는 그 지형도면과 결정·고시된 도시·군관리계획을 대조하여 착오가 없다고 인정되면 30일 이내에 그 지형도면을 승인하여야 한다.

③ 국토교통부장관이나 도지사는 도시·군관리계획을 직접 입안한 경우에는 관계 특별시장·광역시장·특별자치시장·특별자치도지사·시장 또는 군수의 의견을 들어 직접 지형도면을 작성할 수 있다.

4. 결정의 효력

① 도시·군관리계획 결정의 효력은 지형도면을 고시한 날(결정고시일×)부터 발생한다.

② 도시·군관리계획 결정 당시 이미 사업이나 공사에 착수한 자는 그 도시·군관리계획 결정과 관계없이 그 사업이나 공사를 계속할 수 있다.(→무신고가 원칙, 기득권 보호) 다만, 시가화조정구역이나 수산자원보호구역의 지정에 관한 도시·군관리계획 결정이 있는 경우에는 육장에게 도시·군관리계획결정의 고시일부터 3월 이내에 신고하고(허가 받고×) 그 사업이나 공사를 계속할 수 있다.

지형도면 고시일이
효력발생일!

5. 정비

육장은 5년마다 관할 구역의 도시·군관리계획에 대하여 그 타당성을 전반적으로 재검토하여 정비하여야 한다.

기본계획과 관리계획
모두 5년마다 재검토
(광역계획은 재검토 없음)

국토계획법령상 **도시 · 군관리계획**에 관한 설명으로 틀린 것은?[26회]

① 도시·군관리계획 결정의 효력은 지형도면을 고시한 날의 다음 날부터 발생한다.(×)

② 용도지구의 지정은 도시 · 군관리계획으로 결정한다.(○)

③ 주민은 기반시설의 설치 · 정비 또는 개량에 관한 사항에 대하여 입안권자에게 도시 · 군관리계획의 입안을 제안할 수 있다.(○)

④ 도시·군관리계획은 광역도시계획과 도시·군기본계획에 부합되어야 한다.(○)

⑤ 도시 · 군관리계획을 조속히 입안하여야 할 필요가 있다고 인정되면 도시 · 군기본계획을 수립할 때에 도시 · 군관리계획을 함께 입안할 수 있다.(○)

① 도시 · 군관리계획 결정의 효력은 지형도면을 고시한 날부터 발생합니다. 빈출지문!

국토계획법률상 **도시·군관리계획의 결정**에 관한 설명으로 틀린 것은?[31회]

① 시장 또는 군수가 입안한 지구단위계획구역의 지정·변경에 관한 도시·군관리계획은 시장 또는 군수가 직접 결정한다.(○)

② 개발제한구역의 지정에 관한 도시·군관리계획은 국토교통부장관이 결정 한다.(○)

③ 시·도지사가 지구단위계획을 결정하려면 건축법에 따라 시·도에 두는 건축위원회와 도시계획위원회가 공동으로 하는 심의를 거쳐야 한다.(○)

④ 국토교통부장관은 관계 중앙행정기관의 장의 요청이 없어도 국가안전보장상 기밀을 지켜야 할 필요가 있다고 인정되면 중앙도시계획위원회의 심의를 거치지 않고 시·군관리계획을 결정할 수 있다.(×)

⑤ 도시·군관리계획 결정의 효력은 지형도면을 고시한 날부터 발생한다.(○)

④ 국장이나 시 · 도지사는 국방상 또는 국가안전보장상 기밀을 지켜야 할 필요가 있다고 인정되면(관계 중앙행정기관의 장이 요청할 때만 해당) 그 도시 · 군관리계획의 전부 또는 일부에 대하여 규정에 따른 절차를 생략할 수 있습니다. ⑤ 빈출지문!

국토계획법령상 **도시·군관리계획** 등에 관한 설명으로 옳은 것은?[28회]

① 시가화조정구역의 지정에 관한 도시·군관리계획 결정당시 승인받은 사업이나 공사에 이미 착수한 자는 신고없이 그 사업이나 공사를 계속할 수 있다.(×)

② 국가계획과 연계하여 시가화조정구역의 지정이 필요한 경우 국토교통부장관이 직접 그 지정을 도시·군관리계획으로 결정할 수 있다.(○)

③ 도시·군관리계획의 입안을 제안받은 자는 도시·군관리계획의 입안 및 결정에 필요한 비용을 제안자에게 부담시킬 수 없다.(×)

④ 수산자원보호구역의 지정에 관한 도시·군관리계획은 국토교통부장관이 결정한다.(×)

⑤ 도시·군관리계획 결정은 지형도면을 고시한 날의 다음날부터 효력이 발생한다.(×)

국토의 계획 및 이용에 관한 법령상 **도시 · 군관리계획의 결정**에 관한 설명으로 옳은 것은?^{35회}

① 도시 · 군관리계획 결정의 효력은 지형도면을 고시한 날의 다음 날부터 발생한다.(×)

② 시가화조정구역의 지정에 관한 도시 · 군관리계획 결정 당시 이미 사업에 착수한 자는 그 결정에도 불구하고 신고 없이 그 사업을 계속할 수 있다.(×)

③ 국토교통부장관이 도시 · 군관리계획을 직접 입안한 경우에는 시·도지사가 지형도면을 작성하여야 한다.(×)

④ 시장 · 군수가 입안한 지구단위계획의 수립에 관한 도시 · 군관리계획은 시장 · 군수의 신청에 따라 도지사가 결정한다.(×)

⑤ 시 · 도지사는 국가계획과 관련되어 국토교통부장관이 입안하여 결정한 도시 · 군관리계획을 변경하려면 미리 국토교통부장관과 협의하여야 한다.(○)

국토의 계획 및 이용에 관한 법령상 **도시 · 군계획**에 관한 설명으로 옳은 것은?^{35회}

① 도시 · 군기본계획의 내용이 광역도시계획의 내용과 다를 때에는 도시 · 군기본계획의 내용이 우선한다.(×)

② 도시 · 군기본계획의 수립권자가 생활권계획을 따로 수립한 때에는 해당 계획이 수립된 생활권에 대해서는 도시 · 군관리계획이 수립된 것으로 본다.(×)

③ 시장 · 군수가 미리 지방의회의 의견을 들어 수립한 도시 · 군기본계획의 경우 도지사는 지방도시계획위원회의 심의를 거치지 않고 해당 계획을 승인할 수 있다.(×)

④ 주민은 공공청사의 설치에 관한 사항에 대하여 도시 · 군관리계획의 입안권자에게 그 계획의 입안을 제안할 수 있다.(○)

⑤ 광역도시계획이나 도시 · 군기본계획을 수립할 때 도시 · 군관리계획을 함께 입안할 수 없다.(×)

공간재구조화계획**

1. 공간재구조화계획의 입안

① 육장은 다음 용도구역을 지정하고 해당 용도구역에 대한 계획을 수립하기 위하여 공간재구조화계획을 입안하여야 한다.

ㄱ. 도시혁신구역 및 도시혁신계획

ㄴ. 복합용도구역 및 복합용도계획

ㄷ. 도시·군계획시설입체복합구역(ㄱ 또는 ㄴ과 함께 구역을 지정하거나 계획을 입안하는 경우로 한정)

② 공간재구조화계획의 입안과 관련하여 도시·군관리계획의 입안절차를 준용한다. 이 경우 도시·군관리계획은 공간재구조화계획으로 본다.

③ 국토교통부장관은 도시의 경쟁력 향상, 특화발전 및 지역 균형발전 등을 위하여 필요한 때에는 관할 육장의 요청에 따라 공간재구조화계획을 입안할 수 있다.

④ 공간재구조화계획을 입안하려는 국토교통부장관(수산자원보호구역의 경우는 해양수산부장관), 시·도지사, 시장 또는 군수(→공간재구조화계획 입안권자)는 공간재구조화계획도서(계획도와 계획조서) 및 이를 보조하는 계획설명서(기초조사결과·재원조달방안 및 경관계획 포함)를 작성하여야 한다.

2. 공간재구조화계획 입안의 제안

① 주민(이해관계자 포함)은 용도구역 지정을 위하여 공간재구조화계획 입안권자에게 공간재구조화계획의 입안을 제안할 수 있다. 이 경우 제안서에는 공간재구조화계획도서와 계획설명서를 첨부하여야 한다.

② 공간재구조화계획의 입안을 제안하려는 자는 **다음 구분에 따라** 토지소유자의 동의를 받아야 한다. 이 경우 동의 대상 토지 면적에서 국유지 및 공유지는 제외한다.

ㄱ. **도시혁신구역 또는 복합용도구역**의 지정을 제안하는 경우: 대상 토지면적의 3분의 2 이상

ㄴ. **입체복합구역**의 지정을 제안하는 경우(도시혁신구역 또는 복합용도구역과 함께 입체복합구역을 지정하거나 도시혁신계획 또는 복합용도계획과 함께 입체복합구역 지정에 관한 공간재구조화계획을 입안하는 경우로 한정): 대상 토지면적의 5분의 4 이상

③ 제안을 받은 국토교통부장관(수산자원보호구역의 경우 해양수산부장관), 시·도지사, 시장 또는 군수(→공간재구조화계획 입안권자)는 제안일부터 45일 이내에 공간재구조화계획 입안에의 반영 여부를 제안자에게 통보해야 한다. 다만, 부득이한 사정이 있는 경우에는 1회에 한정하여 30일을 연장할 수 있다.

④ 공간재구조화계획 입안권자는 제안을 공간재구조화계획 입안에 반영할지 여부를 결정함에 있어서 필요한 경우에는 중앙도시계획위원회 또는 지방도시

계획위원회의 자문을 거칠 수 있다.

⑤ 공간재구조화계획의 입안을 제안받은 공간재구조화계획 입안권자는 공간재구조화계획으로 지정된 용도구역 내 국유재산의 면적 및 공유재산의 면적의 합이 공간재구조화계획으로 지정된 용도구역 면적의 100분의 50을 초과하는 경우에는 제안자 외의 제3자에 의한 제안이 가능하도록 제안 내용의 개요를 공고하여야 한다. 다만, 제안받은 공간재구조화계획을 입안하지 아니하기로 결정한 때에는 그러하지 아니하다.

⑥ 공간재구조화계획 입안권자는 최초 제안자의 제안서 및 제3자 제안서에 대하여 토지이용계획의 적절성 등을 검토·평가한 후 제출한 제안서 내용의 전부 또는 일부를 공간재구조화계획의 입안에 반영할 수 있다.

⑦ 공간재구조화계획 입안권자가 제안서 내용의 채택 여부 등을 결정한 경우에는 그 결과를 제안자와 제3자에게 알려야 한다.

⑧ 공간재구조화계획 입안권자는 제안자 또는 제3자와 협의하여 제안된 공간재구조화계획의 입안 및 결정에 필요한 비용의 전부 또는 일부를 제안자 또는 제3자에게 부담시킬 수 있다.

3. 공간재구조화계획의 내용

공간재구조화계획에는 **다음 사항**을 포함하여야 한다.

① 용도구역 지정 위치 및 용도구역에 대한 계획 등에 관한 사항

② 공간재구조화계획의 범위 설정에 관한 사항

③ 공간재구조화계획 기본구상 및 토지이용계획

④ 도시혁신구역 및 복합용도구역 내의 도시·군기본계획 변경 및 도시·군관리계획 결정·변경에 관한 사항

⑤ 도시혁신구역 및 복합용도구역 외의 지역에 대한 주거·교통·기반시설 등에 미치는 영향 및 이에 대한 관리방안(도시·군관리계획 결정·변경에 관한 사항 포함)

⑥ 환경관리계획 또는 경관계획

4. 공간재구조화계획 수립을 위한 기초조사, 의견청취 등

① 공간재구조화계획의 입안을 위한 기초조사, 주민과 지방의회의 의견 청취 등에 관하여는 도시·군관리계획의 수립절차를 준용한다. 이 경우 도시·군관리계획은 공간재구조화계획으로, 국토교통부장관, 시·도지사, 시장 또는 군수는 공간재구조화계획 입안권자로 본다.

② 기초조사, 환경성 검토, 토지적성평가 또는 재해취약성분석은 공간재구조화계획 입안일부터 5년 이내 기초조사를 실시한 경우 등 대통령령으로 정하는 바에 따라 생략할 수 있다.

5. 공간재구조화계획의 결정

① 공간재구조화계획은 시·도지사가 직접 또는 시장·군수의 신청에 따라 결정한다. 다만, 국토교통부장관이 입안한 공간재구조화계획은 국토교통부장관이 결정한다.

② 국토교통부장관 또는 시·도지사가 공간재구조화계획을 결정하려면 미리 관계 행정기관의 장(국토교통부장관 포함)과 협의하고 다음에 따라 중앙도시계획위원회 또는 지방도시계획위원회의 심의를 거쳐야 한다. 이 경우 협의 요청을 받은 기관의 장은 특별한 사유가 없으면 그 요청을 받은 날부터 30일(도시혁신구역 지정을 위한 공간재구조화계획 결정의 경우에는 근무일 기준으로 10일) 이내에 의견을 제시하여야 한다.

ㄱ. 국토교통부장관이 결정하는 공간재구조화계획이나 시·도지사가 결정하는 공간재구조화계획 중 용도구역 지정 및 입지 타당성 등에 관한 사항은 중앙도시계획위원회의 심의를 거친다.

ㄴ. ㄱ을 제외한 공간재구조화계획에 대하여는 지방도시계획위원회의 심의를 거친다.

③ 국토교통부장관 또는 시·도지사는 공간재구조화계획을 결정하면 그 결정을 고시하고, 국토교통부장관이나 도지사는 관계 서류를 관계 특별시장·광역시장·특별자치시장·특별자치도지사·시장 또는 군수에게 송부하여 일반이 열람할 수 있도록 하여야 하며, 특별시장·광역시장·특별자치시장·특별자치도지사는 관계 서류를 일반이 열람할 수 있도록 하여야 한다.

6. 공간재구조화계획 결정의 효력 등

① 공간재구조화계획 결정의 효력은 지형도면을 고시한 날부터 발생한다. 다만, 지형도면이 필요 없는 경우에는 결정을 고시한 날부터 효력이 발생한다.

② 위처럼 고시를 한 경우에 해당 구역 지정 및 계획 수립에 필요한 내용에 대해서는 고시한 내용에 따라 도시·군기본계획의 수립·변경과 도시·군관리계획의 결정(변경결정 포함) 고시를 한 것으로 본다.

③ 지형도면 고시 등에 관하여는 도시·군관리계획에 관한 지형도면의 고시를 준용한다. 이 경우 도시·군관리계획은 공간재구조화계획으로 본다.

④ 고시를 할 당시에 이미 사업이나 공사에 착수한 자는 그 공간재구조화계획 결정과 관계없이 그 사업이나 공사를 계속할 수 있다.

⑤ 고시된 공간재구조화계획의 내용은 도시·군계획으로 관리하여야 한다.

05 용도지역·용도지구·용도구역★★★★

지금부터는 총칙에서 살펴본 **도시·군관리계획의 6가지 유형**에 대해 자세히 알아봅니다. 이중에서 도시개발사업이나 정비사업에 관한 계획은 도시개발법과 도시정비법에서 학습합니다.

용도지역★★★

1. 용도지역의 지정 또는 변경

용도지역은 도·관·농·자
도시는 주·상·공·녹,
관리는 보·생·계

국토교통부장관, 시 · 도지사 또는 대도시 시장(→용도지역의 지정권자)은 다음 용도지역의 지정 또는 변경을 도시 · 군관리계획으로 결정한다.

① 도시지역

주거지역	거주의 안녕과 건전한 생활환경의 보호를 위하여 필요한 지역
상업지역	상업이나 그 밖의 업무의 편익을 증진하기 위하여 필요한 지역
공업지역	공업의 편익을 증진하기 위하여 필요한 지역
녹지지역	자연환경 · 농지 및 산림의 보호, 보건위생, 보안과 도시의 무질서한 확산을 방지하기 위하여 녹지의 보전이 필요한 지역

② 관리지역

보전관리지역	자연환경 보호, 산림 보호, 수질오염 방지, 녹지공간 확보 및 생태계 보전 등을 위하여 보전이 필요하나, 주변 용도지역과의 관계 등을 고려할 때 자연환경보전지역으로 지정하여 관리하기가 곤란한 지역
생산관리지역	농업 · 임업 · 어업 생산 등을 위하여 관리가 필요하나, 주변 용도지역과의 관계 등을 고려할 때 농림지역으로 지정하여 관리하기가 곤란한 지역
계획관리지역	도시지역으로의 편입이 예상되는 지역이나 자연환경을 고려하여 제한적인 이용 · 개발을 하려는 지역으로서 계획적 · 체계적인 관리가 필요한 지역

③ 농림지역

④ 자연환경보전지역

저자의 한마디

관리지역은 나머지 3개의 용도지역에 속하지 않는 중간적 성격을 갖고 있습니다. 계획관리지역은 도시지역, 생산관리지역은 농림지역, 보전관리지역은 자연환경보전지역의 성격이 강하죠!

국토계획법령상 용도지역 중 도시지역에 해당하지 않는 것은?[28회]

① 계획관리지역 ② 자연녹지지역 ③ 근린상업지역
④ 전용공업지역 ⑤ 생산녹지지역

도시지역(주·상·공·녹)이 아니니까 관리, 농림, 자연환경보전지역 중에 답이 있겠죠? 정답①

2. 용도지역(도시지역)의 세분

국토교통부장관, 시·도지사 또는 대도시 시장은 용도지역을 도시·군관리계획결정으로 다시 세분하여 지정하거나 변경할 수 있다.

양호하면 전용주거,
편리하면 일반주거

주거 지역	제1종전용	단독주택 중심의 양호한 주거환경을 보호하기 위하여 필요한 지역
	제2종전용	공동주택 중심의 양호한 주거환경을 보호하기 위하여 필요한 지역
	제1종일반	저층주택을 중심으로 편리한 주거환경을 조성하기 위하여 필요한 지역
	제2종일반	중층주택을 중심으로 편리한 주거환경을 조성하기 위하여 필요한 지역
	제3종일반	중고층주택을 중심으로 편리한 주거환경을 조성하기 위하여 필요한 지역
	준	주거기능을 위주로 이를 지원하는 일부 상업기능 및 업무기능을 보완하기 위하여 필요한 지역
상업 지역	중심	도심·부도심의 상업기능 및 업무기능의 확충을 위하여 필요한 지역
	일반	일반적인 상업기능 및 업무기능을 담당하게 하기 위하여 필요한 지역
	유통	도시 내 및 지역 간 유통기능의 증진을 위하여 필요한 지역 **(*아파트건축 불가)**
	근린	근린지역에서의 일용품 및 서비스의 공급을 위하여 필요한 지역
공업 지역	전용	주로 중화학공업, 공해성 공업 등을 수용하기 위하여 필요한 지역
	일반	환경을 저해하지 아니하는 공업의 배치를 위하여 필요한 지역
	준	경공업 그 밖의 공업을 수용하되, 주거기능·상업기능 및 업무기능의 보완이 필요한 지역
녹지 지역	보전	도시의 자연환경·경관·산림 및 녹지공간을 보전할 필요가 있는 지역
	생산	주로 농업적 생산을 위하여 개발을 유보할 필요가 있는 지역
	자연	도시의 녹지공간의 확보, 도시확산의 방지, 장래 도시용지의 공급 등을 위하여 보전할 필요가 있는 지역으로서 불가피한 경우에 한하여 제한적인 개발이 허용되는 지역

3. 용도지역의 지정 특례

다음 경우는 도시 · 군관리계획의 <u>결정절차 없이</u> 용도지역이 지정된다.

(1) 공유수면매립지에 관한 용도지역의 지정

① 공유수면(바다만 해당)의 매립 목적이 그 매립구역과 이웃하고 있는 <u>용도지역의 내용과 같으면</u> 도시 · 군관리계획의 입안 및 결정절차 없이 그 매립준공구역은 그 매립의 준공인가일부터 이와 이웃하고 있는 용도지역으로 지정된 것으로 본다.(→특례) 이 경우 관계 특별시장 · 광역시장 · 특별자치시장 · 특별자치도지사 · 시장 또는 군수는 그 사실을 지체 없이 고시하여야 한다.

② 공유수면의 매립 목적이 그 매립구역과 이웃하고 있는 용도지역의 내용과 <u>다른 경우 및 그 매립구역이 둘 이상의 용도지역에 걸쳐 있거나 이웃하고 있는 경우</u> 그 매립구역이 속할 용도지역은 도시 · 군관리계획 결정으로 지정하여야 한다.(→특례x, 도시 · 군관리계획 결정으로 지정하면 됨)

국토계획법령상 공유수면(바다로 한정) 매립지의 용도지역 지정에 관한 설명으로 **틀린 것은?**[20회]

① 용도지역이란 도시지역, 관리지역, 농림지역, 자연환경보전지역을 말한다. (○)

② 매립목적이 그 매립구역과 이웃하고 있는 용도지역의 내용과 같은 경우 그 매립준공구역은 이웃 용도지역으로 도시·군관리계획을 입안·결정하여야 한다.(×)

③ 매립목적이 그 매립구역과 이웃하고 있는 용도지역의 내용과 다른 경우 그 매립구역이 속할 용도지역은 도시·군관리계획결정으로 지정하여야 한다.(○)

④ 매립구역이 둘 이상의 용도지역에 걸쳐있는 경우 그 매립구역이 속할 용도지역은 도시·군관리계획결정으로 지정하여야 한다.(○)

⑤ 매립구역이 둘 이상의 용도지역에 이웃하고 있는 경우 그 매립구역이 속할 용도지역은 도시·군관리계획결정으로 지정하여야 한다.(○)

> ② 이 경우는 도시군관리계획의 입안 및 결정 절차 없이 매립준공인가일로부터 이웃 용도지역으로 지정된 것으로 봅니다.

(2) 다른 법률에 따라 지정된 지역의 용도지역 지정 등의 의제

① **다음 구역** 등으로 지정 · 고시된 지역은 도시지역으로 결정 · 고시된 것으로 본다.

ㄱ. 항만법에 따른 항만구역으로서 도시지역에 연접한 공유수면

ㄴ. 어촌 · 어항법에 따른 어항구역으로서 도시지역에 연접한 공유수면

ㄷ. 산업입지 및 개발에 관한 법률에 따른 국가산업단지, 일반산업단지 및 도시첨단산업단지(농공단지x)

ㄹ. 택지개발촉진법에 따른 택지개발지구

ㅁ. 전원개발촉진법에 따른 전원개발사업구역 및 예정구역(수력발전소 또는 송·변전설비만을 설치하기 위한 전원개발사업구역 및 예정구역은 제외)

② 관리지역에서 농지법에 따른 농업진흥지역으로 지정·고시된 지역은 농림지역으로, 관리지역의 산림 중 산지관리법에 따라 보전산지로 지정·고시된 지역은 농림지역 또는 자연환경보전지역으로 결정·고시된 것으로 본다.

③ ①의 구역 등이 해제되는 경우(개발사업의 완료로 해제되는 경우는 제외) 이 법 또는 다른 법률에서 그 구역 등이 어떤 용도지역에 해당되는지를 따로 정하고 있지 아니한 경우에는 이를 지정하기 이전의 용도지역으로 환원된 것으로 본다.

④ 용도지역이 환원되는 당시 이미 사업이나 공사에 착수한 자는 그 용도지역의 환원과 관계없이 그 사업이나 공사를 계속할 수 있다.

저자의 한마디

전원개발사업구역에서 '전원(電源)'은 전기에너지의 원천이라는 뜻입니다. 드라마 전원일기의 '전원(田園)'이 아니에요.

개발사업의 완료로
해제되면
환원되지 않아!

국토계획법령상 도시지역으로 결정·고시된 것으로 볼 수 있는 경우는?[20회]

① 산업입지 및 개발에 관한 법률에 따라 농공단지로 지정·고시된 지역 (×)

② 어촌·어항법에 따른 어항구역으로서 농림지역에 연접한 공유수면으로 지정·고시된 지역(×)

③ 취락지구로서 도시개발법에 따라 도시개발구역으로 지정·고시된 지역(×)

④ 항만법에 따른 항만구역으로서 계획관리지역에 연접한 공유수면으로 지정·고시된 지역(×)

⑤ 택지개발촉진법에 따라 택지개발지구로 지정·고시된 지역(○)

> ① 농공단지가 아니라 산업단지 ② 농림지역이 아니라 도시지역에 연접 ③ 해당규정 없음 ④ 계획관리지역이 아니라 도시지역에 연접

국토의 계획 및 이용에 관한 법령상 용도지역에 관한 설명으로 틀린 것은?[26회]

① 도시지역의 축소에 따른 용도지역의 변경을 도시·군관리계획으로 입안하는 경우에는 주민 및 지방의회의 의견청취 절차를 생략할 수 있다.(○)

② 택지개발촉진법에 따른 택지개발지구로 지정·고시되었다가 택지개발사업의 완료로 지구 지정이 해제되면 그 지역은 지구 지정 이전의 용도지역으로 환원된 것으로 본다.(×)

③ 관리지역에서 농지법에 따른 농업진흥지역으로 지정·고시된 지역은 국토의 계획 및 이용에 관한 법률에 따른 농림지역으로 결정·고시된 것 으로 본다.(○)

④ 용도지역을 다시 세부 용도지역으로 나누어 지정하려면 도시·군관리계획으로 결정하여야 한다.(○)

⑤ 도시지역이 세부 용도지역으로 지정되지 아니한 경우에는 용도지역의 용적률 규정을 적용할 때에 보전녹지지역에 관한 규정을 적용한다.(○)

> ① 빈출지문! ② 택지개발지구로 지정되었다가 그냥 해제되면 그 지역은 이전 용도지역으로 환원됩니다. 하지만 개발사업의 완료로 해제되면 환원되지 않죠. 개발사업의 완료로 용도가 바뀌었을 테니까요. ⑤ 보전녹지지역이 도시지역에서 가장 엄격하니까 일단 보전녹지를 기준으로 적용합니다. 나중에 더 학습하게 됩니다.

용도지구***

① 국토교통부장관, 시 · 도지사 또는 대도시 시장(,용도지구의 지정권자)은 다음의 어느 하나에 해당하는 용도지구의 지정 또는 변경을 도시 · 군관리계획으로 결정한다.

경관지구	경관의 보전 · 관리 및 형성을 위하여 필요한 지구
고도지구	쾌적한 환경 조성 및 토지의 효율적 이용을 위하여 건축물 높이의 최고 한도를 규제할 필요가 있는 지구
방화지구	화재의 위험을 예방하기 위하여 필요한 지구
방재지구	풍수해, 산사태, 지반의 붕괴, 그 밖의 재해를 예방하기 위해 필요한 지구
보호지구	문화재, 중요 시설물(항만, 공항, 공용시설, 교정시설, 군사시설) 및 문화적·생태적으로 보존가치가 큰 지역의 보호와 보존을 위하여 필요한 지구
취락지구	녹지지역 · 관리지역 · 농림지역 · 자연환경보전지역 · 개발제한구역 또는 도시자연공원구역의 취락을 정비하기 위한 지구
개발진흥지구	주거기능 · 상업기능 · 공업기능 · 유통물류기능 · 관광기능 · 휴양기능 등을 집중적으로 개발 · 정비할 필요가 있는 지구
특정용도제한지구	주거 및 교육 환경 보호나 청소년 보호 등의 목적으로 오염물질 배출시설, 청소년 유해시설 등 특정시설의 입지를 제한할 필요가 있는 지구
복합용도지구	지역의 토지이용 상황, 개발 수요 및 주변 여건 등을 고려하여 효율적이고 복합적인 토지이용을 도모하기 위하여 특정시설의 입지를 완화할 필요가 있는 지구(*일반주거·일반공업·계획관리지역에 지정 가능)
기타	그밖에 대통령령으로 정하는 지구

국토의 계획 및 이용에 관한 법령상 시·도지사가 **복합용도지구를 지정할 수 있는 용도지역**에 해당하는 것을 모두 고른 것은?[34회]

┌───┐
│ ㄱ. 준주거지역   ㄴ. 근린상업지역   ㄷ. 일반공업지역 │
│ ㄹ. 계획관리지역 ㅁ. 일반상업지역   │
└───┘

① ㄱ,ㄴ ② ㄷ,ㄹ ③ ㄱ,ㄴ,ㄷ ④ ㄷ,ㄹ,ㅁ ⑤ ㄱ,ㄴ,ㄹ,ㅁ

복합용도지구를 지정할 수 있는 용도지역은 시행령 31조6항에 규정되어 있어요. 일반주거, 일반공업, 계획관리지역이죠. 정답②

② 국토교통부장관, 시 · 도지사 또는 대도시 시장은 필요하다고 인정되면 용도지구를 도시 · 군관리계획결정으로 다시 세분하여 지정하거나 변경할 수 있다.

경관 지구	자연	산지 · 구릉지 등 자연경관을 보호하거나 유지하기 위하여 필요한 지구
	시가지	지역 내 주거지, 중심지 등 시가지의 경관을 보호 또는 유지하거나 형성하기 위하여 필요한 지구
	특화	지역 내 주요 수계의 수변 또는 문화적 보존가치가 큰 건축물 주변의 경관 등 특별한 경관을 보호 또는 유지하거나 형성하기 위하여 필요한 지구
방재 지구	시가지	건축물 · 인구가 밀집되어 있는 지역으로서 시설 개선 등을 통하여 재해 예방이 필요한 지구
	자연	토지의 이용도가 낮은 해안변, 하천변, 급경사지 주변 등의 지역으로서 건축 제한 등을 통하여 재해 예방이 필요한 지구
보호 지구	역사 문화환경	문화재 · 전통사찰 등 역사 · 문화적으로 보존가치가 큰 시설 및 지역의 보호와 보존을 위하여 필요한 지구
	중요 시설물	중요시설물의 보호와 기능의 유지 및 증진 등을 위하여 필요한 지구
	생태계	야생동식물서식처 등 생태적으로 보존가치가 큰 지역의 보호와 보존을 위하여 필요한 지구
취락 지구	자연	녹지지역 · 관리지역 · 농림지역 또는 자연환경보전지역 안의 취락을 정비하기 위하여 필요한 지구
	집단	개발제한구역 안의 취락을 정비하기 위하여 필요한 지구
개발 진흥 지구	주거	주거기능을 중심으로 개발 · 정비할 필요가 있는 지구
	산업·유통	공업기능 및 유통 · 물류기능을 중심으로 개발 · 정비할 필요가 있는 지구(*주민 입안제안 사항)
	관광·휴양	관광 · 휴양기능을 중심으로 개발 · 정비할 필요가 있는 지구
	복합	주거기능, 공업기능, 유통 · 물류기능 및 관광 · 휴양기능 중 2 이상의 기능을 중심으로 개발 · 정비할 필요가 있는 지구
	특정	주거기능, 공업기능, 유통 · 물류기능 및 관광 · 휴양기능 외의 기능을 중심으로 특정한 목적을 위하여 개발 · 정비할 필요가 있는 지구

녹·관·농·자는 자연취락,
개발제한구역은 집단취락

국토의 계획 및 이용에 관한 법령상 **개발진흥지구**를 세분하여 지정할 수 있는 지구에 해당하지 않는 것은?(단, 조례는 고려하지 않음)[35회]

① 주거개발진흥지구 ② 중요시설물개발진흥지구 ③ 복합개발진흥지구
④ 특정개발진흥지구 ⑤ 관광·휴양개발진흥지구

개발진흥지구에는 5가지 하위 용도지구가 있습니다. 중요시설물개발진흥지구는 없어요.
정답②

국토의 계획 및 이용에 관한 법령상 **용도지구**에 관한 설명이다. (   )에 들어갈 내용으로 옳은 것은?[34회]

> 가. 집단취락지구 : (ㄱ)안의 취락을 정비하기 위하여 필요한 지구
> 나. 복합개발진흥지구 : 주거기능, (ㄴ)기능, 유통·물류기능 및 관광·휴양기능 중 2 이상의 기능을 중심으로 개발·정비할 필요가 있는 지구

① ㄱ: 개발제한구역, ㄴ: 공업   ② ㄱ: 자연취락지구, ㄴ: 상업
③ ㄱ: 개발제한구역, ㄴ: 상업   ④ ㄱ: 관리지역, ㄴ: 공업
⑤ ㄱ: 관리지역, ㄴ: 교통

> 가. 집단취락지구는 개발제한구역 안의 취락 정비, 자연취락지구는 녹·관·농·자 안의 취락 정비를 위한 것이죠.(시행령 31조2항7호) 나. 시행령 31조2항8호마목 정답①

③ 시·도지사 또는 대도시 시장은 지역여건상 필요하면 그 시·도 또는 대도시의 조례로 용도지구의 명칭 및 지정목적, 건축이나 그 밖의 행위의 금지 및 제한에 관한 사항 등을 정하여 ①의 용도지구 외의 (새로운) 용도지구의 지정 또는 변경을 도시·군관리계획으로 결정할 수 있다.

④ 시·도지사 또는 대도시 시장은 연안침식이 진행 중이거나 우려되는 지역 등에 대해서는 방재지구의 지정 또는 변경을 도시·군관리계획으로 결정하여야 한다. 이 경우 도시·군관리계획의 내용에는 해당 방재지구의 재해저감대책을 포함하여야 한다.

⑤ 시·도지사 또는 대도시 시장은 일반주거지역·일반공업지역·계획관리지역에 복합용도지구를 지정할 수 있다.

국토의 계획 및 이용에 관한 법령상 **공업기능 및 유통·물류기능**을 중심으로 개발·정비할 필요가 있는 **용도지구**는?[31회]

① 복합용도지구 ② 주거개발진흥지구 ③ 산업·유통개발진흥지구
④ 관광·휴양개발진흥지구 ⑤ 특정개발진흥지구

> 그냥 점수주려고 낸 문제죠? 정답③

국토의 계획 및 이용에 관한 법령상 **용도지구와 그 세분**이 바르게 연결된 것만을 모두 고른 것은?(단, 조례는 고려하지 않음)[30회]

> ㄱ. 보호지구 : 역사문화환경보호지구, 중요시설물보호지구, 생태계보호지구
> ㄴ. 방재지구 : 자연방재지구, 시가지방재지구, 특정개발방재지구
> ㄷ. 경관지구 : 자연경관지구, 주거경관지구, 시가지경관지구
> ㄹ. 취락지구 : 자연취락지구, 농어촌취락지구, 집단취락지구

① ㄱ ② ㄹ ③ ㄱ,ㄷ ④ ㄴ,ㄹ ⑤ ㄷ,ㄹ

> ㄴ. 방재지구는 자연/시가지, ㄷ. 경관지구는 자연/시가지/특화, ㄹ. 취락지구는 자연/집단 정답①

국토의 계획 및 이용에 관한 법령상 **용도지역·용도지구·용도구역**에 관한 설명으로 옳은 것은?(단, 조례는 고려하지 않음)[33회]

① 대도시 시장은 유통상업지역에 복합용도지구를 지정할 수 있다.(×)

② 대도시 시장은 재해의 반복 발생이 우려되는 지역에 대해서는 특정용도제한 지구를 지정하여야 한다.(×)

③ 용도지역 안에서의 건축물의 용도·종류 및 규모의 제한에 대한 규정은 도시·군 계획시설에 대해서도 적용된다.(×)

④ 공유수면의 매립 목적이 그 매립구역과 이웃하고 있는 용도지역의 내용과 다른 경우 그 매립준공구역은 이와 이웃하고 있는 용도지역으로 지정된 것으로 본다.(×)

⑤ 택지개발촉진법에 따른 택지개발지구로 지정·고시된 지역은 국토의 계획 및 이용에 관한 법률에 따른 도시지역으로 결정·고시된 것으로 본다.(○)

> ① 복합용도지구는 일반주거, 일반공업, 계획관리지역에만 지정할 수 있어요. ② 재해의 반복 발생이 우려되는 지역에는 방재지구를 지정해야죠. ③ 용도지역 안의 건축제한 규정은 공익목적의 도시·군계획시설에는 적용하지 않아요. ④ 매립 목적이 이웃하는 용도지역의 내용과 같은 경우에 그 용도지역으로 지정된 것으로 봅니다.

용도구역***

1. 개발제한구역

국토교통부장관은 1) 도시의 무질서한 확산을 방지하고 도시주변의 자연환경을 보전하여 도시민의 건전한 생활환경을 확보하기 위하여 도시의 개발을 제한할 필요가 있거나 2) 국방부장관의 요청이 있어 보안상 도시의 개발을 제한할 필요가 있다고 인정되면 개발제한구역의 지정 또는 변경을 도시·군관리계획으로 결정할 수 있다.

2. 도시자연공원구역

시·도지사 또는 대도시 시장은 도시의 자연환경 및 경관을 보호하고 도시민에게 건전한 여가·휴식공간을 제공하기 위하여 도시지역 안에서 식생이 양호한 산지의 개발을 제한할 필요가 있다고 인정하면 도시자연공원구역의 지정 또는 변경을 도시·군관리계획으로 결정할 수 있다.

3. 시가화조정구역

① 시·도지사는 직접 또는 관계 행정기관의 장의 요청을 받아 도시지역과 그 주변지역의 무질서한 시가화를 방지하고 계획적·단계적인 개발을 도모하기 위하여 5년 이상 20년 이내의 기간(→시가화 유보기간) 동안 시가화를 유보할 필요가 있다고 인정되면 시가화조정구역의 지정 또는 변경을 도시·군관리계획으로 결정할 수 있다. 다만, 국가계획과 연계하여 시가화조정구역의 지정 또는 변경이 필요한 경우에는 국토교통부장관이 직접 시가화조정구역의 지정 또는 변경을 도시·군관리계획으로 결정할 수 있다.

용도구역
① 개발제한구역(국장만)
② 도시자연공원구역(국장×)
③ 시가화조정구역
④ 수산자원보호구역(해장)
⑤ 도시혁신구역
⑥ 복합용도구역
⑦ 입체복합구역

> **저자의 한마디**
>
> 일곱 가지 용도구역의 지정권자, 지정목적 등을 구분하여 이해하고 있어야 합니다.

도시자연공원구역은
국장이 지정하지 않아!

② 시가화조정구역의 지정에 관한 도시·군관리계획의 결정은 시가화 유보 기간이 끝난 날의 다음날부터 그 효력을 잃는다.

4. 수산자원보호구역

해양수산부장관은 직접 또는 관계 행정기관의 장의 요청을 받아 수산자원을 보호·육성하기 위하여 필요한 공유수면이나 그에 인접한 토지에 대한 수산자원보호구역의 지정 또는 변경을 도시·군관리계획으로 결정할 수 있다.

국토계획법령상 용도구역의 지정에 관한 설명으로 옳은 것은?[24회]

① 국토교통부장관은 개발제한구역의 지정을 도시·군기본계획으로 결정할 수 있다.(×)

② 시·도지사는 도시자연공원구역의 지정을 광역도시계획으로 지정할 수 있다.(×)

③ 시·도지사는 도시자연공원구역에서 해제되는 구역 중 계획적인 개발이 필요한 지역의 전부 또는 일부에 대하여 지구단위계획구역을 도시·군 관리계획으로 지정할 수 있다.(○)

④ 시·도지사는 수산자원보호구역의 변경을 도시·군기본계획으로 결정할 수 있다.(×)

⑤ 국토교통부장관은 시가화조정구역의 변경을 광역도시계획으로 결정할 수 있다.(×)

① 도시·군기본계획이 아니라 도시·군관리계획 ② 광역도시 계획이 아니라 도시·군관리계획 ④ 시·도지사가 아니라 해양수산부 장관(해장)이 도시·군기본계획이 아닌 도시·군관리계획으로 결정할 수 있습니다. ⑤ 광역도시 계획이 아니라 도시·군관리계획

국토계획법령상 용도지역·용도지구·용도구역에 관한 설명으로 틀린 것은?[28회]

① 국토교통부장관이 용도지역을 지정하는 경우에는 도시·군관리계획으로 결정한다.(○)

② 시·도지사는 도시자연공원구역의 변경을 도시·군관리계획으로 결정할 수 있다.(○)

③ 시·도지사는 법률에서 정하고 있는 용도지구 외에 새로운 용도지구를 신설할 수 없다.(×)

④ 집단취락지구란 개발제한구역 안의 취락을 정비하기 위하여 필요한 지구를 말한다.(○)

⑤ 방재지구의 지정을 도시·군관리계획으로 결정하는 경우 도시·군관리계획의 내용에는 해당 방재지구의 재해저감대책을 포함하여야 한다.(○)

③ 시·도지사 또는 대도시시장은 법률 규정 외에 새로운 용도지구를 신설할 수 있어요.

5. 도시혁신구역

① 공간재구조화계획 결정권자는 **다음 지역**을 도시혁신구역으로 지정할 수 있다.

ㄱ. 도시·군기본계획에 따른 도심·부도심 또는 생활권의 중심지역

ㄴ. 주요 기반시설과 연계하여 지역의 거점 역할을 수행할 수 있는 지역

방재지구와 재해저감대책은 늘 붙어 다녀!

심따결

ㄷ. 유휴토지 또는 대규모 시설의 이전부지

ㄹ. 그밖에 도시공간의 창의적이고 혁신적인 개발이 필요하다고 인정되는 지역으로서 해당 시·도의 도시·군계획조례로 정하는 지역

② 도시혁신계획에는 도시혁신구역의 지정 목적을 이루기 위하여 **다음 사항**이 포함되어야 한다.

ㄱ. 용도지역·용도지구, 도시·군계획시설 및 지구단위계획의 결정에 관한 사항

ㄴ. 주요 기반시설의 확보에 관한 사항

ㄷ. 건축물의 건폐율·용적률·높이에 관한 사항

ㄹ. 건축물의 용도·종류 및 규모 등에 관한 사항

ㅁ. 다른 법률 규정 적용의 완화 또는 배제에 관한 사항

ㅂ. 도시혁신구역 내 개발사업 및 개발사업의 시행자 등에 관한 사항

ㅅ. 그밖에 도시혁신구역의 체계적 개발과 관리에 필요한 사항

③ 도시혁신구역의 지정 및 변경과 도시혁신계획은 **다음 사항**을 종합적으로 고려하여 공간재구조화계획으로 결정한다.

ㄱ. 도시혁신구역의 지정 목적

ㄴ. 해당 지역의 용도지역·기반시설 등 토지이용 현황

ㄷ. 도시·군기본계획 등 상위계획과의 부합성

ㄹ. 주변 지역의 기반시설, 경관, 환경 등에 미치는 영향 및 도시환경 개선·정비 효과

ㅁ. 도시의 개발 수요 및 지역에 미치는 사회적·경제적 파급효과

④ 다른 법률에서 공간재구조화계획의 결정을 의제하고 있는 경우에도 이 법에 따르지 아니하고 도시혁신구역의 지정과 도시혁신계획을 결정할 수 없다.

⑤ 공간재구조화계획 결정권자가 공간재구조화계획을 결정하기 위하여 관계 행정기관의 장과 협의하는 경우 협의 요청을 받은 기관의 장은 그 요청을 받은 날부터 10일(근무일 기준) 이내에 의견을 회신하여야 한다.

6. 복합용도구역

① 공간재구조화계획 결정권자는 **다음 지역**을 복합용도구역으로 지정할 수 있다.

ㄱ. 산업구조 또는 경제활동의 변화로 복합적 토지이용이 필요한 지역

ㄴ. 노후 건축물 등이 밀집하여 단계적 정비가 필요한 지역

ㄷ. 복합용도구역으로 지정하려는 지역이 둘 이상의 용도지역에 걸치는 경우로서 토지를 효율적으로 이용하기 위해 건축물의 용도, 종류 및 규모 등을 통합적으로 관리할 필요가 있는 지역

ㄹ. 그밖에 복합된 공간이용을 촉진하고 다양한 도시공간을 조성하기 위해 계획적 관리가 필요하다고 인정되는 지역으로서 해당 시·도의 도시·군계획조례로 정하는 지역

② 복합용도계획에는 복합용도구역의 지정 목적을 이루기 위하여 **다음 사항**이 포함되어야 한다.

ㄱ. 용도지역·용도지구, 도시·군계획시설 및 지구단위계획의 결정에 관한 사항

ㄴ. 주요 기반시설의 확보에 관한 사항

ㄷ. 건축물의 용도별 복합적인 배치비율 및 규모 등에 관한 사항

ㄹ. 건축물의 건폐율·용적률·높이에 관한 사항

ㅁ. 특별건축구역계획에 관한 사항

ㅂ. 그밖에 복합용도구역의 체계적 개발과 관리에 필요한 사항

③ 복합용도구역의 지정 및 변경과 복합용도계획은 **다음 사항**을 종합적으로 고려하여 공간재구조화계획으로 결정한다.

ㄱ. 복합용도구역의 지정 목적

ㄴ. 해당 지역의 용도지역·기반시설 등 토지이용 현황

ㄷ. 도시·군기본계획 등 상위계획과의 부합성

ㄹ. 주변 지역의 기반시설, 경관, 환경 등에 미치는 영향 및 도시환경 개선·정비 효과

7. 도시·군계획시설입체복합구역

① 도시·군관리계획의 결정권자는 도시·군계획시설의 입체복합적 활용을 위하여 **다음 경우**에 도시·군계획시설이 결정된 토지의 전부 또는 일부를 도시·군계획시설입체복합구역으로 지정할 수 있다.

ㄱ. 도시·군계획시설 준공 후 10년이 경과한 경우로서 해당 시설의 개량 또는 정비가 필요한 경우

ㄴ. 주변지역 정비 또는 지역경제 활성화를 위하여 기반시설의 복합적 이용이 필요한 경우

ㄷ. 첨단기술을 적용한 새로운 형태의 기반시설 구축 등이 필요한 경우

ㄹ. 효율적이고 복합적인 도시·군계획시설의 조성을 위해 필요한 경우로서 해당 시·도 또는 대도시의 도시·군계획조례로 정하는 경우

② 이 법 또는 다른 법률의 규정에도 불구하고 입체복합구역에서의 건축제한, 건폐율, 용적률, 높이 등은 **다음 범위**에서 따로 정할 수 있다. 다만, 다른 법률에 따라 정하여진 건축제한, 건폐율, 용적률, 높이 등을 완화하는 경우에는 미리 관계 기관의 장과 협의하여야 한다.

ㄱ. 건축제한

• 도시지역: 도시지역에서 허용되는 범위

• 관리지역, 농림지역 및 자연환경보전지역: 계획관리지역에서 허용되는 범위

ㄴ. 건폐율: 해당 용도지역별 건폐율의 최대한도의 150% 이하의 범위

(도시·군계획시설과 도시·군계획시설이 아닌 시설의 **건축면적의 합**을 기준으로 함)

ㄷ. 용적률: 해당 용도지역별 용적률의 최대한도의 200% 이하의 범위

　(도시·군계획시설과 도시·군계획시설이 아닌 시설의 **바닥면적의 합**을 기준으로 함)

ㄹ. 높이: 제한된 높이의 150% 이하의 범위

　　　(채광 등의 확보를 위한 건축물의 높이는 200% 이하)

8. 도시혁신구역, 복합용도구역, 입체복합구역에 대한 공공시설등의 설치비용

① 도시혁신구역, 복합용도구역, 입체복합구역 안에서 개발사업이나 개발행위를 하려는 자(도시·군관리계획을 입안하거나 공간재구조화계획을 입안하는 경우 입안 제안자를 포함)는 건축물이나 그 밖의 시설의 용도, 건폐율, 용적률 등의 건축제한 완화 또는 행위제한 완화로 인한 토지가치 상승분의 범위에서 해당 구역에 따른 계획으로 정하는 바에 따라 해당 구역 안에 공공시설 등의 부지를 제공하거나 공공시설 등을 설치하여 제공하도록 하여야 한다.

② 위 내용은 각 구역이 의제되는 경우에도 적용한다. 다만, 개발부담금이나 재건축부담금이 부과(해당 법률에 따라 부담금을 면제하는 경우 포함)되는 경우에는 적용하지 않는다.

용도지역 및 용도지구에서의 건축물의 건축 제한*****

1. 용도지역 건축 제한

① 용도지역에서의 건축물이나 그 밖의 시설의 용도·종류 및 규모 등의 제한에 관한 사항은 대통령령(시행령 별표)으로 정한다. 건축제한을 적용함에 있어서 부속건축물에 대하여는 주된 건축물에 대한 건축제한에 의한다.

아파트 건축 금지	녹지지역, 관리지역, 농림지역, 자연환경보전지역, 제1종 전용주거지역, 제1종 일반주거지역, 유통상업지역, 전용공업지역, 일반공업지역
단독주택 건축 금지	유통상업지역, 전용공업지역
일반음식점 건축 금지	전용주거지역

국토의 계획 및 이용에 관한 법령상 **아파트**를 건축할 수 있는 **용도지역**은?[29회]

① 계획관리지역　② 일반공업지역　③ 유통상업지역

④ 제1종일반주거지역　⑤ 제2종전용주거지역

⑤ 제2종전용주거지역은 공동주택을 지을 수 있는 지역이잖아요? 따라서 아파트를 건축할 수 있죠. 나머지 지역에는 아파트를 지을 수 없어요. 정답⑤

아파트를
건축할 수 없는 지역은
반드시 암기하세요!

국토의 계획 및 이용에 관한 법령상 **제3종일반주거지역** 안에서 도시·군계획조례가 정하는 바에 의하여 건축할 수 있는 건축물은?(단, 건축물의 종류는 건축법시행령 별표1에 규정된 용도별 건축물의 종류에 따름)[30회]

① 제2종 근린생활시설 중 단란주점

② 의료시설 중 격리병원 ③ 문화 및 집회시설 중 관람장

④ 위험물저장 및 처리시설 중 액화가스 취급소·판매소

⑤ 업무시설로서 그 용도에 쓰이는 바닥면적의 합계가 4천 제곱미터인 것

1초 만에 찍고 미련 없이 다음 문제로 넘어가세요.

쉽파쌤

> 이 문제처럼 OO지역에서 건축할 수 있는(또는 없는) 건축물을 고르는 문제는 시행령 별표를 모두 암기해야만 풀 수 있어요. 너무 방대하니까 그냥 넘어가세요. 만약 이런 문제가 시험에 나오면 바로 찍고 다음 문제로 넘어가세요. 정답④

2. 용도지구 건축 제한

① 용도지구에서의 건축물이나 그 밖의 시설의 용도·종류 및 규모 등의 제한에 관한 사항은 이 법 또는 다른 법률에 특별한 규정이 있는 경우 외에는 대통령령으로 정하는 기준에 따라 특별시·광역시·특별자치시·특별자치도·시 또는 군의 조례로 정할 수 있다.(도시·군계획조례로 정함이 원칙)

② 예외 : 도시·군계획조례에 정하지 않는 경우

ㄱ. 자연취락지구 : 국토계획법 시행령[별표23]

4층 이하의 건축물에 한한다.(아파트 불가)

> **➕ 자연취락지구 안에서 건축할 수 있는 건축물**
> 단독주택, 1종/2종 근생시설(단, 단란주점이나 안마시술소는 제외), 운동시설, 농업·임업·축산업·수산업용 창고, 동물 및 식물관련 시설, 교정 및 국방·군사시설, 방송통신시설, 발전시설

용도지구 건축제한에 대해선 이 정도만!

쉽파걸

ㄴ. 집단취락지구 : 개발제한구역의 지정 및 관리에 관한 특별조치법령

ㄷ. 개발진흥지구 : 국토계획법 시행령 79조

ㄹ. 복합용도지구 : 국토계획법 시행령 81조

ㅁ. 고도지구 : 도시·군관리계획

고도지구 안에서는 도시·군관리계획으로 정하는 높이를 초과하는 건축물을 건축할 수 없다.

국토의 계획 및 이용에 관한 법령상 **자연취락지구** 안에 건축할 수 있는 건축물에 해당하지 않는 것은?(단, 4층 이하의 건축물에 한하고, 조례는 고려하지 않음)[25회]

① 단독주택 ② 노래연습장 ③ 축산업용 창고 ④ 방송국 ⑤ 정신병원

> ⑤ 자연취락지구에 정신병원은 건축할 수 없어요. 정답⑤

국토의 계획 및 이용에 관한 법률상 **자연취락지구 안에서 건축할 수 있는 건축물**에 해당하지 않는 것은?(단, 4층 이하의 건축물이고, 조례는 고려하지 않음)[31회]

① 동물 전용의 장례식장 ② 단독주택 ③ 도축장 ④ 마을회관 ⑤ 한의원

① 동물 전용의 장례식장은 자연취락지구 안에서 건축할 수 있는 건축물이 아니에요.

저자의 한마디

자연취락지구 안에서 건축할 수 없는 건축물을 묻는 문제가 최근에 두 번이나 출제되었습니다. 하지만 너무 신경 쓸 필요는 없어요. 두 번의 기출문제에 나온 건축물 정도만 알고 넘어가세요.

국토의 계획 및 이용에 관한 법령상 **용도지구별 건축제한**에 관한 설명으로 옳은 것을 모두 고른 것은?(단, 건축물은 도시·군계획시설이 아님)[23회수정]

> ㄱ. 경관지구 안에서의 건축물의 건폐율·용적률·높이·최대너비·색채 및 대지 안의 조경 등에 관하여는 도시계획위원회가 정한다.(×)
> ㄴ. 집단취락지구 안에서의 건축제한에 관하여는 개발제한구역의 지정 및 관리에 관한 특별조치법령이 정하는 바에 의한다.(○)
> ㄷ. 고도지구안에서는 도시·군관리계획으로 정하는 높이를 초과하는 건축물을 건축할 수 없다.(○)
> ㄹ. 자연취락지구 안에서는 5층 이하의 범위에서 관광 휴게시설을 건축할 수 있다.(×)

① ㄱ,ㄴ ② ㄱ,ㄷ ③ ㄱ,ㄹ ④ ㄴ,ㄷ ⑤ ㄷ,ㄹ

ㄱ. 예외가 아니므로 도시·군계획조례로 정합니다. ㄴ, ㄷ. 도시·군계획조례로 정하지 않는 예외적인 경우 ㄹ. 자연취락지구는 4층 이하만 건축 가능 **정답④**

3. 용도구역 등 건축제한

① 산업입지 및 개발에 관한 법률에 따른 농공단지에서는 같은 법에서 정하는 바에 따른다.

② 농림지역 중 농업진흥지역, 보전산지 또는 초지인 경우에는 각각 농지법, 산지관리법 또는 초지법에서 정하는 바에 따른다.

③ 자연환경보전지역 중 자연공원법에 따른 공원구역, 수도법에 따른 상수원 보호구역, 문화유산법에 따라 지정된 지정문화재 또는 천연기념물과 그 보호구역, 해양생태계의 보전 및 관리에 관한 법률에 따른 해양보호구역인 경우에는 각각 자연공원법, 수도법 또는 문화유산법 또는 해양생태계의 보전 및 관리에 관한 법률에서 정하는 바에 따른다.

④ 자연환경보전지역 중 수산자원보호구역인 경우에는 수산자원관리법에서 정하는 바에 따른다.

용도지역의 건폐율과 용적률★★★★★

1. 용도지역의 건폐율

① 용도지역에서 건폐율의 최대한도는 관할 구역의 면적과 인구 규모, 용도지역의 특성 등을 고려하여 **다음 범위**에서 대통령령으로 정하는 기준에 따라 특별시·광역시·특별자치시·특별자치도·시 또는 군의 조례로 정한다.

건폐율
대지면적에 대한 건축면적의 비율

저자의 한마디

건폐율은 상업지역(90)이 가장 높고, 주거지역과 공업지역(70), 계획관리지역(40), 나머지 지역(20) 순입니다. 반드시 암기하세요!

용도지역	구분	건폐율	
		국토계획법	국토계획법 시행령
도시지역	제1종전용주거지역	70% 이하	50% 이하
	제2종전용주거지역		50% 이하
	제1종일반주거지역		60% 이하
	제2종일반주거지역		60% 이하
	제3종일반주거지역		50% 이하
	준주거지역		70% 이하
	중심상업지역	90% 이하	90% 이하
	일반상업지역		80% 이하
	유통상업지역		80% 이하
	근린상업지역		70% 이하
	전용공업지역	70% 이하	70% 이하
	일반공업지역		
	준공업지역		
	보전녹지지역	20% 이하	20% 이하
	생산녹지지역		
	자연녹지지역		
관리지역	보전관리지역	20% 이하	20% 이하
	생산관리지역		
	계획관리지역	40% 이하	40% 이하
농림지역		20% 이하	20% 이하
자연환경보전지역			

② 세분된 용도지역에서의 건폐율에 관한 기준은 ①의 범위에서 대통령령으로 따로 정한다.

③ **다음 지역**에서의 건폐율에 관한 기준은 80% 이하의 범위에서 특별시·광역시·특별자치시·특별자치도·시 또는 군의 조례로 따로 정한다.

ㄱ. 취락지구 : 60% 이하

ㄴ. 개발진흥지구 : 도시 외 지역(40% 이하), 자연녹지지역(30% 이하)

ㄷ. 수산자원보호구역 : 40% 이하

ㄹ. 자연공원법에 따른 자연공원 : 60% 이하

ㅁ. 산업입지 및 개발에 관한 법률에 따른 농공단지 : 70% 이하

ㅂ. 공업지역에 있는 국가산업단지, 일반산업단지 및 도시첨단산업단지와 준산업단지 : 80% 이하

국토계획법령상 조례로 정할 수 있는 **건폐율의 최대한도**가 다음 중 가장 큰 용도지역은?[24회]

① 준주거 ② 일반상업 ③ 근린상업지역 ④ 전용공업 ⑤ 제3종일반주거

국토계획법령상 **건폐율의 최대한도**가 큰 용도지역부터 나열한 것은?(단, 조례는 고려하지 않음)[25회]

> ㄱ. 제2종전용주거지역 ㄴ. 제1종일반주거지역 ㄷ. 준공업지역 ㄹ. 계획관리지역

① ㄱ-ㄴ-ㄹ-ㄷ ② ㄴ-ㄱ-ㄷ-ㄹ ③ ㄴ-ㄷ-ㄹ-ㄱ
④ ㄷ-ㄱ-ㄹ-ㄴ ⑤ ㄷ-ㄴ-ㄱ-ㄹ

ㄱ. 제2종전용주거지역(50%), ㄴ. 제1종일반주거지역(60%), ㄷ. 준공업지역(70%) ㄹ. 계획관리지역(40%) 정답⑤

국토계획법령상 도시지역 중 **건폐율의 최대한도**가 낮은 지역부터 높은 지역순으로 옳게 나열한 것은?(단, 조례 등 기타 강화·완화조건은 고려하지 않음)[27회]

① 전용공업지역 – 중심상업지역 – 제1종전용주거지역
② 보전녹지지역 – 유통상업지역 – 준공업지역
③ 자연녹지지역 – 일반상업지역 – 준주거지역
④ 일반상업지역 – 준공업지역 – 제2종일반주거지역
⑤ 생산녹지지역 – 근린상업지역 – 유통상업지역

① 70%-90%-50%
② 20%-80%-70%
③ 20%-80%-70%
④ 80%-70%-60%
⑤ 20%-70%-80%

상업지역의 건폐율이 가장 높으니까 마지막이 상업지역인 보기부터 찾아보세요. ⑤번이 그렇죠? 근린상업지역이 상업지역 중 건폐율이 가장 낮고, 생산녹지지역은 건폐율이 가장 낮은 지역이므로 ⑤번이 답이 되네요. 정답⑤

국토의 계획 및 이용에 관한 법령상 도시·군계획조례로 정할 수 있는 **건폐율의 최대한도**가 다음 중 가장 큰 지역은?[29회]

① 자연환경보전지역에 있는 자연공원법에 따른 자연공원
② 계획관리지역에 있는 산업입지 및 개발에 관한 법률에 따른 농공단지
③ 수산자원보호구역
④ 도시지역 외의 지역에 지정된 개발진흥지구
⑤ 자연녹지지역에 지정된 개발진흥지구

건폐율의 최대한도는 ① 60% ② 70% ③ 40% ④ 40% ⑤ 30%입니다. 정답②

2. 용도지역에서의 용적률

① 용도지역에서 용적률의 최대한도는 관할 구역의 면적과 인구 규모, 용도지역의 특성 등을 고려하여 **다음 범위**에서 대통령령으로 정하는 기준에 따라 특별시·광역시·특별자치시·특별자치도·시 또는 군의 조례로 정한다.

용적률
대지면적에 대한 연면적의 비율

용도지역	구분	용적률	
		국토계획법	국토계획법 시행령
도시지역	제1종전용주거지역	500% 이하	50%이상 100%이하
	제2종전용주거지역		50%이상 150%이하
	제1종일반주거지역		100%이상 200%이하
	제2종일반주거지역		100%이상 250%이하
	제3종일반주거지역		100%이상 300%이하
	준주거지역		200%이상 500%이하
	중심상업지역	1,500% 이하	200%이상 1,500%이하
	일반상업지역		200%이상 1,300%이하
	유통상업지역		200%이상 1,100%이하
	근린상업지역		200%이상 900%이하
	전용공업지역	400% 이하	150%이상 300%이하
	일반공업지역		150%이상 350%이하
	준공업지역		150%이상 400%이하
	보전녹지지역	100% 이하	50%이상 80%이하
	생산녹지지역		50%이상 100%이하
	자연녹지지역		
관리지역	보전관리지역	80% 이하	50%이상 80%이하
	생산관리지역		
	계획관리지역	100% 이하	50%이상 100%이하
농림지역		80% 이하	50%이상 80%이하
자연환경보전지역			50%이상 80%이하

② 세분된 용도지역에서의 용적률에 관한 기준은 ①의 범위에서 대통령령으로 따로 정한다.

③ **다음 지역**에서의 용적률에 대한 기준은 200% 이하의 범위에서 대통령령으로 정하는 기준에 따라 특별시·광역시·특별자치시·특별자치도·시 또는 군의 조례로 따로 정한다.

ㄱ. 개발진흥지구 : 100% 이하

ㄴ. 수산자원보호구역 : 80% 이하

ㄷ. 자연공원법에 따른 자연공원 : 100% 이하

ㄹ. 산업입지 및 개발에 관한 법률에 따른 농공단지 : 150% 이하

④ 건축물의 주위에 공원·광장·도로·하천 등의 공지가 있거나 이를 설치하는 경우에는 특별시·광역시·특별자치시·특별 자치도·시 또는 군의 조례로 용적률을 따로 정할 수 있다.

⑤ 도시지역(녹지지역만 해당), 관리지역에서는 창고는 특별시·광역시·특별 자치시·특별자치도·시 또는 군의 조례로 정하는 높이로 규모 등을 제한할 수 있다.

	건폐율	용적률
개발진흥		100%
수산자원	40%	80%
자연공원	60%	100%
농공단지	70%	150%

⑥ 건축물을 건축하려는 자가 그 대지의 일부에 사회복지사업법에 따른 사회복지시설 중 어린이집, 노인복지관을 설치하여 국가 또는 지방자치단체에 기부채납하는 경우에는 특별시 · 광역시 · 특별자치시 · 특별자치도 · 시 또는 군의 조례로 해당 용도지역에 적용되는 용적률을 완화할 수 있다.

⑦ 용적률의 완화에 관한 규정은 **다음 범위**에서 중첩하여 적용할 수 있다. 다만, 용적률 완화 규정을 중첩 적용하여 완화되는 용적률이 해당 용도지역별 <u>용적률 최대한도를 초과하는 경우</u>에는 관할 시 · 도지사, 시장 · 군수 또는 구청장이 건축위원회와 도시계획위원회의 공동 심의를 거쳐 기반시설의 설치 및 그에 필요한 용지의 확보가 충분하다고 인정하는 경우에 한정한다.

ㄱ. 지구단위계획구역: 지구단위계획으로 정하는 범위

ㄴ. 지구단위계획구역 외의 지역: 해당 용도지역별 용적률 최대한도의 120% 이하

국토의 계획 및 이용에 관한 법령상 **용도지역별 용적률의 최대한도**에 관한 내용이다. ( )에 들어갈 숫자를 바르게 나열한 것은?(단, 조례, 기타 강화·완화조건은 고려하지 않음)[33회]

> ○ 주거지역 : (ㄱ)퍼센트 이하
> ○ 계획관리지역: (ㄴ)퍼센트 이하
> ○ 농림지역 : (ㄷ)퍼센트 이하

① ㄱ: 400, ㄴ: 150, ㄷ: 80   ② ㄱ: 400, ㄴ: 200, ㄷ: 80
③ ㄱ: 500, ㄴ: 100, ㄷ: 80   ④ ㄱ: 500, ㄴ: 100, ㄷ: 100
⑤ ㄱ: 500, ㄴ: 150, ㄷ: 100

> 주거지역 500%이하, 계획관리지역 100%이하, 농림지역 80% 이하 정답③

국토의 계획 및 이용에 관한 법령상 용도지역별 **용적률의 최대한도**가 다음 중 가장 큰 것은?(단, 조례 등 기타 강화·완화조건은 고려하지 않음)[30회]
① 제1종전용주거지역   ② 제3종일반주거지역   ③ 준주거지역
④ 일반공업지역   ⑤ 준공업지역

> 주거지역에서 용적률 최대한도가 가장 큰 지역은 준주거지역이고, 공업지역에서 가장 큰 지역은 준공업지역입니다. 준주거지역(500%)은 준공업지역(400%)보다 용적률 최대한도가 크죠. 정답③

국토의 계획 및 이용에 관한 법령상 용도지역별 **용적률**의 최대한도가 큰 순서대로 나열한 것은?(단, 조례 기타 강화·완화조건은 고려하지 않음)[32회]

> ㄱ.근린상업지역 ㄴ.준공업지역 ㄷ.준주거지역 ㄹ.보전녹지지역 ㅁ.계획관리지역

① ㄱ-ㄴ-ㄷ-ㄹ-ㅁ ② ㄱ-ㄷ-ㄴ-ㅁ-ㄹ ③ ㄴ-ㅁ-ㄱ-ㄹ-ㄷ
④ ㄷ-ㄱ-ㄹ-ㄴ-ㅁ ⑤ ㄷ-ㄴ-ㄱ-ㅁ-ㄹ

용적률 최대한도
ㄱ. 근린상업지역(900%)
ㄴ. 준공업지역(400%)
ㄷ. 준주거지역(500%)
ㄹ. 보전녹지지역(80%)
ㅁ. 계획관리지역(100%)

국토의 계획 및 이용에 관한 법령상 **용적률의 최대한도**가 낮은 지역부터 높은 지역까지 순서대로 나열한 것은?(단, 조례 등 기타 강화·완화조건은 고려하지 않음)[28회]

> ㄱ. 준주거지역 ㄴ. 준공업지역 ㄷ. 일반공업지역 ㄹ. 제3종일반주거지역

① ㄱ-ㄴ-ㄷ-ㄹ ② ㄱ-ㄹ-ㄷ-ㄴ ③ ㄴ-ㄷ-ㄹ-ㄱ
④ ㄷ-ㄹ-ㄱ-ㄴ ⑤ ㄹ-ㄷ-ㄴ-ㄱ

3. 용도지역 미지정 또는 미세분 지역에서의 행위 제한

'보전' 들어가는 지역이 가장 엄격하니까!

① 도시지역, 관리지역, 농림지역 또는 자연환경보전지역으로 용도가 지정되지 아니한 지역에 대하여는 자연환경보전지역에 관한 규정을 적용한다.

② 도시지역 또는 관리지역이 세부 용도지역으로 지정되지 아니한 경우에는, 해당 용도지역이 도시지역인 경우에는 녹지지역 중 보전녹지지역에 관한 규정을 적용하고, 관리지역인 경우에는 보전관리지역에 관한 규정을 적용한다.

용도구역에서의 행위 제한★★★

1. 개발제한구역에서의 행위 제한

개발제한구역에서의 행위 제한이나 그밖에 개발제한구역의 관리에 필요한 사항은 따로 법률(개발제한구역의 지정 및 관리에 관한 특별조치법)로 정한다.

2. 도시자연공원구역에서의 행위 제한

도시자연공원구역에서의 행위 제한 등 도시자연공원구역의 관리에 필요한 사항은 따로 법률(도시공원 및 녹지 등에 관한 법률)로 정한다.

3. 도시혁신구역에서의 행위 제한

용도지역 및 용도지구에 따른 제한에도 불구하고 도시혁신구역에서의 토지의 이용, 건축물이나 그 밖의 시설의 용도·건폐율·용적률·높이 등에 관한 제한 및 건축물이나 그 밖의 시설의 종류 및 규모의 제한에 관한 사항에 관하여는 도시혁신계획으로 따로 정한다.

4. 복합용도구역에서의 행위 제한

① 용도지역 및 용도지구에 따른 제한에도 불구하고 복합용도구역에서의 건축물이나 그 밖의 시설의 용도·종류 및 규모 등의 제한에 관하여 도시지역에서 허용되는 범위에서 복합용도계획으로 따로 정한다.

② 복합용도구역에서의 건폐율과 용적률은 용도지역별 건폐율과 용적률의 최대한도의 범위에서 복합용도계획으로 정한다.

5. 시가화조정구역에서의 행위 제한

① 시가화조정구역에서의 도시·군계획사업은 국방상 또는 공익상 시가화조정구역 안에서의 사업시행이 불가피한 것으로서 관계 중앙행정기관의 장의 요청에 의하여 국토교통부장관이 시가화조정구역의 지정목적달성에 지장이 없다고 인정하는 사업만 시행할 수 있다.

② 시가화조정구역에서는 도시·군계획사업의 경우 외에는 **다음 행위**에 한정하여 특별시장·광역시장·특별자치시장·특별자치도지사·시장 또는 군수의 허가를 받아 그 행위를 할 수 있다.

ㄱ. 농업·임업 또는 어업용의 건축물 중 대통령령으로 정하는 종류와 규모의 건축물이나 그 밖의 시설을 건축하는 행위

ㄴ. 마을공동시설, 공익시설·공공시설, 광공업 등 주민의 생활을 영위하는 데에 필요한 행위로서 대통령령으로 정하는 행위

ㄷ. 입목의 벌채, 조림, 육림, 토석의 채취, 그밖에 대통령령으로 정하는 경미한 행위

국토계획법령상 **시가화조정구역**에 관한 설명으로 옳은 것은?[32회]

① 시가화조정구역은 도시지역과 그 주변지역의 무질서한 시가화를 방지하고 계획적·단계적인 개발을 도모하기 위하여 시·도지사가 도시·군기본계획으로 결정하여 지정하는 용도구역이다.(×)

② 시가화유보기간은 5년 이상 20년 이내의 기간이다.(○)

③ 시가화유보기간이 끝나면 국토교통부장관 또는 시·도지사는 이를 고시하여야 하고, 시가화조정구역 지정 결정은 그 고시일 다음 날부터 효력을 잃는다.(×)

④ 공익상 그 구역 안에서의 사업시행이 불가피한 것으로서 주민의 요청에 의하여 시·도지사가 시가화조정구역의 지정목적달성에 지장이 없다고 인정한 도시·군계획사업은 시가화조정구역에서 시행할 수 있다.(×)

⑤ 시가화조정구역에서 입목의 벌채, 조림, 육림 행위는 허가 없이 할 수 있다. (×)

> ① 도시·군기본계획이 아니라 도시·군관리계획 ③ 고시일의 다음 날이 아니라 시가화 유보기간이 끝난 날의 다음날부터 효력을 잃습니다. ④ 관계 중앙행정기관의 장의 요청에 의하여 국토교통부장관이 시가화조정구역의 지정목적달성에 지장이 없다고 인정하는 도시·군 계획사업은 시가화조정구역에서 시행할 수 있어요.(시행령87조) ⑤ 허가 필요해요.

국토계획법령상 **용도지역 및 용도구역에서의 행위 제한**에 관한 설명으로 옳은 것은?[22회수정]

① 도시지역, 관리지역, 농림지역 또는 자연환경보전지역으로 용도가 지정되지 아니한 지역에 대하여는 도시지역에 관한 규정을 적용한다.(×)

② 도시지역이 세부 용도지역으로 지정되지 아니한 경우에는 생산녹지지역에 관한 규정을 적용한다.(×)

③ 관리지역이 세부 용도지역으로 지정되지 아니한 경우에는 보전관리지역에 관한 규정을 적용한다.(○)

④ 시가화조정구역에서의 도시·군계획사업은 도시개발법에 의한 민간제안 도시개발사업만 시행할 수 있다.(×)

⑤ 시가화조정구역에서는 도시·군계획사업에 의한 행위가 아닌 경우 모든 개발행위를 허가할 수 없다.(×)

① 자연환경보전지역에 관한 규정 적용 ② 보전녹지지역에 관한 규정 적용 ④ 시가화조정구역에서의 도시·군계획사업은 국방상 또는 공익상 시가화조정구역 안에서의 사업시행이 불가피한 것으로서 관계 중앙행정기관의 장의 요청에 의하여 국토교통부장관이 시가화조정구역의 지정목적달성에 지장이 없다고 인정하는 사업만 시행할 수 있어요. 민간제안 도시개발사업만 시행할 수 있다는 것은 말이 안 되는 소리! ⑤ 시가화조정구역에서 도시·군계획사업에 의한 행위가 아닌 경우에도 일정 행위에 대해서는 육장의 허가를 받아 개발행위를 할 수 있습니다.

특례 등★★★

1. 기존 건축물에 대한 특례

법령의 제정·개정이나 그밖에 대통령령으로 정하는 사유로 기존 건축물이 이 법에 맞지 아니하게 된 경우에는 대통령령으로 정하는 범위에서 증축, 개축, 재축 또는 용도변경을 할 수 있다.

2. 도시지역에서의 다른 법률의 적용 배제

도시지역에 대하여는 **다음의 법률 규정을** 적용하지 아니한다.

① 도로법에 따른 접도구역

② 농지법에 따른 농지취득자격증명(다만, 녹지지역의 농지로서 도시·군계획시설사업에 필요하지 아니한 농지는 농취증 규정 적용)

3. 도시혁신구역에서의 다른 법률의 적용 특례

① 도시혁신구역에 대하여는 **다음 법률 규정**에도 불구하고 도시혁신계획으로 따로 정할 수 있다.

ㄱ. 주택법에 따른 주택의 배치, 부대시설·복리시설의 설치기준 및 대지조성기준

ㄴ. 주차장법에 따른 부설주차장의 설치

ㄷ. 문화예술진흥법에 따른 건축물에 대한 미술작품의 설치

ㄹ. 건축법에 따른 공개 공지 등의 확보

ㅁ. 도시공원 및 녹지 등에 관한 법률에 따른 도시공원 또는 녹지 확보기준

ㅂ. 학교용지 확보 등에 관한 특례법에 따른 학교용지의 조성·개발 기준

② 도시혁신구역으로 지정된 지역은 건축법에 따른 특별건축구역으로 지정된 것으로 본다.

③ 시·도지사 또는 시장·군수·구청장은 도시혁신구역에서 건축하는 건축물을 건축기준 등의 특례사항(건축법 73조)을 적용하여 건축할 수 있는 건축물에 포함시킬 수 있다.

④ 도시혁신구역의 지정·변경 및 도시혁신계획 결정의 고시는 도시개발법에 따른 개발계획의 내용에 부합하는 경우 도시개발구역의 지정 및 개발계획 수립의 고시로 본다. 이 경우 도시혁신계획에서 정한 시행자는 사업시행자 지정요건 및 도시개발구역 지정 제안 요건 등을 갖춘 경우에 한정하여 도시개발사업의 시행자로 지정된 것으로 본다.

⑤ 도시혁신계획에 대한 도시계획위원회 심의 시 지역교육환경보호위원회, 문화유산위원회 또는 자연유산위원회와 공동으로 심의를 개최하고, 그 결과에 따라 다음 법률 규정을 완화하여 적용할 수 있다. 이 경우 완화 여부는 각각 지역교육환경보호위원회, 문화유산위원회 및 자연유산위원회의 의결에 따른다.

ㄱ. 교육환경 보호에 관한 법률에 따른 교육환경보호구역에서의 행위제한

ㄴ. 문화유산의 보존 및 활용에 관한 법률에 따른 역사문화환경 보존지역에서의 행위제한

ㄷ. 자연유산의 보존 및 활용에 관한 법률에 따른 역사문화환경 보존지역에서의 행위제한

4. 복합용도구역에서의 건축법 적용 특례

① 복합용도구역으로 지정된 지역은 건축법에 따른 특별건축구역으로 지정된 것으로 본다.

② 시·도지사 또는 시장·군수·구청장은 복합용도구역에서 건축하는 건축물을 건축기준 등의 특례사항(건축법 73조)을 적용하여 건축할 수 있는 건축물에 포함시킬 수 있다.

국토의 계획 및 이용에 관한 법령상 해당 구역으로 지정되면 건축법 제69조에 따른 **특별건축구역**으로 지정된 것으로 보는 구역을 모두 고른 것은?[35회]

> ㄱ. 도시혁신구역 ㄴ. 복합용도구역 ㄷ. 시가화조정구역 ㄹ. 도시자연공원구역

① ㄱ   ② ㄱ,ㄴ   ③ ㄷ,ㄹ   ④ ㄴ,ㄷ,ㄹ   ⑤ ㄱ,ㄴ,ㄷ,ㄹ

도시혁신구역과 복합용도구역은 특별건축구역으로 지정된 것으로 봅니다.(83조의3 2항, 83조의4) 정답②

5. 둘 이상의 용도지역·용도지구·용도구역에 걸치는 대지에 대한 적용 기준

① 하나의 대지가 둘 이상의 용도지역·용도지구 또는 용도구역에 걸치는 경우로서 각 용도지역 등에 걸치는 부분 중 가장 작은 부분의 규모가 330㎡(다만, 도로변에 띠 모양으로 지정된 상업지역에 걸쳐 있는 토지의 경우에는 660㎡) 이하인

경우에는 전체 대지의 건폐율 및 용적률은 각 부분이 전체 대지 면적에서 차지하는 비율을 고려하여 각 용도지역등별 건폐율 및 용적률을 가중평균한 값을 적용하고, 그 밖의 건축 제한 등에 관한 사항은 그 대지 중 가장 넓은 면적이 속하는 용도지역 등에 관한 규정을 적용한다. 다만, 건축물이 고도지구에 걸쳐 있는 경우에는 그 건축물 및 대지의 전부에 대하여 고도지구의 건축물 및 대지에 관한 규정을 적용한다.

② 하나의 건축물이 방화지구와 그 밖의 용도지역·용도지구 또는 용도구역에 걸쳐 있는 경우에는 그 (건축물)전부에 대하여 방화지구의 건축물에 관한 규정을 적용한다. 다만, 그 건축물이 있는 방화지구와 그 밖의 용도지역·용도지구 또는 용도구역의 경계가 건축법에 따른 방화벽으로 구획되는 경우 그 밖의 용도지역·용도지구 또는 용도구역에 있는 부분에 대하여는 그러하지 아니하다.

③ 하나의 대지가 녹지지역과 그 밖의 용도지역·용도지구 또는 용도구역에 걸쳐 있는 경우(규모가 가장 작은 부분이 녹지지역으로서 해당 녹지지역이 330㎡ 이하인 경우는 제외)에는 각각의 용도지역·용도지구 또는 용도구역의 건축물 및 토지에 관한 규정을 적용한다. 다만, 녹지지역의 건축물이 고도지구 또는 방화지구에 걸쳐 있는 경우에는 ①이나 ②에 따른다.

국토의 계획 및 이용에 관한 법령상 **용도지역**에 관한 설명으로 **옳은 것은?**[35회]

① 용도지역은 토지를 경제적·효율적으로 이용하기 위하여 필요한 경우 서로 중복되게 지정할 수 있다.(×)
② 용도지역은 필요한 경우 도시·군기본계획으로 결정할 수 있다.(×)
③ 주민은 상업지역에 산업·유통개발진흥지구를 지정하여 줄 것을 내용으로 하는 도시·군관리계획의 입안을 제안할 수 있다.(×)
④ 바다인 공유수면의 매립구역이 둘 이상의 용도지역과 이웃하고 있는 경우 그 매립구역은 이웃하고 있는 가장 큰 용도지역으로 지정된 것으로 본다.(×)
⑤ 관리지역에서 농지법에 따른 농업진흥지역으로 지정·고시된 지역은 국토의 계획 및 이용에 관한 법률에 따른 농림지역으로 결정·고시된 것으로 본다.(○)

① 용도지역은 중복되게 지정할 수 없어요.(2조15호) ② 용도지역은 도시·군관리계획으로 결정합니다.(2조15호) ③ 산업·유통개발진흥지구를 상업지역에 지정해달라고 할 수 없어요.(시행령19조의2 3항2호) ④ 이웃하고 있는 가장 큰 용도지역으로 지정하지 않고, 도시·군관리계획결정으로 지정해야 합니다.(41조2항) ⑤ 42조2항

저자의 한마디

③ 산업·유통개발진흥지구의 지정 대상 지역은 자연녹지지역·계획관리지역 또는 생산관리지역입니다.(시행령19조의23항2호)

대지로 조성된 1,000㎡의 토지가 그 중 700㎡는 제2종 일반주거지역, 나머지는 제1종 일반주거지역에 걸쳐있을 때, 이 토지에 건축할 수 있는 **건축물의 최대연면적**은?(단, 해당 토지가 속해있는 지역의 제2종 일반주거지역 및 제1종 일반주거지역의 용적률의 최대한도는 150% 및 100%로 하고, 다른 건축제한이나 인센티브는 고려하지 않음)[20회]

① 850㎡ ② 1,000㎡ ③ 1,150㎡ ④ 1,350㎡ ⑤ 1,500㎡

A시에 소재하고 있는 甲의 대지는 1,200㎡로 그림과 같이 준주거지역과 일반 상업지역에 걸쳐 있으면서, 도로변에 띠 모양으로 지정된 일반상업지역은 시가지 경관지구로 지정되어 있다. 甲이 대지 위에 하나의 건축물을 건축하고자 할 때, 건축할 수 있는 **건축물의 최대연면적**은?(단, A시의 도시계획조례상 일반상업 지역 용적률은 800%, 건폐율은 80%이며, 준주거지역 용적률은 500%, 건폐율은 60%이고, 시가지경관지구에서는 건축물의 층수를 5층 이하로 제한하고 있으며, 이외의 기타 건축제한은 고려하지 않음)[22회수정]

| 준주거지역 800㎡ |
| 일반상업지역, 시가지경관지구 400㎡ |
| 도 로 |

① 7,200㎡ ② 6,000㎡ ③ 4,800㎡ ④ 4,000㎡ ⑤ 3,600㎡

도시 · 군계획시설의 설치★

도시 · 군계획시설
기반시설 중 도시 · 군관리계획으로 결정된 시설

1. 설치와 관리

① 지상 · 수상 · 공중 · 수중 또는 지하에 기반시설을 설치하려면 그 시설의 종류 · 명칭 · 위치 · 규모 등을 미리 도시 · 군관리계획으로 결정하여야 한다. 다만, 용도지역 · 기반시설의 특성 등을 고려하여 **다음 경우**에는 도시 · 군관리계획으로 결정하지 않아도 된다.

ㄱ. 도시지역 또는 지구단위계획구역에서 **다음의 기반시설**을 설치하고자 하는 경우

왼의 기반시설은
도시·군관리계획으로
결정하지 않아도 되거든!

> 주차장, 차량 검사 및 면허시설, 공공공지, 열공급설비, 방송 · 통신시설, 시장 · 공공청사 · 문화시설 · 공공필요성이 인정되는 체육시설 · 연구시설 · 사회복지시설 · 공공직업 훈련시설 · 청소년수련시설 · 저수지 · 방화설비 · 방풍설비 · 방수설비 · 사방설비 · 방조설비 · 장사시설 · 종합의료시설 · 빗물저장 및 이용시설 · 폐차장, 점용허가대상이 되는 공원안의 기반시설 등

ㄴ. 도시지역 및 지구단위계획구역 외의 지역에서 ㄱ의 기반시설과 궤도 및 전기공급설비를 설치하고자 하는 경우

② 효율적인 토지이용을 위하여 둘 이상의 도시 · 군계획시설을 같은 토지에 함께 결정하거나 도시 · 군계획시설이 위치하는 공간의 일부를 구획하여 도시 · 군계획시설을 결정할 수 있다.

③ 도시 · 군계획시설의 결정 · 구조 및 설치의 기준 등에 필요한 사항은 국토교통부령(국장×)으로 정하고, 그 세부사항은 국토교통부령으로 정하는 범위에서 시 · 도의 조례로 정할 수 있다. 다만, 다른 법률에 특별한 규정이 있는 경우에는 그 법률에 따른다.

저자의 한마디
③ 국토계획법에서 어떤 기준을 정하는 것은 주로 국장의 몫인데, 도시 · 군계획시설의 결정 · 구조 및 설치의 기준만큼은 국장이 정하지 않고, 국토교통부령으로 정합니다. 주의하세요!

2. 공중 및 지하 설치기준과 보상

도시 · 군계획시설을 공중 · 수중 · 수상 또는 지하(지상×)에 설치하는 경우 그 높이나 깊이의 기준과 그 설치로 인하여 토지나 건물의 소유권 행사에 제한을 받는 자에 대한 보상 등에 관하여는 따로 법률로 정한다.

공동구★★★

공동구
전기·가스·수도 등의 공급설비, 통신시설, 하수도시설 등 지하매설물을 공동 수용함으로써 미관의 개선, 도로구조의 보전 및 교통의 원활한 소통을 위해 지하에 설치하는 시설물

1. 공동구의 설치

① **다음에 해당하는 지역** 등이 200만㎡를 초과하는 경우에는 해당 지역 등에서 개발사업을 시행하는 자(→사업시행자)는 공동구를 설치하여야 한다.

ㄱ. 도시개발법에 따른 도시개발구역

ㄴ. 택지개발촉진법에 따른 택지개발지구

ㄷ. 경제자유구역의 지정 및 운영에 관한 특별법에 따른 경제자유구역

ㄹ. 도시 및 주거환경정비법에 따른 정비구역

ㅁ. 공공주택지구, 도청이전신도시

국토의 계획 및 이용에 관한 법령상 사업시행자가 **공동구를 설치하여야 하는 지역 등**을 모두 고른 것은?(단, 지역등의 규모는 200만제곱미터를 초과함)[31회]

> ㄱ. 공공주택 특별법에 따른 공공주택지구
> ㄴ. 도시 및 주거환경정비법에 따른 정비구역
> ㄷ. 산업입지 및 개발에 관한 법률에 따른 일반산업단지
> ㄹ. 도청이전을 위한 도시건설 및 지원에 관한 특별법에 따른 도청이전신도시

① ㄱ,ㄴ,ㄷ ② ㄱ,ㄴ,ㄹ ③ ㄱ,ㄷ,ㄹ ④ ㄴ,ㄷ,ㄹ ⑤ ㄱ,ㄴ,ㄷ,ㄹ

ㄷ. 일반산업단지는 공동구설치 의무지역이 아니에요. 정답②

② 도로법에 따른 도로 관리청은 지하매설물의 빈번한 설치 및 유지관리 등의 행위로 인하여 <u>도로구조의 보전과 안전하고 원활한 도로교통의 확보에 지장을 초래하는 경우</u>에는 공동구 설치의 타당성을 검토하여야 한다.

③ 공동구가 설치된 경우에는 공동구에 수용하여야 할 시설이 모두 수용되도록 하여야 한다.

> ＋ **공동구에 수용하여야 하는 시설**
> 공동구가 설치된 경우에는 <u>ㄱ부터 ㅂ까지의 시설</u>(→필수수용대상)을 공동구에 수용하여야 하며, ㅅ 및 ㅇ의 시설(→선택수용대상)은 <u>공동구협의회의 심의</u>를 거쳐 수용할 수 있다.
> ㄱ. 전선로 ㄴ. 통신선로 ㄷ. 수도관 ㄹ. 열수송관 ㅁ. 중수도관 ㅂ. 쓰레기수송관
> ㅅ. 가스관 ㅇ. 하수도관, 그 밖의 시설

가스관과 하수도관은
선택적 수용대상

국토의 계획 및 이용에 관한 법령상 공동구가 설치된 경우 공동구에 수용하기 위하여 **공동구협의회의 심의**를 거쳐야 하는 시설은?[26회]

① 전선로 ② 수도관 ③ 열수송관 ④ 가스관 ⑤ 통신선로

가스관과 하수도관(수도관×, 중수도관×)은 공동구협의회의 심의를 거쳐야 하는 선택적 시설이죠(시행령35조의3). 정답④

④ 개발사업의 계획을 수립할 경우에는 <u>공동구 설치에 관한 계획</u>을 포함하여야 한다. 이 경우 공동구에 수용되어야 할 시설을 설치하고자 공동구를 점용하려는 자(→공동구 점용예정자)와 설치 노선 및 규모 등에 관하여 미리 협의한 후 공동구협의회의 심의를 거쳐야 한다.

⑤ 공동구의 설치(개량하는 경우 포함)에 필요한 비용은 이 법 또는 다른 법률에 특별한 규정이 있는 경우를 제외하고는 공동구 점용예정자와 사업시행자가 부담한다. 이 경우 공동구 점용예정자는 해당 시설을 개별적으로 매설할 때 필요한 비용의 범위에서 부담한다.

⑥ 공동구 점용예정자와 사업시행자가 공동구 설치비용을 부담하는 경우 국가, 특별시장·광역시장·특별자치시장·특별자치도지사·시장 또는 군수는 공동구의 원활한 설치를 위하여 그 비용의 일부를 보조 또는 융자할 수 있다.

⑦ 공동구에 수용되어야 하는 시설물의 설치기준 등은 다른 법률에 특별한 규정이 있는 경우를 제외하고는 국토교통부장관이 정한다.

2. 공동구의 관리와 운영

① 공동구는 특별시장·광역시장·특별자치시장·특별자치도지사·시장 또는 군수(육장이 공동구관리자)가 관리한다. 다만, 공동구의 효율적인 관리·운영을 위하여 필요하다고 인정하는 경우에는 그 관리·운영을 위탁할 수 있다.

② 공동구관리자는 5년마다 해당 공동구의 안전 및 유지관리계획을 수립·시행하여야 한다.

③ 공동구관리자는 1년에 1회 이상 공동구의 안전점검을 실시하여야 하며, 안전점검결과 이상이 있다고 인정되는 때에는 지체 없이 정밀안전진단·보수·보강 등 필요한 조치를 하여야 한다.

④ 공동구관리자는 공동구의 설치·관리에 관한 주요 사항의 심의 또는 자문을 하게 하기 위하여 공동구협의회를 둘 수 있다.

⑤ 국토교통부장관은 공동구의 관리에 필요한 사항을 정할 수 있다.

3. 공동구의 관리비용

① 공동구의 관리에 소요되는 비용은 그 공동구를 점용하는 자가 함께 부담하되, 부담비율은 점용면적을 고려하여 공동구관리자가 정한다.

② 공동구 설치비용을 부담하지 아니한 자(부담액을 완납하지 아니한 자를 포함)가 공동구를 점용하거나 사용하려면 그 공동구를 관리하는 공동구관리자의 허가를 받아야 한다.

광역시설의 설치·관리**

① 광역시설의 설치 및 관리는 도시·군계획시설의 설치·관리에 따른다.

② 관계 특별시장·광역시장·특별자치시장·특별자치도지사·시장 또는 군수는 협약을 체결하거나 협의회 등을 구성하여 광역시설을 설치·관리할 수 있다. 다만, 협약의 체결이나 협의회 등의 구성이 이루어지지 아니하는 경우 그 시 또는 군이 같은 도에 속할 때에는 관할 도지사가 광역시설을 설치·관리할 수 있다.

③ 국가계획으로 설치하는 광역시설은 그 광역시설의 설치·관리를 사업목적 또는 사업종목으로 하여 다른 법률에 따라 설립된 법인(예를 들어, 코레일한국 철도공사)이 설치·관리할 수 있다.

④ 지방자치단체는 환경오염이 심하게 발생하거나 해당 지역의 개발이 현저하게 위축될 우려가 있는 광역시설을 다른 지방자치단체의 관할 구역에 설치할 때에는 환경오염 방지를 위한 사업이나 해당 지역 주민의 편익을 증진시키기 위한 사업을 해당 지방자치단체와 함께 시행하거나 이에 필요한 자금을 해당 지방자치단체에 지원하여야 한다. 다만, 다른 법률에 특별한 규정이 있는 경우에는 그 법률에 따른다.

국토계획법령상 **광역계획권과 광역시설**에 관한 설명으로 틀린 것은?[28회]

① 국토교통부장관은 인접한 둘 이상의 특별시·광역시·특별자치시의 관할 구역 전부 또는 일부를 광역계획권으로 지정할 수 있다.(○)

② 광역시설의 설치 및 관리는 공동구의 설치에 관한 규정에 따른다.(×)

③ 봉안시설, 도축장은 광역시설이 될 수 있다.(○)

④ 관계 특별시장·광역시장·특별자치시장·특별자치도지사는 협약을 체결하거나 협의회 등을 구성하여 광역시설을 설치·관리할 수 있다.(○)

⑤ 국가계획으로 설치하는 광역시설은 그 광역시설의 설치·관리를 사업목적 또는 사업종목으로 하여 다른 법률에 따라 설립된 법인이 설치·관리할 수 있다.(○)

② 공동구의 설치에 관한 규정이 아니라 도시·군계획시설 설치·관리에 따릅니다.

도시 · 군계획시설 부지의 매수 청구★★★★

① 도시 · 군계획시설 결정의 고시일부터 10년 이내에 그 도시 · 군계획시설의 설치에 관한 도시 · 군계획시설사업이 시행되지 아니하는 경우(실시계획의 인가나 그에 상당하는 절차가 진행된 경우는 제외) 그 도시 · 군계획시설의 부지로 되어 있는 토지 중 지목이 대인 토지(그 토지에 있는 건축물 및 정착물 포함)의 소유자는 육장에게 그 토지의 매수를 청구할 수 있다.

다만, **다음 경우**에는 그에 해당하는 자(→육장을 포함한 매수의무자)에게 그 토지의 매수를 청구할 수 있다.

ㄱ. 이 법에 따라 해당 도시 · 군계획시설사업의 시행자가 정하여진 경우에는 그 시행자

ㄴ. 이 법 또는 다른 법률에 따라 도시 · 군계획시설을 설치하거나 관리하여야 할 의무가 있는 자가 있으면 그 의무가 있는 자. 이 경우 도시 · 군계획시설을 설치하거나 관리하여야 할 의무가 있는 자가 서로 다른 경우에는 설치하여야 할 의무가 있는 자(관리하여야 할 의무가 있는 자×)에게 매수 청구하여야 한다.

저자의 한마디

결정고시일로부터 10년이 경과한 경우에 지목이 대인 토지의 소유자만 매수청구권을 행사할 수 있습니다. 모든 소유자가 매수청구권을 갖는 게 아니랍니다.

지자체만
채권 발행 가능!

② 매수의무자는 매수 청구를 받은 토지를 매수할 때에는 현금으로 그 대금을 지급한다. 다만, **다음 경우**로서 매수의무자가 지방자치단체인 경우에는 도시·군계획시설채권을 발행하여 지급할 수 있다.

ㄱ. 토지 소유자가 원하는 경우

ㄴ. 부재부동산 소유자의 토지 또는 비업무용 토지로서 매수대금이 3천만원을 초과하는 금액을 지급하는 경우

③ 도시·군계획시설채권의 상환기간은 10년 이내로 하며, 그 이율은 채권 발행 당시 은행법에 따른 인가를 받은 은행 중 전국을 영업으로 하는 은행이 적용하는 1년 만기 정기예금금리의 평균 이상이어야 한다.

④ 매수 청구된 토지의 매수가격·매수절차 등에 관하여 이 법에 특별한 규정이 있는 경우 외에는 공익사업을 위한 토지 등의 취득 및 보상에 관한 법률(·토지보상법)을 준용한다.

⑤ 도시·군계획시설채권의 발행절차나 그밖에 필요한 사항에 관하여 이 법에 특별한 규정이 있는 경우 외에는 지방재정법에서 정하는 바에 따른다.

⑥ 매수의무자는 매수 청구를 받은 날부터 6개월 이내에 매수 여부를 결정하여 토지 소유자와 특별시장·광역시장·특별자치시장·특별자치도지사·시장 또는 군수에게 알려야 하며, 매수하기로 결정한 토지는 매수 결정을 알린 날부터 2년 이내에 매수하여야 한다.

⑦ 매수 청구를 한 토지의 소유자는 **다음 경우** 허가를 받아 건축물(3층 이하 단독주택, 3층 이하 1종·2종 근린생활시설) 또는 공작물을 설치할 수 있다.

ㄱ. 매수하지 아니하기로 결정한 경우

ㄴ. 매수 결정을 알린 날부터 2년이 지날 때까지 해당 토지를 매수하지 아니하는 경우

국토의 계획 및 이용에 관한 법령상 **도시·군계획시설**에 관한 설명으로 틀린 것은? (단, 조례는 고려하지 않음)[32회]

① 도시·군계획시설 부지의 매수의무자인 지방공사는 도시·군계획시설 채권을 발행하여 그 대금을 지급할 수 있다.(×)

② 도시·군계획시설 부지의 매수의무자는 매수하기로 결정한 토지를 매수 결정을 알린 날로부터 2년 이내에 매수하여야 한다.(○)

③ 200만 제곱미터를 초과하는 도시개발법에 따른 도시개발구역에서 개발사업을 시행하는 자는 공동구를 설치하여야 한다.(○)

④ 국가계획으로 설치하는 광역시설은 그 광역시설의 설치·관리를 사업 종목으로 하여 다른 법률에 따라 설립된 법인이 설치·관리할 수 있다.(○)

⑤ 도시·군계획시설채권의 상환기간은 10년 이내로 한다.(○)

① 지방공사는 도시·군계획시설채권을 발행할 수 없어요. ②③⑤ 빈출지문 ④ 예를 들면, 코레일 한국철도공사

국토의 계획 및 이용에 관한 법령상 **도시 · 군계획시설부지의 매수청구**에 관한 설명으로 틀린 것은?(단, 토지는 지목이 대이며, 조례는 고려하지 않음)[26회]

① 매수의무자가 매수하기로 결정한 토지는 매수 결정을 알린 날부터 3년 이내에 매수하여야 한다.(×)

② 지방자치단체가 매수의무자인 경우에는 토지소유자가 원하는 경우에 채권을 발행하여 매수대금을 지급할 수 있다.(○)

③ 도시·군계획시설채권의 상환기간은 10년 이내로 한다.(○)

④ 매수청구를 한 토지의 소유자는 매수의무자가 매수하지 아니하기로 결정한 경우에는 개발행위허가를 받아서 공작물을 설치할 수 있다.(○)

⑤ 해당 도시·군계획시설사업의 시행자가 정하여진 경우에는 그 시행자에게 토지의 매수를 청구할 수 있다.(○)

> ① 3년이 아니라 2년 이내에 매수해야 합니다.

국토계획법령상 매수의무자인 **지방자치단체가 매수청구를 받은 장기미집행 도시 · 군계획시설 부지 중 지목이 대인 토지를 매수**할 때에 관한 설명으로 틀린 것은?[25회]

① 토지 소유자가 원하면 도시 · 군계획시설채권을 발행하여 매수대금을 지급할 수 있다.(○)

② 도시 · 군계획시설채권의 상환기간은 10년 이내에서 정해진다.(○)

③ 매수 청구된 토지의 매수가격 · 매수절차 등에 관하여 국토의 계획 및 이용에 관한 법률에 특별한 규정이 있는 경우 외에는 공익사업을 위한 토지 등의 취득 및 보상에 관한 법률을 준용한다.(○)

④ 비업무용 토지로서 매수대금이 2천만원을 초과하는 경우 매수의무자는 그 초과하는 금액에 대해서 도시 · 군계획시설채권을 발행하여 지급할 수 있다.(×)

⑤ 매수의무자가 매수하기로 결정한 토지는 매수 결정을 알린 날부터 2년 이내에 매수하여야 한다.(○)

> ④ 비업무용 토지로서 매수대금이 3천만원을 초과하는 금액을 채권으로 지급할 수 있습니다.

甲 소유의 토지는 A광역시 B구에 소재한 지목이 대인 토지로서 **한국토지주택공사**를 사업시행자로 하는 도시 · 군계획시설 부지이다. 甲의 토지에 대해 국토의 계획 및 이용에 관한 법령상 **도시·군계획시설 부지의 매수청구권**이 인정되는 경우, 이에 관한 설명으로 옳은 것은?(단, 도시 · 군계획시설의 설치의무자는 사업시행자이며, 조례는 고려하지 않음)[27회]

① 甲의 토지의 매수의무자는 B구청장이다.(×)

② 甲이 매수청구를 할 수 있는 대상은 토지이며, 그 토지에 있는 건축물은 포함되지 않는다.(×)

③ 甲이 원하는 경우 매수의무자는 도시·군계획시설채권을 발행하여 그 대금을 지급할 수 있다.(×)

저자의 한마디

④ 매수의무자는 토지소유자뿐만 아니라 육장에게도 알려야 해요. 따라서 문제지문에서 육장에 해당하는 A광역시장에게도 알려야 한답니다.(광역시의 구청장은 육장이 아니에요. 따라서 B 구청장에게 알리는게 아니죠.)

④ 매수의무자는 매수청구를 받은 날부터 6개월 이내에 매수여부를 결정하여 甲과 A광역시장에게 알려야 한다.(○)

⑤ 매수청구에 대해 매수의무자가 매수하지 아니하기로 결정한 경우 甲은 자신의 토지에 2층의 다세대주택을 건축할 수 있다.(×)

① 매수의무자는 사업시행자인 한국토지주택공사입니다. ② 건축물도 포함합니다. ③ 매수의무자가 지자체이면 토지소유자가 원할 경우 채권을 발행할 수 있죠. 하지만 한국토지주택공사는 지자체가 아니어서 채권을 발행할 수 없어요. ⑤ 3층 이하의 단독주택은 가능하지만 공동주택(다세대주택)을 건축할 순 없어요.

도시 · 군계획시설결정의 실효와 해제신청****

1. 도시 · 군계획시설결정의 실효

① 도시 · 군계획시설결정이 고시된 도시 · 군계획시설에 대하여 그 고시일부터 20년이 지날 때까지 그 시설의 설치에 관한 도시 · 군계획시설사업이 시행되지 아니하는 경우 그 도시 · 군계획시설결정은 그 고시일부터 20년이 되는 날의 다음날에 그 효력을 잃는다.

② 시 · 도지사 또는 대도시 시장(시장 또는 군수×)은 도시 · 군계획시설결정이 효력을 잃으면 지체 없이 그 사실을 고시하여야 한다.

③ 특별시장 · 광역시장 · 특별자치시장 · 특별자치도지사 · 시장 또는 군수는 도시 · 군계획시설결정이 고시된 도시 · 군계획시설을 설치할 필요성이 없어진 경우 또는 그 고시일부터 10년이 지날 때까지 해당 시설의 설치에 관한 도시 · 군계획시설사업이 시행되지 아니하는 경우에는 그 현황과 단계별 집행계획을 해당 지방의회에 보고하여야 한다.

④ 보고를 받은 지방의회는 해당 육장에게 도시 · 군계획시설결정의 해제를 권고할 수 있다.

저자의 한마디

⑤ 육장 중 특·광·특·특은 자체 결정합니다. 반면, 시장·군수는 도지사에게 신청하고, 신청받은 도지사가 결정합니다.

⑤ 도시 · 군계획시설결정의 해제를 권고 받은 육장은 특별한 사유가 없으면 그 도시 · 군 계획시설결정의 해제를 위한 도시 · 군관리계획을 (자체)결정하거나 도지사에게 그 결정을 신청하여야 한다. 이 경우 신청을 받은 도지사는 특별한 사유가 없으면 신청을 받은 날부터 1년 이내에 그 도시 · 군계획시설결정의 해제를 위한 도시 · 군관리계획을 결정하여야 한다.

국토의 계획 및 이용에 관한 법령상 **도시·군계획시설**에 관한 설명이다. ( )에 들어갈 내용을 바르게 나열한 것은?[30회]

> 도시·군계획시설결정이 고시된 도시·군계획시설에 대하여 그 고시일부터 (ㄱ)년 이 지날 때까지 그 시설의 설치에 관한 도시·군계획시설사업이 시행되지 아니하는 경우 그 도시·군계획시설결정은 그 고시일부터 (ㄱ)년이 (ㄴ)에 그 효력을 잃는다.

① ㄱ : 10, ㄴ : 되는 날　　② ㄱ : 20, ㄴ : 되는 날

③ ㄱ : 10, ㄴ : 되는 날의 다음날　④ ㄱ : 15, ㄴ : 되는 날의 다음날

⑤ ㄱ : 20, ㄴ : 되는 날의 다음날

> 고시일로부터 20년이 지날 때까지 사업이 시행되지 않으면 고시일로부터 20년이 되는 날의 다음날에 결정이 효력을 잃습니다. 정답⑤

국토계획법령상 **도시·군계획시설**에 관한 설명으로 옳은 것은?[28회]

① 도시·군계획시설결정의 고시일부터 5년 이내에 도시·군계획시설사업이 시행되지 아니하는 경우 그 도시·군계획시설의 부지 중 지목이 대인 토지의 소유자는 그 토지의 매수를 청구할 수 있다.(×)

② 도시개발구역의 규모가 150만㎡인 경우 해당 구역의 개발사업 시행자는 공동구를 설치하여야 한다.(×)

③ 공동구가 설치된 경우 하수도관은 공동구협의회의 심의를 거쳐 공동구에 수용할 수 있다.(○)

④ 공동구관리자는 매년 해당 공동구의 안전 및 유지관리계획을 수립·시행하여야 한다.(×)

⑤ 도시·군계획시설결정은 고시일부터 10년 이내에 도시·군계획시설사업이 시행되지 아니하는 경우 그 고시일부터 10년이 되는 날의 다음날에 그 효력을 잃는다.(×)

> ① 5년이 아니라 10년 ② 공동구 설치는 200만㎡를 초과해야 됩니다. ④ 5년마다 안전 및 유지관리계획을 수립·시행 ⑤ 10년이 아니고 20년

2. 도시 · 군계획시설결정의 해제 신청

① 도시 · 군계획시설결정의 고시일부터 10년 이내에 그 도시 · 군계획시설의 설치에 관한 도시 · 군계획시설사업이 시행되지 아니한 경우로서 단계별 집행계획상 해당 도시 · 군계획시설의 실효 시까지 집행계획이 없는 경우에는 그 도시 · 군계획시설 부지로 되어 있는 토지의 소유자는 해당 도시 · 군계획시설에 대한 도시 · 군관리계획 입안권자에게 그 토지의 도시 · 군 계획시설결정 해제를 위한 도시 · 군관리계획 입안을 신청할 수 있다.

② 도시 · 군관리계획 입안권자는 신청을 받은 날부터 3개월 이내에 입안 여부를 결정하여 토지 소유자에게 알려야 하며, 해당 도시 · 군계획시설결정의 실효 시까지 설치하기로 집행계획을 수립하는 등 특별한 사유가 없으면 그 도시 · 군계획시설결정의 해제를 위한 도시 · 군관리계획을 입안하여야 한다.

③ 신청을 한 토지 소유자는 해당 도시 · 군계획시설결정의 해제를 위한 도시 · 군관리계획이 입안되지 아니하는 등에 해당하는 경우에는 해당 도시 · 군계획시설에 대한 도시 · 군관리계획 결정권자에게 그 도시 · 군 계획시설결정의 해제를 신청할 수 있다.

④ 도시·군관리계획 결정권자는 신청을 받은 날부터 2개월 이내에 **결정 여부를 정하여** 토지 소유자에게 알려야 하며, 특별한 사유가 없으면 그 도시·군계획시설결정을 해제하여야 한다.

⑤ 해제 신청을 한 토지 소유자는 해당 도시·군계획시설결정이 해제되지 아니하는 등에 해당하는 경우에는 국토교통부장관에게 그 도시·군 계획시설결정의 해제 심사를 신청할 수 있다.

⑥ 신청을 받은 국토교통부장관은 해당 도시·군계획시설에 대한 도시·군관리계획 결정권자에게 도시·군계획시설결정의 해제를 권고할 수 있다.

⑦ 해제를 권고받은 도시·군관리계획 결정권자는 특별한 사유가 없으면 그 도시·군계획시설결정을 해제하여야 한다.

해제신청의 3단계
① 해제입안신청→입안권자
② 해제결정신청→결정권자
③ 해제심사신청→국장

국토계획법령상 도시·군계획시설에 관한 설명으로 옳은 것은?[29회]

① 도시개발법에 따른 도시개발구역이 200만 제곱미터를 초과하는 경우 해당 구역에서 개발사업을 시행하는 자는 공동구를 설치하여야 한다.(○)

② 공동구관리자는 10년마다 해당 공동구의 안전 및 유지관리계획을 수립·시행하여야 한다.(×)

③ 도시·군계획시설 부지의 매수 청구시 매수의무자가 매수하지 아니하기로 결정한 날부터 1년이 경과하면 토지소유자는 해당 용도지역에서 허용되는 건축물을 건축할 수 있다.(×)

④ 도시·군계획시설 부지로 되어 있는 토지의 소유자는 도시·군계획시설 결정의 실효 시까지 그 토지의 도시·군계획시설결정 해제를 위한 도시·군관리계획 입안을 신청할 수 없다.(×)

⑤ 도시·군계획시설에 대해서 시설결정이 고시된 날부터 10년이 지날 때까지 도시·군계획시설사업이 시행되지 아니한 경우 그 도시·군계획시설의 결정은 효력을 잃는다.(×)

② 10년마다가 아니라 5년마다 ③ 매수의무자가 매수하지 아니하기로 결정한 경우에는 **바로** 허가를 받아 해당 용도지역에서 허용되는 건축물을 건축할 수 있어요. ④ 고시일부터 10년 동안 사업이 시행되지 않고, 실효 시까지 단계별 집행계획이 없는 경우에는 토지의 소유자가 입안권자에게 결정 해제를 위한 입안을 신청할 수 있습니다. ⑤ 10년이 아니라 20년

국토의 계획 및 이용에 관한 법령상 **도시·군계획시설**(이하 시설이라 함)에 관한 설명으로 옳은 것은?[35회]

① 시설결정의 고시일부터 10년 이내에 실시계획의 인가만 있고 시설사업이 진행되지 아니하는 경우 그 부지의 소유자는 그 토지의 매수를 청구할 수 있다.(×)

② 공동구가 설치된 경우 쓰레기수송관은 공동구협의회의 심의를 거쳐야 공동구에 수용할 수 있다.(×)

③ 택지개발촉진법에 따른 택지개발지구가 200만제곱미터를 초과하는 경우에는 공동구를 설치하여야 한다.(○)

④ 시설결정의 고시일부터 20년이 지날 때까지 시설사업이 시행되지 아니하는 경우 그 시설결정은 20년이 되는 날에 효력을 잃는다.(×)

⑤ 시설결정의 고시일부터 10년 이내에 시설사업이 시행되지 아니하는 경우 그 부지 내에 건물만을 소유한 자도 시설결정 해제를 위한 도시 · 군관리계획 입안을 신청할 수 있다.(×)

① 실시계획인가가 있었으면 토지 매수를 청구할 수 없어요.(47조1항) ② 공동구협의회의 심의를 거쳐야 하는 건 하수도관과 가스관이죠.(시행령35조의3) ③ 44조1항2호, 시행령35조의2 1항) ④ 20년이 되는 날의 다음날에 효력을 잃어요.(48조1항) ⑤ 부지 내에 건물만을 소유한 자는 입안을 신청할 수 없어요. 계획시설부지로 되어 있는 토지의 소유자가 신청할 수 있죠.(48조의2 1항)

도시·군계획시설사업의 시행★★★★

1. 단계별 집행계획의 수립

① 특별시장 · 광역시장 · 특별자치시장 · 특별자치도지사 · 시장 또는 군수(→육장)는 도시 · 군계획시설에 대하여 도시 · 군계획시설결정의 고시일부터 3개월 이내에 재원조달계획, 보상계획 등을 포함하는 단계별 집행계획을 수립하여야 한다. 다만, *대통령령으로 정하는 법률에 따라 도시 · 군관리계획의 결정이 의제되는 경우에는 해당 도시 · 군계획시설결정의 고시일부터 2년 이내에 단계별 집행계획을 수립할 수 있다.

② 국토교통부장관이나 도지사가 직접 입안한 도시 · 군관리계획인 경우 국토교통부장관이나 도지사(→단계별 집행계획의 예외적 수립권자)는 단계별 집행계획을 수립하여 해당 육장에게 송부할 수 있다.

③ 단계별 집행계획은 제1단계 집행계획과 제2단계 집행계획으로 구분하여 수립하되, 3년 이내에 시행하는 도시 · 군계획시설사업은 제1단계 집행계획에, 3년 후에 시행하는 도시 · 군계획시설사업은 제2단계 집행계획에 포함되도록 하여야 한다.

④ 육장은 단계별집행계획을 수립하고자 하는 때에는 미리 관계 행정기관의 장과 협의하여야 하며, 해당 지방의회의 의견을 들어야 한다.

2. 도시 · 군계획시설사업의 시행자

① 특별시장 · 광역시장 · 특별자치시장 · 특별자치도지사 · 시장 또는 군수는 이 법 또는 다른 법률에 특별한 규정이 있는 경우 외에는 관할 구역의 도시 · 군계획시설사업을 시행한다.(→육장이 사업시행자)

② 도시 · 군계획시설사업이 둘 이상의 특별시 · 광역시 · 특별자치시 · 특별자치도 · 시 또는 군의 관할 구역에 걸쳐 시행되게 되는 경우에는 관계되는 육장이 서로 협의하여 시행자를 정한다.

③ 협의가 성립되지 아니하는 경우 도시 · 군계획시설사업을 시행하려는 구역이 같은 도의 관할 구역에 속하는 경우에는 관할 도지사가 시행자를 지정하고, 둘 이상의 시 · 도의 관할 구역에 걸치는 경우에는 국토교통부장관이 시행자를 지정한다.

저자의 한마디

단계별 집행계획은 도시·군계획시설사업을 시행하는 경우에 수립하는 계획입니다.

*대통령령으로 정하는 법률
1. 도시 및 주거환경정비법
2. 도시재정비 촉진을 위한 특별법
3. 도시재생 활성화 및 지원에 관한 특별법

3년 내→1단계
3년 후→2단계

④ 국토교통부장관은 국가계획과 관련되거나 그밖에 특히 필요하다고 인정되는 경우에는 관계되는 육장의 의견을 들어 직접 도시·군계획시설사업을 시행할 수 있으며, 도지사는 광역도시계획과 관련되거나 특히 필요하다고 인정되는 경우에는 관계 시장 또는 군수의 의견을 들어 직접 도시·군계획시설사업을 시행할 수 있다.(국장과 도지사는 예외적 사업시행자)

⑤ 시행자가 될 수 있는 자 외의 자는 국토교통부장관, 시·도지사, 시장 또는 군수로부터 시행자로 지정을 받아 도시·군계획시설사업을 시행할 수 있다.

⑥ 도시·군계획시설사업의 시행자로 지정을 받으려면 도시계획시설사업의 대상인 토지(국·공유지 제외)면적의 3분의 2 이상에 해당하는 토지를 소유하고, 토지소유자 총수의 2분의 1 이상에 해당하는 자의 동의를 얻어야 한다. (민간시행자의 피지정 요건)

다만, **다음의 자**는 위의 동의를 얻지 않고, 시행자로 지정받을 수 있다.

ㄱ. 국가 또는 지방자치단체

ㄴ. 공공기관

한국농수산식품유통공사, 대한석탄공사, 한국토지주택공사, 한국관광공사, 한국농어촌공사, 한국도로공사, 한국석유공사, 한국수자원공사, 한국전력공사, 한국철도공사

ㄷ. 그밖에 대통령령으로 정하는 자(지방공사 및 지방공단 등)

⑦ 도시·군계획시설사업의 시행자는 도시·군계획시설사업을 효율적으로 추진하기 위하여 필요하다고 인정되면 사업시행대상지역 또는 대상시설을 둘 이상으로 분할하여 도시·군계획시설사업을 시행할 수 있다.

국토의 계획 및 이용에 관한 법령상 **도시·군계획시설사업의 시행**에 관한 설명으로 옳은 것은?[34회]

① 도시 및 주거환경정비법에 따라 도시·군관리계획의 결정이 의제되는 경우에는 해당 도시·군계획시설결정의 고시일부터 3개월 이내에 도시·군계획시설에 대하여 단계별 집행계획을 수립하여야 한다.(×)

② 5년 이내에 시행하는 도시·군계획시설사업은 단계별집행계획 중 제1단계 집행계획에 포함되어야 한다.(×)

③ 한국토지주택공사가 도시·군계획시설사업의 시행자로 지정을 받으려면 토지소유자 총수의 3분의 2 이상에 해당하는 자의 동의를 얻어야 한다.(×)

④ 국토교통부장관은 국가계획과 관련되거나 그 밖에 특히 필요하다고 인정되는 경우에는 관계 특별시장·광역시장·특별자치시장·특별자치도지사·시장 또는 군수의 의견을 들어 직접 도시·군계획시설사업을 시행할 수 있다.(○)

⑤ 사업시행자는 도시·군계획시설사업 대상시설을 둘 이상으로 분할하여 도시·군계획시설사업을 시행하여서는 아니된다.(×)

저자의 한마디
① **2년 이내 단계별집행계획을** 수립해야 하는 법률은 도시 및 주거환경정비법, 도시재정비 촉진을 위한 특별법, 도시재생 활성화 및 지원에 관한 특별법, 이렇게 세 가지입니다.

3. 실시계획

(1) 실시계획의 작성 및 인가

① 도시 · 군계획시설사업의 시행자는 그 도시 · 군계획시설사업에 관한 실시계획을 작성하여야 한다. 실시계획에는 **다음 사항**이 포함되어야 한다.

ㄱ. 사업의 종류 및 명칭　ㄴ. 사업의 면적 또는 규모

ㄷ. 사업시행자의 성명 및 주소(법인은 법인 명칭 및 소재지와 대표자 성명 및 주소)

ㄹ. 사업의 착수예정일 및 준공예정일

② 도시 · 군계획시설사업의 시행자(국토교통부장관, 시 · 도지사와 대도시 시장은 제외)는 실시계획을 작성하면 국토교통부장관, 시 · 도지사 또는 대도시 시장의 인가(허가×)를 받아야 한다.

③ 국토교통부장관, 시 · 도지사 또는 대도시 시장(→실시계획의 인가권자)은 도시 · 군계획시설사업의 시행자가 작성한 실시계획이 도시 · 군계획시설의 결정 · 구조 및 설치의 기준 등에 맞다고 인정하는 경우에는 실시계획을 인가하여야 한다. 이 경우 국토교통부장관, 시 · 도지사 또는 대도시 시장은 기반시설의 설치나 그에 필요한 용지의 확보, 위해 방지, 환경오염 방지, 경관 조성, 조경 등의 조치를 할 것을 조건으로 실시계획을 인가할 수 있다.(→조건부 인가)

④ 인가받은 실시계획을 변경하거나 폐지하는 경우에는 인가를 받아야 한다.

⑤ 실시계획에는 사업시행에 필요한 설계도서, 자금계획, 시행기간, 그밖에 대통령령으로 정하는 사항(실시계획을 변경하는 경우에는 변경되는 사항에 한정)을 자세히 밝히거나 첨부하여야 한다.

⑥ 실시계획이 작성 또는 인가된 때에는 그 실시계획에 반영된 경미한 사항의 범위에서 도시 · 군관리계획이 변경된 것으로 본다.

⑦ 도시 · 군계획시설결정의 고시일부터 10년 이후에 실시계획을 작성하거나 인가 받은 도시 · 군계획시설사업의 시행자가 실시계획 고시일부터 5년 이내에 토지보상법에 따른 재결신청을 하지 아니한 경우에는 실시계획 고시일부터 5년이 지난 다음 날에 그 실시계획은 효력을 잃는다. 다만, **장기미집행** 도시 · 군계획시설사업의 시행자가 재결신청을 하지 아니하고 실시계획 고시일부터 5년이 지나기 전에 해당 도시 · 군계획시설사업에 필요한 토지 면적의 3분의 2 이상을 소유하거나 사용할 수 있는 권원을 확보하고 실시계획 고시일부터 7년 이내에 재결신청을 하지 아니한 경우 실시계획 고시일부터 7년이 지난 다음 날에 그 실시계획은 효력을 잃는다.

⑧ 장기미집행 도시 · 군계획시설사업의 시행자가 재결신청 없이 도시 · 군계획시설사업에 필요한 모든 토지 · 건축물 또는 그 토지에 정착된 물건을 소유하거나 사용할 수 있는 권원을 확보한 경우 그 실시계획은 효력을 유지한다.

⑨ 실시계획이 폐지되거나 효력을 잃은 경우 해당 도시 · 군계획시설결정은 **다음에서 정한 날** 효력을 잃는다.

> **저자의 한마디**
>
> 토지면적의 2/3이상을 소유하거나 사용할 수 있는 권한을 확보하는 경우에는 2년 연장되어 효력을 잃습니다.

ㄱ. 도시·군계획시설결정의 고시일부터 20년이 되기 전에 실시계획이 폐지되거나 효력을 잃고 다른 도시·군계획시설사업이 시행되지 아니하는 경우 : 도시·군계획시설결정의 고시일부터 20년이 되는 날의 다음 날

ㄴ. 도시·군계획시설결정의 고시일부터 20년이 되는 날의 다음 날 이후 실시계획이 폐지되거나 효력을 잃은 경우: 실시계획이 폐지되거나 효력을 잃은 날

(2) 도시·군계획시설사업의 이행 담보

① 특별시장·광역시장·특별자치시장·특별자치도지사·시장 또는 군수(→육장)는 기반시설의 설치나 그에 필요한 용지의 확보, 위해 방지, 환경오염 방지, 경관 조성, 조경 등을 위하여 필요하다고 인정되는 경우에는 그 이행을 담보하기 위하여 도시·군계획시설사업의 시행자에게 이행보증금을 예치하게 할 수 있다. 다만, **다음의 자**는 이행보증금을 예치하지 않아도 된다.

ㄱ. 국가 또는 지방자치단체

ㄴ. 공공기관(공기업, 위탁집행형 준정부기관)(기금관리형 준정부기관X)

ㄷ. 지방공사 및 지방공단

② 이행보증금의 산정과 예치방법은 **다음**과 같다.

ㄱ. 이행보증금의 예치금액은 총공사비의 20% 이내로 한다.

ㄴ. 이행보증금은 현금으로 납입하되, 이행보증서 등으로 이를 갈음할 수 있다.

ㄷ. 이행보증금은 사업시행자가 준공검사를 받은 때에는 즉시 이를 반환하여야 한다.

개발행위허가의 이행보증이랑 같아!

③ 육장은 실시계획의 인가 또는 변경인가를 받지 아니하고 도시·군계획시설사업을 하거나 그 인가 내용과 다르게 도시·군계획시설사업 을 하는 자에게 그 토지의 원상회복을 명할 수 있다.

④ 육장은 원상회복의 명령을 받은 자가 원상회복을 하지 아니하는 경우에는 행정대집행에 따라 원상회복을 할 수 있다. 이 경우 행정대집행에 필요한 비용은 도시·군계획시설사업의 시행자가 예치한 이행보증금으로 충당할 수 있다.

(3) 실시계획의 고시

국토교통부장관, 시·도지사 또는 대도시 시장은 실시계획을 작성(변경작성을 포함), 인가(변경인가를 포함), 폐지하거나 실시계획이 효력을 잃은 경우에는 그 내용을 고시하여야 한다.

4. 사업시행을 위한 조치

① 도시·군계획시설사업의 시행자는 도시·군계획시설사업을 시행하기 위하여 필요하면 등기소나 그 밖의 관계 행정기관의 장에게 필요한 서류의 열람 또는 복사나 그 등본 또는 초본의 발급을 무료로 청구할 수 있다.

② 도시·군계획시설사업의 시행자는 이해관계인에게 서류를 송달할 필요가 있으나 이해관계인의 주소 또는 거소가 불분명하거나 그 밖의 사유로 서류를 송달할 수 없는 경우에는 그 서류의 송달을 갈음하여 그 내용을 공시할 수 있다.

③ 도시 · 군계획시설사업의 시행자는 도시 · 군계획시설사업에 필요한 **다음의 물건 또는 권리**를 수용하거나 사용할 수 있다. 또한 사업시행을 위하여 특히 필요하다고 인정되면 도시 · 군계획시설에 인접한 **다음의 물건 또는 권리**를 일시 사용할 수 있다.

ㄱ. 토지 · 건축물 또는 그 토지에 정착된 물건

ㄴ. 토지 · 건축물 또는 그 토지에 정착된 물건에 관한 소유권 외의 권리

④ 도시 · 군관리계획결정을 고시한 경우에는 국공유지로서 도시 · 군계획시설사업에 필요한 토지는 <u>그 도시 · 군관리계획으로 정하여진 목적 외의 목적으로 매각하거나 양도할 수 없다.</u> 이를 위반한 행위는 무효로 한다.

국토계획법령상 도시·군계획시설사업의 시행 등에 관한 설명으로 틀린 것은?[28회]

① 지방자치단체가 직접 시행하는 경우에는 이행보증금을 예치하여야 한다.(×)

② 광역시장이 단계별집행계획을 수립하고자 하는 때에는 미리 관계 행정기관의 장과 협의하여야 하며, 해당 지방의회의 의견을 들어야 한다.(○)

③ 둘 이상의 시 또는 군의 관할 구역에 걸쳐 시행되는 도시·군계획시설사업이 광역도시계획과 관련된 경우, 도지사는 관계 시장 또는 군수의 의견을 들어 직접 시행할 수 있다.(○)

④ 시행자는 도시·군계획시설사업을 효율적으로 추진하기 위하여 필요하다고 인정되면 사업시행대상지역을 둘 이상으로 분할하여 시행할 수 있다.(○)

⑤ 행정청인 시행자는 이해관계인의 주소 또는 거소가 불분명하여 서류를 송달할 수 없는 경우 그 서류의 송달을 갈음하여 그 내용을 공시할 수 있다.(○)

1번 확실한 정답!
실제 시험볼 때는
나머지 지문 읽지 않고 패스~

① 국가나 지방자치단체는 이행보증금 예치하지 않아도 되죠.

국토계획법령상 도시·군계획시설사업에 관한 설명으로 틀린 것은?[23회]

① 같은 도의 관할 구역에 속하는 둘 이상의 시·군에 걸쳐 시행되는 사업의 시행자를 정함에 있어 관계 시장·군수 간 협의가 성립되지 않는 경우에는 관할 도지사가 시행자를 지정한다.(○)

② 도지사는 광역도시계획과 관련되는 경우 관계 시장 또는 군수의 의견을 들어 직접 사업을 시행할 수 있다.(○)

③ 시행자는 사업을 효율적으로 추진하기 위하여 필요하다고 인정되면 사업시행대상지역을 분할하여 사업을 시행할 수 있다.(○)

④ 도시·군관리계획 결정을 고시한 경우 사업에 필요한 국공유지는 그 도시·군관리계획으로 정해진 목적 외의 목적으로 양도할 수 없다.(○)

⑤ 한국토지주택공사가 사업의 시행자로 지정을 받으려면 사업대상인 사유토지의 소유자 총수의 2분의 1 이상의 동의를 받아야 한다.(×)

③ 빈출지문! ⑤ 한국토지주택공사는 공공기관에 해당하므로 토지소유자의 동의 없이 사업시행자로 지정받을 수 있어요.

국토계획법령상 **도시·군계획시설사업**에 관한 설명으로 틀린 것은?[32회]

① 도시·군계획시설은 기반시설 중 도시·군관리계획으로 결정된 시설이다.(○)

② 도시·군계획시설사업이 같은 도의 관할 구역에 속하는 둘 이상의 시 또는 군에 걸쳐 시행되는 경우에는 국토교통부장관이 시행자를 정한다.(×)

③ 한국토지주택공사는 도시·군계획시설사업 대상 토지소유자 동의요건을 갖추지 않아도 도시·군계획시설사업의 시행자로 지정받을 수 있다.(○)

④ 도시·군계획시설사업 실시계획에는 사업의 착수예정일 및 준공예정일도 포함되어야 한다.(○)

⑤ 도시·군계획시설사업 실시계획 인가 내용과 다르게 도시·군계획시설 사업을 하여 토지의 원상회복명령을 받은 자가 원상회복을 하지 아니하면 행정대집행법에 따른 행정대집행에 따라 원상회복을 할 수 있다.(○)

실시계획에 포함될 사항
① 사업의 종류 및 명칭
② 사업의 면적 또는 규모
③ 사업시행자의 성명 및 주소
④ 사업의 착수예정일 및 준공예정일

② 일단 시장 또는 군수가 협의하여 정하고, 협의가 성립하지 않으면 도지사(국장x)가 정합니다.

5. 공사완료의 공고

① 도시·군계획시설사업의 시행자(국토교통부장관, 시·도지사와 대도시 시장은 제외)는 도시·군계획시설사업의 공사를 마친 때에는 공사완료보고서를 작성하여 시·도지사나 대도시 시장의 준공검사를 받아야 한다.

② 시·도지사나 대도시 시장은 공사완료보고서를 받으면 지체 없이 준공검사를 하여야 한다.

③ 시·도지사나 대도시 시장은 준공검사를 한 결과 실시계획대로 완료되었다고 인정되는 경우에는 도시·군계획시설사업의 시행자에게 준공검사증명서를 발급하고 공사완료 공고를 하여야 한다.

④ 국토교통부장관, 시·도지사 또는 대도시 시장인 도시·군계획시설사업의 시행자는 도시·군계획시설사업의 공사를 마친 때에는 (준공검사 등 별도의 절차 없이) 공사완료 공고를 하여야 한다.

국토계획법령상 **도시·군계획시설사업**에 관한 설명으로 틀린 것은?[27회]

① 도시·군관리계획으로 결정된 하천의 정비사업은 도시·군계획시설사업에 해당한다.(○)

② 한국토지주택공사가 도시·군계획시설사업의 시행자로 지정받으려면 사업대상 토지 면적의 3분의 2 이상의 토지소유자의 동의를 얻어야 한다.(×)

③ 도시·군계획시설사업의 시행자는 도시·군계획시설사업에 필요한 토지나 건축물을 수용할 수 있다.(○)

④ 행정청인 도시·군계획시설사업의 시행자가 도시·군계획시설사업에 의하여 새로 공공시설을 설치한 경우 새로 설치된 공공시설은 그 시설을 관리할 관리청에 무상으로 귀속된다.(○)

⑤ 도시·군계획시설결정의 고시일부터 20년이 지날 때까지 그 시설의 설치에 관한 도시·군계획시설사업이 시행되지 아니하는 경우, 그 도시·군계획시설결정은 그 고시일부터 20년이 되는 날의 다음날에 효력을 잃는다.(○)

② 한국토지주택공사는 토지소유자의 동의 없이도 도시·군계획시설사업의 시행자로 지정받을 수 있다고 했죠?

07 지구단위계획★★★★

국토의 계획 및 이용에 관한 법령상 아래 내용을 뜻하는 **용어**는?[30회]

> 도시·군계획 수립 대상지역의 일부에 대하여 토지이용을 합리화하고 그 기능을 증진시키며 미관을 개선하고 양호한 환경을 확보하며, 그 지역을 체계적·계획적으로 관리하기 위하여 수립하는 도시·군관리계획

① 일부관리계획 ② 지구단위계획 ③ 도시·군기본계획
④ 시가화조정구역계획 ⑤ 입지규제최소구역계획

지구단위계획 정의 문제입니다. 1초 만에 맞추고 넘어가야 합니다. 정답②

지구단위계획구역의 지정과 지구단위계획의 수립★★★

지구단위계획구역 및 지구단위계획은 도시·군관리계획으로 결정한다.

1. 지구단위계획구역의 지정

① 국토교통부장관, 시·도지사, 시장 또는 군수(,지구단위계획구역의 지정권자)는 **다음 지역의 전부 또는 일부**에 대하여 지구단위계획구역을 지정할 수 있다(,임의적 지정).

ㄱ. 용도지구

ㄴ. 도시개발법에 따라 지정된 도시개발구역

ㄷ. 도시 및 주거환경정비법에 따라 지정된 정비구역

ㄹ. 택지개발촉진법에 따라 지정된 택지개발지구

ㅁ. 주택법에 따른 대지조성사업지구

ㅂ. 산업입지 및 개발에 관한 법률의 산업단지와 준산업단지

ㅅ. 관광진흥법에 따라 지정된 관광단지와 관광특구

ㅇ. 개발제한구역·도시자연공원구역·시가화조정구역 또는 공원에서 해제되는 구역, 녹지지역에서 주거·상업·공업지역으로 변경되는 구역과 새로 도시지역으로 편입되는 구역 중 계획적인 개발 또는 관리가 필요한 지역

ㅈ. 도시지역 내 복합적인 토지 이용을 증진시킬 필요가 있는 지역(일반주거, 준주거, 준공업, 상업지역)

ㅊ. 도시지역 내 유휴토지를 효율적으로 개발하거나 교정시설, 군사시설, 그밖에 시설을 이전 또는 재배치하여 토지 이용을 합리화하고, 그 기능을 증진시키기 위하여 집중적으로 정비가 필요한 지역

ㅋ. 도시지역의 체계적·계획적인 관리 또는 개발이 필요한 지역

ㅌ. 그밖에 양호한 환경의 확보나 기능 및 미관의 증진 등을 위하여 필요한 지역

저자의 한마디

시장·군수는 도지사의 승인없이 지구단위계획구역을 지정할 수 있습니다. 대부분 도지사의 승인을 받아야 하지만, 지구단위니만큼 시장 또는 군수의 독자적인 역할을 인정하는 것이죠.

② 국토교통부장관, 시·도지사, 시장 또는 군수는 **다음 지역**을 지구단위계획구역으로 지정하여야 한다(필수적 지정). 다만, 관계 법률에 따라 그 지역에 토지 이용과 건축에 관한 계획이 수립되어 있는 경우에는 그러하지 아니하다.

ㄱ. 도시 및 주거환경정비법에 따라 지정된 정비구역과 택지개발촉진법에 따라 지정된 택지개발지구에서 시행되는 사업이 끝난 후 10년이 지난 지역

ㄴ. 시가화조정구역 또는 공원에서 해제되는 지역이나 녹지지역에서 주거지역·상업지역 또는 공업지역으로 변경되는 지역으로서 그 면적이 30만㎡ 이상인 지역

③ 도시지역 외의 지역을 지구단위계획구역으로 지정하려는 경우 **다음**의 어느 하나에 해당하여야 한다.

ㄱ. 지정하려는 구역 면적의 50% 이상이 계획관리지역으로서 대통령령으로 정하는 요건에 해당하는 지역

ㄴ. 개발진흥지구로서 대통령령으로 정하는 요건에 해당하는 지역

ㄷ. 지정된 용도지구를 폐지하고 그 용도지구에서의 행위 제한 등을 지구단위계획으로 대체하려는 지역

2. 지구단위계획의 수립

① 지구단위계획은 **다음 사항**을 고려하여 수립한다.

ㄱ. 도시의 정비·관리·보전·개발 등 지구단위계획구역의 지정 목적

ㄴ. 주거·산업·유통·관광휴양·복합 등 지구단위계획구역의 중심기능

ㄷ. 해당 용도지역의 특성

ㄹ. 지역 공동체의 활성화, 안전하고 지속가능한 생활권의 조성, 해당 지역 및 인근 지역의 토지 이용을 고려한 토지이용계획과 건축계획의 조화

② 지구단위계획의 수립기준 등은 국토교통부장관이 정한다.

국토의 계획 및 이용에 관한 법령상 **지구단위계획구역의 지정**에 관한 설명으로 옳은 것은?(단, 조례는 고려하지 않음)[34회]

① 산업입지 및 개발에 관한 법률에 따른 준산업단지에 대하여는 지구단위계획구역을 지정할 수 없다.(×)

② 도시지역 내 복합적인 토지 이용을 증진시킬 필요가 있는 지역으로서 지구단위계획구역을 지정할 수 있는 지역에 일반공업지역은 해당하지 않는다.(○)

③ 택지개발촉진법에 따라 지정된 택지개발지구에서 시행되는 사업이 끝난 후 5년이 지나면 해당 지역은 지구단위계획구역으로 지정하여야 한다.(×)

④ 도시지역 외의 지역을 지구단위계획구역으로 지정하려면 지정하려는 구역 면적의 3분의 2 이상이 계획관리지역이어야 한다.(×)

⑤ 농림지역에 위치한 산업·유통개발진흥지구는 지구단위계획구역으로 지정할 수 있는 대상지역에 포함되지 않는다.(×)

필수적 지정사항 꼭 암기!

저자의 한마디

도시지역 외에 지구단위계획구역으로 지정할 수 있는 곳은 계획관리지역이나 개발진흥지구라고 생각하면 됩니다.

국토계획법령상 **지구단위계획 및 지구단위계획구역**에 관한 설명으로 틀린 것은?[25회]

① 주민은 도시·군관리계획의 입안권자에게 지구단위계획의 변경에 관한 도시·군관리계획의 입안을 제안할 수 있다.(○)

② 개발제한구역에서 해제되는 구역 중 계획적인 개발 또는 관리가 필요한 지역은 지구단위계획구역으로 지정될 수 있다.(○)

③ 시장 또는 군수가 입안한 지구단위계획의 수립·변경에 관한 도시·군관리계획은 해당 시장 또는 군수가 직접 결정한다.(○)

④ 지구단위계획의 수립기준은 시·도지사가 국토교통부장관과 협의하여 정한다.(×)

⑤ 도시지역 외의 지역으로서 용도지구를 폐지하고 그 용도지구에서의 행위제한 등을 지구단위계획으로 대체하려는 지역은 지구단위계획구역으로 지정될 수 있다.(○)

국토의 계획 및 이용에 관한 법령상 **지구단위계획**에 관한 설명으로 틀린 것은?[27회]

① 지구단위계획은 도시·군관리계획으로 결정한다.(○)

② 두 개의 노선이 교차하는 대중교통 결절지로부터 2km 이내에 위치한 지역은 지구단위계획구역으로 지정하여야 한다.(×)

③ 시·도지사는 도시개발법에 따라 지정된 도시개발구역의 전부 또는 일부에 대하여 지구단위계획구역을 지정할 수 있다.(○)

④ 지구단위계획의 수립기준은 국토교통부장관이 정한다.(○)

⑤ 택지개발촉진법에 따라 지정된 택지개발지구에서 시행되는 사업이 끝난 후 10년이 지난 지역으로서 관계 법률에 따른 토지 이용과 건축에 관한 계획이 수립되어 있지 않은 지역은 지구단위계획구역으로 지정하여야 한다.(○)

지구단위계획의 내용****

1. 지구단위계획의 내용

① 지구단위계획구역의 지정목적을 이루기 위하여 지구단위계획에는 **다음 사항 중 ㄱ과 ㄴ의 사항을 포함한 둘 이상의 사항**(→ㄱ과 ㄴ은 필수사항)이 포함되어야 한다. 다만, ㄷ를 내용으로 하는 지구단위계획의 경우에는 그러하지 아니하다.

ㄱ. 기반시설의 배치와 규모(필수)

ㄴ. 건축물의 용도제한, 건축물의 건폐율 또는 용적률, 건축물 높이의 최고한도 또는 최저한도(필수)

ㄷ. 기존의 용도지구를 폐지하고 그 용도지구에서의 건축물이나 그 밖의 시설의 용도·종류 및 규모 등의 제한을 대체하는 사항

ㄹ. 용도지역이나 용도지구를 세분하거나 변경하는 사항

ㅁ. 도로로 둘러싸인 일단의 지역 또는 계획적인 개발·정비를 위하여 구획된 일단의 토지의 규모와 조성계획

ㅂ. 건축물의 배치·형태·색채 또는 건축선에 관한 계획

ㅅ. 환경관리계획 또는 경관계획

ㅇ. 보행안전 등을 고려한 교통처리계획

ㅈ. 그밖에 토지 이용의 합리화, 도시나 농·산·어촌의 기능 증진 등에 필요한 사항

② 지구단위계획은 도로, 상하수도 등 도시·군계획시설의 처리·공급 및 수용능력이 지구단위계획구역에 있는 건축물의 연면적, 수용인구 등 개발밀도와 적절한 조화를 이룰 수 있도록 하여야 한다.

기반시설과
건축물 용도·건폐율·용적률·높이는
필수내용

2. 지구단위계획구역에서의 건축기준 완화 적용

(1) 도시지역 내 지구단위계획구역

① 건축물을 건축하려는 자가 그 대지의 일부를 공공시설 등의 부지로 제공하는 경우에는 건폐율·용적률 및 높이제한을 다음과 같이 완화하여 적용할 수 있다.

ㄱ. 완화할 수 있는 건폐율

해당 용도지역에 적용되는 건폐율 ×
(1 + 공공시설 등의 부지로 제공하는 면적 ÷ 원래의 대지면적) 이내

ㄴ. 완화할 수 있는 용적률

해당 용도지역에 적용되는 용적률 + [1.5 × (공공시설 등의 부지로 제공하는 면적 × 공공시설 등 제공 부지의 용적률) ÷ 공공시설 등의 부지 제공 후의 대지면적] 이내

ㄷ. 완화할 수 있는 높이

건축법에 따라 제한된 높이 ×
(1 + 공공시설 등의 부지로 제공하는 면적 ÷ 원래의 대지면적) 이내

저자의 한마디

건폐율과 높이는 부지제공비율만큼 늘어납니다. **용적률은** 제공된 부지로 더 지을 수 있는 연면적에 1.5를 곱한다는 점에 주의하세요.

국토계획법령상 일반상업지역 내의 지구단위계획구역에서 건폐율이 60%이고 대지면적이 400㎡인 부지에 건축물을 건축하려는 자가 그 부지 중 100㎡를 공공시설의 부지로 제공하는 경우, **지구단위계획으로 완화하여 적용할 수 있는 건폐율의 최대한도(%)**는 얼마인가?(단, 조례는 고려하지 않으며, 건축주가 용도폐지되는 공공시설을 무상양수 받은 경우가 아님)[27회]

① 60　② 65　③ 70　④ 75　⑤ 80

> 건폐율은 대지면적(400㎡)에 대한 부지제공면적(100㎡)의 비율(25%)만큼 늘어납니다. 즉, 기존 건폐율 60%에서 25%만큼 늘어나니까 최대한도는 75%(=60%×1.25)입니다. 정답④

甲은 도시지역 내에 지정된 지구단위계획구역에서 제3종일반주거지역인 자신의 대지에 건축물을 건축하려고 하는바, 그 대지 중 일부를 학교의 부지로 제공하였다. 국토계획법령상 다음 조건에서 **지구단위계획을 통해 완화되는 용적률**을 적용할 경우 甲에게 허용될 수 있는 건축물의 최대 연면적은?(단, 지역·지구의 변경은 없는 것으로 하며, 기타 용적률에 영향을 주는 다른 조건은 고려하지 않음)[24회]

```
○ 甲의 대지면적 : 1,000㎡
○ 학교부지 제공면적 : 200㎡
○ 제3종일반주거지역의 현재 용적률 : 300%
○ 학교 제공부지의 용적률은 현재 용도지역과 동일함
```

① 3,200㎡　② 3,300㎡　③ 3,600㎡　④ 3,900㎡　⑤ 4,200㎡

> 제공된 부지로 지을 수 있는 연면적은 제공면적(200㎡)의 3배(300%), 즉 600㎡입니다. 여기에 1.5를 곱한 후 최종 대지면적(800㎡)으로 나누면 늘어나는 용적률을 구할 수 있어요. 1.125, 즉 112.5%죠? 그러면 완화되는 용적률은 현재의 용적률 300%를 더해 412.5%가 됩니다. 따라서 이때의 연면적은 최종 대지면적(800㎡)에 용적률(412.5%)을 곱하면 되죠. 답은 3,300㎡네요. 정답②

② 건축물을 건축하려는 자가 공공시설 등을 설치하여 제공하는 경우에는 공공시설 등을 설치하는 데에 드는 비용에 상응하는 가액의 부지를 제공한 것으로 보아 ①에 따른 비율까지 건폐율·용적률 및 높이제한을 완화하여 적용할 수 있다.

③ 공공시설 등을 설치하여 그 부지와 함께 제공하는 경우, ① 및 ②에 따라 완화할 수 있는 건폐율·용적률 및 높이를 합산한 비율까지 완화하여 적용할 수 있다.

④ 육장은 지구단위계획구역에 있는 토지를 공공시설부지로 제공하고 보상을 받은 자 또는 그 포괄승계인이 그 보상금액에 이자를 더한 금액(반환금)을 반환하는 경우에는 ①을 적용하여 당해 건축물에 대한 건폐율·용적률 및 높이제한을 완화할 수 있다. 이 경우 그 반환금은 기반시설의 확보에 사용하여야 한다.

⑤ 지구단위계획구역에서 건축물을 건축하고자 하는 자가 건축법에 따른 공개공지 또는 공개공간을 의무면적을 초과하여 설치한 경우에는 당해 건축물에 대하여 지구단위계획으로 용적률 및 높이제한을 완화하여 적용할 수 있다.

⑥ 지구단위계획구역에서는 도시·군계획조례의 규정에 불구하고 지구단위 계획으로 건폐율을 완화하여 적용할 수 있다.

⑦ 지구단위계획구역에서는 용도지역 안에서 건축할 수 있는 건축물의 용도· 종류 및 규모 등의 범위 안에서 이를 완화하여 적용할 수 있다.

⑧ 지구단위계획구역의 지정목적이 한옥마을의 보존, 차 없는 거리의 조성, 차량진입금지구간의 지정인 경우 주차장 설치기준을 100퍼센트까지 완화하여 적용할 수 있다.

⑨ 도시지역에 개발진흥지구를 지정하고 당해 지구를 지구단위계획구역으로 지정한 경우 당해 용도지역에 적용되는 용적률의 120퍼센트 이내에서 용적률을 완화하여 적용할 수 있고, 건축법에 따라 제한된 건축물높이의 120퍼센트 이내에서 높이제한을 완화하여 적용할 수 있다.

⑩ 앞에서 완화하여 적용되는 건폐율 및 용적률은 당해 용도지역 또는 용도 지구에 적용되는 건폐율의 150퍼센트 및 용적률의 200퍼센트를 각각 초과할 수 없다.

개발진흥지구 120%
기억해~

(2) 도시지역 외 지구단위계획구역

① 도시지역 외 지구단위계획구역에서는 지구단위계획으로 당해 용도지역 또는 개발진흥지구에 적용되는 건폐율의 150퍼센트 및 용적률의 200퍼센트 이내 에서 건폐율 및 용적률을 완화하여 적용할 수 있다.

② 도시지역 외 지구단위계획구역에서는 지구단위계획으로 건축물의 용도· 종류 및 규모 등을 완화하여 적용할 수 있다. 다만, 개발진흥지구(계획관리지역에 지정된 개발진흥지구를 제외)에 지정된 지구단위계획구역에 대하여는 아파트 및 연립주택은 허용되지 아니한다.

> **저자의 한마디**
>
> 계획관리지역에 지정된 개발진흥지구에는 아파트 및 연립주택을 지을 수 있는 거죠.

국토의 계획 및 이용에 관한 법령상 (   ) 안에 맞는 것은?[26회]

> 도시지역 내 지구단위계획구역의 지정이 **한옥마을의 보존**을 목적으로 하는 경우 지구단위계획으로 주차장법 제19조제3항에 의한 주차장 설치기준을 (   )퍼센트까지 완화하여 적용할 수 있다.

① 20 ② 30 ③ 50 ④ 80 ⑤ 100

한옥마을의 보존을 목적으로 하는 경우, 주차장설치기준은 100% 완화하여 적용할 수 있어요. 정답⑤

국토계획법령상 **지구단위계획구역**에 관한 설명으로 옳은 것은?[24회]

① 주택법에 따라 대지조성사업지구로 지정된 지역의 전부에 대하여 지구단위 계획구역을 지정할 수 없다.(×)

② 지구단위계획구역의 결정은 도시·군관리계획으로 하여야하나 지구단위 계획의 결정은 그러하지 아니하다.(×)

③ 지구단위계획구역은 도시지역이 아니더라도 지정될 수 있다.(○)

④ 도시개발법에 따라 지정된 20만제곱미터의 도시개발구역에서 개발사업이 끝난 후 10년이 지난 지역은 지구단위계획구역으로 지정되어야 한다.(×)

⑤ 도시지역 내에 지정하는 지구단위계획구역에 대해서는 당해 지역에 적용되는 건폐율의 200퍼센트 이내에서 건폐율을 완화하여 적용할 수 있다.(×)

① 지정할 수 있어요. ② 둘 다 도시·군관리계획으로 합니다. ④ 도시개발구역은 필수적 지정 대상이 아니에요. 정비구역이나 택지개발지구가 10년 후 지정해야하는 필수지역입니다. ⑤ 도시지역 내의 지구단위계획구역에서는 건폐율의 150%를 초과할 수 없어요.

국토계획법령상 **지구단위계획** 등에 관한 설명으로 틀린 것은?[28회]

① 관광진흥법에 따라 지정된 관광특구에 대하여 지구단위계획구역을 지정할 수 있다.(○)

② 도시지역 외의 지역도 지구단위계획구역으로 지정될 수 있다.(○)

③ 건축물의 형태·색채에 관한 계획도 지구단위계획의 내용으로 포함될 수 있다.(○)

④ 지구단위계획으로 차량진입금지구간을 지정한 경우 주차장법에 따른 주차장 설치기준을 최대 80%까지 완화하여 적용할 수 있다.(×)

⑤ 주민은 시장 또는 군수에게 지구단위계획구역의 지정에 관한 사항에 대하여 도시·군관리계획의 입안을 제안할 수 있다.(○)

② 빈출지문! ③ 건축물의 모양이나 색깔도 내용이 됩니다. ④ 차량진입금지구간을 지정한 경우 주차장 설치기준을 100%까지 완화하여 적용할 수 있어요.

국토의 계획 및 이용에 관한 법령상 **도시지역 외 지구단위계획구역에서 지구단위계획**에 의한 건폐율 등의 완화적용에 관한 설명으로 틀린 것은?[29회]

① 당해 용도지역 또는 개발진흥지구에 적용되는 건폐율의 150퍼센트 이내에서 건폐율을 완화하여 적용할 수 있다.(○)

② 당해 용도지역 또는 개발진흥지구에 적용되는 용적률의 200퍼센트 이내에서 용적률을 완화하여 적용할 수 있다.(○)

③ 당해 용도지역에 적용되는 건축물 높이의 120퍼센트 이내에서 높이제한을 완화하여 적용할 수 있다.(×)

④ 계획관리지역에 지정된 개발진흥지구 내의 지구단위계획구역에서는 건축물의 용도·종류 및 규모 등을 완화하여 적용할 수 있다.(○)

⑤ 계획관리지역 외의 지역에 지정된 개발진흥지구 내의 지구단위계획구역에서는 건축물의 용도·종류 및 규모 등을 완화하여 적용할 경우 아파트 및 연립주택은 허용되지 아니한다.(○)

①② 건폐율의 150%이내, 용적률의 200% 이내에서 완화 적용할 수 있어요. ③ 건축물 높이의 120% 완화 적용은 도시지역에 개발진흥지구를 지정하고 당해 지구를 지구단위계획구역으로 지정한 경우입니다. 도시지역 외 지구단위계획구역에 적용하는 게 아니죠.

공공시설 등의 설치비용*

① 지구단위계획으로 용도지역이 변경되어 용적률이 높아지거나 건축제한이 완화되는 경우 또는 지구단위계획으로 도시·군계획시설 결정이 변경되어 행위제한이 완화되는 경우에는 해당 지구단위계획구역에서 건축물을 건축하려는 자가 용도지역의 변경 또는 도시·군계획시설 결정의 변경 등으로 인한 토지가치 상승분의 범위에서 해당 지구단위계획구역 안에 다음 시설의 부지를 제공하거나 공공시설등을 설치하여 제공하도록 하여야 한다.

ㄱ. 공공시설   ㄴ. 기반시설

ㄷ. 공공주택 특별법에 따른 공공임대주택 또는 건축법령에 따른 기숙사 등 공공필요성이 인정되어 해당 시·도 또는 대도시의 조례로 정하는 시설

② 해당 지구단위계획구역 안의 공공시설등이 충분한 것으로 인정될 때에는 해당 지구단위계획구역 밖의 관할 특별시·광역시·특별자치시·특별자치도·시 또는 군에 다음 사업에 필요한 비용을 납부하는 것으로 갈음할 수 있다.

ㄱ. 도시·군계획시설결정의 고시일부터 10년 이내에 도시·군계획시설사업이 시행되지 아니한 도시·군계획시설의 설치

ㄴ. 공공주택 특별법에 따른 공공임대주택 또는 건축법령에 따른 기숙사 등 공공필요성이 인정되어 해당 시·도 또는 대도시의 조례로 정하는 시설의 설치

ㄷ. 공공시설 또는 ㄱ에 해당하지 아니하는 기반시설의 설치

③ 지구단위계획구역이 특별시 또는 광역시 관할인 경우에는 ②에 따른 공공시설등의 설치 비용 납부액 중 대통령령으로 정하는 비율에 해당하는 금액은 해당 지구단위계획구역의 관할 구(자치구) 또는 군(광역시의 관할 구역에 있는 군)에 귀속된다.

④ 특별시장·광역시장·특별자치시장·특별자치도지사·시장·군수 또는 구청장은 납부받거나 귀속되는 공공시설등의 설치 비용의 관리 및 운용을 위하여 기금을 설치할 수 있다.

⑤ 특별시·광역시·특별자치시·특별자치도·시 또는 군은 납부받은 공공시설 등의 설치 비용의 100분의 10(10%) 이상을 도시·군계획시설결정의 고시일부터 10년 이내에 도시·군계획시설사업이 시행되지 아니한 도시·군계획 시설의 설치에 우선 사용하여야 하고, 해당 지구단위계획구역의 관할 구 또는 군은 귀속되는 공공시설등의 설치 비용의 전부를 같은 사업에 우선 사용하여야 한다.

지구단위계획구역의 지정 및 지구단위계획에 관한 도시·군관리계획결정의 실효*

① 지구단위계획구역의 지정에 관한 도시·군관리계획결정의 고시일부터 3년 이내에 그 지구단위계획구역에 관한 지구단위계획이 결정·고시되지 아니하면 그 3년이 되는 날의 다음날(3년이 되는 날×)에 그 지구단위계획구역의 지정에 관한 도시·군관리계획결정은 효력을 잃는다. 다만, 다른 법률에서 지구단위계획의 결정(결정된 것으로 보는 경우를 포함)에 관하여 따로 정한 경우에는 그 법률에 따라 지구단위계획을 결정할 때까지 지구단위계획구역의 지정은 그 효력을 유지한다.

② 주민이 입안을 제안한 지구단위계획에 관한 도시·군관리계획결정의 고시일부터 5년 이내에 이 법 또는 다른 법률에 따라 허가·인가·승인 등을 받아 사업이나 공사에 착수하지 아니하면 그 5년이 된 날의 다음날(5년이 된 날×)에 그 지구단위계획에 관한 도시·군관리계획결정은 효력을 잃는다. 이 경우 지구단위계획과 관련한 도시·군관리계획결정에 관한 사항은 해당 지구단위계획구역 지정 당시의 도시·군관리계획으로 환원된 것으로 본다.

국토의 계획 및 이용에 관한 법령상 **도시·군관리계획결정의 실효**에 관한 설명이다. (   )에 들어갈 공통된 숫자로 옳은 것은?[34회]

> 지구단위계획(주민이 입안을 제안한 것에 한정한다)에 관한 도시·군관리계획결정의 고시일부터 (   )년 이내에 국토의 계획 및 이용에 관한 법률 또는 다른 법률에 따라 허가·인가·승인 등을 받아 사업이나 공사에 착수하지 아니하면 그 (   )년이 된 날의 다음날에 그 지구단위계획에 관한 도시·군관리계획결정은 효력을 잃는다.

① 2 ② 3 ③ 5 ④ 10 ⑤ 20

둘 다 5년이죠?(53조2항) 정답③

지구단위계획구역에서의 건축*

지구단위계획구역에서 건축물(일정 기간 내 철거가 예상되는 경우 등 대통령령으로 정하는 가설건축물은 제외)을 건축 또는 용도변경하거나 공작물을 설치하려면 그 지구단위계획에 맞게 하여야 한다. 다만, 지구단위계획이 수립되어 있지 아니한 경우에는 그러하지 아니하다.

국토의 계획 및 이용에 관한 법령상 **지구단위계획구역과 지구단위계획**에 관한 설명으로 틀린 것은?(단, 조례는 고려하지 않음)[32회]

① 지구단위계획이 수립되어 있는 지구단위계획구역에서 공사기간 중 이용하는 공사용 가설건축물을 건축하려면 그 지구단위계획에 맞게 하여야 한다.(×)

② 지구단위계획은 해당 용도지역의 특성을 고려하여 수립한다.(○)

③ 시장 또는 군수가 입안한 지구단위계획구역의 지정·변경에 관한 도시·군관리계획은 시장 또는 군수가 직접 결정한다.(○)

④ 지구단위계획구역 및 지구단위계획은 도시·군관리계획으로 결정한다.(○)

⑤ 관광진흥법에 따라 지정된 관광단지의 전부 또는 일부에 대하여 지구단위
   계획구역을 지정할 수 있다.(○)

① 일반 건축물은 지구단위계획에 맞아야 하지만 가설건축물은 그럴 필요가 없어요. ③ 시장
또는 군수는 대체로 도지사의 승인을 받지만 지구단위 계획구역만큼은 직접 결정합니다. 꼭
기억하세요!

08 개발행위의 허가*****

개발행위의 허가**

1. 허가대상 개발행위

저자의 한마디

개발행위의 허가는 사적(私的) 개발을 전제로 하는 개념입니다. 공적개발인 도시·군계획사업은 허가가 필요잖아요? 서울시가 서울시(자신)의 허가를 받고 개발사업을 하지는 않죠.

저자의 한마디

경작을 위한 토지형질변경에는 허가가 필요 없지만, 지목변경을 수반하면 허가를 받아야 합니다. 하지만 지목변경이라도 전·답 사이라면 허가받지 않아도 됩니다.

다음의 개발행위를 하려는 자는 특별시장·광역시장·특별자치시장·특별자치도지사·시장 또는 군수의 허가(→육장이 개발행위의 허가권자)를 받아야 한다. 다만, 도시·군계획사업에 의한 행위는 허가를 받지 않아도 된다.

① 건축물의 건축 또는 공작물의 설치

건축법에 따른 건축물의 건축과 인공을 가하여 제작한 시설물의 설치

② 토지의 형질 변경

절토(땅깎기)·성토(흙쌓기)·정지·포장 등의 방법으로 토지의 형상을 변경 하는 행위와 공유수면의 매립(경작을 위한 토지의 형질변경은 제외)

③ 토석의 채취

흙·모래·자갈·바위 등의 토석을 채취하는 행위(토지의 형질변경을 목적으로 하는 것은 제외)

④ 토지 분할(건축물이 있는 대지의 분할은 제외)

ㄱ. 녹지지역·관리지역·농림지역 및 자연환경보전지역 안에서 관계법령에 따른 허가·인가 등을 받지 아니하고 행하는 토지의 분할

ㄴ. 건축법에 따른 분할제한면적 미만으로의 토지의 분할

ㄷ. 관계 법령에 의한 허가·인가 등을 받지 아니하고 행하는 너비 5미터 이하로의 토지의 분할

⑤ 물건을 쌓아놓는 행위(물건적치)

녹지지역·관리지역 또는 자연환경보전지역(농림지역×) 안에서 건축물의 울타리 안에 위치하지 아니한 토지에 물건을 1월 이상 쌓아놓는 행위

5가지 개발행위 꼭 암기!

2. 허가 받은 개발행위의 변경

① 개발행위허가를 받은 사항을 변경하는 경우에는 개발행위 허가권자(→육장)의 허가를 받아야 한다. 다만, **다음의 경미한 사항을** 변경하는 경우에는 허가를 받지 않아도 된다.

ㄱ. 사업기간을 단축(연장×)하는 경우

ㄴ. 부지면적 또는 건축물 연면적을 5% 범위에서 축소(확대×)하는 경우

ㄷ. 관계 법령의 개정 또는 도시·군관리계획의 변경에 따라 허가받은 사항을 불가피하게 변경하는 경우

연장이나 확대는 허가 필요!

ㄹ. 공간정보의 구축 및 관리 등에 관한 법률 및 건축법에 따라 허용되는 오차를 반영하기 위한 변경인 경우

② 개발행위허가를 받은 자는 경미한 사항을 변경한 때에는 지체없이 그 사실을 육장에게 통지하여야 한다.

3. 허가가 불필요한 개발행위

① 재해복구나 재난수습을 위한 응급조치(응급조치를 한 경우에는 1개월 이내에 육장에게 신고하여야 함)

② 건축법에 따라 신고하고 설치할 수 있는 건축물의 개축·증축 또는 재축과 이에 필요한 범위에서의 토지의 형질 변경(도시·군계획시설사업이 시행되지 아니하고 있는 도시·군계획시설의 부지인 경우만 가능)

③ 경미한 행위

저자의 한마디
허가가 불필요한 경미한 행위는 그냥 패스! 암기하기엔 너무 많아요.

개발행위허가의 절차★★★

1. 개발행위허가의 신청

개발행위를 하려는 자는 그 개발행위에 따른 기반시설의 설치나 그에 필요한 용지의 확보, 위해 방지, 환경오염 방지, 경관, 조경 등에 관한 계획서를 첨부한 신청서를 개발행위허가권자(→육장)에게 제출하여야 한다. 이 경우 개발밀도관리구역 안에서는 기반시설의 설치나 그에 필요한 용지의 확보에 관한 계획서를 제출하지 아니한다.

개발밀도관리구역
개발로 인하여 기반시설이 부족할 것으로 예상되나 기반시설을 설치하기 곤란한 지역을 대상으로 건폐율이나 용적률을 강화하여 적용하기 위하여 지정하는 구역

2. 허가 또는 불허가 처분

① 육장은 개발행위허가의 신청에 대하여 특별한 사유가 없으면 15일 이내에 허가 또는 불허가의 처분을 하여야 한다.

② 육장은 허가 또는 불허가의 처분을 할 때에는 지체 없이 그 신청인에게 허가 내용이나 불허가처분의 사유를 서면 또는 국토이용정보체계를 통하여 알려야 한다.

③ 육장은 개발행위허가를 하는 경우에는 그 개발행위에 따른 기반시설의 설치 또는 그에 필요한 용지의 확보, 위해 방지, 환경오염 방지, 경관, 조경 등에 관한 조치를 할 것을 조건으로 개발행위허가(→조건부 허가)를 할 수 있다.

④ 육장은 개발행위허가에 조건을 붙이려는 때에는 미리 개발행위허가를 신청한 자의 의견을 들어야 한다.

3. 개발행위허가의 기준

① 육장은 개발행위허가의 신청 내용이 **다음 기준**에 맞는 경우에만 개발행위허가 또는 변경허가를 하여야 한다.

ㄱ. 용도지역별 특성을 고려하여 **아래의 개발행위 규모에 적합할 것.**

도시지역	주거지역 · 상업지역 · 자연녹지지역 · 생산녹지지역	1만㎡ 미만
	공업지역	3만㎡ 미만
	보전녹지지역	5천㎡ 미만
관리지역		3만㎡ 미만
농림지역		3만㎡ 미만
자연환경보전지역		5천㎡ 미만

✚ 개발행위 규모의 제한을 받지 않는 경우

① 농어촌정비사업 ② 국방 · 군사시설사업 ③ 토지복원사업
④ 형질변경과 기반시설의 설치가 동시에 이루어지는 경우
⑤ 초지조성, 농지조성, 영림 또는 토석채취를 위한 경우

ㄴ. 도시 · 군관리계획 및 성장관리계획의 내용에 어긋나지 아니할 것

ㄷ. 도시 · 군계획사업의 시행에 지장이 없을 것

ㄹ. 주변지역의 토지이용실태 또는 토지이용계획, 건축물의 높이, 토지의 경사도, 수목의 상태, 물의 배수, 하천·호소·습지의 배수 등 주변환경이나 경관과 조화를 이룰 것

ㅁ. 해당 개발행위에 따른 기반시설의 설치나 그에 필요한 용지의 확보계획이 적절할 것

국토계획법령상 **개발행위허가의 기준**에 해당하는 것은 모두 몇 개인가?[23회]

ㄱ. 용도지역별 특성을 고려하여 대통령령으로 정하는 개발행위의 규모에 적합할 것
ㄴ. 도시·군관리계획의 내용에 어긋나지 아니할 것
ㄷ. 도시·군계획사업의 시행에 지장이 없을 것
ㄹ. 주변지역의 토지이용실태 또는 토지이용계획, 건축물의 높이, 토지의 경사도, 수목의 상태, 물의 배수, 하천·호소·습지의 배수 등 주변 환경이나 경관과 조화를 이룰 것
ㅁ. 해당 개발행위에 따른 기반시설의 설치나 그에 필요한 용지의 확보계획이 적절할 것

---

① 1개 ② 2개 ③ 3개 ④ 4개 ⑤ 5개

저자의 한마디

건축허가는 대체로 건축물에 집중하지만 개발행위 허가는 건축물뿐만 아니라 주변환경까지 고려합니다.

국토의 계획 및 이용에 관한 법령상 **개발행위허가 시 개발행위 규모의 제한**을 받지 않는 경우에 해당하지 않는 것은?[34회]

① 지구단위계획으로 정한 가구 및 획지의 범위 안에서 이루어지는 토지의 형질변경으로서 당해 형질변경과 그와 관련된 기반시설의 설치가 동시에 이루어지는 경우(○)

② 해당 개발행위가 농어촌정비법에 따른 농어촌정비사업으로 이루어지는 경우(○)

③ 건축물의 건축, 공작물의 설치 또는 지목의 변경을 수반하지 아니하고 시행하는 토지복원사업(○)

④ 환경친화적 자동차의 개발 및 보급 촉진에 관한 법률에 따른 수소연료공급 시설의 설치를 수반하는 경우(×)

⑤ 해당 개발행위가 국방·군사시설 사업에 관한 법률에 따른 국방·군사시설 사업으로 이루 지는 경우(○)

유보용도 꼭 암기!
쉽따절

> 개발행위허가시 개발행위 규모의 제한을 받지 않는 경우는 시행령 55조3항에서 규정하고 있습니다만, ④는 규정되어 있지 않아요.

② 육장은 개발행위허가 또는 변경허가를 하려면 그 개발행위가 <u>도시·군계획사업</u>의 시행에 지장을 주는지에 관하여 해당 지역에서 시행되는 <u>도시·군계획사업</u>의 시행자의 의견을 들어야 한다.

③ 허가할 수 있는 경우 그 허가의 기준은 지역의 특성, 지역의 개발상황, 기반시설의 현황 등을 고려하여 **다음 구분**에 따라 정한다.

ㄱ. 시가화 용도

토지의 이용 및 건축물의 용도·건폐율·용적률·높이 등에 대한 용도지역의 제한에 따라 개발행위허가의 기준을 적용하는 주거지역·상업지역 및 공업지역

ㄴ. 유보 용도

도시계획위원회의 심의를 통하여 개발행위허가의 기준을 <u>강화 또는 완화</u>하여 적용할 수 있는 계획관리지역·생산관리지역·자연녹지지역

ㄷ. 보전 용도

도시계획위원회의 심의를 통하여 개발행위허가의 기준을 <u>강화</u>하여 적용할 수 있는 보전관리지역·농림지역·자연환경보전지역·생산녹지지역·보전녹지지역

국토계획법령상 개발행위의 허가에 관한 설명으로 틀린 것은?[25회수정]

① 개발행위허가를 받은 사업면적을 5퍼센트 범위 안에서 확대 또는 축소하는 경우에는 변경허가를 받지 않아도 된다.(×)

② 허가권자가 개발행위허가를 하면서 환경오염 방지 등의 조치를 할 것을 조건으로 붙이려는 때에는 미리 개발행위허가를 신청한 자의 의견을 들어야 한다.(○)

③ 개발행위허가의 신청 내용이 성장관리계획의 내용에 어긋나는 경우에는 개발행위허가를 하여서는 아니 된다.(○)

④ 자연녹지지역에서는 도시계획위원회의 심의를 통하여 개발행위허가의 기준을 강화 또는 완화하여 적용할 수 있다.(○)

⑤ 건축물 건축에 대해 개발행위허가를 받은 자가 건축을 완료하고 그 건축물에 대해 건축법상 사용승인을 받은 경우에는 따로 준공검사를 받지 않아도 된다.(○)

> ① 5% 범위 안에서 축소하는 경우에는 변경허가를 받지 않아도 되지만, 확대하는 경우에는 받아야 합니다. ④ 자연녹지지역은 유보용도 지역

국토의 계획 및 이용에 관한 법령상 **개발행위허가**에 관한 설명으로 옳은 것은?[23회]

① 허가받은 개발행위의 사업기간을 연장하려는 경우에는 변경에 대한 허가를 받아야 한다.(○)

② 경작을 위한 경우라도 전·답 사이의 지목변경을 수반하는 토지의 형질변경은 허가를 받아야 한다.(×)

③ 허가가 필요한 개발행위라도 용도지역이 지정되지 아니한 지역에서는 허가를 받지 않아도 된다.(×)

④ 허가관청이 조건을 붙여 개발행위를 허가하는 것은 허용되지 않는다.(×)

⑤ 개발행위허가의 대상인 토지가 2이상의 용도지역에 걸치는 경우, 개발행위 허가의 규모를 적용할 때는 가장 큰 규모의 용도지역에 대한 규정을 적용한다.(×)

전·답 사이 지목변경인 허가 불필요!

① 단축할 때는 허가받지 않아도 되지만 연장할 때는 받아야죠. ② 전·답 사이의 지목변경을 수반하는 토지형질변경은 허가를 받지 않아도 됩니다. 빈출지문! ③ 허가가 필요한 개발행위라면 용도지역이 지정되지 아니한 지역에서도 허가를 받아야 합니다. ④ 조건부 허가 가능해요. ⑤ 가장 큰 지역에 대한 규정을 적용하는 것이 아니라 각 지역의 규정을 각각 적용합니다.

4. 성장관리계획

(1) 성장관리계획구역의 지정

성장관리계획구역은
녹·관·농·자에 지정!
(주·상·공에 지정X)

① 육장은 녹지지역, 관리지역, 농림지역 및 자연환경보전지역 중 **다음에 해당하는 지역**의 전부 또는 일부에 대하여 성장관리계획구역을 지정할 수 있다.
(육장이 성장관리계획구역의 지정권자)

ㄱ. 개발수요가 많아 무질서한 개발이 진행되고 있거나 진행될 것으로 예상되는 지역

ㄴ. 주변의 토지이용이나 교통여건 변화 등으로 향후 시가화가 예상되는 지역

ㄷ. 주변지역과 연계하여 체계적인 관리가 필요한 지역

ㄹ. 토지이용규제 기본법에 따른 지역·지구등의 변경으로 토지이용에 대한 행위제한이 완화되는 지역

ㅁ. 그밖에 난개발의 방지와 체계적인 관리가 필요한 지역으로서 대통령령으로 정하는 지역

② 육장은 성장관리계획구역을 지정하거나 이를 변경하려면 미리 주민과 해당 지방의회의 의견을 들어야 하며, 관계 행정기관과의 협의 및 지방도시계획위원회의 심의를 거쳐야 한다.

③ 육장은 성장관리계획구역의 지정 또는 변경에 관하여 주민의 의견을 들으려면 성장관리계획구역안의 주요 내용을 해당 지방자치단체의 공보나 전국 또는 해당 지방자치단체를 주된 보급지역으로 하는 둘 이상의 일간신문에 게재하고, 해당 지방자치단체의 인터넷 홈페이지 등에 공고해야 한다. 공고를 한 때에는 성장관리계획구역안을 14일 이상 일반이 열람할 수 있도록 해야 한다.

④ 육장의 의회는 특별한 사유가 없으면 60일 이내에 육장에게 의견을 제시하여야 하며, 그 기한까지 의견을 제시하지 아니하면 의견이 없는 것으로 본다.

⑤ 협의 요청을 받은 관계 행정기관의 장은 특별한 사유가 없으면 요청을 받은 날부터 30일 이내에 육장에게 의견을 제시하여야 한다.

의회는 60일 이내, 행정기관의 장은 30일 이내

국토계획법령상 성장관리계획구역을 지정할 수 있는 지역이 아닌 것은?[32회]
① 녹지지역 ② 관리지역 ③ 주거지역 ④ 자연환경보전지역 ⑤ 농림지역

> 성장관리계획구역은 녹·관·농·자에 지정할 수 있어요. 주·상·공에는 지정할 수 없어요. 정답③

국토계획법령상 성장관리계획구역을 지정할 수 있는 지역에 해당하지 않는 것은?[29회수정]
① 주변지역과 연계하여 체계적인 관리가 필요한 주거지역(×)
② 개발수요가 많아 무질서한 개발이 진행되고 있는 계획관리지역(○)
③ 개발수요가 많아 무질서한 개발이 진행될 것으로 예상되는 생산관리지역 (○)
④ 주변의 토지이용 변화 등으로 향후 시가화가 예상되는 농림지역(○)
⑤ 교통여건 변화 등으로 향후 시가화가 예상되는 자연환경보전지역(○)

> 성장관리계획구역을 지정할 수 있는 지역은 녹·관·농·자입니다. ① 주거·상업·공업지역에는 지정할 수 없어요.

(2) 성장관리계획의 수립

① 육장은 성장관리계획구역을 지정할 때에는 **다음 사항** 중 그 성장관리계획구역의 지정목적을 이루는 데 필요한 사항을 포함하여 성장관리계획을 수립하여야 한다.(→육장이 성장관리계획의 수립권자)

ㄱ. 도로, 공원 등 기반시설의 배치와 규모에 관한 사항

ㄴ. 건축물의 용도제한, 건축물의 건폐율 또는 용적률

ㄷ. 건축물의 배치, 형태, 색채 및 높이

ㄹ. 환경관리 및 경관계획

ㅁ. 그밖에 난개발의 방지와 체계적인 관리에 필요한 사항

② 성장관리계획구역에서는 **다음 범위**에서 육장의 조례로 정하는 비율까지 건폐율을 완화하여 적용할 수 있다.

ㄱ. 계획관리지역: 50퍼센트 이하

ㄴ. 생산관리, 농림, 자연녹지, 생산녹지지역(보전녹지지역 제외): 30퍼센트 이하

③ 성장관리계획구역 내 계획관리지역에서는 125퍼센트 이하의 범위에서 육장의 조례로 정하는 비율까지 용적률을 완화하여 적용할 수 있다.

④ 육장은 5년마다 관할 구역 내 수립된 성장관리계획에 대하여 그 타당성 여부를 전반적으로 재검토하여 정비하여야 한다.

⑤ 성장관리계획구역에서 개발행위 또는 건축물의 용도변경을 하려면 그 성장관리계획에 맞게 하여야 한다.

성장관리계획구역 내 계획관리지역
① 건폐율 완화 : 50%이하
② 용적률 완화 : 125%이하

국토의 계획 및 이용에 관한 법령상 **성장관리계획구역**에서 30퍼센트 이하의 범위에서 성장관리계획으로 정하는 바에 따라 **건폐율을 완화**하여 적용할 수 있는 지역이 아닌 것은?(단, 조례는 고려하지 않음)[35회]

① 생산관리지역 ② 생산녹지지역 ③ 보전녹지지역
④ 자연녹지지역 ⑤ 농림지역

30% 이하의 범위에서 건폐율을 완화하여 적용할 수 있는 지역은 생산관리지역, 농림지역 및 대통령령으로 정하는 녹지지역(생산녹지, 자연녹지)이다.(75조의3 2항2호, 시행령70조의14 2항) 정답③

국토계획법령상 **성장관리계획**에 관한 설명으로 옳은 것을 모두 고른 것은?[31회수정]

> ㄱ. 건축물의 배치·형태·색채 또는 건축선에 관한 계획은 성장관리계획에 포함될 수 있다.(×)
> ㄴ. 국토의 계획 및 이용에 관한 법률 제58조에 따른 시가화 용도 지역은 성장관리계획구역의 지정대상 지역이 아니다.(○)
> ㄷ. 성장관리계획구역 내 계획관리지역에서는 50%이하의 범위에서 조례로 건폐율을 완화하여 적용할 수 있다.(○)

① ㄱ ② ㄴ ③ ㄱ,ㄷ ④ ㄴ,ㄷ ⑤ ㄱ,ㄴ,ㄷ

ㄱ. 건축선은 지구단위계획에 포함되는 사항이죠. 성장관리계획에는 건축선 대신 높이가 포함된답니다. ㄴ. 시가화 용도 지역은 주거·상업·공업지역이니까. 정답④

국토의 계획 및 이용에 관한 법령상 **성장관리계획**에 관한 설명으로 옳은 것은?(단, 조례, 기타 강화·완화조건은 고려하지 않음)[33회]

① 시장 또는 군수는 공업지역 중 향후 시가화가 예상되는 지역의 전부 또는 일부에 대하여 성장관리계획구역을 지정할 수 있다.(×)
② 성장관리계획구역 내 생산녹지지역에서는 30퍼센트 이하의 범위에서 성장관리계획으로 정하는 바에 따라 건폐율을 완화하여 적용할 수 있다.(○)
③ 성장관리계획구역 내 보전관리지역에서는 125퍼센트 이하의 범위에서 성장관리계획으로 정하는 바에 따라 용적률을 완화하여 적용할 수 있다.(×)
④ 시장 또는 군수는 성장관리계획구역을 지정할 때에는 도시·군관리계획의 결정으로 하여야 한다.(×)
⑤ 시장 또는 군수는 성장관리계획구역을 지정하려면 성장관리계획구역안을 7일간 일반이 열람할 수 있도록 해야 한다.(×)

① 주거·상업·공업지역에는 성장관리계획구역을 지정할 수 없어요. ③ 보전관리지역이 아니라 계획관리지역 ④ 성장관리계획구역 지정은 도시·군관리계획으로 결정하지 않아요. ⑤ 7일이 아니라 14일 이상

5. 개발행위에 대한 도시계획위원회의 심의

① 관계 행정기관의 장은 건축물 건축, 공작물 설치, 토지형질변경, 토석채취 (토지분할×, 물건적치×)에 해당하는 행위로서 이 법에 따라 허가 또는 변경허가를 하거나 다른 법률에 따라 인가·허가·승인 또는 협의를 하려면 중앙도시계획위원회나 지방도시계획위원회의 심의를 거쳐야 한다.

토지분할과 물건적치는
심의대상 아니야!

② 도시계획위원회의 심의를 거치지 아니하는 개발행위

ㄱ. 도시계획위원회의 심의를 받는 구역에서 하는 개발행위

ㄴ. 지구단위계획 또는 성장관리계획을 수립한 지역에서 하는 개발행위

ㄷ. 주거지역·상업지역·공업지역에서 시행하는 개발행위 중 육장의 조례로 정하는 규모·위치 등에 해당하지 아니하는 개발행위

ㄹ. 환경영향평가법에 따라 환경영향평가를 받은 개발행위

ㅁ. 도시교통정비 촉진법에 따라 교통영향평가에 대한 검토를 받은 개발행위

ㅂ. 농어촌정비법에 따른 농어촌정비사업을 위한 개발행위

ㅅ. 산림자원의 조성 및 관리에 관한 법률에 따른 산림사업 및 사방사업법에 따른 사방사업을 위한 개발행위

③ 국토교통부장관이나 지방자치단체의 장은 1) 지구단위계획 또는 성장관리계획을 수립한 지역에서 하는 개발행위, 2) 환경영향평가법에 따라 환경영향평가를 받은 개발행위, 3) 도시교통정비 촉진법에 따라 교통영향평가에 대한 검토를 받은 개발행위가 도시·군계획에 포함되지 아니한 경우에는 관계 행정기관의 장에게 중앙도시계획위원회나 지방도시계획위원회의 심의를 받도록 요청할 수 있다.

6. 개발행위허가의 이행 보증 등

① 육장은 기반시설의 설치나 그에 필요한 용지의 확보, 위해 방지, 환경오염 방지, 경관, 조경 등을 위하여 필요하다고 인정되는 경우에는 이의 이행을 보증하기 위하여 개발행위허가(다른 법률에 따라 개발행위허가가 의제되는 협의를 거친 인가·허가·승인 등을 포함)를 받는 자로 하여금 이행보증금을 예치하게 할 수 있다. 다만, 국가나 지방자치단체, 공공기관, 공공단체가 시행하는 개발행위의 경우에는 이행보증금을 예치하지 않아도 된다.

② 이행보증금의 산정 및 예치방법은 다음과 같다.

ㄱ. 이행보증금의 예치금액은 총공사비의 20% 이내로 한다.

ㄴ. 이행보증금은 현금으로 납입하되, 이행보증서 등으로 이를 갈음할 수 있다.

ㄷ. 이행보증금은 개발행위허가를 받은 자가 준공검사를 받은 때에는 즉시 이를 반환하여야 한다.

③ 육장은 개발행위허가를 받지 아니하고 개발행위를 하거나 허가내용과 다르게 개발행위를 하는 자에게는 그 토지의 원상회복을 명할 수 있다.

도시·군계획시설사업의
이행 담보랑 같아!

④ 육장은 원상회복의 명령을 받은 자가 원상회복을 하지 아니하면 행정대집행법에 따른 행정대집행에 따라 원상회복을 할 수 있다. 이 경우 행정대집행에 필요한 비용은 개발행위허가를 받은 자가 예치한 이행보증금을 사용할 수 있다.

준공검사★★

건축물 건축, 공작물 설치, 토지 형질변경, 토석 채취(토지분할×, 물건적치×)에 대한 개발행위허가를 받은 자는 그 개발행위를 마치면 육장의 준공검사를 받아야 한다. 다만, 건축물의 건축과 공작물의 설치에 대하여 건축법에 따른 건축물의 사용승인을 받은 경우에는 그러하지 아니하다.

저자의 한마디

① 앞서 토지분할과 물건적치는 도시계획위원회의 심의대상이 아니라고 했죠? 더불어 토지분할과 물건적치는 준공검사의 대상도 아닙니다.

국토계획법령상 개발행위허가에 관한 설명으로 틀린 것은?(단, 조례는 고려하지 않음)[26회]

① 토지 분할에 대해 개발행위허가를 받은 자가 그 개발행위를 마치면 관할 행정청의 준공검사를 받아야 한다.(×)

② 건축물의 건축에 대해 개발행위허가를 받은 후 건축물 연면적을 5퍼센트 범위 안에서 확대하려면 변경허가를 받아야 한다.(○)

③ 개발행위허가를 하는 경우 미리 허가신청자의 의견을 들어 경관 등에 관한 조치를 할 것을 조건으로 허가할 수 있다.(○)

④ 도시·군관리계획의 시행을 위한 도시개발법에 따른 도시개발사업에 의해 건축물을 건축하는 경우에는 개발행위허가를 받지 않아도 된다.(○)

⑤ 토지의 일부를 공공용지로 하기 위해 토지를 분할하는 경우에는 개발행위허가를 받지 않아도 된다.(○)

> ① 개발행위 중 토지분할과 물건적치는 준공검사 대상이 아니에요. ④ 도시·군계획사업 세 가지(공익사업)는 개발행위허가가 필요없어요.

개발행위허가의 제한★★★

① 국토교통부장관, 시·도지사, 시장 또는 군수(→개발행위의 허가를 제한할 수 있는 자)는 다음 지역으로서 도시·군관리계획상 특히 필요하다고 인정 되는 지역에 대해서는 중앙도시계획위원회나 지방도시계획위원회의 심의를 거쳐 한 차례만 3년 이내의 기간 동안 개발행위허가를 제한할 수 있다. 다만, ㄷ부터 ㅁ까지에 해당하는 지역에 대해서는 중앙도시계획위원회나 지방도시 계획위원회의 심의를 거치지 아니하고 한 차례만 2년 이내의 기간 동안 개발행위 허가의 제한을 연장할 수 있다.

ㄱ. 녹지지역이나 계획관리지역으로서 수목이 집단적으로 자라고 있거나 조수류 등이 집단적으로 서식하고 있는 지역 또는 우량농지 등으로 보전할 필요가 있는 지역

ㄴ. 개발행위로 인하여 주변의 환경·경관·미관·국가유산 등이 크게 오염되거나 손상될 우려가 있는 지역

ㄷ. 도시·군기본계획이나 도시·군관리계획을 수립하고 있는 지역으로서 그 도시·군기본계획이나 도시·군관리계획이 결정될 경우 용도지역·용도지구 또는 용도구역의 변경이 예상되고 그에 따라 개발행위허가의 기준이 크게 달라질 것으로 예상되는 지역

저자의 한마디

ㄱ과 ㄴ은 3년까지만 허가제한(연장불가)할 수 있고, ㄷ, ㄹ, ㅁ은 허가제한을 2년 연장하여 최장 5년까지 제한할 수 있어요.

ㄹ. 지구단위계획구역으로 지정된 지역

ㅁ. 기반시설부담구역(개발밀도관리구역×)으로 지정된 지역

② 개발행위허가를 제한하기 위하여 개발행위허가 제한지역 등을 고시한 국토교통부장관, 시·도지사, 시장 또는 군수는 해당 지역에서 개발행위를 제한할 사유가 없어진 경우에는 그 제한기간이 끝나기 전이라도 지체 없이 개발행위허가의 제한을 해제하여야 한다. 이 경우 국토교통부장관, 시·도지사, 시장 또는 군수는 해제지역 및 해제시기를 고시하여야 한다.

국토의 계획 및 이용에 관한 법령에 의할 때 도시·군관리계획상 특히 필요한 경우 **최장 5년간 개발행위허가를 제한할 수 있는 지역**을 모두 고른 것은?[21회수정]

> ㄱ. 녹지지역이나 계획관리지역으로서 수목이 집단적으로 자라고 있거나 조수류 등이 집단적으로 서식하고 있는 지역 또는 우량 농지 등으로 보전할 필요가 있는 지역
> ㄴ. 개발행위로 인하여 주변의 환경·경관·미관·국가유산 등이 크게 오염되거나 손상될 우려가 있는 지역
> ㄷ. 도시·군관리계획을 수립하고 있는 지역으로서 그 도시·군관리계획이 결정될 경우 용도지역·용도지구 또는 용도구역의 변경이 예상되고 그에 따라 개발행위허가의 기준이 크게 달라질 것으로 예상되는 지역
> ㄹ. 지구단위계획구역으로 지정된 지역
> ㅁ. 기반시설부담구역으로 지정된 지역

① ㄱ,ㄴ,ㄷ ② ㄱ,ㄴ,ㅁ ③ ㄴ,ㄷ,ㄹ ④ ㄴ,ㄷ,ㅁ ⑤ ㄷ,ㄹ,ㅁ

ㄱ,ㄴ은 3년까지만(연장불가), ㄷ,ㄹ,ㅁ은 2년 연장 포함하여 최장 5년간 개발행위허가를 제한할 수 있어요. 정답⑤

국토의 계획 및 이용에 관한 법령상 **개발행위허가**에 관한 설명으로 옳은 것은?(단, 조례는 고려하지 않음)[33회]

① 사방사업법에 따른 사방사업을 위한 개발행위를 허가하려면 지방도시계획위원회의 심의를 거쳐야 한다.(×)

② 토지의 일부가 도시·군계획시설로 지형도면고시가 된 당해 토지의 분할은 개발행위허가를 받아야 한다.(×)

③ 국토교통부장관은 개발행위로 인하여 주변의 환경이 크게 오염될 우려가 있는 지역에서 개발행위허가를 제한하고자 하는 경우 중앙도시계획위원회의 심의를 거쳐야 한다.(○)

④ 시·도지사는 기반시설부담구역으로 지정된 지역에 대해서는 10년간 개발행위허가를 제한할 수 있다.(×)

⑤ 토지분할을 위한 개발행위허가를 받은 자는 그 개발행위를 마치면 시·도지사의 준공검사를 받아야 한다.(×)

① 사방사업이나 산림사업을 위한 개발행위는 위원회의 심의를 거치지 않아도 됩니다. ② 경미한 행위 중 하나(시행령 53조5호라목)로 허가를 받지 않아도 됩니다. ④ 허가제한기간은 최장 5년이죠. 10년이란 기간은 없어요. ⑤ 토지분할과 물건적치는 준공검사가 필요 없어요.

국토의 계획 및 이용에 관한 법령상 **개발행위허가**에 관한 설명으로 틀린 것은?[34회]

① 농림지역에 물건을 1개월 이상 쌓아놓는 행위는 개발행위허가의 대상이 아니다.(○)

② 사방사업법에 따른 사방사업을 위한 개발행위에 대하여 허가를 하는 경우 중앙도시계획위원회와 지방도시계획위원회의 심의를 거치지 아니한다.(○)

③ 일정기간동안 개발행위허가를 제한할 수 있는 대상지역에 지구단위계획구역은 포함되지 않는다.(×)

④ 기반시설부담구역으로 지정된 지역에 대해서는 중앙도시계획위원회나 지방도시계획위원회의 심의를 거치지 아니하고 개발행위허가의 제한을 연장할 수 있다.(○)

⑤ 개발행위허가의 제한을 연장하는 경우 그 연장 기간은 2년을 넘을 수 없다.(○)

> ① 녹지·관리·자연환경보전지역에 물건을 1개월 이상 쌓아놓을 때 허가가 필요해요. (56조1항5호) ② 59조2항7호 ③ 지구단위계획구역으로 지정된 지역도 개발행위허가를 제한할 수 있는 대상지역에 포함됩니다.(63조1항4호) ④ 63조1항5호 ⑤ 63조1항

국토의 계획 및 이용에 관한 법령상 **개발행위허가**(이하 허가라 함)에 관한 설명으로 옳은 것은?[35회]

① 도시·군계획사업에 의하여 10층 이상의 건축물을 건축하려는 경우에는 허가를 받아야 한다.(×)

② 건축물의 건축에 대한 허가를 받은 자가 그 건축을 완료하고 건축법에 따른 건축물의 사용승인을 받은 경우 허가권자의 준공검사를 받지 않아도 된다.(○)

③ 허가를 받은 건축물의 연면적을 5퍼센트 범위에서 축소하려는 경우에는 허가권자에게 미리 신고하여야 한다.(×)

④ 허가의 신청이 있는 경우 특별한 사유가 없으면 도시계획위원회의 심의 또는 기타 협의 기간을 포함하여 15일 이내에 허가 또는 불허가의 처분을 하여야 한다.(×)

⑤ 국토교통부장관이 지구단위계획구역으로 지정된 지역에 대하여 허가의 제한을 연장하려면 중앙도시계획위원회의 심의를 거쳐야 한다.(×)

> ① 도시·군계획사업에 의한 개발행위는 허가대상이 아니에요.(56조1항) ② 62조1항 ③ 건축물 연면적 5% 범위 내 축소는 경미한 변경에 해당하여 허가 받거나 신고할 필요가 없어요.(56조2항, 시행령52조1항2호가목) ④ 도시계획위원회의 심의 또는 기타 협의 기간을 제외하고 15일 이내에 허가 또는 불허가의 처분을 해야 해요.(57조2항, 시행령54조1항) ⑤ 지구단위계획구역으로 지정된 지역에 대한 허가의 제한을 연장할 때는 위원회의 심의를 거치지 않아도 됩니다.(63조1항4호)

도시·군계획시설 부지에서의 개발행위★★

① 육장은 도시·군계획시설의 설치 장소로 결정된 지상·수상·공중·수중 또는 지하는 그 도시·군계획시설이 아닌 건축물의 건축이나 공작물의 설치를 허가하여서는 아니된다. 다만, **다음 경우**에는 허가할 수 있다.

ㄱ. 지상·수상·공중·수중 또는 지하에 일정한 공간적 범위를 정하여 도시·군 계획시설이 결정되어 있고, 그 도시·군계획시설의 설치 · 이용 및 장래의 확장 가능성에 지장이 없는 범위에서 도시 · 군계획시설이 아닌 건축물 또는 공작물을 그 도시 · 군계획시설인 건축물 또는 공작물의 부지에 설치하는 경우

ㄴ. 도시·군계획시설과 도시·군계획시설이 아닌 시설을 같은 건축물 안에 설치한 경우로서 실시계획인가를 받아 **다음**에 해당하는 경우

• 건폐율이 증가하지 아니하는 범위 안에서 당해 건축물을 증축 또는 대수선하여 도시·군 계획시설이 아닌 시설을 설치하는 경우
• 도시 · 군계획시설의 설치 · 이용 및 장래의 확장 가능성에 지장이 없는 범위 안에서 도시 · 군계획시설을 도시 · 군계획시설이 아닌 시설로 변경하는 경우

ㄷ. 도로법 등 도시 · 군계획시설의 설치 및 관리에 관하여 규정하고 있는 다른 법률에 의하여 점용허가를 받아 건축물 또는 공작물을 설치하는 경우

ㄹ. 도시·군계획시설의 설치 · 이용 및 장래의 확장 가능성에 지장이 없는 범위에서 신·재생 에너지 설비 중 태양에너지 설비 또는 연료전지 설비를 설치하는 경우

② 육장은 도시·군계획시설결정의 고시일부터 2년이 지날 때까지 그 시설의 설치에 관한 사업이 시행되지 아니한 도시·군계획시설 중 단계별 집행계획이 수립되지 아니하거나 단계별 집행계획에서 제1단계 집행계획(단계별 집행 계획을 변경한 경우에는 최초의 단계별 집행계획)에 포함되지 아니한 도시·군 계획시설의 부지에 대하여는 **다음의 개발행위**를 허가할 수 있다.

ㄱ. 가설건축물의 건축과 이에 필요한 범위에서의 토지의 형질 변경

ㄴ. 도시·군계획시설의 설치에 지장이 없는 공작물의 설치와 이에 필요한 범위에서의 토지의 형질 변경

ㄷ. 건축물의 개축 또는 재축(신축×, 증축×)과 이에 필요한 범위에서의 토지의 형질 변경

③ 육장은 가설 건축물의 건축이나 공작물의 설치를 허가한 토지에서 도시·군계획시설사업이 시행되는 경우에는 그 시행예정일 3개월 전까지 가설건축물이나 공작물 소유자의 부담으로 그 가설건축물이나 공작물의 철거 등 원상회복에 필요한 조치를 명하여야 한다. 다만, 원상회복이 필요하지 아니 하다고 인정되는 경우에는 그러하지 아니하다.

④ 육장은 원상회복의 명령을 받은 자가 원상회복을 하지 아니하면 행정대집행 법에 따른 행정대집행에 따라 원상회복을 할 수 있다.

개발행위에 따른 공공시설 등의 귀속***

① 개발행위허가를 받은 자가 행정청인 경우 개발행위허가를 받은 자가 새로 공공시설을 설치하거나 기존의 공공시설에 대체되는 공공시설을 설치한 경우에는 새로 설치된 공공시설은 그 시설을 관리할 관리청에 무상으로 귀속되고, 종래의 공공시설은 개발행위허가를 받은 자(·행정청)에게 무상으로 귀속된다.

저자의 한마디

2년이 지나도록 단계별 집행계획이 수립되지 않았거나 1단계 집행계획에 포함되지 않은 부지에는 가설건축물, 공작물, 건축물의 개축 및 재축이 가능해요.

② 개발행위허가를 받은 자가 행정청이 아닌 경우 개발행위허가를 받은 자가 새로 설치한 공공시설은 그 시설을 관리할 관리청에 무상으로 귀속되고, 개발행위로 용도가 폐지되는 공공시설은 새로 설치한 공공시설의 설치비용에 상당하는 범위에서 개발행위허가를 받은 자(=비행정청)에게 무상으로 양도(귀속×)할 수 있다.

③ 육장은 공공시설의 귀속에 관한 사항이 포함된 개발행위허가를 하려면 미리 해당 공공시설이 속한 관리청의 의견을 들어야 한다. 다만, 1) 관리청이 지정되지 아니한 경우에는 관리청이 지정된 후 준공되기 전에 관리청의 의견을 들어야 하며, 2) 관리청이 불분명한 경우에는 도로 등에 대하여는 국토교통부장관을, 하천에 대하여는 환경부장관을 관리청으로 보고, 그 외의 재산에 대하여는 기획재정부장관을 관리청으로 본다.

도로는 국장, 하천은 환장,
나머지는 기장

④ 육장이 관리청의 의견을 듣고 개발행위허가를 한 경우 개발행위허가를 받은 자는 그 허가에 포함된 공공시설의 점용 및 사용에 관하여 관계 법률에 따른 승인·허가 등을 받은 것으로 보아 개발행위를 할 수 있다. 이 경우 해당 공공시설의 점용 또는 사용에 따른 점용료 또는 사용료는 면제된 것으로 본다.

⑤ 개발행위허가를 받은 자가 행정청인 경우 개발행위허가를 받은 자는 개발 행위가 끝나 준공검사를 마친 때에는 해당 시설의 관리청에 공공시설의 종류와 토지의 세목을 통지하여야 한다. 이 경우 공공시설은 그 통지한 날에 해당 시설을 관리할 관리청과 개발행위허가를 받은 자에게 각각 귀속된 것으로 본다.

⑥ 개발행위허가를 받은 자가 행정청이 아닌 경우 개발행위허가를 받은 자는 관리청에 귀속되거나 그에게 양도될 공공시설에 관하여 개발행위가 끝나기 전에 그 시설의 관리청에 그 종류와 토지의 세목을 통지하여야 하고, 준공검사를 한 육장은 그 내용을 해당 시설의 관리청에 통보하여야 한다. 이 경우 공공시설은 준공검사를 받음으로써 그 시설을 관리할 관리청과 개발행위허가를 받은 자에게 각각 귀속되거나 양도된 것으로 본다.

⑦ 공공시설을 등기할 때에 부동산등기법에 따른 등기원인을 증명하는 서면은 준공검사를 받았음을 증명하는 서면으로 갈음한다.

⑧ 개발행위허가를 받은 자가 행정청인 경우 개발행위허가를 받은 자는 그에게 귀속된 공공시설의 처분으로 인한 수익금을 도시·군계획사업 외의 목적에 사용 하여서는 아니 된다.(허가받은 자가 비행정청이면 해당사항 없음.)

⑨ 공공시설의 귀속에 관하여 다른 법률에 특별한 규정이 있는 경우에는 이 법률 의 규정에도 불구하고 그 법률에 따른다.

국토계획법률상 개발행위에 따른 공공시설 등의 귀속에 관한 설명으로 틀린 것은?[32회]

① 개발행위허가를 받은 행정청이 기존의 공공시설에 대체되는 공공시설을 설치한 경우에는 새로 설치된 공공시설은 그 시설을 관리할 관리청에 무상 으로 귀속된다.(○)

② 개발행위허가를 받은 행정청은 개발행위가 끝나 준공검사를 마친 때에는

해당 시설의 관리청에 공공시설의 종류와 토지의 세목을 통지하여야 한다.(○)

③ 개발행위허가를 받은 자가 행정청이 아닌 경우 개발행위허가를 받은 자가 새로 설치한 공공시설은 그 시설을 관리할 관리청에 무상으로 귀속된다.(○)

④ 개발행위허가를 받은 행정청이 기존의 공공시설에 대체되는 공공시설을 설치한 경우에는 종래의 공공시설은 그 행정청에 무상으로 귀속된다.(○)

⑤ 개발행위허가를 받은 자가 행정청이 아닌 경우 개발행위로 용도가 폐지되는 공공시설은 개발행위허가를 받은 자에게 무상으로 귀속된다.(×)

행정청-전부 무상귀속
비행정청-비용 안에서 무상양도

⑤ 행정청이 아닌 경우에는 무상 귀속이 아니라 새로 설치한 공공시설의 설치비용 범위에서 무상 양도입니다.

국토의 계획 및 이용에 관한 법령상 개발행위허가를 받은 자가 **행정청**인 경우 **개발행위에 따른 공공시설의 귀속**에 관한 설명으로 옳은 것은?(단, 다른 법률은 고려하지 않음)[33회]

① 개발행위허가를 받은 자가 새로 공공시설을 설치한 경우, 새로 설치된 공공시설은 그 시설을 관리할 관리청에 무상으로 귀속된다.(○)

② 개발행위로 용도가 폐지되는 공공시설은 새로 설치한 공공시설의 설치 비용에 상당하는 범위에서 개발행위허가를 받은 자에게 무상으로 양도할 수 있다.(×)

③ 공공시설의 관리청이 불분명한 경우 하천에 대하여는 국토교통부장관을 관리청으로 본다.(×)

④ 관리청에 귀속되거나 개발행위허가를 받은 자에게 양도될 공공시설은 준공검사를 받음으로써 관리청과 개발행위허가를 받은 자에게 각각 귀속되거나 양도된 것으로 본다.(×)

⑤ 개발행위허가를 받은 자는 국토교통부장관의 허가를 받아 그에게 귀속된 공공시설의 처분으로 인한 수익금을 도시·군계획사업 외의 목적에 사용할 수 있다.(×)

②④ 개발행위허가를 받은 자가 비행정청일 경우 맞는 지문입니다. ③ 하천은 국장이 아니라 환경부장관 ⑤ 행정청은 수익금을 도시·군계획사업 외의 목적에 사용할 수 없어요.

국토계획법령상 **개발행위의 허가**에 관한 설명으로 옳은 것은?[24회]

① 전·답 사이의 지목변경을 수반하는 경작을 위한 토지의 형질변경은 개발행위허가의 대상이 아니다.(○)

② 개발행위허가를 받은 사업면적을 5퍼센트 범위 안에서 축소하거나 확장하는 경우에는 별도의 변경허가를 받을 필요가 없다.(×)

③ 개발행위를 허가하는 경우에는 조건을 붙일 수 없다.(×)

④ 개발행위로 인하여 주변의 문화재 등이 크게 손상될 우려가 있는 지역에 대해서는 최대 5년까지 개발행위허가를 제한할 수 있다.(×)

⑤ 행정청이 아닌 자가 개발행위허가를 받아 새로 공공시설을 설치한 경우, 종래의 공공시설은 개발행위허가를 받은 자에게 전부 무상으로 귀속된다.(×)

② 5% 범위 안에서 축소하면 경미한 사항으로 변경허가를 받지 않아도 되지만, 확장하는 경우에는 변경허가를 받아야 해요. ③ 조건부 허가 가능합니다. ④ 문화재 손상 우려지역은 허가제한 연장이 불가하므로 최대 3년까지만 개발행위허가를 제한할 수 있어요. ⑤ 종래의 공공시설이 개발행위허가를 받은 자에게 전부 무상으로 귀속되는 것은 행정청인 경우입니다.

국토의 계획 및 이용에 관한 법령상 **개발행위허가**에 대한 설명으로 옳은 것은?(단, 다른 법령은 고려하지 않음)[30회]

① 재해복구를 위한 응급조치로서 공작물의 설치를 하려는 자는 도시·군계획 사업에 의한 행위가 아닌 한 개발행위허가를 받아야 한다.(×)

② 국가나 지방자치단체가 시행하는 개발행위에도 이행보증금을 예치해야 한다.(×)

③ 환경오염 방지조치를 할 것을 조건으로 개발행위허가를 하려는 경우에는 미리 개발행위허가를 신청한 자의 의견을 들어야 한다.(○)

④ 개발행위허가를 받은 자가 행정청인 경우, 그가 기존의 공공시설에 대체되는 공공시설을 설치하면 기존의 공공시설은 대체되는 공공시설의 설치비용에 상당하는 범위 안에서 개발행위허가를 받은 자에게 무상으로 양도될 수 있다.(×)

⑤ 개발행위허가를 받은 자가 행정청이 아닌 경우, 개발행위로 용도가 폐지 되는 공공시설은 개발행위허가를 받은 자에게 전부 무상으로 귀속된다.(×)

① 재해복구 응급조치로 공작물 설치를 하려는 자는 도시·군계획사업에 의한 행위가 아니더 라도 개발행위허가를 받지 않아도 됩니다. 그러나 1개월 이내에 신고는 해야죠. ② 국가나 지방 자치단체는 이행보증금을 예치하지 않아도 됩니다. ④ 행정청이 아니라 비행정청인 경우죠? ⑤ 행정청이 아닌 경우, 전부 무상으로 귀속되는 것이 아니라 설치비용 안에서 무상으로 양도될 수 있습니다.

개발밀도관리구역★★★

1. 개발밀도관리구역의 지정

① 육장은 주거 · 상업 또는 공업지역(녹지지역×)에서의 개발행위로 기반시설 (도시 · 군계획시설 포함)의 처리 · 공급 또는 수용능력이 부족할 것으로 예상되는 지역 중 기반시설의 설치가 곤란한 지역을 개발밀도관리구역으로 지정할 수 있다.

② 육장은 개발밀도관리구역에서는 건폐율 또는 용적률을 강화(완화×)하여 적용 한다.

③ 육장은 개발밀도관리구역을 지정하거나 변경하려면 **다음 사항**을 포함하여 해당 지방자치단체에 설치된 지방도시계획위원회의 심의를 거쳐야 한다.(주민의견 청취×)

ㄱ. 개발밀도관리구역의 명칭, 범위

ㄴ. 건폐율 또는 용적률의 강화 범위

육장
특·광·특·특·시장·군수

2. 지정기준 및 관리방법

① 개발밀도관리구역은 도로·수도공급설비·하수도·학교 등 기반시설의 용량이 부족할 것으로 예상되는 지역 중 기반시설의 설치가 곤란한 지역으로서 **다음에 해당하는 지역**에 대하여 지정할 수 있도록 할 것

ㄱ. 당해 지역의 도로서비스 수준이 매우 낮아 차량통행이 현저하게 지체되는 지역

ㄴ. 당해 지역의 도로율이 용도지역별 도로율에 20% 이상 미달하는 지역

2년, 20%가 많네!

ㄷ. 향후 2년 이내에 당해 지역의 수도에 대한 수요량이 수도시설의 시설용량을 초과할 것으로 예상되는 지역

ㄹ. 향후 2년 이내에 당해 지역의 하수발생량이 하수시설의 시설용량을 초과할 것으로 예상되는 지역

ㅁ. 향후 2년 이내에 당해 지역의 학생수가 학교수용능력을 20% 이상 초과할 것으로 예상되는 지역

② 개발밀도관리구역의 경계는 도로·하천 그밖에 특색 있는 지형지물을 이용하거나 용도지역의 경계선을 따라 설정하는 등 경계선이 분명하게 구분되도록 할 것

③ 용적률의 강화범위는 해당 용도지역에 적용되는 용적률의 최대한도의 50% 범위 안에서 기반시설의 부족정도를 감안하여 결정할 것

④ 개발밀도관리구역 안의 기반시설의 변화를 주기적으로 검토하여 용적률을 강화 또는 완화하거나 개발밀도관리구역을 해제하는 등 필요한 조치를 취하도록 할 것

국토계획법령상 **개발밀도관리구역**에 관한 설명으로 틀린 것은?[34회]

① 도시·군계획시설사업의 시행자인 시장 또는 군수는 개발밀도관리구역에 관한 기초조사를 하기 위하여 필요하면 타인의 토지에 출입할 수 있다.(○)

② 개발밀도관리구역의 지정기준, 개발밀도관리구역의 관리 등에 관하여 필요한 사항은 대통령령으로 정하는 바에 따라 국토교통부장관이 정한다.(○)

③ 개발밀도관리구역에서는 해당 용도지역에 적용되는 용적률의 최대한도의 50퍼센트 범위에서 용적률을 강화하여 적용한다.(○)

④ 시장 또는 군수는 개발밀도관리구역을 지정하거나 변경하려면 해당 지방자치단체에 설치된 지방도시계획위원회의 심의를 거쳐야 한다.(○)

⑤ 기반시설을 설치하거나 그에 필요한 용지를 확보하게 하기 위하여 개발밀도관리구역에 기반시설부담구역을 지정할 수 있다.(×)

① 130조1항2호 ② 66조5항 ③ 용적율만 50%입니다.(66조2항, 시행령 62조1항) ④ 66조3항 ⑤ 개발밀도관리구역과 기반시설부담구역은 중복지정될 수 없어요.

국토의 계획 및 이용에 관한 법령상 **개발밀도관리구역**에 관한 설명으로 틀린 것은?[35회]

① 개발밀도관리구역의 변경고시는 당해 지방자치단체의 공보에 게재하는 방법에 의한다.(○)

② 개발밀도관리구역으로 지정될 수 있는 지역에 농림지역은 포함되지 않는다.(○)

③ 개발밀도관리구역의 지정은 해당 지방자치단체에 설치된 지방도시계획위원회의 심의대상이다.(○)

④ 개발밀도관리구역에서는 해당 용도지역에 적용되는 건폐율의 최대한도의 50퍼센트 범위에서 건폐율을 강화하여 적용한다.(×)

⑤ 개발밀도관리구역은 기반시설부담구역으로 지정될 수 없다.(○)

> ① 시행령62조2항 ② 개발밀도관리구역은 주거·상업·공업지역에 지정합니다.(66조1항)
> ③ 66조3항 ④ 건폐율이 아니라 용적률(시행령62조1항) ⑤ 개발밀도관리구역과 기반시설부담구역은 양립 불가능

기반시설부담구역★★★★

1. 기반시설부담구역의 지정

① 육장은 **다음 지역**에 대하여는 기반시설부담구역으로 지정하여야 한다(필수지정지역). 다만, 개발행위가 집중되어 육장이 해당 지역의 계획적 관리를 위하여 필요하다고 인정하면 다음에 해당하지 아니하는 경우라도 기반시설부담구역으로 지정할 수 있다.

ㄱ. 이 법 또는 다른 법령의 제정·개정으로 인하여 행위 제한이 완화되거나 해제되는 지역

ㄴ. 이 법 또는 다른 법령에 따라 지정된 용도지역 등이 변경되거나 해제되어 행위 제한이 완화되는 지역

ㄷ. 개발행위허가 현황 및 인구증가율 등을 고려하여 대통령령으로 정하는 지역

• 전년도 개발행위 허가건수가 전전년도 개발행위허가 건수보다 20%이상 증가한 지역

• 전년도 인구증가율이 그 지역이 속하는 특별시·광역시·특별자치시·특별 자치도·시 또는 군(광역시의 군 제외)의 전년도 인구증가율보다 20%이상 높은 지역

② 육장은 기반시설부담구역을 지정 또는 변경하려면 주민의 의견을 들어야 하며, 해당 지방자치단체에 설치된 지방도시계획위원회의 심의를 거쳐 이를 고시하여야 한다.

③ 육장은 기반시설부담구역이 지정되면 기반시설설치계획을 수립하여야 하며, 이를 도시·군관리계획에 반영하여야 한다.

ㄱ. 육장은 기반시설설치계획을 수립할 때에는 **다음 내용**을 포함하여 수립하여야 한다.

• 설치가 필요한 기반시설의 종류, 위치 및 규모

• 기반시설의 설치 우선순위 및 단계별 설치계획

• 그밖에 기반시설의 설치에 필요한 사항

ㄴ. 육장은 기반시설설치계획을 수립할 때에는 **다음 사항**을 종합적으로 고려하여야 한다.

- 기반시설의 배치는 해당 기반시설부담구역의 토지이용계획 또는 앞으로 예상되는 개발 수요를 감안하여 적절하게 정할 것
- 기반시설의 설치시기는 재원조달계획, 시설별 우선순위, 사용자의 편의와 예상되는 개발 행위의 완료시기 등을 감안하여 합리적으로 정할 것

ㄷ. 지구단위계획을 수립한 경우에는 기반시설설치계획을 수립한 것으로 본다.

ㄹ. 기반시설부담구역의 지정고시일부터 1년이 되는 날까지 기반시설설치계획을 수립하지 아니하면 그 1년이 되는 날의 다음날에 기반시설부담구역의 지정은 해제된 것으로 본다.

④ 기반시설부담구역의 지정기준은 다음과 같다.

ㄱ. 기반시설부담구역은 기반시설이 적절하게 배치될 수 있는 규모로서 최소 10만㎡이상의 규모가 되도록 지정할 것

ㄴ. 소규모 개발행위가 연접하여 시행될 것으로 예상되는 지역의 경우에는 하나의 단위구역으로 묶어서 기반시설부담구역을 지정할 것

ㄷ. 기반시설부담구역의 경계는 도로, 하천, 그 밖의 특색 있는 지형지물을 이용하는 등 경계선이 분명하게 구분되도록 할 것

국토계획법령상 시장 또는 군수가 **주민의 의견**을 들어야 하는 경우로 명시되어 있지 않은 것은?(단, 국토교통부장관이 따로 정하는 경우는 고려하지 않음)[30회]

① 광역도시계획을 수립하려는 경우
② 성장관리방안을 수립하려는 경우
③ 시범도시사업계획을 수립하려는 경우
④ 기반시설부담구역을 지정하려는 경우
⑤ 개발밀도관리구역을 지정하려는 경우

⑤ 개발밀도관리구역을 지정하려는 경우에는 주민의견 청취절차가 명시되어 있지 않아요. 정답⑤

저자의 한마디

⑤ 개발밀도관리구역을 지정하는 경우에 주민의견청취절차는 규정되어 있지 않아요. 그냥 암기하세요!

국토계획법령상 **기반시설부담구역**으로 지정하여야 하는 지역이 아닌 것은?[22회]

① 법령의 개정으로 인하여 행위 제한이 완화되거나 해제되는 지역(○)
② 법령에 따라 지정된 용도지역 등이 변경되어 행위제한이 완화되는 지역 (○)
③ 개발행위로 인하여 기반시설의 수용능력이 부족할 것이 예상되는 지역 중 기반시설의 설치가 곤란한 지역(×)
④ 기반시설의 설치가 필요하다고 인정하는 지역으로서 해당지역의 전년도 개발행위허가 건수가 전전년도 개발 행위허가 건수보다 20% 이상 증가한 지역(○)
⑤ 기반시설의 설치가 필요하다고 인정하는 지역으로서 해당지역의 전년도 인구증가율이 그 지역이 속하는 특별시·광역시·시 또는 군(광역시의 관할 구역에 있는 군은 제외)의 전년도 인구증가율보다 20% 이상 높은 지역(○)

③ 기반시설부담구역이 아니라 개발밀도관리구역에 대한 내용이죠.

국토계획법령상 광역시의 **기반시설부담구역**에 관한 설명으로 틀린 것은?[30회]

① 기반시설부담구역이 지정되면 광역시장은 기반시설설치계획을 수립하여야 하며, 이를 도시·군관리계획에 반영하여야 한다.(○)

② 기반시설부담구역의 지정은 해당 광역시에 설치된 지방도시계획위원회의 심의대상이다.(○)

③ 광역시장은 국토의 계획 및 이용에 관한 법률의 개정으로 인하여 행위제한이 완화되는 지역에 대하여는 이를 기반시설부담구역으로 지정할 수 없다.(×)

④ 지구단위계획을 수립한 경우에는 기반시설설치계획을 수립한 것으로 본다.(○)

⑤ 기반시설부담구역의 지정 고시일부터 1년이 되는 날까지 광역시장이 기반시설설치계획을 수립하지 아니하면 그 1년이 되는 날의 다음날에 기반시설부담구역의 지정은 해제된 것으로 본다.(○)

기반시설부담구역의 지정권자와 기반시설설치계획의 수립권자는 육장입니다. 광역시장도 육장 중의 하나죠. ③ 광역시장은 국토계획법의 개정으로 행위 제한이 완화되는 지역을 기반시설 부담구역으로 지정해야 합니다.

2. 기반시설설치비용의 부과대상 및 산정기준

① 기반시설부담구역에서 기반시설설치비용의 부과대상인 건축행위는 200㎡ (기존 건축물의 연면적 포함)를 초과하는 건축물의 신축 · 증축 행위로 한다. 다만, 기존 건축물을 철거하고 신축하는 경우에는 기존 건축물의 건축연면적을 초과하는 건축행위만 부과대상으로 한다.

국토계획법률 조문의 일부이다. ( )에 들어갈 숫자로 옳은 것은?[31회]

> 제68조(기반시설설치비용의 부과대상 및 산정기준) ① 기반시설부담구역에서 기반시설설치비용의 부과대상인 건축행위는 제2조제20호에 따른 시설로서 ( )제곱미터(기존 건축물의 연면적을 포함한다)를 초과하는 건축물의 신축·증축 행위로 한다.

① 100 ② 200 ③ 300 ④ 400 ⑤ 500

200㎡입니다. 정답②

국토의 계획 및 이용에 관한 법령상 **기반시설부담구역**에 관한 설명으로 옳은 것은?[35회]

① 공원의 이용을 위하여 필요한 편의시설은 기반시설부담구역에 설치가 필요한 기반시설에 해당하지 않는다.(×)

② 기반시설부담구역에서 기존 건축물을 철거하고 신축하는 경우에는 기존 건축물의 건축연면적을 포함하는 건축행위를 기반시설설치비용의 부과대상으로 한다.(×)

③ 지구단위계획을 수립한 경우에는 기반시설설치계획을 수립한 것으로 본다.(○)

④ 기반시설부담구역 내에서 신축된 건축법 시행령 상의 종교집회장은 기반시설설치비용의 부과대상이다.(×)

⑤ 기반시설부담구역으로 지정된 지역에 대해서는 개발행위허가의 제한을 연장할 수 없다.(×)

① 공원의 이용을 위하여 필요한 부대시설이나 편의시설도 기반시설에 해당합니다.(시행령 4조의2) ② 기존 건축물을 철거하고 신축하는 경우에는 기존 건축물의 건축연면적을 초과하는 건축행위만 부과대상으로 합니다.(68조1항) ③ 시행령65조3항 ④ 종교집회장은 기반시설 설치비용의 부과대상이 아니에요.(시행령[별표1]37호) ⑤ 기반시설부담구역으로 지정된 지역은 개발행위허가제한의 연장이 가능합니다.(63조1항5호)

② 기반시설설치비용은 다음과 같이 산정한다.

기반시설설치비용=
[(기반시설 표준시설비용 + 용지비용) - 총비용 중 국가·지자체 부담분]
× 민간개발사업자 부담률

③ 기반시설 표준시설비용은 기반시설 조성을 위하여 사용되는 단위당 시설비로서 해당 연도의 <u>생산자물가상승률 등을 고려하여</u> 매년 1월 1일을 기준으로 매년 6월 10일까지 고시하여야 한다.

④ 용지비용은 부과대상이 되는 건축행위가 이루어지는 토지를 대상으로 **다음 기준을 곱하여** 산정한 가액으로 한다.

ㄱ. 지역별 기반시설의 설치 정도를 고려하여 0.4범위에서 지방자치단체의 조례로 정하는 용지환산계수

ㄴ. 기반시설부담구역의 개별공시지가 평균 및 건축물별 기반시설유발계수

창고시설(0.5), 단독·공동주택/교육연구/노유자/수련/운동/업무/위험물/자동차/동식물/교정/군사/발전/장례/야영시설(0.7), 의료시설(0.9), 숙박시설(1.0), 1종근생/판매시설(1.3), 문화/집회/종교/운수/자원순환시설(1.4), 2종근생(1.6), 관광휴게시설(1.9), 위락시설(2.1)

⑤ 민간 개발사업자가 부담하는 부담률은 20%로 하며, 육장이 건물의 규모, 지역 특성 등을 고려하여 25%의 범위에서 부담률을 가감할 수 있다.

⑥ 납부의무자가 **다음에 해당하는 경우**에는 이 법에 따른 기반시설설치비용에서 감면한다.

ㄱ. 기반시설을 설치하거나 그에 필요한 용지를 확보한 경우

ㄴ. 도로법에 따른 원인자 부담금 등 비용을 납부한 경우

국토계획법령상 건축물별 **기반시설유발계수**가 다음 중 가장 큰 것은?[30회]

① 단독주택 ② 장례시설 ③ 관광휴게시설
④ 제2종 근린생활시설 ⑤ 비금속 광물제품 제조공장

사람을 잘 끌어들이는 시설인 위락(2.1), 관광휴게(1.9)가 크다고 했죠? 정답③

국토계획법령상 건축물별 **기반시설유발계수**가 다음 중 가장 높은 것은?[25회]

① 제1종 근린생활시설 ② 공동주택 ③ 의료시설 ④ 업무시설 ⑤ 숙박시설

얼핏 봐도 동네 미용실이나 빵집에 해당하는 제1종 근린생활시설(1.3)이 공동주택(0.7),
의료시설(0.9), 업무시설(0.7), 숙박시설(1.0)보다는 사람들이 많이 몰리겠죠. 정답①

국토의 계획 및 이용에 관한 법령상 기반시설부담구역에서 기반시설설치비용의
산정에 사용되는 건축물별 **기반시설유발계수**가 높은 것부터 나열한 것은?[23회]

> ㄱ. 제2종 근린생활시설 ㄴ. 종교시설 ㄷ. 판매시설 ㄹ. 위락시설

① ㄴ-ㄷ-ㄱ-ㄹ ② ㄷ-ㄱ-ㄹ-ㄴ ③ ㄹ-ㄱ-ㄴ-ㄷ
④ ㄹ-ㄴ-ㄷ-ㄱ ⑤ ㄹ-ㄷ-ㄴ-ㄱ

ㄱ. 제2종 근린생활시설(1.6) ㄴ. 종교시설(1.4) ㄷ. 판매시설(1.3) ㄹ. 위락시설(2.1) 정답③

국토의 계획 및 이용에 관한 법령상 **개발밀도관리구역 및 기반시설부담구역**에 관한
설명으로 옳은 것은?[29회]

① 개발밀도관리구역에서는 당해 용도지역에 적용되는 건폐율 또는 용적률을
강화 또는 완화하여 적용할 수 있다.(×)

② 군수가 개발밀도관리구역을 지정하려면 지방도시계획위원회의 심의를
거쳐 도지사의 승인을 받아야 한다.(×)

③ 주거·상업지역에서의 개발행위로 기반시설의 수용능력이 부족할 것으로
예상되는 지역 중 기반시설의 설치가 곤란한 지역은 기반시설부담구역으로
지정할 수 있다.(×)

④ 시장은 기반시설부담구역을 지정하면 기반시설설치계획을 수립하여야 하며,
이를 도시·군관리계획에 반영하여야 한다.(○)

⑤ 기반시설부담구역에서 개발행위를 허가받고자 하는 자에게는 기반시설
설치비용을 부과하여야 한다.(×)

① 개발밀도관리구역은 규제대상 지역이므로 강화 적용해야지 완화 적용하면 안 됩니다. ②
개발밀도관리구역의 지정에는 도지사의 승인이 필요 없어요. ③ 기반시설부담구역이 아니라
개발밀도관리구역으로 지정할 수 있죠. ⑤ 기반시설부담구역에서는 원칙적으로 200㎡를
초과하는 건축물의 신축·증축 행위에 대해 기반시설설치비용을 부과합니다. 따라서 개발행위를
허가받고자 하는 자에게 비용을 부과한다는 표현은 잘못된 거죠.

국토계획법령상 **기반시설부담구역**에 관한 설명으로 틀린 것은?[27회수정]

① 법령의 개정으로 인하여 행위제한이 완화되는 지역에 대해서는 기반시설
부담구역으로 지정하여야 한다.(○)

② 녹지와 폐기물처리 및 재활용시설은 기반시설부담구역에 설치가 필요한
기반시설에 해당한다.(○)

③ 동일한 지역에 대해 기반시설부담구역과 개발밀도관리구역을 중복하여 지정할 수 있다.(×)

④ 기반시설부담구역 내에서 주택법에 따른 리모델링을 하는 건축물은 기반시설설치비용의 부과대상이 아니다.(○)

⑤ 기존 건축물을 철거하고 신축하는 건축행위가 기반시설설치비용의 부과대상이 되는 경우에는 기존 건축물의 건축연면적을 초과하는 건축행위만 부과대상으로 한다.(○)

> ③ 기반시설부담구역과 개발밀도관리구역은 중복 지정할 수 없어요.

3. 기반시설설치비용의 납부 및 체납처분

① 건축행위를 하는 자(납부의무자)는 기반시설설치비용을 내야 한다.(물납 가능) 납부의무자는 **다음**과 같다.

ㄱ. 건축행위를 위탁 또는 도급한 경우에는 그 위탁이나 도급을 한 자

ㄴ. 타인 소유의 토지를 임차하여 건축행위를 하는 경우에는 그 행위자

ㄷ. 건축행위를 완료하기 전에 건축주의 지위나 위에 해당하는 자의 지위를 승계하는 경우에는 그 지위를 승계한 자

② 육장은 납부의무자가 국가 또는 지방자치단체로부터 건축허가(또는 사업승인)를 받은 날부터 2개월 이내에 기반시설설치비용을 부과하여야 하고, 납부의무자는 사용승인(또는 준공검사) 신청 시까지 이를 내야 한다.

③ 육장은 납부의무자가 납부기한까지 기반시설설치비용을 내지 아니하는 경우에는 지방행정제재 · 부과금의 징수 등에 관한 법률에 따라 징수할 수 있다.

4. 기반시설설치비용의 관리 및 사용 등

① 육장은 기반시설설치비용의 관리 및 운용을 위하여 기반시설부담구역별로 특별회계를 설치하여야 하며, 그에 필요한 사항은 지치체의 조례로 정한다.

② 납부한 기반시설설치비용은 해당 기반시설부담구역에서 기반시설의 설치 또는 그에 필요한 용지의 확보 등을 위하여 사용하여야 한다. 다만, 해당 기반시설부담구역에 필요한 기반시설을 모두 설치하거나 그에 필요한 용지를 모두 확보한 후에도 잔액이 생기는 경우에는 해당 기반시설부담구역의 기반시설과 연계된 기반시설의 설치 또는 그에 필요한 용지의 확보 등에 사용할 수 있다.

국토계획법령상 기반시설부담구역에서의 **기반시설설치비용**에 관한 설명으로 틀린 것은?[28회]

① 기반시설설치비용 산정 시 기반시설을 설치하는 데 필요한 용지비용도 산입된다.(○)

② 기반시설설치비용 납부 시 물납이 인정될 수 있다.(○)

③ 기반시설설치비용의 관리 및 운용을 위하여 기반시설부담구역별로 특별회계가 설치되어야 한다.(○)

④ 의료시설과 교육연구시설의 기반시설유발계수는 같다.(×)

⑤ 기반시설설치 비용을 부과받은 납부의무자는 납부기일의 연기 또는 분할 납부가 인정되지 않는 한 사용승인(준공검사 등 사용승인이 의제되는 경우 에는 그 준공검사) 신청 시까지 기반시설설치비용을 내야 한다.(○)

④ 의료시설(0.9)과 교육연구시설(0.7)의 기반시설유발계수는 다릅니다.

국토계획법령상 **기반시설부담구역** 등에 관한 설명으로 옳은 것은?[25회]

① 기반시설부담구역은 개발밀도관리구역과 중첩하여 지정될 수 있다.(×)

② 고등교육법에 따른 대학은 기반시설부담구역에 설치가 필요한 기반시설에 해당한다.(×)

③ 기반시설설치비용은 현금 납부를 원칙으로 하되, 부과대상 토지 및 이와 비슷한 토지로 하는 납부를 인정할 수 있다.(○)

④ 기반시설부담구역으로 지정된 지역에 대해 개발행위허가를 제한하였다가 이를 연장하기 위해서는 중앙도시계획위원회의 심의를 거쳐야 한다.(×)

⑤ 기반시설부담구역의 지정고시일부터 2년이 되는 날까지 기반시설 설치계획을 수립하지 아니하면 그 2년이 되는 날의 다음날에 구역의 지정은 해제된 것으로 본다.(×)

① 기반시설부담구역은 개발밀도관리구역과 중첩 불가! ② 대학은 아니에요. ④ 제한을 연장할 때는 심의 불필요 ⑤ 2년이 아니라 1년입니다.

국토계획법령상 **개발밀도관리구역 및 기반시설부담구역**에 관한 설명으로 틀린 것은?[24회]

① 기반시설부담구역은 개발밀도관리구역 외의 지역에서 지정된다.(○)

② 개발밀도관리구역에서는 당해 용도지역에 적용되는 용적률의 최대한도의 50퍼센트 범위에서 용적률을 강화하여 적용한다.(○)

③ 주거지역에서의 개발행위로 기반시설의 용량이 부족할 것으로 예상되는 지역 중 기반시설의 설치가 곤란한 지역으로서, 향후 2년 이내에 당해 지역의 학생수가 학교수용능력을 20퍼센트 이상 초과할 것으로 예상되는 지역은 개발밀도관리구역으로 지정될 수 있다.(○)

④ 기반시설설치비용은 현금으로 납부하여야 하며, 부과 대상토지 및 이와 비슷한 토지로 납부할 수 없다.(×)

⑤ 기반시설의 설치가 필요하다고 인정하는 지역으로서 해당지역의 전년도 개발행위허가 건수가 전전년도 개발행위허가 건수보다 20퍼센트 이상 증가한 지역은 기반시설부담구역으로 지정하여야 한다.(○)

① 빈출지문! ④ 기반시설설치비용은 부과 대상토지 및 이와 비슷한 토지로 납부(물납)해도 됩니다.

국토의 계획 및 이용에 관한 법령상 **개발행위에 따른 기반시설의 설치**에 관한 설명으로 틀린 것은?(단, 조례는 고려하지 않음)[33회]

① 개발밀도관리구역에서는 해당 용도지역에 적용되는 용적률의 최대한도의 50퍼센트 범위에서 강화하여 적용한다.(○)

② 기반시설의 설치가 필요하다고 인정하는 지역으로서, 해당 지역의 전년도 개발행위허가 건수가 전전년도 개발행위허가 건수보다 20퍼센트 이상 증가한 지역에 대하여는 기반시설부담구역으로 지정하여야 한다.(○)

③ 기반시설부담구역이 지정되면 기반시설설치계획을 수립하여야 하며, 이를 도시·군관리계획에 반영하여야 한다.(○)

④ 기반시설설치계획은 기반시설부담구역의 지정고시일부터 3년이 되는 날까지 수립하여야 한다.(×)

⑤ 기반시설설치비용의 관리 및 운용을 위하여 기반시설부담구역별로 특별회계를 설치하여야 한다.(○)

④ 3년이 아니라 1년

국토의 계획 및 이용에 관한 법령상 **개발행위에 따른 기반시설의 설치**에 관한 설명으로 옳은 것은?(단, 조례는 고려하지 않음)[32회]

① 시장 또는 군수가 개발밀도관리구역을 변경하는 경우 관할 지방도시계획위원회의 심의를 거치지 않아도 된다.(×)

② 기반시설부담구역의 지정고시일부터 2년이 되는 날까지 기반시설설치계획을 수립하지 아니하면 그 2년이 되는 날에 기반시설부담구역의 지정은 해제된 것으로 본다.(×)

③ 시장 또는 군수는 기반시설설치비용 납부의무자가 지방자치단체로부터 건축허가를 받은 날부터 3개월 이내에 기반시설설치비용을 부과하여야 한다.(×)

④ 시장 또는 군수는 개발밀도관리구역에서는 해당 용도지역에 적용되는 용적률의 최대한도의 50퍼센트 범위에서 용적률을 강화하여 적용한다.(○)

⑤ 기반시설설치비용 납부의무자는 사용승인 신청 후 7일까지 그 비용을 내야한다.(×)

① 위원회의 심의를 거치야 합니다. ② 지정고시일부터 1년이 되는 날까지 계획을 수립하지 않으면 그 1년이 되는 날의 다음날에 구역지정은 해제된 것으로 봅니다. ③⑤ 건축허가일부터 2개월 이내에 기반시설설치비용을 부과하여야하고, 납부의무자는 사용승인 신청 시까지 그 비용을 내야합니다.

비용★★★

1. 비용 부담의 원칙

광역도시계획 및 도시·군계획의 수립과 도시·군계획시설사업에 관한 비용은 이 법 또는 다른 법률에 특별한 규정이 있는 경우 외에는 국가가 하는 경우에는 국가예산에서, 지방자치단체가 하는 경우에는 해당 지방자치단체가, 행정청이 아닌 자가 하는 경우에는 그 자가 부담함을 원칙으로 한다.

2. 지방자치단체의 비용 부담

① 국토교통부장관이나 시·도지사는 그가 시행한 도시·군계획시설사업으로 현저히 이익을 받는 시·도, 시 또는 군이 있으면 그 도시·군계획시설사업에 든 비용의 일부를 그 이익을 받는 시·도, 시 또는 군에 부담시킬 수 있다. 이 경우 국토교통부장관은 시·도, 시 또는 군에 비용을 부담시키기 전에 행정안전부장관과 협의하여야 한다.

② 위에서 이익을 받는 지방자치단체가 부담하는 비용의 총액은 당해 도시·군계획시설사업에 소요된 비용의 50퍼센트를 넘지 못한다. 이 경우 도시·군계획시설사업에 소요된 비용에는 당해 도시·군계획시설사업의 조사·측량비, 설계비 및 관리비를 포함하지 아니한다.

③ 시·도지사는 그 시·도에 속하지 아니하는 특별시·광역시·특별자치시·특별자치도·시 또는 군에 비용을 부담시키려면 해당 지방자치단체의 장과 협의하되, 협의가 성립되지 아니하는 경우에는 행정안전부장관(국토교통부장관×)이 결정하는 바에 따른다.

④ 시장이나 군수는 그가 시행한 도시·군계획시설사업으로 현저히 이익을 받는 다른 지방자치단체가 있으면 그 도시·군계획시설사업에 든 비용의 일부를 그 이익을 받는 다른 지방자치단체와 협의하여 그 지방자치단체에 부담시킬 수 있다.

⑤ 협의가 성립되지 아니하는 경우 다른 지방자치단체가 같은 도에 속할 때에는 관할 도지사가 결정하는 바에 따르며, 다른 시·도에 속할 때에는 행정안전부장관이 결정하는 바에 따른다.

비용부담에는 행안부장관!

쉽따맨

국토계획법령상 **도시·군계획시설**에 관한 설명으로 옳은 것은?[24회수정]

① 도시지역에서 장사시설·종합의료시설·폐차장 등의 기반시설을 설치하고자 하는 경우에는 미리 도시·군관리계획으로 결정하여야 한다.(×)

② 도시·군계획시설결정의 고시일로부터 10년 이내에 도시·군계획시설 사업에 관한 실시계획의 인가만 있고 사업이 진행되지 아니하는 경우에는 그 시설부지의 매수청구권이 인정된다.(×)

③ 도지사가 진행한 도시·군계획시설사업으로 그 도에 속하지 않는 군이 현저히 이익을 받는 경우, 해당 도지사와 군수 간의 비용부담에 관한 협의가 성립하지 아니하는 때에는 행정안전부장관이 결정하는 바에 따른다.(○)

④ 지방의회로부터 장기미집행시설의 해제권고를 받은 시장·군수는 도지사가 결정한 도시·군관리계획의 해제를 도시·군관리계획으로 결정할 수 있다.(×)

⑤ 도시·군계획시설사업이 둘 이상의 지방자치단체의 관할구역에 걸쳐 시행되는 경우, 사업시행자에 대한 협의가 성립되지 아니하는 때에는 사업면적이 가장 큰 지방자치단체가 사업시행자가 된다.(×)

① 보기의 기반시설은 도시·군관리계획으로 결정하지 않아도 됩니다. ② 10년 이내에 사업이 진행되지 않은 경우에도 실시계획의 인가가 있었으면 시설부지의 매수청구권이 인정되지 않아요. ④ 시장·군수는 자체 결정할 수는 없고, 도지사에게 결정을 신청해야 합니다. ⑤ 협의 불성립 시, 사업시행구역이 같은 도의 관할이면 도지사가, 둘 이상의 시·도의 관할구역에 걸치면 국장이 사업시행자를 지정합니다.

3. 보조 또는 융자

① 시·도지사, 시장 또는 군수가 수립하는 광역도시·군계획 또는 도시·군 계획에 관한 기초조사나 지형도면의 작성에 드는 비용은 그 비용의 80퍼센트 이하의 범위 안에서 국가예산에서 보조할 수 있다.

② 행정청이 시행하는 도시·군계획시설사업에 드는 비용은 그 비용의 50퍼센트 이하의 범위 안에서 국가예산에서 보조하거나 융자할 수 있으며, 행정청이 아닌 자가 시행하는 도시·군계획시설사업에 드는 비용의 3분의 1 이하의 범위 안에서 국가 또는 지방자치단체가 보조하거나 융자할 수 있다. 이 경우 국가 또는 지방자치단체는 다음 지역을 우선 지원할 수 있다.

ㄱ. 도로, 상하수도 등 기반시설이 인근지역에 비하여 부족한 지역

ㄴ. 광역도시계획에 반영된 광역시설이 설치되는 지역

ㄷ. 개발제한구역(집단취락만 해당)에서 해제된 지역

ㄹ. 도시·군계획시설결정의 고시일부터 10년이 지날 때까지 그 도시·군계획 시설의 설치에 관한 도시·군계획시설사업이 시행되지 아니한 경우로서 해당 도시·군계획시설의 설치 필요성이 높은 지역

국토의 계획 및 이용에 관한 법령상 **비용부담** 등에 관한 설명으로 틀린 것은?[21회수정]

① 행정청이 아닌 자가 도시·군계획시설사업을 시행하는 경우 그에 관한 비용은 원칙적으로 그 자가 부담한다.(○)

② 행정청이 아닌 도시·군계획시설사업 시행자는 당해 사업으로 인하여 현저한 이익을 받은 공공시설의 관리자에 대해서 그 사업비용의 일부를 부담시킬 수 있다.(×)

③ 행정청이 아닌 자가 도시·군계획시설사업을 시행하는 경우 당해 사업 비용의 일부를 국가 또는 지방자치단체가 보조하거나 융자할 수 있다.(○)

④ 기반시설부담구역에서 200㎡(기존 건축물의 연면적을 포함함)를 초과하는 숙박시설을 증축하는 행위는 기반시설설치비용의 부과대상이다.(○)

⑤ 타인 소유의 토지를 임차하여, 기반시설설치비용이 부과되는 건축행위를 하는 경우에는 그 건축행위자가 설치비용을 납부하여야 한다.(○)

> ② 행정청이 아닌 사업시행자는 공공시설의 관리자에게 사업비용을 부담시킬 수 없습니다.

甲은 행정청이 아닌 자로서 도시·군계획시설사업을 시행하는 자이다. 국토의 계획 및 이용에 관한 법령상 甲의 **사업비용**에 관한 설명으로 옳은 것은?^{22회수정}

① 국가 또는 지방자치단체는 법령에서 정한 소요비용의 3분의 1이하의 범위 안에서 甲의 사업비용을 보조 또는 융자할 수 있다.(○)

② 甲이 현저한 이익을 받는 지방자치단체에게 비용을 부담하게 하는 경우 당해 사업의 설계비도 소요비용에 포함된다.(×)

③ 甲의 사업이 다른 공공시설의 정비를 주된 내용으로 하는 경우에는 甲은 자신의 사업으로 현저한 이익을 받은 공공시설의 관리자에게 그 사업에 든 비용의 2분의 1까지 부담시킬 수 있다.(×)

④ 국가 또는 지방자치단체는 甲의 도시·군계획시설사업에 소요되는 조사·측량비를 보조할 수 있다.(×)

⑤ 甲은 자신의 사업으로 현저한 이익을 받는 지방자치단체에게 그 사업에 든 비용의 일부를 부담시킬 수 있다.(×)

> ②③⑤ 행정청이 아닌 사업시행자는 지방자치단체 또는 공공시설 관리자에게 비용을 부담시킬 수 없어요. 이들에게 비용부담을 시키는 것은 행정청인 사업시행자에게만 가능한 일이죠. ④ 조사·측량비, 설계비, 관리비는 보조할 수 없어요.

4. 취락지구에 대한 지원

국가나 지방자치단체는 **다음**과 같이 취락지구 주민의 생활 편익과 복지 증진 등을 위한 사업을 시행하거나 그 사업을 지원할 수 있다.

① 집단취락지구 : 개발제한구역의지정및관리에관한특별조치법령에서 정함

② 자연취락지구

ㄱ. 자연취락지구 안에 있거나 자연취락지구에 연결되는 도로·수도공급설비·하수도 등의 정비

ㄴ. 어린이놀이터·공원·녹지·주차장·학교·마을회관 등의 설치·정비

ㄷ. 쓰레기처리장·하수처리시설 등의 설치·개량

ㄹ. 하천정비 등 재해방지를 위한 시설의 설치·개량

ㅁ. 주택의 신축·개량

국토계획법령상 국가 또는 지방자치단체가 **자연취락지구** 안의 주민의 생활편익과 복지증진 등을 위하여 시행하거나 지원할 수 있는 사업만을 모두 고른 것은?[30회]

ㄱ. 어린이놀이터·마을회관의 설치   ㄴ. 쓰레기처리장·하수처리시설의 개량
ㄷ. 하천정비 등 재해방지를 위한 시설의 설치   ㄹ. 주택의 개량

① ㄱ, ㄴ, ㄷ   ② ㄱ, ㄴ, ㄹ   ③ ㄱ, ㄷ, ㄹ   ④ ㄴ, ㄷ, ㄹ   ⑤ ㄱ, ㄴ, ㄷ, ㄹ

모두 해당하죠? 정답⑤

5. 방재지구에 대한 지원

국가나 지방자치단체는 이 법률 또는 다른 법률에 따라 방재사업을 시행하거나 그 사업을 지원하는 경우 방재지구에 우선적으로 지원할 수 있다.

도시계획위원회**

1. 중앙도시계획위원회

(1) 업무

다음 업무를 수행하기 위하여 국토교통부에 중앙도시계획위원회를 둔다.
① 광역도시계획 · 도시·군계획 · 토지거래계약허가구역 등 국토교통부장관의 권한에 속하는 사항의 심의
② 이 법 또는 다른 법률에서 중앙도시계획위원회의 심의를 거치도록 한 사항의 심의
③ 도시 · 군계획에 관한 조사 · 연구

(2) 조직

① 중앙도시계획위원회는 위원장 · 부위원장 각 1명을 포함한 25명 이상 30명 이하의 위원으로 구성한다.
② 중앙도시계획위원회의 위원장과 부위원장은 위원 중에서 국토교통부장관이 임명하거나 위촉한다.
③ 위원은 관계 중앙행정기관의 공무원과 토지 이용, 건축, 주택, 교통, 공간정보, 환경, 법률, 복지, 방재, 문화, 농림 등 도시 · 군계획과 관련된 분야에 관한 학식과 경험이 풍부한 자 중에서 국토교통부장관이 임명하거나 위촉한다.
④ 공무원이 아닌 위원의 수는 10명 이상으로 하고, 그 임기는 2년으로 한다.
⑤ 보궐위원의 임기는 전임자 임기의 남은 기간으로 한다.

(3) 위원장 등의 직무

① 위원장은 중앙도시계획위원회의 업무를 총괄하며, 중앙도시계획위원회의 의장이 된다.

② 부위원장은 위원장을 보좌하며, 위원장이 부득이한 사유로 그 직무를 수행하지 못할 때에는 그 직무를 대행한다.

③ 위원장과 부위원장이 모두 부득이한 사유로 그 직무를 수행하지 못할 때에는 위원장이 미리 지명한 위원이 그 직무를 대행한다.

(4) 회의의 소집 및 의결 정족수

① 중앙도시계획위원회의 회의는 국토교통부장관이나 위원장(→소집권자)이 필요하다고 인정하는 경우에 국토교통부장관이나 위원장이 소집한다.

② 중앙도시계획위원회의 회의는 재적위원 과반수의 출석으로 개의하고, 출석위원 과반수의 찬성으로 의결한다.

(5) 분과위원회

① 다음 사항을 효율적으로 심의하기 위하여 중앙도시계획위원회에 분과위원회를 둘 수 있다.

ㄱ. 토지 이용에 관한 구역 등의 지정·변경 및 용도지역 등의 변경계획에 관한 사항

ㄴ. 개발행위의 허가 심의에 관한 사항

ㄷ. 중앙도시계획위원회에서 위임하는 사항

② 분과위원회의 심의는 중앙도시계획위원회의 심의로 본다. 다만, ㄷ의 경우에는 중앙도시계획위원회가 분과위원회의 심의를 중앙도시계획위원회의 심의로 보도록 하는 경우만 해당한다.

(6) 전문위원

① 도시·군계획 등에 관한 중요 사항을 조사·연구하기 위하여 중앙도시계획위원회에 전문위원을 둘 수 있다.

② 전문위원은 위원장 및 중앙도시계획위원회나 분과위원회의 요구가 있을 때에는 회의에 출석하여 발언할 수 있다.

③ 전문위원은 토지 이용, 건축, 주택, 교통, 공간정보, 환경, 법률, 복지, 방재, 문화, 농림 등 도시·군계획과 관련된 분야에 관한 학식과 경험이 풍부한 자 중에서 국토교통부장관이 임명한다.

(7) 간사 및 서기

① 중앙도시계획위원회에 간사와 서기를 둔다.

② 간사와 서기는 국토교통부 소속 공무원 중에서 국토교통부장관이 임명한다.

③ 간사는 위원장의 명을 받아 중앙도시계획위원회의 서무를 담당하고, 서기는 간사를 보좌한다.

2. 지방도시계획위원회

① **다음 심의를** 하게 하거나 자문에 응하게 하기 위하여 시·도에 시·도 도시계획위원회를 둔다.

ㄱ. 시·도지사가 결정하는 도시·군관리계획의 심의 등 시·도지사의 권한에 속하는 사항과 다른 법률에서 시·도 도시계획위원회의 심의를 거치도록 한 사항의 심의

ㄴ. 국토교통부장관의 권한에 속하는 사항 중 중앙도시계획위원회의 심의 대상에 해당하는 사항이 시·도지사에게 위임된 경우 그 위임된 사항의 심의

ㄷ. 도시·군관리계획과 관련하여 시·도지사가 자문하는 사항에 대한 조언

ㄹ. 그밖에 대통령령으로 정하는 사항에 관한 심의 또는 조언

② 도시·군관리계획과 관련된 심의를 하게 하거나 자문에 응하게 하기 위하여 시·군(광역시의 관할 구역에 있는 군을 포함) 또는 구에 각각 시·군·구 도시계획위원회를 둔다.

ㄱ. 시장 또는 군수가 결정하는 도시·군관리계획의 심의와 국토교통부장관이나 시·도지사의 권한에 속하는 사항 중 시·도도시계획위원회의 심의대상에 해당하는 사항이 시장·군수 또는 구청장에게 위임되거나 재위임된 경우 그 위임되거나 재위임된 사항의 심의

ㄴ. 도시·군관리계획과 관련하여 시장·군수 또는 구청장이 자문하는 사항에 대한 조언

ㄷ. 개발행위의 허가 등에 관한 심의

ㄹ. 그밖에 대통령령으로 정하는 사항에 관한 심의 또는 조언

③ 시·도 도시계획위원회나 시·군·구 도시계획위원회의 심의 사항 중 대통령령으로 정하는 사항을 효율적으로 심의하기 위하여 시·도 도시계획 위원회나 시·군·구 도시계획위원회에 분과위원회를 둘 수 있다.

④ 분과위원회에서 심의하는 사항 중 시·도 도시계획위원회나 시·군·구 도시계획위원회가 지정하는 사항은 분과위원회의 심의를 시·도도시계획위원회나 시·군·구 도시계획위원회의 심의로 본다.

⑤ 도시·군계획 등에 관한 중요 사항을 조사·연구하기 위하여 지방도시계획위원회에 전문위원을 둘 수 있다.

⑥ 지방도시계획위원회에 전문위원을 두는 경우에는 중앙도시계획위원회의 전문위원 규정을 준용한다.

국토의 계획 및 이용에 관한 법령상 **시·군·구도시계획위원회**의 업무를 모두 고른 것은?[34회]

> ㄱ. 도시·군관리계획과 관련하여 시장·군수 또는 구청장이 자문하는 사항에 대한 조언
> ㄴ. 시범도시사업계획의 수립에 관하여 시장·군수·구청장이 자문하는 사항에 대한 조언
> ㄷ. 시장 또는 군수가 결정하는 도시·군관리계획의 심의

① ㄱ ② ㄷ ③ ㄱ,ㄴ ④ ㄴ,ㄷ ⑤ ㄱ,ㄴ,ㄷ

> ㄱ. 113조2항2호 ㄴ. 시행령110조2항4호 ㄷ. 113조2항1호   정답⑤

3. 공통

(1) 회의록의 공개

저자의 한마디

1년의 범위란 중앙도시계획위원회의 경우에는 심의 종결 후 6개월, 지방도시계획위원회의 경우에는 6개월 이하의 범위에서 해당 지자체의 도시·군계획조례로 정하는 기간을 말해요.

① 중앙도시계획위원회 및 지방도시계획위원회의 심의 일시·장소·안건·내용·결과 등이 기록된 회의록은 1년의 범위에서 그 기간이 지난 후에는 공개 요청이 있는 경우 공개하여야 한다. 다만, 공개에 의하여 부동산 투기 유발 등 공익을 현저히 해칠 우려가 있다고 인정하는 경우나 심의·의결의 공정성을 침해할 우려가 있다고 인정되는 이름·주민등록번호·직위 및 주소 등 특정인임을 식별할 수 있는 정보에 관한 부분의 경우에는 그러하지 아니하다.

② 회의록의 공개는 열람 또는 사본을 제공하는 방법으로 한다.

(2) 위원의 제척·회피

① 중앙도시계획위원회의 위원 및 지방도시계획위원회의 위원은 **다음 경우**에 심의·자문에서 제척된다.

ㄱ. 자기나 배우자 또는 배우자이었던 자가 당사자이거나 공동권리자 또는 공동의무자인 경우

ㄴ. 자기가 당사자와 친족관계이거나 자기 또는 자기가 속한 법인이 당사자의 법률·경영 등에 대한 자문·고문 등으로 있는 경우

ㄷ. 자기 또는 자기가 속한 법인이 당사자 등의 대리인으로 관여하거나 관여하였던 경우

ㄹ. 그밖에 해당 안건에 자기가 이해관계인으로 관여한 경우

② 위원이 위 사유에 해당하는 경우에는 스스로 그 안건의 심의·자문에서 회피할 수 있다.

국토의 계획 및 이용에 관한 법령상 **도시계획위원회**에 관한 설명으로 옳은 것은?[33회]

① 시·군·구에는 지방도시계획위원회를 두지 않는다.(×)

② 중앙도시계획위원회가 분과위원회에 위임하는 사항에 대한 모든 심의는 중앙도시계획위원회의 심의로 본다.(×)

③ 국토교통부장관이 해당 도시·군계획시설에 대한 도시·군관리계획 결정권자에게 도시·군계획시설결정의 해제를 권고하려는 경우에는 중앙도시계획위원회의 심의를 거쳐야 한다.(○)

④ 중앙도시계획위원회 회의록의 공개는 열람하는 방법으로 하며 사본을 제공할 수는 없다.(×)

⑤ 시장 또는 군수가 성장관리계획구역을 지정하려면 시·도지사의 의견을 들은 후 중앙도시계획위원회의 심의를 거쳐야 한다.(×)

> ① 시·군·구에는 지방도시계획위원회를 둡니다. ② 중앙도시계획위원회에서 위임하는 사항의 경우에는 중앙도시계획위원회가 분과위원회의 심의를 중앙도시계획위원회의 심의로 보도록 하는 경우에만 중앙도시계획위원회의 심의로 봅니다. ③ 시행령 42조의2 6항 ④ 회의록의 공개는 열람 또는 사본을 제공하는 방법으로 합니다.(시행령 113조3 2항) ⑤ 시장 또는 군수는 중앙이 아니라 지방도시계획위원회의 심의를 거쳐야 합니다.

보칙**

1. 시범도시의 지정 · 지원

① 국토교통부장관은 도시의 경제 · 사회 · 문화적인 특성을 살려 개성 있고 지속 가능한 발전을 촉진하기 위하여 필요하면 직접 또는 관계 중앙행정 기관의 장이나 시 · 도지사의 요청에 의하여 경관, 생태, 정보통신, 과학, 문화, 관광, 교육, 안전, 교통, 경제활력, 도시재생 및 기후변화 분야별로 시범도시(시범지구나 시범단지를 포함)를 지정할 수 있다.

② 국토교통부장관은 직접 시범도시를 지정함에 있어서 필요한 경우에는 그 대상이 되는 도시를 공모할 수 있다. 공모에 응모할 수 있는 자는 특별시장· 광역시장·특별자치시장·특별자치도지사·시장·군수(육장) 또는 구청장으로 한다.

③ 관계 중앙행정기관의 장 또는 시 · 도지사는 국토교통부장관에게 시범도시의 지정을 요청하고자 하는 때에는 미리 설문조사 · 열람 등을 통하여 주민의 의견을 들은 후 관계 지방자치단체의 장의 의견을 들어야 한다.

④ 시 · 도지사는 국토교통부장관에게 시범도시의 지정을 요청하고자 하는 때에는 미리 당해 시 · 도도시계획위원회의 자문을 거쳐야 한다.

2. 국토이용정보체계의 활용

① 국토교통부장관, 시 · 도지사, 시장 또는 군수가 토지이용규제 기본법에 따라 국토이용정보체계를 구축하여 도시 · 군계획에 관한 정보를 관리하는 경우에는 해당 정보를 도시 · 군계획을 수립하는 데에 활용하여야 한다.

② 육장은 개발행위허가 민원 간소화 및 업무의 효율적인 처리를 위하여 국토이용정보체계를 활용하여야 한다.

저자의 한마디

공모에 응모할 수 있는 자는 육장과 구청장입니다. 구청장도 응모할 수 있어요.

3. 토지에의 출입 등

① 국토교통부장관, 시·도지사, 시장 또는 군수나 도시·군계획시설사업의 시행자는 **다음 행위**(조사)를 하기 위하여 필요하면 1) 타인의 토지에 출입하거나 2) 타인의 토지를 재료 적치장 또는 임시통로로 일시 사용할 수 있으며, 특히 필요한 경우에는 나무, 흙, 돌, 그 밖의 장애물을 변경하거나 제거할 수 있다.

ㄱ. 도시·군계획, 광역도시계획에 관한 기초조사

ㄴ. 개발밀도관리구역, 기반시설부담구역 및 기반시설설치계획에 관한 기초 조사

ㄷ. 지가의 동향 및 토지거래의 상황에 관한 조사

ㄹ. 도시·군계획시설사업에 관한 조사·측량 또는 시행

국토의 계획 및 이용에 관한 법령상 **토지에의 출입**에 관한 규정의 일부이다. (   )에 들어갈 내용을 바르게 나열한 것은?[33회]

> 제130조(토지에의 출입 등) ① 국토교통부장관, 시·도지사, 시장 또는 군수나 도시·군계획시설사업의 시행자는 다음 각 호의 행위를 하기 위하여 필요하면 타인의 토지에 출입하거나 타인의 토지를 재료 적치장 또는 임시통로로 일시 사용할 수 있으며, 특히 필요한 경우에는 나무, 흙, 돌, 그 밖의 장애물을 변경하거나 제거할 수 있다.
> 1. <생략>
> 2. (ㄱ), (ㄴ) 및 제67조제4항에 따른 기반시설설치계획에 관한 기초조사 <이하 생략>

① ㄱ: 기반시설부담구역, ㄴ: 성장관리계획구역

② ㄱ: 성장관리계획구역, ㄴ: 시가화조정구역

③ ㄱ: 시가화조정구역,   ㄴ: 기반시설부담구역

④ ㄱ: 개발밀도관리구역, ㄴ: 시가화조정구역

⑤ ㄱ: 개발밀도관리구역, ㄴ: 기반시설부담구역

130조1항2호 후단의 기반시설설치계획이 힌트입니다. 기반시설부담구역이 지정되면 기반시설설치계획을 수립해야 하니까요. 그리고 개발밀도관리구역은 기반시설부담구역과 세트죠? 정답⑤

② 타인의 토지에 출입하려는 자는 육장의 허가를 받아야 하며, 출입하려는 날의 7일 전까지 그 토지의 소유자·점유자 또는 관리인에게 그 일시와 장소를 알려야 한다. 다만, 행정청인 도시·군계획시설사업의 시행자는 허가를 받지 아니하고 타인의 토지에 출입할 수 있다.

③ 타인의 토지를 재료 적치장 또는 임시통로로 일시사용하거나 나무, 흙, 돌, 그 밖의 장애물을 변경 또는 제거하려는 자는 토지의 소유자·점유자 또는 관리인의 동의를 받아야 한다.

④ 토지나 장애물의 소유자·점유자 또는 관리인이 현장에 없거나 주소 또는 거소가 불분명하여 그 동의를 받을 수 없는 경우에는 1) 행정청인 도시·군계획시설사업의

시행자는 관할 육장에게 그 사실을 통지하여야 하며, 2) 행정청이 아닌 도시·군계획시설사업의 시행자는 미리 관할 육장의 허가를 받아야 한다.

⑤ 토지를 일시 사용하거나 장애물을 변경 또는 제거하려는 자는 토지를 사용하려는 날이나 장애물을 변경 또는 제거하려는 날의 3일 전까지 그 토지나 장애물의 소유자 · 점유자 또는 관리인에게 알려야 한다.

⑥ 일출 전이나 일몰 후에는 그 토지 점유자의 승낙 없이 택지나 담장 또는 울타리로 둘러싸인 타인의 토지에 출입할 수 없다.

⑦ 토지의 점유자는 정당한 사유 없이 ①의 행위를 방해하거나 거부하지 못한다.
(위반시 1천만원 이하의 과태료)

4. 토지에의 출입 등에 따른 손실 보상

① 토지에의 출입 등 행위로 인하여 손실을 입은 자가 있으면 그 행위자가 속한 행정청(행위자×)이나 도시 · 군계획시설사업의 시행자가 그 손실을 보상하여야 한다.

② 손실 보상에 관하여는 그 손실을 보상할 자와 손실을 입은 자가 협의하여야 한다.

③ 손실을 보상할 자나 손실을 입은 자는 협의가 성립되지 아니하거나 협의를 할 수 없는 경우에는 관할 토지수용위원회에 재결을 신청할 수 있다.

5. 행정심판

이 법에 따른 도시 · 군계획시설사업 시행자의 처분에 대하여는 행정심판법에 따라 행정심판을 제기할 수 있다. 이 경우 행정청이 아닌 시행자의 처분에 대하여는 그 시행자를 지정한 자(시행자×)에게 행정심판을 제기하여야 한다.

국토의 계획 및 이용에 관한 법령상 도시·군계획시설사업 시행을 위한 **타인의 토지에의 출입 등**에 관한 설명으로 옳은 것은?[34회]

① 타인의 토지에 출입하려는 행정청인 사업시행자는 출입하려는 날의 7일 전까지 그 토지의 소유자·점유자 또는 관리인에게 그 일시와 장소를 알려야 한다.(○)

② 토지의 소유자·점유자 또는 관리인의 동의 없이 타인의 토지를 재료 적치장 또는 임시통로로 일시 사용한 사업시행자는 사용한 날부터 14일 이내에 시장 또는 군수의 허가를 받아야 한다.(×)

③ 토지 점유자가 승낙하지 않는 경우에도 사업시행자는 시장 또는 군수의 허가를 받아 일몰 후에 울타리로 둘러싸인 타인의 토지에 출입할 수 있다.(×)

④ 토지에의 출입에 따라 손실을 입은 자가 보상에 관하여 국토교통부장관에게 조정을 신청하지 아니하는 경우에는 관할 토지수용위원회에 재결을 신청할 수 없다.(×)

⑤ 사업시행자가 행정청인 경우라도 허가를 받지 아니하면 타인의 토지에 출입할 수 없다.(×)

① 130조2항 ② 동의를 받아야 해요.(130조3항) ③ 토지 점유자가 승낙없이 일몰 후에 울타리로 둘러싸인 타인의 토지에 출입할 수 없어요.(130조6항) ④ 관할 토지수용위원회에 재결을 신청할 수 있어요.(131조3항) ⑤ 행정청은 허가없이 타인의 토지에 출입할 수 있어요.(130조2항)

소·관·점의 동의를 받을 수 없는 경우
① 행정청인 시행자
→ 육장에게 통지함
② 비행정청인 시행자
→ 육장의 허가를 받아야 함

타인토지에 출입하려는 자
→ 7일 전까지 알려야 함

타인토지를 일시사용하거나 장애물을 변경·제거하려는 자
→ 3일 전까지 알려야 함

국토계획법령상 **도시·군계획시설사업**과 관련하여 허용되지 않는 것은?^{22회수정}

① 지방공기업법에 의한 지방공사 및 지방공단을 사업시행자로 지정하는 것(○)

② 기반시설의 설치를 조건으로 도시·군계획시설사업에 관한 실시계획을 인가하는 것(○)

③ 도시·군계획시설사업을 분할시행하면서 분할된 지역별로 실시계획을 작성하는 것(○)

④ 행정청이 아닌 사업시행자의 처분에 대하여 그 사업시행자를 피청구인으로 하여 행정심판을 제기하는 것(×)

⑤ 사업시행자가 도시·군계획시설사업에 관한 조사·측량을 위해 토지의 소유자·점유자 또는 관리인의 동의를 받아 타인의 토지를 임시통로로 일시 사용하는 것(○)

④ 행정청이 아닌 사업시행자의 처분에 대하여는 그 시행자가 아니라 그 시행자를 지정한 자에게 행정심판을 제기해야 합니다.

국토계획법령상 **도시·군계획시설**에 관한 설명으로 옳은 것은?^{26회}

① 도시지역에서 사회복지시설을 설치하려면 미리 도시·군관리계획으로 결정하여야 한다.(×)

② 도시·군계획시설 부지에 대한 매수청구의 대상은 지목이 대인 토지에 한정되며, 그 토지에 있는 건축물은 포함되지 않는다.(×)

③ 용도지역 안에서의 건축물의 용도·종류 및 규모의 제한에 대한 규정은 도시·군계획시설에 대해서도 적용된다.(×)

④ 도시·군계획시설 부지에서 도시·군관리계획을 입안하는 경우에는 그 계획의 입안을 위한 토지적성평가를 실시하지 아니할 수 있다.(○)

⑤ 도시·군계획시설사업의 시행자가 행정청인 경우, 시행자의 처분에 대해서는 행정심판을 제기할 수 없다.(×)

① 도시지역에서 사회복지시설 설치는 도시·군관리계획 결정사항이 아니에요. ② 건축물도 포함합니다. ③ 도시·군계획시설에 대해서는 적용하지 않아요. ④ 시행령 21조3호라목 ⑤ 행정청인 시행자에게 행정심판을 제기할 수 있어요.

국토계획법 또는 다른 법령에 따라 조성된 지역에 도시·군관리계획을 입안하는 경우에는 토지적성평가를 하지 아니할 수 있다.(시행령21조3호라목)

6. 청문

취소할 땐 청문 실시!

국토교통부장관, 시·도지사, 시장·군수 또는 구청장은 **다음** 처분을 하려면 청문을 하여야 한다.

① 개발행위허가의 취소

② 도시·군계획시설사업의 시행자 지정의 취소

③ 실시계획인가의 취소

국토의 계획 및 이용에 관한 법령상 **청문**을 하여야 하는 경우를 모두 고른 것은?
(단, 다른 법령에 따른 청문은 고려하지 않음)[31회]

> ㄱ. 개발행위허가의 취소(○)
> ㄴ. 국토의 계획 및 이용에 관한 법률 제63조에 따른 개발행위허가의 제한(×)
> ㄷ. 실시계획인가의 취소(○)

① ㄱ ② ㄴ ③ ㄱ,ㄴ ④ ㄱ,ㄷ ⑤ ㄴ,ㄷ

취소할 때는 청문하지만 제한할 때는 청문하지 않아요. 정답④

국토의 계획 및 이용에 관한 법령의 **규정** 내용으로 틀린 것은?[28회]

① 관계 중앙행정기관의 장은 국토교통부장관에게 시범도시의 지정을 요청하고자 하는 때에는 주민의 의견을 들은 후 관계 지방자치단체의 장의 의견을 들어야 한다.(○)

② 국토교통부장관이 직접 시범도시를 지정함에 있어서 그 대상이 되는 도시를 공모할 경우, 시장 또는 군수는 공모에 응모할 수 있다.(○)

③ 행정청인 도시·군계획시설사업 시행자의 처분에 대하여는 행정심판법에 따라 행정심판을 제기할 수 있다.(○)

④ 국토교통부장관이 이 법률의 위반자에 대한 처분으로서 실시계획인가를 취소하려면 청문을 실시하여야 한다.(○)

⑤ 도지사는 도시·군기본계획과 도시·군관리계획이 국가계획의 취지에 부합하지 아니하다고 판단하는 경우, 국토교통부장관에게 변경을 요구할 수 있다.(×)

⑤ 국가계획의 취지에 부합하지 아니하다고 판단하는 사람은 도지사가 아니라 국장이겠죠? 국장이 도지사에게 조정을 요구할 수 있습니다.

PART 2 도시개발법

도시개발구역의 지정★★★★

용어 정의★

1. 도시개발구역

도시개발사업을 시행하기 위하여 지정·고시된 구역

2. 도시개발사업

도시개발구역에서 주거, 상업, 산업, 유통, 정보통신, 생태, 문화, 보건 및 복지 등의 기능이 있는 단지 또는 시가지를 조성하기 위하여 시행하는 사업

도시개발구역의 지정★★★

① **다음의 자**는 계획적인 도시개발이 필요하다고 인정되는 때에는 도시개발 구역을 지정할 수 있다.(시·도지사, 대도시 시장이 도시개발구역의 지정권자)

ㄱ. 특별시장·광역시장·도지사·특별자치도지사(→시·도지사)

ㄴ. 서울특별시와 광역시를 제외한 인구 50만 이상의 대도시의 시장(→대도시 시장)

② 도시개발사업이 필요하다고 인정되는 지역이 둘 이상의 특별시·광역시· 도·특별자치도(→시·도) 또는 서울특별시와 광역시를 제외한 인구 50만 이상의 대도시(→대도시)의 행정구역에 걸치는 경우에는 관계 시·도지사 또는 대도시 시장이 협의하여 도시개발구역을 지정할 자를 정한다.

③ 국토교통부장관(→예외적인 지정권자)은 **다음에 해당하면** 도시개발구역을 지정할 수 있다.

ㄱ. 국가가 도시개발사업을 실시할 필요가 있는 경우

ㄴ. 관계 중앙행정기관의 장이 요청하는 경우(→면적요건 없음)

ㄷ. 공공기관의 장 또는 정부출연기관의 장이 30만㎡ 이상으로서 국가계획과 밀접한 관련이 있는 도시개발구역의 지정을 제안하는 경우(지방공사의 장×)

ㄹ. ②의 협의가 성립되지 아니하는 경우

ㅁ. 천재지변, 그 밖의 사유로 인하여 도시개발사업을 긴급하게 할 필요가 있는 경우

④ 시장(대도시 시장 제외)·군수 또는 구청장(자치구의 구청장)은 시·도지사 에게 도시개발구역의 지정을 요청할 수 있다.

도시개발법령상 **도시개발구역을 지정할 수 있는 자**를 모두 고른 것은?[32회]

> ㄱ. 시·도지사　ㄴ. 대도시시장　ㄷ. 국토교통부장관　ㄹ. 한국토지주택공사

① ㄱ　② ㄴ,ㄹ　③ ㄷ,ㄹ　④ ㄱ,ㄴ,ㄷ　⑤ ㄱ,ㄴ,ㄷ,ㄹ

원칙적으로 시·도지사, 대도시시장이고, 예외적으로 국장이 지정할 수 있다고 했죠. 정답④

저자의 한마디

도시개발사업은 신도시를 만들기 위해 신도시 부지(땅)를 반듯하게 만드는 일이라고 생각하면 이해가 쉽습니다.

저자의 한마디

도시개발구역의 지정권한은 원칙적으로 광역지자체장(세종시장 제외)에게 있고, 예외적으로 국장이 갖습니다. 한편, 기초지자체장(시·군·구)은 지정을 요청할 수 있을 뿐이지만, 인구 50만 이상의 대도시 시장(예를 들어, 성남시장)은 지정권을 갖습니다. 아무튼 도시개발법에서는 지정권자(국장, 시·도지사, 대도시 시장)가 자주 등장합니다. 꼭 기억하세요!

특별자치시장은 지정권자에서 제외!

130

도시개발법령상 **국토교통부장관이 도시개발구역을 지정할 수 있는 경우**에 해당하지 않는 것은?[33회]

① 국가가 도시개발사업을 실시할 필요가 있는 경우(○)

② 관계 중앙행정기관의 장이 요청하는 경우(○)

③ 한국토지주택공사 사장이 20만 제곱미터의 규모로 국가계획과 밀접한 관련이 있는 도시개발구역의 지정을 제안하는 경우(×)

④ 천재지변, 그 밖의 사유로 인하여 도시개발사업을 긴급하게 할 필요가 있는 경우(○)

⑤ 도시개발사업이 필요하다고 인정되는 지역이 둘 이상의 도의 행정구역에 걸치는 경우에 도시개발구역을 지정할 자에 관하여 관계 도지사 간에 협의가 성립되지 아니하는 경우(○)

> ③ 공공기관의 장 또는 정부출연기관의 장이 **30만㎡ 이상**의 규모로 제안하는 경우에 국장이 예외적으로 지정권자가 되니까 틀린 지문이네요.

도시개발법령상 **국토교통부장관이 도시개발구역을 지정할 수 있는 경우**가 아닌 것은?[26회]

① 국가가 도시개발사업을 실시할 필요가 있는 경우(○)

② 산업통상자원부장관이 10만 제곱미터 규모로 도시개발구역의 지정을 요청하는 경우(○)

③ 지방공사의 장이 30만 제곱미터 규모로 도시개발구역의지정을 요청하는 경우(×)

④ 한국토지주택공사 사장이 30만 제곱미터 규모로 국가계획과 밀접한 관련이 있는 도시개발구역의 지정을 제안하는 경우(○)

⑤ 천재지변으로 인하여 도시개발사업을 긴급하게 할 필요가 있는 경우(○)

> ② 산업통상자원부장관(중앙행정기관의 장)은 규모와 관계없이 국장에게 요청할 수 있어요. ③ 지방공사의 장은 요청할 수 없어요. ④ 공공기관의 장이나 정부출연기관의 장은 30만㎡ 규모로 국가계획과 밀접한 관련이 있는 도시개발구역의 지정을 제안할 수 있습니다.

국장이 지정할 수 있는 경우

① 중앙행정기관의 장의 요청
→ 면적제한 없음

② 공공기관 또는 정출기관의 장의 제안
→면적제한있음(30만㎡이상)
국가계획과 밀접한 관련있음
지방공사의 장은 제안불가

⑤ 도시개발구역으로 지정할 수 있는 **대상 지역 및 규모**는 다음과 같다.

도시지역	주거지역·상업지역(1만㎡이상), 공업지역(3만㎡이상), 자연녹지지역(1만㎡이상), 생산녹지지역(1만㎡이상, 생산녹지지역이 도시개발구역 지정면적의 30%이하인 경우만 해당) 보전녹지역(면적과 상관없이 지정불가)
도시지역 외의 지역	30만㎡이상

⑥ 자연녹지지역, 생산녹지지역 및 도시지역 외의 지역에 도시개발구역을 지정하는 경우에는 광역도시계획 또는 도시·군기본계획에 의하여 개발이 가능한 지역에서만 지정하여야 한다. 다만, 광역도시계획 및 도시·군기본계획이 수립되지 아니한 지역인 경우에는 자연녹지지역 및 계획관리지역에서만 도시개발구역을 지정할 수 있다.

저자의 한마디

도시지역의 경우, 국토계획법에서 학습한 개발행위허가의 면적기준수치와 동일하되 '미만'이 아니라 '이상'입니다. 사적개발과는 달리, 도시개발이라는 공공사업은 규모가 크기 때문이죠. 단, 보전녹지지역에서는 5천㎡ 미만의 (사적)개발행위는 가능하지만, 도시개발은 규모와 상관없이 불가합니다.

⑦ 도시개발구역의 지정권자는 도시개발사업의 효율적인 추진과 도시의 경관 보호 등을 위하여 필요하다고 인정하는 경우에는 도시개발구역을 둘 이상의 사업시행지구로 분할(분할 후 면적이 각각 1만㎡ 이상이어야 함)하거나 서로 떨어진 둘 이상의 지역을 결합하여 하나의 도시개발구역으로 지정할 수 있다.

저자의 한마디

녹지지역 중에서 보전녹지지역에는 도시개발구역 지정이 불가하고, 자연녹지와 생산녹지지역에서만 1만㎡이상일 경우 지정가능합니다. 단, 생산녹지지역은 지정면적의 30%이하여야만 지정가능해요. 정확히 기억해야 합니다.

도시개발법령상 **도시개발구역으로 지정할 수 있는 대상 지역 및 규모**에 관하여 ( )에 들어갈 숫자를 바르게 나열한 것은?^{29회}

> ○ 주거지역 및 상업지역: (ㄱ)만 제곱미터 이상
> ○ 공업지역: (ㄴ)만 제곱미터 이상
> ○ 자연녹지지역: (ㄷ)만 제곱미터 이상
> ○ 도시개발구역 지정면적의 100분의 30 이하인 생산녹지지역: (ㄹ)만 제곱미터 이상

① ㄱ:1, ㄴ:1, ㄷ:1, ㄹ:3   ② ㄱ:1, ㄴ:3, ㄷ:1, ㄹ:1
③ ㄱ:1, ㄴ:3, ㄷ:3, ㄹ:1   ④ ㄱ:3, ㄴ:1, ㄷ:3, ㄹ:3
⑤ ㄱ:3, ㄴ:3, ㄷ:1, ㄹ:1

공업지역만 3만㎡이고, 나머지는 1만㎡이죠? 정답②

개발계획의 수립 및 변경*****

① 지정권자는 도시개발구역을 지정하려면 해당 도시개발구역에 대한 도시개발사업의 계획(개발계획)을 수립하여야 한다.(→구역지정시 계획수립이 원칙)

다만, 1) 개발계획을 공모하거나 2) **아래 지역**에 도시개발구역을 지정할 때에는 도시개발구역을 지정한 후에 개발계획을 수립할 수 있다.(→선지정 후계획)

ㄱ. 자연녹지지역, 생산녹지지역 (보전녹지지역×)

ㄴ. 도시지역 외의 지역

ㄷ. 국토교통부장관이 국가균형발전을 위하여 관계 중앙행정기관의 장과 협의하여 도시개발구역으로 지정하려는 지역(자연환경보전지역 제외)

ㄹ. 해당 도시개발구역에 포함되는 주거지역·상업지역·공업지역의 면적의 합계가 전체 도시개발구역 지정 면적의 30% 이하인 지역

'선지정 후계획'하는 지역

① 자녹,생녹,비도시지역
② 주상공 합계가 30%이하
③ 국장이 균형발전위해 협의 후 지정하려는 지역(자보×)

선지정 후계획의 경우 꼭 기억해!

도시개발법령상 도시개발구역을 지정한 후에 **개발계획**을 수립할 수 있는 경우가 아닌 것은?^{26회}

① 개발계획을 공모하는 경우(○)

② 자연녹지지역에 도시개발구역을 지정할 때(○)

③ 도시지역 외의 지역에 도시개발구역을 지정할 때(○)

④ 국토교통부장관이 국가균형발전을 위하여 관계 중앙행정기관의 장과 협의하여 상업지역에 도시개발구역을 지정할 때(○)

⑤ 해당 도시개발구역에 포함되는 주거지역이 전체 도시개발구역 지정면적의 100분의 40인 지역을 도시개발구역으로 지정할 때(×)

저자의 한마디

④ 국장이 균형발전을 위해 협의 후 지정할 때는 자연환경보전지역에만 지정할 수 없도록 규정되어 있어요. 따라서 상업지역에는 지정할 수 있다고 봐야죠.

⑤ 주·상·공지역의 면적 합계가 지정면적의 30%이하인 지역에서 선지정 후계획이 가능합니다.

② 지정권자는 창의적이고 효율적인 도시개발사업을 추진하기 위하여 필요한 경우에는 개발계획안을 공모하여 선정된 안을 개발계획에 반영할 수 있다. 이 경우 선정된 개발계획안의 응모자가 도시개발사업의 시행자 자격 요건을 갖춘 자인 경우에는 해당 응모자를 우선하여 시행자로 지정할 수 있다.

③ 지정권자는 직접 또는 관계 중앙행정기관의 장 또는 시장(대도시 시장 제외)·군수·구청장 또는 도시개발사업의 시행자의 요청을 받아 개발계획을 변경할 수 있다.

④ 지정권자는 환지방식(수용·사용방식×)의 도시개발사업에 대한 개발계획을 수립하려면 환지 방식이 적용되는 지역의 토지면적의 3분의 2 이상에 해당하는 토지 소유자와 그 지역의 토지 소유자 총수의 2분의 1 이상의 동의를 받아야 한다. 환지방식으로 시행하기 위하여 개발계획을 변경하려는 경우에도 같다.

저자의 한마디

도시개발법에 나오는 동의요건은 하나만 빼고, 모두 면적2/3, 총수1/2입니다. 기억하세요!

➕ 경미한 사항의 변경이 아니어서 **동의를 받아야 하는 경우**

ㄱ. 편입되는 토지의 면적이 종전 환지방식이 적용되는 면적의 5% 이상인 경우
ㄴ. 제외되는 토지의 면적이 종전 환지방식이 적용되는 면적의 10% 이상인 경우
ㄷ. 편입 또는 제외되는 면적이 각각 3만㎡ 이상인 경우
ㄹ. 토지의 편입이나 제외로 인하여 환지방식이 적용되는 면적이 종전보다 10% 이상 증감하는 경우
ㅁ. 너비가 12미터 이상인 도로를 신설 또는 폐지하는 경우
ㅂ. 사업시행지구를 분할하거나 분할된 사업시행지구를 통합하는 경우
ㅅ. 도로를 제외한 기반시설의 면적이 종전보다 10%(공원 또는 녹지는 5%)이상으로 증감하거나 신설되는 기반시설의 총면적이 종전 기반시설 면적의 5% 이상인 경우
ㅇ. 수용예정인구가 종전보다 10% 이상 증감하는 경우(변경 이후 수용예정인구가 3천명 미만인 경우는 제외)
ㅈ. 기반시설을 제외한 도시개발구역의 용적률이 종전보다 5% 이상 증가하는 경우
ㅊ. 토지이용계획의 변경으로서 용도별 면적이 종전보다 10% 이상 증감하는 경우와 신설되는 용도의 토지 총면적이 종전 도시개발구역 면적(기반시설 면적은 제외)의 5% 이상인 경우(용도별 변경 면적이 1천㎡ 이상인 경우로 한정)
ㅋ. 기반시설의 설치에 필요한 비용이 종전보다 5% 이상 증가하는 경우
ㅌ. 사업시행방식을 변경하는 경우
ㅍ. 용도지역 · 용도지구 · 용도구역에 대한 도시 · 군관리계획이 변경되는 경우
ㅎ. 그밖에 지정권자가 토지소유자의 권익보호 등을 위하여 중대하다고 인정하여 조건을 붙여 도시개발구역을 지정하거나 시 · 도 조례로 정한 경우

저자의 한마디

유형화시켜서 암기해보세요. 기존면적은 10%증감. 신설면적은 5%이상, 인구는 10%증감, 용적률과 비용은 5%이상, 도로는 너비 12m이상인 경우 동의가 필요합니다. 기준 이하이면 경미한 사항이 되어 동의를 구하지 않아도 됩니다.

도시개발법령상 **환지방식**으로 시행하는 **도시개발사업 개발계획의 경미한 변경**에 관한 규정의 일부이다. ( )에 들어갈 숫자를 바르게 나열한 것은?^{33회}

제7조(개발계획의 경미한 변경) ① 법 제4조제4항 후단에서 "대통령령으로 정하는 경미한 사항의 변경"이란 개발계획을 변경하는 경우로서 다음 각 호에 해당하는 경우를 제외한 경우를 말한다.

1. 환지방식을 적용하는 지역의 면적 변경이 다음 각 목의 어느 하나에 해당하는 경우
가. 〈생략〉
나. 제외되는 토지의 면적이 종전 환지방식이 적용되는 면적의 100분의 (ㄱ)이상인 경우
다. 편입 또는 제외되는 면적이 각각 (ㄴ)만 제곱미터 이상인 경우
라. 토지의 편입이나 제외로 인하여 환지방식이 적용되는 면적이 종전보다 100분의 (ㄷ)이상 증감하는 경우 〈이하 생략〉

---

① ㄱ: 5, ㄴ: 1, ㄷ: 5   ② ㄱ: 5, ㄴ: 1, ㄷ: 10
③ ㄱ: 5, ㄴ: 3, ㄷ: 5   ④ ㄱ: 10, ㄴ: 3, ㄷ: 10
⑤ ㄱ: 10, ㄴ: 5, ㄷ: 10

보기지문의 규정은 환지방식을 적용하는 지역의 면적 변경이 경미한 사항의 변경이 아니어서 동의요건을 꼭 갖추어야 하는 경우입니다. 정답④

도시개발법령상 도시개발사업의 일부를 **환지방식**으로 시행하기 위하여 **개발 계획을 변경**할 때 **토지소유자의 동의가 필요한 경우**는?(단, 시행자는 한국토지 주택공사이며, 다른 조건은 고려하지 않음)^{28회}

① 너비가 10m인 도로를 폐지하는 경우(×)
② 도로를 제외한 기반시설의 면적이 종전보다 100분의 4증가하는 경우(×)
③ 기반시설을 제외한 도시개발구역의 용적률이 종전보다 100분의 4 증가하는 경우(×)
④ 사업시행지구를 분할하거나 분할된 사업시행지구를 통합하는 경우(○)
⑤ 수용예정인구가 종전보다 100분의 5 증가하여 2천6백명이 되는 경우(×)

① 너비가 12m이상인 도로를 신설 또는 폐지하는 경우에 동의 필요 ② 면적은 10%이상 증감하는 경우에 동의 필요 ③ 용적률이 5%이상 증가하는 경우에 동의 필요 ④ 사업시행지구를 분할하거나 통합하는 경우에 동의 필요 ⑤ 인구가 10%이상 증감하는 경우에 동의 필요. 그러나 10%이상 증감하는 경우에도 수용예정인구가 3천명 미만이면 동의 불필요

⑤ 지정권자는 도시개발사업을 환지 방식으로 시행하려고 개발계획을 수립하거나 변경할 때에 도시개발사업의 시행자가 국가나 지방자치단체이면 토지소유자의 동의를 받을 필요가 없다.

⑥ 지정권자가 도시개발사업의 전부를 환지 방식으로 시행하려고 개발계획을 수립하거나 변경할 때에 도시개발사업의 시행자가 조합에 해당하는 경우로서 조합이 성립된 후 총회에서 도시개발구역의 토지면적의 3분의 2 이상에 해당하는

조합원과 그 지역의 조합원 총수의 2분의 1 이상의 찬성으로 수립 또는 변경을 의결한 개발계획을 지정권자에게 제출한 경우에는 토지 소유자의 동의를 받은 것으로 본다.

⑦ **동의자 수의 산정방법**은 다음과 같다.

ㄱ. 도시개발구역의 토지면적을 산정하는 경우 : 국공유지를 포함하여 산정할 것

ㄴ. 토지 소유권을 여러 명이 공유하는 경우 : 다른 공유자의 동의를 받은 대표공유자 1명만을 해당 토지 소유자로 볼 것. 다만, 집합건물법에 따른 구분소유자는 각각을 토지 소유자 1명으로 본다.

ㄷ. 공람·공고일 후에 구분소유권을 분할하게 되어 토지 소유자의 수가 증가하게 된 경우 : 공람·공고일 전의 토지 소유자의 수를 기준으로 산정하고, 증가된 토지 소유자의 수는 토지 소유자 총수에 추가 산입하지 말 것

ㄹ. 도시개발구역의 지정이 제안되기 전에 또는 도시개발구역에 대한 개발계획의 변경을 요청받기 전에 동의를 철회하는 사람이 있는 경우 : 그 사람은 동의자 수에서 제외할 것

ㅁ. 도시개발구역의 지정이 제안된 후부터 개발계획이 수립되기 전까지의 사이에 토지 소유자가 변경된 경우 또는 개발계획의 변경을 요청받은 후부터 개발계획이 변경되기 전까지의 사이에 토지 소유자가 변경된 경우 : 기존 토지 소유자의 동의서를 기준으로 할 것

⑧ 국공유지를 제외한 전체 사유 토지면적 및 토지 소유자에 대하여 동의 요건 이상으로 동의를 받은 후에 그 토지면적 및 토지 소유자의 수가 법적 동의 요건에 미달하게 된 경우에는 국공유지 관리청의 동의를 받아야 한다.

도시개발법령상 **환지 방식**의 도시개발사업에 대한 **개발계획 수립에 필요한 동의자의 수**를 산정하는 방법으로 옳은 것은?[35회]

① 도시개발구역의 토지면적을 산정하는 경우: 국공유지를 제외하고 산정할 것(×)

② 1인이 둘 이상 필지의 토지를 단독으로 소유한 경우: 필지의 수에 관계없이 토지 소유자를 1인으로 볼 것(○)

③ 둘 이상 필지의 토지를 소유한 공유자가 동일한 경우: 공유자 각각을 토지 소유자 1인으로 볼 것(×)

④ 1필지의 토지 소유권을 여럿이 공유하는 경우: 집합건물의 소유 및 관리에 관한 법률에 따른 구분소유자인지 여부와 관계없이 다른 공유자의 동의를 받은 대표공유자 1인을 해당 토지 소유자로 볼 것(×)

⑤ 도시개발구역의 지정이 제안된 후부터 개발계획이 수립되기 전까지의 사이에 토지 소유자가 변경된 경우: 변경된 토지 소유자의 동의서를 기준으로 할 것(×)

도시개발법령상 **도시개발구역의 지정**에 관한 설명으로 틀린 것은?^{25회}

① 서울특별시와 광역시를 제외한 인구 50만 이상의 대도시의 시장은 도시개발구역을 지정할 수 있다.(○)

② 자연녹지지역에서 도시개발구역으로 지정할 수 있는 규모는 3만 제곱미터 이상이어야 한다.(×)

③ 계획관리지역에 도시개발구역을 지정할 때에는 도시개발구역을 지정한 후에 개발계획을 수립할 수 있다.(○)

④ 지정권자가 도시개발사업을 환지방식으로 시행하려고 개발계획을 수립하는 경우 사업시행자가 지방자치단체이면 토지 소유자의 동의를 받을 필요가 없다.(○)

⑤ 군수가 도시개발구역의 지정을 요청하려는 경우 주민이나 관계전문가 등으로부터 의견을 들어야 한다.(○)

3만㎡ 이상은 공업지역만!

도시개발법령상 **도시개발구역의 지정**에 관한 설명으로 옳은 것은?(단, 특례는 고려하지 않음)^{30회}

① 대도시 시장은 직접 도시개발구역을 지정할 수 없고, 도지사에게 그 지정을 요청하여야 한다.(×)

② 도시개발사업이 필요하다고 인정되는 지역이 둘 이상의 도의 행정구역에 걸치는 경우에는 해당 면적이 더 넓은 행정구역의 도지사가 도시개발구역을 지정하여야 한다.(×)

③ 천재지변으로 인하여 도시개발사업을 긴급하게 할 필요가 있는 경우 국토교통부장관이 도시개발구역을 지정할 수 있다.(○)

④ 도시개발구역의 총 면적이 1만제곱미터 미만인 경우 둘 이상의 사업시행지구로 분할하여 지정할 수 있다.(×)

⑤ 자연녹지지역에서 도시개발구역을 지정한 이후 도시개발사업의 계획을 수립하는 것은 허용되지 아니한다.(×)

개발계획의 내용★★★

① 개발계획에는 **다음 사항**이 포함되어야 한다.

ㄱ. 도시개발구역의 명칭·위치 및 면적

ㄴ. 도시개발구역의 지정 목적과 도시개발사업의 시행기간

ㄷ. 도시개발구역을 둘 이상의 사업시행지구로 분할하거나 서로 떨어진 둘 이상의 지역을 하나의 구역으로 결합하여 도시개발사업을 시행하는 경우에는 그 분할이나 결합에 관한 사항

ㄹ. 도시개발사업의 시행자에 관한 사항 및 시행방식

ㅁ. 인구수용계획·토지이용계획·교통처리계획·환경보전계획

ㅂ. 원형지로 공급될 대상 토지 및 개발 방향

ㅅ. 보건의료시설 및 복지시설의 설치계획

ㅇ. 도로, 상하수도 등 주요 기반시설의 설치계획

ㅈ. 재원조달계획

저자의 한마디

ㅁ.인구수용계획은 분양주택 및 임대주택으로 구분한 주택별 수용계획을 포함합니다.

다만, **다음 사항**은 도시개발구역을 지정한 후에 개발계획에 포함시킬 수 있다.

ㄱ. 도시개발구역 밖의 지역에 기반시설을 설치하여야 하는 경우에는 그 시설의 설치에 필요한 비용의 부담 계획

ㄴ. 수용 또는 사용의 대상이 되는 토지·건축물 또는 토지에 정착한 물건과 이에 관한 소유권 외의 권리, 광업권, 어업권, 양식업권, 물의 사용에 관한 권리가 있는 경우에는 그 세부목록

ㄷ. 임대주택 건설계획 등 세입자 등의 주거 및 생활 안정 대책

ㄹ. 순환개발 등 단계적 사업추진이 필요한 경우 (단계적) 사업추진 계획 등에 관한 사항

구역지정 후 포함시킬 수 있는 4가지를 꼭 기억해!

② 광역도시계획이나 도시·군기본계획이 수립되어 있는 지역에 대하여 개발계획을 수립하려면 개발계획의 내용이 해당 광역도시계획이나 도시·군 기본계획에 들어맞도록 하여야 한다.

③ 도시개발구역을 지정한 후에 개발계획을 수립하는 경우(→선지정 후계획)에는 도시개발구역을 지정할 때에 **다음 사항**에 대한 계획을 수립하여야 한다.

> 명칭·위치 및 면적, 지정 목적, 시행 방식, 시행자에 관한 사항, 개략적인 인구수용계획, 개략적인 토지이용계획

저자의 한마디

선지정 후계획의 경우도 ①의 개발계획에 포함될 사항 중 6가지(파란색으로 표시)에 대해서는 지정할 때 계획을 수립해야 합니다. 단, 인구수용과 토지이용은 대략적인 계획만 세우면 됩니다.

④ 330만㎡ 이상인 도시개발구역에 관한 개발계획을 수립할 때에는 해당 구역에서 주거, 생산, 교육, 유통, 위락 등의 기능이 서로 조화를 이루도록 노력하여야 한다.

⑤ 개발계획의 작성 기준 및 방법은 국토교통부장관이 정한다.

도시개발법령상 개발계획에 따라 **도시개발구역을 지정한 후에 개발계획**에 포함시킬 수 있는 사항은?[34회]

① 환경보전계획 ② 보건의료시설 및 복지시설의 설치계획

③ 원형지로 공급될 대상 토지 및 개발 방향

④ 임대주택건설계획 등 세입자 등의 주거 및 생활 안정 대책

⑤ 도시개발구역을 둘 이상의 사업시행지구로 분할하여 도시개발사업을 시행하는 경우 그 분할에 관한 사항

④는 구역지정 후 개발계획에 포함시킬 수 있어요.(5조1항15호) 나머지는 구역 지정할 때 세워야죠. 정답④

도시개발법령상 **도시개발구역의 지정과 개발계획**에 관한 설명으로 틀린 것은?[26회]

① 지정권자는 도시개발사업의 효율적 추진을 위하여 필요하다고 인정하는 경우 서로 떨어진 둘 이상의 지역을 결합하여 하나의 도시개발구역으로 지정할 수 있다.(○)

② 도시개발구역을 둘 이상의 사업시행지구로 분할하는 경우 분할 후 사업시행지구의 면적은 각각 1만제곱미터 이상이어야 한다.(○)

③ 세입자의 주거 및 생활 안정 대책에 관한 사항은 도시개발구역을 지정한 후에 개발계획의 내용으로 포함시킬 수 있다.(○)

④ 지정권자는 도시개발사업을 환지 방식으로 시행하려고 개발계획을 수립할 때 시행자가 지방자치단체인 경우 토지소유자의 동의를 받아야 한다.(×)

⑤ 도시·군기본계획이 수립되어 있는 지역에 대하여 개발계획을 수립하려면 개발계획의 내용이 해당 도시·군기본계획에 들어맞도록 하여야 한다.(○)

④ 시행자가 국가나 지방자치단체인 경우 토지소유자의 동의를 받지 않아도 됩니다. 빈출지문!

도시개발구역 지정절차★★

1. 기초조사

저자의 한마디

기초조사는 보통 필수적 절차입니다만, 도시개발구역 지정 시 기초조사는 필수적 절차가 아닙니다. 주의!

① 도시개발사업의 시행자나 시행자가 되려는 자는 도시개발구역을 지정하거나 도시개발구역의 지정을 요청 또는 제안하려고 할 때에는 도시개발구역으로 지정될 구역의 토지, 건축물, 공작물, 주거 및 생활실태, 주택수요, 그밖에 필요한 사항에 관하여 조사하거나 측량할 수 있다.

② 조사나 측량을 하려는 자는 관계 행정기관, 지방자치단체, 공공기관, 정부출연기관, 그 밖의 관계 기관의 장에게 필요한 자료의 제출을 요청할 수 있다. 이 경우 자료 제출을 요청받은 기관의 장은 특별한 사유가 없으면 요청에 따라야 한다.

2. 의견청취

① 국토교통부장관, 시·도지사 또는 대도시 시장이 도시개발구역을 지정하고자 하거나 대도시 시장이 아닌 시장·군수 또는 구청장이 도시개발구역의 지정을 요청하려고 히는 경우에는 공람이나 공청회를 동하여 주민이나 관계 전문가 등으로부터 의견을 들어야 하며, 공람이나 공청회에서 제시된 의견이 타당하다고 인정되면 이를 반영하여야 한다. 도시개발구역을 변경하려는 경우에도 또한 같다.

② 주민의 의견을 청취하려는 경우에는 전국 또는 해당 지방을 주된 보급지역으로 하는 둘 이상의 일간신문과 해당 시·군 또는 구의 인터넷 홈페이지에 공고하고 14일 이상 일반인에게 공람시켜야 한다. 다만, 도시개발구역의 면적이 10만㎡ 미만인 경우에는 일간신문에 공고하지 아니하고 공보와 해당 시·군 또는 구의 인터넷 홈페이지에 공고할 수 있다.

③ 도시개발사업을 시행하려는 구역의 면적이 100만㎡ 이상인 경우에는 공람 기간이 끝난 후에 공청회를 개최하여야 한다.

3. 도시계획위원회의 심의

① 지정권자는 도시개발구역을 지정하거나 개발계획을 수립하려면 관계 행정 기관의 장과 협의한 후 중앙도시계획위원회 또는 시·도도시계획위원회나 대도시에 두는 대도시도시계획위원회의 심의를 거쳐야 한다. 변경하는 경우에도 또한 같다.

② 지구단위계획에 따라 도시개발사업을 시행하기 위하여 도시개발구역을 지정하는 경우에는 중앙도시계획위원회 또는 시·도도시계획위원회나 대도시에 두는 대도시도시계획위원회의 심의를 거치지 아니한다.

③ 지정권자는 지정하려는 도시개발구역 면적이 100만㎡ 이상인 경우나 개발계획이 국가계획을 포함하고 있거나 그 국가계획과 관련되는 경우에 해당하면 국토교통부장관과 협의하여야 한다.

4. 도시개발구역지정의 고시

① 지정권자는 도시개발구역을 지정하거나 개발계획을 수립한 경우에는 이를 관보나 공보에 고시하고, 1) 대도시 시장인 지정권자는 관계 서류를 일반에게 공람시켜야 하며, 2) 대도시 시장이 아닌 지정권자(시·도지사)는 해당 도시개발구역을 관할하는 시장·군수 또는 구청장에게 관계 서류의 사본을 보내야 하며, 지정권자인 특별자치도지사와 관계 서류를 송부 받은 시장·군수 또는 구청장은 해당 관계 서류를 일반인에게 공람시켜야 한다. 변경하는 경우에도 또한 같다.

② 도시개발구역이 지정·고시된 경우 해당 도시개발구역은 도시지역과 지구단위계획구역으로 결정되어 고시된 것으로 본다.(지정·고시의 효과) 다만, 지구단위계획구역 및 취락지구로 지정된 지역인 경우에는 그러하지 아니하다.

> **저자의 한마디**
>
> 광역단체장(시·도지사)은 공람시키지 않고, 기초단체장(시·군·구청장)이 공람시킵니다. 대도시 시장은 원래 기초단체장이기 때문에, 특별자치도지사는 관내에 기초지자체가 없기 때문에 직접 공람시킵니다.

③ 시 · 도지사 또는 대도시 시장이 도시개발구역을 지정 · 고시한 경우에는 국토교통부장관에게 그 내용을 통보하여야 한다.

④ ②에서 결정 · 고시된 것으로 보는 사항에 대하여 도시 · 군관리계획에 관한 지형도면의 고시는 도시개발사업의 시행 기간에 할 수 있다.

⑤ 도시개발구역지정에 관한 주민 등의 의견청취를 위한 공고가 있는 지역 및 도시개발구역에서 건축물의 건축, 공작물의 설치, 토지의 형질 변경, 토석의 채취, 토지 분할, 물건을 쌓아놓는 행위, 죽목의 벌채 및 식재 등 행위를 하려는 자는 특별시장 · 광역시장 · 특별자치도지사 · 시장 또는 군수(특별자치시장×)의 허가를 받아야 한다. 허가받은 사항을 변경하려는 경우에도 또한 같다.

⑥ 재해 복구 또는 재난 수습에 필요한 응급조치를 위하여 하는 행위는 허가를 받지 아니하고 할 수 있다.

⑦ 허가를 받아야 하는 행위로서 도시개발구역의 지정 및 고시 당시 이미 관계 법령에 따라 행위 허가를 받았거나 허가를 받을 필요가 없는 행위에 관하여 그 공사나 사업에 착수한 자는 도시개발구역이 지정 · 고시된 날부터 30일 이내에 특별시장 · 광역시장 · 특별자치도지사 · 시장 또는 군수(특별자치시장×)에게 신고한 후 이를 계속 시행할 수 있다.

저자의 한마디

국토계획법에 규정된 허가대상 개발행위에 죽목의 벌채 및 식재가 추가되어 있습니다. 허가권자는 육장에서 특별자치시장(세종시장)이 제외되어 있죠.

도시개발법령상 **도시개발구역에서 허가를 받아야 할 행위**로 명시되지 않은 것은?[32회]

① 토지의 합병 ② 토석의 채취 ③ 죽목의 식재
④ 공유수면의 매립 ⑤ 건축법에 따른 건축물의 용도변경

건축물 건축, 공작물 설치, 토지 형질변경, 토석채취, 토지분할, 물건을 쌓아 놓는 행위, 죽목의 벌채 및 식재 등 행위를 하려는 자는 허가를 받아야 해요. ① 토지의 합병은 명시되어 있지 않아요. 토지분할이 허가가 필요한 행위죠. ④ 공유수면 매립은 토지형질변경에 해당합니다. ⑤ 건축물의 건축에는 대수선과 용도변경도 포함 됩니다.(시행령16조1항1호) 정답①

도시개발구역 지정의 해제★★★

① 도시개발구역의 지정은 **다음에 규정된 날의** 다음 날에 해제된 것으로 본다.

ㄱ. 도시개발구역이 지정 · 고시된 날부터 3년이 되는 날까지 실시계획의 인가를 신청하지 아니하는 경우에는 그 3년이 되는 날

ㄴ. 도시개발사업의 공사완료 공고일(환지 방식에 따른 사업인 경우에는 그 환지처분 공고일)

② 도시개발구역을 지정한 후 개발계획을 수립하는 경우(→선지정 후계획)에는 **다음에 규정된 날의** 다음 날에 도시개발구역의 지정이 해제된 것으로 본다.

ㄱ. 도시개발구역이 지정 · 고시된 날부터 2년이 되는 날까지 개발계획을 수립 · 고시하지 아니하는 경우에는 그 2년이 되는 날. 다만, 도시개발구역의 면적이 330만㎡ 이상인 경우에는 5년으로 한다.

ㄴ. 개발계획을 수립·고시한 날부터 3년이 되는 날까지 <u>실시계획</u> 인가를 신청하지 아니하는 경우에는 그 3년이 되는 날. 다만, 도시개발구역의 면적이 330만㎡ 이상인 경우에는 5년으로 한다.

③ <u>도시개발구역의 지정이 해제의제된 경우에는 그 도시개발구역에 대한 용도지역 및 지구단위계획구역은 해당 도시개발구역 지정 선의 용도지역 및 지구단위계획구역으로 각각 환원되거나 폐지된 것으로 본다. 다만, 도시개발사업의 공사 완료에 따라 도시개발구역의 지정이 해제의제된 경우에는 환원되거나 폐지된 것으로 보지 아니한다.</u>

개발계획은 2년,
실시계획은 3년,
330만 ㎡ 는 5년

도시개발법령상 **도시개발구역 지정의 해제**에 관한 규정 내용이다. ( )에 들어갈 숫자를 바르게 나열한 것은?[31회]

> 도시개발구역을 지정한 후 개발계획을 수립하는 경우에는 아래에 규정된 날의 다음 날에 도시개발구역의 지정이 해제된 것으로 본다.
> ○ 도시개발구역이 지정·고시된 날부터 (ㄱ)년이 되는 날까지 개발계획을 수립·고시 하지 아니하는 경우에는 그 (ㄱ)년이 되는 날. 다만, 도시개발구역의 면적이 330만 제곱미터 이상인 경우에는 5년으로 한다.
> ○ 개발계획을 수립·고시한 날부터 (ㄴ)년이 되는 날까지 실시계획 인가를 신청하지 아니하는 경우에는 그 (ㄴ)년이 되는 날. 다만, 도시개발구역의 면적이 330만제곱 미터 이상인 경우에는 (ㄷ)년으로 한다.

① ㄱ: 2, ㄴ: 3. ㄷ: 3 ② ㄱ: 2, ㄴ: 3. ㄷ: 5 ③ ㄱ: 3, ㄴ: 2. ㄷ: 3
④ ㄱ: 3, ㄴ: 2. ㄷ: 5 ⑤ ㄱ: 3, ㄴ: 3. ㄷ: 5

개발계획 2년, 실시계획 3년, 330만㎡는 5년 정답②

도시개발법령상 **도시개발구역의 지정**에 관한 설명으로 옳은 것은?[24회]

① 서로 떨어진 둘 이상의 지역은 결합하여 하나의 도시개발구역으로 지정될 수 없다.(×)
② 국가가 도시개발사업의 시행자인 경우 환지 방식의 사업에 대한 개발계획을 수립하려면 토지 소유자의 동의를 받아야 한다.(×)
③ 광역시장이 개발계획을 변경하는 경우 군수 또는 구청장은 광역시장으로 부터 송부받은 관계 서류를 일반인에게 공람시키지 않아도 된다.(×)
④ 도시개발구역의 지정은 도시개발사업의 공사 완료의 공고일에 해제된 것 으로 본다.(×)
⑤ 도시개발사업의 공사 완료로 도시개발구역의 지정이 해제의제된 경우에는 도시개발구역의 용도지역은 해당 도시개발구역 지정 전의 용도지역으로 환원되거나 폐지된 것으로 보지 아니한다.(○)

① 결합하여 하나의 도시개발구역으로 지정될 수 있어요. ② 국가는 토지 소유자의 동의를 받지 않아도 됩니다. ③ 변경의 경우에도 공람시켜야 합니다. ④ 공사 완료 공고일의 다음 날에 해제된 것으로 봅니다. ⑤ 빈출지문!

보안관리 및 부동산투기 방지대책*

① **다음에 해당하는 자는** 주민 등의 의견청취를 위한 공람 전까지는 도시개발구역의 지정을 위한 조사, 관계 서류 작성, 관계기관 협의, 중앙도시계획위원회 또는 시·도도시계획위원회나 대도시도시계획위원회의 심의 등의 과정에서 관련 정보가 누설되지 아니하도록 필요한 조치를 하여야 한다. 다만, 지정권자가 도시개발사업의 원활한 시행을 위하여 필요하다고 인정하는 경우에는 관련 정보를 미리 공개할 수 있다.

ㄱ. 지정권자

ㄴ. 도시개발구역의 지정을 요청하거나 요청하려는 관계 중앙행정기관의 장 또는 시장(대도시 시장은 제외)·군수·구청장

ㄷ. 시행자 또는 시행자가 되려는 자 및 도시개발구역의 지정을 제안하거나 제안하려는 자

ㄹ. 도시개발구역을 지정하거나 도시개발구역의 지정을 요청 또는 제안하기 위한 자료의 제출을 요구받은 자

ㅁ. 도시개발구역 지정 시 협의하는 관계 행정기관의 장 또는 자문·심의기관의 장

② **다음 기관 또는 업체에 종사하였거나 종사하는 자는** 업무 처리 중 알게 된 도시개발구역 지정 또는 지정의 요청·제안과 관련한 정보로서 불특정 다수인이 알 수 있도록 공개되기 전의 정보(미공개정보)를 도시개발구역의 지정 또는 지정 요청·제안 목적 외로 사용하거나 타인에게 제공 또는 누설해서는 아니 된다.

ㄱ. 지정권자가 속한 기관

ㄴ. 도시개발구역의 지정을 요청하거나 또는 요청하려는 관계 중앙행정기관 또는 시(대도시는 제외)·군·구

ㄷ. 시행자 또는 시행자가 되려는 자 및 도시개발구역의 지정을 제안하거나 제안하려는 자(토지 소유자를 포함)

ㄹ. 도시개발구역을 지정하거나 도시개발구역의 지정을 요청 또는 제안하기 위한 자료의 제출을 요구받은 기관

ㅁ. 도시개발구역 지정 시 협의하는 관계 기관 또는 자문·심의 기관

ㅂ. 도시개발사업의 시행자 또는 시행자가 되려는 자가 도시개발구역의 지정 또는 지정 요청·제안에 필요한 조사·측량을 하거나 관계 서류 작성 등을 위하여 용역 계약을 체결한 업체

③ 위에 해당하는 기관 또는 업체에 종사하였거나 종사하는 자로부터 미공개정보를 제공받은 자 또는 미공개정보를 부정한 방법으로 취득한 자는 그 미공개정보를 도시개발구역의 지정 또는 지정 요청·제안 목적 외로 사용하거나 타인에게 제공 또는 누설해서는 아니 된다.

④ 지정권자는 도시개발구역으로 지정하려는 지역 및 주변지역이 부동산투기가

성행하거나 성행할 우려가 있다고 판단되는 경우에는 <u>투기방지대책을 수립</u>
<u>하여야 한다</u>.

도시개발사업의 시행자와 실시계획*****

도시개발사업의 시행자*****

1. 도시개발사업의 시행자

① 도시개발사업의 시행자는 **다음의 자** 중에서 지정권자가 지정한다. 다만, 도시개발구역의 전부를 환지 방식으로 시행하는 경우에는 토지 소유자(ㅁ)나 조합(ㅂ)을 시행자로 지정한다.

저자의 한마디

지금부터 편의상 ㄱ~ㄹ를 공공 시행자, ㅁ~ㅋ을 민간시행자라 고 부릅시다. 공공시행자와 민간 시행자가 할 수 있는 일이 달라 서 구분이 필요합니다. 마지막 ㅌ은 조합을 제외한 공동출자법 인이라고 기억하면 됩니다.

공공시행자
국가나 지방자치단체, 공공기 관, 정부출연기관, 지방공사

ㄱ. 국가나 지방자치단체

ㄴ. 공공기관 : 한국토지주택공사, 한국수자원공사, 한국농어촌공사, 한국관광공사, 한국철도공사, 매입공공기관

ㄷ. 정부출연기관 : 한국철도시설공단, 제주국제자유도시개발센터

ㄹ. 지방공기업법에 따라 설립된 지방공사

ㅁ. 도시개발구역의 토지 소유자(건축물 소유자×, 토지 등 소유자×)

ㅂ. 도시개발구역의 토지 소유자가 도시개발을 위하여 설립한 조합

ㅅ. 수도권정비계획법에 따른 과밀억제권역에서 수도권 외의 지역으로 이전하는 법인 중 요건을 충족하는 법인

ㅇ. 주택법에 따라 등록한 자 중 도시개발사업을 시행할 능력이 있다고 인정되는 자로서 요건을 충족하는 자

ㅈ. 건설산업기본법에 따른 토목공사업 또는 토목건축공사업의 면허를 받는 등 개발계획에 맞게 도시개발사업을 시행할 능력이 있다고 인정되는 자로서 요건을 충족하는 자

ㅊ. 부동산개발업의 관리 및 육성에 관한 법률에 따라 등록한 부동산개발업자로서 요건을 충족하는 자

ㅋ. 부동산투자회사법에 따라 설립된 자기관리부동산투자회사 또는 위탁관리부동산투자 회사로서 요건을 충족하는 자

ㅌ. 이상의 자(조합 제외)가 도시개발사업을 시행할 목적으로 출자에 참여하여 설립한 법인으로서 요건을 충족하는 법인

② 지정권자는 **다음 사유가 있으면** 지방자치단체 등(국가×)을 시행자로 지정할 수 있다. 이 경우 도시개발사업을 시행하는 자가 시·도지사 또는 대도시 시장인 경우 국토교통부장관이 지정한다.

지방자치단체 등
지방자치단체, 한국토지주택 공사, 지방공사, 신탁업자 중 외부감사의 대상이 되는 자

ㄱ. 토지 소유자나 조합이 개발계획의 수립·고시일부터 1년 이내에 시행자 지정을 신청하지 아니한 경우 또는 지정권자가 신청된 내용이 위법하거나 부당 하다고 인정한 경우

ㄴ. 지방자치단체의 장이 집행하는 공공시설에 관한 사업과 병행하여 시행할 필요가 있다고 인정한 경우

ㄷ. 도시개발구역의 국공유지를 제외한 토지면적의 2분의 1 이상에 해당하는 토지 소유자 및 토지 소유자 총수의 2분의 1 이상이 지방자치단체 등의 시행에 동의한 경우

도시개발법령상 **수용 또는 사용 방식**으로 시행하는 **도시개발사업의 시행자**로 지정될 수 없는 자는?[35회]

① 한국철도공사법에 따른 한국철도공사 ② 지방자치단체
③ 지방공기업법에 따라 설립된 지방공사
④ 도시개발구역의 국공유지를 제외한 토지면적의 3분의 2이상을 소유한 자
⑤ 도시개발구역의 토지 소유자가 도시개발을 위하여 설립한 조합

① 시행령18조1항6호 ② 11조1항1호 ③ 11조1항4호 ④ 11조1항5호 ⑤ 도시개발조합은 도시개발사업의 전부를 환지 방식으로 시행하는 경우에만 시행자가 될 수 있어요.(수용 또는 사용방식 불가) 정답⑤

도시개발법령상 **도시개발사업 시행자**로 지정될 수 있는 자에 해당하지 않는 것은?[33회]

① 국가 ② 한국부동산원법에 따른 한국부동산원
③ 한국수자원공사법에 따른 한국수자원공사
④ 한국관광공사법에 따른 한국관광공사
⑤ 지방공기업법에 따라 설립된 지방공사

② 한국부동산원은 도시개발사업의 시행자가 될 수 없어요. 정답②

도시개발법령상 지정권자가 '도시개발구역 전부를 환지 방식으로 시행하는 도시개발사업'을 '지방자치단체의 장이 집행하는 공공시설에 관한 사업'과 병행하여 시행할 필요가 있다고 인정하는 경우, 이 **도시개발사업의 시행자**로 지정될 수 없는 자는?(단, 지정될 수 있는 자가 도시개발구역의 토지 소유자는 아니며, 다른 법령은 고려하지 않음)[30회]

① 국가 ② 지방자치단체 ③ 지방공기업법에 따른 지방공사
④ 한국토지주택공사법에 따른 한국토지주택공사
⑤ 자본시장과 금융투자업에 관한 법률에 따른 신탁업자 중 주식회사 등의 외부감사에 관한 법률 제4조에 따른 외부감사의 대상이 되는 자

이 경우에는 **지방자치단체 등**을 시행자로 지정할 수 있는데요.(11조2항2호) '지방자치단체 등'이니까 국가는 아니겠죠. ③,④,⑤를 모르더라도 국가를 답으로 고를 수 있어야 합니다. 정답①

③ 지정권자는 토지 소유자 2인 이상이 도시개발사업을 시행하려고 할 때(다른 시행자와 공동시행 포함)에는 도시개발사업에 관한 규약을 정하게 할 수 있다.

✚ **환지방식**으로 시행하는 경우에만 포함하는 규약 내용
ㄱ. 토지평가협의회의 구성 및 운영 ㄴ. 환지계획 및 환지예정지의 지정
ㄷ. 보류지 및 체비지의 관리·처분 ㄹ. 청산

동의 요건이
면적의 1/2, 총수의 1/2

저자의 한마디

국공유지를 제외한 토지면적의 2/3이상을 소유한 토지소유자는 수용 또는 사용방식의 시행자가 될 수 있습니다. 따라서 2/3미만을 소유한 토지소유자는 환지방식만 가능해요.

전부환지방식의 시행자
① 도시개발조합
② 국공유지 제외 2/3미만 토지소유자

민간시행자→규약
공공시행자→시행규정

다음은 도시개발법령상 공동으로 도시개발사업을 시행하려는 자가 정하는 **규약**에 포함되어야 할 사항이다. **환지방식**으로 시행하는 경우에만 포함되어야 할 사항이 아닌 것은?[28회]

① 청산 ② 환지계획 및 환지예정지의 지정 ③ 보류지 및 체비지의 관리·처분
④ 토지평가협의회의 구성 및 운영 ⑤ 주된 사무소의 소재지

> 환지, 청산, 보류지, 토지평가협의회는 환지방식에만 나오는 용어죠. 반면 ⑤ 주된 사무소의 소재지는 상식적으로 생각해도 환지방식에만 나오는 내용은 아니잖아요? 정답⑤

④ 지방자치단체 등이 도시개발사업의 전부를 환지 방식으로 시행하려고 할 때에는 시행규정(규약×)을 작성하여야 한다. 이 경우 사업관리에 필요한 비용의 책정에 관한 사항을 시행규정에 포함할 수 있다.

특자도·시·군·구청장에게
지정 제안!

⑤ 시행자 중 국가나 지방자체단체(ㄱ), 조합(ㅂ)을 제외한 자는 특별자치도지사 · 시장 · 군수 또는 구청장에게 도시개발구역의 지정을 제안할 수 있다. 다만, 공공기관(ㄴ)의 장 또는 정부출연기관(ㄷ)의 장은 국토교통부장관에게 직접 제안할 수 있다.

⑥ ⑤의 제안권자 중 민간시행자는 도시개발구역의 지정을 제안하려는 경우에는 대상 구역 토지면적의 3분의 2 이상에 해당하는 토지 소유자(지상권자 포함)의 동의를 받아야 한다.

⑦ 특별자치도지사 · 시장 · 군수 또는 구청장은 제안자와 협의하여 도시개발구역의 지정을 위하여 필요한 비용의 전부 또는 일부를 제안자에게 부담시킬 수 있다.

⑧ 지정권자는 **다음 경우**에 시행자를 변경할 수 있다.

ㄱ. 도시개발사업에 관한 실시계획의 인가를 받은 후 2년 이내에 사업을 착수하지 아니하는 경우

ㄴ. 행정처분으로 시행자의 지정이나 실시계획의 인가가 취소된 경우

ㄷ. 시행자의 부도 · 파산, 그밖에 이와 유사한 사유로 도시개발사업의 목적을 달성하기 어렵다고 인정되는 경우

ㄹ. 토지 소유자 또는 조합이 도시개발구역 지정의 고시일부터 1년 이내에 도시개발사업에 관한 실시계획의 인가를 신청하지 아니하는 경우

⑨ 공공시행자(국가나 지방자치단체, 공공기관, 정부출연기관, 지방공사)는 도시개발사업을 효율적으로 시행하기 위하여 필요한 경우에는 실시설계, 부지 조성공사, 기반시설공사, 조성된 토지의 분양을 주택법에 따른 주택건설사업자 등으로 하여금 대행하게 할 수 있다.

도시개발법령상 도시개발사업의 시행자인 지방자치단체가 주택법 제4조에 따른 주택건설사업자 등으로 하여금 대행하게 할 수 있는 **도시개발사업의 범위**에 해당하지 않는 것은?[34회]

① 실시설계 ② 부지조성공사 ③ 기반시설공사
④ 조성된 토지의 분양 ⑤ 토지상환채권의 발행

도시개발법령상 도시개발사업의 시행자 중 **주택법에 따른 주택건설사업자 등으로 하여금 도시개발사업의 일부를 대행하게 할 수 있는 자**만을 모두 고른 것은?[28회]

> ㄱ. 지방자치단체
> ㄴ. 한국관광공사법에 따른 한국관광공사
> ㄷ. 부동산투자회사법에 따라 설립된 자기관리부동산투자회사
> ㄹ. 수도권정비계획법에 따른 과밀억제권역에서 수도권 외의 지역으로 이전하는 법인

① ㄱ ② ㄱ,ㄴ ③ ㄴ,ㄷ ④ ㄷ,ㄹ ⑤ ㄴ,ㄷ,ㄹ

도시개발법령상 도시개발구역 지정권자가 **시행자를 변경**할 수 있는 경우가 아닌 것은?[28회]

① 도시개발사업에 관한 실시계획의 인가를 받은 후 2년 이내에 사업을 착수하지 아니하는 경우(○)

② 행정처분으로 사업시행자의 지정이 취소된 경우(○)

③ 도시개발조합이 도시개발구역 지정의 고시일부터 6개월 이내에 실시계획의 인가를 신청하지 아니하는 경우(×)

④ 사업시행자의 부도로 도시개발사업의 목적을 달성하기 어렵다고 인정되는 경우(○)

⑤ 행정처분으로 실시계획의 인가가 취소된 경우(○)

도시개발법령상 **도시개발사업의 시행**에 관한 설명으로 옳은 것은?[29회]

① 국가는 도시개발사업의 시행자가 될 수 없다.(×)

② 한국철도공사는 역세권의 개발 및 이용에 관한 법률에 따른 역세권개발사업을 시행하는 경우에만 도시개발사업의 시행자가 된다.(×)

③ 지정권자는 시행자가 도시개발사업에 관한 실시계획의 인가를 받은 후 2년 이내에 사업을 착수하지 아니하는 경우 시행자를 변경할 수 있다.(○)

④ 토지소유자가 도시개발구역의 지정을 제안하려는 경우에는 대상 구역 토지면적의 2분의 1 이상에 해당하는 토지 소유자의 동의를 받아야 한다.(×)

⑤ 사업주체인 지방자치단체는 조성된 토지의 분양을 주택법에 따른 주택건설사업자에게 대행하게 할 수 없다.(×)

2. 민관공동출자법인의 설립과 사업시행

① 공공시행자가 민간참여자와 법인을 설립하여 도시개발사업을 시행하고자 하는 경우에는 총사업비, 예상 수익률, 민간참여자와의 역할 분담 등이 포함된 사업계획을 마련하여야 한다. 이 경우 민간참여자의 이윤율을 적정 수준으로 제한하기 위하여 그 상한은 사업의 특성, 민간참여자의 기여 정도 등을 고려하여 *총사업비 중 공공시행자의 부담분을 제외한 비용의 100분의 10 이내로 한다.

*총사업비
용지비,용지부담금,이주대책비, 조성비,기반시설 설치비·부담금, 직접인건비,일반관리비,자본비용과 그 밖에 국토교통부장관이 정하여 고시하는 비용을 합산한 금액

② 공공시행자는 법인을 설립하려는 경우 공모의 방식으로 민간참여자를 선정하여야 한다. 다만, 민간참여자로 선정되려는 자가 공공시행자에게 사업을 제안하는 경우로서 다음 요건을 모두 갖춘 경우에는 공모가 아닌 다른 방식으로 민간참여자를 선정할 수 있다.

ㄱ. 제안자(2인 이상이 공동으로 제안하는 경우에는 그 중 1인)가 대상 지역 토지면적의 3분의 2 이상을 소유할 것

ㄴ. 대상 지역이 도시지역(개발제한구역은 제외)에 해당할 것

ㄷ. 대상 지역의 면적이 10만제곱미터 미만일 것

ㄹ. 대상 지역이 도시개발구역의 지정 기준을 충족할 것

ㅁ. 대상 지역이 관계 법률에 따라 개발이 제한되는 지역이 아닐 것

③ 공공시행자는 민간참여자와 법인을 설립하기 전에 민간참여자와 사업시행을 위한 협약을 체결하여야 하며, 그 협약의 내용에는 다음 사항이 모두 포함되어야 한다.

ㄱ. 출자자 간 역할 분담 및 책임과 의무에 관한 사항

ㄴ. 총사업비 및 자금조달계획에 관한 사항

ㄷ. 출자자 간 비용 분담 및 수익 배분에 관한 사항

ㄹ. 민간참여자의 이윤율에 관한 사항

ㅁ. 그밖에 대통령령으로 정하는 사항

④ 공공시행자가 협약을 체결하려는 경우에는 그 협약의 내용에 대하여 지정권자의 승인을 받아야 하며, 협약 체결을 승인한 지정권자는 국토교통부장관에게 그 내용을 보고하여야 한다. 다만, 지정권자가 법인의 출자자인 경우에는 국토교통부장관의 승인을 받아야 한다.

⑤ 국토교통부장관은 보고 내용이 위법하거나 보완이 필요하다고 인정하는 경우에는 전문기관의 적정성 검토를 거쳐 지정권자에게 협약 내용의 시정을 명할 수 있다.

⑥ 시정명령을 받은 지정권자는 지체 없이 협약 체결의 승인을 취소하거나 협약 내용의 시정에 필요한 조치를 하여야 한다.

⑦ 위에서 규정한 사항 외에 이윤율·총사업비 산정방식, 민간참여자의 선정, 협약의 내용, 협약 체결 절차 등에 관하여 필요한 사항은 대통령령으로 정한다.

3. 도시개발사업시행의 위탁

① 시행자는 항만·철도 등 공공시설의 건설과 공유수면의 매립에 관한 업무를 국가, 지방자치단체, 공공기관·정부출연기관 또는 지방공사에 위탁하여 시행할 수 있다.

② 시행자는 도시개발사업을 위한 기초조사, 토지매수 업무, 손실보상 업무, 주민이주대책 사업 등을 관할 지방자치단체, 공공기관·정부출연기관·정부출자기관 또는 지방공사에 위탁할 수 있다. 다만, 정부출자기관에 주민이주대책 사업을 위탁하는 경우에는 이주대책의 수립·실시 또는 이주정착금의 지급, 그밖에 보상과 관련된 부대업무만을 위탁할 수 있다.

③ 시행자가 업무를 위탁하여 시행하는 경우에는 위탁 수수료를 그 업무를 위탁받아 시행하는 자에게 지급하여야 한다.

④ 토지 소유자, 조합, 수도권 외의 지역으로 이전하는 법인, 주택법 또는 건설산업기본법에 따라 도시개발사업을 시행할 능력이 있다고 인정되는 자(1의 ①의 시행자 중 ㅁ~ㅈ)는 지정권자의 승인을 받아 자본시장과 금융투자업에 관한 법률에 따른 신탁업자와 신탁계약을 체결하여 도시개발사업을 시행할 수 있다.

4. 도시개발조합

(1) 조합 설립의 인가

① 조합을 설립하려면 도시개발구역의 토지 소유자 7명 이상이 정관을 작성하여 지정권자(국장×)에게 조합 설립의 인가를 받아야 한다. 조합의 설립인가를 받은 조합의 대표자는 설립인가를 받은 날부터 30일 이내에 주된 사무소의 소재지에서 설립등기를 하여야 한다.

② 조합이 인가를 받은 사항을 변경하려면 지정권자로부터 변경인가를 받아야 한다. 다만, 주된 사무소의 소재지나 공고방법을 변경하려는 경우에는 신고하여야 한다.

③ 조합 설립의 인가를 신청하려면 해당 도시개발구역의 토지면적의 3분의 2 이상에 해당하는 토지 소유자와 그 구역의 토지 소유자 총수의 2분의 1 이상의 동의를 받아야 한다.

(2) 조합원

① 조합의 조합원은 도시개발구역의 토지 소유자(건축물 소유자×)로 한다.

② 조합의 임원(조합장, 이사, 감사)은 그 조합의 다른 임원이나 직원을 겸할 수 없다.

③ 조합의 임원은 의결권을 가진 조합원이어야 하고, 정관으로 정한 바에 따라 총회에서 선임한다.

④ 조합임원의 직무

ㄱ. 조합장은 조합을 대표하고 그 사무를 총괄하며, 총회·대의원회 또는 이사회의 의장이 된다.

ㄴ. 이사는 정관에서 정하는 바에 따라 조합장을 보좌하며, 조합의 사무를 분장한다.

ㄷ. 감사는 조합의 사무 및 재산상태와 회계에 관한 사항을 감사한다.

ㄹ. 조합장 또는 이사의 자기를 위한 조합과의 계약이나 소송에 관하여는 감사가 조합을 대표한다.

ㅁ. 조합의 임원은 같은 목적의 사업을 하는 다른 조합의 임원 또는 직원을 겸할 수 없다.

⑤ 임원결격사유

ㄱ. 피성년후견인, 피한정후견인 또는 미성년자

ㄴ. 파산선고를 받은 자로서 복권되지 아니한 자

ㄷ. 금고 이상의 형을 선고받고 그 집행이 끝나거나 집행을 받지 아니하기로 확정된 후 2년이 지나지 아니한 자 또는 그 형의 집행유예 기간 중에 있는 자

⑥ 조합의 임원으로 선임된 자가 결격사유에 해당하게 되면 그 다음 날부터 임원의 자격을 상실한다.

⑦ 조합원의 권리 및 의무

ㄱ. 보유토지의 면적과 관계없는 평등한 의결권

다만, 다른 조합원으로부터 해당 도시개발구역에 그가 가지고 있는 토지 소유권 전부를 이전 받은 조합원은 본래의 의결권과는 별도로 그 토지 소유권을 이전한 조합원의 의결권을 승계할 수 있다.

ㄴ. 정관에서 정한 조합의 운영 및 도시개발사업의 시행에 필요한 경비의 부담

ㄷ. 그밖에 정관에서 정하는 권리 및 의무

⑧ 공유 토지는 공유자의 동의를 받은 대표공유자 1명만 의결권이 있으며, 집합건물법에 따른 구분소유자는 구분소유자별로 의결권이 있다. 다만, 공람·공고일 후에 집합건물법에 따른 구분소유권을 분할하여 구분소유권을 취득한 자는 의결권이 없다.

⑨ 조합은 환지 계획을 작성하거나 그밖에 사업을 시행하는 과정에서 조합원이 총회에서 의결하는 사항 등에 동의하지 아니하거나 소규모 토지 소유자라는 이유로 차별해서는 아니 된다.

도시개발법령상 조합의 임원에 관한 설명으로 틀린 것은?[24회]

① 이사는 의결권을 가진 조합원이어야 한다.(○)

② 이사는 그 조합의 조합장을 겸할 수 없다.(○)

③ 감사의 선임은 총회의 의결을 거쳐야 한다.(○)

④ 조합장은 총회·대의원회 또는 이사회의 의장이 된다.(○)

⑤ 이사의 자기를 위한 조합과의 계약에 관하여는 조합장이 조합을 대표한다.(×)

③ 총회에서 임원을 선임합니다. 조금 있다 배워요. ⑤ 이때는 조합장이 아니라 감사가 조합을 대표합니다.

도시개발법령상 **도시개발사업 조합**에 관한 설명으로 틀린 것은?[33회]

① 조합은 그 주된 사무소의 소재지에서 등기를 하면 성립한다.(○)

② 주된 사무소의 소재지를 변경하려면 지정권자로부터 변경인가를 받아야 한다.(×)

③ 조합 설립의 인가를 신청하려면 해당 도시개발구역의 토지면적의 3분의 2 이상에 해당하는 토지 소유자와 그 구역의 토지 소유자 총수의 2분의 1 이상의 동의를 받아야 한다.(○)

④ 조합의 조합원은 도시개발구역의 토지 소유자로 한다.(○)

⑤ 조합의 설립인가를 받은 조합의 대표자는 설립인가를 받은 날부터 30일 이내에 주된 사무소의 소재지에서 설립등기를 하여야 한다.(○)

② 주된 사무소의 소재지 변경은 경미한 사항이라 신고하면 됩니다. 변경인가는 필요 없어요.

도시개발법령상 **도시개발사업 조합**에 관한 설명으로 틀린 것은?[27회]

① 조합은 도시개발사업의 전부를 환지 방식으로 시행하는 경우 사업시행자가 될 수 있다.(○)

② 조합을 설립하려면 도시개발구역의 토지 소유자 7명 이상이 정관을 작성하여 지정권자에게 조합 설립의 인가를 받아야 한다.(○)

③ 조합이 작성하는 정관에는 도시개발구역의 면적이 포함되어야 한다.(○)

④ 조합 설립의 인가를 신청하려면 국공유지를 제외한 해당 도시개발구역의 토지면적의 3분의 2 이상에 해당하는 토지 소유자와 그 구역의 토지 소유자 총수의 2분의1 이상의 동의를 받아야 한다.(×)

⑤ 조합의 이사는 그 조합의 조합장을 겸할 수 없다.(○)

③ 면적은 중요한 사항이니 정관에 기재해야죠? ④ 조합설립인가 신청 시 면적산정에는 국공유지를 포함합니다. 지문에는 국공유지를 제외한다고 되어 있으니까 틀렸죠.

도시개발법령상 **도시개발조합**에 관한 설명으로 옳은 것은?[31회]

① 도시개발구역의 토지 소유자가 미성년자인 경우에는 조합의 조합원이 될 수 없다.(×)

② 조합원은 보유토지의 면적과 관계없는 평등한 의결권을 가지므로, 공유 토지의 경우 공유자별로 의결권이 있다.(×)

③ 조합은 도시개발사업 전부를 환지방식으로 시행하는 경우에 도시개발사업의 시행자가 될 수 있다.(○)

④ 조합설립의 인가를 신청하려면 해당 도시개발구역의 토지면적의 2분의 1 이상에 해당하는 토지 소유자와 그 구역의 토지 소유자 총수의 3분의 2 이상의 동의를 받아야 한다.(×)

⑤ 토지소유자가 조합 설립인가 신청에 동의하였다면 이후 조합 설립인가의 신청 전에 그 동의를 철회하였더라도 그 토지 소유자는 동의자 수에 포함된다.(×)

① 미성년자는 조합의 임원이 될 수는 없지만 조합원이 될 수는 있어요. ② 공유 토지는 공유자마다 의결권이 있는 것이 아니고, 공유자의 동의를 받은 대표 공유자 1명만 의결권이 있어요. ④ 1/2과 2/3가 바뀌어야 맞는 지문입니다. ⑤ 동의했다가 신청 전에 철회하면 동의자 수에서 제외합니다.

도시개발법령상 **도시개발사업의 시행**에 관한 설명으로 틀린 것은?[25회]

① 도시개발사업의 시행자는 도시개발구역의 지정권자가 지정한다.(○)

② 사업시행자는 도시개발사업의 일부인 도로, 공원 등 공공시설의 건설을 지방공사에 위탁하여 시행할 수 있다.(○)

③ 조합을 설립하려면 도시개발구역의 토지 소유자 7명 이상이 정관을 작성하여 지정권자에게 조합설립의 인가를 받아야 한다.(○)

④ 조합설립 인가신청을 위한 동의자 수 산정에 있어 도시개발구역의 토지면적은 국공유지를 제외하고 산정한다.(×)

⑤ 사업시행자가 도시개발사업에 관한 실시계획의 인가를 받은 후 2년 이내에 사업을 착수하지 아니하는 경우 지정권자는 시행자를 변경할 수 있다.(○)

② 시행자는 공공시설의 건설을 국가, 지방자치단체, 공공기관·정부출연기관 또는 지방공사에 위탁 시행할 수 있어요. ④ 국공유지를 포함하여 산정합니다. 빈출지문!

(3) 조합의 법인격

① 조합은 법인으로 한다.

② 조합은 그 주된 사무소의 소재지에서 등기를 하면 성립한다.

③ 조합에 관하여 이 법으로 규정한 것 외에는 민법 중 사단법인에 관한 규정을 준용한다.

(4) 조합원의 경비 부담

① 조합은 그 사업에 필요한 비용을 조성하기 위하여 정관으로 정하는 바에 따라 조합원에게 경비를 부과·징수할 수 있다.

② 부과금의 금액은 도시개발구역의 토지의 위치, 지목, 면적, 이용 상황, 환경, 그 밖의 사항을 종합적으로 고려하여 정하여야 한다.

③ 조합은 그 조합원이 부과금의 납부를 게을리한 경우에는 정관으로 정하는 바에 따라 연체료를 부담시킬 수 있다.

④ 조합은 부과금이나 연체료를 체납하는 자가 있으면 특별자치도지사·시장·군수 또는 구청장에게 그 징수를 위탁할 수 있다.

⑤ 이 경우 조합은 징수한 금액의 4%에 해당하는 금액을 해당 특별자치도·시·군 또는 구에 지급하여야 한다.

도시개발법령상 **도시개발사업조합의 조합원**에 관한 설명으로 옳은 것은?[25회]

① 조합원은 도시개발구역 내의 토지의 소유자 및 저당권자로 한다.(×)

② 의결권이 없는 조합원도 조합의 임원이 될 수 있다.(×)

③ 조합원으로 된 자가 금고 이상의 형의 선고를 받은 경우에는 그 사유가 발생한 다음 날부터 조합원의 자격을 상실한다.(×)

④ 조합원은 도시개발구역 내에 보유한 토지면적에 비례하여 의결권을 가진다.(×)

⑤ 조합원이 정관에 따라 부과된 부과금을 체납하는 경우 조합은 특별자치 도지사·시장·군수 또는 구청장에게 그 징수를 위탁할 수 있다.(○)

① 조합원은 토지의 소유자입니다. 저당권자는 아니에요. ② 조합의 임원은 의결권을 가진 조합원이어야 해요. ③ 지문은 임원결격사유입니다. 조합원은 자격상실하지 않아요. ④ 토지면적과 관계없이 평등한 의결권을 갖습니다. 빈출지문!

(5) 총회

다음 사항은 총회의 의결을 거쳐야 한다.

① 정관의 변경 ② 개발계획 및 실시계획의 수립 및 변경 ③ 자금의 차입과 그 방법·이율 및 상환방법 ④ 조합의 수지예산 ⑤ 부과금의 금액 또는 징수방법 ⑥ 환지계획의 작성 ⑦ 환지예정지의 지정 ⑧ 체비지 등의 처분방법 ⑨ 조합임원의 선임 ⑩ 조합의 합병 또는 해산에 관한 사항(청산금의 징수·교부를 완료한 후에 조합을 해산하는 경우는 제외) ⑪ 그밖에 정관에서 정하는 사항

파란색은 총회의 전속의결사항

(6) 대의원회

① 의결권을 가진 조합원의 수가 50인 이상인 조합은 총회의 권한을 대행하게 하기 위하여 대의원회를 둘 수 있다.

② 대의원회에 두는 대의원의 수는 의결권을 가진 조합원 총수의 10% 이상으로 하고, 대의원은 의결권을 가진 조합원 중에서 정관에서 정하는 바에 따라 선출한다.

③ 대의원회는 총회의 의결사항 중 정관의 변경, 개발계획 및 실시계획의 수립 및 변경, 환지 계획의 작성, 조합임원의 선임, 조합의 합병 또는 해산에 관한 사항(→총회의 전속의결사항)을 제외한 총회의 권한을 대행할 수 있다.

도시개발법령상 도시개발조합 총회의 의결사항 중 **대의원회**가 총회의 권한을 대행할 수 있는 사항은?[31회]
① 정관의 변경 ② 개발계획의 수립 ③ 조합장의 선임
④ 환지예정지의 지정 ⑤ 조합의 합병에 관한 사항

대의원회는 총회의 전속의결사항을 제외한 나머지를 대행할 수 있어요. ① 정관의 변경, ② 개발계획의 수립, ③ 조합장의 선임, ⑤ 조합의 합병에 관한 사항은 총회전속의결사항이므로 ④ 환지예정지의 지정이 답이네요. 정답④

도시개발법령상 도시개발조합 총회의 의결사항 중 **대의원회**가 총회의 권한을 대행할 수 없는 사항은?[23회]
① 자금의 차입과 그 방법·이율 및 상환방법 ② 체비지의 처분방법
③ 이사의 선임 ④ 부과금의 금액 또는 징수방법 ⑤ 환지예정지의 지정

③ 조합임원의 선임은 총회의 전속의결사항입니다. 총회만 할 수 있어요. 정답③

저자의 한마디

환지계획의 작성은 총회전속의결사항이지만, 환지예정지의 지정은 전속의결사항이 아니에요. 주의!

도시개발법령상 **도시개발사업을 위하여 설립하는 조합**에 관한 설명으로 옳은 것은?^{29회}

① 조합을 설립하려면 도시개발구역의 토지소유자 7명 이상이 국토교통부장관에게 조합 설립의 인가를 받아야한다.(×)

② 조합이 인가받은 사항 중 주된 사무소의 소재지를 변경하려는 경우 변경인가를 받아야 한다.(×)

③ 조합 설립의 인가를 신청하려면 해당 도시개발구역의 토지면적의 2분의 1 이상에 해당하는 토지소유자와 그 구역의 토지소유자 총수의 3분의 2 이상의 동의를 받아야 한다.(×)

④ 금고 이상의 형을 선고받고 그 집행이 끝나지 아니한 자는 조합원이 될 수 없다.(×)

⑤ 의결권을 가진 조합원의 수가 100인인 조합은 총회의 권한을 대행하게 하기 위하여 대의원회를 둘 수 있다.(○)

> ① 인가는 국장이 아니라 지정권자에게 받아야 해요. ② 주된 사무소의 소재지 변경은 경미한 사항의 변경이라 신고하면 됩니다. 빈출지문! ③ 거꾸로죠? 면적의 2/3, 총수의 1/2입니다. ④ 금고 이상의 형을 선고받고 그 집행이 끝나지 아니한 자는 임원이 될 수 없는 거죠. 즉, 임원 결격 사유랍니다. ⑤ 조합원의 수가 50인 이상이면 대의원회를 둘 수 있으니까 맞는 지문이죠.

도시개발법령상 **도시개발사업 조합**에 관한 설명으로 옳은 것을 모두 고른 것은?^{34회}

> ㄱ. 금고 이상의 형을 선고받고 그 형의 집행유예기간 중에 있는 자는 조합의 임원이 될 수 없다.(○)
> ㄴ. 조합이 조합 설립의 인가를 받은 사항 중 공고방법을 변경하려는 경우 지정권자로부터 변경인가를 받아야 한다.(×)
> ㄷ. 조합장 또는 이사의 자기를 위한 조합과의 계약이나 소송에 관하여는 대의원회가 조합을 대표한다.(×)
> ㄹ. 의결권을 가진 조합원의 수가 50인 이상인 조합은 총회의 권한을 대행하게 하기 위하여 대의원회를 둘 수 있으며, 대의원회에 두는 대의원의 수는 의결권을 가진 조합원 총수의 100분의 10 이상으로 한다.(○)

① ㄱ,ㄷ   ② ㄱ,ㄹ   ③ ㄴ,ㄷ   ④ ㄱ,ㄴ,ㄹ   ⑤ ㄴ,ㄷ,ㄹ

> ㄱ. 14조3항3호 ㄴ. 주된 사무소의 소재지 변경과 공고방법의 변경(경미한 사항의 변경)의 경우는 신고만 하면 됩니다.(시행령30조) ㄷ. 대의원회가 아니라 감사(시행령34조4항) ㄹ. 시행령34조1~2항

도시개발법령상 **도시개발사업 조합**에 관한 설명으로 옳은 것은?^{35회}

① 조합을 설립하려면 도시개발구역의 토지 소유자 10명 이상이 정관을 작성하여 지정권자에게 조합 설립의 인가를 받아야 한다.(×)

② 조합이 설립인가를 받은 사항 중 청산에 관한 사항을 변경하려는 경우에는 지정권자에게 신고하여야 한다.(×)

③ 다른 조합원으로부터 해당 도시개발구역에 그가 가지고 있는 토지 소유권 전부를 이전 받은 조합원은 정관으로 정하는 바에 따라 본래의 의결권과는 별도로 그 토지소유권을 이전한 조합원의 의결권을 승계할 수 있다.(○)

경미한 사항의 변경
① 주된 사무소의 소재지 변경
② 공고방법의 변경

④ 조합은 총회의 권한을 대행하게 하기 위하여 대의원회를 두어야 한다.(×)

⑤ 조합의 임원으로 선임된 자가 금고 이상의 형을 선고받으면 그 날부터 임원의 자격을 상실한다.(×)

> ① 10명이 아니라 7명(13조1항) ② 청산에 관한 사항은 경미한 사항이 아니어서 변경인가를 받아야 합니다.(13조2항) ③ 시행령32조2항1호 ④ 조합은 총회의 권한을 대행하게 하기 위하여 대의원회를 둘 수 있습니다. 두어야 하는 게 아니에요.(시행령36조1항) ⑤ 그 날부터가 아니라 다음 날부터 임원의 자격을 상실합니다.(14조4항)

실시계획*****

1. 실시계획의 작성 및 인가

① 시행자는 도시개발사업에 관한 실시계획을 작성하여야 한다. 실시계획은 개발계획에 맞게 작성하여야 한다. 이 경우 실시계획(개발계획×)에는 지구단위계획이 포함되어야 한다.

② 시행자(지정권자가 시행자인 경우는 제외)는 작성된 실시계획에 관하여 지정권자의 인가를 받아야 한다.

③ 지정권자가 실시계획을 작성하거나 인가하는 경우 국토교통부장관이 지정 권자이면 시·도지사 또는 대도시 시장의 의견을, 시·도지사가 지정권자이면 시장·군수 또는 구청장의 의견을 미리 들어야 한다.

④ 인가를 받은 실시계획을 변경하거나 폐지하는 경우에도 지정권자의 인가를 받아야 한다. 다만, **다음의 경미한 사항**을 변경하는 경우에는 지정권자의 변경인가를 받지 않아도 된다.

ㄱ. 사업시행지역의 변동이 없는 범위에서의 착오누락 등에 따른 사업시행 면적의 정정

ㄴ. 사업시행면적의 10% 범위에서의 면적의 감소

ㄷ. 사업비의 10% 범위에서의 사업비의 증감

ㄹ. 지적측량 결과를 반영하기 위한 도시개발구역, 토지이용계획에 따라 구획된 토지, 도시·군계획시설의 부지 면적 등의 변경

ㅁ. 의제된 관련 인·허가 등의 변경(관계 법령에서 경미한 변경으로 정한 경우로 한정)

⑤ 실시계획에는 사업 시행에 필요한 설계도서, 자금계획, 시행기간 등의 사항과 서류를 명시하거나 첨부하여야 한다.

2. 실시계획의 고시

① 지정권자가 실시계획을 작성하거나 인가한 경우에는 **다음 사항**을 고시하여야 한다.

> ㄱ. 사업의 명칭, 사업의 목적, 도시개발구역의 위치 및 면적, 시행자, 시행기간, 시행방식
> ㄴ. 도시·군관리계획(지구단위계획을 포함)의 결정내용
> ㄷ. 인가된 실시계획에 관한 도서의 공람기간 및 공람장소
> ㄹ. 실시계획의 고시로 의제되는 인·허가 등의 고시 또는 공고사항

저자의 한마디

개발계획은 지정권자가, 실시계획은 시행자가 작성하는 계획입니다. 물론 지정권자가 시행자이면 지정권자가 실시계획도 작성합니다. 기본개념부터 충실하게 공부하세요!

ㄱ은 관할 등기소 제출사항

② 지정권자는 도시개발사업을 환지방식으로 시행하는 구역에 대하여는 ①의 고시내용 중 ㄱ의 사항과 토지조서를 관할 등기소에 통보·제출하여야 한다.

③ 실시계획을 고시한 경우 그 고시된 내용 중 도시·군관리계획(지구단위계획 포함)으로 결정하여야 하는 사항은 도시·군관리계획이 결정되어 고시된 것으로 본다. 이 경우 종전에 도시·군관리계획으로 결정된 사항 중 고시 내용에 저촉되는 사항은 고시된 내용으로 변경된 것으로 본다.

④ 도시·군관리계획으로 결정·고시된 사항에 대한 도시·군관리계획에 관한 지형도면의 고시는 도시개발사업의 시행 기간에 할 수 있다.

3. 관련 인·허가 등의 의제

① 실시계획을 작성하거나 인가할 때 지정권자가 해당 실시계획에 대한 인·허가 등에 관하여 관계 행정기관의 장과 협의한 사항에 대하여는 해당 인·허가 등을 받은 것으로 보며, 실시계획을 고시한 경우에는 관계 법률에 따른 인·허가 등의 고시나 공고를 한 것으로 본다.

② 인·허가 등의 의제를 받으려는 자는 실시계획의 인가를 신청하는 때에 해당 법률로 정하는 관계 서류를 함께 제출하여야 한다.

③ 지정권자는 실시계획을 작성하거나 인가할 때 그 내용에 해당 실시계획에 대한 인·허가 등에 해당하는 사항이 있으면 미리 관계 행정기관의 장과 협의하여야 한다. 이 경우 관계 행정기관의 장은 협의 요청을 받은 날부터 20일 이내에 의견을 제출하여야 하며, 그 기간 내에 의견을 제출하지 아니하면 협의한 것으로 본다.

④ 지정권자는 협의 과정에서 관계 행정기관 간에 이견이 있는 경우에 이를 조정하거나 협의를 신속하게 진행하기 위하여 필요하다고 인정하는 때에는 관계 행정기관과 협의회를 구성하여 운영할 수 있다.

⑤ 도시개발구역의 지정을 제안하는 자가 도시개발구역의 지정과 동시에 농지전용 허가의 의제를 받고자 하는 경우에는 시장·군수·구청장 또는 국토교통부장관에게 도시개발구역의 지정을 제안할 때에 농지법으로 정하는 관계 서류를 함께 제출하여야 한다.(→농지의 특례)

⑥ 지정권자가 도시개발구역을 지정할 때 농지전용 허가에 관하여 관계 행정기관의 장과 협의한 경우에는 제안자가 시행자로 지정된 때에 해당 허가를 받은 것으로 본다.

⑦ 순환용주택, 임대주택의 건설·공급 및 입체 환지를 시행하는 경우로서 시행자가 실시계획의 인가를 받은 경우에는 주택법에 따라 주택건설사업 등의 등록을 한 것으로 본다.

도시개발법령상 **도시개발사업의 실시계획**에 관한 설명으로 틀린 것은?[31회]

① 시행자가 작성하는 실시계획에는 지구단위계획이 포함되어야 한다.(○)

② 지정권자인 국토교통부장관이 실시계획을 작성하는 경우 시·도지사 또는 대도시 시장의 의견을 미리 들어야 한다.(○)

③ 지정권자가 시행자가 아닌 경우 시행자는 작성된 실시 계획에 관하여 지정권자의 인가를 받아야 한다.(○)

④ 고시된 실시계획의 내용 중 국토의 계획 및 이용에 관한 법률에 따라 도시·군관리계획으로 결정하여야 하는 사항이 종전에 도시·군관리계획으로 결정된 사항에 저촉되면 종전에 도시·군관리계획으로 결정된 사항이 우선하여 적용된다.(×)

⑤ 실시계획의 인가에 의해 주택법에 따른 사업계획의 승인은 의제될 수 있다.(○)

> ① 빈출지문! ④ 종전에 도시·군관리계획으로 결정된 사항이 우선하여 적용되는 것이 아니라 고시된 내용으로 변경된 것으로 봅니다.

도시개발법령상 **도시개발사업의 실시계획**에 관한 설명으로 옳은 것은?[29회]

① 지정권자인 국토교통부장관이 실시계획을 작성하는 경우 시장·군수 또는 구청장의 의견을 미리 들어야 한다.(×)

② 도시개발사업을 환지방식으로 시행하는 구역에 대하여 지정권자가 실시계획을 작성한 경우에는 사업의 명칭·목적, 도시·군관리계획의 결정내용을 관할 등기소에 통보·제출하여야 한다.(×)

③ 실시계획을 인가할 때 지정권자가 해당 실시계획에 대한 하수도법에 따른 공공하수도 공사시행의 허가에 관하여 관계 행정기관의 장과 협의한 때에는 해당 허가를 받은 것으로 본다.(○)

④ 인가를 받은 실시계획 중 사업시행면적의 100분의 20이 감소된 경우 지정권자의 변경인가를 받을 필요가 없다.(×)

⑤ 지정권자는 시행자가 도시개발구역 지정의 고시일부터 6개월 이내에 실시계획의 인가를 신청하지 아니하는 경우 시행자를 변경할 수 있다.(×)

> ① 국장은 시장·군수 또는 구청장이 아니라 시·도지사 또는 대도시시장의 의견을 미리 들어야 해요. ② 사업의 명칭·목적은 관할 등기소에 제출해야 하지만, 도시·군관리계획의 결정내용은 제출하지 않아도 됩니다. ③ 허가로 의제되는 여러 경우 중의 하나죠. 대개 이런 지문은 틀린 지문이 아니죠. ④ 면적이 10%의 범위에서 감소된 경우에 변경인가를 받을 필요가 없어요. 20% 감소되면 경미한 사항이 아니니까 변경인가를 받아야 합니다. ⑤ 6개월이 아니고 1년입니다.

03 도시개발사업의 시행방식*****

도시개발사업의 시행 방식**

1. 기존 3방식과 시행방식의 변경

① 도시개발사업은 시행자가 도시개발구역의 토지 등을 1)수용 또는 사용하는 방식이나 2)환지 방식 또는 이를 3)혼용하는 방식(→3방식)으로 시행할 수 있다.(지정권자의 승인 불필요)

ㄱ. 환지방식

대지로서의 효용증진과 공공시설의 정비를 위하여 토지의 교환·분합, 그 밖의 구획변경, 지목 또는 형질의 변경이나 공공시설의 설치·변경이 필요한 경우나 도시개발사업을 시행하는 지역의 지가가 인근의 다른 지역에 비하여 현저히 높아 수용 또는 사용방식으로 시행하는 것이 어려운 경우

ㄴ. 수용 또는 사용방식

계획적이고 체계적인 도시개발 등 집단적인 조성과 공급이 필요한 경우

ㄷ. 혼용방식

도시개발구역으로 지정하려는 지역이 부분적으로 환지방식이나 수용 또는 사용방식에 해당하는 경우

② 시행자가 도시개발사업을 혼용방식으로 시행하려는 경우에는 **다음 방식**으로 도시개발사업을 시행할 수 있다.

ㄱ. 분할 혼용방식: 수용 또는 사용 방식이 적용되는 지역과 환지 방식이 적용되는 지역을 사업시행지구별로 분할하여 시행하는 방식

ㄴ. 미분할 혼용방식: 사업시행지구를 분할하지 아니하고 수용 또는 사용 방식과 환지 방식을 혼용하여 시행하는 방식

③ 지정권자는 도시개발구역지정 이후 다음에 해당하는 경우에는 도시개발사업의 시행방식을 변경할 수 있다.

ㄱ. 공공시행자(국가나 지방자치단체, 공공기관, 정부출연기관, 지방공사)가 도시개발사업의 시행방식을 수용 또는 사용방식에서 전부 환지방식으로 변경하는 경우

ㄴ. 공공시행자가 도시개발사업의 시행방식을 혼용방식에서 전부 환지방식으로 변경하는 경우

ㄷ. 도시개발사업의 시행자 중 조합을 제외한 나머지 시행자가 도시개발사업의 시행방식을 수용 또는 사용 방식에서 혼용방식으로 변경하는 경우

도시개발법령상 도시개발구역지정 이후 지정권자가 **도시개발사업의 시행방식**을 변경할 수 있는 경우를 모두 고른 것은?(단, 시행자는 국가이며, 시행방식변경을 위한 다른 요건은 모두 충족됨)[35회]

저자의 한마디

ㄴ. 수용 또는 사용방식에서 혼용방식으로 변경되는 것은 허용되지만, ㄹ. 전부 환지 방식에서 혼용방식으로 변경되는 것은 불가합니다. ㄹ은 환지방식이 수용 또는 사용방식(혼용방식에는 수용 또는 사용방식도 포함)으로 변경되는 거나 마찬가지이기 때문이죠.

> ㄱ. 수용 또는 사용방식에서 전부 환지 방식으로의 변경
> ㄴ. 수용 또는 사용방식에서 혼용방식으로의 변경
> ㄷ. 혼용방식에서 전부 환지 방식으로의 변경
> ㄹ. 전부 환지 방식에서 혼용방식으로의 변경

① ㄱ,ㄷ ② ㄱ,ㄹ ③ ㄴ,ㄹ ④ ㄱ,ㄴ,ㄷ ⑤ ㄴ,ㄷ,ㄹ

ㄱ. 21조2항1호 ㄴ. 21조2항3호 ㄷ. 21조2항2호 ㄹ. 불가 **정답④**

도시개발법령상 **도시개발사업의 시행방식**에 관한 설명으로 옳은 것은?[30회]

① 분할 혼용방식은 수용 또는 사용 방식이 적용되는 지역과 환지 방식이 적용되는 지역을 사업시행지구별로 분할하여 시행하는 방식이다.(○)

② 계획적이고 체계적인 도시개발 등 집단적인 조성과 공급이 필요한 경우에는 환지 방식으로 정하여야 하며, 다른 시행방식에 의할 수 없다.(×)

③ 도시개발구역지정 이후에는 도시개발사업의 시행 방식을 변경할 수 없다. (×)

④ 시행자는 도시개발사업의 시행방식을 토지 등을 수용 또는 사용하는 방식, 환지 방식 또는 이를 혼용하는 방식 중에서 정하여 국토교통부장관의 허가를 받아야 한다.(×)

⑤ 지방자치단체가 도시개발사업의 전부를 환지 방식으로 시행하려고 할 때에는 도시개발사업에 관한 규약을 정하여야 한다.(×)

② 계획적이고 체계적인 도시개발, 집단적인 조성과 공급이 필요하면 수용 및 사용방식이죠. ③ 도시개발구역지정 이후에도 도시개발사업의 시행 방식을 변경할 수 있어요. ④ 시행 방식은 시행자가 정하면 끝. 국장의 허가 불필요! ⑤ 지방자치단체는 규약이 아니라 시행규정

민간은 규약, 공공은 시행규정

2. 새로운 개발방식

(1) 순환개발방식의 개발사업

① 시행자는 도시개발사업을 원활하게 시행하기 위하여 도시개발구역의 내외에 새로 건설하는 주택 또는 이미 건설되어 있는 주택에 그 도시개발사업의 시행으로 철거되는 주택의 세입자 등을 임시로 거주하게 하는 등의 방식으로 그 도시개발구역을 순차적으로 개발(순환개발방식)할 수 있다.

② 시행자는 순환개발방식으로 도시개발사업을 시행하는 경우에는 순환용 주택을 임시거주시설로 사용하거나 임대할 수 있다.

③ 순환용 주택에 거주하는 자가 도시개발사업이 완료된 후에도 순환용 주택에 계속 거주하기를 희망하는 때에는 이를 분양하거나 계속 임대할 수 있다. 이 경우 계속 거주하는 자가 환지 대상자이거나 이주대책 대상자인 경우에는 환지 대상에서 제외하거나 이주대책을 수립한 것으로 본다.

(2) 세입자 등을 위한 임대주택 건설용지의 공급

① 시행자는 도시개발사업에 따른 세입자 등의 주거안정 등을 위하여 주거 및 생활실태 조사와 주택수요 조사 결과를 고려하여 임대주택 건설용지를 조성·공급하거나 임대주택을 건설·공급하여야 한다.

② 공공시행자 중 주택의 건설, 공급, 임대를 할 수 있는 자는 시행자가 요청하는 경우 도시개발사업의 시행으로 공급되는 임대주택 건설용지나 임대주택을 인수하여야 한다.

③ 시행자가 도시개발구역에서 임대주택을 건설·공급하는 경우에 임차인의 자격, 선정방법, 임대보증금, 임대료 등에 관하여는 그 기준을 따로 정할 수 있다. 이 경우 행정청이 아닌 시행자는 미리 시장·군수·구청장의 승인을 받아야 한다.

수용 또는 사용의 방식에 따른 사업 시행*****

1. 토지 등의 수용 또는 사용

① 시행자는 도시개발사업에 필요한 토지 등을 수용하거나 사용할 수 있다. 다만, 민간시행자는 사업대상 토지면적의 3분의 2 이상에 해당하는 토지를 소유하고 토지 소유자 총수의 2분의 1 이상에 해당하는 자의 동의를 받아야 한다. 이 경우 토지 소유자의 **동의요건 산정기준일**은 도시개발구역지정 고시일을 기준으로 하며, 그 기준일 이후 시행자가 취득한 토지에 대하여는 동의 요건에 필요한 토지 소유자의 총수에 포함하고 이를 동의한 자의 수로 산정한다.

② 토지 등의 수용 또는 사용에 관하여 이 법에 특별한 규정이 있는 경우 외에는 공익사업을 위한 토지 등의 취득 및 보상에 관한 법률(토지보상법)을 준용한다.

③ 토지보상법을 준용할 때 수용 또는 사용의 대상이 되는 토지의 세부목록을 고시한 경우에는 토지보상법에 따른 사업인정 및 그 고시가 있었던 것으로 본다. 다만, 재결신청은 개발계획에서 정한 도시개발사업의 시행 기간 종료일까지 하여야 한다.

2. 토지상환채권의 발행

① 시행자는 토지 소유자가 원하면 토지 등의 매수 대금의 일부를 지급하기 위하여 사업 시행으로 조성된 토지·건축물로 상환하는 채권(·토지상환채권)을 발행할 수 있다. 다만, 민간시행자는 금융기관 등으로부터 지급보증을 받은 경우에만 이를 발행할 수 있다.

② 토지상환채권의 발행규모는 그 토지상환채권으로 상환할 토지·건축물이 해당 도시개발사업으로 조성되는 분양토지 또는 분양건축물 면적의 2분의 1을 초과하지 아니하도록 하여야 한다.

③ 시행자(지정권자가 시행자인 경우는 제외)는 토지상환채권을 발행하려면 토지상환채권의 발행계획을 작성하여 미리 지정권자의 승인을 받아야 한다.

④ 토지상환채권의 이율은 발행당시의 은행의 예금금리 및 부동산 수급상황을 고려하여 발행자가 정한다.

⑤ 토지상환채권은 기명식 증권으로 한다.

⑥ 토지상환채권을 이전하는 경우 취득자는 그 성명과 주소를 토지상환채권원부에 기재하여 줄 것을 요청하여야 하며, 취득자의 성명과 주소가 토지상환채권에 기재되지 아니하면 취득자는 발행자 및 그 밖의 제3자에게 대항하지 못한다.

⑦ 토지상환채권을 질권의 목적으로 하는 경우에는 질권자의 성명과 주소가 토지상환채권원부에 기재되지 아니하면 질권자는 발행자 및 그 밖의 제3자에게 대항하지 못한다. 발행자는 질권이 설정된 때에는 토지상환채권에 그 사실을 표시하여야 한다.

⑧ 토지상환채권의 소유자에 대한 통지 또는 최고는 토지상환채권원부에 기재된 주소로 하여야 한다. 다만, 토지상환채권의 소유자가 토지상환채권의 발행자에게 따로 주소를 알린 경우에는 그 주소로 하여야 한다.

발행계획에 포함할 사항
① 시행자의 명칭
② 토지상환채권의 발행총액
③ 토지상환채권의 이율
④ 토지상환채권의 발행가액 및 발행시기
⑤ 상환대상지역 또는 상환대상 토지의 용도
⑥ 토지가격의 추산방법
⑦ 보증기관 및 보증의 내용
※⑦은 민간시행자만!

토지상환채권
이전(양도) 가능해!

도시개발법령상 한국토지주택공사가 발행하려는 **토지상환채권의 발행계획**에 포함되어야 하는 사항이 아닌 것은?[35회]

① 보증기관 및 보증의 내용 ② 토지가격의 추산방법
③ 상환대상지역 또는 상환대상토지의 용도
④ 토지상환채권의 발행가액 및 발행시기
⑤ 토지상환채권의 발행총액

> 한국토지주택공사는 공공시행자이므로 '보증기관 및 보증의 내용'은 발행계획에 포함하지 않아도 됩니다.(시행령47조7호) 정답①

도시개발법령상 지방공기업법에 따라 설립된 **지방공사**가 단독으로 **토지상환채권**을 발행하는 경우에 관한 설명으로 옳은 것은?[33회]

① 은행법에 따른 은행으로부터 지급보증을 받은 경우에만 토지상환채권을 발행할 수 있다.(×)
② 토지상환채권의 발행규모는 그 토지상환채권으로 상환할 토지·건축물이 해당 도시개발사업으로 조성되는 분양토지 또는 분양건축물 면적의 2분의 1을 초과하지 아니하도록 하여야 한다.(○)
③ 토지상환채권은 이전할 수 없다.(×)
④ 토지가격의 추산방법은 토지상환채권의 발행계획에 포함되지 않는다.(×)
⑤ 토지등의 매수 대금 일부의 지급을 위하여 토지상환채권을 발행할 수 없다.(×)

> ① 지방공사는 지급보증 없이도 토지상환채권을 발행할 수 있어요. ③ 토지상환채권은 양도 가능해요. ④ 토지가격의 추산방법은 발행계획에 포함됩니다. ⑤ 토지상환채권은 매수대금 일부 지급을 위해 발행합니다.

저자의 한마디

⑤ 만약 매수대금 전부를 토지상환채권으로 발행하면 환지나 마찬가지죠. 따라서 토지상환채권은 매수대금 일부를 지급하기 위해 발행합니다.

3. 이주대책

시행자는 토지보상법으로 정하는 바에 따라 도시개발사업의 시행에 필요한 토지 등의 제공으로 생활의 근거를 상실하게 되는 자에 관한 이주대책 등을 수립 · 시행하여야 한다.

4. 선수금

① 시행자는 조성토지 등(→도시개발사업으로 조성된 토지 · 건축물 또는 공작물 등)과 도시개발사업으로 조성되지 아니한 상태의 토지(→원형지)를 공급 받거나 이용하려는 자로부터 해당 대금의 전부 또는 일부(→선수금)를 미리 받을 수 있다.

② 시행자(지정권자가 시행자인 경우는 제외)는 해당 대금의 전부 또는 일부를 미리 받으려면 지정권자의 승인을 받아야 한다.

5. 원형지의 공급과 개발

① 시행자는 도시를 자연친화적으로 개발하거나 복합적 · 입체적으로 개발하기 위하여 필요한 경우에는 미리 지정권자의 승인을 받아 **다음의 자**에게 원형지를 공급하여 개발하게 할 수 있다. 이 경우 공급될 수 있는 원형지의 면적은 도시개발구역 전체 토지 면적의 3분의 1 이내로 한정한다.

② 시행자는 원형지를 공급하기 위하여 지정권자에게 승인 신청을 할 때에는 원형지 공급계획을 작성하여 함께 제출하여야 한다. 작성된 공급 계획을 변경하는 경우에도 같다.

③ 원형지 공급계획에는 원형지를 공급받아 개발하는 자(→원형지개발자)에 관한 사항과 원형지의 공급내용 등이 포함되어야 한다.

> **➕ 원형지개발자**
> ㄱ. 국가 또는 지방자치단체   ㄴ. 공공기관(정부출연기관×)   ㄷ. 지방공사
> ㄹ. 국가 · 지방자치단체 · 공공기관인 시행자가 복합개발 등을 위하여 실시한 공모에서 선정된 자
> ㅁ. 원형지를 학교나 공장 등의 부지로 직접 사용하는 자

④ 시행자는 개발방향과 승인내용 및 공급계획에 따라 원형지개발자와 공급계약을 체결한 후 원형지개발자로부터 세부계획을 제출받아 이를 실시계획의 내용에 반영하여야 한다.

⑤ 지정권자는 승인을 할 때에는 용적률 등 개발밀도, 토지용도별 면적 및 배치, 교통처리계획 및 기반시설의 설치 등에 관한 이행조건을 붙일 수 있다.(→조건부 승인)

⑥ 원형지개발자(국가 및 지방자치단체는 제외)는 1) 원형지에 대한 공사완료 공고일부터 5년과 2) 원형지 공급계약일부터 10년 중 먼저 끝나는 기간 안에는 원형지를 매각할 수 없다. 다만, 이주용 주택이나 공공 · 문화시설 등의 경우로서 미리 지정권자의 승인을 받은 경우에는 예외로 한다.

원형지는 1/3 이내 꼭 기억!

국가 및 지자체는 기간제한 없이 원형지를 매각 가능!

⑦ 원형지 공급가격은 1) 개발계획이 반영된 원형지의 감정가격에 2) 시행자가 원형지에 설치한 기반시설 등의 공사비를 더한 금액을 기준으로 시행자와 원형지개발자가 협의하여 결정한다.

⑧ 원형지 공급승인 취소 요건(지정권자가 취소권자)

ㄱ. 시행자가 원형지의 공급계획대로 토지를 이용하지 아니하는 경우

ㄴ. 원형지개발자가 세부계획의 내용대로 사업을 시행하지 아니하는 경우

ㄷ. 시행자 또는 원형지개발자가 이행조건을 이행하지 아니하는 경우

⑨ 원형지 공급계약 해제 요건(시행자가 해제권자)

ㄱ. 원형지개발자가 세부계획에서 정한 착수 기한 안에 공사에 착수하지 아니하는 경우

ㄴ. 원형지개발자가 공사 착수 후 세부계획에서 정한 사업 기간을 넘겨 사업 시행을 지연하는 경우

ㄷ. 공급받은 토지의 전부나 일부를 시행자의 동의 없이 제3자에게 매각하는 경우

ㄹ. 그밖에 공급받은 토지를 세부계획에서 정한 목적대로 사용하지 아니하는 등 공급계약의 내용을 위반한 경우

저자의 한마디

시행자는 옆의 해제사유가 발생한 경우에 원형지개발자에게 2회 이상 시정을 요구하여야 하고, 원형지개발자가 이를 시정하지 아니한 경우에는 원형지 공급계약을 해제할 수 있어요.

도시개발법령상 **원형지의 공급과 개발**에 관한 설명으로 틀린 것은?[25회]

① 원형지를 공장 부지로 직접 사용하는 자는 원형지개발자가 될 수 있다.(○)

② 원형지는 도시개발구역 전체 토지 면적의 3분의 1 이내의 면적으로만 공급될 수 있다.(○)

③ 원형지 공급 승인신청서에는 원형지 사용조건에 관한 서류가 첨부되어야 한다.(○)

④ 원형지 공급가격은 개발계획이 반영된 원형지의 감정가격으로 한다.(×)

⑤ 지방자치단체가 원형지개발자인 경우 원형지 공사완료공고일부터 5년이 경과하기 전에도 원형지를 매각할 수 있다.(○)

저자의 한마디

④ 원형지공급가격은 시행자와 원형지개발자가 (감정가격+공사비)를 기준으로 협의하여 결정합니다.

② 빈출지문! ④ 원형지의 감정가격에다 공사비를 더한 금액을 기준으로 결정합니다. ⑤ 국가나 지방자치단체는 기간제한 없이 원형지를 매각할 수 있어요. 빈출지문!

도시개발법령상 토지 등의 **수용 또는 사용**의 방식에 따른 사업시행에 관한 설명으로 옳은 것은?[32회]

① 도시개발사업을 시행하는 지방자치단체는 도시개발구역 지정이후 그 시행방식을 혼용방식에서 수용 또는 사용방식으로 변경할 수 있다.(×)

② 도시개발사업을 시행하는 정부출연기관이 그 사업에 필요한 토지를 수용하려면 사업대상 토지면적의 3분의 2 이상에 해당하는 토지를 소유하고 토지소유자 총수의 2분의 1 이상에 해당하는 자의 동의를 받아야 한다.(×)

③ 도시개발사업을 시행하는 공공기관은 토지상환채권을 발행할 수 없다.(×)

저자의 한마디

③ 국토계획법에서 도시·군계획시설채권은 자자체만 발행할 수 있었죠? 하지만, 도시개발법의 토지상환채권은 공공기관은 물론 지급보증을 받은 민간에게도 허용된다는 점, 기억하세요.

④ 원형지를 공급받아 개발하는 지방공사는 원형지에 대한 공사완료 공고일 부터 5년이 지난 시점이라면 해당 원형지를 매각할 수 있다.(○)

⑤ 원형지가 공공택지 용도인 경우 원형지개발자의 선정은 추첨의 방식으로 할 수 있다.(×)

① 시행자가 누구든 기존방식에서 수용 또는 사용방식으로 변경할 수는 없어요. ② 공공 시행자인 정부출연기관은 동의요건 필요 없어요. ③ 공공기관도 토지상환채권을 발행할 수 있어요. ⑤ 원형지개발자의 선정에 추첨방식은 없어요. 수의나 경쟁으로 합니다.

도시개발법령상 **원형지**의 공급과 개발에 관한 설명으로 옳은 것은?[34회]

① 원형지를 공장 부지로 직접 사용하는 원형지개발자의 선정은 경쟁입찰의 방식으로 하며, 경쟁입찰이 2회 이상 유찰된 경우에는 수의계약의 방법으로 할 수 있다.(○)

② 지정권자는 원형지의 공급을 승인할 때 용적률 등 개발밀도에 관한 이행조건을 붙일 수 없다.(×)

③ 원형지 공급가격은 원형지의 감정가격과 원형지에 설치한 기반시설 공사비의 합산 금액을 기준으로 시·도의 조례로 정한다.(×)

④ 원형지개발자인 지방자치단체는 10년의 범위에서 대통령령으로 정하는 기간 안에는 원형지를 매각할 수 없다.(×)

⑤ 원형지개발자가 공급받은 토지의 전부를 시행자의 동의없이 제3자에게 매각하는 경우 시행자는 원형지개발자에 대한 시정요구 없이 원형지 공급계약을 해제할 수 있다.(×)

① 시행령 55조의2 6항 ② 용적률 등 개발밀도에 관한 이행조건을 붙일 수 있어요.(25조의2 5항) ③ 시·도 조례가 아니라 시행자와 원형지개발자가 협의하여 결정합니다.(시행령 55조의2 7항) ④ 국가 및 지방자치단체는 예외적으로 매각할 수 없어요.(25조의2 6항) ⑤ 2회 이상 시정요구를 해야 해요. 그래도 시정하지 않으면 비로소 해제할 수 있어요.(시행령 55조의2 5항)

6. 조성토지 등의 공급

① 시행자는 조성토지등을 공급하려고 할 때에는 조성토지등의 공급 계획을 작성하여야 하며, 지정권자가 아닌 시행자는 작성한 조성토지등의 공급 계획에 대하여 지정권자의 승인을 받아야 한다. 조성토지등의 공급 계획을 변경하려는 경우에도 또한 같다.

② 지정권자가 조성토지등의 공급 계획을 작성하거나 승인하는 경우 국토교통부 장관이 지정권자이면 시·도지사 또는 대도시 시장의 의견을, 시·도지사가 지정권자 이면 시장(대도시시장은 제외)·군수 또는 구청장의 의견을 미리 들어야 한다.

③ 시행자가 직접 건축물을 건축하여 사용하거나 공급하려고 계획한 토지가 있는 경우에는 그 현황을 조성토지등의 공급 계획의 내용에 포함하여야 한다. 다만, 민간참여자가 직접 건축물을 건축하여 사용하거나 공급하려고 계획한 토지는 전체 조성토지 중 해당 민간참여자의 출자 지분 범위 내에서만 조성토지등의 공급 계획에 포함할 수 있다.

④ 조성토지 등의 공급은 경쟁입찰의 방법에 따른다.(→경쟁입찰이 원칙)

⑤ **다음 토지**는 추첨의 방법으로 분양할 수 있다.

> 공공택지, 국민주택규모 이하의 주택건설용지, 330㎡ 이하의 단독주택용지 및 공장용지

원형지→수의계약이 원칙
조성토지→경쟁입찰이 원칙

추첨 가능한 토지를 꼭 기억해!

⑥ 시행자는 **다음 경우**에 수의계약의 방법으로 조성토지 등을 공급할 수 있다.

ㄱ. **학교용지, 공공청사용지 등** 일반에게 분양할 수 없는 공공용지를 국가, 지방자치단체, 그 밖의 법령에 따라 해당 시설을 설치할 수 있는 자에게 공급하는 경우

ㄴ. 국가나 지방자치단체, 한국토지주택공사, 주택사업을 목적으로 설립된 지방공사가 단독 또는 공동으로 총지분의 50%를 초과하여 출자한 부동산투자회사에 공급하는 경우

ㄷ. 실시계획에 따라 존치하는 시설물의 유지관리에 필요한 최소한의 토지를 공급하는 경우

ㄹ. 토지보상법에 따른 협의를 하여 그가 소유하는 도시개발구역 안의 조성토지 등의 전부를 시행자에게 양도한 자에게 토지를 공급하는 경우

ㅁ. 토지상환채권에 의하여 토지를 상환하는 경우

ㅂ. 토지의 규모 및 형상, 입지조건 등에 비추어 토지이용가치가 현저히 낮은 토지로서, 인접 토지 소유자 등에게 공급하는 것이 불가피하다고 시행자가 인정하는 경우

ㅅ. 공공시행자가 도시개발구역에서 도시발전을 위하여 복합적이고 입체적인 개발이 필요하여 공모에 따라 선정된 복합개발시행자에게 토지를 공급하는 경우

ㅇ. 대행개발사업자가 개발을 대행하는 토지를 해당 대행개발사업자에게 공급하는 경우

ㅈ. 경쟁입찰 또는 추첨의 결과 2회 이상 유찰된 경우

⑦ 조성토지 등의 가격 평가는 감정가격(개별공시지가×)으로 한다.

7. 학교 용지 등의 공급 가격

① 시행자는 학교, 폐기물처리시설, 임대주택, 공공청사, 사회복지시설(유료시설을 제외한 시설로서 관할 지방자치단체의 장의 추천을 받은 경우로 한정), 국민주택 규모 이하의 공동주택, 호텔업시설(200실 이상의 객실을 갖춘 호텔의 부지로 토지를 공급하는 경우로 한정) 등의 시설을 설치하기 위한 조성토지등과 이주단지의 조성을 위한 토지를 공급하는 경우에는 해당 토지의 가격을 감정평가법인등이 감정평가한 가격 이하로 정할 수 있다. 다만, 공공시행자에게 임대주택 건설용지를 공급하는 경우에는 해당 토지의 가격을 감정평가한 가격 이하로 정하여야 한다.

② 공공시행자는 위에서 정한 토지 외에 지역특성화 사업 유치 등 도시개발 사업의 활성화를 위하여 필요한 경우에는 감정평가한 가격 이하로 공급할 수 있다.

저자의 한마디

감정평가가격 이하로 정할 수 있는 조성토지들을 잘 기억하세요. **공공시행자에게 임대주택건설용지를 공급하는 경우에는** 감정가격 이하로 정해야 한다(의무)는 사실도 꼭 기억하세요.

도시개발법령상 **조성토지 등의 공급**에 관한 설명으로 옳은 것은?^{26회수정}

① 지정권자가 아닌 시행자가 조성토지 등을 공급하려고 할 때에는 조성토지 등의 공급계획을 작성하여 지정권자에게 제출하여야 한다.(×)

② 조성토지 등을 공급하려고 할 때 주택법에 따른 공공택지의 공급은 추첨의 방법으로 분양할 수 없다.(×)

③ 조성토지 등의 가격 평가는 감정평가 및 감정평가사에 관한 법률에 따른 감정평가업자가 평가한 금액을 산술평균한 금액으로 한다.(○)

④ 공공청사용지를 지방자치단체에게 공급하는 경우에는 수의계약의 방법으로 할 수 없다.(×)

⑤ 토지상환채권에 의하여 토지를 상환하는 경우에는 수의계약의 방법으로 할 수 없다.(×)

① 제출만 하면 안되고, 승인을 받아야 합니다. ② 추첨 분양 가능 ④,⑤ 수의계약 가능

도시개발법령상 토지 등의 **수용 또는 사용의 방식**에 따른 도시개발사업 시행에 관한 설명으로 옳은 것은?^{26회수정}

① 지방자치단체가 시행자인 경우 토지상환채권을 발행할 수 없다.(×)

② 지방자치단체인 시행자가 토지를 수용하려면 사업대상토지면적의 3분의 2 이상의 토지를 소유하여야 한다.(×)

③ 시행자는 조성토지를 공급받는 자로부터 해당 대금의 전부를 미리 받을 수 없다.(×)

④ 시행자는 학교를 설치하기 위한 조성토지를 공급하는 경우 해당 토지의 가격을 감정평가 및 감정평가사에 관한 법률에 따른 감정평가업자가 감정평가한 가격 이하로 정할 수 있다.(○)

⑤ 시행자는 지방자치단체에게 도시개발구역 전체 토지면적의 2분의 1 이내에서 원형지를 공급하여 개발하게 할 수 있다.(×)

① 지방자치단체는 토지상환채권을 발행할 수 있어요. ② 지방자치단체인 시행자(공공시행자)는 토지 소유 없이 토지를 수용할 수 있습니다. ③ 전부 또는 일부를 선수금으로 받을 수 있어요. 즉, 전부도 가능! ⑤ 원형지는 3분의 1. 빈출지문!

도시개발법령상 **수용 또는 사용의 방식**에 따른 사업시행에 관한 설명으로 옳은 것은?^{27회}

① 시행자가 아닌 지정권자는 도시개발사업에 필요한 토지 등을 수용할 수 있다.(×)

② 도시개발사업을 위한 토지의 수용에 관하여 특별한 규정이 없으면 도시 및 주거환경정비법에 따른다.(×)

③ 수용의 대상이 되는 토지의 세부목록을 고시한 경우에는 공익사업을 위한 토지 등의 취득 및 보상에 관한 법률에 따른 사업인정 및 그 고시가 있었던 것으로 본다.(○)

④ 국가에 공급될 수 있는 원형지 면적은 도시개발구역 전체 토지면적의 3분의 2까지로 한다.(×)

⑤ 시행자가 토지상환채권을 발행할 경우, 그 발행규모는 토지상환채권으로 상환할 토지·건축물이 도시개발사업으로 조성되는 분양토지 또는 분양건축물 면적의 3분의2를 초과하지 않아야 한다.(×)

> ① 시행자가 아닌 지정권자는 수용할 수 없어요. ② 도시 및 주거환경정비법이 아니라 공익사업을 위한 토지 등의 취득 및 보상에 관한 법률(토지보상법)에 따릅니다. ④ 원형지는 1/3 까지죠. 빈출지문! ⑤ 1/2을 초과하지 않아야 합니다.

도시개발법령상 **수용 또는 사용의 방식**에 따른 사업시행에 관한 설명으로 옳은 것은?[30회]

① 지방공기업법에 따라 설립된 지방공사가 시행자인 경우 토지 소유자 전원의 동의 없이는 도시개발사업에 필요한 토지 등을 수용하거나 사용할 수 없다.(×)

② 지방자치단체가 시행자인 경우 지급보증 없이 토지상환채권을 발행할수 있다.(○)

③ 지정권자가 아닌 시행자는 조성토지 등을 공급받거나 이용하려는 자로부터 지정권자의 승인 없이 해당 대금의 전부 또는 일부를 미리 받을 수 있다.(×)

④ 원형지의 면적은 도시개발구역 전체 토지 면적의 3분의 1을 초과하여 공급될 수 있다.(×)

⑤ 공공용지가 아닌 조성토지 등의 공급은 수의계약의 방법에 의하여야 한다.(×)

> ① 공공시행자인 지방공사는 동의 없이 수용·사용할 수 있습니다. ③ 지정권자의 승인이 있어야 선수금을 받을 수 있어요. ④ 1/3 이내에서 공급될 수 있죠. 빈출지문! ⑤ 원칙적으로 경쟁입찰을 해야죠.

환지방식에 의한 사업 시행*****

1. 환지 계획의 작성과 환지 지정

① 시행자는 도시개발사업의 전부 또는 일부를 환지 방식으로 시행하려면 <u>다음 사항</u>이 포함된 <u>환지 계획</u>을 작성하여야 한다.

> ㄱ. 환지 설계
> ㄴ. 필지별로 된 환지 명세 (환지예정지 명세×)
> ㄷ. 필지별과 권리별로 된 청산 대상 토지 명세
> ㄹ. 체비지 또는 보류지의 명세
> ㅁ. 입체 환지용 건축물의 명세와 공급 방법·규모에 관한 사항(입체 환지를 계획하는 경우)
> ㅂ. 그밖에 국토교통부령으로 정하는 사항
>   • 수입·지출 계획서
>   • 평균부담률 및 비례율과 그 계산서(평가식으로 환지 설계를 하는 경우로 한정)
>   • 건축 계획(입체 환지를 시행하는 경우로 한정)
>   • 토지평가협의회 심의 결과

저자의 한마디

수용방식은 토지를 강제로 사들이는 방식이고, 환지방식은 종전 토지를 반듯하게 만들어 바꿔주는 방식입니다. 따라서 수용방식은 돈이 많이 들지만 신속하게 사업을 끝낼 수 있는 반면, 환지방식은 돈이 많이 들지는 않지만 시간이 오래 걸리죠.

도시개발법령상 도시개발사업 시행자가 **환지방식**으로 사업을 시행하려는 경우 **환지계획**에 포함되어야 할 사항이 아닌 것은?[23회]

① 환지 설계 ② 필지별로 된 환지 명세
③ 필지별과 권리별로 된 청산 대상 토지 명세
④ 체비지 또는 보류지를 정한 경우 그 명세 ⑤ 청산금의 결정

도시개발법령상 환지 설계를 **평가식**으로 하는 경우 다음 조건에서 **환지계획**에 포함되어야 하는 **비례율**은?(단, 제시된 조건 이외의 다른 조건은 고려하지 않음)[34회]

○ 총 사업비: 250억원
○ 환지 전 토지·건축물의 평가액 합계: 500억원
○ 도시개발사업으로 조성되는 토지·건축물의 평가액 합계: 1,000억원

① 100% ② 125% ③ 150% ④ 200% ⑤ 250%

② 환지 계획은 종전의 토지와 환지의 위치·지목·면적·토질·수리·이용상황·환경, 그 밖의 사항을 종합적으로 고려하여 합리적으로 정하여야 한다.(→환지 지정 : 환지 계획의 원칙적인 기준)

③ 시행자는 환지 방식이 적용되는 도시개발구역에 있는 조성토지 등의 가격을 평가할 때에는 토지평가협의회의 심의를 거쳐 결정하되, 그에 앞서 감정평가법인등이 평가하게 하여야 한다.

④ 시행자는 환지 계획을 작성할 때에는 환지계획구역별로 작성하여야 하며, 실시계획 인가 사항, 환지계획구역의 시가화 정도, 토지의 실제 이용 현황과 경제적 가치 등을 종합적으로 고려하여야 한다.

⑤ 환지의 방식은 다음과 같이 구분한다.

ㄱ. 평면 환지: 환지 전 토지에 대한 권리를 도시개발사업으로 조성되는 토지에 이전하는 방식

ㄴ. 입체 환지: 환지 전 토지나 건축물(무허가 건축물은 제외)에 대한 권리를 도시개발사업으로 건설되는 구분건축물에 이전하는 방식

도시개발법령상 **환지의 방식**에 관한 내용이다. ( )에 들어갈 내용을 옳게 연결한 것은?[27회]

(ㄱ): 환지 전 토지에 대한 권리를 도시개발사업으로 조성되는 토지에 이전하는 방식
(ㄴ): 환지 전 토지나 건축물(무허가 건축물은 제외)에 대한 권리를 도시개발사업으로 건설되는 구분건축물에 이전하는 방식

① ㄱ: 평면 환지, ㄴ: 입체 환지   ② ㄱ: 평가 환지, ㄴ: 입체 환지
③ ㄱ: 입체 환지, ㄴ: 평면 환지   ④ ㄱ: 평면 환지, ㄴ: 유동 환지
⑤ ㄱ: 유동 환지, ㄴ: 평면 환지

평면환지는 토지를 토지로, 입체환지는 토지나 건축물을 구분건축물로 바꾸는 방식. 정답①

⑥ 환지설계는 평가식을 원칙으로 하되, 환지지정으로 인하여 토지의 이동이 경미하거나 기반시설의 단순한 정비 등의 경우에는 면적식을 적용할 수 있다. 이 경우 하나의 환지계획구역에서는 같은 방식을 적용하여야 하며, 입체 환지를 시행하는 경우에는 반드시 평가식을 적용하여야 한다.

⑦ 환지의 위치는 **다음 사항**을 고려하여 시행자가 정한다. 이 경우 토지나 건축물의 환지는 같은 환지계획구역에서 이루어져야 한다.

ㄱ. 평면 환지 : 환지 전 토지의 용도, 보유 기간, 위치, 권리가액, 청산금 규모 등을 고려하여 정한다.

ㄴ. 입체 환지 : 토지 소유자 등의 신청에 따라 정하되, 같은 내용의 신청이 2 이상인 경우에는 환지 전 토지 또는 건축물의 보유 기간, 거주 기간(주택을 공급하는 경우에 한정), 권리가액 등을 고려하여 정한다.

⑧ 환지계획구역의 모든 토지는 환지를 지정하거나 환지 대상에서 제외되면 금전으로 청산한다. 이 경우 **다음 토지**는 다른 토지의 환지로 정하여야 한다.

ㄱ. 시행자에게 무상귀속되는 토지   ㄴ. 시행자가 소유하는 토지

⑨ 토지 또는 건축물은 필지별, 건축물 별로 환지한다. 이 경우 하나의 대지에 속하는 동일인 소유의 토지와 건축물은 분리하여 입체 환지를 지정할 수 없다.

⑩ 환지설계 시 적용되는 토지·건축물의 평가액은 최초 환지계획인가 시를 기준으로 하여 정하고 변경할 수 없으며, 환지 후 토지·건축물의 평가액은 실시계획의 변경으로 평가 요인이 변경된 경우에만 환지 계획의 변경인가를 받아 변경할 수 있다.

⑪ 보류지는 실시계획인가에 따라 정하되, 도시개발구역이 2 이상의 환지계획구역으로 구분되는 경우에는 환지계획구역별로 사업비 및 보류지를 책정하여야 한다.

⑫ 환지계획구역의 평균 토지부담률은 50%를 초과할 수 없다. 다만, 해당 환지계획구역의 특성을 고려하여 지정권자가 인정하는 경우에는 60%까지로 할 수 있으며, 환지계획구역의 토지 소유자 총수의 3분의 2 이상이 동의하는 경우에는 60%를 초과하여 정할 수 있다.

⑬ 환지계획구역의 평균 토지부담률은 **다음의 계산식**에 따라 산정한다.(면적식)

[(보류지 면적 - 시행자에게 무상귀속되는 토지 - 시행자가 소유하는 토지)
/ (환지계획구역 면적 - 시행자에게 무상귀속되는 토지 - 시행자가 소유하는 토지)] × 100

⑭ 시행자는 사업시행 중 부득이한 경우를 제외하고는 토지 소유자에게 부담을 주는 토지부담률의 변경을 하여서는 아니 된다.

평가식
도시개발사업 시행 전후의 토지의 평가가액에 비례하여 환지를 결정하는 방법

면적식
도시개발사업 시행 전의 토지 및 위치를 기준으로 환지를 결정하는 방식

보류지(=체비지+공공시설 용지)
환지계획에서 환지로 정하지 않고 보류한 토지

토지부담률
환지계획구역 안의 토지소유자가 도시개발사업을 위하여 부담하는 토지의 비율

저자의 한마디
토지부담률은 기본적으로 보류지 면적이 환지계획구역 면적에서 차지하는 비율입니다.

도시개발법령상 다음 조건에서 환지계획구역의 **평균 토지부담률**은?[22회]

○ 환지계획구역 면적 : 120만㎡
○ 보류지 면적 : 60만㎡
○ 체비지 면적 : 30만㎡
○ 시행자에게 무상귀속되는 공공시설 면적 : 20만㎡
○ 청산 대상 토지 면적 : 10만㎡

① 10% ② 25% ③ 40% ④ 50% ⑤ 60%

공식에 대입하면 [(60-20-0)/(120-20-0)]×100=40%입니다. 체비지 면적과 청산대상 토지면적은 불필요한 정보입니다. 정답③

도시개발법령상 조합인 시행자가 **면적식**으로 환지계획을 수립하여 환지방식에 의한 사업시행을 하는 경우, 환지계획구역의 **평균 토지부담률**(%)은 얼마인가?(단, 다른 조건은 고려하지 않음)[27회]

○ 환지계획구역 면적: 200,000㎡
○ 공공시설의 설치로 시행자에게 무상 귀속되는 토지면적: 20,000㎡
○ 시행자가 소유하는 토지면적: 10,000㎡
○ 보류지 면적: 106,500㎡

① 40 ② 45 ③ 50 ④ 55 ⑤ 60

공식에 대입하면, [(106,500-20,000-10,000)/(200,000-20,000-10,000)]×100=45(%) 정답②

2. 환지 부지정과 환지 지정의 제한

(1) 동의에 따른 환지의 제외

① 토지 소유자가 신청하거나 동의하면 해당 토지의 전부 또는 일부에 대하여 환지를 정하지 아니할 수 있다(환지 부지정). 다만, 해당 토지에 관하여 임차권자 등이 있는 경우에는 그 동의를 받아야 한다.

임차권자 등의 동의가 없으면 환지 부지정 불가!

② 시행자는 **다음 토지를** 규약·정관 또는 시행규정으로 정하는 방법과 절차에 따라 환지를 정하지 아니할 토지에서 제외할 수 있다.(→환지 지정할 수 있다.)

ㄱ. 환지 예정지를 지정하기 전에 사용하는 토지

ㄴ. 환지계획 인가에 따라 환지를 지정받기로 결정된 토지

ㄷ. 종전과 같은 위치에 종전과 같은 용도로 환지를 계획하는 토지

ㄹ. 토지 소유자가 환지 제외를 신청한 토지의 면적 또는 평가액이 모두 합하여 구역 전체의 토지(국·공유지 제외) 면적 또는 평가액의 15% 이상이 되는 경우 로서 환지를 정하지 아니할 경우 사업시행이 곤란하다고 판단되는 토지

ㅁ. 공람한 날 또는 공고한 날 이후에 토지의 양수계약을 체결한 토지(양수일 부터 3년이 지난 경우는 제외)

(2) 토지면적을 고려한 환지

① 시행자는 토지 면적의 규모를 조정할 특별한 필요가 있으면 면적이 작은 토지는 과소 토지가 되지 아니하도록 면적을 늘려 환지를 정하거나(증환지) 환지 대상에서 제외할 수 있고(환지 부지정), 면적이 넓은 토지는 그 면적을 줄여서 환지를 정할 수 있다(감환지).

② 과소 토지의 기준이 되는 면적은 **다음 범위**에서 시행자가 규약·정관 또는 시행규정으로 정한다.

> ㄱ. 주거지역(60㎡) ㄴ. 상업지역(150㎡) ㄷ. 공업지역(150㎡) ㄹ. 녹지지역(200㎡)
> ㅁ. 상기 외의 지역(60㎡)

(3) 공공시설의 용지에 관한 조치

① 토지보상법의 공익사업(제4조)에 해당하는 공공시설의 용지에 대하여는 환지 계획을 정할 때 그 위치·면적 등에 관하여 환지 계획의 원칙적인 기준을 적용하지 아니할 수 있다.

② 시행자가 도시개발사업의 시행으로 국가 또는 지방자치단체가 소유한 공공시설과 대체되는 공공시설을 설치하는 경우 종전의 공공시설의 전부 또는 일부의 용도가 폐지되거나 변경되어 사용하지 못하게 될 토지는 환지를 정하지 아니하며, 이를 다른 토지에 대한 환지의 대상으로 하여야 한다.

(4) 입체 환지

① 시행자는 도시개발사업을 원활히 시행하기 위하여 특히 필요한 경우에는 토지 또는 건축물 소유자의 신청을 받아 건축물의 일부와 그 건축물이 있는 토지의 공유지분(구분건축물)을 부여할 수 있다. 다만, 입체 환지를 신청하는 자의 종전 소유 토지 및 건축물의 권리가액이 도시개발사업으로 조성되는 토지에 건축되는 구분건축물의 최소 공급가격의 70% 이하인 경우에는 시행자가 규약·정관 또는 시행규정으로 신청대상에서 제외할 수 있다.

② 입체 환지의 신청 기간은 통지한 날부터 30일 이상 60일 이하로 하여야 한다. 다만, 시행자는 환지 계획의 작성에 지장이 없다고 판단하는 경우에는 20일의 범위에서 그 신청기간을 연장할 수 있다.

입체 환지
환지 전 토지나 건축물에 대한 권리를 도시개발사업으로 건설되는 구분건축물에 이전하는 방식

구분건축물을 아파트라고 생각해봐!

쉽따결

(5) 입체 환지에 따른 주택 공급

① 시행자는 입체 환지로 건설된 주택 등 건축물을 인가된 환지 계획에 따라 환지신청자에게 공급하여야 한다. 이 경우 주택을 공급하는 경우에는 주택법에 따른 주택의 공급에 관한 기준을 적용하지 아니한다.

② 입체 환지로 주택을 공급하는 경우 환지 계획의 내용은 **다음 기준**에 따른다.

ㄱ. 1세대 또는 1명이 하나 이상의 주택 또는 토지를 소유한 경우 1주택을 공급할 것

ㄴ. 같은 세대에 속하지 아니하는 2명 이상이 1주택 또는 1토지를 공유한 경우에는 1주택만 공급할 것

③ 시행자는 **다음의 토지 소유자**에 대하여는 소유한 주택의 수만큼 공급할 수 있다.

ㄱ. 과밀억제권역에 위치하지 아니하는 도시개발구역의 토지 소유자

ㄴ. 근로자(공무원인 근로자 포함) 숙소나 기숙사의 용도로 주택을 소유하고 있는 토지 소유자

ㄷ. 공공시행자

④ 입체 환지로 주택을 공급하는 경우 주택을 소유하지 아니한 토지 소유자에 대하여는 기준일 현재 **다음 어느 하나의 경우에만** 주택을 공급할 수 있다.

ㄱ. 토지 면적이 국토교통부장관이 정하는 규모 이상인 경우

ㄴ. 종전 토지의 총 권리가액(주택 외의 건축물이 있는 경우 그 건축물의 총 권리가액을 포함)이 입체 환지로 공급하는 공동주택 중 가장 작은 규모의 공동주택 공급예정가격 이상인 경우

⑤ 시행자는 입체 환지의 대상이 되는 용지에 건설된 건축물 중 공급대상자에게 공급하고 남은 건축물의 공급에 대하여는 규약 · 정관 또는 시행규정으로 정하는 목적을 위하여 체비지(건축물을 포함)로 정하거나 토지 소유자 외의 자에게 분양할 수 있다.

(6) 체비지

① 시행자는 도시개발사업에 필요한 경비에 충당하거나 규약 · 정관 · 시행규정 또는 실시계획으로 정하는 목적을 위하여 일정한 토지를 환지로 정하지 아니하고 보류지로 정할 수 있으며, 그 중 일부를 체비지로 정하여 도시개발 사업에 필요한 경비에 충당할 수 있다.

② 특별자치도지사 · 시장 · 군수 또는 구청장은 공동주택의 건설을 촉진하기 위하여 필요하다고 인정하면 체비지 중 일부를 같은 지역에 집단으로 정하게 할 수 있다.

(7) 환지 지정의 제한

시행자는 주민 등의 의견청취를 위하여 공람 또는 공청회의 개최에 관한 사항을 공고한 날 또는 투기억제를 위하여 시행예정자의 요청에 따라 지정권자가 따로 정하는 날(기준일)의 **다음 날부터** **아래의 경우**에는 해당 토지 또는 건축물에 대하여 금전으로 청산하거나 환지 지정을 제한할 수 있다.

① 1필지의 토지가 여러 개의 필지로 분할되는 경우

② 단독주택 또는 다가구주택이 다세대주택으로 전환되는 경우

③ 하나의 대지범위 안에 속하는 동일인 소유의 토지와 주택 등 건축물을 토지와 주택 등 건축물로 각각 분리하여 소유하는 경우

④ 나대지에 건축물을 새로 건축하거나 기존 건축물을 철거하고 다세대주택이나 그 밖의 집합건물법에 따른 구분소유권의 대상이 되는 건물을 건축하여 토지 또는 건축물의 소유자가 증가되는 경우

3. 환지 계획의 인가

① 행정청이 아닌 시행자가 환지 계획을 작성한 경우에는 특별자치도지사·시장·군수 또는 구청장의 인가를 받아야 한다. 인가받은 내용을 변경하려는 경우에도 같다.

② 행정청이 아닌 시행자가 환지 계획의 인가를 신청하려고 하거나 행정청인 시행자가 환지 계획을 정하려고 하는 경우에는 토지 소유자와 해당 토지에 대하여 임차권자 등에게 환지 계획의 기준 및 내용 등을 알리고 관계 서류의 사본을 일반인에게 공람시켜야 한다.

③ 토지 소유자나 임차권자 등은 공람 기간에 시행자에게 의견서를 제출할 수 있으며, 시행자는 그 의견이 타당하다고 인정하면 환지 계획에 이를 반영하여야 한다.

④ 행정청이 아닌 시행자가 환지 계획 인가를 신청할 때에는 제출된 의견서를 첨부하여야 한다.

⑤ 시행자는 제출된 의견에 대하여 공람 기일이 종료된 날부터 60일 이내에 그 의견을 제출한 자에게 환지 계획에의 반영여부에 관한 검토 결과를 통보하여야 한다.

4. 환지 예정지의 지정과 그 효과

(1) 환지 예정지의 지정

① 시행자는 도시개발사업의 시행을 위하여 필요하면 도시개발구역의 토지에 대하여 환지 예정지를 지정할 수 있다. 이 경우 종전의 토지에 대한 임차권자 등이 있으면 해당 환지 예정지에 대하여 해당 권리의 목적인 토지 또는 그 부분을 아울러 지정하여야 한다.

② 시행자가 환지 예정지를 지정하려면 관계 토지 소유자와 임차권자 등에게 환지 예정지의 위치·면적과 환지 예정지 지정의 효력발생 시기를 알려야 한다.

(2) 환지 예정지 지정의 효과

① 환지 예정지가 지정되면 종전의 토지의 소유자와 임차권자 등은 환지 예정지 지정의 효력발생일부터 환지처분이 공고되는 날까지 환지 예정지나 해당 부분에 대하여 종전과 같은 내용의 권리를 행사할 수 있으며 종전의 토지는 사용하거나 수익할 수 없다.

② 시행자는 환지 예정지를 지정한 경우에 해당 토지를 사용하거나 수익하는 데에 장애가 될 물건이 그 토지에 있거나 그밖에 특별한 사유가 있으면 그 토지의 사용 또는 수익을 시작할 날을 따로 정할 수 있다.

③ 환지 예정지 지정의 효력이 발생하거나 그 토지의 사용 또는 수익을 시작하는 경우에 해당 환지 예정지의 종전의 소유자 또는 임차권자 등은 이를 사용하거나 수익할 수 없으며 권리의 행사를 방해할 수 없다.

④ 시행자는 체비지의 용도로 환지 예정지가 지정된 경우에는 도시개발사업에 드는 비용을 충당하기 위하여 이를 사용 또는 수익하게 하거나 처분할 수 있다.

(3) 환지 예정지 지정 전 토지 사용

① 공공시행자는 **다음 경우**에 환지 예정지를 지정하기 전이라도 실시계획 인가 사항의 범위에서 토지 사용을 하게 할 수 있다.

ㄱ. 순환개발을 위한 순환용 주택을 건설하려는 경우

ㄴ. 국방·군사시설을 설치하려는 경우

ㄷ. 주민 등의 의견청취를 위한 공고일 이전부터 주택건설사업자가 주택건설을 목적으로 토지를 소유하고 있는 경우

ㄹ. 그밖에 기반시설의 설치나 개발사업의 촉진에 필요한 경우 등

② 토지를 사용하는 자는 환지 예정지를 지정하기 전까지 새로 조성되는 토지 또는 그 위에 건축되는 건축물을 공급 또는 분양하여서는 아니 된다.

③ 토지를 사용하는 자는 환지 계획에 따라야 한다.

(4) 사용·수익의 정지

① 시행자는 환지를 정하지 아니하기로 결정된 토지 소유자나 임차권자 등에게 날짜를 정하여 그날부터 해당 토지 또는 해당 부분의 사용 또는 수익을 정지시킬 수 있다.

② 시행자가 사용 또는 수익을 정지하게 하려면 30일 이상의 기간을 두고 미리 해당 토지 소유자 또는 임차권자 등에게 알려야 한다.

(5) 장애물 등의 이전과 제거

① 시행자는 환지 예정지를 지정하거나 종전의 토지에 관한 사용 또는 수익을 정지시키는 경우나 시설의 변경·폐지에 관한 공사를 시행하는 경우 필요하면 도시개발구역에 있는 건축물 등 및 장애물 등을 이전하거나 제거할 수 있다. 이 경우 시행자(행정청이 아닌 시행자만 해당)는 미리 관할 특별 자치도지사·시장·군수 또는 구청장의 허가를 받아야 한다.

② 특별자치도지사·시장·군수 또는 구청장은 허가를 하는 경우에는 동절기 등의 시기에 점유자가 퇴거하지 아니한 주거용 건축물을 철거할 수 없도록 그 시기를 제한하거나 임시거주시설을 마련하는 등 점유자의 보호에 필요한 조치를 할 것을 조건으로 허가(조건부허가)를 할 수 있다.

③ 시행자가 건축물 등과 장애물 등을 이전하거나 제거하려고 하는 경우에는 그 소유자나 점유자에게 미리 알려야 한다. 다만, 소유자나 점유자를 알 수 없으면 이를 공고하여야 한다.

④ 주거용으로 사용하고 있는 건축물을 이전하거나 철거하려고 하는 경우에는 이전하거나 철거하려는 날부터 늦어도 2개월 전에 통지를 하여야 한다.

⑤ 시행자는 건축물 등과 장애물 등을 이전 또는 제거하려고 할 경우 토지수용 위원회의 손실보상금에 대한 재결이 있은 후 **다음** 사유가 있으면 이전하거나

제거할 때까지 토지 소재지의 공탁소에 보상금을 공탁할 수 있다.

ㄱ. 보상금을 받을 자가 받기를 거부하거나 받을 수 없을 때

ㄴ. 시행자의 과실 없이 보상금을 받을 자를 알 수 없을 때

ㄷ. 시행자가 관할 토지수용위원회에서 재결한 보상 금액에 불복할 때

ㄹ. 압류나 가압류에 의하여 보상금의 지급이 금지되었을 때

⑥ ⑤의 ㄷ의 경우 시행자는 보상금을 받을 자에게 자기가 산정한 보상금을 지급하고 그 금액과 토지수용위원회가 재결한 보상 금액과의 차액을 공탁하여야 한다. 이 경우 보상금을 받을 자는 그 불복 절차가 끝날 때까지 공탁된 보상금을 받을 수 없다.

(6) 토지의 관리

① 환지 예정지의 지정이나 사용 또는 수익의 정지처분으로 이를 사용하거나 수익할 수 있는 자가 없게 된 토지 또는 해당 부분은 환지 예정지의 지정일이나 사용 또는 수익의 정지처분이 있은 날부터 환지처분을 공고한 날까지 시행자가 관리한다.

② 시행자는 환지 예정지 또는 환지의 위치를 나타내려고 하는 경우에는 표지를 설치할 수 있다. 누구든지 환지처분이 공고된 날까지는 시행자의 승낙 없이 설치된 표지를 이전하거나 훼손하여서는 아니 된다.

도시개발법령상 **환지방식**에 의한 사업시행에 관한 설명으로 틀린 것은?[32회]

① 도시개발사업을 입체환지방식으로 시행하는 경우에는 환지계획에 건축계획이 포함되어야 한다.(○)

② 시행자는 토지면적의 규모를 조정할 특별한 이유가 있으면 면적이 넓은 토지는 그 면적을 줄여서 환지를 정하거나 환지대상에서 제외할 수 있다.(×)

③ 도시개발구역 지정권자가 정한 기준일의 다음 날부터 단독주택이 다세대주택으로 전환되는 경우 시행자는 해당 건축물에 대하여 금전으로 청산하거나 환지지정을 제한할 수 있다.(○)

④ 시행자는 환지예정지를 지정한 경우에 해당 토지를 사용하거나 수익하는 데에 장애가 될 물건이 그 토지에 있으면 그 토지의 사용 또는 수익을 시작할 날을 따로 정할 수 있다.(○)

⑤ 시행자는 환지를 정하지 아니하기로 결정된 토지소유자나 임차권자등에게 날짜를 정하여 그날부터 해당 토지 또는 해당 부분의 사용 또는 수익을 정지시킬 수 있다.(○)

① 입체환지니까 건축계획 포함 ② 면적이 넓은 토지는 면적을 줄여 환지를 정할 수는 있지만 환지대상에서 제외할 수는 없죠. 제외할 수 있는 건 면적이 작은 토지입니다.

5. 환지처분

(1) 환지처분절차

환지처분절차

① 공사 끝내고 14일 이상 공람
② 의견서 제출 및 처리
③ 준공검사 또는 공사완료공고
④ 60일 이내 환지처분

① 시행자는 환지 방식으로 도시개발사업에 관한 공사를 끝낸 경우에는 지체없이 이를 공고하고 공사 관계 서류를 14일 이상 일반인에게 공람시켜야 한다.

② 도시개발구역의 토지 소유자나 이해관계인은 공람 기간에 시행자에게 의견서를 제출할 수 있으며, 의견서를 받은 시행자는 공사 결과와 실시계획 내용에 맞는지를 확인하여 필요한 조치를 하여야 한다.

③ 시행자는 공람 기간에 의견서의 제출이 없거나 제출된 의견서에 따라 필요한 조치를 한 경우에는 지정권자에 의한 준공검사를 신청하거나 도시개발사업의 공사를 끝내야 한다.

④ 시행자는 지정권자에 의한 준공검사를 받은 경우(지정권자가 시행자인 경우에는 공사 완료 공고가 있는 때)에는 60일 이내에 환지처분을 하여야 한다.

⑤ 시행자는 환지처분을 하려는 경우에는 환지 계획에서 정한 사항을 토지 소유자에게 알리고 이를 공고하여야 한다.

(2) 환지처분의 효과

① 환지계획에서 정하여진 환지는 그 환지처분이 공고된 날의 다음 날부터 종전의 토지로 보며, 환지 계획에서 환지를 정하지 아니한 종전의 토지에 있던 권리는 그 환지처분이 공고된 날이 끝나는 때에 소멸한다.

② ①은 행정상 처분이나 재판상의 처분으로서 종전의 토지에 전속하는 것에 관하여는 영향을 미치지 아니한다.

③ 도시개발구역의 토지에 대한 지역권은 종전의 토지에 존속한다. 다만, 도시개발사업의 시행으로 행사할 이익이 없어진 지역권은 환지처분이 공고된 날이 끝나는 때에 소멸한다.

④ 환지계획에 따라 환지처분을 받은 자는 환지처분이 공고된 날의 다음 날에 (입체)환지계획으로 정하는 바에 따라 건축물의 일부와 해당 건축물이 있는 토지의 공유지분(구분건축물)을 취득한다. 이 경우 종전의 토지에 대한 저당권은 환지처분이 공고된 날의 다음 날부터 해당 건축물의 일부와 해당 건축물이 있는 토지의 공유지분에 존재하는 것으로 본다.

⑤ 체비지는 시행자가, 보류지는 환지 계획에서 정한 자가 각각 환지처분이 공고된 날의 다음 날에 해당 소유권을 취득한다. 다만, 이미 처분된 체비지는 그 체비지를 매입한 자가 소유권 이전등기를 마친 때에 소유권을 취득한다.

⑥ 청산금은 환지처분이 공고된 날의 다음 날에 확정된다.

(3) 환지 등기

① 시행자는 환지처분이 공고되면 공고 후 14일 이내에 관할 등기소에 이를

저자의 한마디

환지처분일 다음날부터 '종전의 토지로 본다'는 말은 종전의 토지에 있던 권리가 환지로 모두 이전된다는 의미입니다.

저자의 한마디

권리의 소멸은 환지처분이 공고된 날에, 권리의 취득은 환지처분이 공고된 날의 다음날에 효력이 생깁니다.

알리고 토지와 건축물에 관한 <u>등기를 촉탁하거나 신청하여야 한다.</u>

② 환지처분이 공고된 날부터 환지 등기가 있는 때까지는 <u>다른 등기를 할 수 없다.</u> 다만, 등기신청인이 확정일자가 있는 서류로 환지처분의 공고일 전에 <u>등기원인이 생긴 것임을 증명하면 다른 등기를 할 수 있다.</u>

도시개발법령상 환지처분의 효과에 관한 설명으로 틀린 것은?^{26회}

① 환지 계획에서 정하여진 환지는 그 환지처분이 공고된 날의 다음 날부터 종전의 토지로 본다.(○)

② 환지처분은 행정상 처분으로서 종전의 토지에 전속하는 것에 관하여 영향을 미친다.(×)

③ 도시개발구역의 토지에 대한 지역권은 도시개발사업의시행으로 행사할 이익이 없어진 경우 환지처분이 공고된 날이 끝나는 때에 소멸한다.(○)

④ 보류지는 환지 계획에서 정한 자가 환지처분이 공고된 날의 다음 날에 해당 소유권을 취득한다.(○)

⑤ 청산금은 환지처분이 공고된 날의 다음 날에 확정된다.(○)

> ② 환지처분은 종전의 토지에 전속하는 것에 관하여는 영향을 미치지 못합니다.

도시개발법령상 환지처분에 관한 설명으로 틀린 것은?^{33회}

① 도시개발구역의 토지 소유자나 이해관계인은 환지 방식에 의한 도시개발 사업 공사 관계 서류의 공람 기간에 시행자에게 의견서를 제출할 수 있다.(○)

② 환지를 정하거나 그 대상에서 제외한 경우 그 과부족분은 금전으로 청산 하여야 한다.(○)

③ 시행자는 지정권자에 의한 준공검사를 받은 경우에는 90일 이내에 환지 처분을 하여야 한다.(×)

④ 시행자가 환지처분을 하려는 경우에는 환지 계획에서 정한 사항을 토지 소유자에게 알리고 관보 또는 공보에 의해 이를 공고하여야 한다.(○)

⑤ 환지 계획에서 정하여진 환지는 그 환지처분이 공고된 날의 다음 날부터 종전의 토지로 본다.(○)

> ③ 90일이 아니라 60일 이내에 환지처분해야 합니다.

도시개발법령상 환지 방식으로 도시개발사업을 시행하는 경우, **환지처분**에 관한 설명으로 틀린 것은?^{28회}

① 시행자는 도시개발사업에 관한 공사를 끝낸 경우에는 지체 없이 관보 또는 공보에 이를 공고하여야 한다.(○)

② 지정권자가 시행자인 경우 법 제51조에 따른 공사 완료공고가 있는 때에는 60일 이내에 환지처분을 하여야 한다.(○)

③ 환지 계획에 따라 입체환지처분을 받은 자는 환지처분이 공고된 날의 다음날에 환지 계획으로 정하는 바에 따라 건축물의 일부와 해당 건축물이 있는 토지의 공유지분을 취득한다.(○)

④ 체비지로 정해지지 않은 보류지는 환지계획에서 정한 자가 환지처분이 공고된 날의 다음날에 해당 소유권을 취득한다.(○)

⑤ 도시개발사업의 시행으로 행사할 이익이 없어진 지역권은 환지처분이 공고된 날의 다음날이 끝나는 때에 소멸한다.(×)

⑤ 권리소멸은 공고된 날! 권리취득은 공고된 날의 다음날!

도시개발법령상 **환지방식**에 의한 사업시행에 관한 설명으로 틀린 것은?[31회]

① 지정권자는 도시개발사업을 환지방식으로 시행하려고 개발계획을 수립할 때에 시행자가 지방자치단체이면 토지 소유자의 동의를 받을 필요가 없다.(○)

② 시행자는 체비지의 용도로 환지예정지가 지정된 경우에는 도시개발사업에 드는 비용을 충당하기 위하여 이를 처분할 수 있다.(○)

③ 도시개발구역의 토지에 대한 지역권은 도시개발사업의 시행으로 행사할 이익이 없어지면 환지처분이 공고된 날이 끝나는 때에 소멸한다.(○)

④ 지방자치단체가 도시개발사업의 전부를 환지방식으로 시행하려고 할 때에는 도시개발사업의 시행규정을 작성하여야 한다.(○)

⑤ 행정청이 아닌 시행자가 인가받은 환지 계획의 내용 중 종전 토지의 합필 또는 분필로 환지명세가 변경되는 경우에는 변경인가를 받아야 한다.(×)

⑤ 환지명세가 변경되는 경우에는 변경인가를 받는 것이 원칙입니다. 하지만 종전 토지의 합필 또는 분필로 환지명세가 변경되는 것은 경미한 사항이므로 변경인가를 받지 않아도 됩니다. 이 정도만 알고 계세요.

도시개발법령상 **환지방식**의 사업시행에 관한 설명으로 옳은 것은?(단, 사업시행자는 행정청이 아님)[25회]

저자의 한마디

① 환지계획의 인가권자는 지정권자가 아니라 특도·시·군·구청장입니다. 꼭 암기하세요!

① 사업시행자가 환지계획을 작성한 경우에는 특별자치도지사, 시·도지사의 인가를 받아야 한다.(×)

② 환지로 지정된 토지나 건축물을 금전으로 청산하는 내용으로 환지계획을 변경하는 경우에는 변경인가를 받아야 한다.(×)

③ 토지 소유자의 환지 제외 신청이 있더라도 해당 토지에 관한 임차권자 등이 동의하지 않는 경우에는 해당 토지를 환지에서 제외할 수 없다.(○)

④ 환지예정지의 지정이 있으면 종전의 토지에 대한 임차권 등은 종전의 토지에 대해서는 물론 환지예정지에 대해서도 소멸한다.(×)

⑤ 환지계획에서 환지를 정하지 아니한 종전의 토지에 있던 권리는 환지처분이 공고된 날의 다음 날이 끝나는 때에 소멸한다.(×)

도시개발법령상 환지방식에 의한 사업 시행에 관한 설명으로 틀린 것은?^{29회수정}

① 시행자는 환지방식이 적용되는 도시개발구역에 있는 조성토지 등의 가격을 평가할 때에는 토지평가협의회의 심의를 거쳐 결정하되, 그에 앞서 감정평가법인등이 평가하게 하여야 한다.(○)

② 행정청이 아닌 시행자가 환지계획을 작성한 경우에는 특별자치도지사·시장·군수 또는 구청장의 인가를 받아야 한다.(○)

③ 행정청인 시행자가 환지계획을 정하려고 하는 경우에 해당 토지의 임차권자는 공람기간에 시행자에게 의견서를 제출할 수 있다.(○)

④ 환지계획에서 정하여진 환지는 그 환지처분이 공고된 날의 다음 날부터 종전의 토지로 본다.(○)

⑤ 환지설계 시 적용되는 토지·건축물의 평가액은 최초환지계획인가 신청 시를 기준으로 하여 정하되, 환지계획의 변경인가를 받아 변경할 수 있다.(×)

도시개발법령상 환지 방식에 의한 도시개발사업의 시행에 관한 설명으로 옳은 것은?^{30회}

① 시행자는 준공검사를 받은 후 60일 이내에 지정권자에게 환지처분을 신청하여야 한다.(×)

② 도시개발구역이 2 이상의 환지계획구역으로 구분되는 경우에도 사업비와 보류지는 도시개발구역 전체를 대상으로 책정하여야 하며, 환지계획구역별로는 책정할 수 없다.(×)

③ 도시개발구역에 있는 조성토지 등의 가격은 개별공시지가로 한다.(×)

④ 환지 예정지가 지정되어도 종전 토지의 임차권자는 환지처분 공고일까지 종전 토지를 사용·수익할 수 있다.(×)

⑤ 환지 계획에는 필지별로 된 환지 명세와 필지별과 권리별로 된 청산 대상 토지 명세가 포함되어야 한다.(○)

6. 체비지의 처분

① 시행자는 체비지나 보류지를 규약·정관·시행규정 또는 실시계획으로 정하는 목적 및 방법에 따라 합리적으로 처분하거나 관리하여야 한다.

② 행정청인 시행자가 체비지 또는 보류지를 관리하거나 처분하는 경우에는 국가나 지방자치단체의 재산처분에 관한 법률을 적용하지 아니한다. 다만, 신탁계약에 따라 체비지를 처분하려는 경우에는 공유재산 및 물품 관리법을 준용한다.

7. 청산금과 감가보상금

(1) 청산금 산정기준

① 환지를 정하거나 그 대상에서 제외한 경우 그 과부족분은 종전의 토지(입체환지 방식으로 사업을 시행하는 경우에는 환지 대상 건축물을 포함) 및 환지의 위치·지목·면적·토질·수리·이용·상황·환경, 그 밖의 사항을 종합적으로 고려하여 금전으로 청산하여야 한다.

② 청산금은 환지처분을 하는 때에 결정하여야 한다. 다만, 환지 대상에서 제외한 토지 등에 대하여는 청산금을 교부하는 때에 청산금을 결정할 수 있다.

(2) 청산금의 징수와 교부

① 시행자는 환지처분이 공고된 후에 확정된 청산금을 징수하거나 교부하여야 한다. 다만, 환지를 정하지 아니하는 토지에 대하여는 환지처분 전이라도 청산금을 교부할 수 있다.

② 청산금은 이자를 붙여 분할징수하거나 분할교부할 수 있다.

③ 행정청인 시행자는 청산금을 내야 할 자가 이를 내지 아니하면 국세 또는 지방세 체납처분의 예에 따라 징수할 수 있으며, 행정청이 아닌 시행자는 특별자치도지사·시장·군수 또는 구청장에게 청산금의 징수를 위탁할 수 있다.

④ 청산금을 받을 자가 주소 불분명 등의 이유로 청산금을 받을 수 없거나 받기를 거부하면 그 청산금을 공탁할 수 있다.

(3) 청산금의 소멸시효

청산금을 받을 권리나 징수할 권리를 5년간 행사하지 아니하면 시효로 소멸한다.

도시개발법령상 **청산금제도**에 관한 설명으로 틀린 것은?[23회]

① 환지를 정하거나 그 대상에서 제외한 경우 그 과부족분은 금전으로 청산하여야 한다.(○)

② 과소 토지여서 환지대상에서 제외한 토지에 대하여는 청산금을 교부하는 때에 청산금을 결정할 수 있다.(○)

③ 토지 면적의 규모를 조정할 특별한 필요가 있어 환지를 정하지 아니하는 토지에 대하여는 환지처분 전이라도 청산금을 교부할 수 있다.(○)

④ 청산금은 이자를 붙이더라도 분할교부 할 수 없다.(×)

⑤ 청산금을 받을 권리나 징수할 권리를 5년간 행사하지 아니하면 시효로 소멸한다.(○)

④ 청산금은 이자를 붙여 분할징수하거나 분할교부할 수 있습니다.

도시개발법령상 환지방식에 의한 사업시행에서의 **청산금**에 관한 설명으로 틀린 것은?[34회]

① 시행자는 토지소유자의 동의에 따라 환지를 정하지 아니하는 토지에 대하여는 환지처분 전이라도 청산금을 교부할 수 있다.(○)

② 토지소유자의 신청에 따라 환지 대상에서 제외한 토지에 대하여는 청산금을 교부하는 때에 청산금을 결정할 수 없다.(×)

③ 청산금을 받을 권리나 징수할 권리를 5년간 행사하지 아니하면 시효로 소멸한다.(○)

④ 청산금은 대통령령으로 정하는 바에 따라 이자를 붙여 분할징수하거나 분할교부할 수 있다.(○)

⑤ 행정청이 아닌 시행자가 군수에게 청산금의 징수를 위탁한 경우 그 시행자는 군수가 징수한 금액의 100분의 4 에 해당하는 금액을 해당 군에 지급하여야 한다.(○)

① 46조1항 ② 청산금을 교부하는 때에 청산금을 결정할 수 있습니다.(41조2항) ③ 47조 ④ 46조2항 ⑤ 46조3항

(4) 감가보상금

행정청인 시행자는 도시개발사업의 시행으로 사업 시행 후의 토지 가액의 총액이 사업 시행 전의 토지 가액의 총액보다 줄어든 경우에는 그 차액에 해당하는 감가보상금을 종전의 토지 소유자나 임차권자등(저당권자×)에게 지급하여야 한다.

감가보상금은 행정청인 시행자의 경우만!

8. 용익권자 보호를 위한 권리조정

(1) 임대료 등의 증감청구

① 도시개발사업으로 임차권 등의 목적인 토지 또는 지역권에 관한 승역지의 이용이 증진되거나 방해를 받아 종전의 임대료·지료, 그 밖의 사용료 등이 불합리하게 되면 당사자는 계약 조건에도 불구하고 장래에 관하여 그 증감을 청구할 수 있다. 도시개발사업으로 건축물이 이전된 경우 그 임대료에 관하여도 또한 같다.

② 당사자는 해당 권리를 포기하거나 계약을 해지하여 그 의무를 지지 아니할 수 있다.

③ 환지처분이 공고된 날부터 60일이 지나면 임대료·지료, 그 밖의 사용료 등의 증감을 청구할 수 없다.

(2) 권리의 포기

① 도시개발사업의 시행으로 지역권 또는 임차권 등을 설정한 목적을 달성할 수 없게 되면 당사자는 해당 권리를 포기하거나 계약을 해지할 수 있다. 도시개발사업으로 건축물이 이전되어 그 임대의 목적을 달성할 수 없게 된 경우에도 또한 같다.

② 권리를 포기하거나 계약을 해지한 자는 그로 인한 손실을 보상하여 줄 것을 시행자에게 청구할 수 있다.

③ 손실을 보상한 시행자는 해당 토지 또는 건축물의 소유자 또는 그로 인하여 이익을 얻는 자에게 이를 구상할 수 있다.

④ 환지처분이 공고된 날부터 60일이 지나면 권리를 포기하거나 계약을 해지할 수 없다.

저자의 한마디

환지처분 공고일로부터 60일 이내에 임대료 등의 증감을 청구하고, 권리를 포기하거나 계약을 해지해야 합니다. 60일이 지나면 할 수 없어요.

182

04 준공검사, 비용부담★★

준공검사 등★★

1. 준공검사

① 시행자(지정권자가 시행자인 경우는 제외)가 도시개발사업의 공사를 끝낸 때에는 공사완료 보고서를 작성하여 지정권자의 준공검사를 받아야 한다.

② 지정권자는 공사완료 보고서를 받으면 지체 없이 준공검사를 하여야 한다. 이 경우 지정권자는 효율적인 준공검사를 위하여 필요하면 관계 행정기관·공공기관·연구기관, 그 밖의 전문기관 등에 의뢰하여 준공검사를 할 수 있다.

③ 지정권자는 공사완료 보고서의 내용에 포함된 공공시설을 인수하거나 관리하게 될 국가기관·지방자치단체 또는 공공기관의 장 등에게 준공검사에 참여할 것을 요청할 수 있으며, 이를 요청받은 자는 특별한 사유가 없으면 요청에 따라야 한다.

④ 시행자는 도시개발사업을 효율적으로 시행하기 위하여 필요하면 해당 도시개발사업에 관한 공사가 전부 끝나기 전이라도 공사가 끝난 부분에 관하여 준공검사(지정권자가 시행자인 경우에는 시행자에 의한 공사 완료 공고)를 받을 수 있다.

2. 공사 완료의 공고

① 지정권자는 준공검사를 한 결과 도시개발사업이 실시계획대로 끝났다고 인정되면 시행자에게 준공검사 증명서를 내어주고 공사 완료 공고를 하여야 하며, 실시계획대로 끝나지 아니하였으면 지체 없이 보완 시공 등 필요한 조치를 하도록 명하여야 한다.

② 지정권자가 시행자인 경우 그 시행자는 도시개발사업의 공사를 완료한 때에는 공사 완료 공고를 하여야 한다.

3. 공사 완료에 따른 관련 인·허가 등의 의제

① 준공검사를 하거나 공사 완료 공고를 할 때 지정권자가 의제되는 인·허가 등에 따른 준공검사·준공인가 등에 대하여 관계 행정기관의 장과 협의한 사항에 대하여는 그 준공검사·준공인가 등을 받은 것으로 본다.

② 시행자(지정권자인 시행자는 제외)가 준공검사·준공인가 등의 의제를 받으려면 준공검사를 신청할 때 해당 법률로 정하는 관계 서류를 함께 제출 하여야 한다.

③ 지정권자는 준공검사를 하거나 공사 완료 공고를 할 때 그 내용에 의제되는 인·허가 등에 따른 준공검사·준공인가 등에 해당하는 사항이 있으면 미리 관계 행정기관의 장과 협의하여야 한다.

4. 조성토지 등의 준공 전 사용

준공검사 전 또는 공사 완료 공고 전에는 조성토지 등을 사용할 수 없다 (체비지는 사용 가능). 다만, 사업 시행의 지장 여부를 확인받는 등 지정권자로부터 사용허가를 받은 경우에는 그러하지 아니하다.

도시개발법령상 **준공검사** 등에 관한 설명으로 틀린 것은?[27회]

① 도시개발사업의 준공검사 전에는 체비지를 사용할 수 없다.(×)

② 지정권자는 효율적인 준공검사를 위하여 필요하면 관계행정기관 등에 의뢰하여 준공검사를 할 수 있다.(○)

③ 지정권자가 아닌 시행자는 도시개발사업에 관한 공사가 전부 끝나기 전이라도 공사가 끝난 부분에 관하여 준공검사를 받을 수 있다.(○)

④ 지정권자가 아닌 시행자가 도시개발사업의 공사를 끝낸 때에는 공사완료 보고서를 작성하여 지정권자의 준공검사를 받아야 한다.(○)

⑤ 지정권자가 시행자인 경우 그 시행자는 도시개발사업의 공사를 완료한 때에는 공사 완료 공고를 하여야 한다.(○)

> ① 체비지는 준공검사 전에도 사용할 수 있어요.

5. 개발이익의 재투자

① 민관공동투자법인이 도시개발사업의 시행자인 경우 시행자는 도시개발사업으로 인하여 발생하는 개발이익 중 민간참여자에게 배분하여야 하는 개발이익이 이 법에 따른 이윤율을 초과할 경우 그 초과분을 **다음 용도**로 사용하여야 한다.

ㄱ. 해당 지방자치단체가 설치한 도시개발특별회계에의 납입

ㄴ. 해당 시·군·구 주민의 생활 편의 증진을 위한 주차장 및 공공·문화체육시설 등의 설치 또는 그 비용의 부담

ㄷ. 해당 도시개발구역 내의 기반시설의 설치를 위한 토지 및 임대주택 건설용지의 공급가격 인하

ㄹ. 해당 시·군·구 내에서 임대주택을 건설·공급하는 사업에 드는 비용의 부담

② 시행자는 개발이익의 재투자를 위하여 도시개발사업으로 인하여 발생한 개발이익을 구분하여 회계처리하는 등 필요한 조치를 하고, 매년 또는 지정권자가 요청하는 경우 지정권자에게 해당 도시개발사업의 회계에 관한 사항을 보고하여야 한다.

비용 부담***

1. 비용 부담의 원칙

도시개발사업에 필요한 비용은 이 법이나 다른 법률에 특별한 규정이 있는 경우 외에는 시행자가 부담한다.

2. 비용부담의 특례

(1) 도시개발구역의 시설 설치 및 비용부담

① 도시개발구역의 시설의 설치는 **다음** 구분에 따른다.

ㄱ. 도로와 상하수도시설의 설치는 지방자치단체

ㄴ. 전기시설·가스공급시설 또는 지역 난방시설의 설치는 해당 지역에 전기·가스 또는 난방을 공급하는 자

ㄷ. 통신시설의 설치는 해당 지역에 통신서비스를 제공하는 자

② 시설의 설치비용은 그 설치의무자가 이를 부담한다. 다만, 도시개발구역 안의 전기시설을 사업시행자가 지중선로로 설치할 것을 요청하는 경우에는 전기를 공급하는 자와 지중에 설치할 것을 요청하는 자가 각각 2분의 1의 비율로 그 설치비용을 부담한다. 이때 전부 환지 방식으로 도시개발사업을 시행하는 경우에는 전기시설을 공급하는 자가 3분의 2, 지중에 설치할 것을 요청하는 자가 3분의 1의 비율로 부담한다.

③ 시설의 설치는 특별한 사유가 없으면 준공검사 신청일(지정권자가 시행자인 경우에는 도시개발사업의 공사를 끝내는 날)까지 끝내야 한다.

(2) 지방자치단체의 비용 부담

① 지정권자가 시행인인 경우 그 시행자는 그가 시행한 도시개발사업으로 이익을 얻는 시·도 또는 시·군·구가 있으면 그 도시개발사업에 든 비용의 일부(전부×)를 그 이익을 얻는 시·도 또는 시·군·구에 부담시킬 수 있다. 이 경우 국토교통부장관은 행정안전부장관과 협의하여야 하고, 시·도지사 또는 대도시 시장은 관할 외의 시·군·구에 비용을 부담시키려면 그 시·군·구를 관할하는 시·도지사와 협의하여야 하며, 시·도지사간 또는 대도시 시장과 시·도지사 간의 협의가 성립되지 아니하는 경우에는 행정안전부장관의 결정에 따른다.

비용 나오면 등장하는 장관?
행정안전부장관

② 시장·군수 또는 구청장은 그가 시행한 도시개발사업으로 이익을 얻는 다른 지방자치단체가 있으면 그 도시개발사업에 든 비용의 일부를 그 이익을 얻는 다른 지방자치단체와 협의하여 그 지방자치단체에 부담시킬 수 있다. 이 경우 협의가 성립되지 아니하면 관할 시·도지사의 결정에 따르며, 그 시·군·구를 관할하는 시·도지사가 서로 다른 경우에는 행정안전부장관의 결정에 따른다.

도시개발법령상 **도시개발사업의 비용 부담** 등에 관한 설명으로 옳은 것을 모두 고른 것은?^{31회}

> ㄱ. 지정권자가 시행자가 아닌 경우 도시개발구역의 통신시설의 설치는 특별한 사유
> 가 없으면 준공검사 신청일까지 끝내야 한다.(○)
> ㄴ. 전부 환지방식으로 사업을 시행하는 경우 전기시설의 지중선로설치를 요청한 사
> 업시행자와 전기공급자는 각각 2분의 1의 비율로 그 설치비용을 부담한다.(×)
> ㄷ. 지정권자인 시행자는 그가 시행한 사업으로 이익을 얻는 시·도에 비용을 전부 또
> 는 일부를 부담시킬 수 있다.(×)

① ㄱ　② ㄴ　③ ㄱ,ㄷ　④ ㄴ,ㄷ　⑤ ㄱ,ㄴ,ㄷ

> ㄴ. 일반적으로 반반씩 부담하지만, 전부 환지방식의 경우에는 지중선로설치를 요청한
> 사업시행자가 1/3, 전기공급자가 2/3을 부담합니다. ㄷ. 일부만 부담시킬 수 있고, 전부를
> 부담시킬 수는 없어요. 정답①

(3) 공공시설 관리자의 비용 부담

시행자는 공동구를 설치하는 경우에는 다른 법률에 따라 그 공동구에 수용될 시설을 설치할 의무가 있는 자에게 공동구의 설치에 드는 비용을 부담시킬 수 있다.

(4) 도시개발구역 밖의 기반시설의 설치 비용

① 도시개발구역의 이용에 제공하기 위하여 기반시설을 도시개발구역 밖의 지역에 설치하는 경우 지정권자는 비용 부담 계획이 포함된 개발계획에 따라 시행자에게 이를 설치하게 하거나 그 설치 비용을 부담하게 할 수 있다.

② 국가나 지방자치단체는 시행자가 부담하는 비용을 제외한 나머지 설치 비용을 지원할 수 있다. 이 경우 지원 규모나 지원 방법 등은 국토교통부장관이 관계 중앙행정기관의 장과 협의하여 정한다.

③ 지정권자는 비용 부담 계획에 포함되지 아니하는 기반시설을 실시계획의 변경 등으로 인하여 도시개발구역 밖에 추가로 설치하여야 하는 경우에는 그 비용을 실시계획의 변경 등 기반시설의 추가 설치를 필요하게 한 자에게 부담시킬 수 있다.

④ 지정권자는 시행자의 부담으로 도시개발구역 밖의 지역에 설치하는 기반시설로 이익을 얻는 지방자치단체 또는 공공시설의 관리자가 있으면 그 기반시설의 설치에 드는 비용의 일부를 이익을 얻는 지방자치단체 또는 공공시설의 관리자에게 부담시킬 수 있다. 이 경우 지정권자는 해당 지방자치단체나 공공시설의 관리자 및 시행자와 협의하여야 한다.

⑤ 지정권자로부터 기반시설의 설치 비용을 부담하도록 통지를 받은 자(・납부의무자)가 비용의 부담에 대하여 이견이 있는 경우에는 그 통지를 받은 날부터 20일 이내에 지정권자에게 이를 증명할 수 있는 자료를 첨부하여 조정을 신청할 수 있다. 이 경우 지정권자는 그 신청을 받은 날부터 15일 이내에 이를 심사하여 그 결과를 신청인에게 통지하여야 한다.

⑥ 지정권자는 납부의무자가 기반시설의 설치 비용을 납부기한까지 내지 아니하면 가산금을 징수한다.

⑦ 지정권자는 납부의무자가 기반시설의 설치 비용과 가산금을 납부기한까지 내지 아니하면 국세 또는 지방세 체납처분의 예에 따라 징수한다.

(5) 보조 또는 융자

도시개발사업의 시행에 드는 비용은 그 비용의 전부 또는 일부를 국고에서 보조하거나 융자할 수 있다. 다만, 시행자가 행정청이면 전부를 보조하거나 융자할 수 있다.

3. 도시개발특별회계

(1) 도시개발특별회계의 설치

① 시·도지사 또는 시장·군수(광역시 군수는 제외)는 도시개발사업을 촉진하고 도시·군계획시설사업의 설치지원 등을 위하여 지방자치단체에 도시개발특별회계를 설치할 수 있다.

② 특별회계는 **다음 재원**으로 조성된다.

> 일반회계에서 전입된 금액, 정부의 보조금, 개발이익 재투자를 위하여 납입된 금액, 도시개발채권의 발행으로 조성된 자금, 도시개발법에 따른 수익금 및 집행 잔액, 부과·징수된 과태료, 과밀부담금, 개발부담금, 국토계획법에 따른 수익금, 재산세의 징수액, 차입금, 해당 특별회계자금의 융자회수금·이자수입금 및 그 밖의 수익금

③ 국가나 지방자치단체 등이 도시개발사업을 환지 방식으로 시행하는 경우에는 회계의 구분을 위하여 사업별로 특별회계를 설치하여야 한다.

(2) 도시개발특별회계의 운용

① 특별회계는 **다음 용도**로 사용한다.

> 도시개발사업의 시행자에 대한 공사비의 보조 및 융자, 도시·군계획시설사업에 관한 보조 및 융자, 지방자치단체가 시행하는 도시·군계획시설사업에 드는 비용, 도시개발채권의 원리금 상환, 도시개발구역의 지정, 계획수립 및 제도발전을 위한 조사·연구비, 차입금의 원리금 상환, 특별회계의 조성·운용 및 관리를 위한 경비, 그 밖에 대통령령으로 정하는 사항

② 국토교통부장관은 필요한 경우에는 지방자치단체의 장에게 특별회계의 운용 상황을 보고하게 할 수 있다.

4. 도시개발채권

(1) 도시개발채권의 발행

① 시·도지사는 도시개발사업 또는 도시·군계획시설사업에 필요한 자금을 조달하기 위하여 도시개발채권을 발행할 수 있다.

시·도지사가
도시개발채권 발행자
쉽따걸

② 도시개발채권의 소멸시효는 상환일부터 기산하여 원금은 5년, 이자는 2년 으로 한다.

③ 시·도지사는 도시개발채권을 발행하려는 경우에 **다음 사항**에 대하여 행정안전부장관(국장×)의 승인을 받아야 한다.

> 채권의 발행총액, 채권의 발행방법, 채권의 발행조건, 상환방법 및 절차, 그밖에 채권의 발행에 필요한 사항

④ 시·도지사는 승인을 받은 후 도시개발채권을 발행하려는 경우에 **다음 사항**을 공고하여야 한다.

> 채권의 발행총액, 채권의 발행기간, 채권의 이율, 원금상환의 방법 및 시기, 이자지급의 방법 및 시기

⑤ 도시개발채권은 전자등록하여 발행하거나 무기명으로 발행할 수 있으며, 발행방법에 필요한 세부적인 사항은 시·도의 조례로 정한다.

⑥ 도시개발채권의 이율은 채권의 발행 당시의 국채·공채 등의 금리와 특별회계의 상황 등을 고려하여 해당 시·도의 조례로 정한다.

⑦ 도시개발채권의 상환은 5년부터 10년까지의 범위에서 지방자치단체의 조례로 정한다.

⑧ 도시개발채권의 매출 및 상환업무의 사무취급기관은 해당 시·도지사가 지정하는 은행 또는 한국예탁결제원으로 한다.

(2) 도시개발채권의 매입

① 도시개발채권의 매입의무자와 매입금액은 다음과 같다.

ㄱ. 수용 또는 사용방식으로 시행하는 도시개발사업의 경우 공공시행자와 공사의 도급계약을 체결하는 자 : 계약금액의 3%

ㄴ. 공공시행자 외에 도시개발사업을 시행하는 자(민간시행자) : 시행면적 3.3㎡당 2만원

ㄷ. 국토계획법에 의한 개발행위허가를 받은 자 중 토지의 형질변경허가를 받은 자 : 허가면적 3.3㎡당 2만원

② 도시개발채권의 매입필증을 제출받는 자는 **다음 시기**에 매입자로부터 매입필증을 제출받아야 한다.

ㄱ. 허가 또는 인가를 하는 경우 : 해당 허가 또는 인가가 있었음을 증명하는 서류를 발급할 때

ㄴ. 공사의 도급계약을 체결하는 경우 : 도급계약을 체결할 때

③ 매입필증을 제출받는 자는 매입자로부터 제출받은 매입필증을 5년간 따로 보관하여야 하며, 지방자치단체의 장이나 도시개발채권 사무취급기관 그 밖에 관계기관의 요구가 있는 때에는 이를 제시하여야 한다.

④ 도시개발채권의 중도상환사유는 다음과 같다.

ㄱ. 도시개발채권의 매입사유가 된 허가 또는 인가가 매입자의 귀책사유 없이 취소된 경우

ㄴ. 공공시행자와 공사도급계약을 체결한 자의 귀책사유 없이 해당 도급계약이 취소된 경우

ㄷ. 도시개발채권의 매입의무자가 아닌 자가 착오로 도시개발채권을 매입한 경우

ㄹ. 도시개발채권의 매입의무자가 매입하여야 할 금액을 초과하여 도시개발채권을 매입한 경우

도시개발법령상 **도시개발채권**에 관한 설명으로 옳은 것은?[32회]

① 국토의 계획 및 이용에 관한 법률에 따른 공작물의 설치허가를 받은 자는 도시개발채권을 매입하여야 한다.(×)

② 도시개발채권의 이율은 기획재정부장관이 국채·공채 등의 금리와 특별 회계의 상황 등을 고려하여 정한다.(×)

③ 도시개발채권을 발행하려는 시·도지사는 기획재정부장관의 승인을 받은 후 채권의 발행총액 등을 공고하여야 한다.(×)

④ 도시개발채권의 상환기간은 5년보다 짧게 정할 수는 없다.(○)

⑤ 도시개발사업을 공공기관이 시행하는 경우 해당 공공기관의 장은 시·도 지사의 승인을 받아 도시개발채권을 발행할 수 있다.(×)

① 공작물 설치허가를 받은 자는 채권을 매입하지 않아도 됩니다. 토지형질변경 허가를 받은 자가 매입해야 합니다. ② 도시개발채권의 이율은 기획재정부장관이 정하는 것이 아니라 국채·공채 등의 금리와 특별회계의 상황 등을 고려하여 해당 시·도의 조례로 정합니다. ③ 기획재정부장관이 아니라 행정안전부장관 ④ 5년부터 10년까지의 범위에서 정해야 하니까! ⑤ 도시개발채권은 시·도지사가 발행합니다. 공공기관은 발행할 수 없어요.

도시개발법령상 **도시개발채권**에 관한 설명으로 틀린 것은?[28회]

① 도시개발채권의 상환은 2년부터 10년까지의 범위에서 지방자치단체의 조례로 정한다.(×)

② 도시개발채권의 소멸시효는 상환일부터 기산하여 원금은 5년, 이자는 2년으로 한다.(○)

③ 수용 또는 사용방식으로 시행하는 도시개발사업의 경우 한국토지주택공사와 공사도급계약을 채결하는 자는 도시개발채권을 매입하여야 한다.(○)

④ 도시개발채권은 무기명으로 발행할 수 있다.(○)

⑤ 도시개발채권의 매입의무자가 매입하여야 할 금액을 초과하여 도시개발채권을 매입한 경우 중도상환을 신청할 수 있다.(○)

① 5년부터 10년까지의 범위에서 정합니다. 빈출지문! ③ 계약금액의 3%

도시개발법령상 **도시개발채권**에 관한 설명으로 옳은 것은?[29회]

① 도시개발채권의 매입의무자가 아닌 자가 착오로 도시개발채권을 매입한 경우에는 도시개발채권을 중도에 상환할 수 있다.(○)

② 시·도지사는 도시개발채권을 발행하려는 경우 채권의 발행총액에 대하여 국토교통부장관의 승인을 받아야 한다.(×)

③ 도시개발채권의 상환은 3년부터 10년까지의 범위에서 지방자치단체의 조례로 정한다.(×)

④ 도시개발채권의 소멸시효는 상환일부터 기산하여 원금은 3년, 이자는 2년으로 한다.(×)

⑤ 도시개발채권 매입필증을 제출받는 자는 매입필증을 3년간 보관하여야 한다.(×)

① 착오 매입은 중도상환사유입니다. ② 국장이 아니라 행장(행정안전부장관)의 승인이 필요해요. ③ 5년부터 10년까지의 범위에서 정합니다. 빈출지문! ④ 원금 5년, 이자 2년입니다. 빈출지문! ⑤ 매입필증은 5년간 보관해야 해요!

상환 5~10년
원금 5년, 이자 2년

도시개발법령상 **도시개발사업의 비용 부담**에 관한 설명으로 틀린 것은?[27회]

① 도시개발사업에 필요한 비용은 도시개발법이나 다른 법률에 특별한 규정이 있는 경우를 제외하고는 시행자가 부담한다.(○)

② 지방자치단체의 장이 발행하는 도시개발채권의 소멸시효는 상환일로부터 기산하여 원금은 5년, 이자는 2년으로 한다.(○)

③ 시행자가 지방자치단체인 경우에는 공원·녹지의 조성비 전부를 국고에서 보조하거나 융자할 수 있다.(○)

④ 시행자는 공동구를 설치하는 경우에는 다른 법률에 따라 그 공동구에 수용될 시설을 설치할 의무가 있는 자에게 공동구의 설치에 드는 비용을 부담시킬 수 있다.(○)

⑤ 도시개발사업에 관한 비용 부담에 대해 대도시 시장과 시·도지사 간의 협의가 성립되지 아니하는 경우에는 기획재정부장관의 결정에 따른다.(×)

② 빈출지문! ⑤ 비용문제 나오면 행정안전부장관!

PART 3 도시정비법 도시 및 주거환경정비법

01 총칙★★★

용어 정의★★★

1. 정비구역
정비사업을 계획적으로 시행하기 위하여 지정 · 고시된 구역

2. 정비사업
도시기능을 회복하기 위하여 정비구역에서 정비기반시설을 정비하거나 주택 등 건축물을 개량 또는 건설하는 사업

① 주거환경개선사업

도시저소득 주민이 집단거주하는 지역으로서 정비기반시설이 극히 열악하고 노후 · 불량건축물이 과도하게 밀집한 지역의 주거환경을 개선하거나 단독주택 및 다세대주택이 밀집한 지역에서 정비기반시설과 공동이용시설 확충을 통하여 주거환경을 보전 · 정비 · 개량하기 위한 사업

② 재개발사업

정비기반시설이 열악하고 노후 · 불량건축물이 밀집한 지역에서 주거환경을 개선하거나 상업지역 · 공업지역 등에서 도시기능의 회복 및 상권활성화 등을 위하여 도시환경을 개선하기 위한 사업

이 경우 **다음 요건**을 모두 갖추어 시행하는 재개발사업을 공공재개발사업이라 한다.

ㄱ. 특별자치시장, 특별자치도지사, 시장, 군수, 자치구의 구청장(시장 · 군수등) 또는 토지주택공사등(조합과 공동으로 시행하는 경우를 포함)이 주거환경 개선사업의 시행자, 재개발사업의 시행자나 재개발사업의 대행자(공공재개발사업 시행자)일 것

ㄴ. 건설 · 공급되는 주택의 전체 세대수 또는 전체 연면적 중 토지등소유자 대상 분양분(지분형주택은 제외)을 제외한 나머지 주택의 세대수 또는 연면적의 20% 이상 50% 이하의 범위에서 시 · 도조례로 정하는 비율 이상을 지분형주택, 공공임대주택 또는 공공지원민간임대주택으로 건설 · 공급할 것

③ 재건축사업

정비기반시설은 양호하나 노후 · 불량건축물에 해당하는 공동주택이 밀집한 지역에서 주거환경을 개선하기 위한 사업

이 경우 **다음 요건**을 모두 갖추어 시행하는 재건축사업을 공공재건축사업이라 한다.

ㄱ. 시장 · 군수등 또는 토지주택공사등(조합과 공동으로 시행하는 경우를 포함)이 재건축사업의 시행자나 재건축사업의 대행자(공공재건축사업 시행자) 일 것

ㄴ. 종전의 용적률, 토지면적, 기반시설 현황 등을 고려하여 공공재건축사업을 추진하는 단지의 종전 세대수의 100분의 160에 해당하는 세대 이상을 건설·공급할 것.

도시 및 주거환경정비법령상 다음의 **정의**에 해당하는 **정비사업**은?[32회]

> 도시저소득 주민이 집단거주하는 지역으로서 정비기반시설이 **극히 열악**하고 노후·불량건축물이 과도하게 밀집한 지역의 주거환경을 개선하거나 단독주택 및 다세대주택이 밀집한 지역에서 정비기반시설과 공동이용시설 확충을 통하여 주거환경을 보전·정비·개량하기 위한 사업

① 주거환경개선사업   ② 재건축사업
③ 공공재건축사업   ④ 재개발사업   ⑤ 공공재개발사업

'극히 열악'만 보고 주거환경개선사업을 바로 선택해야죠. 정답①

3. 노후·불량건축물

① 건축물이 훼손되거나 일부가 멸실되어 붕괴, 그 밖의 안전사고의 우려가 있는 건축물

② 내진성능이 확보되지 아니한 건축물 중 중대한 기능적 결함 또는 부실 설계·시공으로 구조적 결함 등이 있는 건축물

③ **다음 요건을** 모두 충족하는 건축물로서 특별시·광역시·특별자치시·도·특별자치도 또는 대도시의 조례로 정하는 건축물

ㄱ. 주변 토지의 이용 상황 등에 비추어 주거환경이 불량한 곳에 위치할 것

ㄴ. 건축물을 철거하고 새로운 건축물을 건설하는 경우 건설에 드는 비용과 비교하여 효용의 현저한 증가가 예상될 것

④ 도시미관을 저해하거나 노후화된 건축물로서 시·도조례로 정하는 건축물

ㄱ. 준공된 후 20년 이상 30년 이하의 범위에서 시·도조례로 정하는 기간이 지난 건축물

ㄴ. 도시·군기본계획의 경관에 관한 사항에 어긋나는 건축물

4. 정비기반시설

도로·상하수도·구거(도랑)·공원·공용주차장·공동구, 녹지, 하천, 공공공지, 광장, 소방용수시설, 비상대피시설, 가스공급시설, 지역난방시설

5. 공동이용시설

주민이 공동으로 사용하는 놀이터·마을회관·공동작업장과 구판장·세탁장·화장실 및 수도, 탁아소·어린이집·경로당 등 노유자시설(유치원×, 학교×)

노후·불량건축물
① 훼손·멸실되어 붕괴우려
② 기능적·구조적 결함
③ 주거환경 불량한 곳에 위치하고, 새로 지을 경우 효용의 현저한 증가
④ 준공후 20~30년경과하고, 경관계획에 위배

노후·불량건축물 4가지
기억하세요!

도시 및 주거환경정비법령상 **정비기반시설**에 해당하는 것은?(단, 주거환경 개선사업을 위하여 지정·고시된정비구역이 아님)^{24회}

① 광장   ② 놀이터   ③ 탁아소
④ 마을회관 ⑤ 공동으로 사용하는 구판장

① 광장만 정비기반시설입니다. 나머지는 공동이용시설이죠. 정답①

저자의 한마디
어린이집은 공동이용시설이지만 유치원은 공동이용시설이 아니에요. 주의!

도시 및 주거환경정비법령상 주민이 공동으로 사용하는 시설로서 **공동이용시설**에 해당하지 않는 것은?(단, 조례는 고려하지 않으며, 각 시설은 단독주택, 공동주택 및 제1종근린생활시설에 해당하지 않음)^{29회}

① 유치원 ② 경로당 ③ 탁아소 ④ 놀이터 ⑤ 어린이집

① 유치원이나 학교는 공동이용시설에 포함되지 않아요. 정답①

도시 및 주거환경정비법령상 **정비기반시설**에 해당하지 않는 것은?(단, 주거환경 개선사업을 위하여 지정·고시된 정비구역이 아님)^{28회}

① 공동작업장 ② 하천 ③ 공공공지 ④ 공용주차장 ⑤ 공원

① 공동작업장은 정비기반시설이 아니라 공동이용시설이죠. 정답①

도시 및 주거환경정비법령상 **정비기반시설**에 해당하지 않는 것은?(단, 주거환경 개선사업을 위하여 지정·고시된 정비구역이 아님)^{34회}

① 녹지 ② 공공공지 ③ 공용주차장
④ 소방용수시설 ⑤ 공동으로 사용하는 구판장

①~④는 정비기반시설, ⑤는 공동이용시설 정답⑤

6. 대지

정비사업으로 조성된 토지

7. 주택단지

주택 및 부대시설 · 복리시설을 건설하거나 대지로 조성되는 일단의 토지

① 주택법에 따른 사업계획승인을 받아 주택 및 부대시설 · 복리시설을 건설한 일단의 토지

② 위 일단의 토지 중 도시 · 군계획시설인 도로나 그밖에 이와 유사한 시설로 분리되어 따로 관리되고 있는 각각의 토지

③ 위 일단의 토지 둘 이상이 공동으로 관리되고 있는 경우 그 전체 토지

④ 재건축사업에서 분할된 토지 또는 분할되어 나가는 토지

⑤ 건축법에 따라 건축허가를 받아 아파트 또는 연립주택을 건설한 일단의 토지

8. 사업시행자

정비사업을 시행하는 자

9. 토지등소유자

① 주거환경개선사업 및 재개발사업의 경우에는 정비구역에 위치한 <u>토지 또는 건축물의 소유자 또는 그</u> 지상권자

② 재건축사업의 경우에는 정비구역에 위치한 <u>건축물 및 그 부속토지의 소유자</u>

저자의 한마디

토지등소유자의 범위는 정비사업의 종류에 따라 다릅니다. 주거환경개선사업 및 재개발사업에는 지상권자도 포함된다는 점, 기억하세요!

도시 및 주거환경정비법령상 **용어의 정의**에 관한 설명으로 틀린 것은?[23회수정]

① 건축물이 훼손되거나 일부가 멸실되어 붕괴 그 밖의 안전사고의 우려가 있는 건축물은 노후·불량건축물에 해당한다.(○)

② 주거환경개선사업이라 함은 정비기반시설은 양호하나 노후·불량건축물이 밀집한 지역에서 주거환경을 개선하기 위하여 시행하는 사업을 말한다.(×)

③ 도로, 상하수도, 공원, 공용주차장은 정비기반시설에 해당한다.(○)

④ 재개발사업의 정비구역에 위치한 토지의 지상권자는 토지등소유자에 해당한다.(○)

⑤ 건축법에 따라 건축허가를 받아 아파트 또는 연립주택을 건설한 일단의 토지는 주택단지에 해당한다.(○)

주거환경개선사업-극히 열악
재개발사업-열악
재건축사업-양호

> ② 주거환경개선사업은 정비기반시설이 양호한 지역이 아니라 극히 열악한 지역에서 시행하는 사업이에요.

도시 및 주거환경정비법령상 **토지등소유자**에 해당하지 않는 자는?[35회]

① 주거환경개선사업 정비구역에 위치한 건축물의 소유자(○)

② 재개발사업 정비구역에 위치한 토지의 지상권자(○)

③ 재개발사업 정비구역에 위치한 건축물의 소유자(○)

④ 재건축사업 정비구역에 위치한 건축물 및 그 부속토지의 소유자(○)

⑤ 재건축사업 정비구역에 위치한 건축물 부속토지의 지상권자(×)

저자의 한마디

⑤번 지문에서 지상권자가 소유자로 바꿔도 틀린지문입니다. 재건축사업에서 토지등소유자는 ④번 지문처럼 '건축물 및 그 부속토지'의 소유자이기 때문이에요. 반면, 주거환경개선사업이나 재개발사업에서는 <u>토지와 건축물 중 하나만 있어도</u> 토지등소유자가 됩니다.

> 재건축사업에서 지상권자는 토지등소유자에 해당하지 않아요.(2조9호)

10. 토지주택공사등

한국토지주택공사법에 따라 설립된 한국토지주택공사 또는 지방공기업법에 따라 주택사업을 수행하기 위하여 설립된 지방공사

11. 정관 등

조합의 정관, 사업시행자인 토지등소유자가 자치적으로 정한 규약, 시장·군수등과 토지주택공사등 또는 신탁업자가 작성한 시행규정

02 기본계획의 수립 및 정비구역의 지정★★★★★

기본계획의 수립★★★

군수는 기본계획
수립하지 않아!

쉽따걸

저자의 한마디

기본방침은 10년 마다, 기본계획은 10년 단위로 수립합니다. 표현이 다름에 주의하세요. 또한 기본방침은 국장이 정하고, 기본계획은 육장(군수 제외)이 수립합니다.

1. 기본계획의 수립권자

① 특별시장 · 광역시장 · 특별자치시장 · 특별자치도지사 또는 시장(군수×)은 관할 구역에 대하여 도시 · 주거환경정비기본계획을 10년 단위로(10년 마다×) 수립하여야 한다. 다만, 도지사가 대도시가 아닌 시로서 기본계획을 수립할 필요가 없다고 인정하는 시에 대하여는 기본계획을 수립하지 아니할 수 있다.

② 특별시장 · 광역시장 · 특별자치시장 · 특별자치도지사 또는 시장(→기본계획의 수립권자, 군수 빠진 육장)은 기본계획에 대하여 5년마다 타당성을 검토하여 그 결과를 기본계획에 반영하여야 한다.

2. 기본계획의 내용

① 기본계획에는 **다음 사항**이 포함되어야 한다.

ㄱ. 정비사업의 기본방향 ㄴ. 정비사업의 계획기간

ㄷ. 인구 · 건축물 · 토지이용 · 정비기반시설 · 지형 및 환경 등의 현황

ㄹ. 주거지 관리계획

ㅁ. 토지이용계획 · 정비기반시설계획 · 공동이용시설설치계획 및 교통계획

ㅂ. 녹지 · 조경 · 에너지공급 · 폐기물처리 등에 관한 환경계획

ㅅ. 사회복지시설 및 주민문화시설 등의 설치계획

ㅇ. 도시의 광역적 재정비를 위한 기본방향

ㅈ. 정비구역으로 지정할 예정인 구역(정비예정구역)의 개략적 범위

ㅊ. 단계별 정비사업 추진계획(정비예정구역별 정비계획의 수립시기 포함)

ㅋ. 건폐율 · 용적률 등에 관한 건축물의 밀도계획

ㅌ. 세입자에 대한 주거안정대책

ㅍ. 그밖에 주거환경 등을 개선하기 위하여 필요한 사항으로서 대통령령으로 정하는 사항

정비예정구역 대신
생활권

쉽따맨

② 기본계획의 수립권자는 기본계획에 **다음 사항**을 포함하는 경우에는 ①의 ㅈ 및 ㅊ을 생략할 수 있다.

ㄱ. 생활권의 설정, 생활권별 기반시설 설치계획 및 주택수급계획

ㄴ. 생활권별 주거지의 정비 · 보전 · 관리의 방향

③ 기본계획의 작성기준 및 작성방법은 국토교통부장관이 정하여 고시한다.

3. 기본계획의 수립절차

(1) 주민의견청취

① 기본계획의 수립권자(→군수 빠진 육장)는 기본계획을 수립하거나 변경하려는 경우에는 14일 이상 주민에게 공람하여 의견을 들어야 하며, 제시된 의견이 타당하다고 인정되면 이를 기본계획에 반영하여야 한다.

② 기본계획의 수립권자는 공람과 함께 지방의회의 의견을 들어야 한다. 이 경우 지방의회는 기본계획의 수립권자가 기본계획을 통지한 날부터 60일 이내에 의견을 제시하여야 하며, 의견제시 없이 60일이 지난 경우 이의가 없는 것으로 본다.

③ 다음의 경미한 사항을 변경하는 경우에는 주민공람과 지방의회의 의견청취 절차를 거치지 아니할 수 있다.(이 경우에 협의, 심의, 승인절차도 거치지 않음)

ㄱ. 정비기반시설의 규모를 확대하거나 그 면적을 10% 미만의 범위에서 축소하는 경우

ㄴ. 정비사업의 계획기간을 단축하는 경우

ㄷ. 공동이용시설에 대한 설치계획을 변경하는 경우

ㄹ. 사회복지시설 및 주민문화시설 등에 대한 설치계획을 변경하는 경우

ㅁ. 구체적으로 면적이 명시된 정비예정구역의 면적을 20% 미만의 범위에서 변경하는 경우

ㅂ. 단계별 정비사업 추진계획을 변경하는 경우

ㅅ. 건폐율 및 용적률을 각 20% 미만의 범위에서 변경하는 경우

ㅇ. 정비사업의 시행을 위하여 필요한 재원조달에 관한 사항을 변경하는 경우

ㅈ. 도시·군기본계획의 변경에 따라 기본계획을 변경하는 경우

(2) 기본계획의 확정·고시

① 기본계획의 수립권자(대도시 시장이 아닌 시장은 제외)는 기본계획을 수립하거나 변경하려면 관계 행정기관의 장과 협의한 후 지방도시계획위원회의 심의를 거쳐야 한다. 다만, 경미한 사항(→위의 아홉 가지)을 변경하는 경우에는 협의 및 심의를 거치지 아니한다.

② 대도시 시장이 아닌 시장은 기본계획을 수립하거나 변경하려면 도지사의 승인을 받아야 하며, 도지사가 이를 승인하려면 관계 행정기관의 장과 협의한 후 지방도시계획위원회의 심의를 거쳐야 한다. 경미한 사항(→위의 아홉 가지)의 변경의 경우에는 도지사의 승인을 받지 아니할 수 있다.

③ 기본계획의 수립권자는 기본계획을 수립하거나 변경한 때에는 지체 없이 이를 해당 지방자치단체의 공보에 고시하고 일반인이 열람할 수 있도록 하여야 한다.

④ 기본계획의 수립권자는 기본계획을 고시한 때에는 국토교통부장관에게 보고하여야(승인받아야×) 한다.

축소는 10%, 변경은 20%

쉽파절

도시 및 주거환경정비법령상 **도시·주거환경정비기본계획을 변경**할 때 지방의회의 의견청취를 생략할 수 있는 경우가 아닌 것은?[30회]

① 공동이용시설에 대한 설치계획을 변경하는 경우(○)

② 정비사업의 계획기간을 단축하는 경우(○)

③ 사회복지시설 및 주민문화시설 등에 대한 설치계획을 변경하는 경우(○)

④ 구체적으로 명시된 정비예정구역 면적의 25퍼센트를 변경하는 경우(×)

⑤ 정비사업의 시행을 위하여 필요한 재원조달에 관한 사항을 변경하는 경우 (○)

④ 20% 미만의 범위에서 변경해야 경미한 사항입니다. 25% 변경은 경미한 사항이 아니어서 지방의회 의견청취를 생략할 수 없어요. 나머지는 모두 경미한 사항입니다.

도시정비법령상 **도시·주거환경정비기본계획**의 수립에 관한 설명으로 틀린 것은?[26회]

① 대도시가 아닌 시의 경우 도지사가 기본계획의 수립이 필요하다고 인정하는 시를 제외하고는 기본계획을 수립하지 아니할 수 있다.(○)

② 기본계획을 수립하고자 하는 때에는 14일 이상 주민에게 공람하고 지방 의회의 의견을 들어야 한다.(○)

③ 대도시의 시장이 아닌 시장이 기본계획을 수립한 때에는 도지사의 승인을 얻어야 한다.(○)

④ 기본계획을 수립한 때에는 지체 없이 당해 지방자치단체의 공보에 고시 하여야 한다.(○)

⑤ 기본계획에 대하여는 3년마다 그 타당성 여부를 검토하여 그 결과를 기본 계획에 반영하여야 한다.(×)

⑤ 타당성 검토는 늘 5년 마다!

타당성 검토는 5년마다!

도시정비법령상 **도시·주거환경정비기본계획의 수립**에 관한 설명으로 틀린 것은?[29회]

① 도지사가 대도시가 아닌 시로서 기본계획을 수립할 필요가 없다고 인정 하는 시에 대하여는 기본계획을 수립하지 아니할 수 있다.(○)

② 국토교통부장관은 기본계획에 대하여 5년마다 타당성 여부를 검토하여 그 결과를 기본계획에 반영하여야 한다.(×)

③ 기본계획의 수립권자는 기본계획을 수립하려는 경우 14일 이상 주민에게 공람하여 의견을 들어야 한다.(○)

④ 기본계획에는 사회복지시설 및 주민문화시설 등의 설치계획이 포함되어야 한다.(○)

⑤ 대도시의 시장이 아닌 시장은 기본계획의 내용 중 정비사업의 계획기간을 단축하는 경우 도지사의 변경승인을 받지 아니할 수 있다.(○)

① 빈출지문! ② 육장(군수 제외)이 기본계획의 타당성을 재검토합니다. 국장은 기본방침의 타당성을 검토하는 거고요. ③ 빈출지문 ⑤ 정비사업의 계획기간을 단축하는 것은 경미한 사항의 변경이니까.

도시정비법령상 **도시·주거환경정비기본계획**의 수립에 관한 설명으로 틀린 것은?[27회]

① 기본계획의 작성방법은 국토교통부장관이 정한다.(○)

② 대도시의 시장이 아닌 시장은 기본계획의 내용 중 단계별 정비사업 추진계획을 변경하는 때에는 도지사의 승인을 얻지 않아도 된다.(○)

③ 기본계획에 생활권별 기반시설 설치계획이 포함된 경우에는 기본계획에 포함되어야 할 사항 중 주거지 관리계획이 생략될 수 있다.(×)

④ 대도시의 시장은 지방도시계획위원회의 심의를 거치기전에 관계 행정 기관의 장과 협의하여야 한다.(○)

⑤ 도지사가 기본계획을 수립할 필요가 없다고 인정하는 대도시가 아닌 시는 기본계획을 수립하지 아니할 수 있다.(○)

> ③ 기본계획에 생활권별 기반시설 설치계획이 포함된 경우에는 1)정비예정구역의 개략적 범위와 2)단계별 정비사업 추진계획을 생략할 수 있어요. 주거지 관리계획은 생략 불가!

정비구역의 지정*****

1. 정비구역의 지정권자와 정비계획의 입안권자

① 특별시장·광역시장·특별자치시장·특별자치도지사·시장 또는 군수(→육장이 정비구역의 지정권자)는 기본계획에 적합한 범위에서 노후·불량 건축물이 밀집하는 등 요건에 해당하는 구역에 대하여 정비계획을 결정하여 정비구역을 지정(변경지정 포함)할 수 있다.

② 천재지변 등 불가피한 사유로 긴급하게 정비사업을 시행할 필요가 있다고 인정하는 때에는 기본계획을 수립하거나 변경하지 아니하고 정비구역을 지정할 수 있다.

③ 정비구역의 지정권자는 정비구역의 진입로 설치를 위하여 필요한 경우에는 진입로 지역과 그 인접지역을 포함하여 정비구역을 지정할 수 있다.

④ 정비구역의 지정권자는 정비구역 지정을 위하여 직접 정비계획을 입안할 수 있다.

⑤ 자치구의 구청장 또는 광역시의 군수(→구청장등)는 정비계획을 입안하여 특별시장·광역시장에게 정비구역 지정을 신청하여야 한다. 이 경우 지방의회의 의견을 첨부하여야 한다.

⑥ 정비계획을 입안하는 경우에는 **다음 사항**을 조사·확인하여야 하며, 정비계획의 입안 내용을 변경하려는 경우에는 변경내용에 해당하는 사항을 조사·확인하여야 한다.(조사·확인사항)

ㄱ. 주민 또는 산업의 현황 ㄴ. 토지 및 건축물의 이용과 소유현황

ㄷ. 도시 · 군계획시설 및 정비기반시설의 설치현황

ㄹ. 정비구역 및 주변지역의 교통상황 ㅁ. 토지 및 건축물의 가격과 임대차 현황

ㅂ. 정비사업의 시행계획 및 시행방법 등에 대한 주민의 의견

ㅅ. 그밖에 시 · 도조례로 정하는 사항

> **저자의 한마디**
>
> 자치구 구청장 또는 광역시 군수(구청장등)는 정비계획을 입안할 수는 있지만, 정비구역을 지정할 수는 없어요.(정비구역의 지정권자는 육장)

도시정비법령상 시장·군수가 정비구역지정을 위하여 **정비계획을 입안**하는 경우 **조사·확인하여야 하는 사항**으로 명시되어 있지 않은 것은?(단 조례는 고려하지 않음)^{31회}

① 주민 또는 산업의 현황 ② 관계 중앙행정기관의 장의 의견

③ 건축물의 소유현황 ④ 토지 및 건축물의 가격

⑤ 정비구역 및 주변지역의 교통상황

② 정비사업의 시행계획 및 시행방법 등에 대한 주민의 의견은 조사·확인사항이지만 관계 중앙행정기관의 장의 의견은 아니에요. 정답②

2. 정비계획의 내용

① 정비계획에는 **다음 사항**이 포함되어야 한다.

> 정비사업의 명칭, 정비구역 및 그 면적, 토지등소유자별 분담금 추산액 및 산출근거^(신설), 도시·군계획시설의 설치에 관한 계획, 공동이용시설 설치계획, 건축물의 주용도·건폐율·용적률·높이에 관한 계획, 환경보전 및 재난방지에 관한 계획, 정비구역 주변의 교육환경 보호에 관한 계획, 세입자 주거대책, 정비사업시행 예정시기 등

저자의 한마디

정비계획과 앞에서 학습한 기본계획의 내용을 구분하여 암기하시기 바랍니다.

토지등소유자별 분담금 추산액 및 산출근거(신설)

② 정비사업을 통하여 공공지원민간임대주택을 공급하거나 주택임대관리업자에게 임대할 목적으로 주택을 위탁하려는 경우에는 주거지역을 세분 또는 변경하는 계획과 용적률에 관한 사항을 정비계획에 포함하되 기본계획에서 정하는 건폐율·용적률 등에 관한 건축물의 밀도계획과 달리 입안할 수 있다.

③ 정비계획을 입안하는 특별자치시장, 특별자치도지사, 시장, 군수 또는 구청장 등(→정비계획의 입안권자)이 생활권의 설정 등을 포함하여 기본계획을 수립한 지역에서 정비계획을 입안하는 경우에는 그 정비구역을 포함한 해당 생활권에 대하여 세부 계획을 입안할 수 있다.

정비구역의 지정권자
→ 특·광·특·특·시·군(육장)
정비계획의 입안권자
→ 특·특·시·군·구청장등
*정비구역의 지정권자는 정비구역 지정을 위하여 직접 정비계획을 입안할 수 있음

④ 정비계획의 작성기준 및 작성방법은 국토교통부장관이 정하여 고시한다.

도시정비법령상 **기본계획 및 정비계획**에 관한 설명으로 옳은 것은?^{22회수정}

① 정비구역의 지정권자는 정비구역 지정을 위하여 직접 정비계획을 입안할 수 없다.(×)

② 건축물의 건축선에 관한 계획은 기본계획에 포함되어야 한다.(×)

③ 시장은 관할 구역에 대하여 도시·주거환경정비기본계획을 5년 단위로 수립하여야 한다.(×)

④ 건폐율·용적률 등에 관한 건축물의 밀도계획은 기본계획에 포함되지 않는다.(×)

⑤ 기본계획의 내용 중 공동이용시설에 대한 설치계획을 변경하는 경우에는 지방도시계획위원회의 심의를 거치지 않아도 된다.(○)

① 직접 정비계획을 입안할 수 있어요. ② 건축선에 관한 계획은 기본계획에 없죠? ③ 10년 단위로 수립합니다. ④ 건축물의 밀도계획은 기본계획의 내용입니다. ⑤ 경미한 사항

3. 임대주택 및 주택규모별 건설비율

① 정비계획의 입안권자(→특·특·시·군·구청장등)는 주택수급의 안정과 저소득 주민의 입주기회 확대를 위하여 정비사업으로 건설하는 주택에 대하여 **다음 범위**에서 국토교통부장관이 정하여 고시하는 임대주택 및 주택규모별 건설비율 등을 정비계획에 반영하여야 한다.

ㄱ. 국민주택규모의 주택이 전체 세대수의 90% 이하에서 대통령령으로 정하는 범위

ㄴ. 임대주택이 전체 세대수 또는 전체 연면적의 30% 이하에서 대통령령으로 정하는 범위

② 사업시행자는 고시된 내용에 따라 주택을 건설하여야 한다.

도시 및 주거환경정비법령상 **임대주택 및 주택규모별 건설비율**에 관한 규정의 일부이다. ( )에 들어갈 숫자로 옳은 것은?[35회]

> 정비계획의 입안권자는 주택수급의 안정과 저소득주민의 입주기회 확대를 위하여 정비사업으로 건설하는 주택에 대하여 다음 각 호의 구분에 따른 범위에서 국토교통부장관이 정하여 고시하는 임대주택 및 주택규모별 건설비율 등을 정비계획에 반영하여야 한다.
> 1. 주택법에 따른 국민주택규모의 주택이 전체세대수의 100분의 (ㄱ) 이하에서 대통령령으로 정하는 범위
> 2. 공공임대주택 및 민간임대주택에 관한 특별법에 따른 민간임대주택이 전체 세대 수 또는 전체 연면적의 100분의 (ㄴ) 이하에서 대통령령으로 정하는 범위

① ㄱ:80, ㄴ:20   ② ㄱ:80, ㄴ:30   ③ ㄱ:80, ㄴ:50
④ ㄱ:90, ㄴ:30   ⑤ ㄱ:90, ㄴ:50

국민주택규모주택 90%이하, 임대주택 30%이하(10조) 정답④

4. 기본계획 및 정비계획 수립 시 용적률 완화

① 기본계획의 수립권자 또는 정비계획의 입안권자는 정비사업의 원활한 시행을 위하여 기본계획을 수립하거나 정비계획을 입안(또는 변경)하려는 경우에는 주거지역에 대하여는 용적률의 상한까지 용적률을 정할 수 있다.

② 기본계획의 수립권자 또는 정비계획의 입안권자는 천재지변, 그 밖의 불가피한 사유로 건축물이 붕괴할 우려가 있어 긴급히 정비사업을 시행할 필요가 있다고 인정하는 경우에는 용도지역의 변경을 통해 용적률을 완화하여 기본계획을 수립하거나 정비계획을 입안할 수 있다. 이 경우 기본계획의 수립권자, 정비계획의 입안권자 및 정비구역의 지정권자는 용도지역의 변경을 이유로 기부채납을 요구하여서는 아니 된다.

③ 구청장등 또는 대도시의 시장이 아닌 시장은 정비계획을 입안하거나 변경 입안하려는 경우 기본계획의 변경 또는 변경승인을 특별시장·광역시장·도지사에게 요청할 수 있다

5. 재건축진단

(1) 재건축사업을 위한 재건축진단

① 시장·군수등은 정비예정구역별 정비계획의 수립시기가 도래한 때부터 사업시행계획인가 전까지 재건축진단을 실시하여야 한다.

② 시장·군수등은 **다음 어느 하나에** 해당하는 경우에는 재건축진단을 실시 하여야 한다. 이 경우 시장·군수등은 재건축진단에 드는 비용을 해당 재건축진단의 실시를 요청하는 자에게 부담하게 할 수 있다.

1/10이상 동의만 있네!

원다걸

ㄱ. 정비계획의 입안을 요청하려는 자가 입안을 요청하기 전에 해당 정비예정 구역 또는 사업예정구역에 위치한 건축물 및 그 부속토지의 소유자 10분의 1 이상의 동의를 받아 재건축진단의 실시를 요청하는 경우

ㄴ. 정비계획의 입안을 제안하려는 자가 입안을 제안하기 전에 해당 정비예정 구역에 위치한 건축물 및 그 부속토지의 소유자 10분의 1 이상의 동의를 받아 재건축진단의 실시를 요청하는 경우

ㄷ. 정비예정구역을 지정하지 아니한 지역에서 재건축사업을 하려는 자가 사업예정구역에 있는 건축물 및 그 부속토지의 소유자 10분의 1 이상의 동의를 받아 재건축진단의 실시를 요청하는 경우

ㄹ. 내진성능이 확보되지 아니한 건축물 중 중대한 기능적 결함 또는 부실 설계·시공으로 구조적 결함 등이 있는 건축물의 소유자로서 재건축사업을 시행하려는 자가 해당 사업예정구역에 위치한 건축물 및 그 부속토지의 소유자 10분의 1 이상의 동의를 받아 재건축진단의 실시를 요청하는 경우

ㅁ. 정비계획을 입안하여 주민에게 공람한 지역 또는 정비구역으로 지정된 지역에서 재건축사업을 시행하려는 자가 해당 구역에 위치한 건축물 및 그 부속토지의 소유자 10분의 1 이상의 동의를 받아 재건축진단의 실시를 요청하는 경우

ㅂ. 시장·군수등의 승인을 받은 조합설립추진위원회 또는 사업시행자가 재건축진단의 실시를 요청하는 경우(10분의 1 이상 동의 ×)

③ 재건축사업의 재건축진단은 주택단지(연접한 단지 포함)의 건축물(공동주택만×)을 대상으로 한다. 다만, **다음 경우에는** 재건축진단 대상에서 제외할 수 있다.

재건축진단 제외사유 5가지 암기!

숙파해

ㄱ. 정비계획의 입안권자가 천재지변 등으로 주택이 붕괴되어 신속히 재건축을 추진할 필요가 있다고 인정하는 것

ㄴ. 주택의 구조안전상 사용금지가 필요하다고 정비계획의 입안권자가 인정 하는 것

ㄷ. 노후·불량건축물 수에 관한 기준을 충족한 경우 잔여 건축물

ㄹ. 정비계획의 입안권자가 진입도로 등 기반시설 설치를 위하여 불가피하게 정비구역에 포함된 것으로 인정하는 건축물

ㅁ. 안전등급이 D(미흡) 또는 E(불량)인 건축물

④ 시장·군수등은 재건축진단기관에 의뢰하여 주거환경 적합성, 해당 건축물의 구조안전성, 건축마감, 설비노후도 등에 관한 재건축진단을 실시하여야 한다.

⑤ 재건축진단을 의뢰받은 재건축진단기관은 국토교통부장관이 정하여 고시하는 기준(건축물의 내진성능 확보를 위한 비용을 포함)에 따라 재건축진단을 실시하여야 하며, 재건축진단 결과보고서를 작성하여 시장·군수등 및 재건축진단의 실시를 요청한 자에게 제출하여야 한다.

⑥ 시장·군수등은 재건축진단의 결과와 도시계획 및 지역여건 등을 종합적으로 검토하여 사업시행계획인가 여부를 결정하여야 한다.

(2) 재건축진단 결과의 적정성 검토

① 시장·군수등(특별자치시장 및 특별자치도지사는 제외)은 재건축진단 결과보고서를 제출받은 경우에는 지체 없이 특별시장·광역시장·도지사에게 결정내용과 해당 재건축진단 결과보고서를 제출하여야 한다.

② 특별시장·광역시장·특별자치시장·도지사·특별자치도지사(→시·도지사)는 필요한 경우 국토안전관리원 또는 한국건설기술연구원에 재건축진단 결과의 적정성에 대한 검토를 의뢰할 수 있다.

③ 국토교통부장관은 시·도지사에게 재건축진단 결과보고서의 제출을 요청할 수 있으며, 필요한 경우 시·도지사에게 재건축진단 결과의 적정성에 대한 검토를 요청할 수 있다.

④ 특별시장·광역시장·도지사는 검토결과에 따라 필요한 경우 시장·군수등에게 재건축진단에 대한 시정요구 등의 조치를 요청할 수 있으며, 시장·군수등은 특별한 사유가 없으면 그 요청에 따라야 한다.

도시정비법령상 **재건축사업의 재건축진단**에 관한 설명으로 틀린 것은?[28회수정]

① 시장·군수는 정비예정구역별 정비 계획의 수립시기가 도래한 때부터 사업시행계획인가 전까지 재건축진단을 실시하여야 한다.(○)

② 진입도로 등 기반시설 설치를 위하여 불가피하게 정비구역에 포함된 것으로 시장·군수가 인정하는 건축물은 재건축진단 대상에서 제외할 수 있다.(○)

③ 시장·군수는 재건축진단기관에 의뢰하여 주거환경 적합성, 해당 건축물의 구조안전성, 건축마감, 설비노후도 등에 관한 재건축진단을 실시하여야 한다.(○)

④ 시·도지사는 필요한 경우 국토안전관리원에 재건축진단결과의 적정성에 대한 검토를 의뢰할 수 있다.(○)

⑤ 시장·군수는 재건축진단 결과보고서를 제출받은 경우에는 지체없이 국토교통부장관에게 재건축진단결과보고서를 제출하여야 한다.(×)

시장·군수→도지사
구청장등→특별·광역시장

⑤ 시장·군수는 국장이 아니라 도지사에게 재건축진단결과보고서를 제출해야 합니다. 다른 입안권자인 구청장등(자치구의 구청장 또는 광역시의 군수)은 특별시장·광역시장에게 제출해야 하고요.

6. 정비구역의 지정을 위한 정비계획의 입안 요청

입안 요청할 수 있는 경우 기억해!

① 토지등소유자 또는 추진위원회는 **다음 어느 하나에** 해당하는 경우에는 정비계획의 입안권자에게 정비구역의 지정을 위한 정비계획의 입안을 요청할 수 있다.

ㄱ. 기본계획을 수립하지 아니한 지역으로서 대통령령으로 정하는 경우

ㄴ. 단계별 정비사업 추진계획상 정비예정구역별 정비계획의 입안시기가 지났음에도 불구하고 정비계획이 입안되지 아니한 경우

ㄷ. 기본계획에 정비예정구역의 개략적 범위 및 단계별 정비사업 추진계획을 생략한 경우

ㄹ. 천재지변 등 불가피한 사유로 긴급하게 정비사업을 시행할 필요가 있다고 판단되는 경우

② 정비계획의 입안권자는 위의 요청이 있는 경우에는 요청일부터 4개월 이내에 정비계획의 입안 여부를 결정하여 토지등소유자 및 정비구역의 지정권자에게 알려야 한다. 다만, 정비계획의 입안권자는 정비계획의 입안 여부의 결정 기한을 2개월의 범위에서 한 차례만 연장할 수 있다.

③ 정비구역의 지정권자는 **다음 경우**에는 정비계획의 기본방향을 작성하여 정비계획의 입안권자에게 제시하여야 한다.

ㄱ. 정비계획의 입안권자가 토지등소유자에게 정비계획을 입안하기로 통지한 경우

ㄴ. 단계별 정비사업 추진계획에 따라 정비계획의 입안권자가 요청하는 경우

ㄷ. 정비계획의 입안권자가 정비계획을 입안하기로 결정한 경우로서 대통령령으로 정하는 경우

ㄹ. 정비계획을 변경하는 경우로서 대통령령으로 정하는 경우

7. 정비계획의 입안 제안

입안 제안할 수 있는 경우 기억해!

토지등소유자(⑤의 경우에는 사업시행자가 되려는 자) 또는 추진위원회는 **다음 경우에** 정비 계획의 입안권자에게 정비계획의 입안을 제안할 수 있다.

① 단계별 정비사업 추진계획상 정비예정구역별 정비계획의 입안시기가 지났음에도 불구하고 정비계획이 입안되지 아니하거나 정비예정구역별 정비계획의 수립시기를 정하고 있지 아니한 경우

② 토지등소유자가 토지주택공사등을 사업시행자로 지정 요청하려는 경우

③ 대도시가 아닌 시 또는 군으로서 시·도조례로 정하는 경우

④ 정비사업을 통하여 공공지원민간임대주택을 공급하거나 임대할 목적으로 주택을 주택임대관리업자에게 위탁하려는 경우로서 정비계획의 입안을 요청하려는 경우

⑤ 천재지변 등 불가피한 사유로 긴급하게 정비사업을 시행할 필요가 있다고 인정하는 경우

⑥ 토지등소유자(조합이 설립된 경우에는 조합원)가 3분의 2 이상의 동의로 정비계획의 변경을 요청하는 경우

⑦ 토지등소유자가 공공재개발사업 또는 공공재건축사업을 추진하려는 경우

8. 정비계획의 입안·결정 및 정비구역의 지정·고시

(1) 정비계획 입안을 위한 주민의견청취

① 정비계획의 입안권자(→특·특·시·군·구청장등)는 정비계획을 입안하거나 변경하려면 주민에게 서면으로 통보한 후 주민설명회 및 30일 이상 주민에게 공람하여 의견을 들어야 하며, 제시된 의견이 타당하다고 인정되면 이를 정비계획에 반영하여야 한다.

② 정비계획의 입안권자는 주민공람과 함께 지방의회의 의견을 들어야 한다. 이 경우 지방의회는 정비계획의 입안권자가 정비계획을 통지한 날부터 60일 이내에 의견을 제시하여야 하며, 의견제시 없이 60일이 지난 경우 이의가 없는 것으로 본다.

③ 경미한 사항을 변경하는 경우에는 주민에 대한 서면통보, 주민설명회, 주민공람 및 지방의회의 의견청취 절차를 거치지 아니할 수 있다.

④ 정비계획의 입안권자는 정비기반시설 및 국유·공유재산의 귀속 및 처분에 관한 사항이 포함된 정비계획을 입안하려면 미리 해당 정비기반시설 및 국유·공유재산의 관리청의 의견을 들어야 한다.

(2) 정비계획의 결정 및 정비구역의 지정·고시

① 정비구역의 지정권자(→욱장)는 정비구역을 지정하거나 변경지정하려면 지방도시계획위원회의 심의를 거쳐야 한다.

② 정비구역의 지정권자는 정비구역을 지정(변경지정 포함)하거나 정비계획을 결정(변경결정 포함)한 때에는 정비계획을 포함한 정비구역 지정의 내용을 해당 지방자치단체의 공보에 고시하여야 한다.

③ 정비구역의 지정권자는 정비계획을 포함한 정비구역을 지정·고시한 때에는 국토교통부장관에게 그 지정의 내용을 보고하여야 하며, 관계 서류를 일반인이 열람할 수 있도록 하여야 한다.

(3) 정비구역 지정·고시의 효력

① 정비구역의 지정·고시가 있는 경우 해당 정비구역 및 정비계획 중 지구단위계획의 내용에 해당하는 사항은 지구단위계획구역 및 지구단위계획으로 결정·고시된 것으로 본다.

② 지구단위계획구역에 대하여 정비계획의 내용을 모두 포함한 지구단위계획을 결정·고시(변경 결정·고시하는 경우를 포함)하는 경우 해당 지구단위계획구역은 정비구역으로 지정·고시된 것으로 본다.

③ 정비계획을 통한 토지의 효율적 활용을 위하여 건폐율·용적률 등의 완화 규정은 정비계획에 준용한다.

④ 용적률이 완화되는 경우로서 사업시행자가 정비구역에 있는 대지의 가액 일부에 해당하는 금액을 현금으로 납부한 경우에는 공공시설 등의 부지를 제공하거나 공공시설 등을 설치하여 제공한 것으로 본다.

9. 정비구역의 분할, 통합 및 결합

① 정비구역의 지정권자(→육장)는 정비사업의 효율적인 추진 또는 도시의 경관 보호를 위하여 필요하다고 인정하는 경우에는 **다음 방법**에 따라 정비 구역을 지정할 수 있다.

ㄱ. 하나의 정비구역을 둘 이상의 정비구역으로 분할

ㄴ. 서로 연접한 정비구역을 하나의 정비구역으로 통합

ㄷ. 서로 연접하지 아니한 둘 이상의 구역 또는 정비구역을 하나의 정비구역으로 결합

② 정비구역을 분할 · 통합하거나 서로 떨어진 구역을 하나의 정비구역으로 결합하여 지정하려는 경우 시행 방법과 절차에 관한 세부사항은 시 · 도조례로 정한다.

10. 행위제한

① 정비구역에서 **다음 행위**를 하려는 자는 시장 · 군수등의 허가를 받아야 한다. 허가받은 사항을 변경하려는 때에도 또한 같다.

ㄱ. 건축물의 건축 등 : 건축물(가설건축물 포함)의 건축, 용도변경

ㄴ. 공작물의 설치 : 인공을 가하여 제작한 시설물(건축법에 따른 건축물 제외)의 설치

ㄷ. 토지의 형질변경 : 절토 · 성토 · 정지 · 포장 등의 방법으로 토지의 형상을 변경하는 행위, 토지의 굴착 또는 공유수면의 매립

ㄹ. 토석의 채취 : 흙 · 모래 · 자갈 · 바위 등의 토석을 채취하는 행위(토지의 형질변경을 목적으로 하는 것 제외)

ㅁ. 토지분할

ㅂ. 물건을 쌓아놓는 행위 : 이동이 쉽지 아니한 물건을 1개월 이상 쌓아놓는 행위

ㅅ. 죽목의 벌채 및 식재

허가 불필요한 행위들 꼭 기억!
쉽파걸

② **다음 행위**는 허가를 받지 아니하고 할 수 있다.

ㄱ. 재해복구 또는 재난수습에 필요한 응급조치를 위한 행위

ㄴ. 기존 건축물의 붕괴 등 안전사고의 우려가 있는 경우 해당 건축물에 대한 안전조치를 위한 행위

ㄷ. 농림수산물의 생산에 직접 이용되는 것으로서 간이공작물의 설치

> 비닐하우스, 양잠장, 농림수산물의 건조장, 버섯재배사, 종묘배양장, 퇴비장, 탈곡장

ㄹ. 경작을 위한 토지의 형질변경

ㅁ. 정비구역의 개발에 지장을 주지 아니하고 자연경관을 손상하지 아니하는 범위에서의 토석의 채취

ㅂ. 정비구역에 존치하기로 결정된 대지에 물건을 쌓아놓는 행위

ㅅ. 관상용 죽목의 임시식재(경작지에서의 임시식재는 허가 필요)

③ 허가를 받아야 하는 행위로서 정비구역의 지정 및 고시 당시 이미 관계 법령에 따라 행위허가를 받았거나 허가를 받을 필요가 없는 행위에 관하여 그

공사 또는 사업에 착수한 자는 정비구역이 지정·고시된 날부터 30일 이내에 그 공사 또는 사업의 진행상황과 시행계획을 첨부하여 관할 시장·군수등에게 <u>신고</u>한 후 이를 계속 시행할 수 있다.

④ 시장·군수등은 ①을 위반한 자에게 원상회복을 명할 수 있다. 이 경우 명령을 받은 자가 그 의무를 이행하지 아니하는 때에는 시장·군수등은 행정대집행법에 따라 대집행할 수 있다.

⑤ 국토교통부장관, 시·도지사, 시장, 군수 또는 구청장(자치구의 구청장)은 비경제적인 건축행위 및 투기 수요의 유입을 막기 위하여 <u>기본계획을 공람 중인 정비예정구역 또는 정비계획을 수립 중인 지역</u>에 대하여 3년 이내의 기간(1년의 범위에서 한 차례만 연장 가능)을 정하여 **다음** 행위를 제한할 수 있다.

ㄱ. 건축물의 건축　ㄴ. 토지의 분할
ㄷ. 일반건축물대장을 집합건축물대장으로 전환
ㄹ. 집합건축물대장의 전유부분 분할

⑥ 정비구역등에서는 주택법에 따른 지역주택조합의 조합원을 모집해서는 아니 된다.

도시정비법령상 **시장·군수등의 허가없이** 정비구역에서 할 수 있는 행위는?[21회수정]
① 경작을 위한 토지의 형질변경　② 공유수면의 매립
③ 토지분할 ④ 건축법에 따른 건축물의 용도변경 ⑤ 죽목의 식재

① 경작을 위한 토지의 형질변경은 허가가 필요하지 않아요. 정답①

도시정비법령상 **정비구역에서의 행위 중 시장·군수등의 허가**를 받아야 하는 것을 모두 고른 것은?(단, 재해복구 또는 재난수습과 관련 없는 행위임)[25회수정]

ㄱ. 가설건축물의 건축　ㄴ. 죽목의 벌채　ㄷ. 공유수면의 매립 ㄹ. 이동이 용이하지 아니한 물건을 1월 이상 쌓아놓는 행위

① ㄱ,ㄴ　② ㄷ,ㄹ　③ ㄱ,ㄴ,ㄷ　④ ㄴ,ㄷ,ㄹ　⑤ ㄱ,ㄴ,ㄷ,ㄹ

가설건축물도 허가받아야 돼!

모두 허가받아야할 사항이네요. 정답⑤

도시정비법령상 **정비구역에서 시장·군수등의 허가**를 받아야 하는 행위는?(단, 국토의 계획 및 이용에 관한 법률에 따른 개발행위허가의 대상이 아님)[22회수정]
① 농림수산물의 생산에 직접 이용되는 것으로서 탈곡장의 설치
② 농림수산물의 생산에 직접 이용되는 것으로서 비닐하우스의 설치
③ 경작을 위한 토지의 형질변경　④ 경작지에서의 관상용 죽목의 임시식재
⑤ 농림수산물의 생산에 직접 이용되는 것으로서 종묘배양장의 설치

④ 관상용 죽목의 임시식재는 허가가 필요없지만 경작지에서의 임시식재는 허가 필요. 정답④

저자의 한마디
①②⑤ 간이공작물(탈곡장, 비닐하우스, 종묘배양장)의 설치는 허가대상행위가 아니에요!

도시정비법령상 **도시·주거환경정비기본계획의 수립 및 정비구역의 지정**에 관한 설명으로 틀린 것은?[30회]

① 기본계획의 수립권자는 기본계획을 수립하려는 경우에는 14일 이상 주민에게 공람하여 의견을 들어야 한다.(○)

② 기본계획의 수립권자는 기본계획을 수립한 때에는 지체없이 이를 해당 지방자치단체의 공보에 고시하고 일반인이 열람할 수 있도록 하여야 한다. (○)

③ 정비구역의 지정권자는 정비구역의 진입로 설치를 위하여 필요한 경우에는 진입로 지역과 그 인접지역을 포함하여 정비구역을 지정할 수 있다. (○)

④ 정비구역에서는 주택법에 따른 지역주택조합의 조합원을 모집해서는 아니된다.(○)

⑤ 정비구역에서 이동이 쉽지 아니한 물건을 14일 동안 쌓아두기 위해서는 시장·군수등의 허가를 받아야 한다.(×)

⑤ 1개월 이상 쌓아둘 때 허가가 필요합니다. 14일이면 허가 불필요!

정비구역등의 해제***

1. 정비구역등의 해제

① 정비구역의 지정권자(→육장)는 **다음 경우**에 정비구역등을 **해제하여야 한다.**

ㄱ. 정비예정구역에 대하여 기본계획에서 정한 정비구역 지정 예정일부터 3년이 되는 날까지 특별자치시장, 특별자치도지사, 시장 또는 군수가 정비구역을 지정하지 아니하거나 구청장등이 정비구역의 지정을 신청하지 아니하는 경우

ㄴ. 조합이 시행하는 재개발사업·재건축사업이 **다음**에 해당하는 경우

• 토지등소유자가 정비구역으로 지정·고시된 날부터 2년이 되는 날까지 조합설립추진위원회의 승인을 신청하지 아니하는 경우

• 토지등소유자가 정비구역으로 지정·고시된 날부터 3년이 되는 날까지 조합설립인가를 신청하지 아니하는 경우(추진위원회를 구성하지 아니하는 경우로 한정)

• 추진위원회가 추진위원회 승인일부터 2년이 되는 날까지 조합설립인가를 신청하지 아니하는 경우

• 조합이 조합설립인가를 받은 날부터 3년이 되는 날까지 사업시행계획인가를 신청하지 아니하는 경우

ㄷ. 토지등소유자가 시행하는 재개발사업으로서 토지등소유자가 정비구역으로 지정·고시된 날부터 5년이 되는 날까지 사업시행계획인가를 신청하지 아니하는 경우

② 구청장등은 위에 해당하는 경우에는 특별시장·광역시장에게 정비구역등의 해제를 요청하여야 한다.

저자의 한마디

정비구역의 의무적 해제사유는 기간과 관련 있어요. 즉 법정 기간 안에 신청하지 않으면 정비구역을 반드시 해제하여야 합니다. 2년, 3년, 5년 짜리를 구분하여 암기하세요. 정비사업절차를 일독하고 나면 암기하기 편합니다.

정비구역 지정·고시
▼ 2년
추진위원회 승인신청 3년
▼ 2년
5년 조합설립인가 신청
▼ 3년
사업시행계획인가 신청
* 2년 연장 가능

③ 특별자치시장, 특별자치도지사, 시장, 군수 또는 구청장등이 1) 정비구역등을 해제하는 경우와 2) 정비구역등의 해제를 요청하는 경우에는 30일 이상 주민에게 공람하여 의견을 들어야 한다.

④ 특별자치시장, 특별자치도지사, 시장, 군수 또는 구청장등은 주민공람을 하는 경우에는 지방의회의 의견을 들어야 한다. 이 경우 지방의회는 특별자치시장, 특별자치도지사, 시장, 군수 또는 구청장등이 정비구역등의 해제에 관한 계획을 통지한 날부터 60일 이내에 의견을 제시하여야 하며, 의견제시 없이 60일이 지난 경우 이의가 없는 것으로 본다.

⑤ 정비구역의 지정권자는 정비구역등의 해제를 요청받거나 정비구역등을 해제하려면 지방도시계획위원회의 심의를 거쳐야 한다. 다만, 재정비촉진지구에서는 도시재정비위원회의 심의를 거쳐 정비구역등을 해제하여야 한다.

⑥ 정비구역의 지정권자는 **다음 경우**에 ①의 기간을 2년의 범위에서 연장하여 정비구역등을 해제하지 아니할 수 있다.

ㄱ. 정비구역등의 토지등소유자(조합을 설립한 경우에는 조합원)가 30% 이상의 동의로 ①의 규정에 따른 해당 기간이 도래하기 전까지 연장을 요청하는 경우

ㄴ. 정비사업의 추진 상황으로 보아 주거환경의 계획적 정비 등을 위하여 정비구역등의 존치가 필요하다고 인정하는 경우

⑦ 정비구역의 지정권자는 정비구역등을 해제하는 경우(⑥의 해제하지 아니한 경우를 포함)에는 그 사실을 해당 지방자치단체의 공보에 고시하고 국토교통부장관에게 통보하여야 하며, 관계 서류를 일반인이 열람할 수 있도록 하여야 한다.

도시정비법령상 구청장등이 특별시장·광역시장에게 **정비구역등의 해제**를 요청하여야 하는 경우가 아닌 것은?[24회수정]

① 토지등소유자가 정비구역으로 지정·고시된 날부터 2년이 되는 날까지 조합설립추진위원회의 승인을 신청하지 아니하는 경우(○)

② 토지등소유자가 정비구역으로 지정·고시된 날부터 3년이 되는 날까지 조합설립인가를 신청하지 아니하는 경우(추진위원회를 구성하지 아니하는 경우로 한정)(○)

③ 추진위원회가 추진위원회 승인일부터 2년이 되는 날까지 조합설립인가를 신청하지 아니하는 경우(○)

④ 조합이 조합설립인가를 받은 날부터 3년이 되는 날까지 사업시행계획인가를 신청하지 아니하는 경우(○)

⑤ 토지등소유자가 시행하는 재개발사업으로서 토지등소유자가 정비구역으로 지정·고시된 날부터 4년이 되는 날까지 사업시행계획인가를 신청하지 아니하는 경우(×)

⑤ 4년이 아니라 5년입니다.

2. 정비구역등의 직권해제

① 정비구역의 지정권자는 **다음 경우**에 지방도시계획위원회의 <u>심의</u>를 거쳐 정비구역등을 (직권으로) <u>해제할 수 있다</u>.

ㄱ. 정비사업의 시행으로 토지등소유자에게 <u>과도한 부담</u>이 발생할 것으로 예상되는 경우

ㄴ. 정비구역등의 추진 상황으로 보아 <u>지정 목적을 달성할 수 없다고 인정되는 경우</u>

ㄷ. 토지등소유자의 30% 이상이 정비구역등(추진위원회가 구성되지 아니한 구역으로 한정)의 해제를 요청하는 경우

ㄹ. 주거환경개선사업의 정비구역이 지정·고시된 날부터 10년 이상 지나고, 추진 상황으로 보아 지정 목적을 달성할 수 없다고 인정되는 경우로서 토지등소유자의 과반수(2분의 1 이상×)가 정비구역의 해제에 동의하는 경우

ㅁ. 추진위원회 구성 또는 조합 설립에 동의한 토지등소유자의 2분의 1 이상 3분의 2 이하의 범위에서 시·도조례로 정하는 비율 이상의 동의로 정비구역의 해제를 요청하는 경우(사업시행계획인가를 신청하지 아니한 경우로 한정)

ㅂ. 추진위원회가 구성되거나 조합이 설립된 정비구역에서 토지등소유자 과반수의 동의로 정비구역의 해제를 요청하는 경우(사업시행계획인가를 신청하지 아니한 경우로 한정)

② <u>정비구역등을 해제하여 추진위원회 구성승인 또는 조합설립인가가 취소되는 경우</u> 정비구역의 지정권자는 해당 추진위원회 또는 조합이 사용한 비용의 일부를 시·도조례로 정하는 바에 따라 <u>보조할 수 있다</u>.

3. 정비구역등 해제의 효력

① 정비구역등이 해제된 경우에는 정비계획으로 변경된 용도지역, 정비기반시설 등은 정비구역 지정 이전의 상태로 환원된 것으로 본다. 다만, 주거환경개선사업의 정비구역이 지정·고시된 날부터 10년 이상 지나고, 추진 상황으로 보아 지정 목적을 달성할 수 없다고 인정되는 경우로서 토지등소유자의 과반수가 정비구역의 해제에 동의하는 경우(2-①-ㄹ)에 정비구역의 지정권자는 정비기반시설의 설치 등 해당 정비사업의 추진 상황에 따라 <u>환원되는 범위를 제한할 수 있다</u>.

② 재개발사업 및 재건축사업을 시행하려는 정비구역등이 해제된 경우 정비구역의 지정권자는 해제된 정비구역등을 <u>주거환경개선구역</u>으로 지정할 수 있다.

③ 정비구역등이 해제·고시된 경우 <u>추진위원회 구성승인 또는 조합설립인가는 취소된 것으로 보고</u>, 시장·군수등은 해당 지방자치단체의 공보에 그 내용을 고시하여야 한다.

4. 도시재생선도지역 지정 요청

정비구역등이 해제된 경우 정비구역의 지정권자는 해제된 정비구역 등을 도시재생선도지역으로 지정하도록 <u>국토교통부장관</u>에게 요청할 수 있다.

직권해제사유 6가지 꼭 기억!

10년경과+목적달성불가+과반수동의(주거환경개선사업)

주거환경개선구역
주거환경개선사업을 시행하는 정비구역

03 정비사업의 시행★★★★★

저자의 한마디

이번 테마에서는 정비사업의 시행방법과 시행자, 정비사업조합, 사업시행계획, 정비사업시행을 위한 조치, 관리처분계획, 공사 완료에 따른 조치를 차례대로 학습합니다. 흐름에 따라 이해하려고 노력해보세요.

저자의 한마디

오피스텔은 재건축사업에만 있어요. 한편, 재건축사업에만 환지방식이 없답니다.

재건축사업에는
환지방식 없음

정비사업의 시행방법★★★★

1. 정비사업의 시행방법 개관

① 주거환경개선사업은 **다음 방법** 또는 이를 혼용하는 방법으로 한다.

ㄱ. 사업시행자가 정비구역에서 정비기반시설 및 공동이용시설을 새로 설치하거나 확대하고 토지등소유자가 스스로 주택을 보전·정비하거나 개량하는 방법(→스스로개량방식)

ㄴ. 사업시행자가 정비구역의 전부 또는 일부를 수용하여 주택을 건설한 후 토지등소유자에게 우선 공급하거나 대지를 토지등소유자 또는 토지등소유자 외의 자에게 공급하는 방법(→수용방식)

ㄷ. 사업시행자가 환지로 공급하는 방법(→환지방식)

ㄹ. 사업시행자가 정비구역에서 인가받은 관리처분계획에 따라 주택 및 부대시설·복리시설(오피스텔×)을 건설하여 공급하는 방법(→관리처분방식)

② 재개발사업은 정비구역에서 인가받은 1) 관리처분계획에 따라 건축물을 건설하여 공급하거나 2) 환지로 공급하는 방법으로 한다.

③ 재건축사업은 정비구역에서 인가받은 관리처분계획에 따라 주택, 부대시설·복리시설 및 오피스텔을 건설하여 공급하는 방법으로 한다. 오피스텔을 건설하여 공급하는 경우에는 준주거지역 및 상업지역에서만 건설할 수 있다. 이 경우 오피스텔의 연면적은 전체 건축물 연면적의 30% 이하이어야 한다.

도시정비법령상 **정비사업의 시행방법**으로 옳은 것만을 모두 고른 것은?[29회]

> ㄱ. 주거환경개선사업: 사업시행자가 환지로 공급하는 방법(○)
> ㄴ. 주거환경개선사업: 사업시행자가 정비구역에서 인가받은 관리처분계획에 따라 주택, 부대시설·복리시설 및 오피스텔을 건설하여 공급하는 방법(×)
> ㄷ. 재개발사업: 정비구역에서 인가받은 관리처분계획에 따라 건축물을 건설하여 공급하는 방법(○)

① ㄱ ② ㄴ ③ ㄱ,ㄷ ④ ㄴ,ㄷ ⑤ ㄱ,ㄴ,ㄷ

ㄱ. 환지방식(23조1항3호) ㄴ. 오피스텔을 빼면 관리처분방식으로 맞는 지문입니다. 오피스텔은 재건축사업 에 들어가죠.(23조1항4호) ㄷ. 관리처분방식(23조2항) 정답③

도시 및 주거환경정비법령상 **정비사업의 시행방법**으로 허용되지 않는 것은?[35회]

① 주거환경개선사업: 환지로 공급하는 방법(○)

② 주거환경개선사업: 인가받은 관리처분계획에 따라 주택 및 부대시설·

복리시설을 건설하여 공급하는 방법(○)

③ 재개발사업: 인가받은 관리처분계획에 따라 건축물을 건설하여 공급하는 방법(○)

④ 재개발사업: 환지로 공급하는 방법(○)

⑤ 재건축사업: 국토의 계획 및 이용에 관한 법률에 따른 일반주거지역인 정비구역에서 인가받은 관리처분계획에 따라 건축법에 따른 오피스텔을 건설하여 공급하는 방법(×)

> ① 23조1항3호 ② 23조1항4호 ③④ 23조2항 ⑤ 재건축사업은 관리처분계획에 따른 방법만 가능한데요, 오피스텔의 경우는 준주거지역이나 상업지역에서만 건설할 수 있어요.(23조3~4항)

도시 및 주거환경정비법령상 **재건축사업**에 관한 설명으로 옳은 것은?[25회수정]

① 재건축사업에 있어 토지등소유자는 정비구역에 위치한 토지 또는 건축물의 소유자와 지상권자를 말한다.(×)

② 재건축사업은 정비구역에서 인가받은 관리처분계획에 따라 건축물을 건설하여 공급하거나 환지로 공급하는 방법으로 한다.(×)

③ 재건축사업의 추진위원회가 조합을 설립하고자 하는 때에는 법령상 요구되는 토지등소유자의 동의를 얻어 시장·군수등에게 신고하여야 한다.(×)

④ 정비계획의 입안권자는 재건축사업 정비계획의 입안을 위하여 정비예정구역별 정비계획의 수립시기가 도래한 때부터 사업시행계획인가 전까지 재건축진단을 실시하여야 한다.(○)

⑤ 재건축사업의 재건축진단에 드는 비용은 시·도지사가 부담한다.(×)

> ① 재건축사업이 아니라 재개발사업 ② 재건축사업에는 환지방식이 없어요. ③ 조합설립은 신고가 아니라 인가입니다. ④ 12조1항 ⑤ 재건축진단에 드는 비용은 원칙적으로 정비계획의 입안권자가 부담하고, 재건축진단 실시요청이 있는 경우에는 요청하는 자에게 부담시킬 수 있어요.

2. 정비사업의 시행자

(1) 주거환경개선사업의 시행자

① 스스로개량방식의 주거환경개선사업은 시장·군수등이 직접 시행하되, 토지주택공사등을 사업시행자로 지정하여 시행하게 하려는 경우에는 공람공고일 현재 토지등소유자의 과반수의 동의를 받아야 한다.

② 수용방식, 환지방식, 관리처분방식의 주거환경개선사업은 시장·군수등이 직접 시행하거나 **다음의 자**에게 시행하게 할 수 있다.

ㄱ. 시장·군수등이 **다음의 자**를 사업시행자로 지정하는 경우

• 토지주택공사등

• 주거환경개선사업을 시행하기 위하여 국가, 지방자치단체, 토지주택공사등 또는 공공기관의 운영에 관한 법률에 따른 공공기관이 총지분의 50%를 초과하는 출자로 설립한 법인

저자의 한마디

주거환경개선사업은 토지등소유자나 조합이 시행자가 될 수 없어요. 주의!

ㄴ. 시장 · 군수등이 위에 해당하는 자와 **다음의 자**를 공동시행자로 지정하는 경우

• 건설산업기본법에 따른 건설업자

• 주택법에 따라 건설업자로 보는 등록사업자

③ 공람공고일 현재 해당 정비예정구역의 토지 또는 건축물의 소유자 또는 지상권자의 3분의 2 이상의 동의와 세입자(공람공고일 3개월 전부터 해당 정비예정구역에 3개월 이상 거주하고 있는 자) 세대수의 과반수의 동의를 각각 받아야 한다. 다만, **다음 경우**에는 세입자의 동의절차를 거치지 아니할 수 있다.

ㄱ. 세입자의 세대수가 토지등소유자의 2분의 1 이하인 경우

ㄴ. 정비구역의 지정·고시일 현재 해당 지역이 속한 시·군·구에 공공임대 주택 등 세입자가 입주 가능한 임대주택이 충분하여 임대주택을 건설할 필요가 없다고 시·도지사가 인정하는 경우

ㄷ. 스스로개량방식, 환지방식 또는 관리처분방식(수용방식×)으로 사업을 시행하는 경우

④ 시장 · 군수등은 천재지변, 그 밖의 불가피한 사유로 건축물이 붕괴할 우려가 있어 긴급히 정비사업을 시행할 필요가 있다고 인정하는 경우에는 토지등소유자 및 세입자의 동의 없이 자신이 직접 시행하거나 토지주택공사등을 사업시행자로 지정하여 시행하게 할 수 있다. 이 경우 시장 · 군수등은 지체없이 토지등소유자에게 긴급한 정비사업의 시행 사유 · 방법 및 시기 등을 통보하여야 한다.

(2) 재개발사업 · 재건축사업의 시행자

① 재개발사업은 **다음 방법**으로 시행할 수 있다.

ㄱ. 조합이 시행하거나 조합이 조합원의 과반수의 동의를 받아 시장 · 군수등, 토지주택공사등, 건설업자, 등록사업자, 신탁업자, 한국부동산원과 공동으로 시행하는 방법

ㄴ. 토지등소유자가 20인 미만인 경우 1) 토지등소유자가 (직접) 시행하거나 2) 토지등 소유자가 토지등소유자의 과반수의 동의를 받아 시장·군수등, 토지주택공사등, 건설업자, 등록사업자, 신탁업자, 한국부동산원과 공동으로 시행하는 방법

② 재건축사업은 조합이 시행하거나 조합이 조합원의 과반수의 동의를 받아 시장·군수등, 토지주택공사등, 건설업자 또는 등록사업자(신탁업자와 한국부동산원×)와 공동으로 시행할 수 있다.

(3) 재개발사업 · 재건축사업의 공공시행자

① 시장 · 군수등은 재개발사업 및 재건축사업이 **다음에 해당하는 때**에는 직접 정비사업을 시행하거나 토지주택공사등을 사업시행자로 지정하여 정비사업을 시행하게 할 수 있다.

ㄱ. 천재지변 등 불가피한 사유로 긴급하게 정비사업을 시행할 필요가 있다고 인정하는 때

ㄴ. 고시된 정비계획에서 정한 정비사업시행 예정일부터 2년 이내에 사업시행계획인가를 신청하지 아니하거나 사업시행계획인가를 신청한 내용이 위법 또는 부당하다고 인정하는 때(재건축사업의 경우는 제외)

ㄷ. 추진위원회가 시장·군수등의 구성승인을 받은 날부터 3년 이내에 조합설립인가를 신청하지 아니하거나 조합이 조합설립인가를 받은 날부터 3년 이내에 사업시행계획인가를 신청하지 아니한 때

ㄹ. 지방자치단체의 장이 시행하는 도시·군계획사업과 병행하여 정비사업을 시행할 필요가 있다고 인정하는 때

ㅁ. 순환정비방식으로 정비사업을 시행할 필요가 있다고 인정하는 때

ㅂ. 사업시행계획인가가 취소된 때

ㅅ. 해당 정비구역의 국·공유지 면적 또는 국·공유지와 토지주택공사등이 소유한 토지를 합한 면적이 전체 토지면적의 2분의 1 이상으로서 토지등 소유자의 과반수가 시장·군수등 또는 토지주택공사등을 사업시행자로 지정 하는 것에 동의하는 때

ㅇ. 해당 정비구역의 토지면적 2분의 1 이상의 토지소유자와 토지등소유자의 3분의 2 이상에 해당하는 자가 시장·군수등 또는 토지주택공사등을 사업시행자로 지정할 것을 요청하는 때

② 시장·군수등은 직접 정비사업을 시행하거나 토지주택공사등을 사업시행자로 지정하는 때에는 정비사업 시행구역 등 토지등소유자에게 알릴 필요가 있는 사항을 해당 지방자치단체의 공보에 고시하여야 한다. 다만, 천재지변 등 불가피한 사유로 긴급하게 정비사업을 시행할 필요가 있다고 인정하는 때(①-ㄱ)에는 토지등소유자에게 지체 없이 정비사업의 시행 사유·시기 및 방법 등을 통보하여야 한다.

③ 시장·군수등이 직접 정비사업을 시행하거나 토지주택공사등을 사업시행자로 지정·고시한 때에는 그 고시일 다음 날에 추진위원회의 구성승인 또는 조합설립인가가 취소된 것으로 본다.

도시정비법령상 **군수가 직접 재개발사업을 시행할 수 있는 사유**에 해당하지 않는 것은?[26회수정]

① 해당 정비구역의 토지면적 2분의 1 이상의 토지소유자와 토지등소유자의 3분의 2 이상에 해당하는 자가 군수를 사업시행자로 지정할 것을 요청하는 때 (○)

② 해당 정비구역의 국·공유지 면적이 전체 토지면적의 3분의 2 이상으로서 토지등소유자의 과반수가 군수를 사업시행자로 지정하는 것에 동의하는 때(×)

③ 순환정비방식에 의하여 정비사업을 시행할 필요가 있다고 인정되는 때(○)

④ 천재지변으로 인하여 긴급히 정비사업을 시행할 필요가 있다고 인정되는 때(○)

⑤ 고시된 정비계획에서 정한 정비사업 시행예정일부터 2년 이내에 사업시행인가를 신청하지 아니한 때(○)

② 2/3 이상이 아니라 1/2 이상입니다.

공공시행자 직접 시행 사유
① 천재지변 등 불가피한 사유
② 정비사업시행예정일부터 2년 이내 사업시행계획인가 신청×
③ 3년이내 조합설립인가 신청×, 3년이내사업시행계획인가신청×
④ 도시·군계획사업과 병행
⑤ 순환정비방식으로 시행
⑥ 사업시행계획인가 취소
⑦ 국공유지 면적 1/2이상으로 과반수 동의
⑧ 면적1/2이상, 토지등소유자 2/3이상이 요청

(4) 재개발사업 · 재건축사업의 지정개발자

① 시장 · 군수등은 재개발사업 및 재건축사업이 **다음에 해당하는 때**에는 토지등소유자, 사회기반시설에 대한 민간투자법에 따른 민관합동법인 또는 신탁업자로서 대통령령으로 정하는 요건을 갖춘 자(→지정개발자)를 사업시행자로 지정하여 정비사업을 시행하게 할 수 있다.

지정개발자 지정 시행 사유

① 천재지변 등 불가피한 사유
② 정비사업시행예정일부터 2년 이내 사업시행계획인가 신청×
③ 신탁업자 지정 동의

* ①②는 공공시행자 직접 시행 사유에도 있음

ㄱ. 천재지변 등 불가피한 사유로 긴급하게 정비사업을 시행할 필요가 있다고 인정하는 때

ㄴ. 정비계획에서 정한 정비사업시행 예정일부터 2년 이내에 사업시행계획인가를 신청하지 아니하거나 사업시행계획인가를 신청한 내용이 위법 또는 부당하다고 인정하는 때(재건축사업의 경우는 제외)

ㄷ. 재개발사업 및 재건축사업의 조합설립을 위한 동의요건 이상에 해당하는 자가 신탁업자를 사업시행자로 지정하는 것에 동의하는 때

② 시장·군수등은 지정개발자를 사업시행자로 지정하는 때에는 정비사업 시행구역 등 토지등소유자에게 알릴 필요가 있는 사항을 해당 지방자치단체의 공보에 고시하여야 한다. 다만, 천재지변 등 불가피한 사유로 긴급하게 정비사업을 시행할 필요가 있다고 인정하는 때(①-ㄱ)에는 토지등소유자에게 지체 없이 정비사업의 시행 사유 · 시기 및 방법 등을 통보하여야 한다.

③ 신탁업자는 사업시행자 지정에 필요한 동의를 받기 전에 **다음 사항**을 토지등소유자에게 제공하여야 한다.

ㄱ. 토지등소유자별 분담금 추산액 및 산출근거

ㄴ. 그밖에 추정분담금의 산출 등과 관련하여 시 · 도조례로 정하는 사항

④ 신탁업자를 사업시행자로 지정하는 경우의 토지등소유자의 동의는 동의서에 동의를 받는 방법으로 한다. 이 경우 동의서에는 **다음 사항**이 모두 포함되어야 한다.

ㄱ. 건설되는 건축물의 설계의 개요

ㄴ. 건축물의 철거 및 새 건축물의 건설에 드는 공사비 등 정비사업에 드는 비용(→정비사업비)

ㄷ. 정비사업비의 분담기준(신탁업자에게 지급하는 신탁보수 등의 부담에 관한 사항을 포함)

ㄹ. 사업 완료 후 소유권의 귀속

ㅁ. 정비사업의 시행방법 등에 필요한 시행규정

ㅂ. 신탁계약의 내용

⑤ 시장 · 군수등이 지정개발자를 사업시행자로 지정 · 고시한 때에는 그 고시일 다음 날에 추진위원회의 구성승인 또는 조합설립인가가 취소된 것으로 본다.

(5) 재개발사업 · 재건축사업의 사업대행자

① 시장 · 군수등은 **다음 경우**에 해당 조합 또는 토지등소유자를 대신하여 직접

정비사업을 시행하거나 토지주택공사등 또는 지정개발자에게 해당 조합 또는 토지등소유자를 대신하여 정비사업을 시행하게 할 수 있다.

ㄱ. 장기간 정비사업이 지연되거나 권리관계에 관한 분쟁 등으로 해당 조합 또는 토지등소유자가 시행하는 정비사업을 계속 추진하기 어렵다고 인정하는 경우

ㄴ. 토지등소유자(조합을 설립한 경우에는 조합원)의 과반수 동의로 요청하는 경우

② 정비사업을 대행하는 시장·군수등, 토지주택공사등 또는 지정개발자(→사업대행자)는 사업시행자에게 청구할 수 있는 보수 또는 비용의 상환에 대한 권리로써 사업시행자에게 귀속될 대지 또는 건축물을 압류할 수 있다.

3. 계약 방법, 시공자 선정, 공사비 검증 요청, 임대사업자 선정

(1) 계약 방법 및 시공자 선정

① 추진위원장 또는 사업시행자(청산인을 포함)는 이 법 또는 다른 법령에 특별한 규정이 있는 경우를 제외하고는 계약(공사, 용역, 물품구매 및 제조 등을 포함)을 체결하려면 일반경쟁에 부쳐야 한다. 다만, 계약규모, 재난의 발생 등의 경우에는 입찰 참가자를 지명하여 경쟁에 부치거나 수의계약으로 할 수 있다.

② 일반경쟁의 방법으로 계약을 체결하는 경우로서 **다음의 계약**은 국가종합전자조달시스템을 이용하여야 한다.

ㄱ. 건설산업기본법에 따른 건설공사로서 추정가격이 6억원을 초과하는 공사의 계약

ㄴ. 건설산업기본법에 따른 전문공사로서 추정가격이 2억원을 초과하는 공사의 계약

ㄷ. 공사관련 법령(건설산업기본법 제외)에 따른 공사로서 추정가격이 2억원을 초과하는 공사의 계약

ㄹ. 추정가격 2억원을 초과하는 물품 제조·구매, 용역, 그 밖의 계약

③ 계약을 체결하는 경우 계약의 방법 및 절차 등에 필요한 사항은 국토교통부장관이 정하여 고시한다.

④ 시공자 선정

ㄱ. 조합은 **조합설립인가를 받은 후** 조합총회에서 경쟁입찰 또는 수의계약(2회 이상 경쟁입찰이 유찰된 경우로 한정)의 방법으로 건설업자 또는 등록사업자를 시공자로 선정하여야 한다. 다만, 조합원이 100인 이하인 정비사업은 조합총회에서 정관으로 정하는 바에 따라 선정할 수 있다.

ㄴ. 토지등소유자가 재개발사업을 시행하는 경우에는 **사업시행계획인가를 받은 후** 규약에 따라 건설업자 또는 등록사업자를 시공자로 선정하여야 한다.

ㄷ. 시장·군수등이 직접 정비사업을 시행하거나 토지주택공사등 또는 지정개발자를 사업시행자로 지정한 경우 사업시행자는 **사업시행자 지정·고시 후** 경쟁입찰 또는 수의계약의 방법으로 건설업자 또는 등록사업자를 시공자로 선정하여야 한다.

저자의 한마디

정비사업이 오래 지연되거나 분쟁이 있으면 사업대행자를 쓰게 됩니다. 사업대행자는 시장·군수등, LH공사등, 지정개발자가 될 수 있습니다.

저자의 한마디

건설산업기본법에 따른 건설공사만 6억원이고, 나머지는 2억원입니다.

저자의 한마디

토지등소유자자가 20인 미만인 경우에는 직접 재개발사업을 시행할 수 있다고 했죠?

⑤ 위에 따라 시공자를 선정하거나 관리처분방식으로 시행하는 주거환경개선사업의 사업시행자가 시공자를 선정하는 경우 주민대표회의 또는 토지등소유자 전체회의는 경쟁입찰 또는 수의계약(2회 이상 경쟁입찰이 유찰된 경우로 한정)의 방법으로 시공자를 추천할 수 있다.

⑥ 조합은 시공자 선정을 위한 입찰에 참가하는 건설업자 또는 등록사업자가 토지등소유자에게 시공에 관한 정보를 제공할 수 있도록 합동설명회를 2회 이상 개최하여야 한다.

⑦ 주민대표회의 또는 토지등소유자 전체회의가 시공자를 추천한 경우 사업시행자는 추천받은 자를 시공자로 선정하여야 한다.

⑧ 사업시행자(사업대행자 포함)는 선정된 시공자와 공사에 관한 계약을 체결할 때에는 기존 건축물의 철거 공사(석면안전관리법에 따른 석면 조사·해체·제거를 포함)에 관한 사항을 포함시켜야 한다.

합동설명회
① 경쟁입찰의 공고에 따른 입찰마감일 다음날부터 시공자 선정을 위한 조합총회 개최일까지의 기간 동안 2회 이상 개최
② 합동설명회가 개최되기 7일 전까지 일시 및 장소 등을 정하여 조합원에게 통지

도시 및 주거환경정비법령상 **시공자 선정**에 관한 설명으로 틀린 것은?[26회수정]

① 토지등소유자가 재개발사업을 시행하는 경우에는 경쟁입찰의 방법으로 건설업자 또는 등록사업자를 시공자로 선정하여야 한다.(×)

② 주민대표회의 또는 토지등소유자 전체회의가 시공자를 추천한 경우 사업시행자는 추천받은 자를 시공자로 선정하여야 한다.(○)

③ 주민대표회의가 시공자를 추천하기 위한 입찰방식에는 일반경쟁입찰, 제한경쟁입찰, 지명경쟁입찰이 있다.(○)

④ 조합원이 100인 이하인 정비사업은 조합총회에서 정관으로 정하는 바에 따라 선정할 수 있다.(○)

⑤ 사업시행자는 선정된 시공자와 공사에 관한 계약을 체결할 때에는 기존 건축물의 철거 공사에 관한 사항을 포함시켜야 한다.(○)

① 토지등소유자는 꼭 경쟁입찰로 시공자를 선정하지 않아도 됩니다. 규약에 따라 시공자를 선정해야 합니다. ③ 3가지 경쟁입찰방식이 있어요.(시행령 24조4항1호)

(2) 공사비 검증 요청

① 재개발사업·재건축사업의 사업시행자(시장·군수등 또는 토지주택공사등이 단독 또는 공동으로 정비사업을 시행하는 경우는 제외)는 시공자와 계약 체결 후 **다음 경우**에는 정비사업 지원기구에 공사비 검증을 요청하여야 한다.

ㄱ. 토지등소유자 또는 조합원 5분의 1 이상이 사업시행자에게 검증 의뢰를 요청하는 경우

ㄴ. 공사비의 증액 비율(당초 계약금액 대비 누적 증액 규모의 비율로서 생산자물가 상승률 제외)이 **다음**에 해당하는 경우

• 사업시행계획인가 이전에 시공자를 선정한 경우: 10% 이상

• 사업시행계획인가 이후에 시공자를 선정한 경우: 5% 이상

ㄷ. 공사비 검증이 완료된 이후 공사비의 증액 비율(검증 당시 계약금액 대비 누적 증액 규모의 비율로서 생산자물가상승률 제외)이 3% 이상인 경우

② 공사비 검증의 방법 및 절차, 검증 수수료, 그밖에 필요한 사항은 국토교통부 장관이 정하여 고시한다.

(3) 임대사업자의 선정

사업시행자는 공공지원민간임대주택을 원활히 공급하기 위하여 국토교통부 장관이 정하는 경쟁입찰의 방법 또는 수의계약(2회 이상 경쟁입찰이 유찰된 경우와 공공재개발사업을 통해 건설·공급되는 공공지원민간임대주택을 국가가 출자·설립한 법인 등에게 매각하는 경우로 한정)의 방법으로 민간임대주택에 관한 특별법에 따른 임대사업자를 선정할 수 있다.

조합설립추진위원회★★★

1. 추진위원회의 구성과 승인

① 조합을 설립하려는 경우에는 **다음 사항**에 대하여 토지등소유자 과반수의 동의를 받아 조합설립을 위한 추진위원회를 구성하여 시장·군수등의 승인을 받아야 한다. 이 경우 시장·군수등은 승인 이후 구역경계, 토지등소유자의 수 등을 해당 지방자치단체 공보에 고시하여야 한다.

ㄱ. 추진위원회 위원장(→추진위원장)을 포함한 5명 이상의 추진위원회 위원(→추진위원)

ㄴ. 운영규정

② 추진위원회는 **다음 지역**을 대상으로 구성한다.

ㄱ. 정비구역으로 지정·고시된 지역

ㄴ. 정비구역으로 지정·고시되지 아니한 지역으로서 **다음 지역**

- 기본계획을 수립하지 아니한 지역 또는 기본계획에 정비예정구역의 개략적 범위 및 단계별 정비사업 추진계획을 생략한 지역
- 기본계획에 정비예정구역이 설정된 지역
- 입안 요청 및 입안 제안에 따라 정비계획의 입안을 결정한 지역
- 정비계획의 입안을 위하여 주민에게 공람한 지역

③ 추진위원회의 구성에 동의한 토지등소유자(→추진위원회 동의자)는 조합의 설립에 동의한 것으로 본다. 다만, 조합설립인가를 신청하기 전에 시장·군수등 및 추진위원회에 조합설립에 대한 반대의 의사표시를 한 추진위원회 동의자의 경우에는 그러하지 아니하다.

④ 추진위원회를 구성하여 승인받은 경우로서 승인 당시의 구역과 지정·고시된 정비구역의 **면적 차이**가 대통령령으로 정하는 기준 이상인 경우 추진위원회는 토지등소유자 과반수의 동의를 받아 시장·군수등에게 다시 승인을 받아야 한다.

> **저자의 한마디**
> 정비사업을 공공지원하는 시장·군수등 및 공공지원을 위탁받은 자는 추진위원회 구성 업무를 수행(118조2항1호)하기 때문에 굳이 추진위원회를 중복해서 구성할 필요가 없어요.

이 경우 추진위원회 구성에 동의한 자는 정비구역 지정 · 고시 이후 1개월 이내에 동의를 철회하지 아니하는 경우 동의한 것으로 본다.

⑤ 다시 승인이 있는 경우 기존의 추진위원회의 업무와 관련된 권리 · 의무는 승인받은 추진위원회가 포괄승계한 것으로 본다.

⑥ 정비사업에 대하여 공공지원을 하려는 경우에는 추진위원회를 구성하지 아니할 수 있다.

2. 추진위원회의 기능

① 추진위원회는 **다음 업무**를 수행할 수 있다.

ㄱ. 정비사업전문관리업자의 선정 및 변경

ㄴ. 설계자의 선정 및 변경

ㄷ. 개략적인 정비사업 시행계획서의 작성

ㄹ. 조합설립인가를 받기 위한 준비업무

ㅁ. 추진위원회 운영규정의 작성

ㅂ. 토지등소유자의 동의서의 접수

ㅅ. 조합의 설립을 위한 창립총회의 개최

ㅇ. 조합 정관의 초안 작성

ㅈ. 그밖에 추진위원회 운영규정으로 정하는 업무

도시정비법령상 **조합설립추진위원회**가 수행할 수 있는 업무가 아닌 것은?^{23회수정}

① 조합정관의 초안 작성 ② 조합의 설립을 위한 창립총회의 개최
③ 개략적인 정비사업 시행계획서의 작성 ④ 토지등소유자의 동의서의 접수
⑤ 정비사업비의 조합원별 분담내역의 결정

> ⑤ 조합이 아직 설립되지 않았는데 조합원별 사업비분담내역을 결정하는 건 시기상조겠죠? 이것은 조합총회의 의결사항입니다. 총회는 곧 학습하게 됩니다. 정답⑤

② 추진위원회가 정비사업전문관리업자를 선정하려는 경우에는 추진위원회 승인을 받은 후 경쟁입찰 또는 수의계약(2회 이상 경쟁입찰이 유찰된 경우로 한정)의 방법으로 선정하여야 한다.

③ 추진위원회는 조합설립인가를 신청하기 전에 조합설립을 위한 창립총회를 개최하여야 한다.

④ 추진위원회가 수행하는 업무의 내용이 토지등소유자의 비용부담을 수반 하거나 권리·의무에 변동을 발생시키는 경우에는 그 업무를 수행하기 전에 대통령령으로 정하는 비율 이상의 토지등소유자의 동의를 받아야 한다.

3. 추진위원회의 조직

① 추진위원회는 추진위원회를 대표하는 추진위원장 1명과 감사를 두어야 한다.

② 추진위원회는 총회 의결을 거쳐 추진위원의 선출에 관한 선거관리를 선거관리위원회에 위탁할 수 있다.

③ 토지등소유자는 추진위원회의 운영규정에 따라 추진위원회에 추진위원의 교체 및 해임을 요구할 수 있으며, 추진위원장이 사임, 해임, 임기만료, 그밖에 불가피한 사유 등으로 직무를 수행할 수 없는 때부터 6개월 이상 선임되지 아니한 경우에는 전문조합관리인을 선정하여 추진위원장의 업무를 대행하게 할 수 있다.

④ 추진위원의 교체 · 해임 절차 등에 필요한 사항은 추진위원회의 운영규정에 따른다.

⑤ 추진위원의 결격사유는 조합임원 등의 결격사유를 준용한다.

4. 추진위원회의 운영

① 국토교통부장관은 추진위원회의 공정한 운영을 위하여 **다음 사항**을 포함한 추진위원회의 운영규정을 정하여 고시하여야 한다.

ㄱ. 추진위원의 선임방법 및 변경, 권리 및 의무

ㄴ. 추진위원회의 업무범위, 운영방법, 운영자금의 차입

ㄷ. 토지등소유자의 운영경비 납부

ㄹ. 그밖에 추진위원회의 운영에 필요한 사항으로서 대통령령으로 정하는 사항

② 추진위원회는 운영규정에 따라 운영하여야 하며, 토지등소유자는 운영에 필요한 경비를 운영규정에 따라 납부하여야 한다.

③ 추진위원회는 수행한 업무를 총회에 보고하여야 하며, 그 업무와 관련된 권리·의무는 조합이 포괄승계한다.

④ 추진위원회는 사용경비를 기재한 회계장부 및 관계 서류를 조합설립인가일부터 30일 이내에 조합에 인계하여야 한다.

도시 및 주거환경정비법령상 **조합설립추진위원회**가 운영에 필요한 사항 중 추진위원회 구성에 동의한 토지등소유자에게 **등기우편으로 통지하여야 하는 사항**에 해당하는 것은?[33회수정]

① 재건축사업 정비계획 입안을 위한 재건축진단의 결과

② 조합설립 동의서에 포함되는 사항으로서 정비사업비의 분담기준

③ 토지등소유자의 부담액 범위를 포함한 개략적인 사업시행계획서

④ 정비사업전문관리업자의 선정에 관한 사항

⑤ 추진위원회 위원의 선정에 관한 사항

> 추진위원회는 조합설립인가 신청일 60일 전까지 추진위원회 구성에 동의한 토지등소유자에게 1) 조합설립에 대한 동의철회 및 방법과 2) 조합설립 동의서에 포함되는 사항을 등기우편으로 통지해야 합니다.(시행령 29조1항8~9호, 30조2항3호) 정답②

등기우편으로 통지할 사항

① 조합설립 동의철회 방법

② 조합설립동의서에 포함되는 사항

정비사업조합*****

1. 조합설립인가

① 시장·군수등, 토지주택공사등 또는 지정개발자가 아닌 자가 정비사업을 시행하려는 경우에는 토지등소유자로 구성된 조합을 설립하여야 한다. 다만, 토지등소유자가 (20인 미만인 경우에 직접) 재개발사업을 시행하려는 경우에는 그러하지 아니하다.

② 재개발사업의 추진위원회(추진위원회를 구성하지 아니하는 경우에는 토지등소유자)가 조합을 설립하려면 토지등소유자의 4분의 3 이상 및 토지면적의 2분의 1 이상의 토지소유자의 동의를 받아 정관 등을 첨부하여 정비구역 지정·고시 후 시장·군수등의 인가를 받아야 한다.

③ 재건축사업의 추진위원회(추진위원회를 구성하지 아니하는 경우에는 토지등소유자)가 조합을 설립하려는 때에는 주택단지의 공동주택의 각 동(복리시설의 경우에는 주택단지의 복리시설 전체를 하나의 동으로 봄)별 구분소유자의 과반수 동의(공동주택의 각 동별 구분소유자가 5 이하인 경우는 제외)와 주택단지의 전체 구분소유자의 4분의 3 이상 및 토지면적의 4분의 3 이상의 토지소유자의 동의를 받아 정관 등을 첨부하여 정비구역 지정·고시 후 시장·군수등의 인가를 받아야 한다.

④ 재건축사업의 경우 주택단지가 아닌 지역이 정비구역에 포함된 때에는 주택단지가 아닌 지역의 토지 또는 건축물 소유자의 4분의 3 이상 및 토지면적의 3분의 2 이상의 토지소유자의 동의를 받아야 한다.

⑤ 설립된 조합이 인가받은 사항을 변경하고자 하는 때에는 총회에서 조합원의 3분의 2 이상의 찬성으로 의결하고, 정관 등을 첨부하여 시장·군수등의 인가를 받아야 한다. 다만, 경미한 사항을 변경하려는 때에는 총회의 의결 없이 시장·군수등에게 신고하고 변경할 수 있다.

⑥ 시장·군수등은 신고를 받은 날부터 20일 이내에 신고수리 여부를 신고인에게 통지하여야 한다. 시장·군수등이 이 기간 내에 신고수리 여부 또는 민원처리 관련 법령에 따른 처리기간의 연장을 신고인에게 통지하지 아니하면 그 기간이 끝난 날의 다음 날에 신고를 수리한 것으로 본다.

⑦ 조합이 정비사업을 시행하는 경우 주택법 제54조(주택의 공급)를 적용할 때에는 조합을 주택법에 따른 사업주체로 보며, 조합설립인가일부터 주택건설 사업 등의 등록을 한 것으로 본다.

⑧ 추진위원회는 조합설립에 필요한 동의를 받기 전에 추정분담금 등 대통령령으로 정하는 정보를 토지등소유자에게 제공하여야 한다.

도시 및 주거환경정비법령상 **조합설립** 등에 관한 설명으로 옳은 것은?[35회]

① 재개발조합이 조합설립인가를 받은 날부터 3년 이내에 사업시행계획인가를 신청하지 아니한 때에는 시장·군수등은 직접 정비사업을 시행할 수 있다.(○)

저자의 한마디

도시개발법에서는 토지소유자가 자동으로 조합원이 되었잖아요? 도시정비법에서는 토지등소유자니까 건축물소유자도 조합원이 될 수 있음에 주의하세요.

저자의 한마디

조합설립을 위한 동의요건을 케이스별로 반드시 암기하세요. 지문으로 출제하기 좋은 내용입니다.

조합설립인가 동의요건

① 재개발사업 : 3/4,1/2
② 재건축사업
동별 과반수+3/4,3/4
*주택단지 아닌 지역: 3/4,2/3

② 재개발사업의 추진위원회가 조합을 설립하려면 토지등 소유자의 3분의 2 이상 및 토지면적의 2분의 1 이상의 토지소유자의 동의를 받아야 한다.(×)

③ 토지등소유자가 30인 미만인 경우 토지등소유자는 조합을 설립하지 아니하고 재개발사업을 시행할 수 있다.(×)

④ 조합은 재개발조합설립인가를 받은 때에도 토지등소유자에게 그 내용을 통지하지 아니한다.

⑤ 추진위원회는 조합설립인가 후 지체 없이 추정분담금에 관한 정보를 토지등소유자에게 제공하여야 한다.(×)

① 26조1항3호 ② 토지등 소유자의 4분의 3 이상(35조2항) ③ 20인 미만(25조1항2호)
④ 통지합니다.(시행령30조3항) ⑤ 조합설립에 필요한 동의를 받기 전에 제공해야
합니다.(35조10항)

도시 및 주거환경정비법령상 **조합설립인가**를 받기 위한 동의에 관하여 (   )에 들어갈 내용을 바르게 나열한 것은?[31회]

> ○ 재개발사업의 추진위원회가 조합을 설립하려면 토지등소유자의 (ㄱ) 이상 및 토지면적의 (ㄴ) 이상의 토지소유자의 동의를 받아야 한다.
> ○ 재건축사업의 추진위원회가 조합을 설립하려는 경우 주택단지가 아닌 지역이 정비구역에 포함된 때에는 주택단지가 아닌 지역의 토지 또는 건축물 소유자의 (ㄷ) 이상 및 토지면적의 (ㄹ) 이상의 토지소유자의 동의를 받아야 한다.

재개발→4321
재건축→4343(주택단지아닌
지역→4332)

① ㄱ: 4분의 3, ㄴ: 2분의 1, ㄷ: 4분의 3, ㄹ: 3분의 2
② ㄱ: 4분의 3, ㄴ: 2분의 1, ㄷ: 4분의 3, ㄹ: 2분의 1
③ ㄱ: 4분의 3, ㄴ: 2분의 1, ㄷ: 3분의 2, ㄹ: 2분의 1
④ ㄱ: 2분의 1, ㄴ: 3분의 1, ㄷ: 2분의 1, ㄹ: 3분의 2
⑤ ㄱ: 2분의 1, ㄴ: 3분의 1, ㄷ: 4분의 3, ㄹ: 2분의 1

동의 요건 철저히 암기하세요. 정답①

2. 토지등소유자의 동의

(1) 토지등소유자의 동의방법

① 다음에 대한 동의(동의한 사항의 철회 또는 반대의 의사표시를 포함)는 서면동의서에 토지등소유자가 성명을 적고 지장을 날인하는 방법으로 하며, 주민등록증, 여권 등 신원을 확인할 수 있는 신분증명서의 사본을 첨부하여야 한다.

성명 적고, 지장 찍고

ㄱ. 정비구역등 해제의 연장을 요청하는 경우

ㄴ. 정비구역의 해제에 동의하는 경우

ㄷ. 주거환경개선사업의 시행자를 토지주택공사등으로 지정하는 경우

ㄹ. 토지등소유자가 재개발사업을 시행하려는 경우

ㅁ. 재개발사업·재건축사업의 공공시행자 또는 지정개발자를 지정하는 경우

ㅂ. 조합설립을 위한 추진위원회를 구성하는 경우

ㅅ. 추진위원회의 업무가 토지등소유자의 비용부담을 수반하거나 권리·의무에 변동을 가져오는 경우

ㅇ. 조합을 설립하는 경우

ㅈ. 주민대표회의를 구성하는 경우

ㅊ. 사업시행계획인가를 신청하는 경우

ㅋ. 사업시행자가 사업시행계획서를 작성하려는 경우

② 토지등소유자가 해외에 장기체류하거나 법인인 경우 등 불가피한 사유가 있다고 시장·군수등이 인정하는 경우에는 토지등소유자의 인감도장을 찍은 서면동의서에 해당 인감증명서를 첨부하는 방법으로 할 수 있다.

③ 서면동의서를 작성하는 경우 조합설립추진위원회의 구성·승인 및 조합설립 인가 등에 해당하는 때에는 시장·군수등이 검인한 서면동의서를 사용하여야 하며, 검인을 받지 아니한 서면동의서는 그 효력이 발생하지 아니한다.

(2) 동의자 수 산정 방법

① 주거환경개선사업, 재개발사업의 경우

ㄱ. 1필지의 토지 또는 하나의 건축물을 여럿이서 공유할 때에는 그 여럿을 대표하는 1인을 토지등소유자로 산정할 것. 다만, 재개발구역의 전통시장 및 상점가로서 1필지의 토지 또는 하나의 건축물을 여럿이서 공유하는 경우에는 해당 토지 또는 건축물의 토지등소유자의 4분의 3 이상의 동의를 받아 이를 대표하는 1인을 토지등소유자로 산정할 수 있다.

ㄴ. 토지에 지상권이 설정되어 있는 경우 토지의 소유자와 해당 토지의 지상권자를 대표하는 1인을 토지등소유자로 산정할 것

ㄷ. 1인이 다수 필지의 토지 또는 다수의 건축물을 소유하고 있는 경우에는 필지나 건축물의 수에 관계없이 토지등소유자를 1인으로 산정할 것. 다만, 토지등소유자가 재개발사업을 시행하는 경우 토지등소유자가 정비구역 지정 후에 정비사업을 목적으로 취득한 토지 또는 건축물에 대해서는 정비구역 지정 당시의 토지 또는 건축물의 소유자를 토지등소유자의 수에 포함하여 산정하되, 이 경우 동의 여부는 이를 취득한 토지등소유자에 따른다.

ㄹ. 둘 이상의 토지 또는 건축물을 소유한 공유자가 동일한 경우에는 그 공유자 여럿을 대표하는 1인을 토지등소유자로 산정할 것

도시 및 주거환경정비법령상 **재개발사업 조합의 설립을 위한 동의자수 산정** 시, 다음에서 산정되는 토지등소유자의 수는?(단, 권리관계는 제시된 것만 고려하며, 토지는 정비구역 안에 소재함)[25회수정]

○ A, B, C 3인이 공유한 1필지 토지에 하나의 주택을 단독 소유한 D
○ 3필지의 나대지를 단독 소유한 E
○ 1필지의 나대지를 단독 소유한 F와 그 나대지에대한 지상권자 G

① 3명 ② 4명 ③ 5명 ④ 7명 ⑤ 9명

② 재건축사업의 경우

ㄱ. 소유권 또는 구분소유권을 여럿이서 공유하는 경우에는 그 여럿을 대표하는 1인을 토지등소유자로 산정할 것

ㄴ. 1인이 둘 이상의 소유권 또는 구분소유권을 소유하고 있는 경우에는 소유권 또는 구분소유권의 수에 관계없이 토지등소유자를 1인으로 산정할 것

ㄷ. 둘 이상의 소유권 또는 구분소유권을 소유한 공유자가 동일한 경우에는 그 공유자 여럿을 대표하는 1인을 토지등소유자로 할 것

③ 추진위원회의 구성 또는 조합의 설립에 동의한 자로부터 토지 또는 건축물을 취득한 자는 추진위원회의 구성 또는 조합의 설립에 동의한 것으로 볼 것

④ 토지등기부등본 · 건물등기부등본 · 토지대장 및 건축물관리대장에 소유자로 등재될 당시 주민등록번호의 기록이 없고 기록된 주소가 현재 주소와 다른 경우로서 소재가 확인되지 아니한 자는 토지등소유자의 수 또는 공유자 수에서 제외할 것

⑤ 국 · 공유지에 대해서는 그 재산관리청 각각을 토지등소유자로 산정할 것. 이 경우 재산관리청은 동의 요청을 받은 날부터 30일 이내에 동의 여부를 표시하지 않으면 동의한 것으로 본다.

(3) 동의의 철회 또는 반대의사 표시의 시기

① 동의의 철회 또는 반대의사의 표시는 해당 동의에 따른 인 · 허가 등을 신청하기 전까지 할 수 있다.

② **다음 동의**는 최초로 동의한 날부터 30일까지만 철회할 수 있다.

ㄱ. 정비구역의 해제에 대한 동의

ㄴ. 조합설립에 대한 동의(최초 동의한 날부터 30일이 지나지 아니한 경우에도 조합설립을 위한 창립총회 후에는 철회할 수 없다.)

③ 동의를 철회하거나 반대의 의사표시를 하려는 토지등소유자는 철회서에 토지등소유자가 성명을 적고 지장을 날인한 후 주민등록증 및 여권 등 신원을 확인할 수 있는 신분증명서 사본을 첨부하여 동의의 상대방 및 시장 · 군수등에게 내용증명의 방법으로 발송하여야 한다. 이 경우 시장·군수등이 철회서를 받은 때에는 지체 없이 동의의 상대방에게 철회서가 접수된 사실을 통지하여야 한다.

④ 동의의 철회나 반대의 의사표시는 철회서가 동의의 상대방에게 도달한 때 또는 시장 · 군수등이 동의의 상대방에게 철회서가 접수된 사실을 통지한 때 중 빠른 때에 효력이 발생한다.

토지소유자인 甲은 조합설립추진위원회에 재개발사업을 위한 조합설립 동의를 하였으나, 조합설립인가 신청 전인 2025.10.1.추진위원회와 인가권자인 시장에게 각각 동의 철회서를 발송하였다. 시장은 甲의 철회서가 접수된 사실을 2025.10.5. 추진위원회에 통지하였고, 甲이 추진위원회에 발송한 철회서는 2025.10.7. 추진위원회에 도달하였다. 이 경우 **동의 철회의 효력**은 언제부터 발생하는가?(다만, 철회는 적법함을 전제함)^{21회수정}

① 2025.10.1. ② 2025.10.5. ③ 2025.10.6. ④ 2025.10.7. ⑤ 2025.10.8.

> 시장이 접수사실을 추진위원회에 통지한 때(10.5)와 갑의 철회서가 추진위원회에 도달한 때(10.7) 중 빠른 때에 철회의 효력이 생깁니다. 정답②

(4) 토지등소유자가 시행하는 재개발사업에서의 토지등소유자의 동의자 수 산정에 관한 특례

① 정비구역 지정·고시(변경지정·고시는 제외) 이후 토지등소유자가 재개발사업을 시행하는 경우 토지등소유자의 동의자 수를 산정하는 기준일은 다음 구분에 따른다.

ㄱ. 정비계획의 변경을 제안하는 경우: 정비구역 지정 · 고시가 있는 날

ㄴ. 사업시행계획인가를 신청하는 경우: 사업시행계획인가를 신청하기 직전의 정비구역 변경지정 · 고시가 있는 날(정비구역 변경지정이 없거나 정비구역 지정 · 고시 후에 정비사업을 목적으로 취득한 토지 또는 건축물에 대해서는 정비구역 지정 · 고시가 있는 날을 말한다)

② 위에 따라 토지등소유자의 동의자 수를 산정함에 있어 산정기준일 이후 1명의 토지등소유자로부터 토지 또는 건축물의 소유권이나 지상권을 양수하여 여러 명이 소유하게 된 때에는 그 여러 명을 대표하는 1명을 토지등소유자로 본다.

(5) 토지등소유자의 동의 인정에 관한 특례

① 토지등소유자가 다음 어느 하나에 해당하는 사항에 대하여 동의를 하는 경우, ②의 요건을 모두 충족한 경우에 한정하여 동의하지 아니한 다른 사항에 대하여도 동의를 한 것으로 본다.

ㄱ. 정비계획의 입안 요청을 위한 동의

ㄴ. 입안의 제안을 위한 동의

ㄷ. 추진위원회 구성에 대한 동의

② 요건

ㄱ. ①의 동의를 받을 때 다른 동의에 관하여 대통령령으로 정하는 사항을 포함하여 동의를 받을 것

ㄴ. ①의 동의를 받을 때 다른 동의로도 인정될 수 있음을 고지받고, 고지받은

날부터 대통령령으로 정하는 기간 내에 동의를 철회하지 아니할 것

ㄷ. 그밖에 대통령령으로 정하는 기준과 방법을 충족할 것

(6) 토지등소유자의 동의서 재사용의 특례

① 조합설립인가(변경인가 포함)를 받은 후에 동의서 위조, 동의 철회, 동의율 미달 또는 동의자 수 산정방법에 관한 하자 등으로 다툼이 있는 경우로서 **다음에 해당하는 때**에는 동의서의 유효성에 다툼이 없는 토지등소유자의 동의서를 다시 사용할 수 있다.

ㄱ. 조합설립인가의 무효 또는 취소소송 중에 일부 동의서를 추가 또는 보완하여 조합설립변경인가를 신청하는 때

ㄴ. 법원의 판결로 조합설립인가의 무효 또는 취소가 확정되어 조합설립인가를 다시 신청하는 때

② 조합(①-ㄴ의 경우에는 추진위원회)이 토지등소유자의 동의서를 다시 사용하려면 **다음 요건을 충족하여야 한다.**

ㄱ. 토지등소유자에게 기존 동의서를 다시 사용할 수 있다는 취지와 반대 의사표시의 절차 및 방법을 설명·고지할 것

ㄴ. ①-ㄴ의 경우에는 **다음 요건**

• 조합설립인가의 무효 또는 취소가 확정된 조합과 새롭게 설립하려는 조합이 추진하려는 정비사업의 목적과 방식이 동일할 것

• 조합설립인가의 무효 또는 취소가 확정된 날부터 3년 내에 새로운 조합을 설립하기 위한 창립총회를 개최할 것

3. 조합, 조합원, 총회

(1) 조합의 법인격

① 조합은 법인으로 한다.

② 조합은 조합설립인가를 받은 날부터 30일 이내에 주된 사무소의 소재지에서 **다음 사항을** 등기하는 때에 성립한다.

> 설립목적, 조합의 명칭, 주된 사무소의 소재지, 설립인가일, 임원의 성명 및 주소, 임원의 대표권을 제한하는 경우에는 그 내용, 전문조합관리인을 선정한 경우에는 그 성명 및 주소

③ 조합은 명칭에 정비사업조합이라는 문자를 사용하여야 한다.

(2) 조합원의 자격

① 정비사업의 조합원은 토지등소유자(재건축사업의 경우에는 재건축사업에 동의한 자만 해당)로 하되, **다음에 해당하는 때**에는 그 여러 명을 대표하는 1명을 조합원으로 본다.

ㄱ. 토지 또는 건축물의 소유권과 지상권이 여러 명의 공유에 속하는 때

ㄴ. 여러 명의 토지등소유자가 1세대에 속하는 때

ㄷ. 조합설립인가 후 1명의 토지등소유자로부터 토지 또는 건축물의 소유권이나 지상권을 양수하여 여러 명이 소유하게 된 때

② 주택법에 따른 투기과열지구로 지정된 지역에서 재건축사업을 시행하는 경우에는 조합설립인가 후, 재개발사업을 시행하는 경우에는 관리처분계획의 인가 후 해당 정비사업의 건축물 또는 토지를 양수(상속·이혼으로 인한 경우는 제외)한 자는 조합원이 될 수 없다.

다만, 양도인이 **다음에 해당하는 경우** 그 양도인으로부터 그 건축물 또는 토지를 양수한 자는 조합원이 될 수 있다.

ㄱ. 세대원의 근무상 또는 생업상의 사정이나 질병치료(의료기관의 장이 1년 이상의 치료나 요양이 필요하다고 인정하는 경우로 한정)·취학·결혼으로 세대원이 모두 해당 사업구역에 위치하지 아니한 곳으로 이전하는 경우

ㄴ. 상속으로 취득한 주택으로 세대원 모두 이전하는 경우

ㄷ. 세대원 모두 해외로 이주하거나 세대원 모두 2년 이상 해외에 체류하려는 경우

ㄹ. 1세대1주택자로서 양도하는 주택에 대한 소유기간 및 거주기간이 대통령령으로 정하는 기간 이상인 경우

ㅁ. 지분형주택을 공급받기 위하여 건축물 또는 토지를 토지주택공사등과 공유하려는 경우

ㅂ. 공공임대주택, 공공분양주택의 공급 및 대통령령으로 정하는 사업을 목적으로 건축물 또는 토지를 양수하려는 공공재개발사업 시행자에게 양도하려는 경우

ㅅ. 그밖에 불가피한 사정으로 양도하는 경우로서 대통령령으로 정하는 경우

③ 사업시행자는 조합원의 자격을 취득할 수 없는 경우 정비사업의 토지, 건축물 또는 그 밖의 권리를 취득한 자에게 손실보상을 하여야 한다.

(3) 정관의 기재사항

① 조합의 정관에는 **다음 사항**이 포함되어야 한다.

파란색은 변경시
2/3 이상의 찬성 필요,
꼭 암기!

조합의 명칭 및 사무소의 소재지, 조합원의 자격, 조합원의 제명·탈퇴 및 교체, 정비구역의 위치 및 면적, 조합임원의 수 및 업무의 범위, 조합임원의 권리·의무·보수·선임방법·변경 및 해임, 대의원의 수·선임방법·선임절차 및 대의원회의 의결방법, 조합의 비용부담 및 조합의 회계, 정비사업의 시행연도 및 시행방법, 총회의 소집 절차·시기 및 의결방법, 총회의 개최 및 조합원의 총회소집 요구, 이자 지급, 정비사업비의 부담 시기 및 절차, 정비사업이 종결된 때의 청산절차(조합해산이후 청산인의 보수 등 청산 업무에 필요한 사항 포함), 청산금의 징수·지급의 방법 및 절차, 시공자·설계자의 선정 및 계약서에 포함될 내용, 정관의 변경절차, 그밖에 정비사업의 추진 및 조합의 운영을 위하여 필요한 사항으로서 대통령령으로 정하는 사항

② 시·도지사는 위의 사항이 포함된 표준정관을 작성하여 보급할 수 있다.

③ 조합이 정관을 변경하려는 경우에는 총회를 개최하여 조합원 과반수의 찬성으로 시장·군수등의 인가를 받아야 한다. 다만, 조합원의 자격, 조합원의 제명·탈퇴 및 교체, 정비구역의 위치 및 면적, 조합의 비용부담 및 조합의 회계, 정비사업비의 부담 시기 및 절차, 시공자·설계자의 선정 및 계약서에 포함될 내용의 경우에는 조합원 3분의 2 이상의 찬성으로 한다.

도시 및 주거환경정비법령상 **조합의 정관**으로 정할 수 없는 것은?[28회]

① 대의원 수 ② 대의원 선임방법 ③ 대의원회 법정 의결정족수의 완화
④ 청산금 분할징수 여부의 결정 ⑤ 조합 상근임원 보수에 관한 사항

③ 대의원회 법정 의결정족수의 완화는 정관기재사항이 아니죠. 정답③

도시 및 주거환경정비법령상 **조합의 정관을 변경**하기 위하여 총회에서 조합원 3분의 2이상의 찬성을 요하는 사항이 아닌 것은?[34회]

① 정비구역의 위치 및 면적 ② 조합의 비용부담 및 조합의 회계
③ 정비사업비의 부담 시기 및 절차 ④ 청산금의 징수·지급의 방법 및 절차
⑤ 시공자·설계자의 선정 및 계약서에 포함될 내용

④ 청산금의 징수·지급의 방법 및 절차는 과반수의 동의만 있으면 됩니다. 정답④

도시정비법령상 **조합설립**등에 관하여 (   )에 들어갈 내용을 바르게 나열한 것은?[29회]

○ 재개발사업의 추진위원회가 조합을 설립하려면 토지등소유자의 (ㄱ) 이상 및 토지면적의 (ㄴ) 이상의 토지소유자의 동의를 받아 시장·군수 등의 인가를 받아야 한다.
○ 조합이 정관의 기재사항 중 조합원의 자격에 관한 사항을 변경하려는 경우에는 총회를 개최하여 조합원 (ㄷ) (이상)의 찬성으로 시장·군수 등의 인가를 받아야 한다.

① ㄱ: 3분의 2, ㄴ: 3분의 1, ㄷ: 3분의 2
② ㄱ: 3분의 2, ㄴ: 2분의 1, ㄷ: 과반수
③ ㄱ: 4분의 3, ㄴ: 3분의 1, ㄷ: 과반수
④ ㄱ: 4분의 3, ㄴ: 2분의 1, ㄷ: 3분의 2
⑤ ㄱ: 4분의 3, ㄴ: 3분의 2, ㄷ: 과반수

재개발사업의 조합설립은 사람의 3/4이상, 면적의 1/2이상 동의가 필요합니다. 조합원의 자격은 중요한 사항이라 조합원 2/3이상의 찬성이 필요하죠. 정답④

(4) 조합의 임원

① 조합은 조합원으로서 정비구역에 위치한 건축물 또는 토지(재건축사업의 경우에는 건축물과 그 부속토지)를 소유한 자 중 다음 어느 하나의 요건을 갖춘 조합장 1명과 이사, 감사를 임원으로 둔다. 이 경우 조합장은 선임일부터 관리처분계획인가를 받을 때까지 해당 정비구역에서 거주하여야 한다.

조합장
① 부동산 5년이상 소유 또는 선임일 직전 3년 동안 1년이상 거주(둘 중 하나만 충족)
② 선임일부터 관리처분계획 인가를 받을 때까지 거주

ㄱ. 정비구역에 위치한 건축물 또는 토지를 5년 이상 소유할 것

ㄴ. 정비구역에서 거주하고 있는 자로서 선임일 직전 3년 동안 정비구역에서 1년 이상 거주할 것

② 조합에 두는 이사의 수는 3명 이상으로 하고, 감사의 수는 1명 이상 3명 이하로 한다. 다만, 토지등소유자의 수가 100인을 초과하는 경우에는 이사의 수를 5명 이상으로 한다.

③ 조합은 총회 의결을 거쳐 조합임원의 선출에 관한 선거관리를 선거관리위원회에 위탁할 수 있다.

④ 조합임원의 임기는 3년 이하의 범위에서 정관으로 정하되, 연임할 수 있다.

⑤ 조합임원의 선출방법 등은 정관으로 정한다. 다만, 시장·군수등은 **다음 어느 하나에 해당하는 경우** 전문조합관리인으로 선정하여 조합임원의 업무를 대행하게 할 수 있다.

ㄱ. 조합임원이 사임, 해임, 임기만료, 그밖에 불가피한 사유 등으로 직무를 수행할 수 없는 때부터 6개월 이상 선임되지 아니한 경우

ㄴ. 총회에서 조합원 과반수의 출석과 출석 조합원 과반수의 동의로 전문조합관리인의 선정을 요청하는 경우

(5) 조합임원의 직무

① 조합장은 조합을 대표하고, 그 사무를 총괄하며, 총회 또는 대의원회의 의장이 된다.

② 조합장이 대의원회의 의장이 되는 경우에는 대의원으로 본다.

③ 조합장 또는 이사가 자기를 위하여 조합과 계약이나 소송을 할 때에는 감사가 조합을 대표한다.

④ 조합임원은 같은 목적의 정비사업을 하는 다른 조합의 임원 또는 직원을 겸할 수 없다.

(6) 조합임원 등의 결격사유 및 해임

① **다음의 자는 조합임원 또는 전문조합관리인이 될 수 없다.**(결격사유)

ㄱ. 미성년자·피성년후견인 또는 피한정후견인

ㄴ. 파산선고를 받고 복권되지 아니한 자

ㄷ. 금고 이상의 실형을 선고받고 그 집행이 종료(종료된 것으로 보는 경우를 포함)되거나 집행이 면제된 날부터 2년이 지나지 아니한 자

ㄹ. 금고 이상의 형의 집행유예를 받고 그 유예기간 중에 있는 자

ㅁ. 이 법을 위반하여 벌금 100만원 이상의 형을 선고받고 10년이 지나지 아니한 자

ㅂ. 조합설립 인가권자에 해당하는 지방자치단체의 장, 지방의회의원 또는 그 배우자·직계존속·직계비속

② **조합임원이 다음에 해당하는 경우에는 당연 퇴임한다.**

ㄱ. 위의 결격사유에 해당하게 되거나 선임 당시 그에 해당하는 자이었음이 밝혀진 경우

ㄴ. 조합임원이 자격요건(거주요건 및 보유요건)을 갖추지 못한 경우

③ 퇴임된 임원이 퇴임 전에 관여한 행위는 그 효력을 잃지 아니한다.

④ 조합임원은 조합원 10분의 1 이상의 요구로 소집된 총회에서 조합원 과반수의 출석과 출석 조합원 과반수의 동의를 받아 해임할 수 있다. 이 경우 요구자 대표로 선출된 자가 해임 총회의 소집 및 진행을 할 때에는 조합장의 권한을 대행한다.

⑤ 시장·군수등이 전문조합관리인을 선정한 경우 전문조합관리인이 업무를 대행할 임원은 당연 퇴임한다.

도시 및 주거환경정비법령상 **조합의 임원**에 관한 설명으로 틀린 것은?[33회]

① 토지등소유자의 수가 100인을 초과하는 경우 조합에 두는 이사의 수는 5명 이상으로 한다.(○)
② 조합임원의 임기는 3년 이하의 범위에서 정관으로 정하되, 연임할 수 있다.(○)
③ 조합장이 아닌 조합임원은 대의원이 될 수 있다.(×)
④ 조합임원은 같은 목적의 정비사업을 하는 다른 조합의 임원 또는 직원을 겸할 수 없다.(○)
⑤ 시장·군수등이 전문조합 관리인을 선정한 경우 전문조합관리인이 업무를 대행할 임원은 당연 퇴임한다.(○)

③ 조합장은 대의원(대의원회 의장)이 될 수 있지만 이사나 감사는 대의원이 될 수 없어요.

도시 및 주거환경정비법령상 **조합의 설립**에 관한 설명으로 옳은 것은?[26회수정]

① 조합설립인가를 받은 경우에는 따로 등기를 하지 않아도 조합이 성립된다.(×)
② 조합임원은 같은 목적의 정비사업을 하는 다른 조합의 임원을 겸할 수 있다.(×)
③ 재건축사업은 조합을 설립하지 않고 토지등소유자가 직접 시행할 수 있다.(×)
④ 추진위원회는 정비구역지정·고시 후 추진위원장을 포함한 5명 이상의 추진위원 및 운영규정에 대하여 토지등소유자 과반수의 동의를 받아 구성한다.(○)
⑤ 조합임원이 결격사유에 해당하여 퇴임한 경우 그 임원이 퇴임 전에 관여한 행위는 효력을 잃는다.(×)

① 등기는 조합의 성립요건입니다. 등기해야 해요. ② 겸할 수 없어요. ③ 재건축사업은 조합을 설립해야 해요.⑤ 임원이 퇴임 전에 관여한 행위는 효력을 잃지 않습니다.

(7) 총회의 소집

① 조합에는 조합원으로 구성되는 총회를 둔다.
② 총회는 조합장이 직권으로 소집하거나 조합원 5분의 1 이상(조합임원의 권리·

의무·보수·선임방법·변경 및 해임에 관한 사항을 변경하기 위한 총회의 경우는 10분의 1 이상) 또는 대의원 3분의 2 이상의 요구로 조합장이 소집하며, 조합원 또는 대의원의 요구로 총회를 소집하는 경우 조합은 소집을 요구하는 자가 본인인지 여부를 정관으로 정하는 방법으로 확인하여야 한다.

③ 조합임원의 사임, 해임 또는 임기만료 후 6개월 이상 조합임원이 선임되지 아니한 경우에는 시장·군수등이 조합임원 선출을 위한 총회를 소집할 수 있다.

④ 총회를 소집하려는 자는 총회가 개최되기 7일 전까지 회의 목적·안건·일시 및 장소와 의결권의 행사기간 및 장소 등 의결권 행사에 필요한 사항을 정하여 조합원에게 통지하여야 한다.

도시 및 주거환경정비법령상 **조합 총회의 소집**에 관한 규정내용이다. (　)에 들어갈 숫자를 바르게 나열한 것은?[30회]

> ○ 정관의 기재사항 중 조합임원의 권리·의무·보수·선임방법·변경 및 해임에 관한 사항을 변경하기 위한 총회의 경우는 조합원 (ㄱ)분의 1 이상의 요구로 조합장이 소집한다.
> ○ 총회를 소집하려는 자는 총회가 개최되기 (ㄴ)일 전까지 회의 목적·안건·일시 및 장소를 정하여 조합원에게 통지하여야 한다.

① ㄱ: 3, ㄴ: 7　② ㄱ: 5, ㄴ: 7　③ ㄱ: 5, ㄴ: 10
④ ㄱ: 10, ㄴ: 7　⑤ ㄱ: 10, ㄴ: 10

일반적으로는 조합원 1/5이상의 요구로 조합장이 소집하지만 조합임원의 권리·의무·보수·선임방법·변경 및 해임에 관한 사항을 변경할 때에는 1/10 이상이면 됩니다. 총회는 개최 7일 전까지 조합원에게 통지해야 합니다. 정답④

(8) 총회의 의결

① **다음 사항**은 총회의 의결을 거쳐야 한다.

ㄱ. 정관의 변경

ㄴ. 자금의 차입과 그 방법·이자율 및 상환방법

ㄷ. 정비사업비의 세부 항목별 사용계획이 포함된 예산안 및 예산의 사용내역

ㄹ. 예산으로 정한 사항 외에 조합원에게 부담이 되는 계약

ㅁ. 시공자·설계자 및 감정평가법인 등의 선정 및 변경(감정평가법인 등 선정 및 변경은 총회의 의결을 거쳐 시장·군수등에게 위탁할 수 있음)

ㅂ. 정비사업전문관리업자의 선정 및 변경

ㅅ. 조합임원의 선임 및 해임

ㅇ. 정비사업비의 조합원별 분담내역

ㅈ. 사업시행계획서의 작성 및 변경(정비사업의 중지 또는 폐지에 관한 사항 포함)

ㅊ. 관리처분계획의 수립 및 변경

파란색만
조합원 과반수
찬성으로 의결

ㅋ. 조합의 해산과 조합 해산 시의 회계보고

ㅌ. 청산금의 징수 · 지급(분할징수·지급을 포함)

ㅍ. 비용의 금액 및 징수방법

ㅎ. 그밖에 조합원에게 경제적 부담을 주는 사항 등(조합의 합병 또는 해산, 대의원의 선임 및 해임, 건설되는 건축물의 설계 개요의 변경, 정비사업비의 변경)

② 위의 사항 중 이 법 또는 정관에 따라 조합원의 동의가 필요한 사항은 총회에 상정하여야 한다.

③ 총회의 의결은 이 법 또는 정관에 다른 규정이 없으면 조합원 과반수의 출석과 출석 조합원의 과반수 찬성으로 한다.

④ 사업시행계획서의 작성 및 변경(①-ㅈ)과 관리처분계획의 수립 및 변경(①-ㅊ)의 경우에는 조합원 과반수의 찬성으로 의결한다. 다만, 정비사업비가 10% (생산자물가상승률분, 손실보상 금액은 제외) 이상 늘어나는 경우에는 조합원 3분의 2 이상의 찬성으로 의결하여야 한다.

⑤ 조합원은 서면으로 의결권을 행사(이 경우에는 정족수를 산정할 때에 출석한 것으로 봄)하거나 다음 경우에는 대리인을 통하여 의결권을 행사할 수 있다.

ㄱ. 조합원이 권한을 행사할 수 없어 배우자, 직계존비속 또는 형제자매 중에서 성년자를 대리인으로 정하여 위임장을 제출하는 경우

ㄴ. 해외에 거주하는 조합원이 대리인을 지정하는 경우

ㄷ. 법인인 토지등소유자가 대리인을 지정하는 경우(이 경우 법인의 대리인은 조합임원 또는 대의원으로 선임될 수 있음)

⑥ 조합원은 다음 요건을 모두 충족한 경우에는 전자적 방법으로 의결권을 행사할 수 있다. 이 경우 정족수를 산정할 때에 출석한 것으로 본다.

ㄱ. 조합원이 전자적 방법 외에 ⑤에 따른 방법으로도 의결권을 행사할 수 있게 할 것

ㄴ. 의결권의 행사 방법에 따른 결과가 각각 구분되어 확인 · 관리할 수 있을 것

ㄷ. 그밖에 전자적 방법을 통한 의결권의 투명한 행사 등을 위하여 대통령령으로 정하는 기준에 부합할 것

⑦ 조합은 조합원의 참여를 확대하기 위하여 조합원이 전자적 방법을 우선적으로 이용하도록 노력하여야 한다.

⑧ 재난의 발생 등 사유가 발생하여 시장 · 군수등이 조합원의 직접 출석이 어렵다고 인정하는 경우에는 전자적 방법만으로 의결권을 행사할 수 있다.

⑨ 조합은 서면 또는 전자적 방법으로 의결권을 행사하는 자가 본인인지를 확인하여야 한다.

⑩ 총회의 의결은 조합원의 100분의 10 이상이 직접 출석(대리인을 통하거나 전자적 방법으로 의결권을 행사하는 경우 직접 출석한 것으로 본다)하여야 한다.

저자의 한마디

시공자 **선정**의 경우는 과반수,
시공자 **선정 취소**의 경우는 20%
입니다.

20% 이상 출석이 필요한 경우
꼭 암기하세요!

저자의 한마디

조합원이 50명 이상인 도시개발
조합은 대의원회를 둘 수 있습니
다(임의적 사항). 반면, 조합원
이 100명이상인 정비사업조합
은 반드시 두어야 합니다.(의무
적 사항) 다른 점에 주의!

저자의 한마디

조합의 합병 또는 해산은 총회의
전속적인 의결사항이지만 사업
완료로 인한 해산은 대의원회에
서도 의결할 수 있습니다.

다만, 시공자의 선정을 의결하는 총회의 경우에는 조합원의 과반수가 직접 출석하여야 하고, 창립총회, 시공자 선정 취소를 위한 총회, 사업시행계획서의 작성 및 변경, 관리처분계획의 수립 및 변경을 의결하는 총회 등 대통령령으로 정하는 총회의 경우에는 조합원의 100분의 20 이상이 직접 출석하여야 한다.

⑪ 총회의 의결방법, 서면 또는 전자적 방법에 따른 의결권 행사 및 본인확인 방법 등에 필요한 사항은 정관으로 정한다.

(9) 대의원회

① 조합원의 수가 100명 이상인 조합은 대의원회를 두어야 한다.

② 대의원회는 조합원의 10분의 1 이상으로 구성한다. 다만, 조합원의 10분의 1이 100명을 넘는 경우에는 조합원의 10분의 1의 범위에서 100명 이상으로 구성할 수 있다.

③ 조합장이 아닌 조합임원은 대의원이 될 수 없다.(→ 이사와 감사는 대의원이 될 수 없다.)

④ 대의원회가 총회의 권한을 대행할 수 없는 사항

> 정관의 변경, 자금의 차입과 그 방법·이자율 및 상환방법, 예산으로 정한 사항 외에 조합원에게 부담이 되는 계약, 시공자·설계자 또는 감정평가법인등의 선정 및 변경, 정비사업전문관리업자의 선정 및 변경, 조합임원의 선임 및 해임과 대의원의 선임 및 해임에 관한 사항(보궐선임은 원칙적으로 대행가능하나 조합장은 보궐선임 대행불가), 사업시행계획서의 작성 및 변경, 관리처분계획의 수립 및 변경, 총회에 상정하여야 하는 사항, 조합의 합병 또는 해산(사업완료로 인한 해산은 대행 가능), 건축물의 설계 개요의 변경, 정비사업비의 변경

도시 및 주거환경정비법령상 **조합총회의 의결사항** 중 대의원회가 대행할 수 없는 사항을 모두 고른 것은?[32회]

> ㄱ. 조합임원의 해임   ㄴ. 사업완료로 인한 조합의 해산
> ㄷ. 정비사업비의 변경   ㄹ. 정비사업전문관리업자의 선정 및 변경

① ㄱ,ㄴ,ㄷ ② ㄱ,ㄴ,ㄹ ③ ㄱ,ㄷ,ㄹ ④ ㄴ,ㄷ,ㄹ ⑤ ㄱ,ㄴ,ㄷ,ㄹ

ㄴ. 조합의 해산은 원칙적으로 총회만 의결할 수 있는 사항이지만 사업완료로 인한 해산은 대의원회에서도 의결할 수 있답니다. 나머지는 총회 전속적인 의결사항입니다. 정답③

도시 및 주거환경정비법령상 **조합의 임원**에 관한 설명으로 틀린 것은?[34회]

① 조합임원의 임기만료 후 6개월 이상 조합임원이 선임되지 아니한 경우에는 시장·군수등이 조합임원 선출을 위한 총회를 소집할 수 있다.(○)

② 조합임원이 결격사유에 해당하게 되어 당연 퇴임한 경우 그가 퇴임 전에 관여한 행위는 그 효력을 잃는다.(×)

③ 총회에서 요청하여 시장·군수등이 전문조합관리인을 선정한 경우 전문조합관리인이 업무를 대행할 임원은 당연 퇴임한다.(○)

④ 조합장이 아닌 조합임원은 대의원이 될 수 없다.(○)

⑤ 대의원회는 임기 중 궐위된 조합장을 보궐선임할 수 없다.(○)

① 44조3항 ② 퇴임 전에 관여한 행위는 그 효력을 잃지 않아요.(43조3항) ③ 43조5항 ④ 46조3항 ⑤ 시행령43조6호

도시 및 주거환경정비법령상 **조합**에 관한 설명으로 옳은 것은?[25회수정]

① 재개발사업 추진위원회가 조합을 설립하려면 시·도지사의 인가를 받아야 한다.(×)

② 조합원의 수가 50인 이상인 조합은 대의원회를 두어야 한다.(×)

③ 조합원의 자격에 관한 사항에 대하여 정관을 변경하고자 하는 경우 총회에서 조합원 3분의 2 이상의 찬성을 얻어야 한다.(○)

④ 조합의 이사는 대의원회에서 해임될 수 있다.(×)

⑤ 조합의 이사는 조합의 대의원을 겸할 수 있다.(×)

저자의 한마디

③ 정관변경에 조합원 과반수의 동의가 필요한 경우와 2/3이상의 동의가 필요한 경우를 구분하여 기억해야 됩니다.

① 시·도지사가 아니라 시장·군수등의 인가를 받아야 해요. ② 조합원의 수가 100인 이상이면 대의원회는 필수! ④ 조합의 임원의 선임이나 해임을 총회에서만 가능해요. ⑤ 조합의 이사나 감사는 조합의 대의원을 겸할 수 없어요. 빈출지문!

도시 및 주거환경정비법령상 **조합**에 관한 설명으로 옳은 것은?[27회수정]

① 토지등소유자가 재개발사업을 시행하고자 하는 경우에는 토지등소유자로 구성된 조합을 설립하여야만 한다.(×)

② 토지등소유자가 100명 이하인 조합에는 2명 이하의 이사를 둔다.(×)

③ 재건축사업의 추진위원회가 주택단지가 아닌 지역이 포함된 정비구역에서 조합을 설립하고자 하는 때에는 주택단지가 아닌 지역의 토지 또는 건축물 소유자의 4분의 3 이상 및 토지면적의 2분의 1 이상의 토지소유자의 동의를 받아야 한다.(×)

④ 손실보상 금액을 포함한 정비사업비가 100분의 10 이상 늘어나는 경우에는 조합원 3분의 2 이상의 찬성으로 의결하여야 한다.(×)

⑤ 대의원회는 임기 중 궐위된 조합장을 보궐선임할 수 없다.(○)

재개발사업 4321
재건축사업 4343
(주택단지가 아닌 지역) 4332

① 재개발사업은 토지등소유자가 조합설립 없이 시행할 수 있어요. ② 토지등소유자가 100명 이하이면 3명 이하의 이사를 둘 수 있죠. ③ 토지면적의 1/2 이상이 아니라 2/3 이상의 동의를 받아야 합니다. ④ 손실보상 금액을 '포함한'이 아니라 '제외한'입니다. ⑤ 조합장(임원) 선임은 총회의 고유권한입니다.

도시 및 주거환경정비법령상 **정비사업의 시행**에 관한 설명으로 옳은 것은?[30회]

① 조합의 정관에는 정비구역의 위치 및 면적이 포함되어야 한다.(○)

② 조합설립인가 후 시장·군수등이 토지주택공사 등을 사업시행자로 지정·고시한 때에는 그 고시일에 조합설립인가가 취소된 것으로 본다.(×)

③ 조합은 명칭에 정비사업조합이라는 문자를 사용하지 않아도 된다.(×)

④ 조합장이 자기를 위하여 조합과 소송을 할 때에는 이사가 조합을 대표한다.(×)

⑤ 재건축사업을 하는 정비구역에서 오피스텔을 건설하여 공급하는 경우에는 국토의 계획 및 이용에 관한 법률에 따른 준주거지역 및 상업지역 이외의 지역에서 오피스텔을 건설할 수 있다.(×)

4. 주민대표회의와 전체회의

(1) 주민대표회의

① 토지등소유자가 시장·군수등 또는 토지주택공사등의 사업시행을 원하는 경우에는 정비구역 지정·고시 후 주민대표기구(→주민대표회의)를 구성하여야 한다. 다만, 협약등이 체결된 경우에는 정비구역 지정·고시 이전에 주민대표회의를 구성할 수 있다.

② 주민대표회의는 위원장을 포함하여 5명 이상 25명 이하로 구성한다.

③ 주민대표회의는 토지등소유자의 과반수의 동의를 받아 구성하며, 시장·군수등의 승인을 받아야 한다.

주민대표회의에는 위원장과 부위원장 각 1명과 1명 이상 3명 이하의 감사를 둔다.
(시행령 45조1항)

④ 주민대표회의의 구성에 동의한 자는 사업시행자의 지정에 동의한 것으로 본다. 다만, 사업시행자의 지정 요청 전에 시장·군수등 및 주민대표회의에 사업시행자의 지정에 대한 반대의 의사표시를 한 토지등소유자의 경우에는 그러하지 아니하다.

⑤ 주민대표회의 또는 세입자(상가세입자 포함)는 사업시행자가 다음 사항에 관하여 시행규정을 정하는 때에 의견을 제시할 수 있다. 이 경우 사업시행자는 주민대표회의 또는 세입자의 의견을 반영하기 위하여 노력하여야 한다.

저자의 한마디

주민대표회의 또는 세입자가 시행규정 만들 때 의견을 제시할 수는 있지만, 사업시행자가 이를 반드시 반영해야 하는 건 아니에요.

ㄱ. 건축물의 철거 ㄴ. 주민의 이주(세입자의 퇴거에 관한 사항을 포함)

ㄷ. 토지 및 건축물의 보상(세입자에 대한 주거이전비 등 보상에 관한 사항을 포함)

ㄹ. 정비사업비의 부담 ㅁ. 세입자에 대한 임대주택의 공급 및 입주자격

ㅂ. 그밖에 정비사업의 시행을 위하여 필요한 사항으로서 대통령령으로 정하는 사항

도시 및 주거환경정비법령상 **주민대표회의** 등에 관한 설명으로 틀린 것은?[31회]

① 토지등소유자가 시장·군수등 또는 토지주택공사등의 사업시행을 원하는 경우에는 정비구역 지정·고시 후 주민대표회의를 구성하여야 한다.(○)

② 주민대표회의는 위원장을 포함해서 5명이상 25명 이하로 구성한다.(○)

③ 주민대표회의는 토지등소유자의 과반수의 동의를 받아 구성한다.(○)

④ 주민대표회의에는 위원장과 부위원장 각 1명과 1명 이상 3명 이하의 감사를 둔다.(○)

⑤ 상가세입자는 사업시행자가 건축물의 철거의 사항에 관하여 시행규정을 정하는 때에 의견을 제시할 수 없다.(×)

도시 및 주거환경정비법령상 **정비사업의 시행**에 관한 설명으로 옳은 것은?[32회]

① 세입자의 세대수가 토지등소유자의 3분의 1에 해당하는 경우 시장·군수등은 토지주택공사등을 주거환경개선사업 시행자로 지정하기 위해서는 세입자의 동의를 받아야 한다.(×)

② 재개발사업은 토지등소유자가 30인인 경우에는 토지등소유자가 직접 시행할 수 있다.(×)

③ 재건축사업 조합설립추진위원회가 구성승인을 받은 날부터 2년이 되었음 에도 조합설립인가를 신청하지 아니한 경우 시장·군수등이 직접 시행할 수 있다.(×)

④ 조합설립추진위원회는 토지등소유자의 수가 200인인 경우 5명 이상의 이사를 두어야 한다.(×)

⑤ 주민대표회의는 토지등소유자의 과반수의 동의를 받아 구성하며, 위원장과 부위원장 각 1명과 1명 이상 3명 이하의 감사를 둔다.(○)

① 세입자 세대수가 토지등소유자의 1/2 이하인 경우에는 세입자의 동의절차를 거치지 아니할 수 있어요. ② 토지등소유자가 20인 미만인 경우에 직접 시행할 수 있어요. ③ 2년이 아니라 3년 ④ 조합은 토지등소유자의 수가 100인 이상인 경우 5명 이상의 이사를 둡니다.

(2) 토지등소유자 전체회의

① 사업시행자로 지정된 신탁업자는 **다음 사항**에 관하여 해당 정비사업의 토지등소유자(재건축사업의 경우에는 신탁업자를 사업시행자로 지정하는 것에 동의한 토지등소유자) 전원으로 구성되는 회의(→토지등소유자 전체회의)의 의결을 거쳐야 한다.

ㄱ. 시행규정의 확정 및 변경 ㄴ. 정비사업비의 사용 및 변경

ㄷ. 정비사업전문관리업자와의 계약 등 토지등소유자의 부담이 될 계약

ㄹ. 시공자의 선정 및 변경 ㅁ. 정비사업비의 토지등소유자별 분담내역

ㅂ. 자금의 차입과 그 방법 · 이자율 및 상환방법

ㅅ. 사업시행계획서의 작성 및 변경 ㅇ. 관리처분계획의 수립 및 변경

ㅈ. 청산금의 징수 · 지급(분할징수·지급을 포함)과 조합 해산 시의 회계보고

ㅊ. 비용의 금액 및 징수방법

ㅋ. 그밖에 토지등소유자에게 부담이 되는 것으로 시행규정으로 정하는 사항

② 토지등소유자 전체회의는 사업시행자가 직권으로 소집하거나 토지등소유자 5분의 1 이상의 요구로 사업시행자가 소집한다.

사업시행계획★★★

1. 사업시행계획서의 작성

사업시행자는 정비계획에 따라 **다음 사항**을 포함하는 사업시행계획서를 작성하여야 한다.

저자의 한마디

도시정비법의 사업시행계획은 도시개발법의 실시계획에 해당합니다. 시행자가 세우는 구체적인 계획이죠.

괄호 안 내용(파란색) 조심!

① 토지이용계획(건축물배치계획 포함)

② 정비기반시설 및 공동이용시설의 설치계획

③ 임시거주시설을 포함한 주민이주대책 ④ 세입자의 주거 및 이주 대책

⑤ 사업시행기간 동안 정비구역 내 가로등 설치, 폐쇄회로 텔레비전 설치 등 범죄예방대책

⑥ 임대주택의 건설계획(재건축사업의 경우는 제외)

⑦ <u>국민주택규모 주택의 건설계획</u>(주거환경개선사업의 경우는 제외)

⑧ 공공지원민간임대주택 또는 임대관리 위탁주택의 건설계획(필요한 경우로 한정)

⑨ 건축물의 높이 및 용적률 등에 관한 건축계획

⑩ 정비사업의 시행과정에서 발생하는 폐기물의 처리계획

⑪ 교육시설의 교육환경 보호에 관한 계획(정비구역부터 200미터 이내에 교육 시설이 설치되어 있는 경우로 한정)

⑫ 정비사업비

⑬ 그밖에 사업시행을 위한 사항으로서 대통령령으로 정하는 바에 따라 시·도 조례로 정하는 사항

도시정비법령상 정비계획에 따른 **사업시행계획서**에 포함되어야 하는 사항이 아닌 것은?[22회수정]

① 정비기반시설 및 공동이용시설의 설치계획

② 정비구역으로부터 200m이내에 교육시설이 설치되어 있는 경우 교육시설의 교육환경 보호에 관한 계획

③ 조합원이 아닌 일반분양대상자에 대한 입주대책

④ 임시거주시설을 포함한 주민이주대책

⑤ 건축물의 높이 및 용적률 등에 관한 건축계획

이주대책과 입주대책 혼동마세요!

③ 사업시행계획서에 입주대책은 없어요. 이주대책이 있죠. 정답③

도시정비법령상 **재건축사업**의 사업시행자가 작성하여야 하는 **사업시행계획서**에 포함되어야 하는 사항이 아닌 것은?(단, 조례는 고려하지 않음)[31회]

① 토지이용계획(건축물배치계획을 포함한다)

② 정비기반시설 및 공동이용시설의 설치계획

③ 도시 및 주거환경정비법 제10조(임대주책 및 주택규모별 건설비율)에 따른 임대주택 건설계획

④ 세입자의 주거 및 이주 대책

⑤ 임시거주시설을 포함한 주민이주대책

③ 재건축사업의 사업시행계획서는 임대주택 건설계획을 포함하지 않습니다. 정답③

2. 사업시행계획인가

① 사업시행자(공동시행의 경우를 포함하되, 사업시행자가 시장·군수등인 경우는 제외)는 정비사업을 시행하려는 경우에는 사업시행계획서에 정관 등과 그밖에 국토교통부령으로 정하는 서류를 첨부하여 시장·군수등에게 제출하고 사업시행계획인가를 받아야 하고, 인가받은 사항을 변경하거나 정비사업을 중지 또는 폐지하려는 경우에도 또한 같다. 다만, **다음의 경미한 사항**을 변경 하려는 때에는 시장 · 군수등에게 (변경)신고하여야 한다.

ㄱ. 정비사업비를 10%의 범위에서 변경하거나 관리처분계획의 인가에 따라 변경하는 때(국민주택을 건설하는 사업인 경우에는 주택도시기금의 지원금액이 증가되지 아니하는 경우만 해당)

ㄴ. 건축물이 아닌 부대시설·복리시설의 설치규모를 확대하는 때(위치가 변경되는 경우는 제외)

ㄷ. 대지면적을 10%의 범위에서 변경하는 때

ㄹ. 세대수와 세대당 주거전용면적을 변경하지 않고 세대당 주거전용면적의 10%의 범위에서 세대 내부구조의 위치 또는 면적을 변경하는 때

ㅁ. 내장재료 또는 외장재료를 변경하는 때

ㅂ. 사업시행계획인가의 조건으로 부과된 사항의 이행에 따라 변경하는 때

ㅅ. 건축물의 설계와 용도별 위치를 변경하지 아니하는 범위에서 건축물의 배치 및 주택단지 안의 도로선형을 변경하는 때

ㅇ. 사업시행자의 명칭 또는 사무소 소재지를 변경하는 때

ㅈ. 정비구역 또는 정비계획의 변경에 따라 사업시행계획서를 변경하는 때

② 시장·군수등은 특별한 사유가 없으면 사업시행계획서의 제출이 있는 날부터 60일 이내에 인가 여부를 결정하여 사업시행자에게 통보하여야 한다.

③ 사업시행자(시장·군수등 또는 토지주택공사등은 제외)는 사업시행계획 인가를 신청하기 전에 미리 총회의 의결을 거쳐야 하며, 인가받은 사항을 변경하거나 정비사업을 중지 또는 폐지하려는 경우에도 또한 같다. 다만, 경미한 사항의 변경은 총회의 의결을 필요로 하지 아니한다.

④ 토지등소유자가 재개발사업을 시행하려는 경우에는 사업시행계획인가를 신청하기 전에 사업시행계획서에 대하여 토지등소유자의 4분의 3 이상 및 토지면적의 2분의 1 이상의 토지소유자의 동의를 받아야 한다. 다만, 인가받은 사항을 변경하려는 경우에는 규약으로 정하는 바에 따라 토지등소유자의 과반수의 동의를 받아야 하며, 경미한 사항의 변경인 경우에는 토지등소유자의 동의를 필요로 하지 아니한다.

⑤ 지정개발자가 정비사업을 시행하려는 경우에는 사업시행계획인가를 신청하기 전에 토지등소유자의 과반수의 동의 및 토지면적의 2분의 1 이상의 토지소유자의 동의를 받아야 한다. 다만, 경미한 사항의 변경인 경우에는 토지등소유자의 동의를 필요로 하지 아니한다.

재개발사업 조합설립을 위한 동의 요건도 3/4, 1/2이었죠?

지정개발자: 과반수, 1/2

⑥ 천재지변 등 불가피한 사유로 긴급하게 정비사업을 시행할 필요가 있다고 인정하는 때에는 사업시행자는 토지등소유자의 동의를 필요로 하지 아니한다.

⑦ 시장·군수등은 사업시행계획인가(시장·군수등이 사업시행계획서를 작성한 경우를 포함)를 하거나 정비사업을 변경·중지 또는 폐지하는 경우에는 그 내용을 해당 지방자치단체의 공보에 고시하여야 한다. 다만, 경미한 사항을 변경하려는 경우에는 그러하지 아니하다.

⑧ 정비구역의 지정권자는 사업시행계획인가와 관련된 **다음 사항** 중 둘 이상의 심의가 필요한 경우에는 이를 통합하여 검토 및 심의(통합심의)하여야 한다.

ㄱ. 건축법에 따른 건축물의 건축 및 특별건축구역의 지정 등에 관한 사항

ㄴ. 경관법에 따른 경관 심의에 관한 사항

ㄷ. 교육환경 보호에 관한 법률에 따른 교육환경평가

ㄹ. 국토의 계획 및 이용에 관한 법률에 따른 도시·군관리계획에 관한 사항

ㅁ. 도시교통정비 촉진법에 따른 교통영향평가에 관한 사항

ㅂ. 환경영향평가법에 따른 환경영향평가 등에 관한 사항

ㅅ. 그밖에 국토교통부장관, 시·도지사 또는 시장·군수등이 필요하다고 인정하여 통합심의에 부치는 사항

⑨ 사업시행자가 통합심의를 신청하는 경우에는 ⑧의 각 사항과 관련된 서류를 첨부하여야 한다. 이 경우 정비구역의 지정권자는 통합심의를 효율적으로 처리하기 위하여 필요한 경우 제출기한을 정하여 제출하도록 할 수 있다.

⑩ 시장·군수등은 특별한 사유가 없으면 통합심의 결과를 반영하여 사업시행계획을 인가하여야 한다.

⑪ 통합심의를 거친 경우에는 ⑧의 각 사항에 대한 검토·심의·조사·협의·조정 또는 재정을 거친 것으로 본다.

⑫ 정비구역의 지정권자는 사업시행계획인가(인가받은 사항을 변경하는 경우를 포함)에 앞서 정비계획의 변경(정비구역의 변경도 포함)이 필요한 경우 정비계획의 변경을 위한 지방도시계획위원회 심의를 사업시행계획인가와 관련된 심의와 함께 통합하여 검토 및 심의할 수 있다.

도시 및 주거환경정비법령상 **사업시행계획의 통합심의**에 관한 설명으로 옳은 것은?[35회]

① 경관법에 따른 경관 심의는 통합심의 대상이 아니다.(×)

② 시장·군수등은 특별한 사유가 없으면 통합심의 결과를 반영하여 사업시행계획을 인가하여야 한다.(○)

③ 통합심의를 거친 경우 해당 사항에 대한 조정 또는 재정을 거친 것으로 보지 아니한다.(×)

④ 통합심의위원회 위원장은 위원 중에서 호선한다.(×)

⑤ 사업시행자는 통합심의를 신청할 수 없다.(×)

① 경관 심의는 통합심의 대상입니다.(50조의2 1항2호) ② 50조의2 4항 ③ 통합심의를 거친 경우 해당 사항에 대한 조정 또는 재정을 거친 것으로 봅니다.(50조의2 5항) ④ 통합심의위원회의 위원 중에서 정비구역지정권자가 임명하거나 위촉합니다.(시행령46조의2 3항) ⑤ 사업시행자도 통합심의를 신청할 수 있어요.(50조의2 2항)

3. 기반시설의 기부채납 기준

① 시장·군수등은 사업시행계획을 인가하는 경우 사업시행자가 제출하는 사업시행계획에 해당 정비사업과 직접적으로 관련이 없거나 과도한 정비기반시설의 기부채납을 요구하여서는 아니 된다.

② 국토교통부장관은 정비기반시설의 기부채납과 관련하여 다음 사항이 포함된 운영기준을 작성하여 고시할 수 있다.

ㄱ. 정비기반시설의 기부채납 부담의 원칙 및 수준

ㄴ. 정비기반시설의 설치기준 등

③ 시장·군수등은 운영기준의 범위에서 지역여건 또는 사업의 특성 등을 고려하여 따로 기준을 정할 수 있으며, 이 경우 사전에 국토교통부장관에게 보고하여야 한다.

4. 관계 서류의 공람과 의견청취

① 시장·군수등은 사업시행계획인가를 하거나 사업시행계획서를 작성하려는 경우에는 관계 서류의 사본을 14일 이상 일반인이 공람할 수 있게 하여야 한다. 다만, 경미한 사항을 변경하려는 경우에는 그러하지 아니하다.

② 토지등소유자 또는 조합원, 그밖에 정비사업과 관련하여 이해관계를 가지는 자는 공람기간 이내에 시장·군수등에게 서면으로 의견을 제출할 수 있다.

③ 시장·군수등은 제출된 의견을 심사하여 채택할 필요가 있다고 인정하는 때에는 이를 채택하고, 그러하지 아니한 경우에는 의견을 제출한 자에게 그 사유를 알려주어야 한다.

5. 인·허가등의 의제 등

① 사업시행자가 사업시행계획인가를 받은 때(시장·군수등이 직접 정비사업을 시행하는 경우에는 사업시행계획서를 작성한 때)에는 관련 인·허가 등(예를 들어, 주택법에 따른 사업계획의 승인)이 있은 것으로 보며, 사업시행계획인가의 고시가 있은 때에는 관련 인·허가 등의 고시·공고 등이 있은 것으로 본다.

② 사업시행자가 공장이 포함된 구역에 대하여 재개발사업의 사업시행계획 인가를 받은 때에는 위의 인·허가 등 외에 다음 인·허가 등이 있은 것으로 보며, 사업시행계획인가를 고시한 때에는 다음 인·허가 등의 고시·공고 등이 있은 것으로 본다.

ㄱ. 산업집적활성화 및 공장설립에 관한 법률에 따른 공장설립 등의 승인 및 공장설립 등의 완료신고

ㄴ. 폐기물관리법에 따른 폐기물처리시설의 설치승인 또는 설치신고(변경승인 또는 변경신고를 포함)

ㄷ. 대기환경보전법, 물환경보전법 및 소음·진동관리법에 따른 배출시설 설치의 허가 및 신고

ㄹ. 총포·도검·화약류 등의 안전관리에 관한 법률에 따른 화약류저장소 설치의 허가

사업시행자가 사업시행계획인가를 받은 때에는 주택법에 따른 사업계획의 승인이 있은 것으로 본다.(57조 1항1호)

③ 사업시행자는 정비사업에 대하여 인·허가 등의 의제를 받으려는 경우에는 사업시행계획인가를 신청하는 때에 해당 법률에서 정하는 관계 서류를 함께 제출하여야 한다. 다만, 사업시행계획인가를 신청한 때에 시공자가 선정되어 있지 아니하여 관계 서류를 제출할 수 없거나 ⑥에 따라 사업시행계획인가를 하는 경우에는 시장·군수등이 정하는 기한까지 제출할 수 있다.

④ 시장·군수등은 사업시행계획인가를 하거나 사업시행계획서를 작성하려는 경우 의제되는 인·허가 등에 해당하는 사항이 있는 때에는 미리 관계 행정기관의 장과 협의하여야 하고, 협의를 요청받은 관계 행정기관의 장은 요청받은 날부터 30일 이내에 의견을 제출하여야 한다. 이 경우 관계 행정기관의 장이 30일 이내에 의견을 제출하지 아니하면 협의된 것으로 본다.

저자의 한마디

도시개발법에서는 20일 이내에 의견을 제출해야한다고 규정되어 있죠? 이처럼 관계행정기관의 장의 의견제출기한이 다르답니다.

⑤ 시장·군수등은 사업시행계획인가(시장·군수등이 사업시행계획서를 작성한 경우를 포함)를 하려는 경우 정비구역부터 200미터 이내에 교육시설이 설치되어 있는 때에는 해당 지방자치단체의 교육감 또는 교육장과 협의하여야 하며, 인가받은 사항을 변경하는 경우에도 또한 같다.

⑥ 시장·군수등은 천재지변이나 그 밖의 불가피한 사유로 긴급히 정비사업을 시행할 필요가 있다고 인정하는 때에는 관계 행정기관의 장 및 교육감 또는 교육장과 협의를 마치기 전에 사업시행계획인가를 할 수 있다. 이 경우 협의를 마칠 때까지는 인·허가 등을 받은 것으로 보지 아니한다.

저자의 한마디

천재지변 등의 경우 급하니까 협의 전에 사업시행계획인가를 할 수는 있지만, 그렇다고해서 인·허가등을 받은 것으로 보지는 않는다는 것입니다.

⑦ 인·허가 등을 받은 것으로 보는 경우에는 관계 법률 또는 시·도조례에 따라 해당 인·허가 등의 대가로 부과되는 수수료와 해당 국·공유지의 사용 또는 점용에 따른 사용료 또는 점용료를 면제한다.

6. 사업시행계획인가의 특례

① 사업시행자는 일부 건축물의 존치 또는 리모델링(주택법 또는 건축법에 따른 리모델링)에 관한 내용이 포함된 사업시행계획서를 작성하여 사업시행계획인가를 신청할 수 있다.

② 시장·군수등은 존치 또는 리모델링하는 건축물 및 건축물이 있는 토지가 주택법 및 건축법에 따른 **다음의 건축 관련 기준**에 적합하지 아니하더라도 사업시행계획인가를 할 수 있다.

ㄱ. 주택단지의 범위   ㄴ. 부대시설 및 복리시설의 설치기준

ㄷ. 대지와 도로의 관계 ㄹ. 건축선의 지정

ㅁ. 일조 등의 확보를 위한 건축물의 높이 제한

구분건물 존치·리모델링 동의요건
구분소유자2/3, 연면적2/3

③ 사업시행자가 사업시행계획서를 작성하려는 경우에는 존치 또는 리모델링하는 건축물 소유자의 동의(집합건물법에 따른 구분소유자가 있는 경우에는 구분소유자의 3분의 2 이상의 동의와 해당 건축물 연면적의 3분의 2 이상의 구분소유자의 동의)를 받아야 한다. 다만, 정비계획에서 존치 또는 리모델링 하는 것으로 계획된 경우에는 그러하지 아니한다.

7. 시행규정의 작성

시장·군수등, 토지주택공사등 또는 신탁업자가 단독으로 정비사업을 시행하는 경우 다음 사항을 포함하는 시행규정을 작성하여야 한다.

① 정비사업의 종류 및 명칭   ② 정비사업의 시행연도 및 시행방법

③ 비용부담 및 회계   ④ 토지등소유자의 권리·의무

⑤ 정비기반시설 및 공동이용시설의 부담   ⑥ 공고·공람 및 통지의 방법

⑦ 토지 및 건축물에 관한 권리의 평가방법

⑧ 관리처분계획 및 청산(분할징수 또는 납입에 관한 사항을 포함, 수용방식으로 시행하는 경우는 제외)

⑨ 시행규정의 변경   ⑩ 사업시행계획서의 변경

⑪ 토지등소유자 전체회의(신탁업자가 사업시행자인 경우로 한정)

⑫ 그밖에 시·도조례로 정하는 사항

도시 및 주거환경정비법령상 **한국토지주택공사**가 단독으로 정비사업을 시행하는 경우에 작성하는 **시행규정에 포함하여야 하는 사항**이 아닌 것은?(단, 조례는 고려하지 않음)[33회]

① 토지등소유자 전체회의   ② 토지등소유자의 권리·의무

③ 토지 및 건축물에 관한 권리의 평가방법

④ 정비사업의 시행연도 및 시행방법   ⑤ 공고·공람 및 통지의 방법

① 토지등소유자 전체회의는 신탁업자가 사업시행자일 경우에만 포함합니다. 정답①

8. 재건축사업 등의 용적률 완화 및 국민주택규모 주택 건설비율

① 사업시행자는 **다음 정비사업**(재정비촉진지구에서 시행되는 재개발사업 및 재건축사업×)을 시행하는 경우 정비계획으로 정하여진 용적률에도 불구하고 지방도시계획위원회의 심의를 거쳐 용적률의 상한 (→법적상한용적률)까지 건축할 수 있다.

ㄱ. 수도권정비계획법에 따른 과밀억제권역에서 시행하는 재개발사업 및 재건축사업(주거지역과 준공업지역으로 한정)

ㄴ. ㄱ외의 경우 시·도조례로 정하는 지역에서 시행하는 재개발사업 및 재건축사업

② 사업시행자가 정비계획으로 정하여진 용적률을 초과하여 건축하려는 경우에는 특별시·광역시·특별자치시·특별자치도·시 또는 군의 조례로 정한 용적률 제한 및 정비계획으로 정한 허용세대수의 제한을 받지 아니한다.

③ 사업시행자는 법적상한용적률에서 정비계획으로 정하여진 용적률을 뺀 용적률(=초과용적률)의 **다음에 따른 비율**에 해당하는 면적에 국민주택규모 주택을 건설하여야 한다.

① 재개발사업
- 과밀內 : 50%이상 75%이하
- 과밀外 : 75%이하
② 재건축사업
- 과밀內 : 30%이상 50%이하
- 과밀外 : 50%이하

ㄱ. 과밀억제권역에서 시행하는 재건축사업은 초과용적률의 30% 이상 50% 이하로서 시·도조례로 정하는 비율

ㄴ. 과밀억제권역에서 시행하는 재개발사업은 초과용적률의 50% 이상 75% 이하로서 시·도조례로 정하는 비율

ㄷ. 과밀억제권역 외의 지역에서 시행하는 재건축사업은 초과용적률의 50% 이하로서 시·도조례로 정하는 비율

ㄹ. 과밀억제권역 외의 지역에서 시행하는 재개발사업은 초과용적률의 75% 이하로서 시·도조례로 정하는 비율

9. 국민주택규모 주택의 공급 및 인수

① 사업시행자는 건설한 국민주택규모 주택을 **국토교통부장관, 시·도지사, 시장, 군수, 구청장 또는 토지주택공사등**(인수자)에 공급하여야 한다.

② 사업시행자는 건설한 국민주택규모 주택 중 인수자에게 공급해야 하는 국민주택규모 주택을 공개추첨의 방법으로 선정해야 하며, 그 선정결과를 지체 없이 인수자에게 통보해야 한다.

③ 사업시행자가 위에 따라 선정된 국민주택규모 주택을 공급하는 경우에는 시·도지사, 시장·군수·구청장 순으로 우선하여 인수할 수 있다. 다만, 시·도지사 및 시장·군수·구청장이 국민주택규모 주택을 인수할 수 없는 경우에는 시·도지사는 국토교통부장관에게 인수자 지정을 요청해야 한다.

④ 국토교통부장관은 시·도지사로부터 인수자 지정 요청이 있는 경우에는 30일 이내에 인수자를 지정하여 시·도지사에게 통보해야 하며, 시·도지사는 지체 없이 이를 시장·군수·구청장에게 보내어 그 인수자와 국민주택규모 주택의 공급에 관하여 협의하도록 해야 한다.

⑤ 국민주택규모 주택의 공급가격은 공공주택 특별법에 따라 국토교통부장관이 고시하는 공공건설임대주택의 표준건축비로 하며, 부속 토지는 인수자에게 기부채납한 것으로 본다.

⑥ 사업시행자는 정비계획상 용적률을 초과하여 건축하려는 경우에는 사업시행 계획인가를 신청하기 전에 미리 국민주택규모 주택에 관한 사항을 인수자와 협의하여 사업시행계획서에 반영하여야 한다.

⑦ 국민주택규모 주택의 인수를 위한 절차와 방법 등에 필요한 사항은 대통령령으로 정할 수 있으며, 인수된 국민주택규모 주택은 장기공공임대주택(→임대의무 기간이 20년 이상)으로 활용하여야 한다. 다만, 토지등소유자의 부담 완화 등의 요건에 해당하는 경우에는 인수된 국민주택규모 주택을 장기공공임대주택이 아닌 임대주택으로 활용할 수 있다.

⑧ 임대주택의 인수자는 임대의무기간에 따라 감정평가액의 50% 이하의 범위에서 부속 토지를 인수하여야 한다.

ㄱ. 임대의무기간이 10년 이상인 경우 : 감정평가액의 30%에 해당하는 가격

ㄴ. 임대의무기간이 10년 미만인 경우 : 감정평가액의 50%에 해당하는 가격

도시 및 주거환경정비법령상 사업시행자가 **국민주택규모 주택**을 건설하여야 하는 경우 그 **주택의 공급 및 인수**에 관한 설명으로 틀린 것은?[33회]

① 사업시행자는 건설한 국민주택규모 주택을 국토교통부 장관, 시·도지사, 시장, 군수, 구청장 또는 토지주택공사등에 공급하여야 한다.(○)

② 사업시행자는 인수자에게 공급해야 하는 국민주택규모 주택을 공개추첨의 방법으로 선정해야 한다.(○)

③ 선정된 국민주택규모 주택을 공급하는 경우에는 시·도지사, 시장·군수·구청장 순으로 우선하여 인수할 수 있다.(○)

④ 인수자에게 공급하는 국민주택규모 주택의 부속 토지는 인수자에게 기부 채납한 것으로 본다.(○)

⑤ 시·도지사 및 시장·군수·구청장이 국민주택규모 주택을 인수할 수 없는 경우 한국토지주택공사가 인수하여야 한다.(×)

⑤ 이 경우에는 시·도지사가 국장에게 인수자 지정을 요청해야 합니다.

10. 순환정비방식의 정비사업

① 사업시행자는 정비구역의 안과 밖에 새로 건설한 주택 또는 이미 건설되어 있는 주택의 경우 그 정비사업의 시행으로 철거되는 주택의 소유자 또는 세입자(정비구역에서 실제 거주하는 자로 한정)를 임시로 거주하게 하는 등 그 정비구역을 순차적으로 정비하여 주택의 소유자 또는 세입자의 <u>이주대책을 수립하여야 한다</u>.

② 사업시행자는 순환정비방식으로 정비사업을 시행하는 경우에는 임시로 거주하는 주택(→순환용주택)을 주택법에도 불구하고 임시거주시설로 사용하거나 임대할 수 있으며, 토지주택공사등이 보유한 공공임대주택을 순환용주택으로 우선 공급할 것을 요청할 수 있다.

③ 사업시행자는 순환용주택에 거주하는 자가 정비사업이 완료된 후에도 순환용주택에 계속 거주하기를 희망하는 때에는 <u>분양하거나 계속 임대할 수 있다</u>. 이 경우 사업시행자가 소유하는 순환용주택은 인가받은 관리처분계획에 따라 토지등소유자에게 처분된 것으로 본다.

11. 지정개발자의 정비사업비의 예치

① 시장·군수등은 재개발사업의 사업시행계획인가를 하는 경우 해당 정비사업의 사업시행자가 지정개발자(지정개발자가 토지등소유자인 경우로 한정)인 때에는 정비사업비의 20%의 범위에서 시·도조례로 정하는 금액(→예치금)을 예치하게 할 수 있다.

② 예치금은 <u>청산금의 지급이 완료된 때</u>에 반환한다.

도시 및 주거환경정비법령상 **사업시행계획** 등에 관한 설명으로 틀린 것은?[25회수정]

① 시장·군수등은 재개발사업의 사업시행계획인가를 하는 경우 해당 정비사업의 사업시행자가 지정개발자인 때에는 정비사업비의 100분의 30의 범위에서 시·도조례로 정하는 금액을 예치하게 할 수 있다.(×)

② 사업시행계획서에는 사업시행기간 동안의 정비구역 내 가로등 설치, 폐쇄회로 텔레비전 설치 등 범죄예방대책이 포함되어야 한다.(○)

교육시설 나오면
200m 이내!

원파걸

③ 시장·군수등은 사업시행인가를 하고자 하는 경우 정비구역으로부터 200미터 이내에 교육시설이 설치되어 있는 때에는 해당 지방자치단체의 교육감 또는 교육장과 협의하여야 한다.(○)

④ 시장·군수등은 사업시행계획인가를 하는 경우에는 관계 서류의 사본을 14일 이상 일반인이 공람할 수 있게 하여야 한다. (○)

⑤ 시장·군수등은 특별한 사유가 없으면 사업시행계획서의 제출이 있은 날 부터 60일 이내에 인가 여부를 결정하여 사업시행자에게 통보하여야 한다. (○)

① 지정개발자(토지등소유자인 경우로 한정)의 예치금은 정비사업비의 20% 범위입니다.

정비사업 시행을 위한 조치***

1. 임시거주시설·임시상가의 설치와 손실보상

(1) 임시거주시설·임시상가의 설치

① 사업시행자는 주거환경개선사업 및 재개발사업의 시행으로 철거되는 주택의 소유자 또는 세입자에게 해당 정비구역 안과 밖에 위치한 임대주택 등의 시설에 임시로 거주하게 하거나 주택자금의 융자를 알선하는 등 임시거주에 상응하는 조치를 하여야 한다.

② 사업시행자는 임시거주시설의 설치 등을 위하여 필요한 때에는 국가·지방자치단체, 그 밖의 공공단체 또는 개인의 시설이나 토지를 일시 사용할 수 있다.

③ 국가 또는 지방자치단체는 사업시행자로부터 임시거주시설에 필요한 건축물이나 토지의 사용신청을 받은 때에는 다음 사유가 없으면 이를 거절하지 못한다. 이 경우 사용료 또는 대부료는 면제한다.

ㄱ. 임시거주시설의 설치를 위하여 필요한 건축물이나 토지에 대하여 제3자와 이미 매매계약을 체결한 경우

ㄴ. 사용신청 이전에 임시거주시설의 설치를 위하여 필요한 건축물이나 토지에 대한 사용계획이 확정된 경우

ㄷ. 제3자에게 이미 임시거주시설의 설치를 위하여 필요한 건축물이나 토지에 대한 사용허가를 한 경우

④ 사업시행자는 정비사업의 공사를 완료한 때에는 완료한 날부터 30일 이내에

임시거주시설을 철거하고, 사용한 건축물이나 토지를 원상회복하여야 한다.

⑤ 재개발사업의 사업시행자는 사업시행으로 이주하는 상가세입자가 사용할 수 있도록 정비구역 또는 정비구역 인근에 임시상가를 설치할 수 있다.

(2) 임시거주시설 · 임시상가의 설치 등에 따른 손실보상

① 사업시행자는 공공단체(지방자치단체 제외) 또는 개인의 시설이나 토지를 일시 사용함으로써 손실을 입은 자가 있는 경우에는 손실을 보상하여야 하며, 손실을 보상하는 경우에는 손실을 입은 자와 협의하여야 한다.

② 사업시행자 또는 손실을 입은 자는 손실보상에 관한 협의가 성립되지 아니하거나 협의할 수 없는 경우에는 관할 토지수용위원회에 재결을 신청할 수 있다.

③ 손실보상은 이 법에 규정된 사항을 제외하고는 토지보상법을 준용한다.

도시 및 주거환경정비법령상 **사업시행자** 등에 관한 설명으로 틀린 것은?[22회수정]

① 정비사업의 사업대행자는 사업시행자에게 청구할 수 있는 보수에 대한 권리로써 사업시행자에게 귀속될 건축물을 압류할 수 있다.(○)
② 시장 · 군수등은 천재지변 등 불가피한 사유로 긴급하게 정비사업을 시행할 필요가 있다고 인정하는 때에는 직접 정비사업을 시행할 수 있다.(○)
③ 지방자치단체는 사업시행자로부터 임시거주시설에 필요한 건축물의 사용 신청을 받은 때에는 필요한 건축물에 대하여 제3자와 이미 매매계약을 체결한 경우에도 이를 거절할 수 없다.(×)
④ 사업시행자는 선정된 시공자와 공사에 관한 계약을 체결할 때에는 기존 건축물의 철거 공사에 관한 사항을 포함시켜야 한다.(○)
⑤ 지정개발자의 정비사업비 예치금은 청산금의 지급이 완료된 때에 반환한다.(○)

③ 제3자와 이미 매매계약을 체결한 경우에는 거절할 수 있습니다.

도시정비법령상 **주거환경개선사업**에 관한 설명으로 옳은 것만을 모두 고른 것은?[28회수정]

> ㄱ. 시장·군수는 세입자의 세대수가 토지등소유자의 2분의 1인 경우 세입자의 동의 절차 없이 토지주택공사등을 사업시행자로 지정할 수 있다.(○)
> ㄴ. 사업시행자는 '정비구역 안에서 정비기반시설을 새로이 설치하거나 확대하고 토지등 소유자가 스스로 주택을 개량하는 방법' 및 '환지로 공급하는 방법'을 혼용할 수 있다.(○)
> ㄷ. 사업시행자는 사업의 시행으로 철거되는 주택의 소유 또는 세입자에게 해당 정비 구역 안과 밖에 위치한 임대주택 등의 시설에 임시로 거주하게 하거나 주택자금의 융자를 알선하는 등 임시거주에 상응하는 조치를 하여야 한다.(○)

① ㄱ ② ㄱ,ㄴ ③ ㄱ,ㄷ ④ ㄴ,ㄷ ⑤ ㄱ,ㄴ,ㄷ

ㄱ. 1/2이하인 경우 세입자 동의가 필요없으니까 맞아요. ㄴ. 스스로개량방식과 환지방식의 혼용 가능 ㄷ. 당연하죠. 따라서 모두 맞는 지문입니다. 정답⑤

저자의 한마디

ㄴ. 주거환경개선사업의 4가지 시행방법(스스로개량, 수용, 환지, 관리처분)은 혼용하여 시행할 수 있어요.

2. 토지 등의 수용 또는 사용

사업시행자는 정비구역에서 정비사업(재건축사업의 경우에는 천재지변 등 불가피한 사유로 긴급하게 정비사업을 시행할 필요가 있다고 인정하는 때에 한정)을 시행하기 위하여 토지보상법에 따른 토지·물건 또는 그 밖의 권리를 취득하거나 사용할 수 있다.

3. 재건축사업에서의 매도청구

① 재건축사업의 사업시행자는 사업시행계획인가의 고시가 있은 날부터 30일 이내에 **다음의 자에게** 조합설립 또는 사업시행자의 지정에 관한 동의 여부를 회답할 것을 서면으로 촉구하여야 한다.

ㄱ. 조합설립에 동의하지 아니한 자

ㄴ. 시장·군수등, 토지주택공사등 또는 신탁업자의 사업시행자 지정에 동의하지 아니한 자

② 촉구를 받은 토지등소유자는 촉구를 받은 날부터 2개월 이내에 회답하여야 한다.

③ 회답기간 내에 회답하지 아니한 경우 그 토지등소유자는 조합설립 또는 사업시행자의 지정에 동의하지 아니하겠다는 뜻을 회답한 것으로 본다.

④ 회답기간이 지나면 사업시행자는 그 기간이 만료된 때부터 2개월 이내에 조합설립 또는 사업시행자 지정에 동의하지 아니하겠다는 뜻을 회답한 토지등소유자와 건축물 또는 토지만 소유한 자에게 건축물 또는 토지의 소유권과 그 밖의 권리를 매도할 것을 청구할 수 있다.

4. 토지보상법의 준용

① 정비구역에서 정비사업의 시행을 위한 토지 또는 건축물의 소유권과 그 밖의 권리에 대한 수용 또는 사용은 이 법에 규정된 사항을 제외하고는 **공익사업을 위한 토지 등의 취득 및 보상에 관한 법률**(토지보상법)을 준용한다.

② 토지보상법을 준용하는 경우 사업시행계획인가 고시(시장·군수등이 직접 정비사업을 시행하는 경우에는 사업시행계획서의 고시)가 있은 때에는 같은 법에 따른 사업인정 및 그 고시가 있은 것으로 본다.

③ 수용 또는 사용에 대한 재결의 신청은 사업시행계획인가(사업시행계획 변경인가 포함)를 할 때 정한 사업시행기간 이내에 하여야 한다. 대지 또는 건축물을 현물보상하는 경우에는 준공인가 이후에도 할 수 있다.

5. 특례

(1) 용적률에 관한 특례

① 사업시행자가 **다음 어느 하나에 해당하는 경우**에는 해당 정비구역에 적용되는 용적률의 125% 이하의 범위에서 특별시·광역시·특별자치시·특별자치도·시 또는 군의 조례로 용적률을 완화하여 정할 수 있다.

ㄱ. 손실보상의 기준 이상으로 세입자에게 주거이전비를 지급하거나 영업의 폐지 또는 휴업에 따른 손실을 보상하는 경우

ㄴ. 손실보상에 더하여 임대주택을 추가로 건설하거나 임대상가를 건설하는 등 추가적인 세입자 손실보상 대책을 수립하여 시행하는 경우

② 정비구역이 역세권 등에 해당하는 경우에는 **다음 어느 하나에** 따라 용적률을 완화하여 적용할 수 있다.

ㄱ. 지방도시계획위원회의 심의를 거쳐 법적상한용적률의 120%까지 완화

ㄴ. 용도지역의 변경을 통하여 용적률을 완화하여 정비계획을 수립(변경수립 포함)한 후 변경된 용도지역의 법적상한용적률까지 완화

③ 사업시행자는 완화된 용적률에서 정비계획으로 정하여진 용적률을 뺀 용적률(**추가용적률**)의 75% 이하로서 시·도조례로 정하는 비율에 해당하는 면적에 국민주택규모 주택을 건설하여 인수자에게 공급하여야 한다.

(2) 재건축사업의 범위에 관한 특례

① 사업시행자 또는 추진위원회는 **다음 어느 하나에 해당하는 경우**에는 그 주택단지 안의 일부 토지에 대하여 분할하려는 토지면적이 분할제한면적에 미달되더라도 토지분할을 청구할 수 있다.

ㄱ. 주택법에 따라 사업계획승인을 받아 건설한 둘 이상의 건축물이 있는 주택단지에 재건축사업을 하는 경우

ㄴ. 조합설립의 동의요건을 충족시키기 위하여 필요한 경우

② 사업시행자 또는 추진위원회는 토지분할 청구를 하는 때에는 토지분할의 대상이 되는 토지 및 그 위의 건축물과 관련된 토지등소유자와 협의하여야 한다. 토지분할의 협의가 성립되지 아니한 경우에는 법원에 토지분할을 청구할 수 있다.

③ 시장·군수등은 법원에 토지분할이 청구된 경우에 분할되어 나가는 토지 및 그 위의 건축물이 **다음 요건을** 충족하는 때에는 토지분할이 완료되지 아니하여 동의요건에 미달되더라도 건축법에 따라 특별자치시·특별자치도·시·군·구(자치구)에 설치하는 건축위원회의 심의를 거쳐 조합설립인가와 사업시행계획인가를 할 수 있다.

ㄱ. 해당 토지 및 건축물과 관련된 토지등소유자의 수가 전체의 10분의 1 이하일 것

ㄴ. 분할되어 나가는 토지 위의 건축물이 분할선 상에 위치하지 아니할 것

ㄷ. 그밖에 사업시행계획인가를 위하여 대통령령으로 정하는 요건에 해당할 것

(3) 건축규제의 완화 등에 관한 특례

① 주거환경개선사업에 따른 건축허가를 받은 때와 부동산등기(소유권보존등기 또는 이전등기로 한정)를 하는 때에는 주택도시기금법의 국민주택채권의 매입에 관한 규정을 적용하지 아니한다.

저자의 한마디

ㄱ의 토지등소유자에서 **기준일의 다음 날 이후**에 정비구역에 위치한 건축물 및 그 부속토지의 소유권을 취득한 자는 제외합니다.

② 주거환경개선구역에서 도시·군계획시설의 결정·구조 및 설치의 기준 등에 필요한 사항은 국토교통부령으로 정하는 바에 따른다.

③ 사업시행자는 주거환경개선구역에서 **다음 어느 하나에 해당하는 사항**은 시·도조례로 정하는 바에 따라 기준을 따로 정할 수 있다.

ㄱ. 건축법에 따른 대지와 도로의 관계(소방활동에 지장이 없는 경우로 한정)

ㄴ. 건축법에 따른 건축물의 높이 제한(사업시행자가 공동주택을 건설·공급하는 경우로 한정)

④ 사업시행자는 공공재건축사업을 위한 정비구역, 천재지변 등에 따른 재건축구역, 또는 용적률 특례에 따라 용적률을 완화하여 적용하는 정비구역에서 **다음 범위에서** 지방건축위원회 또는 지방도시계획위원회의 심의를 거쳐 그 기준을 완화받을 수 있다.

ㄱ. 건폐율 산정 시 주차장 부분의 면적을 건축면적에서 제외

ㄴ. 대지 안의 공지 기준을 2분의 1 범위에서 완화

ㄷ. 건축물의 높이 제한 기준을 2분의 1 범위에서 완화

ㄹ. 인접 대지경계선 등의 방향으로 채광을 위한 창문 등을 두는 공동주택(7층 이하에 한정)의 높이 제한 기준을 2분의 1 범위에서 완화

ㅁ. 어린이놀이터를 실외에 설치하는 경우 인접대지경계선과 주택단지 안의 도로 및 주차장으로부터 3미터 이상의 거리를 두고 설치→비적용

ㅂ. 복리시설(어린이놀이터 제외)을 설치하는 경우에는 설치대상 복리시설의 면적의 합계 범위에서 필요한 복리시설 설치 가능

ㅅ. 도시공원 또는 녹지 확보기준은 정비구역의 면적이 10만㎡ 미만인 경우에는 그 기준을 완화하여 적용

6. 다른 법령의 적용 및 배제

① 주거환경개선구역은 해당 정비구역의 지정·고시가 있은 날부터 1) 스스로 개량방식 또는 환지방식인 경우에는 제2종일반주거지역, 2) 수용방식 또는 관리처분방식인 경우에는 제3종일반주거지역으로 결정·고시된 것으로 본다. (공공지원민간임대주택 또는 공공건설임대주택을 200세대 이상 공급하려는 경우로서 해당 임대주택의 건설지역을 포함하여 정비계획에서 따로 정하는 구역은 준주거지역으로 함)

② 정비사업과 관련된 환지에 관하여는 도시개발법 규정을 준용한다.

③ 주거환경개선사업의 경우에는 이주정착지 규정을 적용하지 아니하며, 주택법을 적용할 때에는 이 법에 따른 사업시행자는 주택법에 따른 사업주체로 본다.

④ 공공재개발사업 시행자 또는 공공재건축사업 시행자는 공공재개발사업 또는 공공재건축사업을 시행하는 경우 건설사업관리기술인의 배치기준을 별도로 정할 수 있다.

7. 지상권 등 계약의 해지

주거환경개선구역

스스로개량·환지방식
→제2종일반주거지역
수용·관리처분방식
→제3종일반주거지역

① 정비사업의 시행으로 지상권·전세권 또는 임차권의 설정 목적을 달성할 수 없는 때에는 그 권리자는 계약을 해지할 수 있다.

② 계약을 해지할 수 있는 자가 가지는 전세금·보증금, 그 밖의 계약상의 금전의 반환청구권은 사업시행자에게 행사할 수 있다. 해당 금전을 지급한 사업시행자는 해당 토지등 소유자에게 구상할 수 있다.

③ 사업시행자는 구상이 되지 아니하는 때에는 해당 토지등소유자에게 귀속될 대지 또는 건축물을 압류할 수 있다. 이 경우 압류한 권리는 저당권과 동일한 효력을 가진다.

④ 관리처분계획의 인가를 받은 경우 지상권·전세권설정계약 또는 임대차 계약의 계약기간은 민법, 주택임대차보호법, 상가건물 임대차보호법을 적용하지 아니한다.

8. 소유자의 확인이 곤란한 건축물 등에 대한 처분

① 사업시행자는 **다음에서 정하는 날** 현재 건축물 또는 토지의 소유자의 소재 확인이 현저히 곤란한 때에는 전국적으로 배포되는 둘 이상의 일간신문에 2회 이상 공고하고, 공고한 날부터 30일 이상이 지난 때에는 그 소유자의 해당 건축물 또는 토지의 감정평가액에 해당하는 금액을 법원에 공탁하고 정비사업 을 시행할 수 있다.

ㄱ. 조합이 사업시행자가 되는 경우에는 조합설립인가일

ㄴ. 토지등소유자가 시행하는 재개발사업의 경우에는 사업시행계획인가일

ㄷ. 시장·군수등, 토지주택공사등이 정비사업을 시행하는 경우에는 토지등소유자 에게 알릴 필요가 있는 사항의 고시일

ㄹ. 지정개발자를 사업시행자로 지정하는 경우에는 토지등소유자에게 알릴 필요가 있는 사항의 고시일

② 재건축사업을 시행하는 경우 조합설립인가일 현재 조합원 전체의 공동소유인 토지 또는 건축물은 조합 소유의 토지 또는 건축물로 본다.

③ 조합 소유로 보는 토지 또는 건축물의 처분에 관한 사항은 관리처분계획에 명시하여야 한다.

관리처분계획★★★

1. 분양공고 및 분양신청

(1) 분양공고 및 분양신청

① 사업시행자는 사업시행계획인가의 고시가 있은 날(사업시행계획인가 이후 시공자를 선정한 경우에는 시공자와 계약을 체결한 날)부터 120일 이내에 **다음 사항**을 토지등소유자에게 통지하여야 한다.

저자의 한마디

옆의 분양신청통지 및 분양공고는 토지등소유자 1인이 시행하는 재개발사업의 경우에는 적용하지 않아요.

ㄱ. 분양대상자별 종전의 토지 또는 건축물의 명세 및 사업시행계획인가의 고시가 있은 날을 기준으로 한 가격(사업시행계획인가 전에 철거된 건축물은 시장·군수등에게 허가를 받은 날을 기준으로 한 가격)

ㄴ. 분양대상자별 분담금의 추산액   ㄷ. 분양신청기간

ㄹ. 그밖에 대통령령으로 정하는 사항

> 사업시행인가의 내용, 정비사업의 종류 · 명칭 및 정비구역의 위치 · 면적, 분양신청기간 및 장소, 분양대상 대지 또는 건축물의 내역, 분양신청자격, 분양신청방법, 토지등소유자외의 권리자의 권리신고방법, 분양을 신청하지 아니한 자에 대한 조치

분담액 추산액, 토지등소유자외의 권리자의 권리신고방법
→ 통지사항○, 공고사항×

분양신청서
→ 공고사항○, 통지사항×

또한 위의 대통령령으로 정하는 통지사항 중 토지등소유자외의 권리자의 권리신고방법을 제외한 나머지 사항과 분양신청서는 해당 지역에서 발간되는 일간신문에 공고(∴분양공고)하여야 한다.

② 분양신청기간은 통지한 날부터 30일 이상 60일 이내로 하여야 한다. 다만, 사업시행자는 관리처분계획의 수립에 지장이 없다고 판단하는 경우에는 분양신청기간을 20일의 범위에서 한 차례만 연장할 수 있다.

③ 대지 또는 건축물에 대한 분양을 받으려는 토지등소유자는 분양신청기간에 사업시행자에게 대지 또는 건축물에 대한 분양신청을 하여야 한다.

④ 사업시행자는 분양신청기간 종료 후 사업시행계획인가의 변경(경미한 사항의 변경은 제외)으로 세대수 또는 주택규모가 달라지는 경우 분양공고 등의 절차를 다시 거칠 수 있다.

⑤ 사업시행자는 정관 등으로 정하고 있거나 총회의 의결을 거친 경우 1) 분양신청을 하지 아니한 자와 2) 분양신청기간 종료 이전에 분양신청을 철회한 자에게 분양신청을 다시 하게 할 수 있다.

⑥ 투기과열지구의 정비사업에서 조합원분양분 또는 일반분양분의 분양대상자 및 그 세대에 속한 자는 분양대상자 선정일(조합원 분양분의 분양대상자는 최초 관리처분계획인가일)부터 5년 이내에는 투기과열지구에서 분양신청을 할 수 없다. 다만, 상속, 결혼, 이혼으로 조합원 자격을 취득한 경우에는 분양신청을 할 수 있다.

⑦ 공공재개발사업 시행자는 건축물 또는 토지를 양수하려는 경우 무분별한 분양신청을 방지하기 위하여 분양공고 시 양수대상이 되는 건축물 또는 토지의 조건을 함께 공고하여야 한다.

저자의 한마디

토지등소유자에게 통지하는 사항과 일간신문에 분양공고하는 내용을 구별하시기 바랍니다.

도시정비법령상 **분양공고**에 포함되어야 할 사항으로 명시되지 않은 것은?(단, 토지등소유자 1인이 시행하는 재개발사업은 제외하고, 조례는 고려하지 않음)[30회]

① 분양신청자격 ② 분양신청방법 ③ 분양신청기간 및 장소
④ 분양대상자별 분담금의 추산액 ⑤ 분양대상 대지 또는 건축물의 내역

④ 분양대상자별 분담금의 추산액은 분양공고의 내용이 아니라 토지등소유자에게 통지하여야 할 사항입니다. 정답④

도시 및 주거환경정비법령상 토지등소유자에 대한 **분양신청의 통지 및 분양공고**
양자에 공통으로 포함되어야 할 사항을 모두 고른 것은?(단, 토지등소유자 1인이
시행하는 재개발사업은 제외하고, 조례는 고려하지 않음)[34회]

> ㄱ. 분양을 신청하지 아니한 자에 대한 조치
> ㄴ. 토지등소유자외의 권리자의 권리신고방법
> ㄷ. 분양신청서
> ㄹ. 분양대상자별 분담금의 추산액

① ㄱ ② ㄱ,ㄴ ③ ㄴ,ㄷ ④ ㄷ,ㄹ ⑤ ㄱ,ㄴ,ㄹ

> ㄱ. 공통사항 ㄴ. 신청통지사항 ㄷ. 분양공고사항 ㄹ. 신청통지사항 정답①

(2) 분양신청을 하지 아니한 자 등에 대한 조치

① 사업시행자는 관리처분계획이 인가ㆍ고시된 다음 날부터 90일 이내에 **다음**
에서 정하는 자와 토지, 건축물 또는 그 밖의 권리의 손실보상에 관한 협의를
하여야 한다. 다만, 사업시행자는 분양신청기간 종료일의 다음 날부터 협의를
시작할 수 있다.

ㄱ. 분양신청을 하지 아니한 자

ㄴ. 분양신청기간 종료 이전에 분양신청을 철회한 자

ㄷ. 투기과열지구에서 분양신청을 할 수 없는 자

ㄹ. 인가된 관리처분계획에 따라 분양대상에서 제외된 자

② 사업시행자는 협의가 성립되지 아니하면 그 기간의 만료일 다음 날부터 60일
이내에 수용재결을 신청하거나 매도청구소송을 제기하여야 한다.

③ 사업시행자는 기간을 넘겨서 수용재결을 신청하거나 매도청구소송을 제기한
경우에는 해당 토지등소유자에게 지연일수에 따른 이자를 지급하여야 한다. 이
경우 이자는 15% 이하의 범위에서 이율을 적용하여 산정한다.

도시 및 주거환경정비법령상 사업시행자가 **관리처분계획**이 인가ㆍ고시된 다음
날부터 90일 이내에 **손실 보상 협의를 하여야 하는 토지등소유자**를 모두 고른
것은?(단, 분양신청기간 종료일의 다음 날부터 협의를 시작할 수 있음)[35회]

> ㄱ. 분양신청기간 내에 분양신청을 하지 아니한 자
> ㄴ. 인가된 관리처분계획에 따라 분양대상에서 제외된 자
> ㄷ. 분양신청기간 종료 후에 분양신청을 철회한 자

① ㄱ ② ㄱ,ㄴ ③ ㄱ,ㄷ ④ ㄴ,ㄷ ⑤ ㄱ,ㄴ,ㄷ

> ㄱ. 73조1항1호 ㄴ. 73조1항4호 ㄷ. 분양신청기간 종료 후가 아니라 종료 이전에 분양신청을
> 철회한 자(73조1항2호) 정답②

도시 및 주거환경정비법령상 **분양신청을 하지 아니한 자 등에 대한 조치**에 관한 설명이다. (　)에 들어갈 내용을 바르게 나열한 것은?[33회]

> ○ 분양신청을 하지 아니한 토지등소유자가 있는 경우 사업시행자는 관리처분계획이 인가·고시된 다음 날부터 (ㄱ)일 이내에 그 자와 토지, 건축물 또는 그 밖의 권리의 손실보상에 관한 협의를 하여야 한다.
> ○ 위 협의가 성립되지 아니하면 사업시행자는 그 기간의 만료일 다음 날부터 (ㄴ)일 이내에 수용재결을 신청하거나 매도청구소송을 제기하여야 한다.

① ㄱ: 60, ㄴ: 30　② ㄱ: 60, ㄴ: 60　③ ㄱ: 60, ㄴ: 90
④ ㄱ: 90, ㄴ: 60　⑤ ㄱ: 90, ㄴ: 90

90일 이내에 협의, 60일 이내에 소송　정답④

(3) 주택 등 건축물을 분양받을 권리의 산정 기준일

① 정비사업을 통하여 분양받을 건축물이 **다음에 해당하는 경우**에는 정비구역 지정·고시가 있는 날 또는 시·도지사가 투기를 억제하기 위하여 기본계획 수립을 위한 주민공람의 공고일 후 정비구역 지정·고시 전에 따로 정하는 날(기준일)의 다음 날을 기준으로 건축물을 분양받을 권리를 산정한다.

ㄱ. 1필지의 토지가 여러 개의 필지로 분할되는 경우

ㄴ. 집합건물이 아닌 건축물이 집합건물로 전환되는 경우

ㄷ. 하나의 대지 범위에 속하는 동일인 소유의 토지와 주택 등 건축물을 토지와 주택 등 건축물로 각각 분리하여 소유하는 경우

ㄹ. 나대지에 건축물을 새로 건축하거나 기존 건축물을 철거하고 다세대주택, 그 밖의 공동주택을 건축하여 토지등소유자의 수가 증가하는 경우

ㅁ. 전유부분의 분할로 토지등소유자의 수가 증가하는 경우

② 시·도지사는 기준일을 따로 정하는 경우에는 기준일·지정사유·건축물을 분양받을 권리의 산정 기준 등을 해당 지방자치단체의 공보에 고시하여야 한다.

도시 및 주거환경정비법령상 (　)안에 들어갈 내용으로 틀린 것은?[23회수정]

> 정비사업을 통하여 분양받을 건축물이 (　)에는 기준일의 다음 날을 기준으로 건축물을 분양받을 권리를 산정한다.
> (기준일이란 정비구역 지정·고시가 있는 날 또는 시·도지사가 투기를 억제하기 위하여 기본계획 수립 후 정비구역 지정·고시 전에 따로 정하는 날을 말함)

① 1필지의 토지가 여러 개의 필지로 분할되는 경우

② 다가구주택이 다세대주택으로 전환되는 경우

③ 나대지에 건축물을 새로 건축하여 토지등소유자의 수가 증가하는 경우

④ 수개 필지의 토지가 1필지의 토지로 합병되어 토지등소유자의 수가 감소

하는 경우

⑤ 하나의 대지 범위에 속하는 동일인 소유의 토지와 주택 등 건축물을 토지와 주택 등 건축물로 각각 분리하여 소유하는 경우

④ 합병되어 토지등소유자의 수가 감소하는 경우는 규정되어 있지 않아요.(77조1항) 정답④

2. 관리처분계획

(1) 관리처분계획의 인가

저자의 한마디

사업시행계획과 관리처분계획의 차이점을 생각하면서 공부하세요.

① 사업시행자는 분양신청기간이 종료된 때에는 분양신청의 현황을 기초로 다음 사항이 포함된 관리처분계획을 수립하여 시장·군수등의 인가를 받아야 하며, 관리처분계획을 변경·중지 또는 폐지하려는 경우에도 또한 같다.

ㄱ. 분양설계   ㄴ. 분양대상자의 주소 및 성명

ㄷ. 분양대상자별 분양예정인 대지 또는 건축물의 추산액(임대관리 위탁주택에 관한 내용을 포함)

ㄹ. 다음에 해당하는 보류지 등의 명세와 추산액 및 처분방법(다만, 공공지원 민간임대주택의 경우에는 선정된 임대사업자의 성명 및 주소를 포함)

> 일반 분양분, 공공지원민간임대주택, 임대주택, 그밖에 부대시설·복리시설 등

ㅁ. 분양대상자별 종전의 토지 또는 건축물 명세 및 사업시행계획인가 고시가 있은 날을 기준으로 한 가격(사업시행계획인가 전에 철거된 건축물은 시장·군수등에게 허가를 받은 날을 기준으로 한 가격)

ㅂ. 정비사업비의 추산액(재건축사업의 경우에는 재건축부담금에 관한 사항을 포함) 및 그에 따른 조합원 분담규모 및 분담시기

ㅅ. 분양대상자의 종전 토지 또는 건축물에 관한 소유권 외의 권리명세

ㅇ. 세입자별 손실보상을 위한 권리명세 및 그 평가액

ㅈ. 그밖에 정비사업과 관련한 권리 등에 관하여 대통령령으로 정하는 사항

다만, **다음의 경미한 사항**을 변경하려는 경우에는 시장·군수등에게 신고 하여야 한다.

ㄱ. 계산착오·오기·누락 등에 따른 조서의 단순정정인 경우(불이익을 받는 자가 없는 경우에만 해당)

ㄴ. 정관 및 사업시행계획인가의 변경에 따라 관리처분계획을 변경하는 경우

ㄷ. 매도청구에 대한 판결에 따라 관리처분계획을 변경하는 경우

ㄹ. 권리·의무의 변동이 있는 경우로서 분양설계의 변경을 수반하지 아니하는 경우

ㅁ. 주택분양에 관한 권리를 포기하는 토지등소유자에 대한 임대주택의 공급에 따라 관리처분계획을 변경하는 경우

ㅂ. 임대사업자의 주소(법인은 법인의 소재지와 대표자의 성명 및 주소)를 변경하는 경우

신고대상인 경미한 사항 꼭 기억해!

② 정비사업에서 재산 또는 권리의 평가방법은 다음과 같다.

ㄱ. **다음 구분**에 따른 감정평가법인 등이 평가한 금액을 산술평균하여 산정한다. 다만, 관리처분계획을 변경·중지 또는 폐지하려는 경우 분양예정 대상인 대지 또는 건축물의 추산액과 종전의 토지 또는 건축물의 가격은 사업시행자 및 토지등소유자 전원이 합의하여 산정할 수 있다.

저자의 한마디

재건축사업의 경우에는 조합이 1인이상의 감정평가법인을 선정하고 계약할 수 있어요.

• 주거환경개선사업 또는 재개발사업 : 시장·군수등이 선정·계약한 2인 이상의 감정평가법인 등
• 재건축사업 : 시장·군수등이 선정·계약한 1인 이상의 감정평가법인 등과 조합총회의 의결로 선정·계약한 1인 이상의 감정평가법인 등

ㄴ. 시장·군수등은 감정평가법인 등을 선정·계약하는 경우 감정평가법인 등의 업무수행능력, 소속 감정평가사의 수, 감정평가 실적, 법규 준수 여부, 평가계획의 적정성 등을 고려하여 객관적이고 투명한 절차에 따라 선정하여야 한다.

ㄷ. 사업시행자는 감정평가를 하려는 경우 시장·군수등에게 감정평가법인 등의 선정·계약을 요청하고 감정평가에 필요한 비용을 미리 예치하여야 한다. 시장·군수등은 감정평가가 끝난 경우 예치된 금액에서 감정평가 비용을 직접 지불한 후 나머지 비용을 사업시행자와 정산하여야 한다.

③ 조합은 관리처분계획의 수립 및 변경 사항을 의결하기 위한 총회의 개최일부터 1개월 전에 관리처분계획을 각 조합원에게 문서로 통지하여야 한다.

도시 및 주거환경정비법령상 사업시행자가 인가받은 **관리처분계획을 변경**하고자 할 때 시장·군수 등에게 **신고**하여야 하는 경우가 아닌 것은?[29회]

① 사업시행자의 변동에 따른 권리·의무의 변동이 있는 경우로서 분양설계의 변경을 수반하지 아니하는 경우(○)
② 재건축사업에서의 매도청구에 대한 판결에 따라 관리처분계획을 변경하는 경우(○)
③ 주택분양에 관한 권리를 포기하는 토지등소유자에 대한 임대주택의 공급에 따라 관리처분계획을 변경하는 경우(○)
④ 계산착오·오기·누락 등에 따른 조서의 단순정정인 경우로서 불이익을 받는 자가 있는 경우(×)
⑤ 정관 및 사업시행계획인가의 변경에 따라 관리처분계획을 변경하는 경우 (○)

신고사항(경미한 사항)이 아닌 것을 고르는 문제이므로 인가사항을 고르면 되겠죠? ④ 조서의 단순정정인 경우에는 일반적으로 신고사항이지만 정정으로 불이익을 받는 자가 있는 경우에는 인가사항입니다. 나머지는 모두 경미한 사항이기 때문에 신고만 하면 됩니다.

(2) 관리처분계획의 수립기준

① 종전의 토지 또는 건축물의 면적·이용 상황·환경, 그 밖의 사항을 **종합적**으로 고려하여 대지 또는 건축물이 **균형 있게** 분양신청자에게 배분되고 **합리적**으로 이용되도록 한다.

② 지나치게 좁거나 넓은 토지 또는 건축물은 넓히거나 좁혀 대지 또는 건축물이 적정 규모가 되도록 한다.

③ 너무 좁은 토지 또는 건축물을 취득한 자나 정비구역 지정 후 분할된 토지 또는 집합건물의 구분소유권을 취득한 자에게는 현금으로 청산할 수 있다.

④ 재해 또는 위생상의 위해를 방지하기 위하여 토지의 규모를 조정할 특별한 필요가 있는 때에는 너무 좁은 토지를 넓혀 토지를 갈음하여 보상을 하거나 건축물의 일부와 그 건축물이 있는 대지의 공유지분을 교부할 수 있다.

⑤ 분양설계에 관한 계획은 분양신청기간이 만료하는 날을 기준으로 하여 수립한다.

⑥ 1세대 또는 1명이 하나 이상의 주택 또는 토지를 소유한 경우 1주택을 공급하고, 같은 세대에 속하지 아니하는 2명 이상이 1주택 또는 1토지를 공유한 경우에는 1주택만 공급한다.

⑦ 다음 경우에는 다음 방법에 따라 주택을 공급할 수 있다.

ㄱ. 2명 이상이 1토지를 공유한 경우로서 시·도조례로 주택공급을 따로 정하고 있는 경우에는 시·도조례로 정하는 바에 따라 주택을 공급할 수 있다.

ㄴ. 다음의 토지등소유자에게는 소유한 주택 수만큼 공급할 수 있다.

• 과밀억제권역에 위치하지 아니한 재건축사업의 토지등소유자(다만, 투기과열지구 또는 조정대상지역에서 최초로 사업시행계획인가를 신청하는 재건축사업의 토지등소유자는 제외)

• 근로자(공무원인 근로자를 포함) 숙소, 기숙사 용도로 주택을 소유하고 있는 토지등소유자

• 국가균형발전 특별법에 따른 공공기관지방이전 및 혁신도시 활성화를 위한 시책 등에 따라 이전하는 공공기관이 소유한 주택을 양수한 자

• 국가, 지방자치단체 및 토지주택공사등

ㄷ. 과밀억제권역 외의 조정대상지역 또는 투기과열지구에서 조정대상지역 또는 투기과열지구로 지정되기 전에 1명의 토지등소유자로부터 토지 또는 건축물의 소유권을 양수하여 여러 명이 소유하게 된 경우에는 양도인과 양수인에게 각각 1주택을 공급할 수 있다.

ㄹ. 사업시행계획인가 고시가 있은 날을 기준으로 한 가격의 범위 또는 종전 주택의 주거전용면적의 범위에서 2주택을 공급할 수 있고, 이 중 1주택은 주거전용면적을 60제곱미터 이하로 한다. 다만, 60제곱미터 이하로 공급받은 1주택은 이전고시일 다음 날부터 3년이 지나기 전에는 주택을 전매(상속의 경우는 제외)하거나 전매를 알선할 수 없다.

ㅁ. 과밀억제권역에 위치한 재건축사업의 경우에는 토지등소유자가 소유한 주택수의 범위에서 3주택까지 공급할 수 있다. 다만, 투기과열지구 또는 조정대상지역에서 최초로 사업시행계획인가를 신청하는 재건축사업의 경우에는 그러하지 아니하다.

도시정비법령상 **관리처분계획의 수립기준**에 관한 설명으로 틀린 것은?^{23회수정}

① 같은 세대에 속하지 아니하는 2인 이상이 1주택 또는 1토지를 공유한 경우에는 소유자 수만큼 주택을 공급하여야 한다.(×)

② 지나치게 좁거나 넓은 토지 또는 건축물은 넓히거나 좁혀 대지 또는 건축물이 적정 규모가 되도록 한다.(○)

③ 분양설계에 관한 계획은 분양신청기간이 만료하는 날을 기준으로 하여 수립한다.(○)

④ 근로자 숙소, 기숙사 용도로 주택을 소유하고 있는 토지등소유자에게는 소유한 주택 수만큼 공급할 수 있다.(○)

⑤ 너무 좁은 토지 또는 건축물이나 정비구역 지정 후 분할된 토지를 취득한 자에게는 현금으로 청산할 수 있다.(○)

① 소유자 수만큼이 아니라 1주택만 공급합니다.

(3) 사업시행계획인가 및 관리처분계획인가의 시기 조정

① 특별시장·광역시장 또는 도지사는 정비사업의 시행으로 정비구역 주변지역에 주택이 현저하게 부족하거나 주택시장이 불안정하게 되는 등의 사유가 발생하는 경우에는 시·도 주거정책심의위원회의 심의를 거쳐 사업시행계획인가 또는 관리처분계획인가의 시기를 조정하도록 해당 시장, 군수 또는 구청장에게 요청할 수 있다. 이 경우 요청을 받은 시장, 군수 또는 구청장은 특별한 사유가 없으면 그 요청에 따라야 하며, 사업시행계획인가 또는 관리처분계획인가의 조정 시기는 인가를 신청한 날부터 1년을 넘을 수 없다.

저자의 한마디

제주도와 세종시에는 기초지자체가 없으므로 제주도지사와 세종시장이 스스로 인가시기를 조정합니다.

② 특별자치시장 및 특별자치도지사는 정비사업의 시행으로 정비구역 주변지역에 주택이 현저하게 부족하거나 주택시장이 불안정하게 되는 등의 사유가 발생하는 경우에는 시·도 주거정책심의위원회의 심의를 거쳐 사업시행계획인가 또는 관리처분계획 인가의 시기를 (스스로) 조정할 수 있다. 이 경우 사업시행계획인가 또는 관리 처분계획인가의 조정 시기는 인가를 신청한 날부터 1년을 넘을 수 없다.

(4) 관리처분계획의 공람 및 인가절차

① 사업시행자는 관리처분계획인가를 신청하기 전에 관계 서류의 사본을 30일 이상 토지등소유자에게 공람하게 하고 의견을 들어야 한다.

② 시장·군수등은 사업시행자의 관리처분계획인가의 신청이 있은 날부터 30일 이내에 인가 여부를 결정하여 사업시행자에게 통보하여야 한다. 다만, 시장·군수등은 관리처분계획의 타당성 검증을 요청하는 경우에는 관리처분계획인가의 신청을 받은 날부터 60일 이내에 인가 여부를 결정하여 사업시행자에게 통지하여야 한다.

타당성검증이 필요없으면 30일
타당성검증이 필요하면 60일

③ 시장·군수등은 **다음 경우**에는 토지주택공사등 또는 한국부동산원에 관리처분계획의 타당성 검증을 요청하여야 한다. 이 경우 시장·군수등은 타당성 검증 비용을 사업시행자에게 부담하게 할 수 있다.

ㄱ. 관리처분계획의 정비사업비가 사업시행계획서의 정비사업비 기준으로 10% 이상 늘어나는 경우

ㄴ. 관리처분계획의 조합원 분담규모가 사업시행계획인가고시 후 토지등소유자에게 통지한 분양대상자별 분담금의 추산액 총액 기준으로 20% 이상 늘어나는 경우

ㄷ. 조합원 5분의 1 이상이 관리처분계획인가 신청이 있은 날부터 15일 이내에 시장·군수등에게 타당성 검증을 요청한 경우

ㄹ. 그밖에 시장·군수등이 필요하다고 인정하는 경우

④ 시장·군수등이 관리처분계획을 인가하는 때에는 그 내용을 해당 지방자치단체의 공보에 고시하여야 한다.

(5) 관리처분계획에 따른 처분

① 정비사업의 시행으로 조성된 대지 및 건축물은 관리처분계획(사업시행계획×)에 따라 처분 또는 관리하여야 한다.

② 사업시행자는 정비사업의 시행으로 건설된 건축물을 인가받은 관리처분계획에 따라 토지등소유자에게 공급하여야 한다.

③ 사업시행자(대지를 공급받아 주택을 건설하는 자를 포함)는 정비구역에 주택을 건설하는 경우에는 입주자 모집 조건·방법·절차, 입주금(계약금·중도금 및 잔금)의 납부 방법·시기·절차, 주택공급 방법·절차 등에 관하여 (주택법에도 불구하고) 시장·군수등의 승인을 받아 따로 정할 수 있다.

④ 사업시행자는 분양신청을 받은 후 잔여분이 있는 경우에는 정관 등 또는 사업 시행계획으로 정하는 목적을 위하여 그 잔여분을 1)보류지(건축물을 포함)로 정하거나 2)조합원 또는 토지등소유자 이외의 자에게 분양할 수 있다.

⑤ 국토교통부장관, 시·도지사, 시장, 군수, 구청장 또는 토지주택공사등 (→인수자)은 조합이 요청하는 경우 재개발사업의 시행으로 건설된 임대주택 (재개발임대주택)을 인수하여야 한다. 조합이 재개발임대주택의 인수를 요청하는 경우 시·도지사 또는 시장, 군수, 구청장이 우선하여 인수하여야 하며, 시·도지사 또는 시장, 군수, 구청장이 예산·관리인력의 부족 등 부득이한 사정으로 인수하기 어려운 경우에는 국토교통부장관에게 토지주택공사등을 인수자로 지정할 것을 요청할 수 있다.

⑥ 사업시행자는 정비사업의 시행으로 임대주택을 건설하는 경우에는 임차인의 자격·선정방법·임대보증금·임대료 등 임대조건에 관한 기준 및 무주택 세대주에게 우선 매각하도록 하는 기준 등에 관하여 시장·군수등의 승인을 받아 따로 정할 수 있다. 다만, 재개발임대주택으로서 최초의 임차인 선정이 아닌 경우에는 인수자가 따로 정한다.

⑦ 사업시행자는 공급대상자에게 주택을 공급하고 남은 주택을 공급대상자 외의 자에게 공급할 수 있다.

저자의 한마디

앞에서 국민주택규모 주택을 인수할 수 없는 경우에는 국장에게 (그냥) 인수자 지정을 요청했잖아요? 반면, 재개발임대주택을 인수하기 어려운 경우에는 국장에게 토지주택공사등을 (콕 찍어서) 인수자로 지정할 것을 요청해야 합니다.

⑧ 주택의 공급 방법·절차 등은 주택법을 준용한다. 다만, 사업시행자가 매도청구소송을 통하여 법원의 승소판결을 받은 후 입주예정자에게 피해가 없도록 손실보상금을 공탁하고 분양예정인 건축물을 담보한 경우에는 법원의 승소판결이 확정되기 전이라도 입주자를 모집할 수 있으나, 준공인가 신청 전까지 해당 주택건설 대지의 소유권을 확보하여야 한다.

도시정비법령상 관리처분계획에 따른 처분 등에 관한 설명으로 틀린 것은?[31회]

① 정비사업의 시행으로 조성된 대지 및 건축물은 관리처분계획에 따라 처분 또는 관리하여야 한다.(○)

② 사업시행자는 정비사업의 시행으로 건설된 건축물을 관리처분계획에 따라 토지등소유자에게 공급하여야 한다.(○)

③ 환지를 공급하는 방법으로 시행하는 주거환경개선사업의 사업시행자가 정비구역에 주택을 건설하는 경우 주택의 공급 방법에 관하여 주택법에도 불구하고 시장·군수등의 승인을 받아 따로 정할 수 있다.(○)

④ 사업시행자는 분양신청을 받은 후 잔여분이 있는 경우에는 사업시행계획으로 정하는 목적을 위하여 그 잔여분을 조합원 또는 토지등소유자 이외의 자에게 분양할 수 있다.(○)

⑤ 조합이 재개발임대주택의 인수를 요청하는 경우 국토교통부장관이 우선하여 인수하여야 한다.(×)

> ⑤ 국장이 아니라 시도지사 또는 시장, 군수, 구청장이 우선하여 인수하여야 합니다. 다만, 예산·관리인력의 부족 등 부득이한 사정으로 인수하기 어려운 경우에는 국장에게 토지주택공사등을 인수자로 지정할 것을 요청할 수 있죠.

도시정비법령상 재개발사업의 시행에 관한 설명으로 틀린 것은?[25회수정]

① 조합은 사업을 시행하고자 하는 경우 시장·군수등에게 사업시행계획 인가를 받아야 한다.(○)

② 사업시행계획서에는 일부 건축물의 존치 또는 리모델링에 관한 내용이 포함될 수 있다.(○)

③ 인가받은 사업시행계획 중 건축물이 아닌 부대·복리시설의 위치를 변경하고자 하는 경우에는 변경인가를 받아야 한다.(○)

④ 사업시행으로 철거되는 주택의 소유자 또는 세입자를 위하여 사업시행자가 지방자치단체의 건축물을 임시수용시설로 사용하는 경우 사용료 또는 대부료는 면제된다.(○)

⑤ 조합이 시·도지사 또는 토지주택공사등에게 재개발사업의 시행으로 건설된 임대주택의 인수를 요청하는 경우 토지주택공사등이 우선하여 인수하여야 한다.(×)

> ③ 부대·복리시설의 설치규모를 확대하는 경우는 신고만 하면 되지만, 위치를 변경하는 경우는 변경인가를 받아야 해요. ⑤ 재개발임대주택은 토지주택공사등이 아니라 시·도지사 또는 시장, 군수, 구청장이 우선 인수해야 합니다.

3. 지분형주택 등의 공급

지분형주택
토지주택공사등과 분양대상자가 공유하는 주택(60㎡ 이하)

① 사업시행자가 <u>토지주택공사등</u>인 경우에는 분양대상자와 사업시행자가 공동소유하는 방식으로 주택(→지분형주택)을 공급할 수 있다.

② 지분형주택의 규모는 주거전용면적 60제곱미터 이하인 주택으로 한정한다.

③ 지분형주택의 **공동** 소유기간은 소유권을 취득한 날부터 10년의 범위에서 사업시행자가 정하는 기간으로 한다.

④ 국토교통부장관, 시·도지사, 시장, 군수, 구청장 또는 토지주택공사등은 정비구역에 <u>세입자</u>와 **다음의 자**의 요청이 있는 경우에는 인수한 임대주택의 일부를 주택법에 따른 토지임대부 분양주택으로 전환하여 공급하여야 한다.

토지임대부 분양주택 전환요청자
① 세입자
② 90㎡ 미만 토지소유자(건축물소유자 안됨)
③ 바닥면적 40㎡ 미만 주거용 건축물 소유자

ㄱ. 면적이 <u>90제곱미터 미만</u>의 토지를 소유한 자로서 건축물을 소유하지 아니한 자

ㄴ. 바닥면적이 <u>40제곱미터 미만</u>의 사실상 주거를 위하여 사용하는 건축물을 소유한 자로서 토지를 소유하지 아니한 자

도시 및 주거환경정비법령상 **소규모 토지 등의 소유자에 대한 토지임대부 분양주택 공급**에 관한 내용이다. ( )에 들어갈 숫자로 옳은 것은?(단, 조례는 고려하지 않음)[34회]

> 국토교통부장관, 시·도지사, 시장·군수·구청장 또는 토지주택공사등은 정비구역에 세입자와 다음의 어느 하나에 해당하는 자의 요청이 있는 경우에는 인수한 재개발임대주택의 일부를 주택법에 따른 토지임대부 분양주택으로 전환하여 공급하여야 한다.
>
> 1. 면적이 (ㄱ)제곱미터 미만의 토지를 소유한 자로서 건축물을 소유하지 아니한 자
> 2. 바닥면적이 (ㄴ)제곱미터 미만의 사실상 주거를 위하여 사용하는 건축물을 소유한 자로서 토지를 소유하지 아니한 자

① ㄱ: 90, ㄴ: 40　② ㄱ: 90, ㄴ: 50　③ ㄱ: 90, ㄴ: 60
④ ㄱ: 100, ㄴ: 40　⑤ ㄱ: 100, ㄴ: 50

시행령71조1항 정답①

도시 및 주거환경정비법령상 **주택의 공급** 등에 관한 설명으로 옳은 것은?[28회수정]

① 사업시행자는 정비사업의 시행으로 건설된 건축물을 인가받은 사업시행계획에 따라 토지등소유자에게 공급하여야 한다.(×)

② 국토교통부장관은 조합이 요청하는 경우 재건축사업의 시행으로 건설된 임대주택을 인수하여야 한다.(×)

③ 시·도지사의 요청이 있는 경우 국토교통부장관은 인수한 임대주택의 일부를 주택법에 따른 토지임대부 분양주택으로 전환하여 공급하여야 한다.(×)

④ 사업시행자는 정비사업의 시행으로 임대주택을 건설하는 경우 공급대상자에게 주택을 공급하고 남은 주택에 대하여 공급대상자외의 자에게 공급할 수 있다.(○)

⑤ 관리처분계획상 종전 주택의 주거전용면적의 범위에서 2주택을 공급할 수 있고, 이 중 1주택은 주거전용면적을 60제곱미터 이상으로 할 수 있다.(×)

도시정비법령상 **관리처분계획** 등에 관한 설명으로 옳은 것은?(단, 조례는 고려하지 않음)^{32회}

① 지분형 주택의 규모는 주거전용면적 60제곱미터 이하인 주택으로 한정한다.(○)

② 분양신청기간의 연장은 30일의 범위에서 한 차례만 할 수 있다.(×)

③ 같은 세대에 속하지 아니하는 3명이 1토지를 공유한 경우에는 3주택을 공급하여야 한다.(×)

④ 조합원 10분의 1 이상이 관리처분계획인가 신청이 있은 날부터 30일 이내에 관리처분계획의 타당성 검증을 요청한 경우 시장·군수는 이에 따라야 한다.(×)

⑤ 시장·군수는 정비구역에서 면적이 100제곱미터의 토지를 소유한 자로서 건축물을 소유하지 아니한 자의 요청이 있는 경우에는 인수한 임대주택의 일부를 주택법에 따른 토지임대부 분양주택으로 전환하여 공급하여야 한다.(×)

4. 건축물 등의 사용 · 수익의 중지 및 철거

① 종전의 토지 또는 건축물의 소유자 · 지상권자 · 전세권자 · 임차권자 등 권리자는 관리처분계획인가의 고시가 있은 때에는 이전고시가 있는 날까지 종전의 토지 또는 건축물을 사용하거나 수익할 수 없다. 다만, **다음 경우**에는 그러하지 아니하다.

ㄱ. 사업시행자의 동의를 받은 경우

ㄴ. 토지보상법에 따른 손실보상이 완료되지 아니한 경우

② 사업시행자는 관리처분계획인가를 받은 후 기존의 건축물을 철거하여야 한다.

③ 사업시행자는 **다음 경우**에는 (관리처분계획인가를 받기 전이라도) 기존 건축물 소유자의 동의 및 시장 · 군수등의 허가를 받아 해당 건축물을 철거할 수 있다. 이 경우 건축물의 철거는 토지등소유자로서의 권리 · 의무에 영향을 주지 아니한다.

ㄱ. 재난 및 안전관리 기본법 · 주택법 · 건축법 등 관계 법령에서 정하는 기존 건축물의 붕괴 등 안전사고의 우려가 있는 경우

ㄴ. 폐공가의 밀집으로 범죄발생의 우려가 있는 경우

④ 시장·군수등은 사업시행자가 기존의 건축물을 철거하거나 철거를 위하여 점유자를 퇴거시키려는 경우 **다음의 시기**에는 건축물을 철거하거나 점유자를 퇴거시키는 것을 제한할 수 있다.

ㄱ. 일출 전과 일몰 후

ㄴ. 호우, 대설, 폭풍해일, 지진해일, 태풍, 강풍, 풍랑, 한파 등으로 해당 지역에 중대한 재해발생이 예상되어 기상청장이 특보를 발표한 때

ㄷ. 재난 및 안전관리 기본법에 따른 재난이 발생한 때

ㄹ. ㄱ부터 ㄷ까지의 규정에 준하는 시기로 시장·군수등이 인정하는 시기

도시 및 주거환경정비법령상 **관리처분계획** 등에 관한 설명으로 옳은 것은?^{27회수정}

① 재개발사업의 관리처분은 정비구역 안의 지상권자에 대한 분양을 포함하여야 한다.(×)

② 재건축사업의 관리처분의 기준은 조합원 전원의 동의를 받더라도 법령상 정하여진 관리처분의 기준과 달리 정할 수 없다.(×)

③ 사업시행자는 폐공가의 밀집으로 범죄발생의 우려가 있는 경우 기존 건축물의 소유자의 동의 및 시장·군수의 허가를 얻어 해당 건축물을 철거할 수 있다.(○)

④ 관리처분계획의 인가·고시가 있은 때에는 종전의 토지의 임차권자는 사업시행자의 동의를 받더라도 소유권의 이전고시가 있은 날까지 종전의 토지를 사용할 수 없다.(×)

⑤ 사업시행자는 관리처분계획인가를 받기 전에 기존의 건축물을 철거하여야 한다.(×)

① 토지등소유자에게 분양합니다. 지상권자에게는 분양하지 않아요.(시행령 63조1항3호) ② 조합원 전원의 동의를 받아 기준을 달리 정할 수 있어요.(시행령63조2항) ③ 이 경우에는 관리처분계획인가를 받기 전이라도 해당 건축물을 철거할 수 있어요. ④ 사업시행자의 동의를 받으면 종전의 토지를 사용할 수 있어요. ⑤ 관리처분 계획인가를 받은 후에 철거해야 합니다.

5. 시공보증

① 조합이 정비사업의 시행을 위하여 시장·군수등 또는 토지주택공사등이 아닌 자를 시공자로 선정(공동사업시행자가 시공하는 경우를 포함)한 경우 그 시공자는 공사의 시공보증(시공자가 공사의 계약상 의무를 이행하지 못하거나 의무이행을 하지 아니할 경우 보증기관에서 시공자를 대신하여 계약이행의무를 부담하거나 총공사금액의 30% 이상 50% 이하의 범위에서 사업시행자가 정하는 금액을 납부할 것을 보증하는 것)을 위하여 국토교통부령으로 정하는 기관의 시공보증서를 조합에 제출하여야 한다.

② 시장·군수등은 건축법에 따른 착공신고를 받는 경우에는 시공보증서의 제출 여부를 확인하여야 한다.

공사완료에 따른 조치***

1. 준공인가

(1) 정비사업의 준공인가

① 시장·군수등이 아닌 사업시행자가 정비사업 공사를 완료한 때에는 시장·군수등의 준공인가를 받아야 한다.

② 준공인가신청을 받은 시장·군수등은 지체 없이 준공검사를 실시하여야 한다. 이 경우 시장·군수등은 효율적인 준공검사를 위하여 필요한 때에는 관계 행정기관·공공기관·연구기관, 그 밖의 전문기관 또는 단체에게 준공검사의 실시를 의뢰할 수 있다.

③ 시장·군수등은 준공검사를 실시한 결과 정비사업이 인가받은 사업시행계획대로 완료되었다고 인정되는 때에는 준공인가를 하고 공사의 완료를 해당 지방자치단체의 공보에 고시하여야 한다. 시장·군수등은 직접 시행하는 정비사업에 관한 공사가 완료된 때에는 그 완료를 해당 지방자치단체의 공보에 고시하여야 한다.

④ 시장·군수등은 준공인가를 하기 전이라도 완공된 건축물이 사용에 지장이 없는 등의 경우에는 입주예정자가 완공된 건축물을 사용할 수 있도록 사업시행자에게 허가(→동별·세대별·구획별 사용허가)할 수 있다. 다만, 시장·군수등이 사업시행자인 경우에는 허가를 받지 아니하고 입주예정자가 완공된 건축물을 사용하게 할 수 있다.

(2) 준공인가 등에 따른 정비구역의 해제

① 정비구역의 지정은 준공인가의 고시가 있은 날(관리처분계획을 수립하는 경우에는 이전고시가 있은 때)의 다음 날에 해제된 것으로 본다. 이 경우 지방자치단체는 해당 지역을 지구단위계획으로 관리하여야 한다.

② 정비구역의 해제는 조합의 존속에 영향을 주지 아니한다.

(3) 공사완료에 따른 관련 인·허가 등의 의제

① 준공인가를 하거나 공사완료를 고시하는 경우 시장·군수등이 의제되는 인·허가 등에 따른 준공검사·인가 등에 관하여 관계 행정기관의 장과 협의한 사항은 해당 준공검사·인가 등을 받은 것으로 본다.

② 시장·군수등이 아닌 사업시행자는 준공검사·인가 등의 의제를 받으려는 경우에는 준공인가를 신청하는 때에 해당 법률에서 정하는 관계 서류를 함께 제출하여야 한다.

③ 시장·군수등은 준공인가를 하거나 공사완료를 고시하는 경우 그 내용에 의제되는 인·허가 등에 따른 준공검사·인가 등에 해당하는 사항이 있은 때에는 미리 관계 행정기관의 장과 협의하여야 한다.

2. 이전고시

(1) 소유권 이전고시

① 사업시행자는 공사완료고시가 있은 때에는 지체 없이 대지확정측량을 하고, 토지의 분할절차를 거쳐 관리처분계획에서 정한 사항을 분양받을 자에게 통지하고 대지 또는 건축물의 소유권을 이전하여야 한다. 다만, 정비사업의

효율적인 추진을 위하여 필요한 경우에는 해당 정비사업에 관한 공사가 전부 완료되기 전이라도 완공된 부분은 준공인가를 받아 대지 또는 건축물별로 분양받을 자에게 소유권을 이전할 수 있다.

② 사업시행자는 대지 및 건축물의 소유권을 이전하려는 때에는 그 내용을 해당 지방자치단체의 공보에 고시한 후 시장·군수등에게 보고하여야 한다. 이 경우 대지 또는 건축물을 분양받을 자는 이전고시가 있은 날의 다음 날에 그 대지 또는 건축물의 소유권을 취득한다.

도시 및 주거환경정비법령상 사업시행인가를 받은 정비사업의 **공사완료에 따른 조치** 등에 관한 다음 절차를 진행순서에 따라 옳게 나열한 것은?(단, 관리처분계획인가를 받은 사업이고, 공사의 전부 완료를 전제로 함)[27회]

> ㄱ. 준공인가 ㄴ. 관리처분계획에 정한 사항을 분양받을 자에게 통지
> ㄷ. 토지의 분할절차 ㄹ. 대지 또는 건축물의 소유권 이전고시

① ㄱ-ㄷ-ㄴ-ㄹ ② ㄱ-ㄹ-ㄷ-ㄴ ③ ㄴ-ㄱ-ㄷ-ㄹ
④ ㄴ-ㄷ-ㄹ-ㄱ ⑤ ㄷ-ㄹ-ㄱ-ㄴ

처음이 준공인가, 마지막이 이전고시라는 것만 알아도 풀 수 있어요. 정답①

도시정비법령상 **공사완료에 따른 조치** 등에 관한 설명으로 틀린 것은?[29회]
① 사업시행자인 지방공사가 정비사업 공사를 완료한 때에 시장·군수등의 준공인가를 받아야 한다.(○)
② 시장·군수등은 준공인가 전 사용허가를 하는 때에는 동별·세대별 또는 구획별로 사용허가를 할 수 있다.(○)
③ 관리처분계획을 수립하는 경우 정비구역의 지정은 이전고시가 있은 날의 다음 날에 해제된 것으로 본다.(○)
④ 준공인가에 따른 정비구역의 해제가 있으면 조합은 해산된 것으로 본다.(×)
⑤ 관리처분계획에 따라 소유권을 이전하는 경우 건축물을 분양받을 자는 이전고시가 있은 날의 다음 날에 그 건축물의 소유권을 취득한다.(○)

② 시행령75조3항 ④ 정비구역의 해제는 조합의 존속에 영향을 주지 않아요. 빈출지문!

(2) 조합의 해산

① 조합장은 소유권이전고시가 있은 날부터 1년 이내에 조합 해산을 위한 총회를 소집하여야 한다.
② 조합장이 위의 기간 내에 총회를 소집하지 아니한 경우 조합원 5분의 1 이상의 요구로 소집된 총회에서 조합원 과반수의 출석과 출석 조합원 과반수의 동의를 받아 해산을 의결할 수 있다. 이 경우 요구자 대표로 선출된 자가 조합 해산을 위한 총회의 소집 및 진행을 할 때에는 조합장의 권한을 대행한다.

③ 시장·군수등은 조합이 정당한 사유 없이 위에 따라 해산을 의결하지 아니하는 경우에는 <u>조합설립인가를 취소할 수 있다.</u>

④ 해산하는 조합에 청산인이 될 자가 없는 경우에는 시장·군수등은 법원에 <u>청산인의 선임을 청구할 수 있다.</u>

⑤ 조합이 해산을 의결하거나 조합설립인가가 취소된 경우 청산인은 지체 없이 청산의 목적범위에서 성실하게 청산인의 직무를 수행하여야 한다.

(3) 대지 및 건축물에 대한 권리의 확정

① 대지 또는 건축물을 분양받을 자에게 소유권을 이전한 경우 종전의 토지 또는 건축물에 설정된 지상권·전세권·저당권·임차권·가등기담보권·가압류 등 등기된 권리 및 대항력을 갖춘 임차권은 <u>소유권을 이전받은 대지 또는 건축물에 설정된 것으로 본다.</u>

② 취득하는 대지 또는 건축물 중 토지등소유자에게 분양하는 대지 또는 건축물은 도시개발법에 따라 행하여진 환지로 본다.

③ 보류지와 일반에게 분양하는 대지 또는 건축물은 도시개발법에 따른 보류지 또는 체비지로 본다.

(4) 등기절차 및 권리변동의 제한

① 사업시행자는 이전고시가 있은 때에는 지체 없이 대지 및 건축물에 관한 등기를 지방법원지원 또는 등기소에 <u>촉탁 또는 신청하여야 한다.</u>

② 정비사업에 관하여 <u>이전고시가 있은 날부터 등기가 있을 때까지는</u> 저당권 등의 <u>다른 등기를 하지 못한다.</u>

도시정비법령상 **공사완료에 따른 조치** 등에 관한 설명으로 틀린 것을 모두 고른 것은?[31회]

> ㄱ. 정비사업의 효율적인 추진을 위하여 필요한 경우에는 해당 정비사업에 관한 공사가 전부 완료되기 전이라도 완공된 부분은 준공인가를 받아 대지 또는 건축물별로 분양받을 자에게 소유권을 이전할 수 있다.(○)
> ㄴ. 준공인가에 따라 정비구역의 지정이 해제되면 조합도 해산된 것으로 본다.(×)
> ㄷ. 정비사업에 관하여 소유권의 이전고시가 있은 날부터는 대지 및 건축물에 관한 등기가 없더라도 저당권 등의 다른 등기를 할 수 있다.(×)

① ㄱ　② ㄴ　③ ㄱ,ㄴ　④ ㄱ,ㄷ　⑤ ㄴ,ㄷ

ㄴ. 정비구역의 지정해제는 조합의 존속에 영향을 주지 않아요. ㄷ. 소유권이전고시는 이전등기가 아니에요. 따라서 대지 및 건축물에 관한 등기가 있을 때 까지는 저당권 등의 다른 등기를 할 수 없어요. 정답⑤

---

3. 청산금

(1) 청산금의 징수·지급

① 대지 또는 건축물을 분양받은 자가 종전에 소유하고 있던 토지 또는

건축물의 가격과 분양받은 대지 또는 건축물의 가격 사이에 차이가 있는 경우 사업시행자는 이전고시가 있은 후에 그 차액에 상당하는 금액(→청산금)을 분양받은 자로부터 징수하거나 분양받은 자에게 지급하여야 한다.

② 사업시행자는 정관 등에서 분할징수 및 분할지급을 정하고 있거나 총회의 의결을 거쳐 따로 정한 경우에는 관리처분계획인가 후부터 이전고시가 있은 날까지 일정 기간별로 분할징수하거나 분할지급할 수 있다.

③ 사업시행자는 종전에 소유하고 있던 토지 또는 건축물의 가격과 분양받은 대지 또는 건축물의 가격을 평가하는 경우 그 토지 또는 건축물의 규모·위치·용도·이용상황·정비사업비 등을 참작하여 평가하여야 한다.

정관이나 총회의 의결로 정한 경우에 분할 징수·지급 가능!

(2) 청산금의 징수방법

① 시장·군수등인 사업시행자는 청산금을 납부할 자가 이를 납부하지 아니 하는 경우 지방세 체납처분의 예에 따라 징수(분할징수 포함)할 수 있으며, 시장·군수등이 아닌 사업시행자는 시장·군수등에게 청산금의 징수를 위탁할 수 있다.

② 청산금을 지급받을 자가 받을 수 없거나 받기를 거부한 때에는 사업시행자는 그 청산금을 공탁할 수 있다.

③ 청산금을 지급(분할지급 포함)받을 권리 또는 이를 징수할 권리는 이전고시일의 다음 날부터 5년간 행사하지 아니하면 소멸한다.

(3) 저당권의 물상대위

정비구역에 있는 토지 또는 건축물에 저당권을 설정한 권리자는 사업시행자가 저당권이 설정된 토지 또는 건축물의 소유자에게 청산금을 지급하기 전에 압류절차를 거쳐 저당권을 행사할 수 있다.

도시 및 주거환경정비법령상 **청산금**에 관한 설명으로 틀린 것은?[26회수정]

① 조합 총회의 의결을 거쳐 정한 경우에는 관리처분계획인가후부터 소유권 이전의 고시일까지 청산금을 분할징수할 수 있다.(○)

② 종전에 소유하고 있던 토지 또는 건축물의 가격과 분양받은 대지 또는 건축물의 가격을 평가 하는 경우 그 토지 또는 건축물의 규모·위치·용도·이용 상황·정비사업비 등을 참작하여 평가하여야 한다.(○)

③ 청산금을 납부할 자가 이를 납부하지 아니하는 경우에 시장·군수가 아닌 사업시행자는 시장·군수에게 청산금의 징수를 위탁할 수 있다.(○)

④ 청산금을 징수할 권리는 소유권 이전의 고시일로부터 5년간 이를 행사 하지 아니하면 소멸한다.(×)

⑤ 정비사업의 시행지역 안에 있는 건축물에 저당권을 설정한 권리자는 그 건축물의 소유자가 지급받을 청산금에 대하여 청산금을 지급하기 전에 압류절차를 거쳐 저당권을 행사할 수 있다.(○)

④ 소유권 이전고시일로부터가 아니라 이전고시일의 다음날로부터 5년입니다.

04 비용부담 등★★

비용부담★★

1. 비용부담의 원칙

① 정비사업비는 이 법 또는 다른 법령에 특별한 규정이 있는 경우를 제외하고는 사업시행자가 부담한다.

② 시장·군수등은 시장·군수등이 아닌 사업시행자가 시행하는 정비사업의 정비계획에 따라 설치되는 **다음 시설**에 대하여는 그 건설에 드는 비용의 전부 또는 일부를 부담할 수 있다.

ㄱ. 도시·군계획시설 중 주요 정비기반시설 및 공동이용시설

> 도로, 상·하수도, 공원, 공용주차장, 공동구, 녹지, 하천, 공공공지, 광장

ㄴ. 임시거주시설

도시 및 주거환경정비법령상 시장·군수등이 아닌 사업시행자가 시행하는 정비사업의 정비계획에 따라 설치되는 도시·군계획시설 중 그 건설에 드는 비용을 **시장·군수등이 부담할 수 있는 시설**을 모두 고른 것은?[33회]

> ㄱ. 공원 ㄴ. 공공공지 ㄷ. 공동구 ㄹ. 공용주차장

① ㄱ ② ㄴ,ㄷ ③ ㄷ,ㄹ ④ ㄱ,ㄴ,ㄷ ⑤ ㄱ,ㄴ,ㄷ,ㄹ

모두 공공성이 있는 시설로 시장·군수등이 부담할 수 있어요. 정답④

2. 비용의 조달

부과금
=정비사업비 - 발생수입

① 사업시행자는 토지등소유자로부터 정비사업비와 정비사업의 시행과정에서 발생한 수입의 차액을 부과금으로 부과·징수할 수 있다.

② 사업시행자는 토지등소유자가 부과금의 납부를 게을리한 때에는 연체료를 부과·징수할 수 있다.

③ 부과금 및 연체료의 부과·징수에 필요한 사항은 정관 등으로 정한다.

④ 시장·군수등이 아닌 사업시행자는 부과금 또는 연체료를 체납하는 자가 있는 때에는 시장·군수등에게 그 부과·징수를 위탁할 수 있다.

⑤ 시장·군수등은 부과·징수를 위탁받은 경우에는 지방세 체납처분의 예에 따라 부과·징수할 수 있다. 이 경우 사업시행자는 징수한 금액의 4%에 해당하는 금액을 해당 시장·군수등에게 교부하여야 한다.

3. 정비기반시설 관리자의 비용부담

① 시장·군수등은 자신이 시행하는 정비사업으로 현저한 이익을 받는 정비기반시설의 관리자가 있는 경우에는 해당 정비사업비의 일부를 그 정비기반시설의 관리자와 협의하여 그 관리자에게 부담시킬 수 있다.

② 사업시행자는 정비사업을 시행하는 지역에 전기·가스 등의 공급시설을 설치하기 위하여 공동구를 설치하는 경우에는 다른 법령에 따라 그 공동구에 수용될 시설을 설치할 의무가 있는 자에게 공동구의 설치에 드는 비용을 부담시킬 수 있다.

> **✚ 공동구 설치비용**
> 설치공사의 비용, 내부공사의 비용, 설치를 위한 측량·설계비용, 공동구의 설치로 인한 보상의 필요가 있는 경우에는 그 보상비용, 공동구 부대시설의 설치비용, 융자금이 있는 경우에는 그 이자에 해당하는 금액

ㄱ. 공동구점용예정자가 부담할 공동구 설치비용의 부담비율은 공동구의 점용예정면적비율에 따른다.

ㄴ. 사업시행자는 사업시행계획인가의 고시가 있은 후 지체 없이 공동구점용예정자에게 부담금의 납부를 통지하여야 한다.

ㄷ. 부담금의 납부통지를 받은 공동구점용예정자는 공동구의 설치공사가 착수되기 전에 부담금액의 3분의 1 이상을 납부하여야 하며, 그 잔액은 공사완료 고시일전까지 납부하여야 한다.

③ 공동구는 시장·군수등이 관리한다.

ㄱ. 시장·군수등은 공동구 관리비용의 일부를 그 공동구를 점용하는 자에게 부담시킬 수 있으며, 그 부담비율은 점용면적비율을 고려하여 시장·군수등이 정한다.

ㄴ. 공동구 관리비용은 연도별로 산출하여 부과한다.

ㄷ. 공동구 관리비용의 납입기한은 매년 3월 31일까지로 하며, 시장·군수등은 납입기한 1개월 전까지 납입통지서를 발부하여야 한다. 다만, 필요한 경우에는 2회로 분할하여 납부하게 할 수 있으며 이 경우 분할금의 납입기한은 3월 31일과 9월 30일로 한다.

도시 및 주거환경정비법령상 **공동구**의 설치 및 관리비용에 관한 설명으로 옳은 것은?[34회]

① 공동구점용예정자가 부담할 공동구의 설치에 드는 비용의 부담비율은 공동구의 권리지분비율을 고려하여 시장·군수등이 정한다.(×)

② 공동구의 설치로 인한 보상비용은 공동구의 설치비용에 포함되지 않는다.(×)

③ 사업시행자로부터 공동구의 설치비용 부담금의 납부통지를 받은 공동구점용예정자는 공동구의 설치공사가 착수되기 전에 부담금액의 3분의 1 이상을 납부하여야 한다.(○)

④ 공동구 관리비용은 반기별로 산출하여 부과한다.(×)

⑤ 시장·군수등은 필요한 경우 공동구 관리비용을 분할하여 분기별로 납부하게 할 수 있다.(×)

4. 보조 및 융자

① 국가 또는 시·도는 시장, 군수, 구청장 또는 토지주택공사등이 시행하는 정비사업에 관한 기초조사 및 정비사업의 시행에 필요한 시설로서 정비기반시설, 임시거주시설 및 주거환경개선사업에 따른 공동이용시설의 건설에 드는 비용의 일부를 보조하거나 융자할 수 있다. 이 경우 **다음 사업**에 우선적으로 보조하거나 융자할 수 있다.

ㄱ. 시장·군수등 또는 토지주택공사등이 1) 해제된 정비구역등과 2) 도시재정비촉진을 위한 특별법에 따라 재정비촉진지구가 해제된 지역에서 시행하는 주거환경개선사업

ㄴ. 국가 또는 지방자치단체가 도시영세민을 이주시켜 형성된 낙후지역으로서 시장·군수등 또는 토지주택공사등이 단독으로 시행하는 재개발사업

② 시장·군수등은 사업시행자가 토지주택공사등인 주거환경개선사업과 관련하여 정비기반시설 및 공동이용시설, 임시거주시설을 건설하는 경우 건설에 드는 비용의 전부 또는 일부를 토지주택공사등에게 보조하여야 한다.

③ 국가 또는 지방자치단체는 시장·군수등이 아닌 사업시행자가 시행하는 정비사업에 드는 비용의 일부를 보조 또는 융자하거나 융자를 알선할 수 있다.

④ 국가 또는 지방자치단체는 정비사업에 필요한 비용을 보조 또는 융자하는 경우 순환정비방식의 정비사업에 우선적으로 지원할 수 있다. 이 경우 순환정비방식의 정비사업의 원활한 시행을 위하여 국가 또는 지방자치단체는 **다음 비용** 일부를 보조 또는 융자할 수 있다.

ㄱ. 순환용주택의 건설비

ㄴ. 순환용주택의 단열보완 및 창호교체 등 에너지 성능 향상과 효율개선을 위한 리모델링 비용

ㄷ. 공가관리비

⑤ 국가는 **다음 비용**의 전부 또는 일부를 지방자치단체 또는 토지주택공사등에 보조 또는 융자할 수 있다.

ㄱ. 토지주택공사등이 보유한 공공임대주택을 순환용주택으로 조합에게 제공하는 경우 그 건설비 및 공가관리비 등의 비용

ㄴ. 시·도지사, 시장, 군수, 구청장 또는 토지주택공사등이 재개발임대주택을 인수하는 경우 그 인수 비용

⑥ 국가 또는 지방자치단체는 토지임대부 분양주택을 공급받는 자에게 해당 공급비용의 전부 또는 일부를 보조 또는 융자할 수 있다.

국가가 **전부** 보조 또는 융자 할 수 있는 비용

① 공공임대주택을 순환용주택으로 조합에게 제공하는 경우 건설비 및 공가관리비
② 재개발임대주택 인수비용
③ 토지임대부 분양주택 공급비용

도시정비법령상 **청산금 및 비용부담** 등에 관한 설명으로 옳은 것은?[32회]

① 청산금을 징수할 권리는 소유권 이전고시일부터 3년간 행사하지 않으면 소멸한다.(×)

② 정비구역의 국유·공유재산은 정비사업 외의 목적으로 매각되거나 양도될 수 없다.(○)

③ 청산금을 지급받을 자가 받기를 거부하더라도 사업시행자는 그 청산금을 공탁할 수는 없다.(×)

④ 시장·군수등이 아닌 사업시행자는 부과금을 체납하는 자가 있는 때에는 지방세 체납처분의 예에 따라 부과·징수할 수 있다.(×)

⑤ 국가 또는 지방자치단체는 토지임대부 분양주택을 공급받는 자에게 해당 공급비용의 전부를 융자할 수는 없다.(×)

> ① 청산금 소멸시효는 5년 ② 98조3항 ③ 거부하면 공탁할 수 있어요. ④ 시장·군수등이 아닌 자는 직접 부과·징수할 수는 없고, 시장·군수등에게 위탁할 수는 있어요. ⑤ 공급비용의 전부 또는 일부를 융자할 수 있어요.

정비기반시설의 설치 및 귀속*

1. 정비기반시설의 설치

사업시행자는 관할 지방자치단체의 장과의 협의를 거쳐 정비구역에 정비기반 시설(주거환경개선사업의 경우에는 공동이용시설을 포함)을 설치하여야 한다.

2. 정비기반시설 및 토지 등의 귀속

① 시장·군수등 또는 토지주택공사등이 정비사업의 시행으로 새로 정비기반 시설을 설치하거나 기존의 정비기반시설을 대체하는 정비기반시설을 설치한 경우에는 종래의 정비기반시설은 사업시행자에게 무상으로 귀속되고, 새로 설치된 정비기반시설은 그 시설을 관리할 국가 또는 지방자치단체에 무상으로 귀속된다.

② 시장·군수등 또는 토지주택공사등이 아닌 사업시행자가 정비사업의 시행으로 새로 설치한 정비기반시설은 그 시설을 관리할 국가 또는 지방자치 단체에 무상으로 귀속되고, 정비사업의 시행으로 용도가 폐지되는 국가 또는 지방자치단체 소유의 정비기반시설은 사업시행자가 새로 설치한 정비기반 시설의 설치비용에 상당하는 범위에서 그에게 무상으로 양도된다.

③ 정비기반시설에 해당하는 도로는 다음 도로를 말한다.

ㄱ. 도시·군관리계획으로 결정되어 설치된 도로

ㄴ. 도로관리청이 관리하는 도로

ㄷ. 국가 또는 지방자치단체 소유의 도로

ㄹ. 그밖에 공유재산 중 일반인의 교통을 위하여 제공되고 있는 부지

④ 시장·군수등은 정비기반시설의 귀속 및 양도에 관한 사항이 포함된 정비사업을 시행하거나 그 시행을 인가하려는 경우에는 미리 그 관리청의 의견을 들어야 한다. 인가받은 사항을 변경하려는 경우에도 또한 같다.

⑤ 사업시행자는 관리청에 귀속될 정비기반시설과 사업시행자에게 귀속 또는 양도될 재산의 종류와 세목을 정비사업의 준공 전에 관리청에 통지하여야 하며, 해당 정비기반시설은 그 정비사업이 준공인가되어 관리청에 준공인가통지를 한 때에 국가 또는 지방자치단체에 귀속되거나 사업시행자에게 귀속 또는 양도된 것으로 본다.

⑥ 정비기반시설에 대한 등기의 경우 정비사업의 시행인가서와 준공인가서(시장·군수등이 직접 정비사업을 시행하는 경우에는 사업시행계획인가의 고시와 공사완료의 고시)는 등기원인을 증명하는 서류를 갈음한다.

⑦ 정비사업의 시행으로 용도가 폐지되는 국가 또는 지방자치단체 소유의 정비기반시설의 경우 정비사업의 시행 기간 동안 해당 시설의 대부료는 면제된다.

국유 · 공유재산의 처분 및 임대 등★★

1. 국유 · 공유재산의 처분

① 시장·군수등은 인가하려는 사업시행계획 또는 직접 작성하는 사업시행계획서에 국유·공유재산의 처분에 관한 내용이 포함되어 있는 때에는 미리 관리청과 협의하여야 한다. 이 경우 관리청이 불분명한 재산 중 도로·하천·구거 등은 국토교통부장관을, 그 외의 재산은 기획재정부장관을 관리청으로 본다.

② 협의를 받은 관리청은 20일 이내에 의견을 제시하여야 한다.

③ 정비구역의 국유·공유재산은 정비사업 외의 목적으로 매각되거나 양도될 수 없다.(정비사업의 목적으로만 매각되거나 양도될 수 있다.)

④ 정비구역의 국유·공유재산은 사업시행자 또는 점유자 및 사용자에게 다른 사람에 우선하여 수의계약으로 매각 또는 임대될 수 있다.

⑤ 다른 사람에 우선하여 매각 또는 임대될 수 있는 국유·공유재산은 사업시행계획인가의 고시가 있은 날부터 종전의 용도가 폐지된 것으로 본다.

⑥ 정비사업을 목적으로 우선하여 매각하는 국·공유지는 사업시행계획인가의 고시가 있은 날을 기준으로 평가하며, 주거환경개선사업의 경우 매각가격은 평가금액의 80%로 한다. 다만, 사업시행계획인가의 고시가 있은 날부터 3년 이내에 매매계약을 체결하지 아니한 국·공유지는 국유재산법 또는 공유재산 및 물품관리법에서 정한다.

2. 국유 · 공유재산의 임대

① 지방자치단체 또는 토지주택공사등은 주거환경개선구역 및 재개발구역에서 임대주택을 건설하는 경우에는 국 · 공유지 관리청과 협의하여 정한 기간 동안 국 · 공유지를 임대할 수 있다.

② 시장·군수등은 임대하는 국·공유지 위에 공동주택, 그 밖의 영구시설물을 축조하게 할 수 있다. 이 경우 해당 시설물의 임대기간이 종료되는 때에는 임대한 국·공유지 관리청에 기부 또는 원상으로 회복하여 반환하거나 국·공유지 관리청으로부터 매입하여야 한다.

3. 공동이용시설 사용료의 면제

지방자치단체의 장은 마을공동체 활성화 등 공익 목적을 위하여 주거환경개선구역 내 공동이용시설에 대한 사용 허가를 하는 경우 사용료를 면제할 수 있다.

4. 국·공유지의 무상양여

① **다음 구역**에서 국가 또는 지방자치단체가 소유하는 토지는 사업시행계획인가의 고시가 있은 날부터 종전의 용도가 폐지된 것으로 보며, 해당 사업시행자에게 무상으로 양여된다.

ㄱ. 주거환경개선구역

ㄴ. 국가 또는 지방자치단체가 도시영세민을 이주시켜 형성된 낙후지역으로서 대통령령으로 정하는 재개발구역(무상양여 대상에서 국유지는 제외하고, 공유지는 시장·군수등 또는 토지주택공사등이 단독으로 사업시행자가 되는 경우로 한정)

② 무상양여된 토지의 사용수익 또는 처분으로 발생한 수입은 주거환경개선사업 또는 재개발사업 외의 용도로 사용할 수 없다.

③ 시장·군수등은 무상양여의 대상이 되는 국·공유지를 소유 또는 관리하고 있는 국가 또는 지방자치단체와 협의를 하여야 한다.

④ 사업시행자에게 양여된 토지의 관리처분에 필요한 사항은 국토교통부장관의 승인을 받아 해당 시·도조례 또는 토지주택공사등의 시행규정으로 정한다.

도시 및 주거환경정비법령상 **비용의 부담** 등에 관한 설명으로 틀린 것은?[30회]

① 정비사업비는 도시 및 주거환경정비법 또는 다른 법령에 특별한 규정이 있는 경우를 제외하고는 사업시행자가 부담한다.(○)
② 지방자치단체는 시장·군수 등이 아닌 사업시행자가 시행하는 정비사업에 드는 비용에 대해 융자를 알선할 수는 있으나 직접적으로 보조할 수는 없다.(×)
③ 정비구역의 국유·공유재산은 사업시행자 또는 점유자 및 사용자에게 다른 사람에 우선하여 수의계약으로 매각될 수 있다.(○)
④ 시장·군수 등이 아닌 사업시행자는 부과금 또는 연체료를 체납하는 자가 있는 때에는 시장·군수 등에게 그 부과·징수를 위탁할 수 있다.(○)
⑤ 사업시행자는 정비사업을 시행하는 지역에 전기·가스등의 공급시설을 설치하기 위하여 공동구를 설치하는 경우에는 다른 법령에 따라 그 공동구에 수용될 시설을 설치할 의무가 있는 자에게 공동구의 설치에 드는 비용을 부담시킬 수 있다.(○)

② 국가 또는 지방자치단체는 시장·군수등이 아닌 사업시행자가 시행하는 정비사업에 드는 비용의 일부를 보조 또는 융자하거나 융자를 알선할 수 있다.(95조3항)

② 비용의 일부를 보조 또는 융자하거나 융자를 알선할 수 있습니다.

PART 4 주택법

01 총칙★★★★

용어 정의★★★★

주택 = 건축물 + 부속토지

쉽파맨

저자의 한마디

건축법에서는 공관이 단독주택에, 기숙사가 공동주택에 포함되나 주택법에서는 포함되지 않습니다. 공관이나 기숙사는 분양을 목적으로 짓지 않기 때문이죠.

1. 주택

세대의 구성원이 장기간 독립된 주거생활을 할 수 있는 구조로 된 건축물의 전부 또는 일부 및 그 부속토지를 말하며, 단독주택과 공동주택으로 구분

2. 단독주택

① 1세대가 하나의 건축물 안에서 독립된 주거생활을 할 수 있는 구조로 된 주택

② 단독주택, 다중주택, 다가구주택(공관×)

3. 공동주택

① 건축물의 벽·복도·계단이나 그 밖의 설비 등의 전부 또는 일부를 공동으로 사용하는 각 세대가 하나의 건축물 안에서 각각 독립된 주거생활을 할 수 있는 구조로 된 주택

② 아파트, 연립주택, 다세대주택(기숙사×)

4. 준주택

① 주택 외의 건축물과 그 부속토지로서 주거시설로 이용가능한 시설 등

② 기숙사, 다중생활시설, 노인복지주택, 오피스텔

주택법령상 **용어**의 정의에 따를 때 **주택**에 해당하지 않는 것을 모두 고른 것은?[29회]

> ㄱ. 3층의 다가구주택 ㄴ. 2층의 공관   ㄷ. 4층의 다세대주택
> ㄹ. 3층의 기숙사   ㅁ. 7층의 오피스텔

① ㄱ,ㄴ,ㄷ ② ㄱ,ㄹ,ㅁ ③ ㄴ,ㄷ,ㄹ ④ ㄴ,ㄹ,ㅁ ⑤ ㄷ,ㄹ,ㅁ

공관, 기숙사, 오피스텔은 주택법 상 주택이 아닙니다. 이 중 기숙사과 오피스텔은 준주택으로 분류합니다. 정답④

5. 국민주택

다음 주택으로서 국민주택규모 이하인 주택

① 국가·지방자치단체, 한국토지주택공사 또는 주택사업을 목적으로 설립된 지방공사가 건설하는 주택

② 국가·지방자치단체의 재정 또는 주택도시기금법에 따른 주택도시기금으로부터 자금을 지원받아 건설되거나 개량되는 주택

6. 국민주택규모

① 주거전용면적이 1호 또는 1세대 당 $85㎡$ 이하인 주택

② 수도권을 제외한 도시지역이 아닌 읍·면 지역은 1호 또는 1세대 당 주거전용면적이 $100㎡$ 이하인 주택

7. 주거전용면적

① 단독주택

그 바닥면적에서 지하실, 본 건축물과 분리된 창고 · 차고 및 화장실의 면적을 제외한 면적

② 공동주택

외벽의 내부선을 기준으로 산정한 면적. 다만, 2세대 이상이 공동으로 사용하는 부분으로서 **다음 공용면적**은 주거전용면적에서 제외하며, 이 경우 바닥면적에서 주거전용면적을 제외하고 남는 외벽면적은 공용면적에 가산한다.

ㄱ. 복도, 계단, 현관 등 공동주택의 지상층에 있는 공용면적

ㄴ. 위의 공용면적을 제외한 지하층, 관리사무소 등 그 밖의 공용면적

> **저자의 한마디**
>
> 단독주택은 바닥면적을 기준으로 주거전용면적을 산정하지만, 공동주택은 외벽의 내부선을 기준으로 산정합니다.

8. 민영주택

국민주택을 제외한 주택(국민주택이 아니면 민영주택)

주택법령상 **국민주택** 등에 관한 설명으로 옳은 것은?[29회]

① 민영주택이라도 국민주택규모 이하로 건축되는 경우 국민주택에 해당 한다.(×)

② 한국토지주택공사가 수도권에 건설한 주거전용면적이 1세대 당 $80㎡$인 아파트는 국민주택에 해당한다.(○)

③ 지방자치단체의 재정으로부터 자금을 지원받아 건설되는 주택이 국민주택에 해당하려면 자금의 50퍼센트 이상을 지방자치단체로부터 지원받아야 한다.(×)

④ 다세대주택의 경우 주거전용면적은 건축물의 바닥면적에서 지하층 면적을 제외한 면적으로 한다.(×)

⑤ 아파트의 경우 복도, 계단 등 아파트의 지상층에 있는 공용면적은 주거전용면적에 포함한다.(×)

> ① 민영주택은 개념 자체가 국민주택을 제외한 주택입니다. ② 한국토지주택공사가 지었고, 주거전용면적 85㎡ 이하니까 국민주택에 해당해요. ③ 지방자치단체의 재정으로부터 자금을 지원받으면 자금비율과 상관없이 국민주택에 해당합니다. ④ 공동주택(다세대주택)의 주거전용면적은 바닥면적이 기준이 아니라 외벽의 내부선을 기준으로 산정합니다. ⑤ 공동주택(아파트)의 지상층에 있는 공용면적은 주거전용면적에 포함되지 않아요.

9. 임대주택

임대를 목적으로 하는 주택으로서, 공공임대주택과 민간임대주택으로 구분

10. 토지임대부 분양주택

토지의 소유권은 사업계획의 승인을 받아 토지임대부 분양주택 건설사업을 시행하는 자가 가지고, 건축물 및 복리시설 등에 대한 소유권(건축물의 전유부분에 대한 구분소유권은 이를 분양받은 자가 가지고, 건축물의 공용부분·부속건물 및 복리시설은 분양받은 자들이 공유)은 주택을 분양받은 자가 가지는 주택

11. 사업주체

주택건설사업계획 또는 대지조성사업계획의 승인을 받아 사업을 시행하는 자

① 국가, 지방자치단체, 한국토지주택공사 또는 지방공사

② 등록한 주택건설사업자 또는 대지조성사업자, 그밖에 이 법에 따라 주택건설사업 또는 대지조성사업을 시행하는 자

12. 주택조합

많은 수의 구성원이 사업계획의 승인을 받아 주택을 마련하거나 리모델링하기 위하여 결성하는 **다음의 조합**

① 지역주택조합 : **다음 지역**에 거주하는 주민이 주택을 마련하기 위하여 설립한 조합

> ㄱ. 서울특별시·인천광역시 및 경기도 ㄴ. 대전광역시·충청남도 및 세종특별자치시 ㄷ. 충청북도 ㄹ. 광주광역시 및 전라남도 ㅁ. 전라북도 ㅂ. 대구광역시 및 경상북도 ㅅ. 부산광역시·울산광역시 및 경상남도 ㅇ. 강원도 ㅈ. 제주특별자치도

② 직장주택조합 : 같은 직장의 근로자가 주택을 마련하기 위하여 설립한 조합

③ 리모델링주택조합 : 공동주택의 소유자가 그 주택을 리모델링하기 위하여 설립한 조합

13. 주택단지

① 주택건설사업계획 또는 대지조성사업계획의 승인을 받아 주택과 그 부대시설 및 복리시설을 건설하거나 대지를 조성하는 데 사용되는 일단의 토지

② **다음 시설로 분리된 토지는 각각 별개의 주택단지**로 본다.

ㄱ. 철도·고속도로·자동차전용도로(도로 폭과 무관)

ㄴ. 폭 20미터 이상인 일반도로

ㄷ. 폭 8미터 이상인 도시계획예정도로

ㄹ. 보행자 및 자동차의 통행이 가능한 도로로서 일반국도·특별시도·광역시도 또는 지방도

8도 20일

주택법령상 주택단지가 일정한 시설로 분리된 토지는 각각 **별개의 주택단지**로 본다. 그 시설에 해당하지 않는 것은?[32회]

① 철도 ② 폭 20미터의 고속도로 ③ 폭 10미터의 일반도로

④ 폭 20미터의 자동차전용도로 ⑤ 폭 10미터의 도시계획예정도로

①②④ 철도, 고속도로, 자동차전용도로는 폭과 관계없이 해당 시설로 봅니다. ⑤ 도시계획예정도로는 폭 8m 이상이니까 맞아요. ③ 일반도로는 폭 20m이상인 경우에 해당시설로 봅니다. 정답③

주택법령상 **하나의 주택단지**로 보아야 하는 것은?[21회]

① 폭 12m의 일반도로로 분리된 주택단지

② 고속도로로 분리된 주택단지

③ 폭 10m의 도시계획예정도로로 분리된 주택단지

④ 자동차전용도로로 분리된 주택단지

⑤ 보행자 및 자동차의 통행이 가능한 도로로서 도로법에 의한 지방도로 분리된 주택단지

하나의 주택단지로 보는 경우를 묻고 있으니까 각각 별개의 주택단지로 보지 않는 경우를 고르면 됩니다. ① 주택단지는 폭 20m 이상의 일반도로로 분리되어야 각각 별개로 봅니다. 따라서 폭 12m의 일반도로로 분리된 주택단지는 각각 별개가 아닌 하나의 주택단지로 보죠. 나머지는 별개의 주택단지로 보는 경우입니다. 정답①

14. 부대시설

주택에 딸린 **다음의 시설 또는 설비**

① 주차장, 관리사무소, 담장 및 주택단지 안의 도로

② 건축법에 따른 건축설비

건축물에 설치하는 전기·전화 설비, 초고속 정보통신 설비, 지능형 홈네트워크 설비, 가스·급수·배수(配水)·배수(排水)·환기·난방·냉방·소화·배연 및 오물처리의 설비, 굴뚝, 승강기, 피뢰침, 국기 게양대, 공동시청 안테나, 유선방송 수신시설, 우편함, 저수조, 방범시설 등

③ 위의 시설·설비에 준하는 것으로서 대통령령으로 정하는 시설 또는 설비 (→냉난방공급시설○, 지역난방공급시설×)

15. 복리시설

주택단지의 입주자 등의 생활복리를 위한 **다음의 공동시설**

① 어린이놀이터, 근린생활시설, 유치원, 주민운동시설 및 경로당

② 그밖에 입주자 등의 생활복리를 위하여 대통령령으로 정하는 공동시설

16. 기반시설

국토의 계획 및 이용에 관한 법률에 따른 기반시설

17. 기간시설(基幹施設)

도로 · 상하수도 · 전기시설 · 가스시설 · 통신시설 · 지역난방시설 등

18. 간선시설(幹線施設)

① 도로 · 상하수도 · 전기시설 · 가스시설 · 통신시설 및 지역난방시설 등 주택단지(둘 이상의 주택단지를 동시에 개발하는 경우에는 각각의 주택단지) 안의 기간시설을 그 주택단지 밖에 있는 같은 종류의 기간시설에 연결시키는 시설

② 가스시설 · 통신시설 및 지역난방시설의 경우에는 주택단지 안의 기간시설을 포함

주택법령상 **기간시설**에 해당하지 않는 것은?[35회]

① 전기시설 ② 통신시설 ③ 상하수도 ④ 어린이놀이터 ⑤ 지역난방시설

어린이놀이터는 복리시설이죠?(2항14호가목) 정답④

주택법령상 **용어**에 관한 설명으로 틀린 것은?[34회]

① 건축법 시행령에 따른 다세대주택은 공동주택에 해당한다.(○)

② 건축법 시행령에 따른 오피스텔은 준주택에 해당한다.(○)

③ 주택단지에 해당하는 토지가 폭 8미터 이상인 도시계획예정도로로 분리된 경우, 분리된 토지를 각각 별개의 주택단지로 본다.(○)

④ 주택에 딸린 자전거보관소는 복리시설에 해당한다.(×)

⑤ 도로·상하수도·전기시설·가스시설·통신시설·지역난방시설은 기간시설(基幹施設)에 해당한다.(○)

① 시행령3조1항 ② 시행령4조 ③ 2조12호다목 ④ 자전거보관소는 복리시설이 아니라 부대시설이죠.(시행령6조1호) ⑤ 2조16호

간선시설은
기간시설을 연결시킨 것

쉽파절

주택법령상 **용어**에 관한 설명으로 옳은 것은?[31회]

① 건축법 시행령에 따른 다중생활시설은 준주택에 해당하지 않는다.(×)

② 주택도시기금으로부터 자금을 지원받아 건설되는 1세대당 주거전용면적 84제곱미터인 주택은 국민주택에 해당한다.(○)

③ 간선시설이란 도로·상하수도·전기시설·가스시설·통신시설·지역난방시설 등을 말한다.(×)

④ 방범설비는 복리시설에 해당한다.(×)

⑤ 주민공동시설은 부대시설에 해당한다.(×)

주택법령상 용어에 관한 설명으로 옳은 것은?[30회]

① 주택단지에 해당하는 토지가 폭 8미터 이상인 도시계획예정도로로 분리된 경우, 분리된 토지를 각각 별개의 주택단지로 본다.(○)

② 단독주택에는 건축법 시행령에 따른 다가구주택이 포함되지 않는다.(×)

③ 공동주택에는 건축법 시행령에 따른 아파트, 연립 주택, 기숙사 등이 포함 된다.(×)

④ 주택이란 세대의 구성원이 장기간 독립된 주거생활을 할 수 있는 구조로 된 건축물의 전부 또는 일부를 말하며, 그 부속 토지는 제외한다.(×)

⑤ 주택단지에 딸린 어린이놀이터, 근린생활시설, 유치원, 주민운동시설, 지역 난방공급시설 등은 부대시설에 포함된다.(×)

19. 공구

하나의 주택단지에서 둘 이상으로 구분되는 일단의 구역으로, 착공신고 및 사용 검사를 별도로 수행할 수 있는 구역

① **다음 시설**을 설치하거나 공간을 조성하여 6미터 이상의 너비로 공구 간 경계를 설정할 것

ㄱ. 주택단지 안의 도로

ㄴ. 주택단지 안의 지상에 설치되는 부설주차장

ㄷ. 주택단지 안의 옹벽 또는 축대

ㄹ. 식재 · 조경이 된 녹지

ㅁ. 그밖에 어린이놀이터 등 부대시설이나 복리시설로서 사업계획 승인권자가 적합하다고 인정하는 시설

② 공구별 세대수는 300세대 이상으로 할 것(→최소 300세대)

20. 세대구분형 공동주택

공동주택의 주택 내부 공간의 일부를 세대별로 구분하여 생활이 가능한 구조로 하되, 그 구분된 공간의 일부를 구분소유 할 수 없는 주택

① 사업계획의 승인을 받아 건설하는 공동주택의 경우는 **다음 요건**을 모두 충족 할 것

ㄱ. 세대별로 구분된 각각의 공간마다 별도의 욕실, 부엌과 현관을 설치할 것

공구는 최소 300세대

저자의 한마디

① 사업계획승인을 받아 건설하는 공동주택은 새로 지으면서 공동주택을 세대구분하는 것이고, ② 공동주택관리법에 따른 행위의 허가를 받거나 신고를 하고 설치하는 공동주택은 기존주택을 세대구분하는 것입니다.

ㄴ. 하나의 세대가 통합하여 사용할 수 있도록 세대 간에 연결문 또는 경량구조의 경계벽 등을 설치할 것

ㄷ. 세대구분형 공동주택의 세대수가 해당 주택단지 안의 공동주택 전체 세대수의 3분의 1을 넘지 않을 것

ㄹ. 세대별로 구분된 각각의 공간의 주거전용면적 합계가 해당 주택단지 전체 주거전용면적 합계의 3분의 1을 넘지 않는 등의 기준을 충족할 것

② 공동주택관리법에 따른 행위의 허가를 받거나 신고를 하고 설치하는 공동주택의 경우는 **다음 요건**을 모두 충족할 것

ㄱ. 구분된 공간의 세대수는 기존 세대를 포함하여 2세대 이하일 것

ㄴ. 세대별로 구분된 각각의 공간마다 별도의 욕실, 부엌과 구분 출입문을 설치할 것

ㄷ. 세대구분형 공동주택의 세대수가 해당 주택단지 안의 공동주택 전체 세대수의 10분의 1과 해당 동의 전체 세대수의 3분의 1을 각각 넘지 않을 것.

ㄹ. 구조, 화재, 소방 및 피난안전 등 안전 기준을 충족할 것

주택법령상 **공동주택관리법**에 따른 행위의 허가를 받거나 신고를 하고 설치하는 **세대구분형 공동주택**이 충족하여야 하는 요건에 해당하는 것을 모두 고른 것은?(단, 조례는 고려하지 않음)[34회]

> ㄱ. 하나의 세대가 통합하여 사용할 수 있도록 세대 간에 연결문 또는 경량구조의 경계벽 등을 설치할 것(×)
> ㄴ. 구분된 공간의 세대수는 기존 세대를 포함하여 2세대 이하일 것(○)
> ㄷ. 세대별로 구분된 각각의 공간마다 별도의 욕실, 부엌과 구분 출입문을 설치할 것(○)
> ㄹ. 구조, 화재, 소방 및 피난안전 등 관계 법령에서 정하는 안전 기준을 충족할 것(○)

① ㄱ,ㄴ,ㄷ ② ㄱ,ㄴ,ㄹ ③ ㄱ,ㄷ,ㄹ ④ ㄴ,ㄷ,ㄹ ⑤ ㄱ,ㄴ,ㄷ,ㄹ

ㄱ은 사업계획승인을 받아 건설하는 공동주택에 해당하는 요건입니다.(시행령9조1항1호나목) ㄷ. 만약 구분 출입문이 아니라 현관이라면, 사업계획승인을 받아 건설하는 공동주택에 해당하는 요건입니다. 주의! (시행령9조1항1호가목)

21. 도시형 생활주택

300세대 미만의 국민주택규모에 해당하는 주택

주택법령상 용어에 관한 설명으로 옳은 것을 모두 고른 것은?[32회]

> ㄱ. 주택에 딸린 건축법에 따른 건축설비는 복리시설에 해당한다.(×)
> ㄴ. 300세대인 국민주택규모의 단지형 다세대주택은 도시형 생활주택에 해당한다.(×)
> ㄷ. 민영주택은 국민주택을 제외한 주택을 말한다.(○)

① ㄱ ② ㄷ ③ ㄱ,ㄴ ④ ㄴ,ㄷ ⑤ ㄱ,ㄴ,ㄷ

ㄱ. 주택에 딸린 건축법에 따른 건축설비는 부대시설입니다. ㄴ. 도시형 생활주택은 300세대 미만이죠? 정답②

주택법령상 **세대구분형 공동주택**의 건설기준 등으로 틀린 것은?^{27회수정}

① 세대구분형 공동주택의 세대별로 구분된 각각의 공간마다 별도의 욕실, 부엌과 현관을 설치할 것(○)

② 하나의 세대가 통합하여 사용할 수 있도록 세대 간에 연결문 또는 경량 구조의 경계벽 등을 설치할 것(○)

③ 세대구분형 공동주택은 주택단지 공동주택 전체 세대수의 3분의 1을 넘지 아니할 것(○)

④ 세대구분형 공동주택의 세대별로 구분된 각각의 공간의 주거전용면적 합계가 주택단지 전체 주거전용면적 합계의 3분의 1을 넘지 아니할 것(○)

⑤ 공동주택관리법에 따른 행위의 허가를 받거나 신고를 하고 설치하는 공동 주택의 경우 구분된 공간의 세대수는 기존 세대를 포함하여 2세대 이상일 것(×)

⑤ 2세대 이상이 아니라 이하여야 합니다.

주택법령상 **용어**에 관한 설명으로 틀린 것은?^{22회수정}

① 주택단지의 입주자 등의 생활복리를 위한 유치원은 복리시설에 해당한다. (○)

② 주택에 딸린 관리사무소는 부대시설에 해당한다.(○)

③ 기숙사와 오피스텔은 준주택에 해당한다.(○)

④ 도시형 생활주택이란 300세대 미만의 국민주택규모에 해당하는 주택을 말한다.(○)

⑤ 수도권에 소재한 읍 또는 면 지역의 경우 국민주택규모의 주택이란 1호 또는 1세대당 주거전용면적이 100제곱미터 이하인 주택을 말한다.(×)

⑤ 수도권에 소재한 읍·면 지역은 주거전용면적 85㎡ 이하가 국민주택규모입니다. 100㎡ 이하는 수도권이 아니고 도시지역도 아닌 읍·면 지역에 적용되는 국민주택규모입니다.

22. 에너지절약형 친환경주택

저에너지 건물 조성기술 등의 기술을 이용하여 <u>에너지 사용량을 절감</u>하거나 <u>이산화탄소 배출량을 저감</u>할 수 있도록 건설된 주택

23. 건강친화형 주택

건강하고 쾌적한 실내환경의 조성을 위하여 <u>실내공기의 오염물질 등을 최소화</u>할 수 있도록 건설된 주택

24. 장수명(長壽命) 주택

구조적으로 오랫동안 유지·관리될 수 있는 내구성을 갖추고, 입주자의 필요에 따라 내부 구조를 쉽게 변경할 수 있는 가변성과 수리 용이성 등이 우수한 주택

25. 공공택지

다음의 공공사업에 의하여 개발·조성되는 공동주택이 건설되는 용지

① 국민주택건설사업 또는 대지조성사업

② 택지개발사업 ③ 산업단지개발사업 ④ 공공주택지구조성사업

⑤ 공공지원민간임대주택 공급촉진지구 조성사업(수용 또는 사용의 방식으로 시행하는 사업만 해당) →환지방식×

⑥ 도시개발사업(수용 또는 사용의 방식으로 시행하는 사업과 혼용방식 중 수용 또는 사용의 방식이 적용되는 구역에서 시행하는 사업만 해당) →환지방식×

⑦ 경제자유구역개발사업(수용 또는 사용의 방식으로 시행하는 사업과 혼용 방식 중 수용 또는 사용의 방식이 적용되는 구역에서 시행하는 사업만 해당) →환지방식×

⑧ 혁신도시개발사업 ⑨ 행정중심복합도시건설사업

⑩ 공익사업을 위한 토지 등의 취득 및 보상에 관한 법률(→토지보상법)에 따른 공익사업으로서 대통령령으로 정하는 사업

주택법령상 용어에 관한 설명으로 옳은 것은?[28회]

① 폭 10m인 일반도로로 분리된 토지는 각각 별개의 주택 단지이다.(×)

② 공구란 하나의 주택단지에서 둘 이상으로 구분되는 일단의 구역으로서 공구별 세대수는 200세대 이상으로 해야 한다.(×)

③ 세대구분형 공동주택이란 공동주택의 주택내부 공간의 일부를 세대별로 구분하여 생활이 가능한 구조로 하되 그 구분된 공간의 일부를 구분소유할 수 있는 주택이다.(×)

④ 500세대인 국민주택규모의 소형 주택은 도시형 생활주택에 해당한다.(×)

⑤ 산업입지 및 개발에 관한 법률에 따른 산업단지개발사업에 의하여 개발·조성되는 공동주택이 건설되는 용지는 공공택지에 해당한다.(○)

> ① 폭 20m이상인 일반도로로 분리되어야 별개의 주택단지입니다. ② 공구별 세대수는 300세대 이상이죠. 최소 300세대! ③ 세대별로 구분하여 생활이 가능하지만 구분소유할 수는 없죠. ④ 도시형 생활주택은 300세대 미만의 국민주택 규모에 해당하는 주택입니다.

26. 리모델링

건축물의 노후화 억제 또는 기능 향상 등을 위한 **다음 행위**

① 대수선

사용검사→주택법
사용승인→건축법

② 사용검사일 또는 사용승인일부터 15년이 지난 공동주택을 각 세대의 주거전용면적의 30% 이내에서 증축하는 행위

ㄱ. 사용검사일의 경우 주택단지 안의 공동주택 전부에 대하여 임시사용승인을 받은 경우에는 그 임시사용승인일

ㄴ. 15년 이상 20년 미만의 연수 중 특별시·광역시·특별자치시·도 또는 특별

자치도의 조례로 정하는 경우에는 그 연수

ㄷ. 여기서 주거전용면적은 <u>집합건축물대장의 전유부분의 면적</u>

ㄹ. 세대의 주거전용면적이 85㎡ 미만인 경우에는 40% 이내

ㅁ. 공동주택의 기능 향상 등을 위하여 공용부분에 대하여도 <u>별도로 증축 가능</u>

③ 각 세대의 증축 가능 면적을 합산한 면적의 범위에서 기존 세대수의 15% 이내에서 세대수를 증가하는 증축 행위(→세대수 증가형 리모델링)

다만, 수직으로 증축하는 행위(→수직증축형 리모델링)는 **다음 요건**을 모두 충족하는 경우로 한정한다.

ㄱ. 기존 건축물의 층수가 15층 이상인 경우에는 3개층, 14층 이하인 경우에는 2개층

ㄴ. 리모델링 대상 건축물의 신축 당시 구조도 보유

저자의 한마디

리모델링은 마지막 테마에서 더 자세하게 학습합니다.

주택법령상 수직증축형 리모델링의 허용 요건에 관한 규정의 일부이다. ( )에 들어갈 숫자로 옳은 것은?[35회]

> 시행령 제13조 ① 법 제2조제25호다목1)에서 대통령령으로 정하는 범위란 다음 각 호의 구분에 따른 범위를 말한다.
> 1. 수직으로 증축하는 행위(이하 수직증축형 리모델링이라 한다)의 대상이 되는 기존 건축물의 층수가 (ㄱ)층 이상인 경우: (ㄴ)개층
> 2. 수직증축형 리모델링의 대상이 되는 기존 건축물의 층수가 (ㄷ)층 이하인 경우: (ㄹ)개층

① ㄱ:10, ㄴ:3, ㄷ:9, ㄹ:2　② ㄱ:10, ㄴ:4, ㄷ:9, ㄹ:3
③ ㄱ:15, ㄴ:3, ㄷ:14, ㄹ:2　④ ㄱ:15, ㄴ:4, ㄷ:14, ㄹ:3
⑤ ㄱ:20, ㄴ:5, ㄷ:19, ㄹ:4

수직증축은 15층 이상이면 3개층, 14층 이하면 2개층까지 가능(시행령13조1항) 정답③

27. 리모델링 기본계획

세대수 증가형 리모델링으로 인한 도시과밀, 이주수요 집중 등을 체계적으로 관리하기 위하여 수립하는 계획

02 주택의 건설★★★★

저자의 한마디

이번 테마에서는 주택건설사업자와 주택조합, 사업계획의 승인, 주택의 건설 및 감리, 그리고 사용검사에 대해 순서대로 알아봅니다.

등록요건
20호-20(30)세대-1만㎡대지

주택건설사업자★★★

1. 주택건설사업 등의 등록

① 연간 단독주택의 경우는 20호 이상, 공동주택의 경우는 20세대(도시형생활주택은 30세대) 이상의 주택건설사업을 시행하려는 자 또는 연간 1만㎡ 이상의 대지조성사업을 시행하려는 자는 국토교통부장관에게 등록하여야 한다.

② 등록하지 않아도 주택건설사업을 시행할 수 있는 자

ㄱ. 국가, 지방자치단체, 한국토지주택공사, 지방공사

ㄴ. 주택건설사업을 목적으로 설립된 공익법인

ㄷ. 주택조합과 근로자를 고용하는 자(등록사업자와 공동으로 주택건설사업을 하는 경우에 한정)

③ 주택건설사업 또는 대지조성사업의 등록을 하려는 자는 **다음 요건**을 모두 갖추어야 한다.

ㄱ. 자본금 : 3억원(개인인 경우에는 자산평가액 6억원) 이상

ㄴ. 기술인력 : 1)주택건설사업은 건축 분야 기술인 1명 이상, 2) 대지조성사업은 토목 분야 기술인 1명 이상

ㄷ. 사무실면적 : 사업의 수행에 필요한 사무장비를 갖출 수 있는 면적

저자의 한마디

주택건설사업과 대지조성사업을 함께 할 때에 자본금과 사무실을 2배로 하지 않아도 된다는 말입니다. 하지만 기술인력은 건축기술인과 토목기술인을 각각 갖추어야 합니다.

④ 하나의 사업자가 주택건설사업과 대지조성사업을 함께 할 때에는 자본금 및 사무실면적의 기준은 중복하여 적용하지 아니한다.(→기술인력은 중복적용)

⑤ 건설산업기본법에 따라 건설업(건축공사업 또는 토목건축공사업만 해당)의 등록을 한 자가 주택건설사업 또는 대지조성사업의 등록을 하려는 경우에는 이미 보유하고 있는 자본금, 기술인력 및 사무실면적을 포함하여 산정한다.

⑥ 위탁관리 부동산투자회사가 주택건설사업의 등록을 하려는 경우에는 해당 부동산투자회사가 자산의 투자 · 운용업무를 위탁한 자산관리회사가 보유하고 있는 기술인력 및 사무실면적을 포함하여 산정한다.

주택법령상 **주택건설사업 등의 등록**과 관련하여 ( ) 안에 들어갈 내용으로 옳게 연결된 것은?(단, 사업등록이 필요한 경우를 전제로 함)^{26회}

> 연간 (ㄱ)호 이상의 단독주택 건설사업을 시행하려는 자 또는 연간 (ㄴ)㎡ 이상 의 대지조성사업을 시행하려는 자는 국토교통부장관에게 등록하여야한다.

① ㄱ: 10, ㄴ: 10만 ② ㄱ: 20, ㄴ: 1만 ③ ㄱ: 20, ㄴ: 10만
④ ㄱ: 30, ㄴ: 1만 ⑤ ㄱ: 30, ㄴ: 10만

2. 공동사업주체

① 토지소유자가 주택을 건설하는 경우에는 등록사업자와 공동으로 사업을 시행할 수 있다. 이 경우 토지소유자와 등록사업자를 공동사업주체로 본다.

② 주택조합(세대수를 증가하지 아니하는 리모델링주택조합은 제외)이 그 구성원의 주택을 건설하는 경우에는 등록사업자(지방자치단체·한국토지주택공사 및 지방공사를 포함)와 공동으로 사업을 시행할 수 있다. 이 경우 주택조합과 등록사업자를 공동사업주체로 본다.

③ 고용자가 그 근로자의 주택을 건설하는 경우에는 등록사업자와 공동으로 사업을 시행하여야 한다. 이 경우 고용자와 등록사업자를 공동사업주체로 본다.

④ 위 공동사업주체 간의 구체적인 업무·비용 및 책임의 분담 등에 관하여는 대통령령으로 정하는 범위에서 당사자 간의 협약에 따른다.

> **저자의 한마디**
>
> 토지소유자 또는 주택조합과 등록사업자의 공동사업은 임의적(시행할 수 있다)이지만, 고용자와 등록사업자의 공동사업은 의무적(시행하여야 한다)입니다. 조심!

주택법령상 **주택건설사업자** 등에 관한 설명으로 옳은 것을 모두 고른 것은?[31회]

> ㄱ. 한국토지주택공사가 연간 10만제곱미터 이상의 대지조성사업을 시행하려는 경우에는 대지조성사업의 등록을 하여야 한다.(×)
> ㄴ. 세대수를 증가하는 리모델링주택조합이 그 구성원의 주택을 건설하는 경우에는 등록사업자와 공동으로 사업을 시행할 수 없다.(×)
> ㄷ. 주택건설공사를 시공할 수 있는 등록사업자가 최근 3년간 300세대 이상의 공동주택을 건설한 실적이 있는 경우에는 주택으로 쓰는 층수가 7개층인 주택을 건설할 수 있다.(○)

① ㄱ ② ㄷ ③ ㄱ,ㄴ ④ ㄴ,ㄷ ⑤ ㄱ,ㄴ,ㄷ

> **저자의 한마디**
>
> ㄱ과 ㄴ지문은 확실하게 틀린 지문입니다. 따라서 설령 ㄷ지문을 모르더라도 옳은 지문임을 눈치채야 합니다.

ㄱ. 한국토지주택공사는 등록을 하지 않아도 됩니다. ㄴ. 세대수 증가 리모델링의 경우에는 등록사업자와 공동사업을 시행할 수 있어요. ㄷ. 최근 3년간 300세대 이상의 공동주택을 건설한 실적이 있는 등록사업자는 주택으로 쓰는 층수가 6개층 이상인 주택을 건설할 수 있습니다.(시행령 3항2호) 정답②

3. 등록사업자의 결격사유

① 미성년자·피성년후견인 또는 피한정후견인(→제한능력자)

② 파산선고를 받은 자로서 복권되지 아니한 자

③ 부정수표 단속법 또는 이 법을 위반하여 금고 이상의 실형을 선고받고 그 집행이 끝나거나(집행이 끝난 것으로 보는 경우를 포함) 집행이 면제된 날부터 2년이 지나지 아니한 자

④ 부정수표 단속법 또는 이 법을 위반하여 금고 이상의 형의 집행유예를 선고받고 그 유예기간 중에 있는 자

⑤ 등록이 말소된 후 2년이 지나지 아니한 자 (①과 ②에 해당하여 말소된 경우는 2년이 지나도 결격)

⑥ 임원 중에 위의 결격사유에 해당하는 자가 있는 법인

4. 등록사업자의 시공

등록사업자가 사업계획승인을 받아 분양 또는 임대를 목적으로 주택을 건설하는 경우로서 **다음 기준**에 해당하는 경우에는 그 등록사업자를 건설산업기본법에 따른 건설사업자로 보며 주택건설공사를 시공할 수 있다.

① 자본금이 5억원(개인인 경우에는 자산평가액 10억원) 이상일 것

② 건축 분야 및 토목 분야 기술인 3명 이상을 보유하고 있을 것(건축시공 기술사 또는 건축기사, 토목 분야 기술인 각 1인을 반드시 포함)

③ 최근 5년간의 주택건설 실적이 100호 또는 100세대 이상일 것

5. 주택건설사업의 등록말소

① 국토교통부장관은 등록사업자가 **다음**에 해당하면 등록을 말소하거나 1년 이내의 기간을 정하여 영업의 정지를 **명할 수 있다.** 다만, ㄱ과 ㄴ의 경우에는 등록을 말소하여야 한다.

ㄱ. 거짓이나 그 밖의 부정한 방법으로 등록한 경우(→절대적 등록말소 사유)

ㄴ. 등록증의 대여 등을 한 경우(→절대적 등록말소 사유)

ㄷ. 등록증을 빌리거나 허락 없이 등록사업자의 성명 또는 상호로 이 법에서 정한 사업이나 업무를 수행 또는 시공한 경우

ㄹ. 이 법에서 정한 사업이나 업무를 수행 또는 시공하기 위하여 등록증의 대여 등의 행위를 교사하거나 방조한 경우

ㅁ. 등록기준에 미달하게 된 경우(법원이 회생절차개시의 결정을 하고 그 절차가 진행 중이거나 일시적으로 등록기준에 미달하는 등의 경우는 예외)

ㅂ. 고의 또는 과실로 공사를 잘못 시공하여 공중에게 위해를 끼치거나 입주자에게 재산상 손해를 입힌 경우

ㅅ. 등록사업자의 결격사유에 해당하게 된 경우(법인의 임원 중 결격사유가 있는 경우 6개월 이내에 그 임원을 다른 사람으로 임명한 경우에는 제외)

ㅇ. **다음**에 해당하는 경우

- 시공상세도면의 작성 의무를 위반하거나 건설사업관리를 수행하는 건설 기술인 또는 공사감독자의 검토·확인을 받지 아니하고 시공한 경우
- 시정명령을 이행하지 아니한 경우
- 품질시험 및 검사를 하지 아니한 경우
- 안전점검을 하지 아니한 경우

ㅈ. 택지개발촉진법을 위반하여 택지를 전매한 경우

ㅊ. 부당한 표시·광고 행위의 금지를 위반하여 처벌을 받은 경우

ㅋ. 조사를 거부·방해 또는 기피하여 과태료 처분을 받은 경우

ㅌ. 그밖에 이 법 또는 이 법에 따른 명령이나 처분을 위반한 경우

부정등록과 등록증대여는
절대적등록말소사유

쉽파겸

② 등록말소 또는 영업정지 처분을 받은 등록사업자는 그 처분 전에 사업계획 승인을 받은 사업은 계속 수행할 수 있다. 다만, 등록말소 처분을 받은 등록사업자가 그 사업을 계속 수행할 수 없는 중대하고 명백한 사유가 있을 경우에는 수행할 수 없다.

6. 영업실적 등의 제출

① 등록사업자는 매년 영업실적과 영업계획 및 기술인력 보유 현황을 국토교통부장관에게 제출하여야 한다.

② 등록사업자는 월별 주택분양계획 및 분양 실적을 국토교통부장관에게 제출하여야 한다.

주택법령상 주택건설사업자 등에 관한 설명으로 옳은 것은?[34회]

① 공익법인의 설립·운영에 관한 법률에 따라 주택건설사업을 목적으로 설립된 공익법인이 연간 20호 이상의 단독주택 건설사업을 시행하려는 경우 국토교통부장관에게 등록하여야 한다.(×)

② 세대수를 증가하는 리모델링주택조합이 그 구성원의 주택을 건설하는 경우에는 국가와 공동으로 사업을 시행할 수 있다.(×)

③ 고용자가 그 근로자의 주택을 건설하는 경우에는 대통령령으로 정하는 바에 따라 등록사업자와 공동으로 사업을 시행하여야 한다.(○)

④ 국토교통부장관은 등록사업자가 타인에게 등록증을 대여한 경우에는 1년 이내의 기간을 정하여 영업의 정지를 명할 수 있다.(×)

⑤ 영업정지 처분을 받은 등록사업자는 그 처분 전에 사업계획승인을 받은 사업을 계속 수행할 수 없다.(×)

> ① 공익법인은 등록하지 않아도 됩니다.(4조1항4호) ② 국가가 아니라 등록사업자(지방자치단체·한국토지주택공사 및 지방공사)와 공동으로 사업을 시행할 수 있어요.(5조2항) ③ 5조3항 ④ 등록증 대여는 절대적 등록말소 사유입니다.(8조1항5호) ⑤ 처분 전에 사업계획승인을 받은 사업은 계속 수행할 수 있어요.(9조)

주택조합★★★★★

1. 주택조합의 설립

(1) 주택조합의 설립

① 많은 수의 구성원이 주택을 마련하거나 리모델링하기 위하여 주택조합을 설립하려는 경우(국민주택을 공급받기 위한 직장주택조합은 제외)에는 관할 특별자치시장, 특별자치 도지사, 시장, 군수 또는 구청장(→오장)의 인가를 받아야 한다. 인가받은 내용을 변경하거나 주택조합을 해산하려는 경우에도 또한 같다.

② 주택을 마련하기 위하여 주택조합설립인가를 받으려는 자는 다음 요건을 모두 갖추어야 한다. (주택조합설립인가 요건 : 80% 사용권원 + 15% 소유권)

저자의 한마디

특별자치시장, 특별자치도지사, 시장, 군수 또는 구청장을 통틀어 오장(五長)이라고 합시다. 주택법과 건축법에 자주 등장합니다.

ㄱ. 해당 주택건설대지의 80% 이상에 해당하는 토지의 사용권원을 확보할 것

ㄴ. 해당 주택건설대지의 15% 이상에 해당하는 토지의 소유권을 확보할 것

③ 리모델링 주택조합을 설립하려는 경우에는 **다음 결의**를 증명하는 서류를 첨부하여 관할 시장·군수·구청장의 인가를 받아야 한다.

ㄱ. 주택단지 전체를 리모델링하고자 하는 경우에는 주택단지 전체의 구분소유자와 의결권의 각 3분의 2 이상의 결의 및 각 동의 구분소유자와 의결권의 각 과반수의 결의

ㄴ. 동을 리모델링하고자 하는 경우에는 그 동의 구분소유자 및 의결권의 각 3분의 2 이상의 결의

④ 주택조합과 등록사업자가 공동으로 사업을 시행하면서 시공할 경우 등록사업자는 시공자로서의 책임뿐만 아니라 자신의 귀책사유로 사업 추진이 불가능하게 되거나 지연됨으로 인하여 조합원에게 입힌 손해를 배상할 책임이 있다.(시공책임+손해배상책임)

⑤ 국민주택을 공급받기 위하여 직장주택조합을 설립하려는 자는 관할 시장·군수·구청장에게 신고하여야 한다. 신고한 내용을 변경하거나 직장주택조합을 해산하려는 경우에도 또한 같다.

⑥ 주택조합은 그 구성원을 위하여 건설하는 주택을 그 조합원에게 우선 공급할 수 있으며, 직장주택조합에 대하여는 사업주체가 국민주택을 그 직장주택조합원에게 우선 공급할 수 있다.(리모델링주택조합은 제외)

⑦ 조합원은 조합규약으로 정하는 바에 따라 조합에 탈퇴 의사를 알리고 탈퇴할 수 있다.

⑧ 탈퇴한 조합원(제명된 조합원을 포함)은 조합규약으로 정하는 바에 따라 부담한 비용의 환급을 청구할 수 있다.

주택법령상 인가 대상 행위가 아닌 것은?[25회]

① 지역주택조합의 해산   ② 리모델링주택조합의 설립

③ 국민주택을 공급받기 위하여 설립한 직장주택조합의 해산

④ 승인받은 조합원 추가모집에 따른 지역주택조합의 변경

⑤ 지역주택조합의 설립

③ 국민주택을 공급받기 위하여 설립한 직장주택조합의 설립과 해산은 인가를 받는 것이 아니라 신고해야 합니다. 빈출지문! 정답③

(2) 주택조합의 설립인가

① 주택조합의 설립인가를 받으려는 자는 신청서에 **다음 서류**를 첨부하여 주택건설대지(리모델링주택조합의 경우에는 해당 주택의 소재지)를 관할하는 시장·군수·구청장에게 제출해야 한다.

ㄱ. 지역주택조합 또는 직장주택조합의 경우

1) 창립총회 회의록   2) 조합장선출동의서

3) 조합원 전원이 자필로 연명한 조합규약

4) 조합원 명부   5) 사업계획서

6) 해당 주택건설대지의 80%이상에 해당하는 토지의 사용권원을 확보하였음을 증명하는 서류

7) 해당 주택건설대지의 15%이상에 해당하는 토지의 소유권을 확보하였음을 증명하는 서류

8) 고용자가 확인한 근무확인서(직장주택조합의 경우만 해당)

9) 조합원 자격이 있는 자임을 확인하는 서류

ㄴ. 리모델링주택조합의 경우

1) 창립총회 회의록, 조합장선출동의서, 조합원 전원이 자필로 연명한 조합규약, 조합원 명부, 사업계획서(공통서류)

2) 결의를 증명하는 서류

3) 건축기준의 완화 적용이 결정된 경우에는 그 증명서류

4) 해당 주택이 사용검사일 또는 사용승인일부터 대수선인 리모델링은 10년, 증축인 리모델링은 15년이 지났음을 증명하는 서류

주택법령상 **지역주택조합의 설립인가**신청을 위하여 제출하여야 하는 서류에 해당하지 않는 것은?[30회]

① 조합장선출동의서

② 조합원의 동의를 받은 정산서

③ 조합원 전원이 자필로 연명한 조합규약

④ 조합원 자격이 있는 자임을 확인하는 서류

⑤ 해당 주택건설대지의 80퍼센트 이상에 해당하는 토지의 사용권원을 확보하였음을 증명하는 서류

② 조합원의 동의를 받은 정산서는 제출서류가 아니에요. 설립인가를 받는데 벌써 정산이 필요하진 않겠죠? 정답②

주택법령상 주택단지 전체를 대상으로 **증축형 리모델링**을 하기 위하여 **리모델링주택조합**을 설립하려는 경우 조합설립인가 신청 시 제출해야 할 첨부서류가 아닌 것은?(단, 조례는 고려하지 않음)[26회]

① 창립총회의 회의록

② 조합원 전원이 자필로 연명한 조합규약

③ 해당 주택 소재지의 100분의 80 이상의 토지에 대한 토지사용승낙서

④ 해당 주택이 사용검사를 받은 후 15년 이상 경과하였음을 증명하는 서류

⑤ 조합원 명부

② 조합규약에 포함되어야할 사항

ㄱ. 조합의 명칭 및 사무소의 소재지 ㄴ. 조합원의 자격에 관한 사항

ㄷ. 주택건설대지의 위치 및 면적 ㄹ. 조합원의 제명·탈퇴 및 교체에 관한 사항

ㅁ. 조합임원의 수, 업무범위(권리·의무를 포함), 보수, 선임방법, 변경 및 해임에 관한 사항

ㅂ. 조합원의 비용부담 시기·절차 및 조합의 회계

ㅅ. 조합원의 제명·탈퇴에 따른 환급금의 산정방식, 지급시기 및 절차에 관한 사항

ㅇ. 사업의 시행시기 및 시행방법

ㅈ. 총회의 소집절차·소집시기 및 조합원의 총회소집요구에 관한 사항

ㅊ. 총회의 의결을 필요로 하는 사항과 그 의결정족수 및 의결절차

ㅋ. 사업이 종결되었을 때의 청산절차, 청산금의 징수·지급방법 및 지급절차

ㅌ. 조합비의 사용 명세와 총회 의결사항의 공개 및 조합원에 대한 통지방법

ㅍ. 조합규약의 변경 절차

ㅎ. 그밖에 조합의 사업추진 및 조합 운영을 위하여 필요한 사항

③ 반드시 총회의 의결을 거쳐야 하는 사항

ㄱ. 조합규약의 변경(위 내용에 한정)

ㄴ. 자금의 차입과 그 방법·이자율 및 상환방법

ㄷ. 예산으로 정한 사항 외에 조합원에게 부담이 될 계약의 체결

ㄹ. 업무대행자의 선정·변경 및 업무대행계약의 체결

ㅁ. 시공자의 선정·변경 및 공사계약의 체결

ㅂ. 조합임원의 선임 및 해임

ㅅ. 사업비의 조합원별 분담 명세 확정 및 변경(리모델링주택조합의 경우 안전진단 결과에 따라 구조설계의 변경이 필요한 경우 발생할 수 있는 **추가 비용의 분담안을 포함**)

ㅇ. 사업비의 세부항목별 사용계획이 포함된 예산안

ㅈ. 조합해산의 결의 및 해산시의 회계 보고

주택법령상 **지역주택조합 총회의 필수적 의결사항**에 해당하지 않는 것은?[24회수정]

① 조합임원의 선임 및 해임

② 사업비의 조합원별 분담명세 확정

③ 주택상환사채의 발행방법의 변경

④ 자금의 차입과 그 방법·이자율 및 상환방법

⑤ 주택건설대지의 위치 및 면적에 관한 조합규약의 변경

주택상환사채
한국토지주택공사와 등록사업자가 발행하는 채권으로 주택으로 상환하는 사채

④ 총회의 의결을 하는 경우에는 조합원의 100분의 10(10%) 이상이 직접 출석하여야 한다. 다만, 창립총회 또는 반드시 총회의 의결을 거쳐야 하는 사항을 의결하는 총회의 경우에는 조합원의 100분의 20(20%) 이상이 직접 출석하여야 한다.

⑤ 지역주택조합과 직장주택조합(리모델링주택조합×)은 주택조합 설립인가를 받는 날부터 사용검사를 받는 날까지 계속하여 다음 요건을 모두 충족해야 한다.

ㄱ. 주택건설 예정 세대수의 50% 이상의 조합원으로 구성할 것(사업계획승인 등의 과정에서 세대수가 변경된 경우에는 변경된 세대수를 기준)

ㄴ. 조합원은 20명 이상일 것(→최소 20명)

⑥ 리모델링주택조합 설립에 동의한 자로부터 건축물을 취득한 자는 리모델링주택조합 설립에 동의한 것으로 본다.

⑦ 시장·군수·구청장은 해당 주택건설대지에 대한 다음 사항을 종합적으로 검토하여 주택조합의 설립인가 여부를 결정하여야 한다. 이 경우 그 주택건설대지가 이미 인가를 받은 다른 주택조합의 주택건설대지와 중복되지 아니하도록 하여야 한다.

ㄱ. 법 또는 관계 법령에 따른 건축기준 및 건축제한 등을 고려하여 해당 주택건설대지에 주택건설이 가능한지 여부

ㄴ. 국토계획법에 따라 수립되었거나 해당 주택건설사업기간에 수립될 예정인 도시·군계획에 부합하는지 여부

ㄷ. 이미 수립되어 있는 토지이용계획

ㄹ. 주택건설대지 중 토지 사용에 관한 권원을 확보하지 못한 토지가 있는 경우 해당 토지의 위치가 사업계획서상의 사업시행에 지장을 줄 우려가 있는지 여부

⑧ 시장·군수·구청장은 주택조합의 설립인가를 한 경우 다음 사항을 해당 지방자치단체의 인터넷 홈페이지에 공고해야 한다. 이 경우 공고한 내용이 변경인가에 따라 변경된 경우에도 또한 같다.

ㄱ. 조합의 명칭 및 사무소의 소재지   ㄴ. 조합설립 인가일

ㄷ. 주택건설대지의 위치   ㄹ. 조합원 수

ㅁ. 토지의 사용권원 또는 소유권을 확보한 면적과 비율

⑨ 주택조합은 설립인가를 받은 날부터 2년 이내에 사업계획승인을 신청하여야 한다.

⑩ 주택조합은 등록사업자가 소유하는 공공택지를 주택건설대지로 사용해서는 아니된다. 다만, 경매 또는 공매를 통하여 취득한 공공택지는 예외로 한다.

> **주택건설 예정 세대수**
> 설립인가 당시의 사업계획서상 주택건설 예정 세대수를 말하되, 임대주택으로 건설·공급하는 세대수는 제외

> **저자의 한마디**
> 주택법의 사업계획승인은 건축법의 건축허가에 해당합니다.

주택법령상 **주택조합**에 관한 설명으로 옳은 것은?^{22회수정}

① 리모델링주택조합은 등록사업자와 공동으로 주택건설사업을 시행할 수 있다.(×)

② 등록사업자와 공동으로 주택건설사업을 하려는 주택조합은 국토교통부장관에게 등록하여야 한다.(×)

③ 리모델링주택조합은 그 리모델링 결의에 찬성하지 아니하는 자의 주택 및 토지에 대하여 매도청구를 할 수 있다.(○)

④ 국민주택을 공급받기 위하여 직장주택조합을 설립하려는 자는 관할 시장·군수·구청장의 인가를 받아야 한다.(×)

⑤ 리모델링주택조합은 주택건설예정세대수의 50% 이상의 조합원으로 구성하되, 조합원은 20명 이상이어야 한다.(×)

> ① 세대수를 증가하지 아니하는 리모델링주택조합은 등록사업자와 공동으로 시행할 수 없어요. ② 등록사업자와 공동으로 주택건설사업을 하려는 주택조합은 등록하지 않아도 됩니다. ③ 빈출지문! 매도청구는 나중에 배워요. ④ 이미 만든 주택을 공급받기 위한 직장주택조합 설립은 신고하면 됩니다. ⑤ '세대수의 50% 이상의 조합원, 조합원 최소 20명' 요건은 지역 및 직장주택조합에 해당해요. 리모델링주택조합에는 적용 안합니다.

2. 주택조합업무의 대행

① 주택조합(리모델링주택조합은 제외) 및 주택조합의 발기인은 주택조합의 업무를 공동사업주체인 등록사업자 또는 **다음에 해당하는 자**로서 법인인 경우에는 5억원 이상의 자본금을, 개인인 경우에는 10억원 이상의 자산평가액을 보유한 자에게 대행하게 할 수 있다.

ㄱ. 등록사업자 ㄴ. 중개업자 ㄷ. 정비사업전문관리업자

ㄹ. 부동산개발업의 등록사업자

ㅁ. 자본시장과 금융투자업에 관한 법률에 따른 신탁업자

ㅂ. 그밖에 다른 법률에 따라 등록한 자로서 대통령령으로 정하는 자

② 업무대행자에게 대행시킬 수 있는 주택조합의 업무

ㄱ. 조합원 모집, 토지 확보, 조합설립인가 신청 등 조합설립을 위한 업무의 대행

ㄴ. 사업성 검토 및 사업계획서 작성업무의 대행

ㄷ. 설계자 및 시공자 선정에 관한 업무의 지원

ㄹ. 사업계획승인 신청 등 사업계획승인을 위한 업무의 대행

ㅁ. 계약금 등 자금의 보관 및 그와 관련된 업무의 대행

ㅂ. 그밖에 총회의 운영업무 지원 등 국토교통부령으로 정하는 사항

③ 주택조합 및 주택조합의 발기인은 계약금 등 자금의 보관 업무는 신탁업자에게 대행하도록 하여야 한다.

④ 업무대행자는 사업연도별로 분기마다 해당 업무의 실적보고서를 작성하여 주택조합 또는 주택조합의 발기인에게 제출하여야 한다.

⑤ 업무대행자는 신의에 따라 성실하게 업무를 수행하여야 하고, 자신의 귀책

사유로 주택조합(발기인을 포함) 또는 조합원(주택조합 가입 신청자를 포함)에게 손해를 입힌 경우에는 그 손해를 배상할 책임이 있다.

⑥ 국토교통부장관은 주택조합의 원활한 사업추진 및 조합원의 권리 보호를 위하여 공정거래위원회 위원장과 협의를 거쳐 표준업무대행계약서를 작성·보급할 수 있다.

3. 조합원

(1) 조합원의 자격

① 주택조합의 조합원이 될 수 있는 사람

(공통) 조합원의 사망으로 그 지위를 상속받는 자는 조합원이 될 수 있다.

ㄱ. 지역주택조합 조합원 : **다음 요건을 모두 갖춘 사람**

1) 조합설립인가 신청일부터 해당 조합주택의 입주 가능일까지 주택을 소유하는지에 대하여 **다음 어느 하나에 해당할 것**(주택건설대지가 투기과열지구 안에 있으면 조합설립인가 신청일 1년 전의 날부터)

- 세대주를 포함한 세대원 전원이 주택을 소유하고 있지 아니한 세대의 세대주일 것(→무주택자)

- 세대주를 포함한 세대원 중 1명에 한정하여 주거전용면적 85㎡ 이하의 주택 1채를 소유한 세대의 세대주일 것(→1명만 국민주택규모의 주택 1채 보유자)

2) 조합설립인가 신청일 현재 지역에 6개월 이상 계속하여 거주하여 온 사람일 것

3) 본인 또는 본인과 같은 세대별 주민등록표에 등재되어 있지 않은 배우자가 같은 또는 다른 지역주택조합의 조합원이거나 직장주택조합의 조합원이 아닐 것

ㄴ. 직장주택조합 조합원 : **다음 요건을 모두 갖춘 사람**

1) 위 ㄱ의 1)에 해당하는 사람일 것(국민주택을 공급받기 위한 직장주택조합의 경우에는 세대원 전원이 무주택자인 세대의 세대주로 한정)

2) 조합설립인가 신청일 현재 동일한 특별시·광역시·특별자치시·특별자치도·시 또는 군(광역시의 군은 제외) 안에 소재하는 동일한 국가기관·지방자치단체·법인에 근무하는 사람일 것

3) 본인 또는 본인과 같은 세대별 주민등록표에 등재되어 있지 않은 배우자가 같은 또는 다른 직장주택조합의 조합원이거나 지역주택조합의 조합원이 아닐 것

ㄷ. 리모델링주택조합 조합원 : **다음 어느 하나에 해당하는 사람**. 이 경우 해당 공동주택, 복리시설 또는 3)에 따른 공동주택 외의 시설의 소유권이 여러 명의 공유에 속할 때에는 그 여러 명을 대표하는 1명을 조합원으로 본다.

1) 사업계획승인을 받아 건설한 공동주택의 소유자

2) 건축허가를 받아 분양을 목적으로 건설한 공동주택의 소유자(해당 건축물에 공동주택 외의 시설이 있는 경우에는 해당 시설의 소유자를 포함)

3) 복리시설을 함께 리모델링하는 경우에는 해당 복리시설의 소유자

② 주택조합의 조합원이 근무·질병치료·유학·결혼 등 부득이한 사유로 세대주 자격을 일시적으로 상실한 경우로서 시장·군수·구청장이 인정하는 경우에는 조합원 자격이 있는 것으로 본다.

(2) 조합원 모집 신고 및 공개모집

조합원 모집 신고할 땐
50% 이상 사용권원 확보

① 지역주택조합 또는 직장주택조합의 설립인가를 받기 위하여 조합원을 모집하려는 자는 해당 주택건설대지의 50% 이상에 해당하는 토지의 사용권원을 확보하여 관할 시장·군수·구청장에게 신고하고, 공개모집의 방법으로 조합원을 모집하여야 한다. 조합 설립인가를 받기 전에 신고한 내용을 변경하는 경우에도 또한 같다.

② 공개모집 이후 조합원의 사망·자격상실·탈퇴 등으로 인한 결원을 충원하거나 미달된 조합원을 재모집하는 경우에는 신고하지 아니하고 선착순의 방법으로 조합원을 모집할 수 있다.

③ 신고를 받은 시장·군수·구청장은 신고내용이 이 법에 적합한 경우에는 신고를 수리하고 그 사실을 신고인에게 통보하여야 한다.

④ 조합원 모집 신고를 수리할 수 없는 경우

ㄱ. 이미 신고된 사업대지와 전부 또는 일부가 중복되는 경우

ㄴ. 이미 수립되었거나 수립 예정인 도시·군계획, 이미 수립된 토지이용계획 또는 이 법이나 관계 법령에 따른 건축기준 및 건축제한 등에 따라 해당 주택건설대지에 조합주택을 건설할 수 없는 경우

ㄷ. 조합업무를 대행할 수 있는 자가 아닌 자와 업무대행계약을 체결한 경우 등 신고내용이 법령에 위반되는 경우

ㄹ. 신고한 내용이 사실과 다른 경우

⑤ 조합원을 모집하려는 주택조합의 발기인은 대통령령으로 정하는 자격기준을 갖추어야 한다.

⑥ 주택조합의 발기인은 조합원 모집 신고를 하는 날 주택조합에 가입한 것으로 본다. 이 경우 주택조합의 발기인은 그 주택조합의 가입 신청자와 동일한 권리와 의무가 있다.

⑦ 조합원을 모집하는 자(조합원 모집 업무를 대행하는 자를 포함, 이하 모집주체라 함)와 주택조합 가입 신청자는 다음 사항이 포함된 주택조합 가입에 관한 계약서를 작성하여야 한다.

ㄱ. 주택조합의 사업개요 ㄴ. 조합원의 자격기준

ㄷ. 분담금 등 각종 비용의 납부예정금액, 납부시기 및 납부방법

ㄹ. 주택건설대지의 사용권원 및 소유권을 확보한 면적 및 비율

ㅁ. 조합원 탈퇴 및 환급의 방법, 시기 및 절차

ㅂ. 그밖에 주택조합의 설립 및 운영에 관한 중요 사항으로서 대통령령으로 정하는

사항

⑧ 모집주체는 주택조합 가입에 관한 계약서의 사항을 주택조합 가입 신청자가 이해할 수 있도록 설명하여야 한다.

⑨ 모집주체는 설명한 내용을 주택조합 가입 신청자가 이해하였음을 서면으로 확인을 받아 주택조합 가입 신청자에게 교부하여야 하며, 그 사본을 5년간 보관하여야 한다.

(3) 조합원 모집 광고 등에 관한 준수사항

① 조합원 모집 광고에 포함되어야 할 내용

ㄱ. 지역주택조합 또는 직장주택조합의 조합원 모집을 위한 광고라는 문구

ㄴ. 조합원의 자격기준에 관한 내용

ㄷ. 주택건설대지의 사용권원 및 소유권을 확보한 비율

ㄹ. 조합의 명칭 및 사무소의 소재지, 조합원 모집 신고 수리일

② 모집주체가 조합원 가입을 권유하거나 모집 광고를 하는 경우에는 **다음 행위**를 하여서는 아니 된다.(모집주체 금지행위)

ㄱ. 조합주택의 공급방식, 조합원의 자격기준 등을 충분히 설명하지 않거나 누락하여 제한 없이 조합에 가입하거나 주택을 공급받을 수 있는 것으로 오해하게 하는 행위

ㄴ. 협약이나 사업계획승인을 통하여 확정될 수 있는 사항을 사전에 확정된 것처럼 오해하게 하는 행위

ㄷ. 사업추진 과정에서 조합원이 부담해야 할 비용이 추가로 발생할 수 있음에도 주택 공급가격이 확정된 것으로 오해하게 하는 행위

ㄹ. 주택건설대지의 사용권원 및 소유권을 확보한 비율을 사실과 다르거나 불명확하게 제공하는 행위

ㅁ. 조합사업의 내용을 사실과 다르게 설명하거나 그 내용의 중요한 사실을 은폐 또는 축소하는 행위

ㅂ. 시공자가 선정되지 않았음에도 선정된 것으로 오해하게 하는 행위

주택법령상 지역주택조합의 조합원을 모집하기 위하여 모집주체가 광고를 하는 경우 **광고에 포함되어야 하는 내용**에 해당하는 것을 모두 고른 것은?[34회]

| ㄱ. 조합의 명칭 및 사무소의 소재지(○) | ㄴ. 조합원의 자격기준에 관한 내용(○) |
| ㄷ. 조합설립 인가일(×) | ㄹ. 조합원 모집 신고 수리일(○) |

① ㄱ,ㄴ,ㄷ ② ㄱ,ㄴ,ㄹ ③ ㄱ,ㄷ,ㄹ ④ ㄴ,ㄷ,ㄹ ⑤ ㄱ,ㄴ,ㄷ,ㄹ

ㄷ. 조합원을 모집한 후 조합을 설립하는 것이므로 모집광고에 조합설립인가일이 포함될 순 없죠.(11조의5 1항, 시행령24조의4 1항) 정답②

(4) 지역·직장주택조합 조합원의 교체·신규가입

① 지역주택조합 또는 직장주택조합은 **설립인가를 받은 후**에는 해당 조합원을 교체하거나 신규로 가입하게 할 수 없다.(원칙)

다만, **다음 경우**에는 예외로 한다.

ㄱ. 조합원 수가 주택건설 예정 세대수를 초과하지 아니하는 범위에서 시장·군수·구청장으로부터 조합원 추가모집의 승인을 받은 경우

ㄴ. **다음 사유로** 결원이 발생한 범위에서 충원하는 경우

1) 조합원의 사망

2) 사업계획승인 이후에 입주자로 선정된 지위가 양도·증여 또는 판결 등으로 변경된 경우(전매가 금지되는 경우는 제외)

3) 조합원의 탈퇴 등으로 조합원 수가 주택건설 예정 세대수의 50% 미만이 되는 경우

4) 조합원이 무자격자로 판명되어 자격을 상실하는 경우

5) 사업계획승인 등의 과정에서 주택건설 예정 세대수가 변경되어 조합원 수가 변경된 세대수의 50% 미만이 되는 경우

② 조합원으로 추가모집되거나 충원되는 자가 조합원 자격 요건을 갖추었는지를 판단할 때에는 해당 조합설립인가 신청일(추가모집공고일×)을 기준으로 한다.

③ 조합원 추가모집의 승인과 조합원 추가모집에 따른 주택조합의 변경인가 신청은 사업계획승인신청일까지 하여야 한다.

주택법령상 **지역주택조합**이 설립인가를 받은 후 **조합원**을 **신규로 가입**하게 할 수 있는 경우와 **결원의 범위에서 충원**할 수 있는 경우 중 어느 하나에도 해당하지 않는 것은?^{31회}

① 조합원이 사망한 경우

② 조합원이 무자격자로 판명되어 자격을 상실하는 경우

③ 조합원 수가 주택건설 예정 세대수를 초과하지 아니하는 범위에서 조합원 추가모집의 승인을 받은 경우

④ 조합원의 탈퇴 등으로 조합원 수가 주택건설 예정 세대수의 60퍼센트가 된 경우

⑤ 사업계획승인의 과정에서 주택건설 예정 세대수가 변경되어 조합원 수가 변경된 세대수의 40퍼센트가 된 경우

④ 조합원 수가 주택건설 예정 세대수의 **50% 미만**이 된 경우에는 결원의 범위에서 충원할 수 있어요. 따라서 60%에서는 충원할 수 없죠. ⑤ 조합원 수가 변경된 세대수의 50% 미만이 된 경우에도 결원 범위에서 충원할 수 있어요. 따라서 40%에서는 충원할 수 있답니다. 정답④

주택법령상 **주택조합**에 관한 설명으로 틀린 것은?(단, 리모델링주택조합은 제외)^{28회}

① 지역주택조합 설립인가를 받으려는 자는 해당 주택건설대지의 80% 이상에 해당하는 토지의 사용권원을 확보하여야 한다.(○)

② 탈퇴한 조합원은 조합규약으로 정하는 바에 따라 부담한 비용의 환급을 청구할 수 있다.(○)

③ 주택조합은 주택건설 예정 세대수의 50% 이상의 조합원으로 구성하되, 조합원은 10명 이상이어야 한다.(×)

④ 지역주택조합은 그 구성원을 위하여 건설하는 주택을 그 조합원에게 우선 공급할 수 있다.(○)

⑤ 조합원의 공개모집 이후 조합원의 사망·자격상실·탈퇴 등으로 인한 결원을 충원하거나 미달된 조합원을 재모집하는 경우에는 신고하지 아니하고 선착순의 방법으로 조합원을 모집할 수 있다.(○)

조합원 모집
① 원칙 : 공개모집
② 예외 : 결원 충원이나 재모집의 경우 선착순 모집

③ 조합원은 20명 이상이어야 하죠? 최소 20명

주택법령상 **지역주택조합**에 관한 설명으로 옳은 것은?[24회수정]

① 등록사업자와 공동으로 주택건설사업을 하는 조합은 국토교통부장관에게 주택건설사업 등록을 하여야 한다.(×)

② 조합과 등록사업자가 공동으로 사업을 시행하면서 시공하는 경우 등록사업자는 자신의 귀책사유로 발생한 손해에 대해서 조합원에게 배상책임을 지지 않는다.(×)

③ 조합설립인가 신청일부터 해당 조합주택의 입주가능일까지 세대주를 포함한 세대원 중 1명이 주거전용면적 85㎡ 이하의 주택 1채를 소유한 세대의 세대주인 자는 조합원의 자격이 없다.(×)

④ 조합의 설립인가를 받은 후 승인을 얻어 조합원을 추가 모집하는 경우 추가 모집되는 자의 조합원 자격요건의 충족 여부는 당해 조합의 설립인가 신청일을 기준으로 판단한다.(○)

⑤ 조합원의 사망으로 인하여 조합원의 지위를 상속받으려는 자는 무주택자이어야 한다.(×)

저자의 한마디

④ 추가모집하는 조합원의 자격요건 판단시기는 추가모집공고일이 아니라 조합설립인가 신청일입니다.

① 조합이 등록사업자와 공동사업을 하면 등록하지 않아도 됩니다. ② 등록사업자는 시공책임과 손해배상책임을 모두 집니다. ③ 지역주택조합은 세대원 중 1인이 국민주택규모의 주택을 1채만 보유하고 있더라도 조합원이 될 수 있어요. ⑤ 조합원 사망의 경우는 무주택자가 아니더라도 조합원의 지위를 상속받을 수 있습니다.

주택법령상 **지역주택조합의 조합원**에 관한 설명으로 틀린 것은?[28회]

① 조합원의 사망으로 그 지위를 상속받는 자는 조합원이 될 수 있다.(○)

② 조합원이 근무로 인하여 세대주 자격을 일시적으로 상실한 경우로서 시장·군수·구청장이 인정하는 경우에는 조합원 자격이 있는 것으로 본다.(○)

③ 조합설립 인가 후에 조합원의 탈퇴로 조합원 수가 주택건설 예정 세대수의 50% 미만이 되는 경우에는 결원이 발생한 범위에서 조합원을 신규로 가입하게 할 수 있다.(○)

④ 조합설립 인가 후에 조합원으로 추가 모집되는 자가 조합원 자격 요건을 갖추었는지를 판단할 때에는 추가모집 공고일을 기준으로 한다.(×)

⑤ 조합원 추가모집에 따른 주택조합의 변경인가신청은 사업계획승인 신청일까지 하여야 한다.(○)

④ 추가모집 공고일이 아니라 조합설립인가 신청일을 기준으로 합니다. 주의!

주택법령상 **주택조합**에 관한 설명으로 옳은 것은?[27회]

① 국민주택을 공급받기 위하여 설립한 직장주택조합을 해산하려면 관할 시장·군수·구청장의 인가를 받아야 한다.(×)

② 지역주택조합은 임대주택으로 건설·공급하여야 하는 세대수를 포함하여 주택건설예정세대수의 3분의1 이상의 조합원으로 구성하여야 한다.(×)

③ 리모델링주택조합의 경우 공동주택의 소유권이 수인의 공유에 속하는 경우에는 그 수인 모두를 조합원으로 본다.(×)

④ 지역주택조합의 설립 인가 후 조합원이 사망하였더라도 조합원수가 주택건설예정세대수의 2분의 1 이상을 유지하고 있다면 조합원을 충원할 수 없다.(×)

⑤ 지역주택조합이 설립인가를 받은 후에 조합원을 추가모집한 경우에는 주택조합의 변경인가를 받아야 한다.(○)

① 국민주택을 공급받기 위해 설립한 직장주택조합은 설립할 때나 해산할 때나 모두 신고하면 됩니다. ② 주택건설예정세대수의 50% 이상의 조합원으로 구성해야 해요. ③ 수인의 공유자를 대표하는 1인을 조합원으로 봅니다. ④ 조합원이 사망은 별개의 충원사유입니다. 빈출지문!

(5) 조합 가입 철회 및 가입비 등의 반환

① 모집주체는 주택조합의 가입을 신청한 자가 주택조합 가입을 신청하는 때에 납부하여야 하는 일체의 금전(→가입비등)을 은행, 체신관서, 보험회사, 신탁업자(→예치기관)에 예치하도록 하여야 한다.

② 주택조합의 가입을 신청한 자는 가입비등을 예치한 날부터 30일 이내에 주택조합 가입에 관한 청약을 철회할 수 있다.

③ 청약 철회를 서면으로 하는 경우에는 청약 철회의 의사를 표시한 서면을 발송한 날에 그 효력이 발생한다.

청약철회는 발송주의!

④ 모집주체는 주택조합의 가입을 신청한 자가 청약 철회를 한 경우 청약 철회 의사가 도달한 날부터 7일 이내에 예치기관의 장에게 가입비등의 반환을 요청하여야 한다.

⑤ 예치기관의 장은 가입비등의 반환 요청을 받은 경우 요청일부터 10일 이내에 그 가입비등을 예치한 자에게 반환하여야 한다.

⑥ 모집주체는 주택조합의 가입을 신청한 자에게 청약 철회를 이유로 위약금 또는 손해배상을 청구할 수 없다.

(6) 실적보고 및 관련 자료의 공개

① 주택조합의 발기인 또는 임원은 **다음 사항**이 포함된 해당 주택조합의 실적보고서를 사업연도별로 분기마다 작성하여야 한다.

ㄱ. 조합원(주택조합 가입 신청자를 포함) 모집 현황

ㄴ. 해당 주택건설대지의 사용권원 및 소유권 확보 현황

ㄷ. 그밖에 조합원이 주택조합의 사업 추진현황을 파악하기 위하여 필요한 사항으로서 국토교통부령으로 정하는 사항

② 주택조합의 발기인 또는 임원은 주택조합사업의 시행에 관한 **다음 서류 및 관련 자료**가 작성되거나 변경된 후 15일 이내에 이를 조합원이 알 수 있도록 인터넷과 그 밖의 방법을 병행하여 공개하여야 한다.

ㄱ. 조합규약

ㄴ. 공동사업주체의 선정 및 주택조합이 공동사업주체인 등록사업자와 체결한 협약서

ㄷ. 설계자 등 용역업체 선정 계약서

ㄹ. 조합총회 및 이사회, 대의원회 등의 의사록

ㅁ. 사업시행계획서   ㅂ. 해당 주택조합사업의 시행에 관한 공문서

ㅅ. 회계감사보고서   ㅇ. 분기별 사업실적보고서

ㅈ. 업무대행자가 제출한 실적보고서

ㅊ. 그밖에 주택조합사업 시행에 관하여 대통령령으로 정하는 서류 및 관련 자료

③ **위 서류 및 아래 서류를 포함**하여 주택조합사업의 시행에 관한 서류와 관련 자료를 조합원이 열람·복사 요청을 한 경우 주택조합의 발기인 또는 임원은 15일 이내에 그 요청에 따라야 한다. 이 경우 복사에 필요한 비용은 실비의 범위에서 청구인이 부담한다.

ㄱ. 조합원 명부

ㄴ. 주택건설대지의 사용권원 및 소유권 확보 비율 등 토지 확보 관련 자료

ㄷ. 그밖에 대통령령으로 정하는 서류 및 관련 자료

④ 주택조합의 발기인 또는 임원은 원활한 사업추진과 조합원의 권리 보호를 위하여 연간 자금운용 계획 및 자금 집행 실적 등의 서류 및 자료를 매년 정기적으로 시장·군수·구청장에게 제출하여야 한다.

(7) 조합임원의 결격사유

① 주택조합의 발기인 또는 임원이 될 수 없는 자

ㄱ. 미성년자·피성년후견인 또는 피한정후견인(→제한능력자)

ㄴ. 파산선고를 받은 사람으로서 복권되지 아니한 사람

ㄷ. 금고 이상의 실형을 선고받고 그 집행이 종료(종료된 것으로 보는 경우를 포함)되거나 집행이 면제된 날부터 2년이 지나지 아니한 사람

ㄹ. 금고 이상의 형의 집행유예를 선고받고 그 유예기간 중에 있는 사람

ㅁ. 금고 이상의 형의 선고유예를 받고 그 선고유예기간 중에 있는 사람

ㅂ. 법원의 판결 또는 다른 법률에 따라 자격이 상실 또는 정지된 사람

ㅅ. 해당 주택조합의 공동사업주체인 등록사업자 또는 업무대행사의 임직원

② 주택조합의 발기인이나 임원이 **다음에 해당하는 경우** 해당 발기인은 그 지위를 상실하고 해당 임원은 당연 퇴직한다.

ㄱ. 주택조합의 발기인이 자격기준을 갖추지 아니하게 되거나 주택조합의 임원이 조합원 자격을 갖추지 아니하게 되는 경우

ㄴ. 주택조합의 발기인 또는 임원이 결격사유에 해당하게 되는 경우

③ 지위가 상실된 발기인 또는 퇴직된 임원이 지위 상실이나 퇴직 전에 관여한 행위는 그 효력을 상실하지 아니한다.

④ 주택조합의 임원은 다른 주택조합의 임원, 직원 또는 발기인을 겸할 수 없다.

조합원은 조합규약으로 정하는 바에 따라 조합에 탈퇴 의사를 알리고 탈퇴할 수 있다.(11조8항)

조합규약에는 조합원의 제명·탈퇴에 따른 환급금의 산정방식, 지급시기 및 절차에 관한 사항을 포함하여야 한다.(시행령 20조2항6의2호)

주택법령상 **지역주택조합**에 관한 설명으로 옳은 것은?[29회]

① 조합설립에 동의한 조합원은 조합설립인가가 있은 이후에는 자신의 의사에 의해 조합을 탈퇴할 수 없다.(×)

② 총회의 의결로 제명된 조합원은 조합에 자신이 부담한 비용의 환급을 청구할 수 없다.(×)

③ 조합임원의 선임을 의결하는 총회의 경우에는 조합원의 100분의 20 이상이 직접 출석하여야 한다.(○)

④ 조합원을 공개모집한 이후 조합원의 자격상실로 인한 결원을 충원하려면 시장·군수·구청장에게 신고하고 공개모집의 방법으로 조합원을 충원하여야 한다.(×)

⑤ 조합의 임원이 금고 이상의 실형을 받아 당연 퇴직을 하면 그가 퇴직 전에 관여한 행위는 그 효력을 상실한다.(×)

① 탈퇴할 수 있어요. ② 제명된 조합원도 비용의 환급을 청구할 수 있어요.(시행령 20조2항6의2호) ③ 조합임원의 선임과 해임은 반드시 총회의 의결을 거쳐야 하는 사항이므로 조합원의 20% 이상이 총회에 직접 출석해야 해요. ④ 시장·군수·구청장에게 신고하지 않고, 선착순의 방법으로 충원할 수 있습니다. ⑤ 퇴직 전에 관여한 행위는 효력을 상실하지 않아요.

4. 주택조합에 대한 감독과 주택조합의 해산

(1) 주택조합에 대한 감독

① 국토교통부장관 또는 시장 · 군수 · 구청장은 주택공급에 관한 질서를 유지하기 위하여 특히 필요하다고 인정되는 경우에는 국가가 관리하고 있는 행정전산망 등을 이용하여 주택조합 구성원의 자격 등에 관하여 필요한 사항을 확인할 수 있다.

② 시장 · 군수 · 구청장은 주택조합 또는 주택조합의 구성원이 **다음에 해당하는 경우**에는 주택조합의 설립인가를 취소할 수 있다.

ㄱ. 거짓이나 그 밖의 부정한 방법으로 설립인가를 받은 경우

ㄴ. 명령이나 처분을 위반한 경우

③ 시장 · 군수 · 구청장은 모집주체가 이 법을 위반한 경우 시정요구 등 필요한 조치를 명할 수 있다.

(2) 주택조합의 해산

① 주택조합은 주택조합의 설립인가를 받은 날부터 3년이 되는 날까지 사업계획승인을 받지 못하는 경우 총회의 의결을 거쳐 해산 여부를 결정하여야 한다.

② 주택조합의 발기인은 조합원 모집 신고가 수리된 날부터 2년이 되는 날까지 주택조합 설립인가를 받지 못하는 경우 주택조합 가입 신청자 전원으로 구성되는 총회 의결을 거쳐 주택조합 사업의 종결 여부를 결정하도록 하여야 한다.

③ 총회를 소집하려는 주택조합의 임원 또는 발기인은 총회가 개최되기 7일 전까지 회의 목적, 안건, 일시 및 장소를 정하여 조합원 또는 주택조합 가입 신청자에게 통지하여야 한다.

④ 해산을 결의하거나 사업의 종결을 결의하는 경우 청산인을 선임하여야 한다.

⑤ 주택조합의 발기인은 총회의 결과(사업의 종결을 결의한 경우에는 청산계획을 포함)를 관할 시장·군수·구청장에게 통지하여야 한다.

5. 회계검사와 시공보증

(1) 회계감사

① 주택조합은 다음 어느 하나에 해당하는 날부터 30일 이내에 감사인의 회계 감사를 받아야 한다.

ㄱ. 주택조합 설립인가를 받은 날부터 3개월이 지난 날

ㄴ. 사업계획승인을 받은 날부터 3개월이 지난 날

ㄷ. 사용검사 또는 임시 사용승인을 신청한 날

② 회계감사를 한 자는 회계감사 종료일부터 15일 이내에 회계감사 결과를 관할 시장·군수·구청장과 해당 주택조합에 각각 통보하여야 한다.

③ 시장·군수·구청장은 통보받은 회계감사 결과의 내용을 검토하여 위법 또는 부당한 사항이 있다고 인정되는 경우에는 그 내용을 해당 주택조합에 통보하고 시정을 요구할 수 있다.

④ 주택조합의 임원 또는 발기인은 계약금등의 징수·보관·예치·집행 등 모든 거래 행위에 관하여 장부를 월별로 작성하여 그 증빙서류와 함께 주택조합 해산인가를 받는 날까지 보관하여야 한다. 이 경우 주택조합의 임원 또는 발기인은 정보처리시스템을 통하여 장부 및 증빙서류를 작성하거나 보관할 수 있다.

(2) 주택조합사업의 시공보증

① 주택조합이 공동사업주체인 시공자를 선정한 경우 그 시공자는 공사의 시공 보증을 위하여 시공보증서를 조합에 제출하여야 한다.

② 시공보증은 시공자가 공사의 계약상 의무를 이행하지 못하거나 의무이행을 하지 아니할 경우 보증기관에서 시공자를 대신하여 계약이행의무를 부담하거나 총 공사금액의 30% 이상 50% 이하의 범위에서 주택조합이 정하는 금액을 납부할 것을 보증하는 것을 말한다.

③ 사업계획승인권자는 착공신고를 받는 경우에는 시공보증서 제출 여부를 확인 하여야 한다.

사업계획의 승인*****

1. 사업계획승인 대상과 승인권자

① 주택건설사업의 사업계획승인 대상

ㄱ. 단독주택 : 30호 이상

다음 단독주택의 경우에는 50호 이상

1) 공공사업에 따라 조성된 용지를 개별 필지로 구분하지 아니하고 일단의 토지로 공급받아 해당 토지에 건설하는 단독주택

2) 한옥

ㄴ. 공동주택 : 30세대 이상(리모델링의 경우에는 증가하는 세대수 기준)

다음 공동주택을 건설하는 경우에는 50세대 이상(리모델링의 경우는 제외)

1) **다음 요건**을 모두 갖춘 단지형 연립주택 또는 단지형 다세대주택

• 세대별 주거전용면적이 30㎡ 이상일 것

• 해당 주택단지 진입도로의 폭이 6m 이상일 것

다만, 해당 주택단지의 진입도로가 두 개 이상인 경우에는 **다음 요건**을 모두 갖추면 진입도로의 폭을 4m 이상 6m 미만으로 할 수 있다.

• 두 개의 진입도로 폭의 합계가 10m 이상일 것

• 폭 4m 이상 6m 미만인 진입도로는 주택단지의 구분기준이 되는 도로와 통행거리가 200m 이내일 것

2) 정비구역에서 주거환경개선사업(스스로개량방식으로 시행하는 경우만 해당)을 시행하기 위하여 건설하는 공동주택

※ 정비기반시설의 설치계획대로 정비기반시설 설치가 이루어지지 아니한 지역으로서 시장·군수·구청장이 지정·고시하는 지역에서 건설하는 공동주택은 제외(→30세대 이상 건설하면 승인 필요)

② 위에서 정하는 호수 이상의 주택건설사업을 시행하려는 자 또는 1만㎡ 이상의 대지조성사업을 시행하려는 자는 **다음의 사업계획승인권자**에게 사업계획승인을 받아야 한다.

ㄱ. 주택건설사업 또는 대지조성사업으로서 해당 대지면적이 10만㎡ 이상인 경우: 특별시장·광역시장·특별자치시장·도지사 또는 특별자치도지사(→시·도지사) 또는 대도시의 시장

ㄴ. 주택건설사업 또는 대지조성사업으로서 해당 대지면적이 10만㎡ 미만인 경우: 특별시장·광역시장·특별자치시장·특별자치도지사 또는 시장·군수(→육장)

10만㎡ 이상
시·도지사 또는 대도시시장

10만㎡ 미만
육장

③ 국토교통부장관에게 사업계획승인을 받아야 하는 경우

ㄱ. 국가 및 한국토지주택공사가 시행하는 경우

ㄴ. 330만㎡ 이상의 규모로 택지개발사업 또는 도시개발사업을 추진하는 지역 중 국토교통부장관이 지정·고시하는 지역에서 주택건설사업을 시행하는 경우

ㄷ. 수도권 또는 광역시 지역의 긴급한 주택난 해소가 필요하거나 지역균형개발 또는 광역적 차원의 조정이 필요하여 국토교통부장관이 지정·고시하는 지역에서 주택건설사업을 시행하는 경우

ㄹ. 국가, 지방자치단체, 한국토지주택공사, 지방공사가 단독 또는 공동으로 총지분의 50%를 초과하여 출자한 위탁관리 부동산투자회사가 공공주택건설사업을 시행하는 경우(해당 부동산투자회사의 자산관리회사가 한국토지 주택공사인 경우만 해당)

④ 사업계획승인을 받지 않아도 되는 경우

ㄱ. 다음 요건을 모두 갖춘 사업

1) 준주거지역 또는 상업지역(유통상업지역은 제외)에서 300세대 미만의 주택과 주택 외의 시설을 동일 건축물로 건축하는 경우일 것

2) 해당 건축물의 연면적에서 주택의 연면적이 차지하는 비율이 90% 미만일 것

ㄴ. 생활환경정비사업 중 농업협동조합중앙회가 조달하는 자금으로 시행하는 사업

⑤ 사업계획승인을 받으려는 자는 사업계획승인신청서에 주택과 그 부대시설 및 복리시설의 배치도, 대지조성공사 설계도서 등의 서류를 첨부하여 사업계획승인권자에게 제출하여야 한다.

⑥ 주택건설사업을 시행하려는 자는 전체 세대수가 600세대 이상인 주택단지를 공구별로 분할하여 주택을 건설·공급할 수 있다.

⑦ 승인받은 사업계획을 변경하려면 사업계획승인권자로부터 변경승인을 받아야 한다.

다만, 국가, 지방자치단체, 한국토지주택공사 또는 지방공사가 다음의 경미한 사항을 변경하는 경우에는 변경승인을 받지 않아도 된다.

ㄱ. 총사업비의 20%의 범위에서의 사업비 증감(국민주택을 건설하는 경우로서 지원받는 주택도시기금이 증가되는 경우는 제외)

ㄴ. 대지면적의 20%의 범위에서의 면적 증감

ㄷ. 건축물의 설계와 용도별 위치를 변경하지 아니하는 범위에서의 건축물의 배치조정 및 주택단지 안 도로의 선형변경

⑧ 사업계획은 쾌적하고 문화적인 주거생활을 하는 데에 적합하도록 수립되어야 하며, 그 사업계획에는 부대시설 및 복리시설의 설치에 관한 계획 등이 포함되어야 한다.

저자의 한마디

만약, 주택조합 같은 민간이라면 경미한 사항을 변경하는 경우라도 변경승인을 받아야 합니다.

⑨ 한국토지주택공사, 지방공사 또는 등록사업자는 동일한 규모의 주택을 대량으로 건설하려는 경우에는 국토교통부장관에게 주택의 형별로 표본설계도서를 작성·제출하여 승인을 받을 수 있다.

⑩ 사업계획승인권자는 사업계획승인의 신청을 받았을 때에는 정당한 사유가 없으면 신청받은 날부터 60일 이내에 사업주체에게 승인 여부를 통보하여야 한다.

⑪ 사업계획승인권자는 사업계획을 승인하였을 때에는 다음 사항을 고시하여야 한다.

ㄱ. 사업의 명칭

ㄴ. 사업주체의 성명·주소(법인인 경우에는 법인의 명칭·소재지와 대표자의 성명·주소)

ㄷ. 사업시행지의 위치·면적 및 건설주택의 규모

ㄹ. 사업시행기간   ㅁ. 고시가 의제되는 사항

주택법령상 (   )안에 들어갈 내용으로 옳게 연결된 것은?(단, 주택 외의 시설과 주택이 동일 건축물로 건축되지 않음을 전제로 함)²⁶회

> ㄱ. 한국토지주택공사가 서울특별시 A구에서 대지면적 10만㎡에 50호의 한옥 건설 사업을 시행하려는 경우 (ㄱ)으로부터 사업계획승인을 받아야 한다.
> ㄴ. B광역시 C구에서 지역균형개발이 필요하여 국토교통부장관이 지정·고시하는 지역 안에 50호의 한옥 건설사업을 시행하는 경우 (ㄴ)으로부터 사업계획승인을 받아야 한다.

① ㄱ: 국토교통부장관,   ㄴ: 국토교통부장관

② ㄱ: 서울특별시장,   ㄴ: C구청장

③ ㄱ: 서울특별시장,   ㄴ: 국토교통부장관

④ ㄱ: A구청장,   ㄴ: C구청장

⑤ ㄱ: 국토교통부장관,   ㄴ: B광역시장

ㄱ. 한국토지주택공사가 시행하려면 국장의 승인이 필요해요. ㄴ. 지역균형개발을 위해 국장이 지정·고시하는 지역에서도 국장의 승인이 필요하죠. 정답①

주택법령상 (   ) 안에 알맞은 것은?²⁶회

> 도시지역에서 국민주택건설 사업계획승인을 신청하려는 경우 공구별로 분할하여 주택을 건설·공급하려면 주택단지의 전체 세대수는 (   )세대 이상이어야 한다.

① 200 ② 300 ③ 400 ④ 500 ⑤ 600

600세대 이상인 주택단지를 공구별로 분할하여 주택을 건설·공급할 수 있습니다. 정답⑤

주택법령상 주택건설사업계획승인에 관한 설명으로 틀린 것은?³⁰회

① 사업계획에는 부대시설 및 복리시설의 설치에 관한 계획 등이 포함되어야 한다.(○)

② 주택단지의 전체 세대수가 500세대인 주택건설사업을 시행하려는 자는 주택단지를 공구별로 분할하여 주택을 건설·공급할 수 있다.(×)

③ 한국토지주택공사법에 따른 한국토지주택공사는 동일한 규모의 주택을 대량으로 건설하려는 경우에는 국토교통부장관에게 주택의 형별로 표본 설계도서를 작성·제출하여 승인을 받을 수 있다.(○)

④ 사업계획승인권자는 사업계획을 승인할 때 사업주체가 제출하는 사업 계획에 해당 주택건설사업과 직접적으로 관련이 없거나 과도한 기반시설의 기부채납을 요구하여서는 아니 된다.(○)

⑤ 사업계획승인권자는 사업계획승인의 신청을 받았을 때에는 정당한 사유가 없으면 신청받은 날부터 60일 이내에 사업주체에게 승인 여부를 통보 하여야 한다.(○)

> ② 600세대 이상이어야 공구별로 분할하여 주택을 지을 수 있어요. 빈출지문! ④ 그냥 봐도 맞는 지문 같죠? 조금 있다 학습하게 됩니다.

2. 사업계획의 이행 및 취소

① 사업주체는 승인받은 사업계획대로 사업을 시행하여야 하고, 다음과 같이 공사를 시작하여야 한다.

사업계획승인 받고 5년 이내 착공!

ㄱ. 일반적인 시행으로 승인 받은 경우 : 승인받은 날부터 5년 이내

ㄴ. 공구별 분할 시행으로 승인 받은 경우

1) 최초로 공사를 진행하는 공구 : 승인받은 날부터 5년 이내

2) 최초로 공사를 진행하는 공구 외의 공구 : 해당 주택단지에 대한 최초 착공 신고일부터 2년 이내

다만, 사업계획승인권자는 **다음의 정당한 사유**가 있다고 인정하는 경우에는 사업주체의 신청을 받아 그 사유가 없어진 날부터 1년의 범위에서 공사의 착수기간을 연장할 수 있다.(공사착수기간 연장 사유)

ㄱ. 문화재청장의 매장문화재 발굴허가를 받은 경우

ㄴ. 해당 사업시행지에 대한 소유권 분쟁(소송절차가 진행 중인 경우만 해당)으로 인하여 공사 착수가 지연되는 경우

ㄷ. 사업계획승인의 조건으로 부과된 사항을 이행함에 따라 공사 착수가 지연 되는 경우

ㄹ. 천재지변 또는 사업주체에게 책임이 없는 불가항력적인 사유로 인하여 공사 착수가 지연되는 경우

ㅁ. 공공택지의 개발·조성을 위한 계획에 포함된 기반시설의 설치 지연으로 공사 착수가 지연되는 경우

ㅂ. 해당 지역의 미분양주택 증가 등으로 사업성이 악화될 우려가 있거나 주택 건설경기가 침체되는 등 공사에 착수하지 못할 부득이한 사유가 있다고 사업 계획승인권자가 인정하는 경우

주택법령상 사업계획승인권자가 사업주체의 신청을 받아 **공사의 착수기간을 연장**할 수 있는 경우가 아닌 것은?(단, 공사에 착수하지 못할 다른 부득이한 사유는 고려하지 않음)^{30회}

① 사업계획승인의 조건으로 부과된 사항을 이행함에 따라 공사 착수가 지연되는 경우(○)

② 공공택지의 개발·조성을 위한 계획에 포함된 기반시설의 설치 지연으로 공사 착수가 지연되는 경우(○)

③ 매장문화재 보호 및 조사에 관한 법률에 따라 문화재청장의 매장문화재 발굴허가를 받은 경우(○)

④ 해당 사업시행지에 대한 소유권 분쟁을 사업주체가 소송 외의 방법으로 해결하는 과정에서 공사 착수가 지연되는 경우(×)

⑤ 사업주체에게 책임이 없는 불가항력적인 사유로 인하여 공사 착수가 지연되는 경우(○)

④ 소송에 의한 소유권 분쟁으로 인해 공사 착수가 지연되는 경우에 착수기간을 연장할 수 있어요. 소송 외의 방법은 안 됩니다.

② 사업주체가 공사를 시작하려는 경우에는 사업계획승인권자에게 신고하여야 한다. 사업계획승인권자는 착공신고를 받은 날부터 20일 이내에 신고수리 여부를 신고인에게 통지하여야 한다.

③ 사업계획의 승인을 취소할 수 있는 경우

ㄱ. 사업주체가 승인받은 날부터 5년 이내에 공사를 시작하지 아니한 경우

※ 최초로 공사를 진행하는 **공구 외의 공구**에서 최초착공신청일부터 2년 이내에 공사를 시작하지 않을 경우에는 **취소할 수 없음**

ㄴ. 사업주체가 경매·공매 등으로 인하여 대지소유권을 상실한 경우

ㄷ. 사업주체의 부도·파산 등으로 공사의 완료가 불가능한 경우

※ ㄴ과 ㄷ의 경우, **주택분양보증이 된 사업은 취소할 수 없음**

④ 사업계획승인권자는 ③의 ㄴ 또는 ㄷ의 사유로 사업계획승인을 취소하고자 하는 경우에는 사업주체에게 사업계획 이행, 사업비 조달 계획 등의 내용이 포함된 사업 정상화 계획을 제출받아 계획의 타당성을 심사한 후 취소 여부를 결정하여야 한다.

⑤ 사업계획승인권자는 해당 사업의 시공자 등이 해당 주택건설대지의 소유권 등을 확보하고 사업주체 변경을 위하여 사업계획의 변경승인을 요청하는 경우에 이를 승인할 수 있다.

주택법령상 **사업계획승인** 등에 관한 설명으로 **틀린** 것은?(단, 다른 법률에 따른 사업은 제외함)^{32회}

① 주택건설사업을 시행하려는 자는 전체 세대수가 600세대 이상의 주택단지를 공구별로 분할하여 주택을 건설·공급할 수 있다.(○)

② 사업계획승인권자는 착공신고를 받은 날부터 20일 이내에 신고수리 여부를 신고인에게 통지하여야 한다.(○)

③ 사업계획승인권자는 사업계획승인의 신청을 받았을 때에는 정당한 사유가 없으면 신청받은 날부터 60일 이내에 사업주체에게 승인여부를 통보하여야 한다.(○)

④ 사업주체는 사업계획승인을 받은 날부터 1년 이내에 공사를 착수하여야 한다.(×)

⑤ 사업계획에는 부대시설 및 복리시설의 설치에 관한 계획이 포함되어야 한다.(○)

④ 1년이 아니라 5년 이내에 공사 착수해야 합니다.

주택법령상 주택건설사업계획의 승인 등에 관한 설명으로 틀린 것은?(단, 다른 법률에 따른 사업은 제외함)[28회]

① 주거전용 단독주택인 건축법령상의 한옥 50호 이상의 건설사업을 시행하려는 자는 사업계획승인을 받아야 한다.(○)

② 주택건설사업을 시행하려는 자는 전체 세대수가 600세대 이상의 주택단지를 공구별로 분할하여 주택을 건설·공급할 수 있다.(○)

③ 사업주체는 공사의 착수기간이 연장되지 않는 한 주택건설사업계획의 승인을 받은 날부터 5년 이내에 공사를 시작하여야 한다.(○)

④ 사업계획승인권자는 사업계획승인의 신청을 받았을 때에는 정당한 사유가 없으면 신청받은 날부터 60일 이내에 사업주체에게 승인 여부를 통보하여야 한다.(○)

⑤ 사업계획승인의 조건으로 부과된 사항을 이행함에 따라 공사 착수가 지연되는 경우, 사업계획승인권자는 그 사유가 없어진 날부터 3년의 범위에서 공사의 착수기간을 연장할 수 있다.(×)

① 한옥은 예외적으로 50호 이상의 경우에 승인을 받아야 합니다. ⑤ 3년이 아니라 1년의 범위에서 공사착수기간을 연장할 수 있습니다.

사업주체 甲은 사업계획승인권자 乙로부터 **주택건설사업을 분할하여 시행**하는 것을 내용으로 사업계획승인을 받았다. 주택법령상 이에 관한 설명으로 틀린 것은?[26회]

① 乙은 사업계획승인에 관한 사항을 고시하여야 한다.(○)

② 甲은 최초로 공사를 진행하는 공구 외의 공구에서 해당주택단지에 대한 최초 착공신고일부터 2년 이내에 공사를 시작하여야 한다.(○)

③ 甲이 소송 진행으로 인하여 공사착수가 지연되어 연장신청을 한 경우, 乙은 그 분쟁이 종료된 날부터 2년의 범위에서 공사 착수기간을 연장할 수 있다.(×)

④ 주택분양보증을 받지 않은 甲이 파산하여 공사 완료가 불가능한 경우, 乙은 사업계획승인을 취소할 수 있다.(○)

⑤ 甲이 최초로 공사를 진행하는 공구 외의 공구에서 해당주택단지에 대한 최초 착공신고일부터 2년이 지났음에도 사업주체가 공사를 시작하지 아니한 경우 乙은 사업계획승인을 취소할 수 없다.(○)

저자의 한마디

이 문제는 ④,⑤번 지문을 다소 어렵게 냈지만 ③번 지문이 확연히 틀려서 얼마든지 득점 가능한 문제입니다.

3. 기반시설의 기부채납

① 사업계획승인권자는 사업계획을 승인할 때 사업주체가 제출하는 사업계획에 해당 주택건설사업 또는 대지조성사업과 직접적으로 관련이 없거나 과도한 기반시설의 기부채납을 요구하여서는 아니 된다.

② 국토교통부장관은 기부채납 등과 관련하여 **다음 사항**이 포함된 운영기준을 작성하여 고시할 수 있다.

ㄱ. 주택건설사업의 기반시설 기부채납 부담의 원칙 및 수준에 관한 사항

ㄴ. 주택건설사업의 기반시설의 설치기준 등에 관한 사항

③ 사업계획승인권자는 운영기준의 범위에서 지역여건 및 사업의 특성 등을 고려하여 자체 실정에 맞는 별도의 기준을 마련하여 운영할 수 있으며, 이 경우 미리 국토교통부장관에게 보고하여야 한다.

4. 사업계획의 통합심의

① 사업계획승인권자는 필요하다고 인정하는 경우에 **다음 사항**을 통합하여 검토 및 심의할 수 있다.

ㄱ. 건축심의 ㄴ. 도시·군관리계획 및 개발행위 관련 사항

ㄷ. 광역교통 개선대책 ㄹ. 교통영향평가 ㅁ. 경관심의

ㅂ. 그밖에 사업계획승인권자가 필요하다고 인정하여 통합심의에 부치는 사항

② 사업계획승인권자는 사업계획승인을 받으려는 자가 통합심의를 신청하는 경우 통합심의를 하여야 한다. 다만, 사업계획의 특성 및 규모 등으로 인하여 위의 어느 하나에 대하여 통합심의가 적절하지 아니하다고 인정하는 경우에는 그 사항을 제외하고 통합심의를 할 수 있다.

③ 사업계획승인을 받으려는 자가 통합심의를 신청하는 경우 관련된 서류를 첨부하여야 한다. 이 경우 사업계획승인권자는 통합심의를 효율적으로 처리하기 위하여 필요한 경우 제출기한을 정하여 제출하도록 할 수 있다.

④ 사업계획승인권자가 시장·군수·구청장인 경우로서 시·도지사가 위의 어느 하나에 해당하는 권한을 가진 경우에는 사업계획승인권자가 시·도지사에게 통합심의를 요청할 수 있다.

⑤ 통합심의를 하는 지방자치단체의 장은 공동위원회를 구성하여 통합심의를 하여야 한다.

⑥ 공동위원회는 위원장 및 부위원장 1명씩을 포함하여 25명 이상 30명 이하의 위원으로 구성한다.

⑦ 공동위원회 위원장은 각 위원회(중앙 및 지방건축위원회, 지방도시계획위원회, 국가교통위원회, 교통영향평가심의위원회, 경관위원회 등) 위원장의 추천을 받은 위원 중에서 호선한다.

⑧ 공동위원회 부위원장은 사업계획승인권자가 속한 지방자치단체 및 통합심의를 하는 지방자치단체 소속 공무원 중에서 위원장이 지명한다.

⑨ 공동위원회 위원은 각 위원회의 위원이 각각 5명 이상이 되어야 한다.

⑩ 사업계획을 통합심의하는 경우 통합심의를 하는 지방자치단체의 장은 공동위원회를 개최하기 7일 전까지 회의 일시, 장소 및 상정 안건 등 회의 내용을 위원에게 알려야 한다.

⑪ 공동위원회의 회의는 재적위원 과반수의 출석으로 개의하고, 출석위원 과반수의 찬성으로 의결한다.

⑫ 사업계획승인권자는 통합심의를 한 경우 특별한 사유가 없으면 심의 결과를 반영하여 사업계획을 승인하여야 한다.

⑬ 통합심의를 거친 경우에는 검토·심의·조사·협의·조정 또는 재정을 거친 것으로 본다.

5. 주택건설사업 등에 의한 임대주택의 건설

① 사업주체(리모델링을 시행하는 자는 제외)가 **다음 사항**을 포함한 사업계획승인 신청서를 제출하는 경우 사업계획승인권자는 용도지역별 용적률 범위에서 특별시·광역시·특별자치시·특별자치도·시 또는 군의 조례로 정하는 기준에 따라 용적률(건폐율×)을 완화하여 적용할 수 있다.

ㄱ. 법정 호수 이상의 주택과 주택 외의 시설을 동일 건축물로 건축하는 계획

ㄴ. 임대주택의 건설·공급에 관한 사항

② 용적률을 완화하여 적용하는 경우 사업주체는 완화된 용적률의 30% 이상 60% 이하의 범위에 해당하는 면적을 임대주택으로 공급하여야 한다. 이 경우 사업주체는 임대주택을 국토교통부장관, 시·도지사, 한국토지주택공사 또는 지방공사(→인수자)에 공급하여야 하며 시·도지사가 우선 인수할 수 있다. 다만, 시·도지사가 임대주택을 인수하지 아니하는 경우 **다음**에 따라 국토교통부장관에게 인수자 지정을 요청하여야 한다.

시·도지사가
임대주택 우선인수자

ㄱ. 특별시장, 광역시장 또는 도지사가 인수하지 아니하는 경우

관할 시장, 군수 또는 구청장이 사업계획승인신청 사실을 특별시장, 광역시장 또는 도지사에게 통보한 후 국토교통부장관에게 인수자 지정 요청

ㄴ. 특별자치시장 또는 특별자치도지사가 인수하지 아니하는 경우

특별자치시장 또는 특별자치도지사가 직접 국토교통부장관에게 인수자 지정 요청

③ 임대주택의 공급가격은 공공건설임대주택의 분양전환가격 산정기준에서 정하는 건축비로 하고, 그 부속토지는 인수자에게 기부채납한 것으로 본다.

④ 사업주체는 사업계획승인을 신청하기 전에 미리 용적률의 완화로 건설되는 임대주택의 규모 등에 관하여 인수자와 협의하여 사업계획승인신청서에 반영하여야 한다.

⑤ 사업주체는 공급되는 주택의 전부(주택조합이 설립된 경우에는 조합원에게 공급하고 남은 주택)를 대상으로 공개추첨의 방법에 의하여 인수자에게 공급하는 임대주택을 선정하여야 하며, 그 선정 결과를 지체 없이 인수자에게 통보 하여야 한다.

⑥ 사업주체는 임대주택의 준공인가를 받은 후 지체 없이 인수자에게 등기를 촉탁 또는 신청하여야 한다. 이 경우 사업주체가 거부 또는 지체하는 경우에는 인수자가 등기를 촉탁 또는 신청할 수 있다.

주택법령상 사업주체가 50세대의 주택과 주택 외의 시설을 동일 건축물로 건축하는 계획 및 임대주택의 건설·공급에 관한 사항을 포함한 **사업계획승인신청서**를 제출한 경우에 대한 설명으로 옳은 것은?[29회]

① 사업계획승인권자는 국토의 계획 및 이용에 관한 법률에 따른 건폐율 및 용적률을 완화하여 적용할 수 있다.(×)

② 사업계획승인권자가 임대주택의 건설을 이유로 용적률을 완화하는 경우 사업주체는 완화된 용적률의 70퍼센트에 해당하는 면적을 임대주택으로 공급하여야 한다.(×)

③ 사업주체는 용적률의 완화로 건설되는 임대주택을 인수자에게 공급하여야 하며, 이 경우 시장·군수가 우선인수 할 수 있다.(×)

④ 사업주체가 임대주택을 인수자에게 공급하는 경우 임대주택의 부속토지의 공급가격은 공시지가로 한다.(×)

⑤ 인수자에게 공급하는 임대주택의 선정은 주택조합이 사업주체인 경우에는 조합원에게 공급하고 남은 주택을 대상으로 공개추첨의 방법에 의한다.(○)

① 용적률만 완화하여 적용할 수 있어요. ② 완화된 용적률의 30% 이상 60% 이하의 범위에서 임대주택으로 공급해야 합니다. ③ 우선인수자는 시장·군수가 아니라 시·도지사입니다. ④ 부속토지는 기부채납한 것으로 봅니다.

사업계획의 승인의 효과★★★

1. 다른 법률에 따른 인가 · 허가 등의 의제

① 사업계획승인권자가 사업계획을 승인 또는 변경 승인할 때 허가 · 인가 · 결정 · 승인 또는 신고 등(→인 · 허가등)에 관하여 관계 행정기관의 장과 협의한 사항에 대하여는 해당 인 · 허가등을 받은 것으로 보며, 사업계획의 승인고시가 있은 때에는 관계 법률에 따른 고시가 있은 것으로 본다.

② 인 · 허가등의 의제를 받으려는 자는 사업계획승인을 신청할 때에 해당 법률에서 정하는 관계 서류를 함께 제출하여야 한다.

③ 사업계획승인권자는 사업계획을 승인하려는 경우 그 사업계획에 인·허가등에 해당하는 사항이 포함되어 있는 경우에는 해당 법률에서 정하는 관계 서류를 미리 관계 행정기관의 장에게 제출한 후 협의하여야 한다. 이 경우 협의 요청을 받은 관계 행정기관의 장은 사업계획승인권자의 <u>협의 요청을 받은 날부터 20일 이내</u>에 의견을 제출하여야 하며, 그 <u>기간 내에 의견을 제출하지 아니한 경우에는 협의가 완료된 것으로 본다.</u>

④ 사업계획승인권자의 협의 요청을 받은 관계 행정기관의 장은 해당 법률에서 규정한 인·허가등의 기준을 위반하여 협의에 응하여서는 아니 된다.

⑤ <u>50% 이상</u>의 국민주택을 건설하는 사업주체가 다른 법률에 따른 인·허가등을 받은 것으로 보는 경우에는 관계 법률에 따라 부과되는 <u>수수료 등을 면제</u>한다.

2. 대지의 소유권 확보와 매도청구

(1) 대지의 소유권 확보

① 주택건설사업계획의 승인을 받으려는 자는 해당 주택건설대지의 소유권을 확보하여야 한다. 다만, **다음 경우**에는 소유권을 확보하지 않아도 된다.

ㄱ. 지구단위계획의 결정이 필요한 주택건설사업의 해당 대지면적의 80% 이상을 사용할 수 있는 권원을 확보하고, 확보하지 못한 대지가 매도청구 대상이 되는 대지에 해당하는 경우

1) 등록사업자와 공동으로 사업을 시행하는 주택조합의 경우에는 95% 이상의 소유권을 확보해야 한다.(리모델링주택조합은 제외)

2) 국공유지가 포함된 경우에는 해당 토지의 관리청이 해당 토지를 사업주체에게 매각하거나 양여할 것을 확인한 서류를 사업계획승인권자에게 제출하는 경우에는 확보한 것으로 본다.

ㄴ. 사업주체가 주택건설대지의 <u>소유권을 확보하지 못하였으나</u> 그 대지를 사용할 수 있는 <u>권원을 확보한 경우</u>

ㄷ. 국가·지방자치단체·한국토지주택공사 또는 지방공사(→공공주택사업자)가 주택건설사업을 하는 경우

ㄹ. 리모델링 결의를 한 리모델링주택조합이 매도청구를 하는 경우

② 사업주체가 신고 후 공사를 시작하려는 경우 사업계획승인을 받은 해당 주택건설대지에 매도청구 대상이 되는 대지가 포함되어 있으면 해당 매도청구 대상 대지에 대하여는 그 대지의 소유자가 매도에 대하여 합의를 하거나 매도청구에 관한 법원의 승소판결(확정되지 아니한 판결을 포함)을 받은 경우에만 <u>공사를 시작할 수 있다.</u>

(2) 매도청구

① 사업계획승인을 받은 사업주체는 해당 주택건설대지 중 사용할 수 있는 권원을 확보하지 못한 대지(건축물을 포함)의 소유자에게 그 대지를 시가(공시지가×)로 매도할 것을 청구할 수 있다. 이 경우 매도청구 대상이 되는 대지의 소유자와 매도청구를 하기 전에 3개월 이상 협의를 하여야 한다.

ㄱ. 주택건설대지면적의 95% 이상의 사용권원을 확보한 경우에는 사용권원을 확보하지 못한 대지의 모든 소유자에게 매도청구 가능

ㄴ. 주택건설대지면적의 95% 이상의 사용권원을 확보하지 못한 경우에는 사용권원을 확보하지 못한 대지의 소유자 중 지구단위계획구역 결정고시일 10년 이전에 해당 대지의 소유권을 취득하여 계속 보유하고 있는 자를 제외한 소유자에게 매도청구 가능

② 리모델링의 허가를 신청하기 위한 동의율을 확보한 경우 리모델링 결의를 한 리모델링주택조합은 그 리모델링 결의에 찬성하지 아니하는 자의 주택 및 토지에 대하여 매도청구를 할 수 있다.

(3) 소유자를 확인하기 곤란한 대지 등에 대한 처분

① 사업계획승인을 받은 사업주체는 해당 주택건설대지 중 사용할 수 있는 권원을 확보하지 못한 대지의 소유자가 있는 곳을 확인하기가 현저히 곤란한 경우에는 전국적으로 배포되는 둘 이상의 일간신문에 두 차례 이상 공고하고, 공고한 날부터 30일 이상이 지났을 때에는 매도청구 대상의 대지로 본다.

② 사업주체는 매도청구 대상 대지의 감정평가액(공시지가×)에 해당하는 금액을 법원에 공탁하고 주택건설사업을 시행할 수 있다.

③ 대지의 감정평가액은 사업계획승인권자가 추천하는 감정평가법인등 2인 이상이 평가한 금액을 산술평균하여 산정한다.

주택법령상 사업계획승인을 받은 사업주체에게 인정되는 **매도청구권**에 관한 설명으로 옳은 것은?[26회]

① 주택건설대지에 사용권원을 확보하지 못한 건축물이 있는 경우 그 건축물은 매도청구의 대상이 되지 않는다.(×)

② 사업주체는 매도청구일 전 60일부터 매도청구 대상이 되는 대지의 소유자와 협의를 진행하여야 한다.(×)

③ 사업주체가 주택건설대지면적 중 100분의 90에 대하여 사용권원을 확보한 경우, 사용권원을 확보하지 못한 대지의 모든 소유자에게 매도청구를 할 수 있다.(×)

④ 사업주체가 주택건설대지면적 중 100분의 80에 대하여 사용권원을 확보한 경우, 사용권원을 확보하지 못한 대지의 소유자 중 지구단위계획구역 결정고시일 10년 이전에 해당 대지의 소유권을 취득하여 계속 보유하고 있는 자에 대하여는 매도청구를 할 수 없다.(○)

저자의 한마디

ㄴ에서 대지의 소유기간 산정은 대지소유자가 직계존비속 및 배우자로부터 상속받아 소유권을 취득한 경우에는 피상속인의 소유기간을 합산합니다.

주택건설대지면적의 95% 이상의 사용권원을 확보하지 못한 경우에는 사용권원을 확보하지 못한 대지의 소유자 중 지구단위계획구역 결정고시일 10년 이전에 해당 대지의 소유권을 취득하여 계속 보유하고 있는 자를 제외한 소유자에게 매도청구 가능하다(22조1항2호)

⑤ 사업주체가 리모델링주택조합인 경우 리모델링 결의에 찬성하지 아니하는
  자의 주택에 대하여는 매도청구를 할 수 없다.(×)

① 건축물도 매도청구의 대상이 됩니다. ② 60일이 아니라 3개월 이상 협의해야 합니다.
③ 95% 이상의 사용권원을 확보해야 사용권원을 확보하지 못한 대지의 모든 소유자에게
매도청구를 할 수 있습니다. ⑤ 리모델링 결의에 찬성하지 아니하는 자의 주택에 대하여 매도
청구를 할 수 있어요.

주택법령상 **주택조합**에 관한 설명으로 틀린 것은?[25회수정]

① 등록사업자와 공동으로 주택건설사업을 하는 주택조합은 등록하지 않고
  20세대 이상의 공동주택의 건설사업을 시행할 수 있다.(○)
② 리모델링주택조합은 그 리모델링 결의에 찬성하지 아니하는 자의 토지에
  대하여 매도청구를 할 수 없다.(×)
③ 국민주택을 공급받기 위하여 직장주택조합을 설립하려는 자는 관할 시장·
  군수·구청장에게 신고하여야 한다.(○)
④ 리모델링주택조합 설립에 동의한 자로부터 건축물을 취득한 자는 리모델링
  주택조합 설립에 동의한 것으로 본다.(○)
⑤ 시공자와의 공사계약 체결은 조합총회의 의결을 거쳐야 한다.(○)

② 리모델링 결의에 찬성하지 아니하는 자의 토지에 대하여도 매도청구를 할 수 있습니다.
빈출지문! ③④ 빈출지문!

주택법령상 주택건설사업에 대한 **사업계획의 승인**에 관한 설명으로 틀린 것은?[29회]

① 지역주택조합은 설립인가를 받은 날부터 2년 이내에 사업계획승인을 신청
  하여야 한다.(○)
② 사업주체가 승인받은 사업계획에 따라 공사를 시작하려는 경우 사업계획
  승인권자에게 신고하여야 한다.(○)
③ 사업계획승인권자는 사업주체가 경매로 인하여 대지소유권을 상실한 경우
  에는 그 사업계획의 승인을 취소하여야 한다.(×)
④ 사업주체가 주택건설대지를 사용할 수 있는 권원을 확보한 경우에는 그 대지의
  소유권을 확보하지 못한 경우에도 사업계획의 승인을 받을 수 있다. (○)
⑤ 주택조합이 승인받은 총사업비의 10퍼센트를 감액하는 변경을 하려면 변경
  승인을 받아야 한다.(○)

주택조합은 경미한 사항이라도
변경승인 받아야 해~

③ 대지소유권을 상실한 경우 사업계획의 승인을 취소할 수 있어요. '취소하여야 한다.'는 틀린
지문이죠. ⑤ 사업주체가 국가, 지방자치단체, 한국토지주택공사 또는 지방공사인 경우에는
총사업비의 20%의 범위에서의 증감은 경미한 사항이라 변경승인이 필요 없습니다. 하지만
사업주체가 주택조합(민간)이라면 경미한 사항이라도 변경승인을 받아야 해요.

사업계획승인관련 기타문제**

1. 토지에의 출입과 이에 따른 손실보상

(1) 토지에의 출입

① 국가·지방자치단체·한국토지주택공사 및 지방공사인 사업주체가 사업계획의 수립을 위한 조사 또는 측량을 하려는 경우와 국민주택사업을 시행하기 위하여 필요한 경우에는 **다음 행위**를 할 수 있다.

ㄱ. 타인의 토지에 출입하는 행위

ㄴ. 특별한 용도로 이용되지 아니하고 있는 타인의 토지를 재료적치장 또는 임시도로로 일시 사용하는 행위

ㄷ. 특히 필요한 경우 죽목·토석이나 그 밖의 장애물을 변경하거나 제거하는 행위

② 사업주체가 국민주택을 건설하거나 국민주택을 건설하기 위한 대지를 조성하는 경우에는 토지나 토지에 정착한 물건 및 그 토지나 물건에 관한 소유권 외의 권리를 수용하거나 사용할 수 있다.

(2) 토지에의 출입에 따른 손실보상

① 토지에의 출입 등에 따른 행위로 인하여 손실을 입은 자가 있는 경우에는 그 행위를 한 사업주체가 그 손실을 보상하여야 한다.

② 손실보상에 관하여는 그 손실을 보상할 자와 손실을 입은 자가 협의하여야 한다.

③ 손실을 보상할 자 또는 손실을 입은 자는 협의가 성립되지 아니하거나 협의를 할 수 없는 경우에는 관할 토지수용위원회에 재결을 신청할 수 있다.

2. 기타문제

(1) 토지매수 업무 등의 위탁

① 국가 또는 한국토지주택공사인 사업주체는 주택건설사업 또는 대지조성사업을 위한 토지매수 업무와 손실보상 업무를 관할 지방자치단체의 장에게 위탁할 수 있다.

② 사업주체가 토지매수 업무와 손실보상 업무를 위탁할 때에는 그 토지매수 금액과 손실보상 금액의 2%의 범위에서 위탁수수료를 해당 지방자치단체에 지급하여야 한다.

(2) 간선시설의 설치 및 비용의 상환

간선시설 설치 대상
100호(세대), 16,500㎡

① 사업주체가 단독주택 100호 이상, 공동주택 100세대 이상(리모델링의 경우에는 늘어나는 세대수 기준)의 주택건설사업을 시행하는 경우 또는 16,500㎡ 이상의 대지조성사업을 시행하는 경우 **다음의 자**는 각각 해당 간선시설을 설치하여야 한다.

ㄱ. 지방자치단체 : 도로 및 상하수도시설

※ 도로 및 상하수도시설을 사업주체가 주택건설 사업계획 또는 대지조성 사업계획에 포함하여 설치하려는 경우에는 지방자치단체가 설치하지 않아도 된다.

ㄴ. 해당 지역에 전기 · 통신 · 가스 또는 난방을 공급하는 자: 전기시설 · 통신 시설 · 가스시설 또는 지역난방시설

ㄷ. 국가 : 우체통

② 위의 간선시설은 특별한 사유가 없으면 사용검사일까지 설치를 완료하여야 한다.

③ 간선시설의 설치 비용은 설치의무자가 부담한다. 이 경우 지방자치단체의 도로 및 상하수도시설의 설치 비용은 그 비용의 50%의 범위에서 국가가 보조할 수 있다.

④ 전기간선시설을 지중선로로 설치하는 경우에는 전기를 공급하는 자와 지중에 설치할 것을 요청하는 자가 각각 50%의 비율로 그 설치 비용을 부담한다. 다만, 사업지구 밖의 기간시설로부터 그 사업지구 안의 가장 가까운 주택단지의 경계선까지 전기간선시설을 설치하는 경우에는 전기를 공급하는 자가 부담 한다.

⑤ 지방자치단체는 사업주체가 자신의 부담으로 (지방자치단체의 설치의무가 없는) 도로 또는 상하수도시설의 설치를 요청할 경우에는 이에 따를 수 있다.

※ 해당 주택건설사업 또는 대지조성사업과 직접적으로 관련이 있는 경우로 한정

⑥ 간선시설 설치의무자가 사용검사일까지 간선시설의 설치를 완료하지 못할 특별한 사유가 있는 경우에는 사업주체가 그 간선시설을 자기부담으로 설치하고 간선시설 설치의무자에게 그 비용의 상환을 요구할 수 있다.

⑦ 사업주체가 간선시설을 자기부담으로 설치하려는 경우 간선시설 설치의무자는 사업주체와 간선시설의 설치비 상환계약을 체결하여야 한다.

⑧ 상환계약에서 정하는 설치비의 상환기한은 해당 사업의 사용검사일부터 3년 이내로 하여야 한다.

⑨ 간선시설 설치의무자가 상환계약에 따라 상환하여야 하는 금액은 설치비용과 상환 완료 시까지의 설치비용에 대한 이자를 합산한 금액으로 한다.

(3) 공공시설의 귀속

① 사업주체가 사업계획승인을 받은 사업지구의 토지에 새로 공공시설을 설치하거나 기존의 공공시설에 대체되는 공공시설을 설치하는 경우 새로 설치된 공공시설은 그 시설을 관리할 관리청에 무상으로 귀속되고, 종래의 공공시설은 사업주체에게 무상으로 귀속된다.(국토계획법 준용)

② 행정청인 시행자로 보는 한국토지주택공사 및 지방공사는 해당 공사에 귀속되는 공공시설을 해당 국민주택사업을 시행하는 목적 외로는 사용하거나 처분할 수 없다.

(4) 국공유지 등의 우선 매각 및 임대

① 국가 또는 지방자치단체는 그가 소유하는 토지를 매각하거나 임대하는 경우에는 다음을 목적으로 그 토지의 매수 또는 임차를 원하는 자가 있으면 그에게 우선적으로 그 토지를 매각하거나 임대할 수 있다.

ㄱ. 국민주택규모의 주택을 50% 이상으로 건설하는 주택의 건설

ㄴ. 주택조합이 건설하는 주택(→조합주택)의 건설

ㄷ. 위의 주택을 건설하기 위한 대지의 조성

② 국가 또는 지방자치단체는 국가 또는 지방자치단체로부터 토지를 매수하거나 임차한 자가 그 매수일 또는 임차일부터 2년 이내에 국민주택규모의 주택 또는 조합주택을 건설하지 아니하거나 그 주택을 건설하기 위한 대지조성사업을 시행하지 아니한 경우에는 환매하거나 임대계약을 취소할 수 있다.

(5) 환지 방식에 의한 도시개발사업으로 조성된 대지의 활용

① 사업주체가 국민주택용지로 사용하기 위하여 환지방식에 의하여 사업을 시행하는 도시개발사업시행자에게 체비지의 매각을 요구한 경우 그 도시개발사업시행자는 체비지의 총면적의 50%의 범위에서 이를 우선적으로 사업주체에게 매각할 수 있다.

② 사업주체가 환지 계획의 수립 전에 체비지의 매각을 요구하면 도시개발사업시행자는 사업주체에게 매각할 체비지를 그 환지 계획에서 하나의 단지로 정하여야 한다.

③ 체비지의 양도가격은 감정평가법인등이 감정평가한 감정가격을 기준으로 한다. 다만, 임대주택을 건설하는 경우 등에는 조성원가를 기준으로 할 수 있다.

(6) 서류의 열람

국민주택을 건설·공급하는 사업주체는 주택건설사업 또는 대지조성사업을 시행할 때 필요한 경우에는 등기소나 그 밖의 관계 행정기관의 장에게 필요한 서류의 열람·등사나 그 등본 또는 초본의 발급을 무료로 청구할 수 있다.

주택의 건설★★★

1. 주택의 설계 및 시공

① 사업계획승인을 받아 건설되는 주택(부대시설과 복리시설을 포함)을 설계하는 자는 **다음 설계도서 작성기준**에 맞게 설계하여야 한다.

ㄱ. 설계도서는 설계도·시방서·구조계산서·수량산출서·품질관리계획서 등으로 구분하여 작성할 것

ㄴ. 설계도 및 시방서에는 건축물의 규모와 설비·재료·공사방법 등을 적을 것

ㄷ. 설계도·시방서·구조계산서는 상호 보완관계를 유지할 수 있도록 작성할 것

ㄹ. 품질관리계획서에는 설계도 및 시방서에 따른 품질 확보를 위하여 필요한 사항을 정할 것

② 주택을 시공하는 자(→시공자)와 사업주체는 설계도서에 맞게 시공하여야 한다.

2. 주택건설공사의 시공 제한

① 사업계획승인을 받은 주택의 건설공사는 건설사업자로서 건설업(건축공사업 또는 토목건축공사업만 해당)의 등록을 한 자 또는 건설사업자로 간주하는 등록 사업자가 아니면 이를 시공할 수 없다.

② 공동주택의 방수·위생 및 냉난방 설비공사는 건설사업자로서 다음의 자가 아니면 이를 시공할 수 없다.

ㄱ. 방수설비공사 : 도장·습식·방수·석공사업

ㄴ. 위생설비공사 : 기계가스설비공사업

ㄷ. 냉·난방설비공사 : 기계가스설비공사업 또는 가스난방공사업(가스난방공사업 중 난방공사를 말하며, 난방설비공사로 한정)

※ 특정열사용기자재를 설치·시공하는 경우에는 에너지이용 합리화법에 따른 시공업자가 아니면 이를 시공할 수 없다.

③ 국가 또는 지방자치단체인 사업주체는 사업계획승인을 받은 주택건설공사의 설계와 시공을 분리하여 발주하여야 한다. 다만, 주택건설공사 중 총공사비가 500억원 이상인 대형공사(대지구입비 제외)로서 기술관리상 설계와 시공을 분리하여 발주할 수 없는 공사의 경우에는 일괄입찰로 시행할 수 있다.

3. 주택건설기준

① 사업주체가 건설·공급하는 주택의 건설 등에 관한 다음 기준(주택건설 기준 등)은 대통령령으로 정한다.

ㄱ. 주택 및 시설의 배치, 주택과의 복합건축 등에 관한 주택건설기준

ㄴ. 세대 간의 경계벽, 바닥충격음 차단구조, 구조내력 등 주택의 구조·설비기준

ㄷ. 부대시설 및 복리시설의 설치기준

ㄹ. 대지조성기준   ㅁ. 주택의 규모 및 규모별 건설비율

② 지방자치단체는 그 지역의 특성, 주택의 규모 등을 고려하여 주택건설기준 등의 범위에서 조례로 구체적인 기준을 정할 수 있다.

③ 사업주체는 대통령령의 주택건설기준등 및 조례의 기준에 따라 주택건설 사업 또는 대지조성사업을 시행하여야 한다.

4. 도시형 생활주택의 건설기준

① 사업주체가 도시형 생활주택을 건설하려는 경우에는 도시지역에 다음 유형과 규모 등에 적합하게 건설하여야 한다.

ㄱ. 아파트형 주택: 다음 요건을 모두 갖춘 아파트

1) 세대별로 독립된 주거가 가능하도록 욕실 및 부엌을 설치할 것

2) 지하층에는 세대를 설치하지 않을 것

ㄴ. 단지형 연립주택: 연립주택(건축위원회의 심의를 받은 경우에는 주택으로 쓰는 층수를 5개층까지 건축 가능)

ㄷ. 단지형 다세대주택: 다세대주택(건축위원회의 심의를 받은 경우에는 주택으로 쓰는 층수를 5개층까지 건축 가능)

② 하나의 건축물에는 도시형 생활주택과 그 밖의 주택을 함께 건축할 수 없다. 다만, **다음 경우**는 예외로 한다.

ㄱ. 도시형 생활주택과 주거전용면적이 85㎡를 초과하는 주택 1세대를 함께 건축하는 경우

ㄴ. 준주거지역 또는 상업지역에서 아파트형 주택과 도시형 생활주택 외의 주택을 함께 건축하는 경우

③ 하나의 건축물에는 단지형 연립주택 또는 단지형 다세대주택과 아파트형 주택을 함께 건축할 수 없다.

5. 에너지절약형 친환경주택 등의 건설기준

① 사업계획승인을 받은 공동주택을 건설하는 경우에는 **다음의 기술**을 이용하여 주택의 총 에너지사용량 또는 총 이산화탄소배출량을 절감할 수 있는 에너지절약형 친환경 주택으로 건설하여야 한다.

ㄱ. 고단열·고기능 외피구조, 기밀설계, 일조확보 및 친환경자재 사용 등 저에너지 건물 조성기술

ㄴ. 고효율 열원설비, 제어설비 및 고효율 환기설비 등 에너지 고효율 설비기술

ㄷ. 태양열, 태양광, 지열 및 풍력 등 신·재생에너지 이용기술

ㄹ. 자연지반의 보존, 생태면적율의 확보 및 빗물의 순환 등 생태적 순환기능 확보를 위한 외부환경 조성기술

ㅁ. 건물에너지 정보화 기술, 자동제어장치 및 지능형전력망 등 에너지 이용효율을 극대화하는 기술

② 위 기술을 이용하여 주택을 건설하려는 자가 사업계획승인을 신청하는 경우에는 친환경 주택 에너지 절약계획을 제출하여야 한다.

6. 장수명(長壽命) 주택의 건설기준 및 인증제도

① 국토교통부장관은 장수명 주택의 건설기준을 정하여 고시할 수 있다.

② 국토교통부장관은 장수명 주택의 공급 활성화를 유도하기 위하여 건설기준에 따라 장수명 주택 인증제도를 시행할 수 있다. 인증제도로 장수명 주택에 대하여 부여하는 등급은 1) 최우수 등급, 2) 우수 등급, 3) 양호 등급, 4) 일반 등급이다.

③ 사업주체가 1,000세대 이상의 주택을 공급하고자 하는 때에는 일반등급 이상의 등급을 인정받아야 한다.

④ 국가, 지방자치단체 및 공공기관의 장은 장수명 주택을 공급하는 사업주체 및 장수명 주택 취득자에게 행정상·세제상의 지원을 할 수 있다.

⑤ 인증제도에 따라 우수등급 이상의 등급을 인정받은 경우 건폐율·용적률·

장수명 주택 인증제도
① 4개 등급
② 1,000세대 이상 공급시 일반 등급 이상이어야 함
③ 우수등급 이상 건폐율, 용적률 115% 범위내 완화

높이제한을 완화할 수 있다.(조례로 정한 건폐율과 용적률의 100분의 115를 초과하지 아니하는 범위에서 완화)

⑥ 장수명 주택 인증제도의 운영과 관련하여 인증기준, 인증절차, 수수료 등은 국토교통부령으로 정한다.

7. 공동주택성능등급의 표시

사업주체가 500세대 이상의 공동주택을 공급할 때에는 주택의 성능 및 품질을 입주자가 알 수 있도록 **다음의 공동주택성능에 대한 등급**을 발급받아 입주자 모집공고에 표시하여야 한다.

① 경량충격음 · 중량충격음 · 화장실소음 · 경계소음 등 소음 관련 등급

② 리모델링 등에 대비한 가변성 및 수리 용이성 등 구조 관련 등급

③ 조경 · 일조확보율 · 실내공기질 · 에너지절약 등 환경 관련 등급

④ 커뮤니티시설, 사회적 약자 배려, 홈네트워크, 방범안전 등 생활환경 관련 등급

⑤ 화재 · 소방 · 피난안전 등 화재 · 소방 관련 등급

8. 바닥충격음 성능등급 인정

① 국토교통부장관은 주택건설기준 중 공동주택 바닥충격음 차단구조의 성능등급을 인정하는 기관(→바닥충격음 성능등급 인정기관)을 지정할 수 있다.

② 바닥충격음 성능등급 인정기관은 성능등급을 인정받은 제품이 **다음 어느 하나에 해당하면** 그 인정을 취소할 수 있다. 다만, ㄱ의 경우에는 그 인정을 취소하여야 한다.

ㄱ. 거짓이나 그 밖의 부정한 방법으로 인정받은 경우(→절대적 인정취소 사유)

ㄴ. 인정받은 내용과 다르게 판매 · 시공한 경우

ㄷ. 인정제품이 국토교통부령으로 정한 품질관리기준을 준수하지 아니한 경우

ㄹ. 인정의 유효기간을 연장하기 위한 시험결과를 제출하지 아니한 경우

③ 국토교통부장관은 바닥충격음 성능등급 인정기관이 **다음 어느 하나에 해당 하는 경우** 그 지정을 취소할 수 있다. 다만, ㄱ의 경우에는 그 지정을 취소하여야 한다.

ㄱ. 거짓이나 그 밖의 부정한 방법으로 바닥충격음 성능등급 인정기관으로 지정을 받은 경우(→절대적 지정취소 사유)

ㄴ. 바닥충격음 차단구조의 성능등급의 인정기준을 위반하여 업무를 수행한 경우

ㄷ. 바닥충격음 성능등급 인정기관의 지정 요건에 맞지 아니한 경우

ㄹ. 정당한 사유 없이 2년 이상 계속하여 인정업무를 수행하지 아니한 경우

④ 사업주체가 **콘크리트 슬래브 두께 250밀리미터 이상**으로 바닥구조를 시공하는 경우 사업계획승인권자는 지구단위계획으로 정한 건축물 높이의 최고한도의 100분의 115(115%)를 초과하지 아니하는 범위에서 조례로 정하는 기준에 따라 건축물 높이의 최고한도를 완화하여 적용할 수 있다.

저자의 한마디

제품의 인정취소는 인정기관이 하고, 인정기관의 지정취소는 국장이 합니다.

9. 바닥충격음 성능검사 등

① 국토교통부장관은 바닥충격음 차단구조의 성능을 검사하기 위하여 성능검사의 기준을 마련하여야 한다.

② 국토교통부장관은 성능검사를 전문적으로 수행하기 위하여 성능을 검사하는 기관(바닥충격음 성능검사기관)을 지정할 수 있다.

③ 국토교통부장관은 바닥충격음 성능검사기관의 업무를 수행하는 데에 필요한 비용을 지원할 수 있다.

④ 사업주체는 사업계획승인을 받아 시행하는 주택건설사업의 경우 사용검사를 받기 전에 바닥충격음 성능검사기관으로부터 성능검사기준에 따라 바닥충격음 차단구조의 성능을 검사받아 그 결과를 사용검사권자에게 제출하여야 한다.

⑤ 사용검사권자는 성능검사 결과가 성능검사기준에 미달하는 경우 사업주체에게 보완 시공, 손해배상 등의 조치를 권고할 수 있다.

⑥ 조치를 권고받은 사업주체는 조치기한이 지난 날부터 5일 내에 권고사항에 대한 조치결과를 사용검사권자에게 제출하여야 한다.

⑦ 사업주체는 사용검사권자에게 제출한 성능검사 결과 및 조치결과를 입주예정일 전까지 입주예정자에게 문서(전자문서를 포함)로 알려야 한다.

⑧ 국토교통부장관은 층간소음 저감 정책을 수립하기 위하여 필요하다고 판단하는 경우 사용검사권자에게 제출된 성능검사 결과 및 조치결과를 국토교통부장관에게 제출하도록 요청할 수 있다. 이 경우 자료 제출을 요청받은 사용검사권자는 정당한 사유가 없으면 이에 따라야 한다.

⑨ 바닥충격음 성능검사기관은 성능검사 결과를 토대로 매년 우수 시공자(상위 10개)를 선정하여 공개할 수 있다.

10. 소음방지대책의 수립

① 사업계획승인권자는 주택의 건설에 따른 소음의 피해를 방지하고 주택건설 지역 주민의 평온한 생활을 유지하기 위하여 주택건설사업을 시행하려는 사업주체에게 소음방지대책을 수립하도록 하여야 한다.

② 사업계획승인권자는 주택건설 지역이 도로와 인접한 경우에는 해당 도로의 관리청과 소음방지대책을 미리 협의하여야 한다. 이 경우 해당 도로의 관리청은 소음 관계 법률에서 정하는 소음기준 범위에서 필요한 의견을 제시할 수 있다.

③ 국토교통부장관은 실외소음도를 측정할 수 있는 측정기관을 지정할 수 있다.

④ 국토교통부장관은 실외소음도 측정기관이 **다음 어느 하나에 해당하는 경우**에는 그 지정을 취소할 수 있다. 다만, ㄱ의 경우에는 그 지정을 취소하여야 한다.

ㄱ. 거짓이나 그 밖의 부정한 방법으로 실외소음도 측정기관으로 지정을 받은 경우(→절대적 지정취소 사유)

ㄴ. 실외소음도 측정기준을 위반하여 업무를 수행한 경우

ㄷ. 실외소음도 측정기관의 지정 요건에 미달하게 된 경우

11. 주택의 규모별 건설 비율

① 국토교통부장관은 적정한 주택수급을 위하여 필요하다고 인정하는 경우에는 사업주체가 건설하는 주택의 75% 이하의 범위에서 일정 비율 이상을 국민주택규모로 건설하게 할 수 있다.(주택조합이나 고용자가 건설하는 주택은 100% 이하의 범위에서)

② 국민주택규모 주택의 건설 비율은 주택단지별 사업계획에 적용한다.

주택법령상 주택의 건설에 관한 설명으로 옳은 것은?(단, 조례는 고려하지 않음)^{35회수정}

① 하나의 건축물에는 단지형 연립주택 또는 단지형 다세대주택과 아파트형 주택을 함께 건축할 수 없다.(○)

② 국토교통부장관이 적정한 주택수급을 위하여 필요하다고 인정하는 경우, 고용자가 건설하는 주택에 대하여 국민주택규모로 건설하게 할 수 있는 비율은 주택의 75퍼센트 이하이다.(×)

③ 주택법에 따라 건설사업자로 간주하는 등록사업자는 주택건설사업계획승인을 받은 주택의 건설공사를 시공할 수 없다.(×)

④ 장수명 주택의 인증기준. 인증절차 및 수수료 등은 주택공급에 관한 규칙으로 정한다(×)

⑤ 국토교통부장관은 바닥충격음 성능등급을 인정받은 제품이 인정받은 내용과 다르게 판매·시공한 경우에 해당하면 그 인정을 취소하여야 한다.(×)

> ① 시행령10조3항 ② 일반적으로 75%이하까지 가능하지만 주택조합이나 고용자가 건설하는 주택은 100%이하까지 가능합니다.(시행령46조1항) ③ 시공할 수 있어요.(34조1항) ④ 주택공급에 관한 규칙이 아니라 국토교통부령으로 정합니다.(38조6항) ⑤ 취소하여야 한다가 아니라 취소할 수 있다가 맞아요.(41조2항2호)

주택의 감리**

1. 주택의 감리자 지정

① 사업계획승인권자가 주택건설사업계획을 승인하였을 때와 시장·군수·구청장이 리모델링의 허가를 하였을 때에는 **다음의 자를** 해당 주택건설공사의 감리자로 지정하여야 한다.

ㄱ. 300세대 미만의 주택건설공사 : 다음 어느 하나에 해당하는 자(해당 주택건설공사를 시공하는 자의 계열회사는 제외)

1) 건축사사무소개설신고를 한 자 2) 등록한 건설엔지니어링사업자

ㄴ. 300세대 이상의 주택건설공사 : 등록한 건설엔지니어링사업자

300세대 미만이면 건축사도 감리할 수 있기!

② 감리자를 지정하지 않아도 되는 경우

ㄱ. 사업주체가 국가·지방자치단체·한국토지주택공사·지방공사인 경우

ㄴ. 법정요건을 갖춘 위탁관리 부동산투자회사인 경우

ㄷ. 건축법에 따라 공사감리를 하는 도시형 생활주택의 경우

③ **다음 단체 및 협회**는 감리자를 지정하기 위하여 공동으로 주택건설공사 감리비 지급기준을 정하여 국토교통부장관의 승인을 받아야 한다. 승인받은 사항을 변경하려는 경우에도 또한 같다.

ㄱ. 주택사업자단체 ㄴ. 건설엔지니어링사업자단체 ㄷ. 대한건축사협회

④ 사업계획승인권자는 감리자가 **다음 사유**에 해당하는 경우에는 감리자를 교체하고, 그 감리자에 대하여는 1년의 범위에서 감리업무의 지정을 제한할 수 있다.

ㄱ. 감리업무 수행 중 발견한 위반 사항을 묵인한 경우

ㄴ. 이의신청 결과 시정 통지가 3회 이상 잘못된 것으로 판정된 경우

ㄷ. 공사기간 중 공사현장에 1개월 이상 감리원을 상주시키지 아니한 경우

ㄹ. 감리자 지정에 관한 서류를 거짓이나 그 밖의 부정한 방법으로 작성·제출한 경우

ㅁ. 감리자 스스로 감리업무 수행의 포기 의사를 밝힌 경우

⑤ 사업주체(리모델링의 허가만 받은 자도 포함)와 감리자 간의 책임 내용 및 범위는 이 법에서 규정한 것 외에는 당사자 간의 계약으로 정한다.

⑥ 국토교통부장관은 계약을 체결할 때 사업주체와 감리자 간에 공정하게 계약이 체결되도록 하기 위하여 감리용역표준계약서를 정하여 보급할 수 있다.

저자의 한마디

③④ 사업주체가 부도·파산으로 인한 공사중단, 1년 이상 착공지연으로 감리업무 수행을 포기한 경우에는 합리적인 이유가 있기 때문에 지정제한을 하면 안됩니다. 지정제한을 할 수 있는 경우와 함께 출제될 수 있어요.

2. 감리자의 업무

① 감리자는 자기에게 소속된 자를 감리원으로 배치하고, **다음 업무**를 수행하여야 한다.

ㄱ. 시공자가 설계도서에 맞게 시공하는지 여부의 확인

ㄴ. 시공자가 사용하는 건축자재가 관계 법령에 따른 기준에 맞는 건축자재인지 여부의 확인

ㄷ. 주택건설공사에 대하여 품질시험을 하였는지 여부의 확인

ㄹ. 시공자가 사용하는 마감자재 및 제품이 사업주체가 시장·군수·구청장에게 제출한 마감자재 목록표 및 영상물 등과 동일한지 여부의 확인

ㅁ. 주택건설공사의 하수급인이 시공자격을 갖추었는지 여부의 확인

ㅂ. 그밖에 주택건설공사의 시공감리에 관한 사항으로서 대통령령으로 정하는 사항

② 감리자는 업무의 수행 상황을 사업계획승인권자(리모델링의 허가만 받은 경우는 허가권자) 및 사업주체에게 보고하여야 한다.

③ 감리자는 업무를 수행하면서 <u>위반 사항을 발견하였을 때</u>에는 지체없이 시공자 및 사업주체에게 위반 사항을 시정할 것을 통지하고, 7일 이내에 사업계획승인권자에게 그 내용을 보고하여야 한다.

④ 시공자 및 사업주체는 시정 통지를 받은 경우에는 즉시 해당 공사를 중지하고 위반 사항을 시정한 후 감리자의 확인을 받아야 한다. 이 경우 감리자의 시정 통지에 <u>이의</u>가 있을 때에는 즉시 그 공사를 중지하고 사업계획승인권자에게 서면으로 이의신청을 할 수 있다.

이의신청을 하는 경우에도 즉시 공사 중지!

⑤ 사업주체는 계약에 따른 공사감리비를 사업계획승인권자에게 예치하여야 한다.

⑥ 사업계획승인권자는 예치받은 공사감리비를 감리자에게 지급하여야 한다. 다만, 감리자가 감리업무를 소홀히 하여 사업계획승인권자로부터 시정명령을 받은 경우 사업계획승인권자는 감리자가 시정명령을 이행완료할 때까지 감리비 지급을 유예할 수 있다.

주택법령상 **주택의 감리자**에 관한 설명으로 옳은 것을 모두 고른 것은?[31회]

> ㄱ. 사업계획승인권자는 감리자가 업무수행 중 위반사항이 있음을 알고도 묵인한 경우 그 감리자에 대하여 2년의 범위에서 감리업무의 지정을 제한할 수 있다.(×)
> ㄴ. 설계도서가 해당 지형 등에 적합한지에 대한 확인은 감리자의 업무에 해당한다.(○)
> ㄷ. 감리자는 업무를 수행하면서 위반 사항을 발견하였을 때에는 지체 없이 시공자 및 사업주체에게 위반 사항을 시정할 것을 통지하고, 7일 이내에 사업계획승인권자에게 그 내용을 보고하여야 한다.(○)

① ㄱ ② ㄴ ③ ㄱ,ㄴ ④ ㄱ,ㄷ ⑤ ㄴ,ㄷ

ㄱ. 2년이 아니라 1년 ㄴ. 시행령 49조1항1호   정답⑤

3. 감리자의 업무 협조

① 감리자는 다른 법률에 따른 감리자와 서로 협력하여 감리업무를 수행하여야 한다.

② 다른 법률에 따른 감리자는 공정별 감리계획서 등을 감리자에게 제출하여야 하며, 감리자는 제출된 자료를 근거로 다른 법률에 따른 감리자와 협의하여 전체 주택건설공사에 대한 감리계획서를 작성하여 감리업무를 착수하기 전에 사업계획승인권자에게 보고하여야 한다.

③ 감리자는 주택건설공사의 품질·안전 관리 및 원활한 공사 진행을 위하여 다른 법률에 따른 감리자에게 공정 보고 및 시정을 요구할 수 있으며, 다른 법률에 따른 감리자는 요청에 따라야 한다.

4. 건축구조기술사와의 협력

① 수직증축형 리모델링(세대수가 증가되지 아니하는 리모델링을 포함)의 감리자는 감리업무 수행 중에 **다음 사항**이 확인된 경우에는 건축구조기술사의 협력을 받아야 한다.

ㄱ. 수직증축형 리모델링 허가 시 제출한 구조도 또는 구조계산서와 다르게 시공하고자 하는 경우

ㄴ. 내력벽, 기둥, 바닥, 보 등 건축물의 주요 구조부에 대하여 수직증축형 리모델링 허가 시 제출한 도면보다 상세한 도면 작성이 필요한 경우

ㄷ. 내력벽, 기둥, 바닥, 보 등 건축물의 주요 구조부의 철거 또는 보강 공사를 하는 경우로서 국토교통부령으로 정하는 경우

ㄹ. 그밖에 건축물의 구조에 영향을 미치는 사항으로서 국토교통부령으로 정하는 경우

② 구조설계를 담당한 건축구조기술사가 사망하는 등 감리자가 협력을 받을 수 없는 경우에는 리모델링주택조합 등 리모델링을 하는 자가 추천하는 건축구조기술사의 협력을 받아야 한다.

③ 감리자에게 협력한 건축구조기술사는 분기별 감리보고서 및 최종 감리보고서에 감리자와 함께 서명날인하여야 한다.

5. 감리자에 대한 실태점검과 부실감리자에 대한 조치

(1) 감리자에 대한 실태점검

① 사업계획승인권자는 주택건설공사의 부실방지, 품질 및 안전 확보를 위하여 해당 주택건설공사의 감리자를 대상으로 각종 시험 및 자재확인 업무에 대한 이행 실태 등의 사항에 대하여 실태점검을 실시할 수 있다.

② 사업계획승인권자는 실태점검 결과 감리업무의 소홀이 확인된 경우에는 시정명령을 하거나, 감리자 교체를 하여야 한다.

③ 사업계획승인권자는 실태점검에 따른 감리자에 대한 시정명령 또는 교체지시 사실을 국토교통부장관에게 보고하여야 하며, 국토교통부장관은 해당 내용을 종합관리하여 감리자 지정에 관한 기준에 반영할 수 있다.

(2) 부실감리자 등에 대한 조치

사업계획승인권자는 지정·배치된 감리자 또는 감리원이 그 업무를 수행할 때 고의 또는 중대한 과실로 감리를 부실하게 하거나 관계 법령을 위반하여 감리를 함으로써 해당 사업주체 또는 입주자 등에게 피해를 입히는 등 주택건설공사가 부실하게 된 경우에는 그 감리자의 등록 또는 감리원의 면허나 그 밖의 자격인정 등을 한 행정기관의 장에게 등록말소·면허취소·자격정지·영업정지나 그밖에 필요한 조치를 하도록 요청할 수 있다.

사용검사 등**

1. 사전방문

① 사업주체는 사용검사를 받기 전에 입주예정자가 해당 주택을 방문하여 공사 상태를 미리 점검(˝사전방문)할 수 있게 하여야 한다.

② 사업주체는 사전방문을 주택공급계약에 따라 정한 입주지정기간 시작일 45일 전까지 2일 이상 실시해야 한다.

③ 사업주체가 사전방문을 실시하려는 경우에는 사전방문기간 및 방법 등 사전방문에 필요한 사항을 포함한 사전방문계획을 수립하여 사용검사권자에게 제출하고, 입주예정자에게 그 내용을 서면(전자문서 포함)으로 알려야 한다. 이 경우 사전방문계획의 제출 및 통보는 사전방문기간 시작일 1개월 전까지 해야 한다.

④ 사업주체는 전유부분 및 공용부분(계단, 복도, 승강기 및 현관만 해당)이 설계도서에 맞게 시공되었음을 감리자로부터 확인받은 후에 사전방문을 실시해야 한다.

⑤ 입주예정자는 사전방문 결과 하자가 있다고 판단하는 경우 사업주체에게 보수공사 등 적절한 조치를 해줄 것을 요청할 수 있다.

⑥ 하자에 대한 조치 요청을 받은 사업주체는 **다음 구분**에 따른 시기까지 보수공사 등의 조치를 완료하기 위한 계획(→조치계획)을 수립하고, 해당 계획에 따라 보수공사 등의 조치를 완료해야 한다.

ㄱ. 중대한 하자인 경우: 사용검사를 받기 전

ㄴ. 그 밖의 하자인 경우: 다음 구분에 따른 시기

1) 전유부분: 입주예정자에게 인도하기 전

2) 공용부분: 사용검사를 받기 전

⑦ 조치계획을 수립한 사업주체는 사전방문 기간의 종료일부터 7일 이내에 사용검사권자에게 해당 조치계획을 제출하고, 입주예정자에게 그 조치계획을 문서(전자문서 포함)로 알려야 한다.

⑧ 사용검사권자는 하자 여부의 확인 요청을 받은 날부터 7일 이내에 하자 여부를 확인하여 해당 사업주체에게 통보해야 한다.

⑨ 입주예정자가 요청한 사항이 하자가 아니라고 판단하는 사업주체는 사용검사를 하는 시장·군수·구청장(→사용검사권자)에게 하자 여부를 확인해줄 것을 요청할 수 있다. 이 경우 사용검사권자는 공동주택 품질점검단의 자문을 받는 등 하자 여부를 확인할 수 있다.

⑩ 사업주체는 조치한 내용 및 하자가 아니라고 확인받은 사실 등을 입주예정자 및 사용검사권자에게 알려야 한다.

⑪ 국토교통부장관은 사전방문에 필요한 표준양식을 정하여 보급하고 활용하게 할 수 있다.

주택법령상 **사전방문** 등에 관한 설명으로 틀린 것은?[35회]

① 사전방문한 입주예정자가 보수공사 등 적절한 조치를 요청한 사항이 하자가 아니라고 판단하는 사업주체는 사용검사권자에게 하자 여부를 확인해줄 것을 요청할 수 있다.(○)

② 사업주체는 사전방문을 주택공급계약에 따라 정한 입주지정기간 시작일 60일 전까지 1일 이상 실시해야 한다.(×)

③ 사업주체가 사전방문을 실시하려는 경우, 사용검사권자에 대한 사전방문계획의 제출은 사전방문기간 시작일 1개월 전까지 해야 한다.(○)

④ 사용검사권자는 사업주체로부터 하자 여부의 확인 요청을 받은 날부터 7일 이내에 하자 여부를 확인하여 해당 사업주체에게 통보해야 한다.(○)

⑤ 보수공사 등의 조치계획을 수립한 사업주체는 사전방문 기간의 종료일부터 7일 이내에 사용검사권자에게 해당 조치계획을 제출해야 한다.(○)

① 48조의2 4항 ② 45일 전까지 2일 이상 실시해야 합니다.(시행규칙20조의2 1항) ③ 시행규칙20조의2 1항 ④ 시행령53조의3 3항 ⑤ 시행령53조의2 3항

2. 품질점검단의 설치 및 운영

① 시·도지사는 사전방문을 실시하고 사용검사를 신청하기 전에 공동주택의 품질을 점검하여 사업계획의 내용에 적합한 공동주택이 건설되도록 할 목적으로 주택 관련 분야 등의 전문가로 구성된 공동주택 품질점검단을 설치·운영할 수 있다. 이 경우 시·도지사는 품질점검단의 설치·운영에 관한 사항을 조례로 정하는 바에 따라 대도시 시장에게 위임할 수 있다.

② 품질점검단은 대통령령으로 정하는 규모 및 범위 등에 해당하는 공동주택의 건축·구조·안전·품질관리 등에 대한 시공품질을 점검하여 그 결과를 시·도지사(대도시 시장에게 위임한 경우에는 대도시 시장)와 사용검사권자에게 제출하여야 한다.

③ 사업주체는 품질점검단의 점검에 협조하여야 하며 이에 따르지 아니하거나 기피 또는 방해해서는 아니 된다.

④ 사용검사권자는 품질점검단의 시공품질 점검을 위하여 필요한 경우에는 사업주체, 감리자 등 관계자에게 공동주택의 공사현황 등의 서류 및 관련 자료의 제출을 요청할 수 있다. 이 경우 자료제출을 요청받은 자는 정당한 사유가 없으면 이에 따라야 한다.

⑤ 사용검사권자는 제출받은 점검결과를 사용검사가 있은 날부터 2년 이상 보관하여야 하며, 입주자(입주예정자를 포함)가 관련 자료의 공개를 요구하는 경우에는 이를 공개하여야 한다.

⑥ 사용검사권자는 품질점검단의 점검결과에 대한 사업주체의 의견을 청취한 후 하자가 있다고 판단하는 경우 보수·보강 등 필요한 조치를 명하여야 한다. 이 경우 중대한 하자는 특별한 사유가 없으면 사용검사를 받기 전까지 조치하도록 명하여야 한다.

⑦ 보수·보강 등의 조치명령을 받은 사업주체는 조치를 하고, 그 결과를 사용검사권자에게 보고하여야 한다. 다만, 조치명령에 이의가 있는 사업주체는 사용검사권자에게 이의신청을 할 수 있다.

⑧ 사용검사권자는 공동주택의 시공품질 관리를 위하여 사업주체에게 통보받은 사전방문 후 조치결과, 보수·보강 등의 조치명령, 조치결과, 이의신청 등에 관한 사항을 정보시스템에 등록하여야 한다.

3. 사용검사

① 사업주체는 사업계획승인을 받아 시행하는 주택건설사업 또는 대지조성사업을 완료한 경우에는 주택 또는 대지에 대하여 시장·군수·구청장(국가 또는 한국토지주택공사가 사업주체인 경우와 국토교통부장관으로부터 사업계획의 승인을 받은 경우에는 국토교통부장관)의 사용검사를 받아야 한다. 다만, 분할시행 으로 사업계획을 승인받은 경우에는 완공된 주택에 대하여 공구별로 사용검사(→분할 사용검사)를 받을 수 있고, 다음 사유가 있는 경우에는 공사가 완료된 주택에 대하여 동별로 사용검사(→동별 사용검사)를 받을 수 있다.

분할 사용검사
동별 사용검사
가능해요!

ㄱ. 사업계획승인의 조건으로 부과된 사항의 미이행

ㄴ. 하나의 주택단지의 입주자를 분할 모집하여 전체 단지의 사용검사를 마치기 전에 입주가 필요한 경우

ㄷ. 그밖에 사업계획승인권자가 동별로 사용검사를 받을 필요가 있다고 인정하는 경우

② 사용검사권자는 사용검사의 대상인 주택 또는 대지가 사업계획의 내용에 적합한지를 확인하여야 한다. 사용검사는 신청일부터 15일 이내에 하여야 한다.

③ 사업주체가 사용검사를 받았을 때에는 의제되는 인·허가등에 따른 해당 사업의 사용승인·준공검사 또는 준공인가 등을 받은 것으로 본다. 이 경우 사용검사권자는 미리 관계 행정기관의 장과 협의하여야 한다.

④ 협의 요청을 받은 관계 행정기관의 장은 정당한 사유가 없으면 그 요청을 받은 날부터 10일 이내에 의견을 제시하여야 한다.

⑤ **다음 구분**에 따라 해당 주택의 시공을 보증한 자, 해당 주택의 시공자 또는 입주예정자는 사용검사를 받을 수 있다.

ㄱ. 사업주체가 파산 등으로 사용검사를 받을 수 없는 경우에는 해당 주택의 시공을 보증한 자 또는 입주예정자

ㄴ. 사업주체가 정당한 이유 없이 사용검사를 위한 절차를 이행하지 아니하는 경우에는 해당 주택의 시공을 보증한 자, 해당 주택의 시공자 또는 입주예정자

⑥ 사업주체 또는 입주예정자는 사용검사를 받은 후가 아니면 주택 또는 대지를 사용하게 하거나 이를 사용할 수 없다. 다만, **다음 경우**로서 사용검사권자의 임시 사용승인을 받은 경우에는 사용할 수 있다.

ㄱ. 주택건설사업의 경우 : 건축물의 동별로 공사가 완료된 경우

ㄴ. 대지조성사업의 경우 : 구획별로 공사가 완료된 경우

⑦ 임시 사용승인을 받으려는 자는 사용검사권자에게 임시 사용승인을 신청하여야 한다.

⑧ 사용검사권자는 신청을 받은 때에는 임시 사용승인대상인 주택 또는 대지가 사업계획의 내용에 적합하고 사용에 지장이 없는 경우에만 임시사용을 승인할 수 있다. 이 경우 임시 사용승인의 대상이 공동주택인 경우에는 세대별로 임시 사용승인을 할 수 있다.

4. 사용검사 등의 특례에 따른 하자보수보증금 예치

① 사업주체의 파산 등으로 입주예정자가 사용검사를 받을 때에는 입주예정자의 대표회의가 사용검사권자에게 사용검사를 신청할 때 하자보수보증금을 예치하여야 한다.

② 입주예정자의 대표회의가 하자보수보증금을 예치한 경우 담보책임기간은 면제받은 기간만큼 줄어드는 것으로 본다.

> **저자의 한마디**
> ㄴ의 경우 사용검사권자는 사업주체가 사용검사를 받지 아니하는 정당한 이유를 밝히지 못하면 사용검사를 거부하거나 지연할 수 없어요.

주택법령상 **주택의 사용검사** 등에 관한 설명으로 틀린 것은?[34회]

① 하나의 주택단지의 입주자를 분할 모집하여 전체 단지의 사용검사를 마치기 전에 입주가 필요한 경우에는 공사가 완료된 주택에 대하여 동별로 사용검사를 받을 수 있다.(○)

② 사용검사는 사용검사 신청일부터 15일 이내에 하여야 한다.(○)

③ 사업주체는 건축물의 동별로 공사가 완료된 경우로서 사용검사권자의 임시 사용승인을 받은 경우에는 사용검사를 받기 전에 주택을 사용하게 할 수 있다.(○)

④ 사업주체가 파산 등으로 사용검사를 받을 수 없는 경우에는 해당 주택의 시공을 보증한 자, 해당 주택의 시공자 또는 입주예정자는 사용검사를 받을 수 있다.(×)

⑤ 무단거주가 아닌 입주예정자가 사업주체의 파산 등으로 사용검사를 받을 때에는 입주예정자의 대표회의가 사용검사권자에게 사용검사를 신청할 때 하자보수보증금을 예치하여야 한다.(○)

① 시행령54조2항2호 ② 시행령54조4항 ③ 시행령56조1항1호 ④ 해당 주택의 시공을 보증한 자와 입주예정자는 사용검사를 받을 수 있지만 시공자는 받을 수 없어요.(49조3항1호) ⑤ 50조1항

공업화주택의 인정*

1. 공업화주택의 인정

① 국토교통부장관은 **다음 부분**을 국토교통부령으로 정하는 성능기준 및 생산기준에 따라 맞춤식 등 공업화공법으로 건설하는 주택 을 공업화주택으로 인정할 수 있다.

ㄱ. 주요 구조부의 전부 또는 일부

ㄴ. 세대별 주거 공간의 전부 또는 일부(거실·화장실·욕조 등 일부로서의 기능이 가능한 단위 공간)

② 국토교통부장관, 시·도지사 또는 시장·군수는 **다음 구분**에 따라 주택을 건설하려는 자에 대하여 해당 주택을 건설하게 할 수 있다.

ㄱ. 국토교통부장관 : 국토교통부장관이 고시한 새로운 건설기술을 적용하여 건설하는 공업화주택

ㄴ. 시·도지사 또는 시장·군수 : 공업화주택

2. 공업화주택의 인정취소

국토교통부장관은 공업화주택을 인정받은 자가 **다음 어느 하나에 해당하는 경우**에는 공업화주택의 인정을 취소할 수 있다. 다만, ①에 해당하는 경우에는 그 인정을 취소하여야 한다.

① 거짓이나 그 밖의 부정한 방법으로 인정을 받은 경우(절대적 인정취소 사유)

② 인정을 받은 기준보다 낮은 성능으로 공업화주택을 건설한 경우

3. 공업화주택의 건설 촉진

① 국토교통부장관, 시·도지사 또는 시장·군수는 사업주체가 건설할 주택을 공업화주택으로 건설하도록 사업주체에게 권고할 수 있다.

② 공업화주택의 건설 및 품질 향상과 관련하여 국토교통부령으로 정하는 기술능력을 갖추고 있는 자가 공업화주택을 건설하는 경우에는 제33조(주택의 설계 및 시공)·제43조(주택의 감리자 지정 등)·제44조(감리자의 업무 등) 및 건축사법 제4조(설계 또는 공사감리 등)를 적용하지 아니한다.

03 주택의 공급★★★★

주택의 공급★★★

1. 주택의 공급

① 사업주체는 **다음**에 따라 주택을 건설 · 공급하여야 한다. 이 경우 국가유공자, 보훈보상대상자, 장애인, 철거주택의 소유자, 그밖에 국토교통부령으로 정하는 대상자에게는 입주자 모집조건 등을 달리 정하여 별도로 공급할 수 있다.

ㄱ. 사업주체(공공주택사업자는 제외)가 입주자를 모집하려는 경우에는 시장 · 군수 · 구청장의 승인(복리시설의 입주자 모집은 신고대상)을 받을 것

ㄴ. 사업주체가 건설하는 주택을 공급하려는 경우

입주금
입주예정자가 사업주체에게
납입하는 주택가격

• 입주자모집의 시기 · 조건 · 방법 · 절차, 입주금의 납부 방법 · 시기 · 절차, 주택공급계약의 방법 · 절차 등에 적합할 것

• 벽지 · 바닥재 · 주방용구 · 조명기구 등을 제외한 부분의 가격을 따로 제시하고, 이를 입주자가 선택할 수 있도록 할 것

② 주택을 공급받으려는 자는 입주자자격, 재당첨 제한 및 공급 순위 등에 맞게 주택을 공급받아야 한다. 이 경우 투기과열지구 및 조정대상지역에서 건설 · 공급되는 주택을 공급받으려는 자의 입주자자격, 재당첨 제한 및 공급 순위 등은 주택의 수급 상황 및 투기 우려 등을 고려하여 지역별로 달리 정할 수 있다.

③ 사업주체가 시장·군수·구청장의 승인을 받으려는 경우에는 건설하는 견본주택에 사용되는 마감자재의 규격·성능 및 재질을 적은 목록표(→마감자재 목록표)와 견본주택의 각 실의 내부를 촬영한 영상물 등을 제작하여 승인권자에게 제출하여야 한다. 사업주체가 국가·지방자치단체· 한국토지주택공사 및 지방공사(→공공주택사업자)인 경우에는 견본주택을 건설하는 경우에 마감자재 목록표와 내부 촬영 영상물을 제출하여야 한다.

④ 사업주체는 주택공급계약을 체결할 때 입주예정자에게 **다음 자료 또는 정보**를 제공하여야 한다. 다만, 입주자 모집공고에 이를 표시(인터넷에 게재하는 경우를 포함)한 경우에는 제공하지 않아도 된다.

ㄱ. 견본주택에 사용된 마감자재 목록표

ㄴ. 공동주택 발코니의 세대 간 경계벽에 피난구를 설치하거나 경계벽을 경량구조로 건설한 경우 그에 관한 정보

⑤ 시장 · 군수 · 구청장은 받은 마감자재 목록표와 영상물 등을 사용검사가 있은 날부터 2년 이상 보관하여야 하며, 입주자가 열람을 요구하는 경우에는 이를 공개하여야 한다.

⑥ 사업주체가 마감자재 생산업체의 부도 등으로 인한 제품의 품귀 등 <u>부득이한 사유로 인하여</u> 사업계획승인 또는 마감자재 목록표의 마감자재와 다르게 마감자재를 시공·설치하려는 경우에는 당초의 마감자재와 같은 질 이상으로 설치하여야 한다.

⑦ 사업주체가 <u>마감자재 목록표의 자재와 다른 마감자재를 시공·설치하려는 경우에는 그 사실을 입주예정자에게</u> 알려야 한다.

⑧ 사업주체는 공급하려는 주택에 대하여 <u>기반시설의 설치·정비 또는 개량에 관한 사항이 포함된 표시 및 광고를 한 경우</u> 해당 표시 또는 광고의 사본을 시장·군수·구청장에게 제출하여야 한다. 이 경우 시장·군수·구청장은 제출받은 표시 또는 광고의 사본을 사용검사가 있은 날부터 2년 이상 보관하여야 하며, 입주자가 열람을 요구하는 경우 이를 공개하여야 한다.

보관은 2년 이상!

주택법령상 **주택의 공급**에 관한 설명으로 틀린 것은?[28회]

① 군수는 입주자 모집승인 시 사업주체에게서 받은 마감자재 목록표의 열람을 입주자가 요구하는 경우 이를 공개하여야 한다.(○)

② 사업주체가 부득이한 사유로 인하여 사업계획승인의 마감자재와 다르게 시공·설치하려는 경우에는 당초의 마감자재와 같은 질 이하의 자재로 설치할 수 있다.(×)

③ 사업주체가 마감자재 목록표의 자재와 다른 마감자재를 시공·설치하려는 경우에는 그 사실을 입주예정자에게 알려야 한다.(○)

④ 사업주체가 일반인에게 공급하는 공동주택 중 공공택지에서 공급하는 주택의 경우에는 분양가상한제가 적용된다.(○)

⑤ 도시형 생활주택을 공급하는 경우에는 분양가상한제가 적용되지 않는다. (○)

> ② 당초의 마감자재와 같은 질 이하의 자재로 설치하면 입주자들이 좋아하겠어요? 같은 질 이상으로 설치해야 합니다. ④ 분양가상한제는 나중에 배웁니다.

2. 주택의 공급업무의 대행

① 사업주체는 주택을 효율적으로 공급하기 위하여 필요하다고 인정하는 경우 주택의 공급업무의 일부를 제3자로 하여금 대행하게 할 수 있다.

② 사업주체가 입주자자격, 공급 순위 등을 증명하는 서류의 확인 등 국토교통부령으로 정하는 업무를 대행하게 하는 경우 **다음의 분양대행자**에게 대행하게 하여야 한다.

ㄱ. 등록사업자

ㄴ. 건설산업기본법에 따른 건설업자로서 대통령령으로 정하는 자

ㄷ. 도시 및 주거환경정비법에 따른 정비사업전문관리업자

ㄹ. 부동산개발업의 관리 및 육성에 관한 법률에 따른 등록사업자

ㅁ. 다른 법률에 따라 등록하거나 인가 또는 허가를 받은 자로서 국토교통부령으로 정하는 자

3. 자료제공의 요청

① 국토교통부장관은 주택을 공급받으려는 자의 입주자자격, 주택의 소유 여부, 재당첨 제한 여부, 공급 순위 등을 확인하거나 요청받은 정보를 제공하기 위하여 필요하다고 인정하는 경우에는 주민등록 전산정보(주민등록 번호·외국인등록번호 등 고유식별번호를 포함), 가족관계 등록사항, 국세, 지방세, 금융, 토지, 건물(건물등기부·건축물대장을 포함), 자동차, 건강보험, 국민연금, 고용보험 및 산업재해보상보험 등의 자료 또는 정보의 제공을 관계 기관의 장에게 요청할 수 있다. 이 경우 관계 기관의 장은 특별한 사유가 없으면 이에 따라야 한다.

② 국토교통부장관은 주택을 공급받으려는 자의 입주자자격, 공급 순위 등을 확인하기 위하여 본인, 배우자, 본인 또는 배우자와 세대를 같이하는 세대원이 제출한 동의서면을 전자적 형태로 바꾼 문서에 의하여 금융기관 등(금융회사등 및 신용정보집중기관)의 장에게 **다음 자료 또는 정보**의 제공을 요청할 수 있다.

ㄱ. 금융자산 및 금융거래의 내용에 대한 자료 또는 정보 중 예금의 평균잔액과 그밖에 국토교통부장관이 정하는 자료 또는 정보(→금융정보)

ㄴ. 신용정보 중 채무액과 그밖에 국토교통부장관이 정하는 자료 또는 정보(→신용정보)

ㄷ. 보험에 가입하여 납부한 보험료와 그밖에 국토교통부장관이 정하는 자료 또는 정보(→보험정보)

③ 국토교통부장관이 금융정보·신용정보 또는 보험정보(→금융정보등)의 제공을 요청하는 경우 해당 금융정보등 명의인의 정보제공에 대한 동의서면을 함께 제출하여야 한다. 이 경우 동의서면은 전자적 형태로 바꾸어 제출할 수 있으며, 금융정보등을 제공한 금융기관 등의 장은 금융정보등의 제공사실을 명의인에게 통보하지 아니할 수 있다.

4. 입주자저축 등

(1) 입주자저축

① 국토교통부장관은 주택을 공급받으려는 자에게 미리 입주금의 전부 또는 일부를 저축(→입주자저축)하게 할 수 있다.

② 입주자저축이란 국민주택과 민영주택을 공급받기 위하여 가입하는 주택청약종합저축을 말한다.

③ 입주자저축계좌를 취급하는 기관은 은행 중 국토교통부장관이 지정한다.

④ 입주자저축은 한 사람이 한 계좌만 가입할 수 있다.

⑤ 국토교통부장관은 **다음 업무**를 수행하기 위하여 필요한 경우 입주자저축 취급기관의 장에게 입주자저축에 관한 자료 및 정보(→입주자 저축정보)를 제공하도록 요청할 수 있다.

ㄱ. 주택을 공급받으려는 자의 입주자자격, 재당첨 제한 여부 및 공급 순위 등 확인 및 정보제공 업무

ㄴ. 입주자저축 가입을 희망하는 자의 기존 입주자저축 가입 여부 확인 업무

ㄷ. 세금우대저축 취급기관과 세금우대저축자료 집중기관 상호 간 입주자저축과 관련된 세금우대저축자료를 제공하도록 중계하는 업무

ㄹ. 이미 보유하고 있는 정보의 정확성, 최신성을 유지하기 위한 정보요청 업무

⑥ 국토교통부장관으로부터 입주자저축정보의 제공 요청을 받은 입주자저축 취급기관의 장은 입주자저축 정보를 제공하여야 한다.

⑦ 입주자저축정보를 제공한 입주자저축취급기관의 장은 입주자저축정보의 제공사실을 명의인에게 통보하지 아니할 수 있다. 다만, 입주자저축정보를 제공하는 입주자저축취급기관의 장은 입주자저축정보의 <u>명의인이 요구할 때에는 입주자저축정보의 제공사실을 통보하여야 한다.</u>

⑧ 입주자저축정보의 제공 요청 및 제공은 정보통신망 이용촉진 및 정보보호 등에 관한 법률의 정보통신망을 이용하여야 한다. 다만, 정보통신망의 손상 등 불가피한 사유가 있는 경우에는 그러하지 아니하다.

⑨ 입주자저축 업무에 종사하거나 종사하였던 자는 업무를 수행하면서 취득한 입주자저축정보를 다른 법률에 특별한 규정이 없으면 ⑤의 업무를 수행하기 위한 목적 외의 다른 용도로 사용하거나 다른 사람 또는 기관에 제공하거나 누설해서는 아니 된다.

⑩ 국토교통부장관(입주자저축정보의 제공 요청 업무를 위탁받은 주택청약 업무수행 기관을 포함)은 입주자저축정보를 다른 법률에 따라 ⑤의 업무를 수행하기 위한 목적 외의 용도로 사용하거나 다른 사람 또는 기관에 제공하는 경우에는 개인정보 보호법에 따라 그 사용 또는 제공의 법적 근거, 목적 및 범위 등을 관보 또는 인터넷 홈페이지 등에 게재하여야 한다.

(2) 주택청약업무수행기관

국토교통부장관은 입주자자격, 공급 순위 등의 확인과 입주자저축의 관리 등 주택공급과 관련하여 국토교통부령으로 정하는 업무를 효율적으로 수행하기 위하여 주택청약업무수행기관을 지정ㆍ고시할 수 있다.

(3) 입주자자격 정보 제공

① 국토교통부장관은 주택을 공급받으려는 자가 요청하는 경우 주택공급 신청 전에 입주자자격, 주택의 소유 여부, 재당첨 제한 여부, 공급 순위 등에 관한 정보를 제공할 수 있다.

② 정보를 제공하기 위하여 필요한 경우 국토교통부장관은 정보 제공을 요청하는 자 및 배우자, 정보 제공을 요청하는 자 또는 배우자와 세대를 같이하는 세대원에게 개인정보의 수집ㆍ제공 동의를 받아야 한다.

주택법령상 **입주자저축**에 관한 설명으로 틀린 것은?[35회]

① 입주자저축정보를 제공하는 입주자저축취급기관의 장은 입주자저축정보의 명의인이 요구하더라도 입주자저축정보의 제공사실을 통보하지 아니할 수 있다.(×)

② 국토교통부장관으로부터 주택법에 따라 입주자저축정보의 제공 요청을 받은 입주자저축취급기관의 장은 금융실명거래 및 비밀보장에 관한 법률에도 불구하고 입주자저축정보를 제공하여야 한다.(○)

③ 입주자저축이란 국민주택과 민영주택을 공급받기 위하여 가입하는 주택청약종합저축을 말한다.(○)

④ 국토교통부장관은 입주자저축의 납입방식·금액 및 조건 등에 필요한 사항에 관한 국토교통부령을 제정하거나 개정할 때에는 기획재정부장관과 미리 협의해야 한다.(○)

⑤ 입주자저축은 한 사람이 한 계좌만 가입할 수 있다.(○)

> ① 입주자저축정보의 명의인이 요구하면 통보해야 합니다.(56조7항) ② 56조5~6항 ③ 56조2항 ④ 시행령58조의3 ⑤ 56조4항

주택의 분양가격★★★

1. 주택의 분양가격 제한

분양가상한제 적용지역은 국장이 지정해요!

분양가상한제 미적용
① 도시형 생활주택
② 경제자유구역-외자유치
③ 관광특구
  - 50층이상,150m이상
④ LH공사,지방공사 정비사업
  - 공공성 요건 충족
⑤ 주거환경개선사업, 공공재개발사업
⑥ 혁신지구재생사업
⑦ 도심공공주택복합사업

① 사업주체가 일반인에게 공급하는 공동주택 중 **다음 지역**에서 공급하는 주택의 경우에는 여기에서 정하는 기준에 따라 산정되는 분양가격 이하로 공급하여야 한다. 이를 분양가상한제 적용주택이라 한다.

ㄱ. 공공택지

ㄴ. 공공택지 외의 택지에서 주택가격 상승 우려가 있어 국토교통부장관이 주거정책심의위원회의 심의를 거쳐 지정하는 지역

② 분양가상한제를 적용하지 않는 경우

ㄱ. 도시형 생활주택

ㄴ. 경제자유구역에서 건설·공급하는 공동주택으로서 경제자유구역위원회에서 외자유치 촉진과 관련이 있다고 인정하여 분양가격 제한을 적용하지 아니하기로 심의·의결한 경우

ㄷ. 관광특구에서 건설·공급하는 공동주택으로서 해당 건축물의 층수가 50층 이상이거나 높이가 150미터 이상인 경우

ㄹ. 한국토지주택공사 또는 지방공사가 **다음 정비사업**의 시행자로 참여하는 등 공공성 요건을 충족하는 경우로서 해당 사업에서 건설·공급하는 주택

1) 도시 및 주거환경정비법에 따른 정비사업으로서 면적, 세대수 등이 **다음 요건**에 해당되는 사업

- 정비구역 면적이 2만㎡ 미만인 사업
- 건설·공급하는 주택의 전체 세대수가 200세대 미만인 사업

2) 빈집 및 소규모주택 정비에 관한 특례법에 따른 소규모주택정비사업

ㅁ. 주거환경개선사업 및 공공재개발사업에서 건설·공급하는 주택

ㅂ. 주거재생혁신지구에서 시행하는 혁신지구재생사업에서 건설·공급하는 주택

ㅅ. 공공주택 특별법에 따른 도심 공공주택 복합사업에서 건설·공급하는 주택

③ 분양가격은 택지비와 건축비(토지임대부 분양주택의 경우에는 건축비만 해당)로 구성되며, 택지비는 **다음에 따라 산정한 금액** 으로 한다.

ㄱ. 공공택지에서 주택을 공급하는 경우에는 해당 택지의 공급가격에 국토교통부령으로 정하는 택지와 관련된 비용을 가산한 금액

ㄴ. 공공택지 외의 택지에서 분양가상한제 적용주택을 공급하는 경우에는 감정평가한 가액에 국토교통부령으로 정하는 택지와 관련된 비용을 가산한 금액

다만, 택지 매입가격이 **다음에 해당하는 경우**에는 해당 매입가격에 국토교통부령으로 정하는 택지와 관련된 비용을 가산한 금액을 택지비로 볼 수 있다. 이 경우 택지비는 주택단지 전체에 동일하게 적용하여야 한다.

1)경·공매 낙찰가격 2)국가·지방자치단체 등 공공기관으로부터 매입한 가격

3)그밖에 실제 매매가격을 확인할 수 있는 경우로서 대통령령으로 정하는 경우

④ 분양가격 구성항목 중 건축비는 **국토교통부장관이 정하여 고시하는 건축비**(→기본형건축비)에 국토교통부령으로 정하는 금액을 더한 금액으로 한다. 이 경우 기본형건축비는 시장·군수·구청장이 해당 지역의 특성을 고려하여 국토교통부령으로 정하는 범위에서 따로 정하여 고시할 수 있다.

⑤ 사업주체는 분양가상한제 적용주택으로서 공공택지에서 공급하는 주택에 대하여 입주자모집 승인을 받았을 때에는 입주자 모집공고에 **다음** 분양가격을 공시하여야 한다.

ㄱ. 택지비 ㄴ. 공사비 ㄷ. 간접비

⑥ 시장·군수·구청장이 공공택지 외의 택지에서 공급되는 분양가상한제 적용주택 중 분양가 상승 우려가 큰 지역으로서 대통령령으로 정하는 기준에 해당되는 지역에서 공급되는 주택의 입주자모집 승인을 하는 경우에는 **다음** 분양가격을 공시하여야 한다.

ㄱ. 택지비 ㄴ. 직접공사비 ㄷ. 간접공사비 ㄹ. 설계비 ㅁ. 감리비 ㅂ. 부대비

주택법령상 분양가상한제 적용주택에 관한 설명으로 옳은 것을 모두 고른 것은?[33회]

ㄱ. 도시형 생활주택은 분양가상한제 적용주택에 해당하지 않는다.(○)
ㄴ. 토지임대부 분양주택의 분양가격은 택지비와 건축비로 구성된다.(×)
ㄷ. 사업주체는 분양가상한제 적용주택으로서 공공택지에서 공급하는 주택에 대하여 입주자 모집공고에 분양가격을 공시해야 하는데, 간접비는 공시해야 하는 분양가격에 포함되지 않는다.(×)

① ㄱ ② ㄱ,ㄴ ③ ㄱ,ㄷ ④ ㄴ,ㄷ ⑤ ㄱ,ㄴ,ㄷ

주택법령상 **주택의 공급 및 분양가상한제**에 관한 설명으로 틀린 것은?[22회수정]

① 지방공사가 사업주체가 되어 입주자를 모집하려는 경우 시장·군수·구청장의 승인을 받아야 한다.(×)

② 사업주체가 주택을 공급하려는 경우에는 국토교통부령으로 정하는 바에 따라 벽지·바닥재·주방용구·조명 기구 등을 제외한 부분의 가격을 따로 제시하여야 한다.(○)

③ 도시형 생활주택은 분양가상한제의 적용을 받지 않는다.(○)

④ 관광진흥법에 따라 지정된 관광특구에서 건설·공급하는 50층 이상의 공동주택은 분양가상한제의 적용을 받지 않는다.(○)

⑤ 공공택지에서 주택을 공급하는 경우 분양가상한제 적용 주택의 택지비는 해당 택지의 공급가격에 국토교통부령이 정하는 택지와 관련된 비용을 가산한 금액으로 한다.(○)

① 지방공사는 공공주택사업자라서 입주자모집승인을 받지 않아도 됩니다. 빈출지문!

주택법령상 **주택의 공급 및 분양가격** 등에 관한 설명으로 옳은 것은?[23회]

① 분양가상한제 적용주택의 분양가격은 택지비와 건축비로 구성된다.(○)

② 한국토지주택공사가 사업주체로서 입주자를 모집하려는 경우에는 시장·군수·구청장의 승인을 받아야 한다.(×)

③ 사업주체가 복리시설의 입주자를 모집하려는 경우 시장·군수·구청장의 승인을 받아야 한다.(×)

④ 사업주체는 공공택지에서 공급하는 분양가상한제 적용 주택에 대하여 입주자모집승인을 받았을 때에는 분양가격을 공시할 필요가 없다.(×)

⑤ 관광진흥법에 따라 지정된 관광특구에서 건설·공급하는 높이 150미터 이상의 공동주택은 분양가상한제의 적용을 받는다.(×)

② 공공주택사업자인 한국토지주택공사는 승인을 받지 않아도 됩니다. 빈출지문! ③ 복리시설의 입주자 모집은 신고하면 됩니다. 승인받는 것이 아니죠. ④ 분양가격을 공시해야 합니다. ⑤ 관광특구에서 높이 150미터 이상의 공동주택은 분양가상한제의 적용을 받지 않아요.

2. 분양가상한제 적용주택의 입주자의 거주의무

① **다음 주택**의 입주자(상속받은 자 제외)는 해당 주택에 다음과 같이 입주하여야 한다.

ㄱ. 사업주체가 수도권에서 건설·공급하는 분양가상한제 적용주택 : 최초 입주가능일부터 3년 이내에 입주

ㄴ. 토지임대부 분양주택 : 최초 입주가능일에 입주

✦ 거주의무기간과 부득이한 사유

① 해당 주택의 분양가격과 국토교통부장관이 고시한 방법으로 결정된 인근지역 주택매매가격의 비율에 따라 5년 이내의 범위에서 계속하여 해당 주택에 거주하여야 한다.

ㄱ. 사업주체가 수도권에서 건설·공급하는 분양가상한제 적용주택

1) 공공택지에서 건설·공급되는 주택

- 분양가격이 인근지역 주택매매가격의 80% 미만인 주택: 5년
- 분양가격이 인근지역 주택매매가격의 80% 이상 100% 미만인 주택: 3년

2) 공공택지 외의 택지에서 건설·공급되는 주택

- 분양가격이 인근지역 주택매매가격의 80% 미만인 주택: 3년
- 분양가격이 인근지역 주택매매가격의 80% 이상 100% 미만인 주택: 2년

ㄴ. 토지임대부 분양주택 : 5년

② 다만, 부득이한 사유가 있는 경우 그 기간은 해당 주택에 거주한 것으로 본다.

ㄱ. 다음 어느 하나에 해당하는 경우

1) 사업주체가 수도권에서 건설·공급하는 분양가상한제 적용주택에 입주하기 위해 준비기간이 필요한 경우 : 최초 입주가능일 이후 3년이 되는 날부터 90일까지

2) 사업주체가 수도권에서 건설·공급하는 분양가상한제 적용주택에서의 거주를 중단했다가 거주를 재개하기 위해 입주하는 경우로서 준비기간이 필요한 경우 : 거주를 중단한 날의 다음 날 이후 3년이 되는 날부터 90일까지

3) 토지임대부 분양주택에 입주하기 위해 준비기간이 필요한 경우 : 최초 입주가능일부터 90일까지

ㄴ. 거주의무자가 거주의무기간 중 세대원(거주의무자가 포함된 세대의 구성원)의 근무·생업·취학 또는 질병치료를 위하여 해외에 체류하는 경우

ㄷ. 거주의무자가 주택의 특별공급(군인복지기본법에 따른 공급)을 받은 군인으로서 인사발령에 따라 거주의무기간 중 해당 주택건설지역이 아닌 지역에 거주하는 경우

ㄹ. 거주의무자가 거주의무기간 중 세대원의 근무·생업·취학 또는 질병치료를 위하여 세대원 전원이 다른 주택건설지역에 거주하는 경우(수도권 안에서 거주를 이전하는 경우는 제외)

ㅁ. 거주의무자가 거주의무기간 중 혼인 또는 이혼으로 입주한 주택에서 퇴거하고 해당 주택에 계속 거주하려는 거주의무자의 직계존속·비속, 배우자(종전 배우자를 포함) 또는 형제자매가 자신으로 세대주를 변경한 후 거주의무기간 중 남은 기간을 승계하여 거주하는 경우

ㅂ. 가정어린이집을 설치·운영하려는 자가 해당 주택에 가정어린이집의 설치를 목적으로 인가를 받은 경우 : 가정어린이집을 설치·운영하는 기간

저자의 한마디

공공택지 80% 미만인 경우와 토지임대부 분양주택의 경우가 거주의무기간이 최장인 5년이 네요.

부득이한 사유, 기억해 두세요~

쉰파겔

ㅅ. 전매제한이 적용되지 않는 경우(다만, 입주자로 선정된 지위 또는 주택의 일부를 배우자에게 증여하는 경우와 실직·파산 또는 신용불량으로 경제적 어려움이 발생한 경우는 제외)

ㅇ. 거주의무자의 직계비속이 학교에 재학 중인 학생으로서 주택의 최초 입주 가능일 현재 해당 학기가 끝나지 않은 경우 : 학기가 끝난 후 90일까지

② 거주의무자는 거주의무를 이행하지 아니한 경우 해당 주택을 양도(매매·증여나 그 밖에 권리 변동을 수반하는 모든 행위를 포함하되, 상속의 경우는 제외)할 수 없다. 다만, 거주의무자가 부득이한 사유 이외의 사유로 거주의무기간 이내에 거주를 이전하려는 경우 거주의무자는 한국토지주택공사(사업주체가 공공주택사업자인 경우에는 공공주택사업자)에 해당 주택의 매입을 신청하여야 한다.

③ 한국토지주택공사는 매입신청을 받거나 거주의무자등이 거주의무 위반 사실을 알게 된 경우 위반사실에 대한 의견청취를 하는 등 절차를 거쳐 특별한 사유가 없으면 해당 주택을 매입하여야 한다.

④ 한국토지주택공사가 주택을 매입하는 경우 거주의무자등에게 그가 납부한 입주금과 그 입주금에 은행의 1년 만기 정기예금의 평균이자율을 적용한 이자를 합산한 금액(→매입비용)을 지급한 때에는 그 지급한 날에 한국토지주택공사가 해당 주택을 취득한 것으로 본다.

⑤ 사업주체는 주택을 공급하는 경우에는 거주의무자가 거주의무기간을 거주 하여야 해당 주택을 양도할 수 있음을 소유권에 관한 등기에 부기등기하여야 한다. 이 경우 부기등기는 주택의 소유권보존등기와 동시에 하여야한다.

⑥ 거주의무자등은 거주의무기간을 거주한 후 지방자치단체의 장으로부터 그 거주사실을 확인받은 경우 부기등기 사항을 말소할 수 있다.

⑦ 한국토지주택공사는 취득한 주택을 재공급하여야 하며, 주택을 재공급받은 사람은 거주의무기간 중 잔여기간을 계속하여 거주하지 아니하고 그 주택을 양도할 수 없다. 다만, 부득이한 사유에 해당하는 경우 그 기간은 해당 주택에 거주한 것으로 본다.

⑧ 주택을 재공급받은 사람이 부득이한 사유 이외의 사유로 거주의무기간 이내에 거주를 이전하려는 경우에는 한국토지주택공사에 해당 주택의 매입을 신청하여야 한다.

⑨ 한국토지주택공사가 주택을 취득하거나 주택을 재공급하는 경우에는 주택의 전매행위 제한 규정을 적용하지 아니한다.

3. 분양가상한제 적용주택의 거주실태 조사

① 국토교통부장관 또는 지방자치단체의 장은 거주의무자등의 실제 거주 여부를 확인하기 위하여 거주의무자등에게 필요한 서류 등의 제출을 요구할 수 있으며, 소속 공무원으로 하여금 해당 주택에 출입하여 조사하게 하거나 관계인에게 필요한 질문을 하게 할 수 있다.

② 국토교통부장관 또는 지방자치단체의 장은 조사를 위하여 필요한 경우 주민등록 전산정보(주민등록번호·외국인등록번호 등 고유식별번호를 포함), 가족관계 등록사항 등 실제 거주 여부를 확인하기 위하여 필요한 자료 또는 정보의 제공을 관계 기관의 장에게 요청할 수 있다.

③ 출입·조사·질문을 하는 사람은 국토교통부령으로 정하는 증표를 지니고 이를 관계인에게 내보여야 하며, 조사자의 이름·출입시간 및 출입목적 등이 표시된 문서를 관계인에게 교부하여야 한다.

4. 분양가상한제 적용 지역의 지정 및 해제

① 국토교통부장관은 주택가격상승률이 물가상승률보다 현저히 높은 지역으로서 그 지역의 주택가격·주택거래 등과 지역 주택시장 여건 등을 고려하였을 때 주택가격이 급등하거나 급등할 우려가 있는 지역 중 **다음 기준을 충족하는 지역**은 주거정책심의위원회 심의를 거쳐 분양가상한제 적용 지역으로 지정할 수 있다.

ㄱ. 직전월부터 소급하여 12개월간의 아파트 분양가격상승률이 물가상승률 (해당 지역이 포함된 시·도 소비자물가상승률)의 2배를 초과한 지역(해당 지역의 아파트 분양가격상승률을 산정할 수 없는 경우에는 해당 지역이 포함된 특별시·광역시·특별자치시·특별자치도 또는 시·군의 아파트 분양가격 상승률을 적용)

ㄴ. 직전월부터 소급하여 3개월간의 주택매매거래량이 전년 동기 대비 20% 이상 증가한 지역

ㄷ. 직전월부터 소급하여 주택공급이 있었던 2개월 동안 해당 지역에서 공급되는 주택의 월평균 청약경쟁률이 모두 5대 1을 초과하였거나 해당 지역에서 공급되는 국민주택규모 주택의 월평균 청약경쟁률이 모두 10대 1을 초과한 지역

② 국토교통부장관이 분양가상한제 적용 지역을 지정하는 경우에는 미리 시·도지사의 의견을 들어야 한다.

③ 국토교통부장관은 분양가상한제 적용 지역을 지정하였을 때에는 지체 없이 이를 공고하고, 그 지정 지역을 관할하는 시장·군수·구청장에게 공고 내용을 통보하여야 한다. 이 경우 시장·군수·구청장은 사업주체로 하여금 입주자 모집공고 시 해당 지역에서 공급하는 주택이 분양가상한제 적용주택이라는 사실을 공고하게 하여야 한다.

④ 국토교통부장관은 분양가상한제 적용 지역으로 계속 지정할 필요가 없다고 인정하는 경우에는 주거정책심의위원회 심의를 거쳐 분양가상한제 적용 지역의 지정을 해제하여야 한다.

⑤ 분양가상한제 적용 지역으로 지정된 지역의 시·도지사, 시장, 군수 또는 구청장은 분양가상한제 적용 지역의 지정 후 해당 지역의 주택가격이 안정되는 등 분양가상한제 적용 지역으로 계속 지정할 필요가 없다고 인정하는 경우에는 국토교통부장관에게 그 지정의 해제를 요청할 수 있다.

직전월
분양가상한제 적용 지역으로 지정하는 날이 속하는 달의 바로 전 달

5. 분양가심사위원회의 운영

① 시장·군수·구청장은 사업계획승인 신청이 있는 날부터 20일 이내에 분양가심사위원회를 설치·운영하여야 한다.

② 사업주체가 국가, 지방자치단체, 한국토지주택공사 또는 지방공사(→공공주택사업자)인 경우에는 해당 기관의 장이 위원회를 설치·운영하여야 한다.

③ 분양가심사위원회는 다음 사항을 심의한다.

ㄱ. 분양가격 및 발코니 확장비용 산정의 적정성 여부

ㄴ. 특별자치시·특별자치도·시·군·구별 기본형건축비 산정의 적정성 여부

ㄷ. 분양가격 공시내용의 적정성 여부

ㄹ. 분양가상한제 적용주택과 관련된 제2종국민주택채권 매입예정상한액 산정의 적정성 여부

ㅁ. 분양가상한제 적용주택의 전매행위 제한과 관련된 인근지역 주택매매가격 산정의 적정성 여부

④ 시장·군수·구청장은 입주자모집 승인을 할 때에는 분양가심사위원회의 심사결과에 따라 승인 여부를 결정하여야 한다.

⑤ 분양가심사위원회는 주택 관련 분야 교수, 주택건설 또는 주택관리 분야 전문직 종사자, 관계 공무원 또는 변호사·회계사·감정평가사 등 관련 전문가 10명 이내로 구성한다.

분양가심사위원회는
5가지 모두
적정성 여부를 심의!

주택법령상 **주택의 공급**에 관한 설명으로 옳은 것은?[26회]

① 한국토지주택공사가 사업주체로서 복리시설의 입주자를 모집하려는 경우 시장·군수·구청장에게 신고하여야 한다.(×)

② 지방공사가 사업주체로서 견본주택을 건설하는 경우에는 견본주택에 사용되는 마감자재 목록표와 견본주택의 각 실의 내부를 촬영한 영상물 등을 제작하여 시장·군수·구청장에게 제출하여야 한다.(○)

③ 관광진흥법에 따라 지정된 관광특구에서 건설·공급하는 50층 이상의 공동주택은 분양가상한제의 적용을 받는다.(×)

④ 공공택지 외의 택지로서 분양가상한제가 적용되는 지역에서 공급하는 도시형 생활주택은 분양가상한제의 적용을 받는다.(×)

⑤ 시·도지사는 사업계획승인 신청이 있는 날부터 30일 이내에 분양가심사위원회를 설치·운영하여야 한다.(×)

① 복리시설의 입주자 모집은 신고대상이지만 공공주택사업자(한국토지주택공사)는 신고하지 않아도 됩니다. ② 공공주택사업자(지방공사)도 마감자재 목록표와 내부촬영 영상물을 제출해야 합니다. ③ 관광특구에 있는 50층 이상의 공동주택은 분양가상한제의 적용을 받지 않아요. 빈출지문! ④ 도시형 생활주택은 분양가상한제의 적용을 받지 않습니다. ⑤ 시·도지사가 아니라 시장·군수·구청장이고요, 30일이 아니라 20일 이내입니다.

6. 견본주택의 건축기준

① 사업주체가 주택의 판매촉진을 위하여 견본주택을 건설하려는 경우 견본주택의 내부에 사용하는 마감자재 및 가구는 사업계획승인의 내용과 같은 것으로 시공·설치하여야 한다.

② 사업주체는 견본주택의 내부에 사용하는 마감자재를 사업계획승인 또는 마감자재 목록표와 다른 마감자재로 설치하는 경우로서 다음에 해당하는 경우에는 일반인이 그 해당 사항을 알 수 있도록 그 공급가격을 표시하여야 한다.

ㄱ. 분양가격에 포함되지 아니하는 품목을 견본주택에 전시하는 경우

ㄴ. 마감자재 생산업체의 부도 등으로 인한 제품의 품귀 등 부득이한 경우

③ 견본주택에는 마감자재 목록표와 사업계획승인을 받은 서류 중 평면도와 시방서를 갖춰 두어야 하며, 견본주택의 배치·구조 및 유지관리 등은 국토교통부령으로 정하는 기준에 맞아야 한다.

주택공급질서 유지를 위한 조치*****

1. 저당권설정 등의 제한

① 사업주체는 주택건설사업에 의하여 건설된 주택 및 대지에 대하여는 입주자 모집공고 승인 신청일(주택조합의 경우에는 사업계획승인 신청일) 이후부터 입주예정자가 그 주택 및 대지의 소유권이전등기를 신청할 수 있는 날 이후 60일까지의 기간 동안 입주예정자의 동의 없이 다음 행위를 하여서는 아니 된다.

ㄱ. 해당 주택 및 대지에 저당권 또는 가등기담보권 등 담보물권을 설정하는 행위

ㄴ. 해당 주택 및 대지에 전세권·지상권 또는 등기되는 부동산임차권을 설정하는 행위

ㄷ. 해당 주택 및 대지를 매매 또는 증여 등의 방법으로 처분하는 행위

다만, 그 주택의 건설을 촉진하기 위하여 다음 경우에는 저당권설정 등의 행위가 가능하다.

ㄱ. 해당 주택의 입주자에게 주택구입자금의 일부를 융자해 줄 목적으로 주택도시기금이나 금융기관으로부터 주택건설자금의 융자를 받는 경우

ㄴ. 해당 주택의 입주자에게 주택구입자금의 일부를 융자해 줄 목적으로 금융기관으로부터 주택구입자금의 융자를 받는 경우

ㄷ. 사업주체가 파산, 합병, 분할, 등록말소 또는 영업정지 등의 사유로 사업을 시행할 수 없게 되어 사업주체가 변경되는 경우

② 소유권이전등기를 신청할 수 있는 날이란 사업주체가 입주예정자에게 통보한 입주가능일을 말한다.

③ 저당권설정 등의 제한을 할 때 사업주체는 해당 주택 또는 대지가 입주예정자의 동의 없이는 양도하거나 제한물권을 설정하거나 압류·가압류·가처분 등의 목적물이 될 수 없는 재산임을 소유권등기에 부기등기하여야 한다.

> **저자의 한마디**
>
> 여기서 금융기관은 은행, 중소기업은행, 상호저축은행, 보험회사 등을 말해요.

다만, **다음 경우**에는 부기등기하지 않아도 된다.

ㄱ. 대지의 경우

다음 어느 하나에 해당하는 경우

1) 사업주체가 국가 · 지방자치단체 · 한국토지주택공사 또는 지방공사(→공공 주택사업자)인 경우

2) 사업주체가 조성된 택지를 공급받아 주택을 건설하는 경우로서 해당 대지의 지적정리가 되지 아니하여 소유권을 확보할 수 없는 경우

3) 조합원이 주택조합에 대지를 신탁한 경우

4) 해당 대지가 다음에 해당하는 경우

- 매도청구소송을 제기하여 법원의 승소판결을 받은 경우

- 해당 대지의 소유권 확인이 곤란하여 매도청구소송을 제기한 경우(감정평가액을 공탁하여야 함)

- 사업주체가 소유권을 확보하지 못한 대지로서 최초로 주택건설사업계획 승인을 받은 날 이후 소유권이 제3자에게 이전된 대지에 대하여 매도청구소송을 제기한 경우(감정평가액을 공탁하여야 함)

5) 사업주체가 소유권을 확보한 대지에 저당권, 가등기담보권, 전세권, 지상권 및 등기되는 부동산임차권이 설정된 경우로서 이들 권리의 말소소송을 제기하여 승소판결을 받은 경우

ㄴ. 주택의 경우

해당 주택의 입주자로 선정된 지위를 취득한 자가 없는 경우(소유권보존등기 이후 입주자모집공고의 승인을 신청하는 경우는 제외)

④ 부기등기는 주택건설대지에 대하여는 입주자 모집공고 승인 신청과 동시에 하여야 하고, 건설된 주택에 대하여는 소유권보존등기와 동시에 하여야 한다.

⑤ 부기등기일 이후에 해당 대지 또는 주택을 양수하거나 제한물권을 설정받은 경우 또는 압류 · 가압류 · 가처분 등의 목적물로 한 경우에는 그 효력을 무효로 한다. 다만, 사업주체의 경영부실로 입주예정자가 그 대지를 양수받는 경우 등의 경우에는 무효가 아니다.

⑥ **다음 사유**에 해당되어 주택도시보증공사가 분양보증을 하면서 주택건설대지를 주택도시보증공사에 신탁하게 할 경우에는 사업주체는 그 주택건설대지를 신탁할 수 있다.

ㄱ. 최근 2년간 연속된 경상손실로 인하여 자기자본이 잠식된 경우

ㄴ. 자산에 대한 부채의 비율이 500%를 초과하는 경우

ㄷ. 사업주체가 부기등기를 하지 않고 주택도시보증공사에 해당 대지를 신탁 하려는 경우

⑦ 사업주체가 주택건설대지를 신탁하는 경우 신탁등기일 이후부터 입주 예정자가 해당 주택건설대지의 소유권이전등기를 신청할 수 있는 날 이후 60일까지의 기간 동안 해당 신탁의 종료를 원인으로 하는 사업주체의 소유권이전등기청구권에 대한 압류·가압류·가처분 등은 효력이 없음을 신탁계약조항에 포함하여야 한다.

⑧ 신탁등기일 이후부터 입주예정자가 해당 주택건설대지의 소유권이전등기를 신청할 수 있는 날 이후 60일까지의 기간 동안 해당 신탁의 종료를 원인으로 하는 사업주체의 소유권이전등기청구권을 압류·가압류·가처분 등의 목적물로 한 경우에는 그 효력을 무효로 한다.

2. 사용검사 후 매도청구

① 주택(복리시설을 포함)의 소유자들은 주택단지 전체 대지에 속하는 일부의 토지에 대한 소유권이전등기 말소소송 등에 따라 사용검사(동별 사용검사를 포함)를 받은 이후에 해당 토지의 소유권을 회복한 자(→실소유자)에게 해당 토지를 시가로 매도할 것을 청구할 수 있다.

② 주택의 소유자들은 대표자를 선정하여 매도청구에 관한 소송을 제기할 수 있다. 이 경우 대표자는 주택의 소유자 전체의 4분의 3 이상의 동의를 받아 선정 한다.

③ 매도청구에 관한 소송에 대한 판결은 주택의 소유자 전체에 대하여 효력이 있다.

④ 매도청구를 하려는 경우에는 해당 토지의 면적이 주택단지 전체 대지 면적의 5% 미만이어야 한다.

⑤ 매도청구의 의사표시는 실소유자가 해당 토지 소유권을 회복한 날부터 2년 이내에 해당 실소유자에게 송달되어야 한다.

⑥ 주택의 소유자들은 매도청구로 인하여 발생한 비용의 전부를 사업주체에게 구상할 수 있다.

사용검사 후 매도청구
① 실소유자에게 시가로 청구
② 대표자 3/4이상 동의
③ 판결은 전원에 대해 효력
④ 전체 대지면적의 5% 미만
⑤ 소유권회복일부터 2년이내
⑥ 비용전부 구상

주택법 상 사용검사 후 매도청구 등에 관한 조문의 일부이다. ( )에 들어갈 숫자를 바르게 나열한 것은?[30회]

> 주택법 제62조(사용검사 후 매도청구 등)
> ①~③ 〈생략〉
> ④ 제1항에 따라 매도청구를 하려는 경우에는 해당 토지의 면적이 주택단지 전체 대지 면적의 (ㄱ)퍼센트 미만이어야 한다.
> ⑤ 제1항에 따른 매도청구의 의사표시는 실소유자가 해당 토지 소유권을 회복한 날부터 (ㄴ)년 이내에 해당 실소유자에게 송달되어야 한다.
> ⑥ 〈생략〉

① ㄱ: 4, ㄴ: 1   ② ㄱ: 5, ㄴ: 2   ③ ㄱ: 5, ㄴ: 3
④ ㄱ: 10, ㄴ: 1   ⑤ ㄱ: 10, ㄴ: 2

전체 대지 면적의 5% 미만이어야 매도청구를 할 수 있고, 실소유자가 해당 토지 소유권을 회복한 날부터 2년 이내에 매도청구의 의사표시를 송달해야 합니다. 정답②

주택건설사업이 완료되어 **사용검사**가 있은 후에 甲이 주택단지 일부의 토지에 대해 소유권이전등기 말소소송에 따라 해당 토지의 소유권을 회복하게 되었다. 주택법령상 이에 관한 설명으로 옳은 것은?[29회]

① 주택의 소유자들은 甲에게 해당 토지를 공시지가로 매도할 것을 청구할 수 있다.(×)

② 대표자를 선정하여 매도청구에 관한 소송을 하는 경우 대표자는 복리 시설을 포함하여 주택의 소유자 전체의 4분의 3 이상의 동의를 받아 선정 한다.(○)

③ 대표자를 선정하여 매도청구에 관한 소송을 하는 경우 그 판결은 대표자 선정에 동의하지 않은 주택의 소유자에게는 효력이 미치지 않는다.(×)

④ 甲이 소유권을 회복한 토지의 면적이 주택단지 전체 대지 면적의 5퍼센트를 넘는 경우에는 주택 소유자 전원의 동의가 있어야 매도 청구를 할 수 있다.(×)

⑤ 甲이 해당 토지의 소유권을 회복한 날부터 1년이 경과한 이후에는 甲에게 매도청구를 할 수 없다.(×)

① 공시지가로 팔라고하면 안 팔겠죠? 시가로 매도청구합니다. ③ 주택소유자 전체에게 효력이 미칩니다. ④ 5% 미만이어야 매도 청구할 수 있습니다. 5%를 넘으면 전원동의가 있어도 매도 청구를 할 수 없어요. 빈출지문! ⑤ 1년이 아니라 2년입니다. 빈출지문!

3. 투기과열지구의 지정 및 해제

① 국토교통부장관 또는 시·도지사는 주택가격의 안정을 위하여 필요한 경우에는 주거정책심의위원회의 심의를 거쳐 일정한 지역을 투기과열지구로 지정하거나 이를 해제할 수 있다. 이 경우 투기과열지구는 그 지정 목적을 달성할 수 있는 최소한의 범위에서 시·군·구 또는 읍·면·동의 지역 단위로 지정하되, 택지개발지구 등 해당 지역 여건을 고려하여 지정 단위를 조정할 수 있다.

② 투기과열지구는 해당 지역의 주택가격상승률이 물가상승률보다 현저히 높은 지역으로서 그 지역의 청약경쟁률·주택가격·주택보급률 및 주택공급계획 등과 지역 주택시장 여건 등을 고려하였을 때 주택에 대한 투기가 성행하고 있거나 성행할 우려가 있는 지역 중 **다음 기준**을 충족하는 곳이어야 한다.

ㄱ. 직전월부터 소급하여 주택공급이 있었던 2개월 동안 해당 지역에서 공급되는 주택의 월평균 청약경쟁률이 모두 5대 1을 초과하였거나 국민주택규모 주택의 월평균 청약경쟁률이 모두 10대 1을 초과한 곳

ㄴ. **다음**에 해당하여 주택공급이 위축될 우려가 있는 곳

• 주택의 분양계획이 직전월보다 30% 이상 감소한 곳

• 주택건설사업계획의 승인이나 건축허가 실적이 직전년도보다 급격하게 감소한곳

ㄷ. 신도시 개발이나 주택의 전매행위 성행 등으로 투기 및 주거불안의 우려가 있는 곳으로서 **다음**에 해당하는 곳

• 시·도별 주택보급률이 전국 평균 이하인 경우

• 시·도별 자가주택비율이 전국 평균 이하인 경우

• 해당 지역의 주택공급물량이 입주자저축 가입자 중 주택청약 제1순위자에 비하여 현저하게 적은 경우

투기과열지구는
기간을 정하여 지정하진 않아!

원파컬

③ 국토교통부장관 또는 시·도지사는 투기과열지구를 지정하였을 때에는 지체 없이 이를 공고하고, 국토교통부장관은 그 투기과열지구를 관할 하는 시장·군수·구청장에게, 특별시장, 광역시장 또는 도지사는 그 투기과열지구를 관할하는 시장, 군수 또는 구청장에게 각각 공고 내용을 통보하여야 한다. 이 경우 시장·군수·구청장은 사업주체로 하여금 입주자 모집공고 시 해당 주택건설 지역이 투기과열지구에 포함된 사실을 공고하게 하여야 한다. 투기과열지구 지정을 해제하는 경우에도 또한 같다.

④ 국토교통부장관 또는 시·도지사는 투기과열지구에서 지정 사유가 없어졌다고 인정하는 경우에는 지체 없이 투기과열지구 지정을 해제하여야 한다.

⑤ 국토교통부장관이 투기과열지구를 지정하거나 해제할 경우에는 미리 시·도지사의 의견을 듣고 그 의견에 대한 검토의견을 회신하여야 하며, 시·도지사가 투기과열지구를 지정하거나 해제할 경우에는 국토교통부장관과 협의하여야 한다.

⑥ 국토교통부장관은 반기마다 주거정책심의위원회의 회의를 소집하여 투기과열지구로 지정된 지역별로 해당 지역의 주택가격 안정 여건의 변화 등을 고려하여 투기과열지구 지정의 유지 여부를 재검토하여야 한다. 이 경우 재검토 결과 투기과열지구 지정의 해제가 필요하다고 인정되는 경우에는 지체 없이 투기과열지구 지정을 해제하고 이를 공고하여야 한다.

⑦ 투기과열지구로 지정된 지역의 시·도지사, 시장, 군수 또는 구청장은 투기과열지구 지정 후 해당 지역의 주택가격이 안정되는 등 지정 사유가 없어졌다고 인정되는 경우에는 국토교통부장관 또는 시·도지사에게 투기과열지구 지정의 해제를 요청할 수 있다.

⑧ 투기과열지구 지정의 해제를 요청받은 국토교통부장관 또는 시·도지사는 요청받은 날부터 40일 이내에 주거정책심의위원회의 심의를 거쳐 투기과열지구 지정의 해제 여부를 결정하여 그 투기과열지구를 관할하는 지방자치단체의 장에게 심의결과를 통보하여야 한다.

⑨ 국토교통부장관 또는 시·도지사는 심의결과 투기과열지구에서 그 지정 사유가 없어졌다고 인정될 때에는 지체 없이 투기과열지구 지정을 해제하고 이를 공고하여야 한다.

주택법령상 **투기과열지구**의 지정기준에 관한 설명이다. ( )에 들어갈 숫자와 내용을 바르게 나열한 것은?[32회]

> ○ 투기과열지구로 지정하는 날이 속하는 달의 바로 전달(이하 직전월)부터 소급하여 주택공급이 있었던 (ㄱ)개월 동안 해당 지역에서 공급되는 주택의 월평균 청약경쟁률이 모두 5대 1을 초과하거나 국민주택규모 주택의 월평균 청약경쟁률이 모두 (ㄴ)대 1을 초과한 곳
> ○ 주택의 (ㄷ)이 직전월보다 30%이상 감소하여 주택공급이 위축될 우려가 있는 곳

① ㄱ:2, ㄴ:10, ㄷ:분양계획　　② ㄱ:2, ㄴ:10, ㄷ:건축허가실적
③ ㄱ:2, ㄴ:20, ㄷ:건축허가실적　④ ㄱ:3, ㄴ:10, ㄷ:분양계획
⑤ ㄱ:3, ㄴ:20, ㄷ:건축허가실적

주택법령상 **주거정책심의위원회**의 심의를 거치도록 규정되어 있는 것만을 모두 고른 것은?[30회]

> ㄱ. 주택법 제20조에 따라 시장·군수·구청장의 요청을 받아 국토교통부장관이 임대 주택의 인수자를 지정하는 경우
> ㄴ. 주택법 제58조에 따라 국토교통부장관이 분양가상한제 적용지역을 지정하는 경우
> ㄷ. 주택법 제63조에 따라 국토교통부장관이 투기과열지구의 지정을 해제하는 경우

① ㄴ ② ㄱ,ㄴ ③ ㄱ,ㄷ ④ ㄴ,ㄷ ⑤ ㄱ,ㄴ,ㄷ

4. 조정대상지역의 지정 및 해제

① 국토교통부장관(시·도지사×)은 **다음 지역**으로서 국토교통부령으로 정하는 기준을 충족하는 지역을 주거정책심의위원회의 심의를 거쳐 조정대상지역으로 지정할 수 있다. 이 경우 ㄱ(과열지역)에 해당하는 조정대상지역은 그 지정 목적을 달성할 수 있는 최소한의 범위에서 시·군·구 또는 읍·면·동의 지역 단위로 지정하되, 택지개발지구 등 해당 지역 여건을 고려하여 지정 단위를 조정할 수 있다.

ㄱ. 과열지역

조정대상지역지정 직전월부터 소급하여 3개월간의 해당 지역 주택가격 상승률이 그 지역이 속하는 시·도 소비자물가상승률의 1.3배를 초과한 지역으로서 다음에 해당하는 지역

1) 조정대상지역지정 직전월부터 소급하여 주택공급이 있었던 2개월 동안 해당 지역에서 공급되는 주택의 월별 평균 청약경쟁률이 모두 5대 1을 초과했거나 국민주택규모 주택의 월별 평균 청약경쟁률이 모두 10대 1을 초과한 지역

2) 조정대상지역지정 직전월부터 소급하여 3개월간의 분양권(주택의 입주자로 선정된 지위) 전매거래량이 직전 연도의 같은 기간보다 30퍼센트 이상 증가한 지역

3) 해당 지역이 속하는 시·도의 주택보급률 또는 자가주택비율이 전국 평균 이하인 지역

ㄴ. 위축지역

조정대상지역지정 직전월부터 소급하여 6개월간의 평균 주택가격상승률이 마이너스 1퍼센트 이하인 지역으로서 다음에 해당하는 지역

1) 조정대상지역지정 직전월부터 소급하여 3개월 연속 주택매매거래량이 직전 연도의 같은 기간보다 20퍼센트 이상 감소한 지역

2) 조정대상지역지정 직전월부터 소급하여 3개월간의 평균 미분양주택 (사업계획승인을 받아 입주자를 모집했으나 입주자가 선정되지 않은 주택)의 수가 직전 연도의 같은 기간보다 2배 이상인 지역

3) 해당 지역이 속하는 시·도의 주택보급률 또는 자가주택비율이 전국 평균을 초과하는 지역

주택법령상 **조정대상지역의 지정기준**의 일부이다. ( )에 들어갈 숫자로 옳은 것은?[34회]

> 조정대상지역지정 직전월부터 소급하여 6개월간의 평균 주택가격상승률이 마이너스 (ㄱ)퍼센트 이하인 지역으로서 다음에 해당하는 지역
> ○ 조정대상지역 지정 직전월부터 소급하여 (ㄴ)개월 연속 주택 매매거래량이 직전 연도의 같은 기간보다 (ㄷ) 퍼센트 이상 감소한 지역
> ○ 조정대상지역지정 직전월부터 소급하여 (ㄴ)개월간의 평균 미분양주택(주택법 제15조제1항에 따른 사업계획승인을 받아 입주자를 모집했으나 입주자가 선정되지 않은 주택을 말한다)의 수가 직전 연도의 같은 기간보다 2배 이상인 지역

① ㄱ: 1, ㄴ: 3, ㄷ: 20 ② ㄱ: 1, ㄴ: 3, ㄷ: 30 ③ ㄱ: 1, ㄴ: 6, ㄷ: 30
④ ㄱ: 3, ㄴ: 3, ㄷ: 20 ⑤ ㄱ: 3, ㄴ: 6, ㄷ: 20

위축지역이죠? 시행령72조의3 1항2호 정답①

② 국토교통부장관은 조정대상지역을 지정하는 경우 **다음 사항**을 미리 관계 기관과 협의할 수 있다.

ㄱ. 주택도시보증공사의 보증업무 및 주택도시기금의 지원 등에 관한 사항

ㄴ. 주택 분양 및 거래 등과 관련된 금융·세제 조치 등에 관한 사항

ㄷ. 그밖에 주택시장의 안정 또는 실수요자의 주택거래 활성화를 위하여 대통령령으로 정하는 사항

③ 국토교통부장관은 조정대상지역을 지정하는 경우에는 미리 시·도지사의 의견을 들어야 한다.

④ 국토교통부장관은 조정대상지역을 지정하였을 때에는 지체 없이 이를 공고 하고, 그 조정대상지역을 관할하는 시장·군수·구청장에게 공고 내용을 통보 하여야 한다. 이 경우 시장·군수·구청장은 사업주체로 하여금 입주자 모집공고 시 해당 주택건설 지역이 조정대상지역에 포함된 사실을 공고하게 하여야 한다.

⑤ 국토교통부장관은 조정대상지역으로 유지할 필요가 없다고 판단되는 경우에는 주거정책심의위원회의 심의를 거쳐 조정대상지역의 지정을 해제하여야 한다.

⑥ 국토교통부장관은 반기마다 주거정책심의위원회의 회의를 소집하여 조정 대상지역으로 지정된 지역별로 해당 지역의 주택가격 안정 여건의 변화 등을 고려하여 조정대상지역 지정의 유지 여부를 재검토하여야 한다. 이 경우 재검토 결과 조정대상지역 지정의 해제가 필요하다고 인정되는 경우에는 지체 없이 조정대상지역 지정을 해제하고 이를 공고하여야 한다.

> **저자의 한마디**
>
> 투기과열지구 또는 조정대상지역 지정의 유지 여부 재검토는 국장이 반기마다 주거정책심의위원회의 회의를 소집하여(심의를 거쳐 ×) 하는 행위입니다. 주의하세요!

⑦ 조정대상지역으로 지정된 지역의 시·도지사 또는 시장·군수·구청장은 조정대상지역 지정 후 해당 지역의 주택가격이 안정되는 등 조정대상지역으로 유지할 필요가 없다고 판단되는 경우에는 국토교통부장관에게 그 지정의 해제를 요청할 수 있다.

5. 주택의 전매행위 제한

① 사업주체가 건설·공급하는 주택(해당 주택의 입주자로 선정된 지위 포함)으로서 **다음 경우**에는 <u>10년 이내의 범위</u>에서 전매제한기간이 지나기 전에는 그 주택을 전매(매매·증여나 그 밖에 권리의 변동을 수반하는 모든 행위를 포함하되, 상속의 경우는 제외)하거나 이의 전매를 알선할 수 없다. 이 경우 전매제한기간은 주택의 수급 상황 및 투기 우려 등을 고려하여 지역별로 달리 정할 수 있다.

ㄱ. 투기과열지구에서 건설·공급되는 주택

ㄴ. 조정대상지역에서 건설·공급되는 주택(위축지역에 해당하는 조정대상지역 중 공공택지 외의 택지에서 건설·공급되는 주택은 제외)

ㄷ. 분양가상한제 적용주택(수도권 외의 지역 중 광역시가 아닌 지역이나 광역시 중 도시지역이 아닌 지역으로서 투기과열지구가 지정되지 아니하거나 지정 해제된 지역 중 공공택지 외의 택지에서 건설·공급되는 분양가상한제 적용주택은 제외)

ㄹ. 공공택지 외의 택지에서 건설·공급되는 주택(분양가상한제 비적용 주택 및 수도권 외의 지역 중 광역시가 아닌 지역이나 광역시 중 도시지역이 아닌 지역으로서 공공택지 외의 택지에서 건설·공급되는 주택은 제외)

ㅁ. 공공재개발사업(공공택지 외의 택지에서 주택가격 상승 우려가 있어 국토교통부장관이 주거정책심의위원회의 심의를 거쳐 지정하는 지역에 한정)에서 건설·공급하는 주택

ㅂ. 토지임대부 분양주택

✚ 전매행위 제한기간 시행령 [별표3]

① 공통 사항

ㄱ. 전매행위 제한기간은 해당 주택의 입주자로 선정된 날부터 기산

ㄴ. 주택에 대한 전매행위 제한기간이 둘 이상에 해당하는 경우에는 그 중 가장 긴 전매행위 제한기간을 적용(**위축지역**에서 건설·공급되는 주택의 경우에는 가장 짧은 전매행위 제한기간을 적용)

ㄷ. 주택에 대한 전매행위 제한기간 이내에 해당 주택에 대한 소유권이전등기를 완료한 경우 소유권이전등기를 완료한 때에 전매행위 제한기간이 지난 것으로 봄(주택에 대한 소유권이전등기에는 대지를 제외한 건축물에 대해서만 소유권이전등기를 하는 경우를 포함)

② 주택별 전매행위 제한기간

ㄱ. 투기과열지구에서 건설·공급되는 주택: 수도권(3년), 수도권 외의 지역(1년)

ㄴ. 조정대상지역에서 건설 · 공급되는 주택

- 과열지역: 수도권(3년), 수도권 외의 지역(1년)
- 위축지역: 공공택지에서 건설 · 공급되는 주택(6개월), 공공택지 외의 택지에서 건설 · 공급되는 주택(제한없음)

ㄷ. 분양가상한제 적용주택

- 공공택지에서 건설 · 공급되는 주택: 수도권(3년), 수도권 외의 지역(1년)
- 공공택지 외의 택지에서 건설 · 공급되는 주택
  - 투기과열지구: 수도권(3년), 수도권 외의 지역(1년)
  - 투기과열지구가 아닌 지역
    · 수도권: 과밀억제권역(1년), 성장관리권역 및 자연보전권역(6개월)
    · 수도권 외의 지역 : 도시지역(6개월). 그 밖의 지역(제한없음)

ㄹ. 공공택지 외의 택지에서 건설 · 공급되는 주택

- 수도권: 과밀억제권역(1년), 성장관리권역 및 자연보전권역(6개월)
- 수도권 외의 지역 : 도시지역(6개월). 그 밖의 지역(제한없음)

ㅁ. 공공재개발사업에서 건설 · 공급하는 주택

- 투기과열지구: 수도권(3년), 수도권 외의 지역(1년)
- 투기과열지구가 아닌 지역
  - 수도권: 과밀억제권역(1년), 성장관리권역 및 자연보전권역(6개월)
  - 수도권 외의 지역 : 도시지역(6개월). 그 밖의 지역(제한없음)

ㅂ. 토지임대부 분양주택: 10년

---

② 위의 주택을 공급받은 자의 생업상의 사정 등으로 전매가 불가피하다고 인정되는 **다음 경우**(다음 경우에 해당하여 한국토지주택공사의 동의를 받은 경우)에는 전매행위 제한 규정을 적용하지 아니한다. 다만, 분양가상한제 적용주택을 공급받은 자가 전매하는 경우에는 한국토지주택공사가 그 주택을 우선 매입할 수 있다.

ㄱ. 세대원(주택을 공급받은 사람이 포함된 세대의 구성원)이 근무 또는 생업상의 사정이나 질병치료 · 취학 · 결혼으로 인하여 세대원 전원이 다른 광역시, 특별자치시, 특별자치도, 시 또는 군(광역시의 관할구역에 있는 군은 제외)으로 이전하는 경우(수도권 안에서 이전하는 경우는 제외)

ㄴ. 상속에 따라 취득한 주택으로 세대원 전원이 이전하는 경우

ㄷ. 세대원 전원이 해외로 이주하거나 2년 이상의 기간 동안 해외에 체류하려는 경우

ㄹ. 이혼으로 인하여 입주자로 선정된 지위 또는 주택을 배우자에게 이전하는 경우

전매제한 비적용 8가지 꼭 기억하세요!

ㅁ. 공익사업의 시행으로 주거용 건축물을 제공한 자가 사업시행자로부터 이주대책용 주택을 공급받은 경우(사업시행자의 알선으로 공급받은 경우를 포함)로서 시장·군수·구청장이 확인하는 경우

ㅂ. ①의 ㄷ,ㄹ,ㅁ 주택의 소유자가 국가·지방자치단체 및 금융기관에 대한 채무를 이행하지 못하여 경매 또는 공매가 시행되는 경우

ㅅ. 입주자로 선정된 지위 또는 주택의 일부를 배우자에게 증여하는 경우

ㅇ. 실직·파산 또는 신용불량으로 경제적 어려움이 발생한 경우

③ ①의 전매 제한(토지임대부 분양주택은 제외)을 위반하여 주택의 입주자로 선정된 지위의 전매가 이루어진 경우, 사업주체가 매입비용을 그 매수인에게 지급한 경우에는 그 지급한 날(전매일×)에 사업주체가 해당 입주자로 선정된 지위를 취득한 것으로 보며, 한국토지주택공사가 분양가상한제 적용주택을 우선 매입하는 경우에도 매입비용을 준용하되, 해당 주택의 분양가격과 인근지역 주택매매가격의 비율 및 해당 주택의 보유기간 등을 고려하여 매입금액을 달리 정할 수 있다.

④ 사업주체가 ①의 ㄷ,ㄹ,ㅂ 주택을 공급하는 경우(한국주택토지공사가 주택을 재공급하는 경우도 포함)에는 그 주택의 소유권을 제3자에게 이전할 수 없음을 소유권에 관한 등기에 부기등기하여야 한다. 부기등기는 주택의 소유권보존등기와 동시에 하여야 한다.

⑤ 한국토지주택공사는 매입한 주택을 재공급하여야 하며, 해당 주택을 공급받은 자는 전매제한기간 중 잔여기간 동안 그 주택을 전매할 수 없다. 이 경우 매입한 주택은 토지임대부 분양주택으로 재공급하여야 한다.

⑥ 국토교통부장관은 전매행위 제한 규정을 위반한 자에 대하여 10년의 범위에서(위반 행위를 적발한 날부터 10년까지) 주택의 입주자자격을 제한할 수 있다.

⑦ 한국토지주택공사가 주택을 재공급하는 경우에는 전매행위 제한 규정을 적용하지 아니한다.

세대주인 甲이 취득한 주택은 주택법령에 의한 **전매제한** 기간 중에 있다. 다음 중 甲이 이 주택을 **전매할 수 있는 경우**는?(단, 다른 요건은 충족됨)[22회]

① 세대원인 甲의 아들의 결혼으로 甲의 세대원 전원이 서울특별시로 이전하는 경우

② 甲은 상속에 의하여 취득한 주택으로 이전하면서, 甲을 제외한 나머지 세대원은 다른 새로운 주택으로 이전하는 경우

③ 甲의 세대원 전원이 1년 6개월 간 해외에 체류하고자 하는 경우

④ 세대원인 甲의 가족은 국내에 체류하고, 甲은 해외로 이주하고자 하는 경우

⑤ 甲이 이 주택의 일부를 배우자에게 증여하는 경우

① 수도권으로 이전하면 전매할 수 없어요. ② 세대원 전원이 상속으로 취득한 주택으로 이전해야 합니다. ③ 세대원 전원이 2년 이상 해외에 체류해야 합니다. ④ 세대원 전원이 해외로 이주해야죠. 정답⑤

주택법령상 **주택의 전매행위 제한**을 받는 주택임에도 불구하고 **전매가 허용되는 경우**에 해당하는 것은?(단, 전매를 위해 필요한 다른 요건은 충족한 것으로 함)^{24회}

① 세대주의 근무상 사정으로 인하여 세대원 일부가 수도권으로 이전하는 경우

② 세대원 전원이 1년간 해외에 체류하고자 하는 경우

③ 이혼으로 인하여 주택을 그 배우자에게 이전하는 경우

④ 세대원 일부가 해외로 이주하는 경우

⑤ 상속에 의하여 취득한 주택으로 세대원 일부가 이전하는 경우

① 세대원 전원이 이전해야 되고, 전원 이전하더라도 수도권으로 이전하면 전매제한을 받습니다. ② 세대원 전원이 2년 이상 해외에 체류해야 해요. ④ 세대원 전부가 해외로 이주해야 합니다. ⑤ 세대원 전부가 이전해야 전매 가능합니다. 정답③

주택법령상 **주택의 전매행위 제한**에 관한 설명으로 틀린 것은?(단, 수도권은 수도권 정비계획법에 의한 것임)^{27회수정}

① 전매제한기간은 주택의 수급 상황 및 투기 우려 등을 고려하여 지역별로 달리 정할 수 있다.(○)

② 사업주체가 공공택지 외의 택지에서 건설·공급되는 주택을 공급하는 경우에는 그 주택의 소유권을 제3자에게 이전할 수 없음을 소유권에 관한 등기에 부기등기 하여야 한다.(○)

③ 세대원 전원이 2년 이상의 기간 동안 해외에 체류하고자 하는 경우로서 사업주체의 동의를 받은 경우에는 전매제한 주택을 전매할 수 있다.(○)

④ 상속에 의하여 취득한 주택으로 세대원 전원이 이전하는 경우로서 사업 주체의 동의를 받은 경우에는 전매제한 주택을 전매할 수 있다.(○)

⑤ 공공택지 외의 택지에서 건설·공급되는 주택의 소유자가 국가에 대한 채무를 이행하지 못하여 공매가 시행되는 경우에는 사업주체의 동의 없이도 전매를 할 수 있다.(×)

⑤ 이 경우에도 사업주체의 동의가 있어야 전매할 수 있습니다.

저자의 한마디

⑤ 전매제한을 적용하지 않는 7가지 경우는 모두 사업주체의 동의가 필요합니다. 즉 7가지 요건 중 하나만 갖췄다고해서 전매제한이 풀리는 게 아니에요. 사업주체의 동의까지 받아야 합니다.

주택법령상 **투기과열지구**에 관한 설명으로 옳은 것은?^{25회}

① 일정한 지역의 주택가격상승률이 물가상승률보다 현저히 높은 경우 관할 시장·군수·구청장은 해당 지역을 투기과열지구로 지정할 수 있다.(×)

② 시·도지사가 투기과열지구를 지정하는 경우 당해 지역의 시장·군수·구청장과 협의하여야 한다.(×)

③ 투기과열지구로 지정되면 투기과열지구 내의 기존 주택에 대해서 주택의 전매제한이 적용된다.(×)

④ 주택의 분양계획이 지난달보다 30퍼센트 이상 증가한 곳은 투기과열지구로 지정하여야 한다.(×)

⑤ 투기과열지구에서 건설·공급되는 주택의 입주자로 선정된 지위를 세대원 전원이 해외로 이주하게 되어 사업주체의 동의를 받아 전매하는 경우에는 전매제한이 적용되지 않는다.(○)

국토교통부장관이 투기과열지구를 지정하거나 해제할 경우에는 미리 시·도지사의 의견을 듣고 그 의견에 대한 검토의견을 회신하여야 하며, 시·도지사가 투기과열지구를 지정하거나 해제할 경우에는 국토교통부장관과 협의하여야 한다.(63조5항)

주택법령상 **투기과열지구 및 조정대상지역**에 관한 설명으로 옳은 것은?^{29회수정}

① 국토교통부장관은 시·도별 주택보급률 또는 자가주택 비율이 전국 평균을 초과하는 지역을 투기과열지구로 지정할 수 있다.(×)

② 시·도지사는 주택의 분양·매매 등 거래가 위축될 우려가 있는 지역을 시·도 주거정책심의위원회의 심의를 거쳐 조정대상지역으로 지정할 수 있다.(×)

③ 투기과열지구의 지정기간은 3년으로 하되, 당해 지역 시장·군수·구청장의 의견을 들어 연장할 수 있다.(×)

④ 투기과열지구로 지정되면 지구 내 모든 주택은 전매행위가 제한된다.(×)

⑤ 조정대상지역으로 지정된 지역의 시장·군수·구청장은 조정대상지역으로 유지할 필요가 없다고 판단되는 경우 국토교통부장관에게 그 지정의 해제를 요청할 수 있다.(○)

주택법령상 **주택의 공급**에 관한 설명으로 옳은 것은?^{27회}

① 한국토지주택공사가 총지분의 100분의 70을 출자한 부동산투자회사가 사업주체로서 입주자를 모집하려는 경우에는 시장·군수·구청장의 승인을 받아야 한다.(×)

② 관광진흥법에 따라 지정된 관광특구에서 건설·공급하는 층수가 51층이고 높이가 140m인 아파트는 분양가상한제의 적용대상이다.(×)

③ 시·도지사는 주택가격상승률이 물가상승률보다 현저히 높은 지역으로서 주택가격의 급등이 우려되는 지역에 대해서 분양가상한제 적용지역으로 지정할 수 있다.(×)

④ 주택의 사용검사 후 주택단지 내 일부의 토지의 소유권을 회복한 자에게 주택소유자들이 매도청구를 하려면 해당 토지의 면적이 주택단지 전체 대지면적의 100분의 5 미만이어야 한다.(○)

⑤ 사업주체가 투기과열지구에서 건설· 공급하는 주택의 입주자로 선정된 지위는 매매하거나 상속할 수 없다.(×)

분양가상한제 적용지역 지정은 국장만!

6. 공급질서 교란 금지

① 누구든지 이 법에 따라 건설·공급되는 주택을 공급받거나 공급받게 하기 위하여 **다음의 증서 또는 지위를** 양도·양수 또는 이를 알선하거나 양도·양수 또는 이를 알선할 목적으로 하는 광고(간행물·인쇄물·전화·인터넷 등)를 하여서는 아니되며, 누구든지 거짓이나 그 밖의 부정한 방법으로 이 법에 따라 건설·공급되는 증서나 지위 또는 주택을 공급받거나 공급받게 하여서는 아니 된다.

ㄱ. 주택을 공급받을 수 있는 지위 ㄴ. 입주자저축 증서 ㄷ. 주택상환사채

ㄹ. 시장·군수·구청장이 발행한 무허가건물 확인서, 건물철거예정 증명서 또는 건물철거 확인서

ㅁ. 공공사업의 시행으로 인한 이주대책에 따라 주택을 공급받을 수 있는 지위 또는 이주대책대상자 확인서

② 국토교통부장관 또는 사업주체는 **다음에 해당하는 자에** 대하여는 그 주택 공급을 신청할 수 있는 지위를 무효로 하거나 이미 체결된 주택의 공급계약을 취소하여야 한다.

ㄱ. ①을 위반하여 증서 또는 지위를 양도하거나 양수한 자

ㄴ. ①을 위반하여 거짓이나 그 밖의 부정한 방법으로 증서나 지위 또는 주택을 공급받은 자

③ 사업주체가 ①을 위반한 자에게 산정한 주택가격에 해당하는 금액을 지급한 경우에는 그 지급한 날에 그 주택을 취득한 것으로 본다.

④ 사업주체가 매수인에게 주택가격을 지급하거나, **다음 사유에 해당하는 경우**로서 주택가격을 그 주택이 있는 지역을 관할하는 법원에 공탁한 경우에는 그 주택에 입주한 자에게 기간을 정하여 퇴거를 명할 수 있다.

ㄱ. 매수인을 알 수 없어 주택가격의 수령 통지를 할 수 없는 경우

ㄴ. 매수인에게 주택가격의 수령을 3회 이상 통지하였으나 매수인이 수령을 거부한 경우(각 통지일 간에는 1개월 이상의 간격이 있어야 함)

ㄷ. 매수인이 주소지에 3개월 이상 살지 아니하여 주택가격의 수령이 불가능한 경우

ㄹ. 주택의 압류 또는 가압류로 인하여 매수인에게 주택가격을 지급할 수 없는 경우

⑤ 국토교통부장관은 ①을 위반한 자에 대하여 10년의 범위에서 주택의 입주자 자격을 제한할 수 있다.

⑥ 국토교통부장관 또는 사업주체는 ①을 위반한 공급질서 교란 행위가 있었다는 사실을 알지 못하고 주택 또는 주택의 입주자로 선정된 지위를 취득한 매수인이 해당 공급질서 교란 행위와 관련이 없음을 소명하는 경우에는 이미 체결된 주택의 공급계약을 취소하여서는 아니 된다.

⑦ 사업주체는 이미 체결된 주택의 공급계약을 취소하려는 경우 국토교통부장관 및 주택 또는 주택의 입주자로 선정된 지위를 보유하고 있는 자에게 그 사실을 미리 알려야 한다.

주택법령상 **주택공급질서의 교란을 방지**하기 위하여 금지되는 행위가 아닌 것은?^{24회}

① 주택을 공급받을 수 있는 조합원 지위의 매매

② 주택상환사채의 매매의 알선

③ 입주자저축 증서의 저당

④ 공공사업의 시행으로 인한 이주대책에 의하여 주택을 공급받을 수 있는 지위의 매매를 위한 인터넷 광고

⑤ 주택을 공급받을 수 있는 증서로서 군수가 발행한 건물철거확인서의 매매

③ 상속과 저당은 금지되는 행위가 아니에요. 정답③

주택법령상 주택공급과 관련하여 금지되는 **공급질서 교란행위**에 해당하지 않는 것은?^{25회}

매매·증여→교란행위○
상속·저당→교란행위×

① 주택을 공급받을 수 있는 조합원 지위의 증여

② 주택상환사채의 저당

③ 주택을 공급받을 수 있는 조합원 지위의 매매를 위한 인터넷 광고

④ 주택상환사채의 매입을 목적으로 하는 전화 광고

⑤ 입주자저축 증서의 증여

② 주택상환사채의 저당은 공급질서 교란행위가 아니죠. 정답②

주택법령상 주택공급과 관련하여 금지되는 **공급질서 교란행위**에 해당하는 것을 모두 고른 것은?^{32회}

ㄱ. 주택을 공급받을 수 있는 조합원 지위의 상속(×)
ㄴ. 입주자저축 증서의 저당(×)
ㄷ. 공공사업의 시행으로 인한 이주대책에 따라 주택을 공급받을 수 있는 지위의 매매(○)
ㄹ. 주택을 공급받을 수 있는 증서로서 시장·군수·구청장이 발행한 무허가건물 확인서의 증여(○)

① ㄱ,ㄴ ② ㄱ,ㄹ ③ ㄷ,ㄹ ④ ㄱ,ㄴ,ㄷ ⑤ ㄴ,ㄷ,ㄹ

상속(ㄱ)이나 저당(ㄴ)은 금지되는 교란행위가 아니에요. 정답③

7. 관련규칙

① 주택의 공급, 입주자저축, 견본주택의 건축기준, 입주자자격 제한은 주택공급에 관한 규칙으로 정한다.

② 분양가격 산정방식 등은 공동주택 분양가격의 산정 등에 관한 규칙으로 정한다.

주택법령상 **주택공급에 관한 규칙**으로 정하는 사항을 모두 고른 것은?^{35회}

> ㄱ. 법 제54조에 따른 주택의 공급
> ㄴ. 법 제57조에 따른 분양가격 산정방식
> ㄷ. 법 제60조에 따른 견본주택의 건축기준
> ㄹ. 법 제65조제5항에 따른 입주자자격 제한

① ㄱ,ㄴ,ㄷ ② ㄱ,ㄴ,ㄹ ③ ㄱ,ㄷ,ㄹ ④ ㄴ,ㄷ,ㄹ ⑤ ㄱ,ㄴ,ㄷ,ㄹ

ㄱ. 주택의 공급, ㄷ. 견본주택의 건축기준, ㄹ. 입주자자격 제한은 주택공급에 관한 규칙으로 정하고, ㄴ. 분양가격 산정방식은 공동주택 분양가격의 산정 등에 관한 규칙으로 정합니다.(시행규칙23조1~항) 정답③

04 리모델링, 보칙***

리모델링의 허가***

① 공동주택(부대시설과 복리시설을 포함)의 입주자·사용자 또는 관리주체가 공동주택을 리모델링하려고 하는 경우에는 허가와 관련된 면적, 세대수 또는 입주자 등의 동의 비율에 관하여 **아래 기준에 따라** 시장·군수·구청장의 허가를 받아야 한다.

② **아래 기준에 따라** 리모델링 결의를 한 리모델링 주택조합이나 소유자 전원의 동의를 받은 입주자 대표회의는 시장·군수·구청장의 허가를 받아 리모델링을 할 수 있다.

✚ 공동주택 리모델링 허가기준 -시행령 [별표4]

① 동의 비율

ㄱ. 입주자·사용자 또는 관리주체의 경우

공사기간, 공사방법 등이 적혀 있는 동의서에 입주자 전체의 동의를 받아야 한다.

ㄴ. 리모델링주택조합의 경우

리모델링 설계의 개요, 공사비, 조합원의 비용분담 명세가 적혀 있는 결의서에 **다음 구분에 따른 구분소유자 및 의결권의 동의를 받아야 한다.**

1) **주택단지 전체를 리모델링**하는 경우 : 주택단지 전체 구분소유자 및 의결권의 각 75% 이상의 동의와 각 동별 구분소유자 및 의결권의 각 50% 이상의 동의

2) **동을 리모델링**하는 경우 : 그 동의 구분소유자 및 의결권의 각 75% 이상의 동의

ㄷ. 입주자대표회의의 경우

리모델링 설계의 개요, 공사비, 소유자의 비용분담 명세가 적혀 있는 결의서에 주택단지의 소유자 전원의 동의를 받아야 한다.

② 허용행위

ㄱ. 공동주택

1) 리모델링은 주택단지별 또는 동별로 한다.

2) 복리시설을 분양하기 위한 것이 아니어야 한다.

다만, 1층을 필로티 구조로 전용하여 세대의 일부 또는 전부를 부대시설 및 복리시설 등으로 이용하는 경우에는 리모델링할 수 있다. 이 경우 수직증축 허용범위를 초과하여 증축하는 것이 아니어야 한다.

3) 내력벽의 철거에 의하여 세대를 합치는 행위가 아니어야 한다.

저자의 한마디

리모델링주택조합 설립인가를 위해 필요한 결의비율과 혼동하지 마세요. 설립인가를 받을 때는 75%가 아니라 2/3이고, 50%가 아니라 과반수였죠.

ㄴ. 입주자 공유가 아닌 복리시설 등

1) 사용검사를 받은 후 10년 이상 지난 복리시설로서 공동주택과 동시에 리모델링 하는 경우로서 시장·군수·구청장이 구조안전에 지장이 없다고 인정하는 경우로 한정한다.

2) 증축은 기존건축물 연면적 합계의 10분의 1 이내여야 하고, 증축 범위는 기능 향상 등을 고려하여 국토교통부령으로 정하는 규모와 범위에서 한다. 다만, 주택과 주택 외의 시설이 동일 건축물로 건축된 경우는 주택의 증축 면적비율의 범위 안에서 증축할 수 있다.

③ 리모델링에 동의한 소유자는 리모델링주택조합 또는 입주자대표회의가 시장·군수·구청장에게 허가신청서를 제출하기 전까지 서면으로 동의를 철회할 수 있다.

④ 리모델링을 하는 경우 설립인가를 받은 리모델링주택조합의 총회 또는 소유자 전원의 동의를 받은 입주자대표회의에서 건설사업자 또는 건설사업자로 보는 등록사업자를 시공자로 선정하여야 한다.

⑤ 시공자를 선정하는 경우에는 경쟁입찰의 방법으로 하여야 한다. 다만, 경쟁입찰의 방법으로 2회 이상 경쟁입찰을 하였으나 입찰자의 수가 해당 경쟁입찰의 방법에서 정하는 최저 입찰자 수에 미달하여 경쟁입찰의 방법으로 시공자를 선정할 수 없게 된 경우에는 그러하지 아니하다.

⑥ 시장·군수·구청장이 세대수 증가형 리모델링(50세대 이상 세대수가 증가하는 경우로 한정)을 허가하려는 경우에는 기반시설에의 영향이나 도시·군관리 계획과의 부합 여부 등에 대하여 시·군·구도시계획위원회의 심의를 거쳐야 한다.

⑦ 공동주택의 입주자·사용자·관리주체·입주자대표회의 또는 리모델링주택 조합이 리모델링에 관하여 시장·군수·구청장의 허가를 받은 후 그 공사를 완료 하였을 때에는 시장·군수·구청장의 사용검사를 받아야 한다.

⑧ 시장·군수·구청장은 거짓이나 그 밖의 부정한 방법으로 허가를 받은 경우 에는 행위허가를 취소할 수 있다.

⑨ 리모델링 기본계획 수립 대상지역에서 세대수 증가형 리모델링을 허가하려는 시장·군수·구청장은 해당 리모델링 기본계획에 부합하는 범위에서 허가하여야 한다.

⑩ 세대수가 증가되는 리모델링을 하는 경우에는 다음 사항에 대한 계획(→권리 변동계획)을 수립하여 사업계획승인 또는 행위허가를 받아야 한다.

세대수 증가 리모델링
→ 권리변동계획

ㄱ. 리모델링 전후의 대지 및 건축물의 권리변동 명세

ㄴ. 조합원의 비용분담 ㄷ. 사업비 ㄹ. 조합원 외의 자에 대한 분양계획

ㅁ. 그밖에 리모델링과 관련된 권리 등에 대하여 해당 시·도 또는 시·군의 조례로 정하는 사항

⑪ 대지 및 건축물의 권리변동 명세를 작성하거나 조합원의 비용분담 금액을 산정하는 경우에는 감정평가법인등이 리모델링 전후의 재산 또는 권리에 대하여 평가한 금액을 기준으로 할 수 있다.

주택법령상 **리모델링**에 관한 설명으로 옳은 것은?(단, 조례는 고려하지 않음)^{25회}

① 기존 14층 건축물에 수직증축형 리모델링이 허용되는 경우 2개층까지 증축할 수 있다.(○)

② 리모델링주택조합의 설립인가를 받으려는 자는 인가신청서에 해당 주택 소재지의 100분의 80 이상의 토지에 대한 토지사용승낙서를 첨부하여 관할 시장·군수 또는 구청장에게 제출하여야 한다.(×)

③ 소유자 전원의 동의를 받은 입주자대표회의는 시장·군수·구청장에게 신고하고 리모델링을 할 수 있다.(×)

④ 수직증축형 리모델링의 경우 리모델링주택조합의 설립인가신청서에 당해 주택이 사용검사를 받은 후 10년 이상의 기간이 경과하였음을 증명하는 서류를 첨부하여야 한다.(×)

⑤ 리모델링주택조합이 시공자를 선정하는 경우 수의계약의 방법으로 하여야 한다.(×)

> ① 15층 이상은 3개층, 14층 이하는 2개층 증축 가능 ② 토지의 80% 이상의 사용권원을 확보하는 건 지역·직장주택조합의 경우입니다. 리모델링은 건물을 손보는 거잖아요? 토지사용승낙서는 필요 없어요. ③ 신고가 아니라 허가받고 리모델링을 할 수 있어요. ④ 대수선형은 10년, 증축형이 15년이 지났음을 증명하는 서류를 첨부 ⑤ 리모델링주택조합도 시공자 선정은 경쟁입찰의 방법으로 해야 합니다.

주택법령상 **리모델링**에 관한 설명으로 옳은 것은?(단, 조례는 고려하지 않음)^{33회}

① 대수선은 리모델링에 포함되지 않는다.(×)

② 공동주택의 리모델링은 동별로 할 수 있다.(○)

③ 주택단지 전체를 리모델링하고자 주택조합을 설립하기 위해서는 주택단지 전체의 구분소유자와 의결권의 각과반수의 결의가 필요하다.(×)

④ 공동주택 리모델링의 허가는 시·도지사가 한다.(×)

⑤ 리모델링주택조합 설립에 동의한 자로부터 건축물을 취득하였더라도 리모델링 주택조합 설립에 동의한 것으로 보지 않는다.(×)

> ① 리모델링은 크게 대수선형과 증축형으로 구분 ③ 과반수가 아니라 2/3이상 ④ 시·도지사가 아니라 시·군·구청장 ⑤ 동의한 것으로 봅니다.(시행령 20조8항)

증축형 리모델링★★★

1. 증축형 리모델링의 안전진단

① 증축형 리모델링을 하려는 자는 시장 · 군수 · 구청장에게 안전진단을 요청하여야 하며, 안전진단을 요청받은 시장 · 군수 · 구청장은 해당 건축물의 증축 가능 여부의 확인 등을 위하여 안전진단을 실시하여야 한다.

② 시장 · 군수 · 구청장은 안전진단을 실시하는 경우에는 **다음 기관**에 안전진단을 의뢰하여야 하며, 안전진단을 의뢰받은 기관은 리모델링을 하려는 자가 추천

15층 이상 : 3개층
14층 이하 : 2개층

대수선 리모델링 : 10년 경과
증축 리모델링 : 15년 경과

증축형은 안전진단이 필수!

한 <u>건축구조기술사(**구조설계를 담당할 자**)와 함께 안전진단을 실시</u>하여야 한다.

ㄱ. 안전진단전문기관   ㄴ. 한국시설안전공단   ㄷ. 한국건설기술연구원

③ 시장 · 군수 · 구청장이 안전진단으로 건축물 구조의 안전에 위험이 있다고 평가하여 재건축사업 및 소규모재건축사업의 시행이 필요하다고 결정한 건축물은 증축형 리모델링을 <u>하여서는 아니된다.</u>

④ 시장 · 군수 · 구청장은 <u>수직증축형 리모델링을 허가한 후</u>에 해당 건축물의 구조안전성 등에 대한 상세 확인을 위하여 안전진단을 실시하여야 한다. 이 경우 안전진단을 의뢰받은 기관은 건축구조기술사와 함께 안전진단을 실시하여야 하며, 리모델링을 하려는 자는 안전진단 후 구조설계의 변경 등이 필요한 경우에는 건축구조기술사로 하여금 이를 보완하도록 하여야 한다.

⑤ 안전진단을 의뢰받은 기관은 국토교통부장관이 정하여 고시하는 기준에 따라 안전진단을 실시하고, 안전진단 결과보고서를 작성하여 안전진단을 요청한 자와 시장 · 군수 · 구청장에게 제출하여야 한다.

⑥ 시장·군수·구청장은 안전진단을 실시하는 비용의 전부 또는 일부를 <u>리모델링을 하려는 자에게 부담</u>하게 할 수 있다.

2. 전문기관의 안전성 검토

① 시장 · 군수 · 구청장은 <u>수직증축형 리모델링을 하려는 자가 건축위원회의 심의를 요청하는 경우</u> 구조계획상 증축범위의 적정성 등에 대하여 한국시설안전공단 또는 한국건설기술연구원에 안전성 검토를 의뢰하여야 한다.

② 시장 · 군수 · 구청장은 <u>수직증축형 리모델링을 하려는 자의 허가 신청이 있거나</u> 안전진단 결과 국토교통부장관이 정하여 고시하는 <u>설계도서의 변경이 있는 경우</u> 제출된 설계도서상 구조안전의 적정성 여부 등에 대하여 위 전문기관에 안전성 검토를 의뢰하여야 한다.

③ 검토의뢰를 받은 전문기관은 국토교통부장관이 정하여 고시하는 검토 기준에 따라 검토한 결과를 <u>안전성 검토를 의뢰받은 날부터 30일 이내</u>(검토 의뢰를 받은 전문기관이 부득이하게 검토기간의 연장이 필요하다고 인정하여 20일의 범위에서 그 기간을 연장한 경우에는 그 연장된 기간을 포함한 기간을 말하며, 한 차례만 연장 가능)에 시장 · 군수 · 구청장에게 제출하여야 하며, 시장 · 군수 · 구청장은 특별한 사유가 없는 경우 이 법 및 관계 법률에 따른 위원회의 <u>심의 또는 허가 시 제출받은 안전성 검토결과를 반영</u>하여야 한다.

④ 시장 · 군수 · 구청장은 전문기관의 안전성 검토비용의 전부 또는 일부를 <u>리모델링을 하려는 자에게 부담</u>하게 할 수 있다.

3. 수직증축형 리모델링의 구조기준

수직증축형 리모델링의 설계자는 국토교통부장관이 정하여 고시하는 구조기준에 맞게 구조설계도서를 작성하여야 한다.

주택법령상 **공동주택의 리모델링**에 관한 설명으로 틀린 것은?(단, 조례는 고려하지 않음)^{28회수정}

① 입주자·사용자 또는 관리주체가 리모델링하려고 하는 경우에는 공사기간, 공사방법 등이 적혀 있는 동의서에 입주자 전체의 동의를 받아야 한다.(○)

② 리모델링에 동의한 소유자는 입주자대표회의가 시장·군수·구청장에게 허가 신청서를 제출한 이후에도 서면으로 동의를 철회할 수 있다.(×)

③ 수직증축형 리모델링의 대상이 되는 기존 건축물의 층수가 15층 이상인 경우에는 3개층까지 증축할 수 있다.(○)

④ 주택단지 전체를 리모델링하고자 하는 경우에는 주택단지전체의 구분 소유자와 의결권의 각 75% 이상의 동의 및 각 동의 구분소유자와 의결권의 각 50% 이상의 동의를 얻어야 한다.(○)

⑤ 증축형 리모델링을 하려는 자는 시장·군수·구청장에게 안전진단을 요청 하여야 한다.(○)

> ② 동의 철회는 허가신청서를 제출하기 전까지 가능해요. 제출하면 철회할 수 없어요. ③ 14층 이하는 2개층, 15층 이상은 2개층. 빈출지문!

주택법령상 **공동주택의 리모델링**에 관한 설명으로 틀린 것은?(단, 조례는 고려하지 않음)^{31회}

① 입주자대표회의가 리모델링하려는 경우에는 리모델링 설계개요, 공사비, 소유자의 비용분담 명세가 적혀있는 결의서에 주택단지 소유자 전원의 동의를 받아야 한다.(○)

② 공동주택의 입주자가 공동주택을 리모델링 하려고 하는 경우에는 시장· 군수·구청장의 허가를 받아야 한다.(○)

③ 사업비에 관한 사항은 세대수가 증가되는 리모델링을 하는 경우 수립하여야 하는 권리변동계획에 포함되지 않는다.(×)

④ 증축형 리모델링을 하려는 자는 시장·군수·구청장에게 안전진단을 요청 하여야 한다.(○)

⑤ 수직증축형 리모델링의 대상이 되는 기존 건축물의 층수가 12층인 경우 에는 2개층까지 증축할 수 있다.(○)

> ③ 사업비에 관한 사항은 권리변동계획에 포함됩니다. ⑤ 빈출지문!

리모델링 기본계획***

1. 리모델링 기본계획의 수립권자 및 대상지역

① 특별시장 · 광역시장 및 대도시의 시장은 관할구역에 대하여 **다음** 사항을 포함한 리모델링 기본계획을 10년 단위로 수립하여야 한다.

ㄱ. 계획의 목표 및 기본방향   ㄴ. 도시기본계획 등 관련 계획 검토

ㄷ. 리모델링 대상 공동주택 현황 및 세대수 증가형 리모델링 수요 예측

ㄹ. 세대수 증가에 따른 기반시설의 영향 검토

ㅁ. 일시집중 방지 등을 위한 단계별 리모델링 시행방안

ㅂ. 그밖에 대통령령으로 정하는 사항

다만, 세대수 증가형 리모델링에 따른 도시과밀의 우려가 적은 경우 등에는 리모델링 기본계획을 수립하지 아니할 수 있다.

② 대도시가 아닌 시의 시장은 세대수 증가형 리모델링에 따른 도시과밀이나 일시집중 등이 우려되어 도지사가 리모델링 기본계획의 수립이 필요하다고 인정한 경우 리모델링 기본계획을 수립하여야 한다.

③ 리모델링 기본계획의 작성기준 및 작성방법 등은 국토교통부장관이 정한다.

2. 리모델링 기본계획 수립절차

① 특별시장·광역시장 및 대도시의 시장(대도시가 아닌 시의 시장을 포함)은 리모델링 기본계획을 수립하거나 변경하려면 14일 이상 주민에게 공람하고, 지방의회의 의견을 들어야 한다. 이 경우 지방의회는 의견제시를 요청받은 날부터 30일 이내에 의견을 제시하여야 하며, 30일 이내에 의견을 제시하지 아니하는 경우에는 이의가 없는 것으로 본다.

다만, 다음의 경미한 변경인 경우에는 주민공람 및 지방의회 의견청취 절차를 거치지 아니할 수 있다.

ㄱ. 세대수 증가형 리모델링 수요 예측 결과에 따른 세대수 증가형 리모델링 수요가 감소하거나 10% 범위에서 증가하는 경우

ㄴ. 세대수 증가형 리모델링 수요의 변동으로 기반시설의 영향 검토나 단계별 리모델링 시행 방안이 변경되는 경우

ㄷ. 도시·군기본계획 등 관련 계획의 변경에 따라 리모델링 기본계획이 변경되는 경우

② 특별시장·광역시장 및 대도시의 시장은 리모델링 기본계획을 수립하거나 변경하려면 관계 행정기관의 장과 협의한 후 시·도도시계획위원회 또는 시·군·구도시계획위원회의 심의를 거쳐야 한다.

③ 협의를 요청받은 관계 행정기관의 장은 특별한 사유가 없으면 그 요청을 받은 날부터 30일 이내에 의견을 제시하여야 한다.

④ 대도시의 시장은 리모델링 기본계획을 수립하거나 변경하려면 도지사의 승인을 받아야 하며, 도지사는 리모델링 기본계획을 승인하려면 시·도 도시계획위원회의 심의를 거쳐야 한다.

3. 리모델링 기본계획의 고시

① 특별시장·광역시장 및 대도시의 시장은 리모델링 기본계획을 수립하거나 변경한 때에는 이를 지체 없이 해당 지방자치단체의 공보에 고시하여야 한다.

② 특별시장·광역시장 및 대도시의 시장은 5년마다 리모델링 기본계획의 타당성을 검토하여 그 결과를 리모델링 기본계획에 반영하여야 한다.

주택법령상 **리모델링 기본계획 수립절차**에 관한 조문의 일부이다. ( )에 들어갈 숫자를 옳게 연결한 것은?[27회]

> 리모델링 기본계획을 수립하거나 변경하려면 (ㄱ)일 이상 주민에게 공람하고, 지방의회의 의견을 들어야 한다. 이 경우 지방의회는 의견제시를 요청받은 날부터 (ㄴ)일 이내에 의견을 제시하여야 한다.

① ㄱ:7, ㄴ:14 ② ㄱ:10, ㄴ:15 ③ ㄱ:14, ㄴ:15
④ ㄱ:14, ㄴ:30 ⑤ ㄱ:15, ㄴ:30

주민공람은 14일 이상, 지방의회의 의견제시는 30일 이내   정답④

주택법령상 **리모델링**에 관한 설명으로 틀린 것은?(단, 조례는 고려하지 않음)[34회]

① 세대수 증가형 리모델링으로 인한 도시과밀, 이주수요집중 등을 체계적으로 관리하기 위하여 수립하는 계획을 리모델링 기본계획이라 한다.(○)

② 리모델링에 동의한 소유자는 리모델링 결의를 한 리모델링주택조합이나 소유자 전원의 동의를 받은 입주자대표회의가 시장·군수·구청장에게 리모델링 허가신청서를 제출하기 전까지 서면으로 동의를 철회할 수 있다.(○)

③ 특별시장·광역시장 및 대도시의 시장은 리모델링 기본계획을 수립하거나 변경한 때에는 이를 지체없이 해당 지방자치단체의 공보에 고시하여야 한다.(○)

④ 수직증축형 리모델링의 설계자는 국토교통부장관이 정하여 고시하는 구조 기준에 맞게 구조설계도서를 작성하여야 한다.(○)

⑤ 대수선인 리모델링을 하려는 자는 시장·군수·구청장에게 안전진단을 요청하여야 한다.(×)

① 2조26호 ② 시행령75조3항 ③ 73조1항 ④ 70조 ⑤ 증축형 리모델링에는 안전진단이 필수지만, 대수선인 리모델링에는 안전진단이 필요없어요.(68조1항)

리모델링 관련 기타문제★★★

1. 세대수 증가형 리모델링의 시기 조정

① 국토교통부장관은 세대수 증가형 리모델링의 시행으로 주변 지역에 현저한 주택부족이나 주택시장의 불안정 등이 발생될 우려가 있는 때에는 주거정책심의위원회의 심의를 거쳐 특별시장, 광역시장, 대도시의 시장에게 리모델링 기본계획을 변경하도록 요청하거나, 시장·군수·구청장에게 세대수 증가형 리모델링의 사업계획 승인 또는 허가의 시기를 조정하도록 요청할 수 있으며, 요청을 받은 특별시장, 광역시장, 대도시의 시장 또는 시장·군수·구청장은 특별한 사유가 없으면 그 요청에 따라야 한다.

② 시·도지사는 세대수 증가형 리모델링의 시행으로 주변 지역에 현저한 주택부족이나 주택시장의 불안정 등이 발생될 우려가 있는 때에는 시·도주거정책심의위원회의 심의를 거쳐 대도시의 시장에게 리모델링 기본계획을 변경하도록 요청하거나, 시장·군수·구청장에게 세대수 증가형 리모델링의 사업계획 승인

또는 허가의 시기를 조정하도록 요청할 수 있으며, 요청을 받은 대도시의 시장 또는 시장·군수·구청장은 특별한 사유가 없으면 그 요청에 따라야 한다.

2. 리모델링 지원센터의 설치·운영

① 시장·군수·구청장은 리모델링의 원활한 추진을 지원하기 위하여 리모델링 지원센터를 설치하여 운영할 수 있다.

② 리모델링 지원센터의 업무

ㄱ. 리모델링주택조합 설립을 위한 업무 지원

ㄴ. 설계자 및 시공자 선정 등에 대한 지원

ㄷ. 권리변동계획 수립에 관한 지원

ㄹ. 그밖에 지방자치단체의 조례로 정하는 사항

3. 공동주택 리모델링에 따른 특례

① 공동주택의 소유자가 리모델링에 의하여 전유부분의 면적이 늘거나 줄어드는 경우에는 대지사용권은 변하지 아니하는 것으로 본다. 다만, 세대수 증가를 수반하는 리모델링의 경우에는 권리변동계획에 따른다.

② 공동주택의 소유자가 리모델링에 의하여 일부 공용부분의 면적을 전유부분의 면적으로 변경한 경우에는 그 소유자의 나머지 공용부분의 면적은 변하지 아니하는 것으로 본다.

③ 대지사용권 및 공용부분의 면적에 관하여는 소유자가 규약으로 달리 정한 경우에는 그 규약에 따른다.

④ 임대차계약 당시 **다음**에 해당하여 그 사실을 임차인에게 고지한 경우로서 리모델링 허가를 받은 경우에는 해당 리모델링 건축물에 관한 임대차계약에 대하여 주택임대차보호법 및 상가건물 임대차보호법의 임대차기간 규정을 적용하지 아니한다.

ㄱ. 임대차계약 당시 해당 건축물의 소유자들(입주자대표회의를 포함)이 리모델링주택조합 설립인가를 받은 경우

ㄴ. 임대차계약 당시 해당 건축물의 입주자대표회의가 직접 리모델링을 실시하기 위하여 관할 시장·군수·구청장에게 안전진단을 요청한 경우

⑤ 리모델링주택조합은 법인으로 한다. 조합은 명칭에 리모델링주택조합이라는 문자를 사용하여야 한다.

4. 부정행위 금지

공동주택의 리모델링과 관련하여 **다음에 해당하는 자**는 부정하게 재물 또는 재산상의 이익을 취득하거나 제공하여서는 아니 된다.

① 입주자 ② 사용자 ③ 관리주체 ④ 입주자대표회의 또는 그 구성원

⑤ 리모델링주택조합 또는 그 구성원

보칙*

1. 토지임대부 분양주택

(1) 토지임대부 분양주택의 토지에 관한 임대차 관계

① 토지임대부 분양주택의 토지에 대한 임대차기간은 40년 이내로 한다. 이 경우 토지임대부 분양주택 소유자의 75% 이상이 계약갱신을 청구하는 경우 40년의 범위에서 이를 갱신할 수 있다.

② 토지임대부 분양주택을 공급받은 자가 토지소유자와 임대차계약을 체결한 경우 해당 주택의 구분소유권을 목적으로 그 토지 위에 임대차기간 동안 지상권이 설정된 것으로 본다.

③ 토지임대부 분양주택의 토지에 대한 임대차계약을 체결하고자 하는 자는 국토교통부령으로 정하는 표준임대차계약서를 사용하여야 한다.

④ 토지임대부 분양주택을 양수한 자 또는 상속받은 자는 임대차계약을 승계한다.

⑤ 토지임대부 분양주택의 토지임대료는 해당 토지의 조성원가 또는 감정가격 등을 기준으로 산정한다.

⑥ 토지임대료는 월별 임대료를 원칙으로 하되, 토지소유자와 주택을 공급받은 자가 합의한 경우 임대료를 선납하거나 보증금으로 전환하여 납부할 수 있다. 이 경우 그 보증금을 산정할 때 적용되는 이자율은 은행의 3년 만기 정기예금 평균이자율 이상이어야 한다.

⑦ 위에서 정한 사항 외에 토지임대부 분양주택 토지의 임대차 관계는 토지소유자와 주택을 공급받은 자 간의 임대차계약에 따른다.

⑧ 토지임대부 분양주택에 관하여 이 법에서 정하지 아니한 사항은 집합건물의 소유 및 관리에 관한 법률, 민법 순으로 적용한다.

집합건물법을
민법보다 우선 적용!

쉽따결

(2) 토지임대부 분양주택의 공공매입

① 토지임대부 분양주택을 공급받은 자는 전매제한기간이 지나기 전에 한국토지주택공사에 해당 주택의 매입을 신청할 수 있다.

② 한국토지주택공사는 매입신청을 받거나 전매제한을 위반하여 토지임대부 분양주택의 전매가 이루어진 경우 해당 주택을 매입하여야 한다.

③ 한국토지주택공사가 주택을 매입하는 경우 다음 금액을 그 주택을 양도하는 자에게 지급한 때에는 그 지급한 날에 한국토지주택공사가 해당 주택을 취득한 것으로 본다.

ㄱ. 매입신청을 받은 경우: 해당 주택의 매입비용과 보유기간 등을 고려하여 대통령령으로 정하는 금액

ㄴ. 전매제한을 위반하여 전매가 이루어진 경우: 해당 주택의 매입비용

(3) 토지임대부 분양주택의 재건축

① 토지임대부 분양주택의 소유자가 임대차기간이 만료되기 전에 해당 주택을 철거하고 재건축을 하고자 하는 경우 토지소유자의 동의를 받아 재건축할 수 있다. 이 경우 토지소유자는 정당한 사유 없이 이를 거부할 수 없다.

② 토지임대부 분양주택을 재건축하는 경우 해당 주택의 소유자를 토지등 소유자로 본다.

③ 재건축한 주택은 토지임대부 분양주택으로 한다. 이 경우 재건축한 주택의 준공인가일부터 임대차기간 동안 토지소유자와 재건축한 주택의 조합원 사이에 토지의 임대차기간에 관한 계약이 성립된 것으로 본다.

④ 토지소유자와 주택소유자가 합의한 경우에는 토지임대부 분양주택이 아닌 주택으로 전환할 수 있다.

주택법령상 토지임대부 분양주택에 관한 설명으로 옳은 것은?[33회]

① 토지임대부 분양주택의 토지에 대한 임대차기간은 50년 이내로 한다.(×)

② 토지임대부 분양주택의 토지에 대한 임대차기간을 갱신하기 위해서는 토지임대부 분양주택 소유자의 3분의 2이상이 계약갱신을 청구하여야 한다.(×)

③ 토지임대료를 보증금으로 전환하여 납부하는 경우, 그 보증금을 산정할 때 적용되는 이자율은 은행법에 따른 은행의 3년 만기 정기예금 평균이자율 이상이어야 한다.(○)

④ 토지임대부 분양주택을 공급받은 자가 토지임대부 분양주택을 양도하려는 경우에는 시·도지사에게 해당 주택의 매입을 신청하여야 한다.(×)

⑤ 토지임대료는 분기별 임대료를 원칙으로 한다.(×)

> ① 50년이 아니라 40년 ② 2/3가 아니라 75% ④ 시·도지사가 아니라 한국토지주택공사 ⑤ 분기별이 아니라 월별

2. 주택상환사채

(1) 주택상환사채의 발행

① 한국토지주택공사와 등록사업자는 주택으로 상환하는 사채(→주택상환사채)를 발행할 수 있다.

이 경우 등록사업자는 **다음 기준**에 맞고 금융기관 또는 주택도시보증공사의 보증을 받은 경우에만 주택상환사채를 발행할 수 있다.

ㄱ. 법인으로서 자본금이 5억원 이상일 것

ㄴ. 건설업 등록을 한 자일 것

ㄷ. 최근 3년간 연평균 주택건설 실적이 300호 이상일 것

> **저자의 한마디**
>
> 한국토지주택공사와 등록사업자가 주택상환사채의 발행권자이지만, 등록사업자는 법정요건을 갖추고 보증을 받아야 발행할 수 있어요. 또한 발행규모도 제한을 받습니다.

② 등록사업자가 발행할 수 있는 주택상환사채의 규모는 최근 3년간의 연평균 주택건설 호수 이내로 한다.

③ 주택상환사채는 액면 또는 할인의 방법으로 발행한다.

④ 주택상환사채권에는 기호와 번호를 붙이고 **다음 사항**을 적어야 한다.

ㄱ. 발행기관 ㄴ. 발행금액 ㄷ. 발행조건 ㄹ. 상환의 시기와 절차

⑤ 주택상환사채의 발행자는 주택상환사채대장을 갖추어 두고 주택상환사채권의 발행 및 상환에 관한 사항을 적어야 한다.

⑥ 주택상환사채를 발행하려는 자는 주택상환사채발행계획을 수립하여 국토교통부장관의 승인을 받아야 한다.

⑦ 주택상환사채의 상환기간은 3년을 초과할 수 없다.

⑧ 상환기간은 주택상환사채 발행일부터 주택의 공급계약체결일까지의 기간으로 한다.

⑨ 주택상환사채는 양도하거나 중도에 해약할 수 없다.(원칙)

다만, 다음과 같이 부득이한 사유가 있는 경우는 양도하거나 중도에 해약할 수 있다.

ㄱ. 세대원의 근무 또는 생업상의 사정이나 질병치료, 취학 또는 결혼으로 세대원 전원이 다른 행정구역으로 이전하는 경우

ㄴ. 세대원 전원이 상속으로 취득한 주택으로 이전하는 경우

ㄷ. 세대원 전원이 해외로 이주하거나 2년 이상 해외에 체류하려는 경우

주택법령상 **주택상환사채**를 양도하거나 중도에 해약할 수 있는 경우가 아닌 것은?
(단, 세대원은 세대주가 포함된 세대의 구성원을 말함)[23회]
① 세대원의 취학으로 인하여 세대원 전원이 다른 행정구역으로 이전하는 경우
② 세대원의 질병치료로 인하여 세대원 전원이 다른 행정구역으로 이전하는 경우
③ 세대원의 근무로 인하여 세대원 일부가 다른 행정구역으로 이전하는 경우
④ 세대원 전원이 2년 이상 해외에 체류하고자 하는 경우
⑤ 세대원 전원이 상속에 의하여 취득한 주택으로 이전하는 경우

③ 세대원 전부가 이전하는 경우에 양도하거나 중도 해약할 수 있어요. 일부는 불가! 정답③

(2) 발행책임과 조건

① 주택상환사채를 발행한 자는 발행조건에 따라 주택을 건설하여 사채권자에게 상환하여야 한다.

② 주택상환사채는 기명증권으로 하고, 사채권자의 명의변경은 취득자의 성명과 주소를 사채원부에 기록하는 방법으로 하며, 취득자의 성명을 채권에 기록하지 아니하면 사채발행자 및 제3자에게 대항할 수 없다.

③ 주택상환사채 납입금의 용도

ㄱ. 택지의 구입 및 조성 ㄴ. 주택건설자재의 구입 ㄷ. 건설공사비에의 충당
ㄹ. 그밖에 주택상환을 위하여 필요한 비용으로서 국토교통부장관의 승인을 받은 비용에의 충당

주택법령상 **주택상환사채**의 납입금이 사용될 수 있는 용도로 명시된 것을 모두 고른 것은?[32회]

> ㄱ. 주택건설자재의 구입(○)   ㄴ. 택지의 구입 및 조성(○)
> ㄷ. 주택조합운영비에의 충당(×)   ㄹ. 주택조합 가입 청약철회자의 가입비 반환(×)

① ㄱ,ㄴ ② ㄱ,ㄹ ③ ㄷ,ㄹ ④ ㄱ,ㄴ,ㄷ ⑤ ㄴ,ㄷ,ㄹ

시행령87조1항에서 명시된 용도는 1)택지의 구입 및 조성, 2)주택건설자재의 구입, 3)건설공사비에의 충당입니다. 주택조합과는 상관없어요. 정답①

주택법령상 **주택상환사채**에 관한 설명으로 옳은 것은?[33회]

① 법인으로서 자본금이 3억원인 등록사업자는 주택상환사채를 발행할 수 있다.(×)
② 발행 조건은 주택상환사채권에 적어야 하는 사항에 포함된다.(○)
③ 주택상환사채를 발행하려는 자는 주택상환사채발행계획을 수립하여 시·도지사의 승인을 받아야 한다.(×)
④ 주택상환사채는 액면으로 발행하고, 할인의 방법으로는 발행할 수 없다.(×)
⑤ 주택상환사채는 무기명증권으로 발행한다.(×)

① 3억원이 아니라 5억원 ③ 시·도지사가 아니라 국장 ④ 할인 발행도 가능해요. ⑤ 무기명이 아니라 기명

⑦ 주택상환사채의 납입금은 해당 보증기관과 주택상환사채발행자가 협의하여 정하는 금융기관에서 관리한다.
⑧ 납입금을 관리하는 금융기관은 국토교통부장관이 요청하는 경우에는 납입금 관리상황을 보고하여야 한다.

(3) 주택상환사채의 효력

등록사업자의 등록이 말소된 경우에도 등록사업자가 발행한 주택상환사채의 효력에는 영향을 미치지 아니한다.

(4) 상법의 적용

주택상환사채의 발행에 관하여 이 법에서 규정한 것 외에는 상법 중 사채발행에 관한 규정을 적용한다. 다만, 한국토지주택공사가 발행하는 경우와 금융기관 등이 상환을 보증하여 등록사업자가 발행하는 경우에는 사채전액의 납입이 완료한 후가 아니더라도 이를 발행할 수 있다.

주택법령상 **주택상환사채**에 관한 설명으로 틀린 것은?^{27회}

① 등록사업자가 주택상환사채를 발행하려면 금융기관 또는 주택도시보증 공사의 보증을 받아야 한다.(○)

② 주택상환사채는 취득자의 성명을 채권에 기록하지 아니하면 사채발행자 및 제3자에게 대항할 수 없다.(○)

③ 등록사업자의 등록이 말소된 경우에는 등록사업자가 발행한 주택상환 사채의 효력은 상실된다.(×)

④ 주택상환사채의 발행자는 주택상환사채대장을 비치하고, 주택상환사채권 의 발행 및 상환에 관한 사항을 기재하여야 한다.(○)

⑤ 주택상환사채를 발행하려는 자는 주택상환사채발행계획을 수립하여 국토 교통부장관의 승인을 받아야 한다.(○)

③ 등록사업자의 등록이 말소된 경우에도 주택상환사채의 효력에는 영향을 미치지 않아요. 빈출지문!

주택법령상 **주택상환사채**에 관한 설명으로 틀린 것은?^{31회}

① 한국토지주택공사는 주택상환사채를 발행할 수 있다.(○)

② 주택상환사채는 기명증권으로 한다.(○)

③ 사채권자의 명의변경은 취득자의 성명과 주소를 사채원부에 기록하는 방법으로 한다.(○)

④ 주택상환사채를 발행한 자는 발행조건에 따라 주택을 건설하여 사채권자 에게 상환하여야 한다.(○)

⑤ 등록사업자의 등록이 말소된 경우에는 등록사업자가 발행한 주택상환 사채도 효력을 상실한다.(×)

⑤ 등록사업자의 등록 말소는 등록사업자가 발행한 주택상환사채의 효력에 영향을 주지 않아요. 빈출지문!

3. 기타 문제

(1) 국민주택사업특별회계의 설치

① 지방자치단체는 국민주택사업을 시행하기 위하여 국민주택사업특별회계를 설치·운용하여야 한다.

② 국민주택사업특별회계 자금의 재원

ㄱ. 자체 부담금 ㄴ. 주택도시기금으로부터의 차입금

ㄷ. 정부로부터의 보조금 ㄹ. 농협은행으로부터의 차입금

ㅁ. 외국으로부터의 차입금

ㅂ. 국민주택사업특별회계에 속하는 재산의 매각 대금

차입금 재원
① 주택도시기금
② 농협은행
③ 외국

ㅅ. 국민주택사업특별회계자금의 회수금 · 이자수입금 및 그 밖의 수익

ㅇ. 재건축초과이익 환수에 관한 법률에 따른 재건축부담금 중 지방자치단체 귀속분

③ 지방자치단체는 국민주택사업특별회계의 운용 상황을 국토교통부장관에게 보고하여야 한다.

(2) 협회

① 등록사업자는 주택건설사업 및 대지조성사업의 전문화와 주택산업의 건전한 발전을 도모하기 위하여 주택사업자단체를 설립할 수 있다.

② 주택사업자단체(→협회)는 법인으로 한다.

③ 협회는 그 주된 사무소의 소재지에서 설립등기를 함으로써 성립한다.

④ 이 법에 따라 국토교통부장관, 시 · 도지사 또는 대도시의 시장으로부터 영업의 정지처분을 받은 협회 회원의 권리 · 의무는 그 영업의 정지기간 중에는 정지되며, 등록사업자의 등록이 말소되거나 취소된 때에는 협회의 회원자격을 상실한다.

⑤ 협회를 설립하려면 회원자격을 가진 자 50인 이상을 발기인으로 하여 정관을 마련한 후 창립총회의 의결을 거쳐 국토교통부장관의 인가를 받아야 한다. 협회가 정관을 변경하려는 경우에도 또한 같다.

⑥ 국토교통부장관은 인가를 하였을 때에는 이를 지체 없이 공고하여야 한다.

주택사업자단체=협회

(3) 권한의 위임

국토교통부장관은 **다음 권한**을 시 · 도지사에게 위임한다.

① 주택건설사업자 및 대지조성사업자의 등록말소 및 영업의 정지

② 사업계획의 승인 · 변경승인 · 승인취소 및 착공신고의 접수. 다만, **다음 경우는 위임할 수 없다.**

ㄱ. 330만제곱미터 이상의 규모로 택지개발사업을 추진하는 지역 안에서 주택 건설사업을 시행하는 경우

ㄴ. 국가, 지방자치단체, 한국토지주택공사, 지방공사가 단독 또는 공동으로 총지분의 50퍼센트를 초과하여 출자한 위탁관리 부동산투자회사가 공공주택 건설사업을 시행하는 경우. 다만, 착공신고의 접수는 시 · 도지사에게 위임한다.

③ 사용검사 및 임시 사용승인

④ 새로운 건설기술을 적용하여 건설하는 공업화주택에 관한 권한

⑤ 보고 · 검사(93조)

⑥ 주택건설사업 등의 등록말소 및 주택조합의 설립인가취소에 따른 청문

주택법령상 시·도지사에게 위임한 국토교통부장관의 권한이 아닌 것은?[33회]

① 주택건설사업의 등록

② 주택건설사업자의 등록말소

③ 사업계획승인을 받아 시행하는 주택건설사업을 완료한 경우의 사용검사

④ 사업계획승인을 받아 시행하는 주택건설사업을 완료한 경우의 임시 사용승인

⑤ 주택건설사업자의 영업의 정지

① 주택건설사업의 등록은 위임 불가 정답①

(4) 체납된 분양대금 등의 강제징수

① 국가 또는 지방자치단체인 사업주체가 건설한 국민주택의 분양대금·임대보증금 및 임대료가 체납된 경우에는 국가 또는 지방자치단체가 국세 또는 지방세 체납처분의 예에 따라 강제징수할 수 있다. 다만, 입주자가 장기간의 질병이나 그 밖의 부득이한 사유로 분양대금·임대보증금 및 임대료를 체납한 경우에는 강제징수하지 아니할 수 있다.

② 한국토지주택공사 또는 지방공사는 그가 건설한 국민주택의 분양대금 · 임대보증금 및 임대료가 체납된 경우에는 주택의 소재지를 관할하는 시장 · 군수 · 구청장에게 그 징수를 위탁할 수 있다.

③ 징수를 위탁받은 시장 · 군수 · 구청장은 지방세 체납처분의 예에 따라 이를 징수하여야 한다. 이 경우 한국토지주택공사 또는 지방공사는 시장 · 군수 · 구청장이 징수한 금액의 2%에 해당하는 금액을 해당 시 · 군 · 구에 위탁수수료로 지급하여야 한다.

(5) 분양권 전매 등에 대한 신고포상금

시 · 도지사는 주택의 전매행위 제한을 위반하여 분양권 등을 전매하거나 알선 하는 자를 주무관청에 신고한 자에게 포상금을 지급할 수 있다. 포상금은 1천만원 이하의 범위에서 지급한다.

(6) 청문

국토교통부장관 또는 지방자치단체의 장은 **다음에 해당하는 처분을** 하려면 청문을 하여야 한다.

① 주택건설사업 등의 등록말소   ② 주택조합의 설립인가취소

③ 사업계획승인의 취소   ④ 행위허가의 취소

주택법 상 **청문을 하여야 하는 처분**이 아닌 것은?(단, 다른 법령에 따른 청문은 고려하지 않음)[30회]

① 공업화주택의 인정취소
② 주택조합의 설립인가취소
③ 주택건설 사업계획승인의 취소
④ 공동주택 리모델링허가의 취소
⑤ 주택건설사업의 등록말소

① 공업화주택의 인정취소에는 청문이 필요 없어요. ④ 공동주택 리모델링허가의 취소는 행위허가의 취소에 해당해요. 정답①

PART 5 건축법

01 총칙★★★★

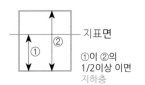

저자의 한마디

건축법은 건물에 관한 일반법입니다. 한편, 주택법은 건물(주택)에 관한 법이긴 하지만 분양 목적으로 많은 주택을 짓는 경우에 적용합니다. 당연히 주택법의 규제가 더 세겠죠?

저자의 한마디

건축물의 정의에서 보듯이 건축물이 되려면 지붕, 기둥, 벽이 모두 필요한 것이 아니라 (지붕+기둥) 또는 (지붕+벽)이면 됩니다.

지표면
①이 ②의
1/2이상 이면
지하층

주요구조부는
내·기·바·보·지·주
쉬파인

용어 정의★★★★

1. 대지(垈地)

① 공간정보의 구축 및 관리 등에 관한 법률에 따라 각 필지로 나눈 토지

② 둘 이상의 필지를 하나의 대지로 하거나 하나 이상의 필지의 일부를 하나의 대지로 할 수도 있음

2. 건축물

① 토지에 정착하는 공작물 중 지붕과 기둥 또는 벽이 있는 것과 이에 딸린 시설물

② 지하나 고가의 공작물에 설치하는 사무소·공연장·점포·차고·창고

3. 건축물의 용도

건축물의 종류를 유사한 구조, 이용 목적 및 형태별로 묶어 분류한 것

4. 건축설비

건축물에 설치하는 전기·전화 설비, 초고속 정보통신 설비, 지능형 홈네트워크 설비, 가스·급수·배수(配水)·배수(排水)·환기·난방·냉방·소화·배연 및 오물처리의 설비, 굴뚝, 승강기, 피뢰침, 국기 게양대, 공동시청 안테나, 유선방송 수신시설, 우편함, 저수조, 방범시설 등

5. 지하층

건축물의 바닥이 지표면 아래에 있는 층으로서 바닥에서 지표면까지 평균높이가 해당 층 높이의 2분의 1 이상인 것

6. 거실

건축물 안에서 거주, 집무, 작업, 집회, 오락, 그밖에 이와 유사한 목적을 위하여 사용되는 방

7. 주요구조부

① 내력벽, 기둥, 바닥, 보, 지붕틀 및 주계단

② 사이 기둥, 최하층 바닥, 작은 보, 차양, 옥외 계단(→주요구조부x), 그밖에 이와 유사한 것으로 건축물의 구조상 중요하지 아니한 부분은 제외

건축법령상 **주요구조부**에 해당하는 것은?[24회]

① 사이 기둥 ② 작은 보 ③ 차양 ④ 지붕틀 ⑤ 옥외 계단

건축물의 주요구조부는 내력벽, 기둥, 바닥, 보, 지붕틀 및 주계단입니다. 정답④

건축법령상 **주요구조부**에 해당하지 않는 것만을 모두 고른 것은?[27회]

> ㄱ. 지붕틀   ㄴ. 주계단   ㄷ. 사이 기둥   ㄹ. 최하층 바닥

① ㄴ   ② ㄱ,ㄷ   ③ ㄷ,ㄹ   ④ ㄱ,ㄴ,ㄹ   ⑤ ㄱ,ㄴ,ㄷ,ㄹ

사이 기둥과 최하층 바닥은 주요구조부가 아니에요. 정답③

8. 건축

건축물을 신축·증축·개축·재축하거나 건축물을 이전하는 것(대수선×, 이축×)

① 신축

ㄱ. 건축물이 없는 대지(기존 건축물이 해체되거나 멸실된 대지를 포함)에 새로 건축물을 축조하는 것

ㄴ. 부속건축물만 있는 대지에 새로 주된 건축물을 축조하는 것을 포함하되, 개축 또는 재축하는 것은 제외

② 증축

기존 건축물이 있는 대지에서 건축물의 건축면적, 연면적, 층수 또는 높이를 늘리는 것

③ 개축

기존 건축물의 전부 또는 일부(내력벽·기둥·보·지붕틀 중 셋 이상이 포함 되는 경우)를 해체하고 그 대지에 종전과 같은 규모의 범위에서 건축물을 다시 축조하는 것을 말한다.

④ 재축

건축물이 천재지변이나 그 밖의 재해로 멸실된 경우 그 대지에 **다음** 요건을 모두 갖추어 다시 축조하는 것을 말한다.

ㄱ. 연면적 합계는 종전 규모 이하로 할 것

ㄴ. 동수, 층수 및 높이가 모두 종전 규모 이하일 것

ㄷ. 동수, 층수 또는 높이의 어느 하나가 종전 규모를 초과하는 경우에는 해당 동수, 층수 및 높이가 건축법령등에 모두 적합할 것

⑤ 이전

건축물의 주요구조부를 해체하지 아니하고 같은 대지의 다른 위치로 옮기는 것

태풍으로 멸실되면 재축

쉽따걸

건축법령상 **건축**에 해당하는 것을 모두 고른 것은?[25회]

> ㄱ. 건축물이 없던 나대지에 새로 건축물을 축조하는 것
> ㄴ. 기존 5층의 건축물이 있는 대지에서 건축물의 층수를 7층으로 늘리는 것
> ㄷ. 태풍으로 멸실된 건축물을 그 대지에 종전과 같은 규모의 범위에서 다시 축조하는 것
> ㄹ. 건축물의 주요구조부를 해체하지 아니하고 같은 대지에서 옆으로 5미터 옮기는 것

① ㄱ,ㄴ   ② ㄷ,ㄹ   ③ ㄱ,ㄴ,ㄷ   ④ ㄴ,ㄷ,ㄹ   ⑤ ㄱ,ㄴ,ㄷ,ㄹ

건축법령상 건축물과 관련된 설명으로 옳은 것을 모두 고른 것은?[23회수정]

> ㄱ. 지하층은 건축물의 바닥이 지표면 아래에 있는 층으로서 바닥에서 지표면까지 평균 높이가 해당 층 높이의 3분의 1 이상인 것을 말한다.(×)
> ㄴ. 개축은 건축물이 천재지변이나 그 밖의 재해로 멸실된 경우 그 대지에 종전과 같은 규모의 범위에서 다시 축조하는 것을 말한다.(×)
> ㄷ. 부속건축물만 있는 대지에 새로 주된 건축물을 축조하는 것도 신축에 해당한다.(○)
> ㄹ. 연면적은 하나의 건축물 각 층의 바닥면적의 합계를 말하는 것으로서, 용적률을 산정할 때 초고층 건축물에 설치하는 피난안전구역의 면적은 연면적에 산입하지 않는다.(○)

① ㄱ,ㄴ ② ㄱ,ㄷ ③ ㄴ,ㄷ ④ ㄴ,ㄹ ⑤ ㄷ,ㄹ

9. 결합건축

용적률을 개별 대지마다 적용하지 아니하고, 2개 이상의 대지를 대상으로 통합적용하여 건축물을 건축하는 것

10. 대수선

건축물의 기둥, 보, 내력벽, 주계단 등의 구조나 외부 형태를 수선·변경하거나 증설하는 것

① 내력벽을 증설 또는 해체하거나 그 벽면적을 30㎡ 이상 수선 또는 변경하는 것

② 기둥을 증설 또는 해체하거나 세 개 이상 수선 또는 변경하는 것

③ 보를 증설 또는 해체하거나 세 개 이상 수선 또는 변경하는 것

④ 지붕틀(한옥의 서까래는 제외)을 증설 또는 해체하거나 세 개 이상 수선 또는 변경하는 것

⑤ 방화벽 또는 방화구획을 위한 바닥 또는 벽을 증설 또는 해체하거나 수선 또는 변경하는 것

⑥ 주계단·피난계단 또는 특별피난계단을 증설 또는 해체하거나 수선 또는 변경하는 것

⑦ 다가구주택의 가구 간 경계벽 또는 다세대주택의 세대 간 경계벽을 증설 또는 해체하거나 수선 또는 변경하는 것

⑧ 건축물의 외벽에 사용하는 마감재료를 증설 또는 해체하거나 벽면적 30㎡ 이상 수선 또는 변경하는 것

건축법령상 건축물의 대수선에 해당하지 않는 것은?(단, 건축물의 증축·개축 또는 재축에 해당하지 않음)[35회]

① 보를 두 개 변경하는 것

대수선
증설·해체하거나 수선·변경
①내·기·보·지의 증설·해체
②내·기·보·지의 수선·변경
→30㎡ 이상(내), 3개 이상(기·보·지)
③ 방화벽등, 주계단등, 경계벽의 증설·해체·수선·변경
④ 외벽마감재료 증설·해체
⑤ 벽면적(30㎡이상) 수선·변경

② 기둥을 세 개 수선하는 것

③ 내력벽의 벽 면적을 30제곱미터 수선하는 것

④ 특별피난계단을 변경하는 것

⑤ 다세대주택의 세대 간 경계벽을 증설하는 것

① 보를 세 개 이상 변경하는 것이 대수선이죠.(시행령3조의2 3호) 정답①

11. 리모델링

건축물의 노후화를 억제하거나 기능 향상 등을 위하여 대수선하거나 건축물의 일부를 증축 또는 개축하는 행위

12. 도로

① 보행과 자동차 통행이 가능한 너비 4m 이상의 도로로서 다음에 해당하는 도로나 그 예정도로

도로 = 보행 + 통행 + 4m

ㄱ. 국토계획법, 도로법, 사도법, 그 밖의 관계 법령에 따라 신설 또는 변경에 관한 고시가 된 도로

ㄴ. 건축허가 또는 신고 시에 특별시장·광역시장·특별자치시장·도지사·특별자치도지사(→시·도지사) 또는 시장·군수·구청장(자치구의 구청장)이 위치를 지정하여 공고한 도로

② 지형적 조건 등에 따른 도로의 구조와 너비

ㄱ. 특별자치시장·특별자치도지사 또는 시장·군수·구청장이 지형적 조건으로 인하여 차량 통행을 위한 도로의 설치가 곤란하다고 인정하여 그 위치를 지정·공고하는 구간의 너비 3m 이상(길이가 10m 미만인 막다른 도로인 경우에는 너비 2m 이상)인 도로

ㄴ. 위에 해당하지 아니하는 막다른 도로로서 그 도로의 너비가 그 길이에 따라 각각 다음 표에 정하는 기준 이상인 도로

막다른 도로의 길이	도로의 너비
10m미만	2m
10m이상 35m미만	3m
35m이상	6m(도시지역이 아닌 읍·면지역은 4m)

13. 건축주

건축물의 건축·대수선·용도변경, 건축설비의 설치 또는 공작물의 축조(→건축물의 건축 등)에 관한 공사를 발주하거나 현장 관리인을 두어 스스로 그 공사를 하는 자

14. 제조업자

건축물의 건축·대수선·용도변경, 건축설비의 설치 또는 공작물의 축조 등에 필요한 건축자재를 제조하는 사람

15. 유통업자

건축물의 건축·대수선·용도변경, 건축설비의 설치 또는 공작물의 축조에 필요한 건축자재를 판매하거나 공사현장에 납품하는 사람

16. 설계자

자기의 책임(보조자의 도움을 받는 경우를 포함)으로 설계도서를 작성하고 그 설계도서에서 의도하는 바를 해설하며, 지도하고 자문에 응하는 자

17. 설계도서

건축물의 건축등에 관한 공사용 도면, 구조 계산서, 시방서 등 공사에 필요한 서류

18. 공사감리자

자기의 책임(보조자의 도움을 받는 경우를 포함)으로 건축물, 건축설비 또는 공작물이 설계도서의 내용대로 시공되는지를 확인하고, 품질관리·공사관리· 안전관리 등에 대하여 지도·감독하는 자

19. 공사시공자

건설산업기본법에 따른 건설공사를 하는 자

20. 건축물의 유지·관리

건축물의 소유자나 관리자가 사용 승인된 건축물의 대지·구조·설비 및 용도 등을 지속적으로 유지하기 위하여 건축물이 멸실될 때까지 관리하는 행위

21. 관계전문기술자

건축물의 구조·설비 등 건축물과 관련된 전문기술자격을 보유하고 설계와 공사감리에 참여하여 설계자 및 공사감리자와 협력하는 자

22. 특별건축구역

조화롭고 창의적인 건축물의 건축을 통하여 도시경관의 창출, 건설기술 수준향상 및 건축 관련 제도개선을 도모하기 위하여 이 법 또는 관계 법령에 따라 일부 규정을 적용하지 아니하거나 완화 또는 통합하여 적용할 수 있도록 특별히 지정하는 구역

23. 고층건축물

층수가 30층 이상이거나 높이가 120m 이상인 건축물(초고층 건축물은 층수가 50층 이상이거나 높이가 200m 이상인 건축물, 준초고층 건축물은 고층건축물 중 초고층 건축물이 아닌 것)

4m가 한 층의 높이

① 고층 : 30층×4m=120m
② 초고층 : 50층×4m=200m

건축법령상 **용어**에 관한 설명으로 틀린 것은?[28회]

① 내력벽을 수선하더라도 수선되는 벽면적의 합계가 30㎡ 미만인 경우는 대수선에 포함되지 않는다.(○)

② 지하의 공작물에 설치하는 점포는 건축물에 해당하지 않는다.(×)

③ 구조 계산서와 시방서는 설계도서에 해당한다.(○)

④ 막다른 도로의 구조와 너비는 막다른 도로가 도로에 해당하는지 여부를 판단하는 기준이 된다.(○)

⑤ 고층건축물이란 층수가 30층 이상이거나 높이가 120m 이상인 건축물을 말한다.(○)

② 지하의 공작물에 설치하는 사무실, 공연장, 점포, 차고, 창고는 건축물에 해당합니다.

건축법령상 용어에 관한 설명으로 옳은 것은?^{31회}

① 건축물을 이전하는 것은 건축에 해당한다.(○)

② 고층건축물에 해당하려면 건축물의 층수가 30층 이상이고 높이가 120미터 이상이어야 한다.(×)

③ 건축물이 천재지변으로 멸실된 경우 그 대지에 종전 규모보다 연면적의 합계를 늘려 건축물을 다시 축조하는 것은 재축에 해당한다.(×)

④ 건축물의 내력벽을 해제하여 같은 대지의 다른 위치로 옮기는 것은 이전에 해당한다.(×)

⑤ 기존 건축물이 있는 대지에서 건축물의 내력벽을 증설하여 건축면적을 늘리는 것은 대수선에 해당한다.(×)

② 층수 30층 이상 또는 높이 120미터 이상, 둘 중 하나만 충족하면 된답니다. ③ 재축이 아니라 증축에 해당합니다. ④ 이전은 내력벽 같은 주요구조부를 해제하지 않고 옮겨야 해요. ⑤ 건축면적이 늘어나면 대수선이 아니라 증축입니다.

저자의 한마디

③ 재축의 경우 연면적은 종전규모 이하여야 합니다. 따라서 연면적이 늘어나면 재축이 아니고 증축입니다. 늘어나는 건 증축이죠.

24. 실내건축

건축물의 실내를 안전하고 쾌적하며 효율적으로 사용하기 위하여 내부 공간을 칸막이로 구획하거나 **다음의 재료 또는 장식물**을 설치하는 것

① 벽, 천장, 바닥 및 반자틀의 재료

② 실내에 설치하는 난간, 창호 및 출입문의 재료

③ 실내에 설치하는 전기 · 가스 · 급수, 배수 · 환기시설의 재료

④ 실내에 설치하는 충돌 · 끼임 등 사용자의 안전사고 방지를 위한 시설의 재료

건축법령상 **실내건축**의 재료 또는 장식물에 해당하는 것을 모두 고른 것은?^{26회}

| ㄱ. 실내에 설치하는 배수시설의 재료 |
| ㄴ. 실내에 설치하는 환기시설의 재료 |
| ㄷ. 실내에 설치하는 난간의 재료 |
| ㄹ. 실내에 설치하는 창호의 재료 |
| ㅁ. 실내에 설치하는 전기시설의 재료 |

① ㄱ,ㄴ ② ㄷ,ㄹ,ㅁ ③ ㄱ,ㄷ,ㄹ,ㅁ ④ ㄴ,ㄷ,ㄹ,ㅁ ⑤ ㄱ,ㄴ,ㄷ,ㄹ,ㅁ

모두 다 실내건축의 재료에 해당하네요. 정답⑤

25. 부속구조물

건축물의 안전·기능·환경 등을 향상시키기 위하여 건축물에 추가적으로 설치하는 환기시설물 등 구조물

26. 다중이용 건축물

다음에 해당하는 건축물

① 문화 및 집회시설(동물원 및 식물원 제외), 종교시설, 판매시설, 운수시설 중 여객용 시설, 의료시설 중 종합병원, 숙박시설 중 관광숙박시설로 쓰는 바닥면적의 합계가 5천㎡ 이상인 건축물

② 16층 이상인 건축물

다중이용건축물
① 문종판여종숙_바합5천이상
② 16층이상

27. 준다중이용 건축물

다중이용 건축물 외의 건축물로서 **다음 용도**로 쓰는 바닥면적의 합계가 1천㎡ 이상인 건축물

준다중이용건축물
① 문종판여종숙+교노운위휴장
_바합1천이상
② 층수 규정 없음

> 문화 및 집회시설(동물원 및 식물원 제외), 종교시설, 판매시설, 운수시설 중 여객용 시설, 의료시설 중 종합병원, 숙박시설 중 관광숙박시설, 교육연구시설, 노유자시설, 운동시설, 위락시설, 관광휴게시설, 장례시설

건축법령상 다중이용 건축물에 해당하는 용도가 아닌 것은?(단, 16층 이상의 건축물은 제외하고, 해당 용도로 쓰는 바닥면적의 합계는 5천제곱미터 이상임)[29회]

① 관광 휴게시설 ② 판매시설 ③ 운수시설 중 여객용 시설
④ 종교시설   ⑤ 의료시설 중 종합병원

> 관광 휴게시설은 준다중이용 건축물입니다. 나머지는 모두 다중이용 건축물이죠. 정답①

28. 특수구조 건축물

① 한쪽 끝은 고정되고 다른 끝은 지지되지 아니한 구조로 된 보·차양 등이 외벽(외벽이 없는 경우에는 외곽 기둥)의 중심선으로부터 3m 이상 돌출된 건축물

② 기둥과 기둥 사이의 거리(기둥의 중심선 사이의 거리)가 20m 이상인 건축물

③ 특수한 설계·시공·공법 등이 필요한 건축물로서 국토교통부장관이 정하여 고시하는 구조로 된 건축물

건축법 적용 제외***

① **다음 건축물**에는 건축법을 적용하지 아니한다.

ㄱ. 문화유산법에 따른 지정문화유산이나 임시지정문화유산 또는 자연유산법에 따라 지정된 천연기념물등이나 임시지정천연기념물, 임시지정명승, 임시지정시·도자연유산, 임시자연유산자료

ㄴ. 철도나 궤도의 선로 부지에 있는 시설

1. 운전보안시설 2. 철도 선로의 위나 아래를 가로지르는 보행시설 3. 플랫폼
4. 해당 철도 또는 궤도사업용 급수 · 급탄 및 급유 시설

ㄷ. 고속도로 통행료 징수시설

ㄹ. 컨테이너를 이용한 간이창고(공장의 용도로만 사용되는 건축물의 대지에 설치하는 것으로서 이동이 쉬운 것만 해당)

ㅁ. 하천법에 따른 하천구역 내의 수문조작실

② 도시지역 및 지구단위계획구역 외의 지역으로서 동이나 읍(동이나 읍에 속하는 섬의 경우에는 인구가 500명 이상인 경우만 해당)이 아닌 지역은 **다음 규정**을 적용하지 아니한다.

ㄱ. 대지와 도로의 관계   ㄴ. 도로의 지정 · 폐지 또는 변경   ㄷ. 건축선의 지정
ㄹ 건축선에 따른 건축제한   ㅁ. 방화지구 안의 건축물   ㅂ. 대지의 분할 제한

저자의 한마디

도시지역, 지구단위계획구역, 동·읍지역(인구 500명 이상인 섬 포함)은 건축법을 전부 적용하고, 이외의 지역은 옆의 6개 규정을 적용하지 않습니다.

③ 매수청구를 한 토지의 소유자는 매수하지 아니하기로 결정한 경우나 매수 결정을 알린 날부터 2년이 지날 때까지 해당 토지를 매수하지 아니하는 경우에는 허가를 받아 대통령령으로 정하는 건축물 또는 공작물을 설치할 수 있다. 이때 이러한 건축물이나 공작물을 도시 · 군계획시설로 결정된 도로의 예정지에 건축하는 경우에는 **다음 규정**을 적용하지 아니한다.

ㄱ. 도로의 지정 · 폐지 또는 변경 ㄴ. 건축선의 지정 ㄷ. 건축선에 따른 건축제한

건축법령상 **건축법**이 모두 **적용**되지 않는 건축물이 아닌 것은?[26회]
① 문화유산법에 따른 지정문화유산인 건축물
② 철도의 선로 부지에 있는 철도 선로의 위나 아래를 가로지르는 보행시설
③ 고속도로 통행료 징수시설
④ 지역자치센터
⑤ 궤도의 선로 부지에 있는 플랫폼

④ 지역자치센터에는 건축법이 적용됩니다. 정답④

건축법령상 철도의 선로 부지에 있는 시설로서 **건축법의 적용을 받지 않는 건축물만**을 모두 고른 것은?(단, 건축법령 이외의 특례는 고려하지 않음)[30회]

ㄱ. 플랫폼   ㄴ. 운전보안시설
ㄷ. 철도 선로의 아래를 가로지르는 보행시설
ㄹ. 해당 철도사업용 급수·급탄 및 급유시설

① ㄱ,ㄴ,ㄷ ② ㄱ,ㄴ,ㄹ ③ ㄱ,ㄷ,ㄹ ④ ㄴ,ㄷ,ㄹ ⑤ ㄱ,ㄴ,ㄷ,ㄹ

모두 건축법 적용을 받지 않는 시설입니다. 정답⑤

다음 건축물 중 **건축법의 적용**을 받는 것은?[28회]

① 대지에 정착된 컨테이너를 이용한 주택

② 철도의 선로 부지에 있는 운전보안시설

③ 문화유산법에 따른 임시지정 문화유산

④ 고속도로 통행료 징수시설

⑤ 하천법에 따른 하천구역 내의 수문조작실

① 컨테이너를 이용한 간이창고가 건축법 적용을 받지 않습니다. 컨테이너 주택은 건축법의 적용을 받아요. 정답①

건축법령상 **건축법의 적용**에 관한 설명으로 틀린 것은?[22회수정]

① 철도의 선로부지에 있는 플랫폼을 건축하는 경우에는 건축법상 건폐율 규정이 적용되지 않는다.(○)

② 고속도로 통행료 징수시설을 건축하는 경우에는 건축법상 대지의 분할제한 규정이 적용되지 않는다.(○)

③ 지구단위계획구역이 아닌 계획관리지역으로서 동 이나 읍이 아닌 지역에서는 건축법상 대지의 분할제한 규정이 적용되지 않는다.(○)

④ 지구단위계획구역이 아닌 계획관리지역으로서 동 이나 읍이 아닌 지역에서는 건축법상 건축선에 따른 건축제한 규정이 적용되지 않는다.(○)

⑤ 지구단위계획구역이 아닌 계획관리지역으로서 동 이나 읍이 아닌 지역에서는 건축법상 용적률 규정이 적용되지 않는다.(×)

①② 철도 선로부지 플랫폼과 고속도로 통행료 징수시설은 건축법이 적용되지 않는 시설입니다. 지구단위계획구역이 아닌 계획관리지역은 건축법 규정 중에서 대지분할제한, 건축선에 따른 건축제한 등 6개 규정이 적용되지 않습니다. 하지만 용적률 규정은 적용합니다. 따라서 ③,④는 맞는 지문이고, ⑤는 틀린 지문이죠.

건축위원회**

1. 건축위원회

① 국토교통부장관, 시·도지사 및 시장·군수·구청장은 **다음 사항**을 조사·심의·조정 또는 재정(이하 심의등이라 함)하기 위하여 각각 건축위원회를 두어야 한다.

ㄱ. 이 법과 조례의 제정·개정 및 시행에 관한 중요 사항

ㄴ. 건축물의 건축등과 관련된 분쟁의 조정 또는 재정에 관한 사항(→국장이 두는 중앙건축위원회)

ㄷ. 건축물의 건축등과 관련된 민원에 관한 사항(→시·도지사 및 시장·군수·구청장이 두는 지방건축위원회)

ㄹ. 건축물의 건축 또는 대수선에 관한 사항

ㅁ. 다른 법령에서 건축위원회의 심의를 받도록 규정한 사항

② 국토교통부장관, 시·도지사 및 시장·군수·구청장은 건축위원회의 심의등을 효율적으로 수행하기 위하여 필요하면 자신이 설치하는 건축위원회에 다음의 전문위원회를 두어 운영할 수 있다.

ㄱ. 건축분쟁전문위원회(국토교통부에 설치하는 중앙건축위원회에 한정)

ㄴ. 건축민원전문위원회(시·도 및 시·군·구에 설치하는 지방건축위원회에 한정)

ㄷ. 분야별 전문위원회(건축계획, 건축구조, 건축설비, 건축방재, 에너지관리 등 건축환경, 건축물 경관, 조경, 도시계획 및 단지계획, 교통 및 정보기술, 사회 및 경제)

③ 전문위원회는 건축위원회가 정하는 사항에 대하여 심의등을 한다.

④ 전문위원회의 심의등을 거친 사항은 건축위원회의 심의등을 거친 것으로 본다.

2. 건축위원회의 건축 심의

① 다중이용 건축물이나 특수구조 건축물 등을 건축하거나 대수선하려는 자는 시·도지사 또는 시장·군수·구청장에게 건축위원회의 심의를 신청하여야 한다.

② 심의 신청을 받은 시·도지사 또는 시장·군수·구청장은 건축위원회에 심의 안건을 상정하고, 심의 결과를 심의를 신청한 자에게 통보하여야 한다.

③ 건축위원회의 심의 결과에 이의가 있는 자는 심의 결과를 통보받은 날부터 1개월 이내에 시·도지사 또는 시장·군수·구청장에게 건축위원회의 재심의를 신청할 수 있다.

④ 재심의 신청을 받은 시·도지사 또는 시장·군수·구청장은 그 신청을 받은 날부터 15일 이내에 건축위원회에 재심의 안건을 상정하고, 재심의 결과를 재심의를 신청한 자에게 통보하여야 한다.

3. 건축위원회 회의록의 공개

시·도지사 또는 시장·군수·구청장은 심의(재심의 포함)를 신청한 자가 요청하는 경우에는 건축위원회 심의의 일시·장소·안건·내용·결과 등이 기록된 회의록을 공개하여야 한다. 다만, 심의의 공정성을 침해할 우려가 있다고 인정되는 이름, 주민등록번호 등 개인식별정보에 관한 부분의 경우에는 그러하지 아니하다.

4. 건축민원전문위원회

① 건축민원전문위원회는 건축법령의 운영 및 집행에 관한 민원 등의 질의민원(허가권자의 처분이 완료되기 전의 것으로 한정)을 심의하며, 시·도지사가 설치하는 광역지방건축민원전문위원회와 시장·군수·구청장이 설치하는 기초지방건축민원전문위원회로 구분한다.

② 광역지방건축민원전문위원회는 허가권자나 도지사의 건축허가나 사전승인에 대한 질의민원을 심의하고, 기초지방건축민원전문위원회는 시장(행정시의 시장 포함)·군수·구청장의 건축허가 또는 건축신고와 관련한 질의민원을 심의한다.

5. 질의민원 심의의 신청

① 건축물의 건축등과 관련된 질의민원의 심의를 신청하려는 자는 관할 건축민원전문위원회에 심의 신청서를 제출하여야 한다.

② 심의를 신청하고자 하는 자는 문서로 신청하여야 한다. 다만, 문서에 의할 수 없는 특별한 사정이 있는 경우에는 구술로 신청할 수 있다.

③ 건축민원전문위원회는 신청인의 질의민원을 받으면 15일 이내에 심의절차를 마쳐야 한다. 다만, 사정이 있으면 건축민원전문위원회의 의결로 15일 이내의 범위에서 기간을 연장할 수 있다.

6. 심의를 위한 조사 및 의견 청취

① 건축민원전문위원회는 심의에 필요하다고 인정하면 위원 또는 사무국의 소속 공무원에게 관계 서류를 열람하게 하거나 관계 사업장에 출입하여 조사하게 할 수 있다.

② 건축민원전문위원회는 필요하다고 인정하면 신청인, 허가권자의 업무 담당자, 이해관계자 또는 참고인을 위원회에 출석하게 하여 의견을 들을 수 있다.

③ 민원의 심의신청을 받은 건축민원전문위원회는 심의기간 내에 심의하여 심의결정서를 작성하여야 한다.

7. 의견의 제시

① 건축민원전문위원회는 질의민원에 대하여 관계 법령, 관계 행정기관의 유권해석, 유사판례와 현장여건 등을 충분히 검토하여 심의의견을 제시할 수 있다.

② 건축민원전문위원회는 민원심의의 결정내용을 지체 없이 신청인 및 해당 허가권자등에게 통지하여야 한다.

③ 심의 결정내용을 통지받은 허가권자등은 이를 존중하여야 하며, 통지받은 날부터 10일 이내에 그 처리결과를 해당 건축민원전문위원회에 통보하여야 한다. 처리결과를 통보받은 건축민원전문위원회는 신청인에게 그 내용을 지체 없이 통보하여야 한다.

④ 심의 결정내용을 시장·군수·구청장이 이행하지 아니하는 경우에는 해당 민원인은 시장·군수·구청장이 통보한 처리결과를 첨부하여 광역지방건축민원전문위원회에 심의를 신청할 수 있다.

8. 사무국

① 건축민원전문위원회의 사무를 처리하기 위하여 위원회에 사무국을 두어야 한다.

② 건축민원전문위원회에는 사무를 나누어 맡도록 심사관을 둔다.

③ 건축민원전문위원회의 위원장은 특정 사건에 관한 전문적인 사항을 처리하기 위하여 관계 전문가를 위촉하여 사무를 하게 할 수 있다.

건축법령상 건축민원전문위원회에 관한 설명으로 틀린 것은?(단, 조례는 고려하지 않음)^{30회}

① 도지사는 건축위원회의 심의 등을 효율적으로 수행하기 위하여 필요하면 자신이 설치하는 건축위원회에 건축민원전문위원회를 두어 운영할 수 있다.(○)

② 건축민원전문위원회가 위원회에 출석하게 하여 의견을 들을 수 있는 자는 신청인과 허가권자에 한한다.(×)

③ 건축민원전문위원회에 질의민원의 심의를 신청하려는 자는 문서에 의할 수 없는 특별한 사정이 있는 경우에는 구술로도 신청할 수 있다.(○)

④ 건축민원전문위원회는 심의에 필요하다고 인정하면 위원 또는 사무국의 소속 공무원에게 관계 서류를 열람하게 하거나 관계 사업장에 출입하여 조사하게 할 수 있다.(○)

⑤ 건축민원전문위원회는 건축법령의 운영 및 집행에 관한 민원을 심의할 수 있다.(○)

② 건축민원전문위원회는 필요하다고 인정하면 신청인, 허가권자의 업무담당자, 이해관계자 또는 참고인을 위원회에 출석하게 하여 의견을 들을 수 있습니다.

건축법 적용의 완화와 특례*

1. 적용의 완화

① 건축주, 설계자, 공사시공자 또는 공사감리자(→건축관계자)는 업무를 수행할 때 이 법을 적용하는 것이 매우 불합리하다고 인정되는 대지나 건축물에 대하여는 이 법의 기준을 완화하여 적용할 것을 특별시장·광역시장·특별자치시장·특별자치도지사 또는 시장·군수·구청장(→허가권자)에게 요청할 수 있다.

② 요청을 받은 허가권자는 건축위원회의 심의를 거쳐 완화 여부와 적용 범위를 결정하고 그 결과를 신청인에게 알려야 한다.

2. 특례

(1) 기존의 건축물 등에 관한 특례

허가권자는 법령의 제정·개정이나 그 밖의 사유로 대지나 건축물이 이 법에 맞지 아니하게 된 경우에도 기존 건축물을 재축하는 경우나 기존 한옥을 개축하는 경우 등에는 건축을 허가할 수 있다.

(2) 특수구조 건축물의 특례

① 건축물의 구조, 재료, 형식, 공법 등이 특수한 건축물(→특수구조 건축물)은 건축법의 일부규정을 적용할 때 강화 또는 변경하여 적용할 수 있다.

② 특수구조 건축물을 건축하거나 대수선하려는 건축주는 착공신고를 하기 전에 허가권자에게 해당 건축물의 구조 안전에 관하여 지방건축위원회의 심의를 신청하여야 한다. 이 경우 건축주는 설계자로부터 미리 구조 안전 확인을 받아야 한다.

건축법령상 **특수구조 건축물의 특례**에 관한 설명으로 옳은 것은?(단, 건축법령상 다른 특례 및 조례는 고려하지 않음)[32회]

① 건축 공사현장 안전관리 예치금에 관한 규정을 강화하여 적용할 수 있다.(×)

② 대지의 조경에 관한 규정을 변경하여 적용할 수 있다.(×)

③ 한쪽 끝은 고정되고 다른 끝은 지지되지 아니한 구조로 된 차양이 외벽 (외벽이 없는 경우에는 외곽기둥을 말함)의 중심선으로부터 3미터 이상 돌출된 건축물은 특수구조 건축물에 해당한다.(○)

④ 기둥과 기둥사이의 거리(기둥의 중심선 사이의 거리를 말함)가 15미터인 건축물은 특수구조 건축물로서 건축물 내진등급의 설정에 관한 규정을 강화하여 적용할 수 있다.(×)

⑤ 특수구조 건축물을 건축하려는 건축주는 건축허가 신청 전에 허가권자 에게 해당 건축물의 구조 안전에 관하여 지방건축위원회의 심의를 신청 하여야 한다.(×)

①② 특수구조 건축물은 건축법의 일부 규정을 적용할 때 강화 또는 변경하여 적용할 수 있습니다. 하지만 안전관리 예치금(13조)이나 대지의 조경(42조)에 관한 규정은 적용대상이 아니에요. ④ 기둥과 기둥사이의 거리가 20미터 이상이어야 특수구조 건축물입니다. ⑤ 건축허가 신청 전에 아니라 착공신고 전에 심의를 신청해야 해요.(시행령6조의3 2항)

(3) 부유식 건축물의 특례

① 공유수면 위에 고정된 인공대지를 설치하고 그 위에 설치한 건축물(→부유식 건축물)은 이 법의 일부규정을 적용할 때 달리 적용할 수 있다.

② 부유식 건축물의 설계, 시공 및 유지관리 등에 대하여 이 법을 적용하기 어려운 경우에는 변경하여 적용할 수 있다.

(4) 리모델링에 대비한 특례

리모델링이 쉬운 구조의 공동주택 건축을 촉진하기 위하여 공동주택을 대통령령으로 정하는 구조로 하여 건축허가를 신청하면 건축물의 용적률, 건축물의 높이 제한, 일조 등의 확보를 위한 건축물의 높이 제한에 따른 기준을 100분의 120으로 완화하여 적용할 수 있다.

건축 관련 입지와 규모의 사전결정★★★

① 건축허가 대상 건축물을 건축하려는 자는 건축허가를 신청하기 전에 허가권자에게 그 건축물의 건축에 관한 **다음 사항**에 대한 사전결정을 신청할 수 있다.

ㄱ. 해당 대지에 건축하는 것이 이 법이나 관계 법령에서 허용되는지 여부

ㄴ. 이 법 또는 관계 법령에 따른 건축기준 및 건축제한, 그 완화에 관한 사항 등을 고려하여 해당 대지에 건축 가능한 건축물의 규모

ㄷ. 건축허가를 받기 위하여 신청자가 고려하여야 할 사항

② 사전결정을 신청하는 자는 건축위원회 심의와 교통영향평가서의 검토를 동시에 신청할 수 있다.

③ 허가권자는 사전결정이 신청된 건축물의 대지면적이 환경영향평가법에 따른 소규모 환경영향평가 대상사업인 경우 환경부장관이나 지방환경관서의 장과 소규모 환경영향평가에 관한 협의를 하여야 한다.

④ 허가권자는 신청을 받으면 입지, 건축물의 규모, 용도 등을 사전결정한 후 사전결정 신청자에게 알려야 한다.

⑤ 사전결정 통지를 받은 경우에는 **다음 허가를 받거나 신고 또는 협의를 한 것으로 본다.**

ㄱ. 국토계획법에 따른 개발행위허가

ㄴ. 산지관리법에 따른 산지전용허가와 산지전용신고, 산지일시사용허가·신고 (보전산지인 경우에는 도시지역만 해당)

ㄷ. 농지법에 따른 농지전용허가·신고 및 협의

ㄹ. 하천법에 따른 하천점용허가

보전산지는 도시지역만 해당!

⑥ 허가권자는 위의 어느 하나에 해당되는 내용이 포함된 사전결정을 하려면 미리 관계 행정기관의 장과 협의하여야 하며, 협의를 요청받은 관계 행정기관의 장은 요청받은 날부터 15일 이내에 의견을 제출하여야 한다.

⑦ 관계 행정기관의 장이 기간 내에 의견을 제출하지 아니하면 협의가 이루어진 것으로 본다.

⑧ 사전결정신청자는 사전결정을 통지받은 날부터 2년 이내에 건축허가를 신청하여야 하며, 이 기간에 건축허가를 신청하지 아니하면 사전결정의 효력이 상실된다.

건축법령상 건축허가 대상 건축물을 건축하려는 자가 허가권자의 **사전결정통지를** 받은 경우 그 허가를 받은 것으로 볼 수 있는 것만을 모두 고른 것은?[30회]

> ㄱ. 국토의 계획 및 이용에 관한 법률 제56조에 따른 개발행위허가
> ㄴ. 산지관리법 제15조의2에 따른 도시지역 안의 보전산지에 대한 산지일시사용허가
> ㄷ. 산지관리법 제14조에 따른 농림지역 안의 보전산지에 대한 산지전용허가
> ㄹ. 농지법 제34조에 따른 농지전용허가

① ㄱ,ㄴ ② ㄱ,ㄴ,ㄹ ③ ㄱ,ㄷ,ㄹ ④ ㄴ,ㄷ,ㄹ ⑤ ㄱ,ㄴ,ㄷ,ㄹ

보전산지인 경우는 도시지역만 해당하므로 ㄴ은 맞고, ㄷ은 틀렸어요. 정답②

건축법령상 건축허가대상 건축물을 건축하려는 자가 **건축 관련 입지와 규모의 사전결정** 통지를 받은 경우에 **허가를 받은 것으로 볼 수 있는 것**을 모두 고른 것은?(단, 미리 관계 행정기관의 장과 사전결정에 관하여 협의한 것을 전제로 함)[33회]

> ㄱ. 농지법 제34조에 따른 농지전용허가(○)
> ㄴ. 하천법 제33조에 따른 하천점용허가(○)
> ㄷ. 국토의 계획 및 이용에 관한 법률 제56조에 따른 개발행위허가(○)
> ㄹ. 도시지역 외의 지역에서 산지관리법 제14조에 따른 보전산지에 대한 산지전용허가(×)

① ㄱ,ㄴ ② ㄷ,ㄹ ③ ㄱ,ㄴ,ㄷ ④ ㄴ,ㄷ,ㄹ ⑤ ㄱ,ㄴ,ㄷ,ㄹ

ㄹ. 도시지역의 보전산지에 대해서만 산지전용허가를 받는 것으로 봅니다. 정답③

건축법령상 **건축허가의 사전결정**에 관한 설명으로 틀린 것은?[28회]

① 사전결정을 할 수 있는 자는 건축허가권자이다.(○)
② 사전결정 신청사항에는 건축허가를 받기 위하여 신청자가 고려하여야 할 사항이 포함될 수 있다.(○)
③ 사전결정의 통지로써 국토의 계획 및 이용에 관한 법률에 따른 개발행위 허가가 의제되는 경우 허가권자는 사전결정을 하기에 앞서 관계 행정기관 의 장과 협의하여야 한다.(○)
④ 사전결정신청자는 건축위원회 심의와 도시교통정비촉진법에 따른 교통 영향평가서의 검토를 동시에 신청할 수 있다.(○)
⑤ 사전결정신청자는 사전결정을 통지받은 날부터 2년 이내에 착공신고를 하여야 하며, 이 기간에 착공신고를 하지 아니하면 사전결정의 효력이 상실 된다.(×)

⑤ 사전결정을 통지받은 날부터 2년 이내에 착공신고가 아니고 건축허가를 신청해야죠.

건축물 안전영향평가★★★

안전영향평가대상 건축물
*건축허가 전에 실시

① 초고층건축물
  (50층이상, 200m이상)
② 연면적 10만㎡이상이고,
  16층이상인 건축물

① 허가권자는 1) 초고층 건축물, 2) 연면적이 10만㎡ 이상이고, 16층 이상인 건축물에 대하여 건축허가를 하기 전에 건축물의 구조안전과 인접 대지의 안전에 미치는 영향 등을 평가하는 건축물 안전영향평가를 안전영향평가기관에 의뢰하여 실시하여야 한다.

② 안전영향평가기관은 국토교통부장관이 공공기관의 운영에 관한 법률에 따른 공공기관으로서 건축 관련 업무를 수행하는 기관 중에서 지정하여 고시한다.

③ 허가권자로부터 안전영향평가를 의뢰받은 기관(안전영향평가기관)은 다음 항목을 검토하여야 한다.

ㄱ. 해당 건축물에 적용된 설계 기준 및 하중의 적정성

ㄴ. 해당 건축물의 하중저항시스템의 해석 및 설계의 적정성

ㄷ. 지반조사 방법 및 지내력 산정결과의 적정성

ㄹ. 굴착공사에 따른 지하수위 변화 및 지반 안전성에 관한 사항

ㅁ. 그밖에 건축물의 안전영향평가를 위하여 국토교통부장관이 필요하다고 인정하는 사항

④ 안전영향평가기관은 안전영향평가를 의뢰받은 날부터 30일 이내에 안전영향평가 결과를 허가권자에게 제출하여야 한다. 다만, 부득이한 경우에는 20일의 범위에서 그 기간을 한 차례만 연장할 수 있다. 이때 안전영향평가를 의뢰한 자가 보완하는 기간 및 공휴일·토요일은 기간의 산정에서 제외한다.

⑤ 허가권자는 안전영향평가 결과를 제출받은 경우에는 지체 없이 안전영향평가를 의뢰한 자에게 그 내용을 통보하여야 한다.

⑥ 안전영향평가에 드는 비용은 안전영향평가를 의뢰한 자가 부담한다.

⑦ 안전영향평가 결과는 건축위원회의 심의를 거쳐 확정한다. 이 경우 건축위원회의 심의를 받아야 하는 건축물은 건축위원회 심의에 안전영향평가 결과를 포함하여 심의할 수 있다.

⑧ 안전영향평가 대상 건축물의 건축주는 건축허가 신청 시 제출하여야 하는 도서에 안전영향평가 결과를 반영하여야 하며, 건축물의 계획상 반영이 곤란하다고 판단되는 경우에는 그 근거 자료를 첨부하여 허가권자에게 건축위원회의 재심의를 요청할 수 있다.

⑨ 허가권자는 심의 결과 및 안전영향평가 내용을 즉시 공개하여야 한다.

⑩ 안전영향평가를 실시하여야 하는 건축물이 다른 법률에 따라 구조안전과 인접 대지의 안전에 미치는 영향 등을 평가 받은 경우에는 안전영향평가의 해당 항목을 평가 받은 것으로 본다.

건축법령상 안전영향평가기관이 **안전영향평가**를 실시할 때 검토하여야 하는 사항에 해당하지 않는 것은?(단, 기타 국토교통부장관이 필요하다고 인정하는 사항은 고려하지 않음)^{33회}

① 해당 건축물에 적용된 설계 기준 및 하중의 적정성(○)

② 해당 건축물의 하중저항시스템의 해석 및 설계의 적정성(○)

③ 지반조사 방법 및 지내력(地耐力) 산정결과의 적정성(○)

④ 굴착공사에 따른 지하수위 변화 및 지반 안전성에 관한 사항(○)

⑤ 해당 건축물의 안전영향평가를 위하여 지방건축위원회가 결정하는 사항(×)

> ⑤ 안전영향평가기관은 지방건축위원회가 결정하는 사항을 검토하지 않습니다.

건축법령상 **건축물 안전영향평가**에 관한 설명으로 옳은 것은?^{35회}

① 초고층 건축물에 대하여는 건축허가 이후 지체 없이 건축물 안전영향평가를 실시하여야 한다.(×)

② 안전영향평가기관은 안전영향평가를 의뢰받은 날부터 30일 이내에 안전영향 평가 결과를 허가권자에게 제출하여야 하며, 이 기간은 연장될 수 없다.(×)

③ 건축물 안전영향평가 결과는 도시계획위원회의 심의를 거쳐 확정된다.(×)

④ 허가권자는 안전영향평가에 대한 심의 결과 및 안전영향평가 내용을 일간신문에 게재하는 방법으로 공개하여야 한다.(×)

⑤ 안전영향평가를 실시하여야 하는 건축물이 다른 법률에 따라 구조안전과 인접 대지의 안전에 미치는 영향 등을 평가 받은 경우에는 안전영향평가의 해당 항목을 평가받은 것으로 본다.(○)

> ① 건축허가 이후가 아니라 건축허가를 하기 전에 실시(13조의2 1항, 시행령10조의3 1항1호) ② 부득이한 경우에는 20일의 범위에서 그 기간을 한 차례만 연장할 수 있어요.(시행령10조의3 4항) ③ 도시계획위원회가 아니라 건축위원회(13조의2 3항) ④ 일간신문에 게재하는 방법이 아니라 해당 지방자치단체의 공보에 게시하는 방법으로 즉시 공개해야 합니다.(13조의2 3항) ⑤ 13조의2 7항

건축허가와 그 제한*****

1. 건축허가(불허가, 취소)

① 건축물을 건축하거나 대수선하려는 자는 특별자치시장 · 특별자치도지사 또는 시장 · 군수 · 구청장(→오장)의 허가를 받아야 한다.(→건축물의 건축과 대수선이 허가대상이고, 오장이 원칙적 허가권자)

다만, 층수가 21층 이상이거나 연면적의 합계가 10만㎡ 이상인 건축물을 특별시나 광역시에 건축(연면적의 30% 이상을 증축하여 층수가 21층 이상으로 되거나 연면적의 합계가 10만 ㎡ 이상으로 되는 경우를 포함 ※공장, 창고, 지방건축위원회의 심의를 거친 건축물은 제외)하려면 특별시장이나 광역시장의 허가를 받아야 한다. (→특·광시장이 예외적 허가권자)

저자의 한마디

지금부터 특별자치시장·특별자치도지사 또는 시장·군수·구청장을 오장(五長)이라고 합니다. 오장은 실생활과 가장 밀접한 관청들이죠.

저자의 한마디

특별시장과 광역시장은 층수가 21층 이상, 연면적이 10만㎡이상인 경우에만 허가권을 갖습니다. 반면, 시장·군수는 이 경우에도 허가권을 갖습니다. 다만, 도지사 승인을 받아야 합니다.

① 21층이상 또는 10만㎡이상
(공·창·심은 승인대상아님)
② 자·수보호구역
공일일위숙(3층이상,1천㎡이상)
③ 주·교보호구역
위숙(규모제한없음)

국장과 도지사가
건축허가 하는 경우는 없!!

도지사 사전승인 문풀요령

① 공·창·심 제거
② 주·교보호구역의 위·숙은
규모제한 없음
③ 자·수보호구역의 위·숙은
3층이상, 1천㎡이상

② 시장·군수는 **다음 건축물의 건축을 허가하려면 미리** 건축계획서와 건축물의 용도, 규모 및 형태가 표시된 기본설계도서를 첨부하여 도지사의 승인을 받아야 한다.

ㄱ. 층수가 21층 이상이거나 연면적의 합계가 10만㎡ 이상인 건축물(위와 동일)

ㄴ. 자연환경이나 수질을 보호하기 위하여 도지사가 지정·공고한 구역에 건축하는 3층 이상 또는 연면적의 합계가 1천㎡ 이상인 건축물로서 1) 공동주택, 2) 일반음식점, 3) 일반업무시설, 4) 위락시설, 5) 숙박시설에 해당하는 건축물

ㄷ. 주거환경이나 교육환경 등 주변 환경을 보호하기 위하여 필요하다고 인정하여 도지사가 지정·공고한 구역에 건축하는 위락시설 및 숙박시설(규모제한×)에 해당하는 건축물

건축법령상 시장·군수가 **건축허가**를 하기 위해 **도지사의 사전승인**을 받아야 하는 건축물은?[21회]

① 연면적의 10분의 2를 증축하여 층수가 21층이 되는 공장

② 연면적의 합계가 100,000㎡인 창고

③ 자연환경을 보호하기 위하여 도지사가 지정·공고한 구역에 건축하는 연면적의 합계가 900㎡인 2층의 위락시설

④ 주거환경 등 주변환경을 보호하기 위하여 도지사가 지정·공고한 구역에 건축하는 숙박시설

⑤ 수질을 보호하기 위하여 도지사가 지정·공고한 구역에 건축하는 연면적의 합계가 900㎡인 2층의 숙박시설

> ①,② 공장이나 창고는 사전승인대상이 아니에요. ③,⑤ 자연환경이나 수질 보호를 위한 구역은 3층 이상이거나 연면적의 합계가 1천㎡ 이상인 위락시설이나 숙박시설이어야 사전승인 대상이죠. ④ 주변환경 보호를 위한 구역의 숙박시설에는 규모제한이 없어요. 정답④

③ 허가를 받으려는 자는 허가신청서에 설계도서와 관계 법령에서 제출하도록 의무화하고 있는 신청서 및 구비서류를 첨부하여 허가권자에게 제출하여야 한다. 다만, 국토교통부장관이 관계 행정기관의 장과 협의하여 정하는 신청서 및 구비서류는 착공신고 전까지 제출할 수 있다.

④ 허가권자는 건축허가를 하고자 하는 때에 건축기본법에 따른 한국건축규정의 준수 여부를 확인하여야 한다. 다만, **다음 경우**에는 이 법이나 다른 법률에도 불구하고 건축위원회의 심의를 거쳐 건축허가를 하지 아니할 수 있다.(불허가)

ㄱ. 위락시설이나 숙박시설에 해당하는 건축물의 건축을 허가하는 경우 해당 대지에 건축하려는 건축물의 용도·규모 또는 형태가 주거환경이나 교육환경 등 주변 환경을 고려할 때 부적합하다고 인정되는 경우

ㄴ. 방재지구 및 자연재해위험개선지구(상습가뭄재해지구 제외) 등 상습적으로 침수되거나 침수가 우려 되는 지역에 건축하려는 건축물에 대하여 일부 공간에

거실을 설치하는 것이 부적합하다고 인정되는 경우

⑤ 건축허가를 받으면 관련 법률의 허가 등을 받거나 신고를 한 것으로 보며, 공장건축물의 경우에는 산업집적활성화 및 공장설립에 관한 법률에 따라 관련 법률의 인·허가등이나 허가등을 받은 것으로 본다.

⑥ 허가권자는 허가 등을 받거나 신고를 한 것으로 보는 사항이 다른 행정기관의 권한에 속하면 그 행정기관의 장과 미리 협의하여야 하며, 협의 요청을 받은 관계 행정기관의 장은 요청을 받은 날부터 15일 이내에 의견을 제출하여야 한다. 이 경우 관계 행정기관의 장은 처리기준이 아닌 사유를 이유로 협의를 거부할 수 없고, 협의 요청을 받은 날부터 15일 이내에 의견을 제출하지 아니하면 협의가 이루어진 것으로 본다.

⑦ 허가권자는 허가를 받은 자가 **다음**에 해당하면 허가를 취소하여야 한다.

ㄱ. 허가를 받은 날부터 2년(공장의 신설·증설 또는 업종변경의 승인을 받은 공장은 3년) 이내에 공사에 착수하지 아니한 경우(→정당한 사유가 있다고 인정되면 1년의 범위에서 공사의 착수기간을 연장할 수 있음)

ㄴ. 기간 이내에 공사에 착수하였으나 공사의 완료가 불가능하다고 인정되는 경우

ㄷ. 착공신고 전에 경매 또는 공매 등으로 건축주가 대지의 소유권을 상실한 때부터 6개월이 지난 이후 공사의 착수가 불가능하다고 판단되는 경우

⑧ 건축위원회의 심의를 받은 자가 심의 결과를 통지 받은 날부터 2년 이내에 건축허가를 신청하지 아니하면 건축위원회 심의의 효력이 상실된다.

⑨ 건축허가를 받으려는 자는 해당 대지의 소유권을 확보하여야 한다.

다만, **다음 경우**에는 소유권을 확보하지 않아도 된다.

ㄱ. 건축주가 대지의 소유권을 확보하지 못하였으나 그 대지를 사용할 수 있는 권원을 확보한 경우(단, 분양을 목적으로 하는 공동주택은 대지소유권을 확보해야 함)

ㄴ. 건축주가 건축물의 노후화 또는 구조안전 문제 등의 사유로 건축물을 신축·개축·재축 및 리모델링(증축×)을 하기 위하여 건축물 및 해당 대지의 공유자 수의 100분의 80 이상의 동의를 얻고 동의한 공유자의 지분 합계가 전체 지분의 100분의 80 이상인 경우(→동의하지 않은 공유자에는 지분매도청구 가능)

ㄷ. 건축주가 건축허가를 받아 주택과 주택 외의 시설을 동일 건축물로 건축하기 위하여 주택법을 준용한 대지 소유 등의 권리 관계를 증명한 경우

ㄹ. 건축하려는 대지에 포함된 국유지 또는 공유지에 대하여 허가권자가 해당 토지의 관리청이 해당 토지를 건축주에게 매각하거나 양여할 것을 확인한 경우

ㅁ. 건축주가 집합건물의 공용부분을 변경하기 위하여 집합건물법에 따른 결의가 있었음을 증명한 경우

ㅂ. 건축주가 집합건물을 재건축하기 위하여 집합건물법에 따른 결의가 있었음을 증명한 경우

저자의 한마디

건축허가를 받으면 공사용 가설건축물이나 옹벽 등 공작물의 축조신고를 한 것으로 봅니다. 따라서 별도로 신고하지 않아도 되죠.

절대적 취소 사유

저자의 한마디

건축허가를 신청하려면 원칙적으로 해당 대지의 소유권을 확보해야 합니다. 하지만 곧 확보하게 된다거나 확보한 것과 다를 바 없는 경우에는 소유권 확보없이 건축허가를 신청할 수 있습니다.

건축법령상 **건축허가**를 받으려는 자가 해당 대지의 소유권을 확보하지 않아도 되는 경우만을 모두 고른 것은?[28회]

> ㄱ. 분양을 목적으로 하는 공동주택의 건축주가 그 대지를 사용할 수 있는 권원을 확보한 경우(×)
> ㄴ. 건축주가 집합건물의 공용부분을 변경하기 위하여 집합건물의 소유 및 관리에 관한 법률 제15조 제1항에 따른 결의가 있었음을 증명한 경우(○)
> ㄷ. 건축하려는 대지에 포함된 국유지에 대하여 허가권자가 해당 토지의 관리청이 해당 토지를 건축주에게 매각할 것을 확인한 경우(○)

① ㄱ ② ㄴ ③ ㄱ,ㄷ ④ ㄴ,ㄷ ⑤ ㄱ,ㄴ,ㄷ

ㄱ. 일반적으로 건축주가 해당 대지의 사용권원을 확보하면 건축허가에 앞서 대지의 소유권을 확보하지 않아도 됩니다만, 분양을 목적으로 하는 공동주택의 경우에는 소유권을 확보해야 합니다. 정답④

2. 건축허가 제한(착공 제한)

허가권자의 윗사람
(국장, 시도지사)이
제한권자

쉽따껄

건축허가 제한(착공제한)

① 국장, 시·도지사
② 의견청취+심의
③ 제한기간 2년이내
　1회엔 한해 1년이내 연장
④ 공고는 허가권자가 함
⑤ 국장은 해제를 명할 수 있음

① 국토교통부장관은 국토관리를 위하여 특히 필요하다고 인정하거나 주무부장관이 국방(국방부장관), 국가유산의 보존(문화체육관광부장관), 환경보전(환경부장관) 또는 국민경제를 위하여 특히 필요하다고 인정하여 요청하면 허가권자의 건축허가나 허가를 받은 건축물의 착공을 제한할 수 있다.

② 특별시장·광역시장·도지사(→시·도지사)는 지역계획이나 도시·군계획에 특히 필요하다고 인정하면 시장 · 군수 · 구청장의 건축허가나 허가를 받은 건축물의 착공을 제한할 수 있다.

③ 국토교통부장관이나 시 · 도지사는 건축허가나 건축허가를 받은 건축물의 착공을 제한하려는 경우에는 주민의견을 청취한 후 건축위원회의 심의를 거쳐야 한다.

④ 건축허가나 건축물의 착공을 제한하는 경우 제한기간은 2년 이내로 한다. 다만, 1회에 한하여 1년 이내의 범위에서 제한기간을 연장할 수 있다.

⑤ 국토교통부장관이나 특별시장 · 광역시장 · 도지사는 건축허가나 건축물의 착공을 제한하는 경우 제한 목적 · 기간, 대상 건축물의 용도와 대상 구역의 위치 · 면적 · 경계 등을 상세하게 정하여 허가권자에게 통보하여야 하며, 통보를 받은 허가권자는 지체 없이 이를 공고하여야 한다.

⑥ 특별시장 · 광역시장 · 도지사는 시장 · 군수 · 구청장의 건축허가나 건축물의 착공을 제한한 경우 즉시 국토교통부장관에게 보고하여야 하며, 보고를 받은 국토교통부장관은 제한 내용이 지나치다고 인정하면 해제를 명할 수 있다.

건축법령상 **건축허가 제한** 등에 관한 설명으로 옳은 것은?[35회]

① 도지사는 지역계획에 특히 필요하다고 인정하더라도 허가 받은 건축물의 착공을 제한할 수 없다.(×)

② 시장·군수·구청장이 건축허가를 제한하려는 경우에는 주민의견을 청취한 후 도시계획위원회의 심의를 거쳐야 한다.(×)

③ 건축허가를 제한하는 경우 제한기간은 2년 이내로 하며, 1회에 한하여 1년 이내의 범위에서 제한기간을 연장할 수 있다.(○)

④ 건축허가를 제한하는 경우 국토교통부장관은 제한 목적기간 등을 상세하게 정하여 지체 없이 공고하여야 한다.(×)

⑤ 건축허가를 제한한 경우 허가권자는 즉시 국토교통부장관에게 보고하여야 하며, 보고를 받은 국토교통부장관은 제한 내용이 지나치다고 인정하면 직권으로 이를 해제하여야 한다.(×)

공고는 허가권자가!

쉽파란

① 제한할 수 있어요.(18조2항) ② 시장·군수·구청장이 아니라 국장이나 시·도지사, 도시계획위원회가 아니라 건축위원회(18조3항) ③ 18조4항 ④ 국장이 직접 공고하지 않아요. 국장이 허가권자에게 통보하고, 이 통보를 받은 허가권자가 지체없어 공고합니다.(18조5항) ⑤ 특·광·도지사가 시·군·구청장의 건축허가를 제한한 경우 즉시 국장에게 보고하여야 하며, 보고를 받은 국장은 제한 내용이 지나치다고 인정하면 해제를 명할 수 있어요.(18조6항)

건축법령상 건축허가의 제한에 관한 설명으로 틀린 것은?[26회]

① 국방부장관이 국방을 위하여 특히 필요하다고 인정하여 요청하면 국토교통부장관은 허가권자의 건축허가를 제한할 수 있다.(○)

② 교육감이 교육환경의 개선을 위하여 특히 필요하다고 인정하여 요청하면 국토교통부장관은 허가를 받은 건축물의 착공을 제한할 수 있다.(×)

③ 특별시장은 지역계획에 특히 필요하다고 인정하면 관할구청장의 건축허가를 제한할 수 있다.(○)

④ 건축물의 착공을 제한하는 경우 제한기간은 2년 이내로 하되, 1회에 한하여 1년 이내의 범위에서 제한기간을 연장할 수 있다.(○)

⑤ 도지사가 관할 군수의 건축허가를 제한한 경우, 국토교통부장관은 제한 내용이 지나치다고 인정하면 해제를 명할 수 있다.(○)

② 교육감은 건축허가(또는 착공)의 제한을 요청할 권한이 없어요. ④ 빈출지문!

건축법령상 건축허가 제한에 관한 설명으로 옳은 것은?[32회]

① 국방, 국가유산의 보존 또는 국민경제를 위하여 특히 필요한 경우 주무부장관은 허가권자의 건축허가를 제한할 수 있다.(×)

② 지역계획을 위하여 특히 필요한 경우 도지사는 특별자치시장의 건축허가를 제한할 수 있다.(×)

③ 건축허가를 제한하는 경우 건축허가 제한기간은 2년 이내로 하며, 1회에 한하여 1년 이내의 범위에서 제한기간을 연장할 수 있다.(○)

④ 시·도지사가 건축허가를 제한하는 경우 토지이용규제기본법에 따라 주민의견을 청취하거나 건축위원회의 심의를 거쳐야 한다.(×)

⑤ 국토교통부장관은 건축허가를 제한하는 경우 제한목적·기간, 대상 건축물의 용도와 대상 구역의 위치·면적·경계를 지체 없이 공고하여야 한다.(×)

매도청구**

① 건축주가 건축물의 노후화 또는 구조안전 문제 등의 사유로 건축물을 신축·개축·재축 및 리모델링을 하기 위하여 건축물 및 해당 대지의 공유자 수의 100분의 80 이상의 동의를 얻고 동의한 공유자의 지분 합계가 전체 지분의 100분의 80 이상이 되어 건축허가를 받은 건축주는 해당 건축물 또는 대지의 공유자 중 동의하지 아니한 공유자에게 그 공유지분을 시가로 매도할 것을 청구할 수 있다. 이 경우 매도청구를 하기 전에 매도청구 대상이 되는 공유자와 3개월 이상 협의를 하여야 한다.

② 매도청구에 관하여는 집합건물법의 구분소유권 등의 매도청구 규정을 준용한다.

③ 건축허가를 받은 건축주는 해당 건축물 또는 대지의 공유자가 거주하는 곳을 확인하기가 현저히 곤란한 경우에는 전국적으로 배포되는 둘 이상의 일간신문에 두 차례 이상 공고하고, 공고한 날부터 30일 이상이 지났을 때에는 매도청구 대상이 되는 건축물 또는 대지로 본다.

④ 건축주는 매도청구 대상 공유지분의 감정평가액에 해당하는 금액을 법원에 공탁하고 착공할 수 있다.

⑤ 공유지분의 감정평가액은 허가권자가 추천하는 감정평가법인등 2인 이상이 평가한 금액을 산술평균하여 산정한다.

건축 공사현장 안전관리 예치금**

① 건축허가를 받은 자는 건축물의 건축공사를 중단하고 장기간 공사현장을 방치할 경우 공사현장의 미관 개선과 안전관리 등 필요한 조치를 하여야 한다.

② 허가권자는 연면적이 1천㎡ 이상인 건축물(주택도시보증공사가 분양보증을 한 건축물, 분양보증이나 신탁계약을 체결한 건축물은 제외)로서 해당 지방자치단체의 조례로 정하는 건축물에 대하여는 착공신고를 하는 건축주(한국토지주택공사 또는 지방공사는 제외)에게 장기간 건축물의 공사현장이 방치되는 것에 대비하여 미리 미관 개선과 안전관리에 필요한 비용(→예치금)을 건축공사비의 1퍼센트의 범위에서 예치하게 할 수 있다.

③ 허가권자가 예치금을 반환할 때에는 이자를 포함하여 반환하여야 한다. 다만, 보증서를 예치한 경우에는 그러하지 아니하다.

④ 허가권자는 공사현장이 방치되어 도시미관을 저해하고 안전을 위해한다고

저자의 한마디

주택법에서도 매도청구는 시가로, 3개월 이상 협의기간을 거쳐야 한다고 했죠? 똑같네요.

저자의 한마디

둘 이상 전국신문에 두 차례 이상 공고하고, 30일 이상 경과시 매도청구대상으로 보는 규정도 주택법이랑 같아요.

안전관리 예치금

① 연면적 1천㎡이상 건축물
② 건축공사비의 1%
   (보증서 가능)
③ 반환시 이자포함

판단되면 건축허가를 받은 자에게 건축물 공사현장의 미관과 안전관리를 위한 **다음의 개선**을 명할 수 있다.

ㄱ. 안전울타리 설치 등 안전조치   ㄴ. 공사재개 또는 해체 등 정비

⑤ 허가권자는 개선명령을 받은 자가 개선을 하지 아니하면 행정대집행법으로 정하는 바에 따라 대집행을 할 수 있다. 이 경우 건축주가 예치한 예치금을 행정대집행에 필요한 비용에 사용할 수 있으며, 행정대집행에 필요한 비용이 이미 납부한 예치금보다 많을 때에는 그 차액을 추가로 징수할 수 있다.

⑥ 허가권자는 방치되는 공사현장의 안전관리를 위하여 긴급한 필요가 있다고 인정하는 경우에는 건축주에게 고지한 후 건축주가 예치한 예치금을 사용하여 1) 공사현장 안전펜스의 설치, 2) 대지 및 건축물의 붕괴 방지 조치, 3) 공사현장의 미관 개선을 위한 조경 또는 시설물 등의 설치, 4) 그밖에 공사현장의 미관 개선 또는 대지 및 건축물에 대한 안전관리 개선 조치가 필요하여 건축조례로 정하는 사항에 대한 조치를 할 수 있다.

건축법령상 건축공사현장 **안전관리 예치금**에 관한 조문의 내용이다. ( )에 들어갈 내용을 바르게 나열한 것은?(단, 적용 제외는 고려하지 않음)[30회]

> 허가권자는 연면적이 (ㄱ)제곱미터 이상인 건축물로서 해당 지방자치단체의 조례로 정하는 건축물에 대하여는 착공신고를 하는 건축주에게 장기간 건축물의 공사현장이 방치되는 것에 대비하여 미리 미관 개선과 안전관리에 필요한 비용을 건축공사비의 (ㄴ)퍼센트의 범위에서 예치하게 할 수 있다.

① ㄱ: 1천, ㄴ: 1   ② ㄱ: 1천, ㄴ: 3   ③ ㄱ: 1천, ㄴ: 5
④ ㄱ: 3천, ㄴ: 3   ⑤ ㄱ: 3천, ㄴ: 5

> 안전관리 예치금은 연면적 1천㎡ 이상인 건축물에 적용하며 건축공사비의 1% 범위 내에서 예치합니다. 정답①

건축신고★★★★

① 허가 대상 건축물이라 하더라도 **다음**에 해당하는 경우에는 미리 특별자치시장·특별자치도지사 또는 시장·군수·구청장(→오장)에게 신고를 하면 건축허가를 받은 것으로 본다.

ㄱ. 바닥면적의 합계가 85㎡ 이내의 증축·개축 또는 재축
(3층 이상 건축물인 경우에는 증축·개축 또는 재축하려는 부분의 바닥면적의 합계가 건축물 연면적의 10분의 1 이내인 경우로 한정)

ㄴ. 관리지역, 농림지역 또는 자연환경보전지역에서 연면적이 200㎡ 미만이고 3층 미만인 건축물의 건축(지구단위계획구역, 방재지구, 붕괴위험지역에서의 건축은 제외)

ㄷ. (용도지역과 상관없이) 연면적이 200㎡ 미만이고 3층 미만인 건축물의 대수선

건축신고 대상 꼭 기억!

연면적200㎡미만,층수3층미만 건축물(→2미3미 건축물)

① 건축
도시→허가, 관·농·자→신고
② 대수선
용도지역 상관없이 신고

신고대상 대수선

증설×,해체×,변경×,수선○

① 내·기·보·지(30이상3개이상)
② 방화벽등,주계단등(경계벽등×)

ㄹ. **다음** 대수선(※연면적, 층수와 무관)

1) 내력벽의 면적을 30㎡ 이상 수선하는 것 2) 기둥을 세 개 이상 수선하는 것

3) 보를 세 개 이상 수선하는 것 4) 지붕틀을 세 개 이상 수선하는 것

5) 방화벽 또는 방화구획을 위한 바닥 또는 벽을 수선하는 것

6) 주계단·피난계단 또는 특별피난계단을 수선하는 것

신고대상 소규모 건축물

① 연면적 100㎡이하
② 높이 3m이하 증축
③ 표준설계도서
④ 공산산에서 건축하는 52공장
⑤ 읍·면지역 2창4축

ㅁ. 그밖에 소규모 건축물의 건축

1) 연면적의 합계가 100㎡ 이하인 건축물

2) 건축물의 높이를 3m 이하의 범위에서 증축하는 건축물

3) 표준설계도서에 따라 건축하는 건축물로서 그 용도 및 규모가 주위환경이나 미관에 지장이 없다고 인정하여 건축조례로 정하는 건축물

4) 공업지역, 산업·유통형 지구단위계획구역 및 산업단지에서 건축하는 2층 이하인 건축물로서 연면적 합계 500㎡ 이하인 공장

5) 농업이나 수산업을 경영하기 위하여 읍·면지역에서 건축하는 연면적 200㎡ 이하의 창고 및 연면적 400㎡ 이하의 축사, 작물재배사, 종묘배양시설, 화초 및 분재 등의 온실

② 오장은 신고를 받은 날부터 5일 이내에 신고수리 여부 또는 민원 처리 관련 법령에 따른 처리기간의 연장 여부를 신고인에게 통지하여야 한다. 다만, 이 법 또는 다른 법령에 따라 심의, 동의, 협의, 확인 등이 필요한 경우에는 20일 이내에 통지 하여야 한다.

③ 신고를 한 자가 신고일부터 1년 이내에 공사에 착수하지 아니하면 그 신고의 효력은 없어진다. 다만, 건축주의 요청에 따라 허가권자가 정당한 사유가 있다고 인정하면 1년의 범위에서 착수기한을 연장할 수 있다.

허가는 2년이내,
신고는 1년 이내 착공
연장은 둘 다 1년 범위 내

쉬파걸

건축법령상 건축신고를 하면 건축허가를 받은 것으로 볼 수 있는 경우에 해당하지 않는 것은?[29회]

① 연면적 150제곱미터인 3층 건축물의 피난계단 증설

② 연면적 180제곱미터인 2층 건축물의 대수선

③ 연면적 270제곱미터인 3층 건축물의 방화벽 수선

④ 1층의 바닥면적 50제곱미터, 2층의 바닥면적 30제곱미터인 건축물의 신축

⑤ 바닥면적 100제곱미터인 단층 건축물의 신축

① 피난계단은 수선의 경우만 신고대상입니다. 증설은 허가 대상이죠. ② 2미3미 건축물의 대수선이므로 신고대상입니다. ③ 방화벽이 그냥 수선인 경우는 건축물 규모와 상관없이 신고대상입니다. ④ 1층과 2층 바닥면적 합쳐서 80㎡, ⑤ 단층건물의 바닥면적이 100㎡이므로 100㎡이하 소규모 건축물에 해당하여 신고대상입니다. 정답①

건축주 甲은 A도 B시에서 연면적이 100제곱미터이고 2층인 건물을 대수선하고자 건축법 제14조에 따른 신고(이하 **건축신고**)를 하려고 한다. 건축법령상 이에 관한 이에 관한 설명으로 옳은 것은?(단, 건축법령상 특례 및 조례는 고려하지 않음)^{32회}

① 甲이 대수선을 하기 전에 B시장에게 건축신고를 하면 건축허가를 받은 것으로 본다.(○)

② 건축신고를 한 甲이 공사시공자를 변경하려면 B시장에게 허가를 받아야 한다.(×)

③ B시장은 건축신고의 수리 전에 건축물 안전영향평가를 실시하여야 한다.(×)

④ 건축신고를 한 甲이 신고일부터 6개월 이내에 공사에 착수하지 아니하면 그 신고의 효력을 없어진다.(×)

⑤ 건축신고를 한 甲은 건축물의 공사가 끝난 후 사용승인 신청 없이 건축물을 사용할 수 있다.(×)

안전영향평가는 1)초고층 건축물, 2)연면적이 10만㎡ 이상이고, 16층 이상인 건축물에 대하여 건축허가를 하기 전에 실시합니다.

연적이 200㎡ 미만이고 3층 미만인 건축물의 대수선은 용도지역과 상관없이 건축신고 대상입니다. ② 신고하면 됩니다. ③ 안전영향평가는 신고대상 건축물에는 실시하지 않아요. ④ 6개월이 아니라 1년 ⑤ 건축신고 대상 건축물도 사용승인을 받아야 사용할 수 있어요.

건축법령상 **건축허가와 건축신고**에 관한 설명으로 틀린 것은?^{22회}

① 허가 대상 건축물이라 하더라도 바닥면적의 합계가 85㎡ 이내의 증축인 경우에는 건축신고를 하면 건축허가를 받은 것으로 본다.(○)

② 시장·군수는 연면적의 합계가 10만㎡ 이상인 공장의 건축을 허가하려면 미리 도지사의 승인을 얻어야 한다.(×)

③ 국가가 건축물을 건축하기 위하여 미리 건축물의 소재지를 관할하는 허가권자와 협의한 경우에는 건축허가를 받았거나 신고한 것으로 본다.(○)

④ 건축신고를 한 자가 신고일부터 1년 이내에 공사에 착수하지 아니하면 그 신고의 효력은 없어진다.(○)

⑤ 시·도지사가 시장·군수·구청장의 건축허가를 제한하는 경우 제한기간은 2년 이내로 하되, 1회에 한하여 1년 이내의 범위에서 연장할 수 있다.(○)

공·창·심은 도지사승인×
(공장·창고·위원회심의)

② 시장·군수는 연면적의 합계가 10만㎡ 이상인 건축물의 건축을 허가하려면 미리 도지사의 승인을 얻어야 하지만, 그 건축물이 공장인 경우에는 사전승인이 필요 없습니다. ③ 공용건축물에 대한 특례로 나중에 학습합니다. ⑤ 빈출지문!

건축법령상 **건축허가 및 건축신고**에 관한 설명으로 틀린 것은?^{24회}

① 수질을 보호하기 위하여 도지사가 지정·공고한 구역에 시장·군수가 3층의 관광호텔의 건축을 허가하기 위해서는 도지사의 사전승인을 받아야 한다. (○)

② 숙박시설에 해당하는 건축물의 건축을 허가하는 경우 건축물의 용도·규모 또는 형태가 주거환경이나 교육환경등 주변 환경을 고려할 때 부적합하다고 인정되면 건축위원회의 심의를 거쳐 건축허가를 하지 않을 수 있다.(○)

③ 시·도지사는 시장·군수·구청장의 건축허가를 제한한 경우 즉시 국토교통부장관에게 보고하여야 한다.(○)

④ 연면적이 180제곱미터이고 2층인 건축물의 대수선은 건축신고의 대상이다.(○)

⑤ 건축신고를 한 자가 신고일부터 6개월 이내에 공사에 착수하지 아니하면 그 신고의 효력은 없어진다.(×)

⑤ 6개월이 아니라 1년입니다.

건축법령상 건축허가 및 건축신고 등에 관한 설명으로 틀린 것은?(단, 조례는 고려하지 않음)[25회]

① 바닥면적이 각 80제곱미터인 3층의 건축물을 신축하고자 하는 자는 건축허가의 신청 전에 허가권자에게 그 건축의 허용성에 대한 사전결정을 신청할 수 있다.(○)

② 연면적의 10분의 3을 증축하여 연면적의 합계가 10만제곱미터가 되는 창고를 광역시에 건축하고자 하는 자는 광역시장의 허가를 받아야 한다. (×)

③ 건축물의 건축허가를 받으면 국토의 계획 및 이용에 관한 법률에 따른 개발행위허가를 받은 것으로 본다.(○)

④ 연면적의 합계가 200제곱미터인 건축물의 높이를 2미터 증축할 경우 건축신고를 하면 건축허가를 받은 것으로 본다.(○)

⑤ 건축신고를 한 자가 신고일부터 1년 이내에 공사에 착수하지 아니하면 그 신고의 효력은 없어진다.(○)

① 지문의 건축물(바합 240㎡)은 건축허가 대상이므로 사전결정을 신청할 수 있어요. ② 연면적의 30%를 증축하여 연면적의 합계가 10만㎡가 되는 건축물도 특별시장·광역시장의 허가대상이지만, 그 건축물이 창고인 경우에는 허가받지 않아도 됩니다. ④ 높이 3미터 이하의 증축은 신고대상!

허가와 신고사항의 변경★★

저자의 한마디

건축관계자(건축주, 설계자, 공사시공자, 공사감리자)를 변경하는 경우에는 변경신고합니다. 변경허가 사항이 아니에요.

① 건축주가 허가를 받았거나 신고한 사항을 변경하려면, 변경하기 전에 허가권자의 허가를 받거나 특별자치시장·특별자치도지사 또는 시장·군수·구청장(→오장)에게 신고하여야 한다. 다만, 경미한 사항의 변경(신축·증축·개축·재축·이전·대수선 또는 용도변경에 해당하지 아니하는 변경)은 허가를 받거나 신고를 하지 않아도 된다.

② 허가나 신고사항 중 **다음 사항**의 변경은 사용승인을 신청할 때 허가권자에게 일괄하여 신고할 수 있다.(일괄신고 대상)

일괄신고 대상

① 바합 50㎡이하
② 연합의 1/10이하
③ 위치 1m이내 변경
④ 대수선
⑤ 높이 1m이하 또는 전체높이의 1/10이하

ㄱ. 건축물의 동수나 층수를 변경하지 아니하면서 변경되는 부분의 바닥면적의 합계가 50㎡ 이하인 경우로서 **다음 요건**을 모두 갖춘 경우

1) 변경되는 부분의 높이가 1m 이하이거나 전체 높이의 10분의 1 이하일 것

2) 허가를 받거나 신고를 하고 건축 중인 부분의 위치 변경범위가 1m 이내일 것

3) 신고를 하면 건축허가를 받은 것으로 보는 규모에서 건축허가를 받아야 하는 규모로의 변경이 아닐 것

ㄴ. 건축물의 동수나 층수를 변경하지 아니하면서 변경되는 부분이 <u>연면적 합계</u><u>의 10분의 1 이하</u>인 경우(연면적이 5천㎡ 이상인 건축물은 각 층의 바닥면적이 50㎡ 이하의 범위에서 변경되는 경우만 해당)

ㄷ. 허가를 받거나 신고를 하고 건축 중인 부분의 위치가 1m 이내에서 변경되는 경우

ㄹ. 대수선에 해당하는 경우

ㅁ. 건축물의 층수를 변경하지 아니하면서 변경되는 부분의 높이가 1m 이하이거나 전체 높이의 10분의 1 이하인 경우(변경되는 부분이 ㄱ,ㄴ,ㄷ의 본문에 따른 범위의 변경인 경우만 해당)

용도별 건축물의 종류*

> 1. 단독주택 2. 공동주택 3. 제1종 근린생활시설 4. 제2종 근린생활시설 5. 문화 및 집회시설 6. 종교시설 7. 판매시설 8. 운수시설 9. 의료시설 10. 교육연구시설 11. 노유자시설 12. 수련시설 13. 운동시설 14. 업무시설 15. 숙박시설 16. 위락시설 17. 공장 18. 창고시설 19. 위험물 저장 및 처리 시설 20. 자동차 관련 시설 21. 동물 및 식물 관련 시설 22. 자원순환 관련 시설 23. 교정시설 24. 국방·군사시설 25. 방송 통신시설 26. 발전시설 27. 묘지 관련 시설 28. 관광 휴게시설 29. 기타 시설

저자의 한마디

용도별 건축물의 종류(29가지)가 시행령 [별표1]에 규정되어 있습니다. 이중에서 단독주택과 공동주택만 살펴봅니다. 나머지 시설에서 간혹 출제되긴 하지만 너무 지엽적이라 득점하기 어려운 문제들입니다.

1. 단독주택

① 단독주택

② 다중주택 : **다음 요건을** 모두 갖춘 주택

ㄱ. 학생 또는 직장인 등 여러 사람이 장기간 거주할 수 있는 구조로 되어 있는 것

ㄴ. 독립된 주거의 형태를 갖추지 아니한 것(각 실별로 욕실○, 취사시설×)

ㄷ. 1개 동의 주택으로 쓰이는 바닥면적의 합계가 660㎡ 이하이고 주택으로 쓰는 층수(지하층 제외)가 3개 층 이하일 것

③ 다가구주택 : **다음 요건을** 모두 갖춘 주택으로서 <u>공동주택에 해당하지 아니하는 것</u>(구분소유×)

ㄱ. 주택으로 쓰는 층수(지하층 제외)가 3개 층 이하일 것(1층의 전부 또는 일부를 필로티 구조로 하여 주차장으로 사용하고 나머지 부분을 주택 외의 용도로 쓰는 경우에는 해당 층을 <u>주택의 층수에서 제외</u>)

ㄴ. 1개 동의 주택으로 쓰이는 바닥면적(부설 주차장 면적 제외)의 합계가 660㎡ 이하일 것

ㄷ. 19세대 이하가 거주할 수 있을 것

④ 공관

저자의 한마디

단독주택과 공동주택의 종류를 암기하고, 구분할 수 있어야 합니다. 반드시 암기하세요.

필로티구조

벽면 없이 하중을 견디는 기둥으로만 설치된 개방형 구조

2. 공동주택

아파트나 연립주택에서 층수를 산정할 때 1층 전부를 필로티 구조로 하여 주차장으로 사용하는 경우에는 필로티 부분을 층수에서 제외하고, 다세대주택에서 층수를 산정할 때 1층의 전부 또는 일부를 필로티 구조로 하여 **주차장**으로 사용하고 나머지 부분을 **주택 외의 용도**로 쓰는 경우에는 해당 층을 주택의 층수에서 제외하며, 모든 공동주택에서 층수를 산정할 때 지하층을 주택의 층수에서 제외한다.

① 아파트 : 주택으로 쓰는 층수가 5개 층 이상인 주택

② 연립주택 : 주택으로 쓰는 1개 동의 바닥면적 합계가 660㎡를 초과하고, 층수가 4개 층 이하인 주택

③ 다세대주택 : 주택으로 쓰는 1개 동의 바닥면적 합계가 660㎡ 이하이고, 층수가 4개 층 이하인 주택

④ 기숙사 : 학교 또는 공장 등의 학생 또는 종업원 등을 위하여 쓰는 것으로서 1개 동의 공동취사시설 이용 세대 수가 전체의 50% 이상인 것(학생복지주택 포함)

다가구는 단독주택,
다세대는 공동주택

쉽파걸

용도변경****

① 건축물의 용도변경은 변경하려는 용도의 건축기준에 맞게 하여야 한다.

② 시설군과 건축물의 세부 용도는 **다음**과 같다.

자·산·전·문·영·교·근·주
반드시 암기!

쉽파맨

	시설군	용도
1	자동차 관련 시설군	자동차 관련 시설
2	산업 등의 시설군	① 운수시설 ② 창고시설 ③ 공장 ④ 위험물저장 및 처리시설 ⑤ 자원순환 관련 시설 ⑥ 묘지 관련 시설 ⑦ 장례시설
3	전기통신시설군	① 방송통신시설 ② 발전시설
4	문화 및 집회시설군 →문종위관	① 문화 및 집회시설 ② 종교시설 ③ 위락시설 ④ 관광휴게시설
5	영업시설군 →판운숙2근다	① 판매시설 ② 운동시설 ③ 숙박시설 ④ 제2종 근린생활시설 중 다중생활시설
6	교육 및 복지시설군 →노교수야의	① 노유자시설 ② 교육연구시설 ③ 수련시설 ④ 야영장시설 ⑤ 의료시설
7	근린생활시설군	① 제1종 근린생활시설 ② 제2종 근린생활시설(다중생활시설 제외)
8	주거업무시설군	① 단독주택 ② 공동주택 ③ 업무시설 ④ 교정시설 ⑤ 국방 · 군사시설
9	그 밖의 시설군	동물 및 식물 관련 시설

저자의 한마디

1번에 가까울수록 위험한 시설이고, 9번에 가까울수록 덜 위험한 시설입니다. 따라서 <u>상위군으로 용도변경하려면 허가</u>를 받아야 하고, 하위군으로 용도변경하려면 신고만 하면 되는 것이죠.

오장
특·특·시·군·구청장

③ 사용승인을 받은 <u>건축물의 용도를 변경하려는 자</u>는 **다음 구분**에 따라 오장의 허가를 받거나 신고를 하여야 한다.

ㄱ. 허가 대상 : 시설군에 속하는 건축물의 용도를 <u>상위군</u>에 해당하는 용도로 변경하는 경우

ㄴ. 신고 대상 : 시설군에 속하는 건축물의 용도를 <u>하위군</u>에 해당하는 용도로 변경하는 경우

④ <u>같은 시설군</u> 안에서 용도를 변경하려는 자는 오장에게 건축물대장 <u>기재내용의 변경</u>을 신청하여야 한다. 다만, 1) 같은 용도에 속하는 건축물 상호간의 용도변경이나 2) 제1종 근린생활시설과 제2종 근린생활시설 상호간의 용도변경은 신청하지 않아도 된다.

⑤ <u>허가나 신고 대상</u>인 경우로서 용도변경하려는 부분의 바닥면적의 합계가 <u>100㎡ 이상</u>인 경우에는 건축물의 <u>사용승인</u> 규정을 준용한다. 다만, 용도변경하려는 부분의 바닥면적의 합계가 <u>500㎡ 미만</u>으로서 <u>대수선</u>에 해당되는 공사를 수반하지 아니하는 경우에는 사용승인을 받지 않아도 된다.

⑥ <u>허가 대상</u>인 경우로서 용도변경하려는 부분의 바닥면적의 합계가 <u>500㎡ 이상</u>인 용도변경의 설계는 건축사가 하여야 한다.

⑦ 건축주는 건축물의 용도를 <u>복수</u>로 하여 건축허가, 건축신고 및 용도변경 허가·신고 또는 건축물대장 기재내용의 변경 신청을 할 수 있다. 허가권자는 신청한 복수의 용도가 이 법 및 관계 법령에서 정한 건축기준과 입지기준 등에 모두 적합한 경우에 한정하여 <u>다음</u>과 같이 복수 용도를 허용할 수 있다.

ㄱ. 복수 용도는 같은 시설군 내에서 허용할 수 있다.(원칙)

ㄴ. 허가권자는 <u>지방건축위원회의 심의</u>를 거쳐 다른 시설군의 용도간의 복수 용도를 허용할 수 있다.(예외)

⑧ 허가권자는 신청한 복수의 용도가 이 법 및 관계 법령에서 정한 건축기준과 입지기준 등에 모두 적합한 경우에 한정하여 복수 용도를 허용할 수 있다.

건축법령상 사용승인을 받은 건축물의 **용도변경이 신고대상**인 경우만을 모두 고른 것은?[25회]

용도변경 전	용도변경 후
ㄱ. 판매시설	창고시설
ㄴ. 숙박시설	위락시설
ㄷ. 장례식장	종교시설
ㄹ. 의료시설	교육연구시설
ㅁ. 제1종 근린생활시설	업무시설

① ㄱ,ㄴ ② ㄱ,ㄷ ③ ㄴ,ㄹ ④ ㄷ,ㅁ ⑤ ㄹ,ㅁ

자·산·전·문·영·교·근·주

ㄱ. 영업→산업(허가)
ㄴ. 영업→문화(허가)
ㄷ. 산업→교육(신고)
ㄹ. 교육→교육(대장기재변경)
ㅁ. 근린→주거(신고)

상위군에서 하위군으로 용도변경하면 신고대상이죠. ㄱ. 허가대상 ㄴ. 허가대상 ㄷ. 신고대상 ㄹ. 건축물대장 기재내용 변경대상 ㅁ. 신고대상 정답④

건축법령상 사용승인을 받은 건축물의 **용도변경**에 관한 설명으로 틀린 것은?[24회]

① 단독주택을 다가구주택으로 변경하는 경우에는 건축물대장 기재내용의 변경을 신청하지 않아도 된다.(○)

② 제1종근린생활시설을 의료시설로 변경하는 경우에는 허가를 받아야 한다. (○)

③ 숙박시설을 수련시설로 변경하는 경우에는 신고를 하여야한다.(○)

④ 교육연구시설을 판매시설로 변경하는 경우에는 허가를 받아야 한다.(○)

⑤ 공장을 자동차 관련 시설로 변경하는 경우에는 신고를 하여야 한다.(×)

> ① 단독주택과 다가구주택은 같은 용도니까 ⑤ 자동차 관련 시설이 가장 상위죠? 따라서 허가대상입니다.

건축주인 甲은 4층 건축물을 병원으로 사용하던 중 이를 서점으로 **용도변경**하고자 한다. 건축법령상 이에 관한 설명으로 옳은 것은?(단, 다른 조건은 고려하지 않음)[29회]

① 甲이 용도변경을 위하여 건축물을 대수선할 경우 그 설계는 건축사가 아니어도 할 수 있다.(×)

② 甲은 건축물의 용도를 서점으로 변경하려면 용도변경을 신고하여야 한다.(○)

③ 甲은 서점에 다른 용도를 추가하여 복수용도로 용도변경 신청을 할 수 없다.(×)

④ 甲의 병원이 준주거지역에 위치하고 있다면 서점으로 용도변경을 할 수 없다.(×)

⑤ 甲은 서점으로 용도변경을 할 경우 피난 용도로 쓸 수 있는 광장을 옥상에 설치하여야 한다.(×)

> ① 4층 건축물의 대수선은 건축사가 설계해야 합니다. 건축가가 설계하지 않아도 되는 대수선은 연면적이 200㎡ 미만이고 층수가 3층 미만인 건축물입니다. 곧 배워요. ② 병원→서점은 신고 ③ 복수용도로 용도변경 신청 가능 ④ 준주거지역에는 서점 가능해요. 단, 근생시설 중 단란주점과 안마시술소는 안 됩니다. ⑤ 설치하지 않아도 됩니다. 옥상광장은 나중에 피난시설에서 학습 하게 됩니다.

甲은 A도 B군에서 **숙박시설**로 사용승인을 받은 바닥면적의 합계가 3천제곱미터인 건축물의 **용도를 변경**하려고 한다. 건축법령상 이에 관한 설명으로 틀린 것은?[31회]

① 의료시설로 용도를 변경하려는 경우에는 용도변경 신고를 하여야 한다. (○)

② 종교시설로 용도 변경하려는 경우에는 용도변경 허가를 받아야 한다.(○)

③ 甲이 바닥면적의 합계 1천제곱미터의 부분에 대해서만 업무시설로 용도를 변경하는 경우에만 사용승인을 받지 않아도 된다.(×)

④ A도지사는 도시·군계획에 특히 필요하다고 인정하면 B군수의 용도변경 허가를 제한할 수 있다. (○)

⑤ B군수는 甲이 판매시설과 위락시설의 복수 용도로 용도변경 신청을 한 경우 지방건축위원회의 심의를 거쳐 이를 허용할 수 있다. (○)

> ③ 하위군으로의 용도변경이니까 신고대상이고, 용도변경하려는 부분의 바닥면적의 합계가 100㎡ 이상이므로 사용승인을 받아야 합니다. ⑤ 판매시설과 위락시설은 서로 다른 시설군이라 원칙적으로 복수용도를 허용할 수 없지만, 지방건축위원회의 심의를 거쳐 예외적으로 허용할 수 있습니다.

가설건축물***

① 도시·군계획시설 및 도시·군계획시설예정지에서 가설건축물을 건축하려는 자는 오장의 허가를 받아야 한다.

② 오장은 해당 가설 건축물의 건축이 **다음 어느 하나에 해당하는 경우**가 아니면 허가를 하여야 한다.(불허사유)

ㄱ. 국토계획법 **제64조(도시·군계획시설 부지에서의 개발행위)**에 위배되는 경우

ㄴ. 4층 이상인 경우

가설건축물은
4층 이상이면 불허!

ㄷ. 구조, 존치기간, 설치목적 및 다른 시설 설치 필요성 등에 관하여 **다음 기준**의 범위에서 조례로 정하는 바에 따르지 아니한 경우

1) 철근콘크리트조 또는 철골철근콘크리트조가 아닐 것

2) 존치기간은 3년 이내일 것(도시·군계획사업이 시행될 때까지 기간 연장 가능)

3) 전기·수도·가스 등 새로운 간선 공급설비의 설치를 필요로 하지 아니할 것

4) 공동주택·판매시설·운수시설 등으로서 분양을 목적으로 건축하는 건축물이 아닐 것

ㄹ. 그밖에 이 법 또는 다른 법령에 따른 제한규정을 위반하는 경우

건축법령상 도시계획시설예정지에 건축하는 3층 이하의 **가설건축물**에 관한 설명으로 틀린 것은?(다만, 조례는 고려하지 않음)[21회]

① 가설건축물은 철근콘크리트조 또는 철골철근콘크리트조가 아니어야 한다.(○)

② 가설건축물은 공동주택·판매시설·운수시설 등으로서 분양을 목적으로 하는 건축물이 아니어야 한다.(○)

③ 가설건축물은 전기·수도·가스 등 새로운 간선 공급설비의 설치를 필요로 하는 것이 아니어야 한다.(○)

④ 가설건축물의 존치기간은 2년 이내이어야 한다.(×)

⑤ 가설건축물은 도시계획예정도로에도 건축할 수 있다.(○)

④ 2년이 아니라 3년입니다.

③ **다음 용도**의 가설건축물을 축조하려는 자는 존치 기간, 설치 기준 및 절차에 따라 오장에게 신고한 후 착공하여야 한다.(축조신고대상)

ㄱ. 재해가 발생한 구역 또는 그 인접구역으로서 오장이 지정하는 구역에서 일시사용을 위하여 건축하는 것

ㄴ. 오장이 도시미관 이나 교통소통에 지장이 없다고 인정하는 가설흥행장, 가설전람회장, 농·수·축산물 직거래용 가설점포, 그밖에 이와 비슷한 것

ㄷ. 공사에 필요한 규모의 공사용 가설건축물 및 공작물

ㄹ. 전시를 위한 견본주택이나 그밖에 이와 비슷한 것

저자의 한마디

건축신고로 축조가능한 가설건축물들은 임시, 일시적, 한시적, 미관, 간이, 야외라는 키워드를 포함하고 있습니다. 또한 건축신고로 축조가능한 가설건축물들은 건축사가 설계하지 않아도 됩니다. 꼭 기억하세요!

ㅁ. 오장이 도로변 등의 미관정비를 위하여 지정 · 공고하는 구역에서 축조하는 가설점포(물건 등의 판매를 목적으로 하는 것)로서 안전·방화 및 위생에 지장이 없는 것

ㅂ. 조립식 구조로 된 경비용(주거용×)으로 쓰는 가설건축물로서 연면적이 10㎡ 이하인 것

ㅅ. 조립식 경량구조로 된 외벽이 없는 임시 자동차 차고

ㅇ. 컨테이너 또는 이와 비슷한 것으로 된 가설건축물로서 임시사무실 · 임시 창고 또는 임시숙소로 사용되는 것(건축물의 옥상에 축조하는 것은 제외)

ㅈ. 도시지역 중 주거지역 · 상업지역 또는 공업지역에 설치하는 농업 · 어업용 비닐하우스로서 연면적이 100㎡ 이상인 것

ㅊ. 연면적이 100㎡ 이상인 간이축사용, 가축분뇨처리용, 가축운동용, 가축의 비가림용 비닐하우스 또는 천막(벽 또는 지붕이 합성수지 재질로 된 것과 지붕 면적의 2분의 1 이하가 합성강판으로 된 것을 포함)구조 건축물

ㅋ. 농업·어업용 고정식 온실 및 간이작업장, 가축양육실, 야외전시시설 및 촬영 시설

ㅌ. 물품저장용, 간이포장용, 간이수선작업용 등으로 쓰기 위하여 공장 또는 창고 시설에 설치하거나 인접 대지에 설치하는 천막(벽 또는 지붕이 합성수지 재질로 된 것을 포함), 그밖에 이와 비슷한 것

ㅍ. 유원지, 종합휴양업 사업지역 등에서 한시적인 관광·문화행사 등을 목적으로 천막 또는 경량구조로 설치하는 것

ㅎ. 야외흡연실 용도로 쓰는 가설건축물로서 연면적이 50㎡ 이하인 것

건축법령상 가설건축물 축조신고의 대상이 아닌 것은?(단, 조례와 공용건축물에 대한 특례는 고려하지 않음)[28회수정]
① 전시를 위한 견본주택(○)
② 도시지역 중 주거지역에 설치하는 농업용 비닐하우스로서 연면적이 100㎡ 인 것(○)
③ 조립식 구조로 된 주거용으로 쓰는 가설건축물로서 연면적이 20㎡인 것 (×)
④ 야외흡연실 용도로 쓰는 가설건축물로서 연면적이 50㎡인 것(○)
⑤ 조립식 경량구조로 된 외벽이 없는 임시 자동차 차고(○)

③ 조립식 구조로 된 경비용으로 쓰는 가설건축물로서 연면적이 10㎡ 이하인 것이 신고 대상 이죠.

④ 신고하여야 하는 가설건축물의 존치기간은 3년 이내로 한다. 다만, 공사용 가설건축물 및 공작물의 경우에는 해당 공사의 완료일까지의 기간을 말한다.

⑤ 오장은 가설건축물의 건축을 허가하거나 축조신고를 받은 경우 가설건축물대장 에 이를 기재하여 관리하여야 한다.

⑥ 가설건축물의 건축허가 신청 또는 축조신고를 받은 때에는 다른 법령에 따른 제한 규정에 대하여 확인이 필요한 경우 관계 행정기관의 장과 미리 협의하여야 하고, 협의 요청을 받은 관계 행정기관의 장은 요청을 받은 날부터 15일 이내에 의견을 제출하여야 한다. 이 경우 관계 행정기관의 장이 협의 요청을 받은 날부터 15일 이내에 의견을 제출하지 아니하면 협의가 이루어진 것으로 본다.

⑦ 오장은 가설건축물의 존치기간 만료일 30일 전까지 해당 가설건축물의 건축주에게 다음 사항을 알려야 한다.

ㄱ. 존치기간 만료일   ㄴ. 존치기간 연장 가능 여부

ㄷ. 존치기간이 연장될 수 있다는 사실

⑧ 존치기간을 연장하려는 가설건축물의 건축주는 다음 구분에 따라 오장에게 허가를 신청하거나 신고하여야 한다.

ㄱ. 허가 대상 가설건축물: 존치기간 만료일 14일 전까지 허가 신청

ㄴ. 신고 대상 가설건축물: 존치기간 만료일 7일 전까지 신고

착공신고와 사용승인★★

1. 착공신고

① 허가를 받거나 신고를 한 건축물의 공사를 착수하려는 건축주는 허가권자에게 공사계획을 신고하여야 한다. 다만, 건축물관리법에 따라 건축물의 해체허가를 받거나 신고할 때 착공 예정일을 기재한 경우에는 그러하지 아니하다.

② 공사계획을 신고하거나 변경신고를 하는 경우 해당 공사감리자와 공사시공자가 신고서에 함께 서명하여야 한다.

③ 허가권자는 신고를 받은 날부터 3일 이내에 신고수리 여부 또는 민원 처리 관련 법령에 따른 처리기간의 연장 여부를 신고인에게 통지하여야 한다.

④ 허가권자가 정한 기간 내에 신고수리 여부 또는 민원 처리 관련 법령에 따른 처리기간의 연장 여부를 신고인에게 통지하지 아니하면 그 기간이 끝난 날의 다음 날에 신고를 수리한 것으로 본다.

⑤ 허가를 받은 건축물의 건축주는 착공신고를 할 때에는 설계자, 공사시공자, 공사감리자와의 계약서의 사본을 첨부하여야 한다.

2. 건축물의 사용승인

① 건축주가 허가를 받았거나 신고를 한 건축물의 건축공사를 완료(하나의 대지에 둘 이상의 건축물을 건축하는 경우 동별 공사를 완료한 경우를 포함)한 후 그 건축물을 사용하려면 공사감리자가 작성한 감리완료보고서와 공사완료도서를 첨부하여 허가권자에게 사용승인을 신청하여야 한다.

② 허가권자는 사용승인신청을 받은 경우 신청서를 받은 날부터 7일 이내에 **다음 사항**에 대한 검사를 실시하고, 검사에 합격된 건축물에 대하여는 사용 승인서를 내주어야 한다.

ㄱ. 사용승인을 신청한 건축물이 이 법에 따라 허가 또는 신고한 설계도서대로 시공되었는지의 여부

ㄴ. 감리완료보고서, 공사완료도서 등의 서류 및 도서가 적합하게 작성되었는 지의 여부

③ 건축주는 사용승인을 받은 후가 아니면 건축물을 사용하거나 사용하게 할 수 없다.(원칙)

다만, **다음 경우**에는 그러하지 아니하다.

ㄱ. 허가권자가 신청서를 받은 날부터 7일 이내에 사용승인서를 교부하지 아니 한 경우

ㄴ. 사용승인서를 교부받기 전에 공사가 완료된 부분이 건폐율, 용적률, 설비, 피난·방화 등의 법정 기준에 적합한 경우로서 기간을 정하여 임시로 사용의 승인을 한 경우

④ 건축주가 사용승인을 받은 경우에는 관련 법률의 사용승인·준공검사 또는 등록신청 등을 받거나 한 것으로 보며, 공장건축물의 경우에는 관련 법률의 검사 등을 받은 것으로 본다.

⑤ 허가권자는 사용승인을 하는 경우 관련 법률의 사용승인 등의 의제에 해당 하는 내용이 포함되어 있으면 관계 행정기관의 장과 미리 협의하여야 한다.

⑥ 특별시장 또는 광역시장은 (예외적으로) 사용승인을 한 경우 지체 없이 그 사실을 군수 또는 구청장에게 알려서 건축물대장에 적게 하여야 한다. 이 경우 건축물대장에는 설계자, 대통령령으로 정하는 주요 공사의 시공자, 공사감리자를 적어야 한다.

⑦ 건축주는 사용승인서를 받기 전에 공사가 완료된 부분에 대한 임시사용의 승인을 받으려는 경우에는 임시사용승인신청서를 허가권자에게 제출(전자문서 에 의한 제출을 포함)하여야 한다.

⑧ 허가권자는 임시사용승인신청서를 접수한 경우에는 공사가 완료된 부분이 법정 기준에 적합한 경우에만 임시사용을 승인할 수 있으며, 식수 등 조경에 필요한 조치를 하기에 부적합한 시기에 건축공사가 완료된 건축물은 허가권자가 지정하는 시기까지 식수 등 조경에 필요한 조치를 할 것을 조건으로 임시사용을 승인(조건부 임시사용승인)할 수 있다.

⑨ 임시사용승인의 기간은 2년 이내로 한다. 다만, 허가권자는 대형 건축물 또는 암반공사 등으로 인하여 공사기간이 긴 건축물에 대하여는 그 기간을 연장(→1회에 한하지 않고 계속 연장 가능)할 수 있다.

건축법령상 **건축물의 사용승인**에 관한 설명으로 옳은 것은?^{20회수정}

① 건축주가 건축공사 완료 후 그 건축물을 사용하려면 건축공사완료 이전에 공사감리자에게 그 건축물 전체의 사용승인을 신청하여야 한다.(×)

② 건축주가 사용승인을 받은 경우에는 대기환경보전법에 따른 대기오염물질 배출시설의 가동개시신고를 한 것으로 본다.(○)

③ 허가권자가 법령이 정한 기간 내에 사용승인서를 교부하지 않은 경우 건축주는 그 건축물을 사용하거나 사용하게 할 수 없다.(×)

④ 건축물의 사용승인 신청을 위해서는 공사시공자가 작성한 감리중간보고서와 공사예정도서를 첨부하여야 한다.(×)

⑤ 허가권자는 임시사용승인신청서를 접수한 경우에 공사가 완료된 부분이 건폐율, 용적률 등의 법정 기준에 적합한 경우에만 임시사용을 승인할 수 있으며 그 기간은 1년 이내로 한다.(×)

> ① 사용승인은 허가권자에 신청합니다. ② 22조4항11호 ③ 법정기간(7일) 내에 사용승인서를 교부하지 않으면, 건축물을 사용하거나 사용하게 할 수 있어요. ④ 감리중간보고서와 공사예정도서가 아니라 감리완료보고서와 공사완료도서를 첨부합니다. ⑤ 1년이 아니라 2년

건축물의 설계, 시공, 감리**

1. 건축물의 설계

① 건축허가를 받아야 하거나 건축신고를 하여야 하는 건축물 또는 주택법에 따른 리모델링을 하는 건축물의 건축등을 위한 설계는 건축사가 아니면 할 수 없다. 다만, **다음 경우**에는 건축사가 아니더라도 할 수 있다.

ㄱ. 바닥면적의 합계가 85㎡ 미만인 증축·개축 또는 재축(신축×)

ㄴ. 연면적이 200㎡ 미만이고 층수가 3층 미만인 건축물의 대수선

ㄷ. 읍·면지역에서 건축하는 건축물 중 연면적이 200㎡ 이하인 창고 및 농막과 연면적 400㎡ 이하인 축사, 작물재배사, 종묘배양시설, 화초 및 분재 등의 온실

ㄹ. 건축신고로 축조가능한 가설건축물들(단, 건축조례로 정하는 가설건축물)

② 설계자는 건축물이 이 법과 이 법에 따른 명령이나 처분, 그 밖의 관계 법령에 맞고 안전·기능 및 미관에 지장이 없도록 설계하여야 하며, 국토교통부장관이 정하여 고시하는 설계도서 작성기준에 따라 설계도서를 작성하여야 한다. 다만, 해당 건축물의 공법 등이 특수한 경우로서 건축위원회의 심의를 거친 때에는 그러하지 아니하다.

③ 설계도서를 작성한 설계자는 설계가 이 법과 이 법에 따른 명령이나 처분, 그 밖의 관계 법령에 맞게 작성되었는지를 확인한 후 설계도서에 서명날인하여야 한다.

④ 국토교통부장관이 작성하거나 인정하는 표준설계도서나 특수한 공법을 적용한 설계도서에 따라 건축물을 건축하는 경우에는 ①을 적용하지 아니한다.

건축사 설계×

① 바합85㎡미만 증·개·재축
② 2미3미 건축물 대수선
③ 읍·면지역 2창4축
④ 신고대상 가설건축물
※①②③은 건축신고대상

2. 건축시공

① 공사시공자는 건축주와의 계약대로 성실하게 공사를 수행하여야 하며, 이 법과 이 법에 따른 명령이나 처분, 그 밖의 관계 법령에 맞게 건축물을 건축하여 건축주에게 인도하여야 한다.

② 공사시공자는 건축물의 공사현장에 설계도서를 갖추어 두어야 한다.
※건축허가나 용도변경허가 대상인 것만 해당, 건축신고 대상인 것은 해당없음

③ 공사시공자는 설계도서가 이 법과 이 법에 따른 명령이나 처분, 그 밖의 관계 법령에 맞지 아니하거나 공사의 여건상 불합리하다고 인정되면 건축주와 공사감리자의 동의를 받아 서면으로 설계자에게 설계를 변경하도록 요청할 수 있다. 이 경우 설계자는 정당한 사유가 없으면 요청에 따라야 한다.

④ 공사시공자는 공사를 하는 데에 필요하다고 인정하거나 공사감리자로부터 상세시공도면을 작성하도록 요청을 받으면 상세시공도면을 작성하여 공사 감리자의 확인을 받아야 하며, 이에 따라 공사를 하여야 한다.

⑤ 공사시공자는 건축허가나 용도변경허가가 필요한 건축물의 건축공사를 착수한 경우에는 해당 건축공사의 현장에 건축허가 표지판을 설치하여야 한다.

⑥ 다중이용 건축물, 특수구조 건축물, 3층이상의 필로티형식 건축물의 공사시공자는 건축주, 공사감리자 및 허가권자가 설계도서에 따라 적정하게 공사되었는지를 확인할 수 있도록 공사의 공정이 법정 진도에 다다른 때마다 사진 및 동영상을 촬영하고 보관하여야 한다.

3. 건축물의 공사감리

① 건축주는 **다음의 자를** 공사감리자(공사시공자 본인 및 독점규제 및 공정거래에 관한 법률에 따른 계열회사는 제외)로 지정하여 공사감리를 하게 하여야 한다.

ㄱ. 건축허가를 받아야 하는 건축물(건축신고 대상 건축물은 제외)을 건축하는 경우와 건축물을 리모델링하는 경우 : 건축사

ㄴ. 다중이용 건축물을 건축하는 경우 : 건설기술진흥법 따른 건설엔지니어링사업자 또는 건축사(건설기술진흥법 시행령에 따라 건설사업관리기술인을 배치하는 경우만 해당)

② 소규모 건축물로서 건축주가 직접 시공하는 건축물의 경우에는 허가권자가 해당 건축물의 설계에 참여하지 아니한 자 중에서 공사감리자를 지정하여야 한다. 다만, **다음 건축물**의 건축주가 허가권자에게 신청하는 경우에는 해당 건축물을 설계한 자를 공사감리자로 지정할 수 있다.

ㄱ. 건설기술 흥법에 따른 신기술 중 대통령령으로 정하는 신기술을 보유한 자가 그 신기술을 적용하여 설계한 건축물

ㄴ. 건축서비스산업진흥법에 따른 역량 있는 건축사로서 대통령령으로 정하는 건축사가 설계한 건축물

ㄷ. 설계공모를 통하여 설계한 건축물

③ 공사감리자는 공사감리를 할 때 이 법과 이 법에 따른 명령이나 처분, 그 밖의 관계 법령에 위반된 사항을 발견하거나 공사시공자가 설계도서대로 공사를 하지 아니하면 이를 건축주에게 알린 후 공사시공자에게 시정하거나 재시공하도록 요청하여야 하며, 공사시공자가 시정이나 재시공 요청에 따르지 아니하면 서면으로 그 건축공사를 중지하도록 요청할 수 있다. 이 경우 공사중지를 요청받은 공사시공자는 정당한 사유가 없으면 즉시 공사를 중지하여야 한다.

④ 공사감리자는 공사시공자가 시정이나 재시공 요청을 받은 후 이에 따르지 아니하거나 공사중지 요청을 받고도 공사를 계속하면 이를 허가권자에게 보고하여야 한다.

⑤ 연면적의 합계가 5천㎡ 이상인 건축공사의 공사감리자는 필요하다고 인정하면 공사시공자에게 상세시공도면을 작성하도록 요청할 수 있다.

상세시공도면 작성 요청
→연합5천㎡이상

⑥ 공사감리자는 감리일지를 기록·유지하여야 하고, 공사의 공정이 법정 진도에 다다른 경우에는 감리중간보고서를, 공사를 완료한 경우에는 감리완료 보고서를 각각 작성하여 건축주에게 제출하여야 한다. 이 경우 건축주는 감리중간보고서는 제출받은 때, 감리완료보고서는 건축물의 사용승인을 신청할 때 허가권자에게 제출하여야 한다.

⑦ 건축주나 공사시공자는 위반사항에 대한 시정이나 재시공을 요청하거나 위반사항을 허가권자에게 보고한 공사감리자에게 이를 이유로 공사감리자의 지정을 취소하거나 보수의 지급을 거부하거나 지연시키는 등 불이익을 주어서는 아니 된다.

⑧ 건축주가 공사감리자를 지정하거나 허가권자가 공사감리자를 지정하는 건축물의 건축주는 착공신고를 하는 때에 감리비용이 명시된 감리계약서를 허가권자에게 제출하여야 하고, 사용승인을 신청하는 때에는 감리용역 계약내용에 따라 감리비용을 지급하여야 한다. 이 경우 허가권자는 감리계약서에 따라 감리비용이 지급되었는지를 확인한 후 사용승인을 하여야 한다.

⑨ 허가권자가 공사감리자를 지정하는 건축물의 건축주는 설계자의 설계의도가 구현되도록 해당 건축물의 설계자를 건축과정에 참여시켜야 한다.

⑩ 설계자를 건축과정에 참여시켜야 하는 건축주는 착공신고를 하는 때에 해당 계약서 등 서류를 허가권자에게 제출하여야 한다.

甲은 A광역시 B구에서 20층의 연면적 합계가 5만제곱미터인 허가대상 건축물을 신축하려고 한다. 건축법령상 이에 관한 설명으로 틀린 것은?(단, 건축법령상 특례 규정은 고려하지 않음)[31회]

① 甲은 B구청장에게 건축허가를 받아야 한다.(○)

② 甲이 건축허가를 받은 경우에도 해당 대지를 조성하기 위해 높이 5미터의 옹벽을 축조하려면 따로 공작물 축조신고를 하여야 한다.(×)

③ 甲이 건축허가를 받은 이후에 공사시공자를 변경하는 경우에는 B구청장 에게 신고하여야 한다.(○)

저자의 한마디

① 21층 이상 또는 연합 10만㎡ 이상의 건축물이라면 A광역시 장의 허가를 받아야 합니다.

④ 甲이 건축허가를 받은 경우에도 A광역시장은 지역계획에 특히 필요하다고 인정하면 甲의 건축물의 착공을 제한할 수 있다.(○)

⑤ 공사감리자는 필요하다고 인정하면 공사시공자에게 상세시공도면을 작성하도록 요청할 수 있다.(○)

① 원칙적으로 허가권자는 오장이니까! ② 건축허가를 받은 경우에는 옹벽축조신고를 한 것으로 봅니다. 따라서 별도로 신고하지 않아도 됩니다. ③ 공사시공자 변경은 신고만 하면 됩니다. ④ 착공제한은 구청장(허가권자)의 윗사람인 광역시장이 합니다.

건축관계자등에 대한 업무제한*

① 허가권자는 설계자, 공사시공자, 공사감리자 및 관계전문기술자(→건축관계자등)가 다중이용 건축물이나 준다중이용 건축물에 대하여 착공신고 시부터 하자담보책임기간에 제40조(대지의 안전 등), 제41조(토지 굴착 부분에 대한 조치 등), 제48조(구조내력 등), 제50조(건축물의 내화구조와 방화벽) 및 제51조(방화지구 안의 건축물)를 위반하거나 중대한 과실로 건축물의 기초 및 주요구조부에 중대한 손괴를 일으켜 사람을 사망하게 한 경우에는 1년 이내의 기간을 정하여 이 법에 의한 업무를 수행할 수 없도록 업무정지를 명할 수 있다.

② 허가권자는 건축관계자등이 제40조, 제41조, 제48조, 제49조(건축물의 피난시설 및 용도제한 등), 제50조, 제50조의2(고층건축물의 피난 및 안전관리), 제51조, 제52조(건축물의 마감재료) 및 제52조의4(건축자재의 품질관리 등)를 위반하여 건축물의 기초 및 주요구조부에 중대한 손괴를 일으켜 도급 또는 하도급받은 금액의 100분의 10 이상으로서 그 금액이 1억원 이상인 재산상의 피해가 발생한 경우(①에 해당하는 위반행위는 제외)에는 **다음 기간** 이내의 범위에서 다중이용건축물이나 준다중이용 건축물에 대하여 이 법에 의한 업무를 수행할 수 없도록 업무정지를 명할 수 있다.

ㄱ. 최초로 위반행위가 발생한 경우 : 업무정지일부터 6개월

ㄴ. 2년 이내에 동일한 현장에서 위반행위가 다시 발생한 경우: 다시 업무정지를 받는 날부터 1년

③ 허가권자는 건축관계자등이 제40조,제41조,제48조,제49조,제50조,제50조의2, 제51조,제52조 및 제52조의4를 위반한 경우(① 및 ②에 해당하는 위반행위는 제외)와 제28조(공사현장의 위해 방지 등)를 위반하여 가설시설물이 붕괴된 경우에는 기간을 정하여 시정을 명하거나 필요한 지시를 할 수 있다.

④ 허가권자는 위의 시정명령 등에도 불구하고 특별한 이유 없이 이를 이행하지 아니한 경우에는 **다음 기간** 이내의 범위에서 이 법에 의한 업무를 수행할 수 없도록 업무정지를 명할 수 있다.

ㄱ. 최초의 위반행위가 발생하여 허가권자가 지정한 시정기간 동안 특별한 사유 없이 시정하지 아니하는 경우 : 업무정지일부터 3개월

ㄴ. 2년 이내에 위반행위가 동일한 현장에서 2차례 발생한 경우 : 업무정지일부터 3개월

건축관계자 업무제한

① 다중(준다중)이용건축물 위법 또는 중과실로 사망
　→ 1년이내 업무정지
② 다중(준다중)이용건축물 위법으로 1억원이상 재산피해
→ 최초: 6개월이내 업무정지
　2년이내 동일현장 재발: 1년이내
③ 위법으로 가설시설물 붕괴
　→ 시정명령
* 시정명령 불이행시
1)최초 : 3개월이내 업무정지
2)2년이내 동일현장 2회발생
　-3개월이내 업무정지
3)2년이내 동일현장 3회발생
　-1년이내 업무정지

ㄷ. 2년 이내에 위반행위가 동일한 현장에서 3차례 발생한 경우 : 업무정지일 부터 1년

⑤ 허가권자는 업무정지처분을 갈음하여 **다음 구분**에 따라 건축관계자등에게 과징금을 부과할 수 있다.

ㄱ. ④-ㄱ 또는 ④-ㄴ에 해당하는 경우 : 3억원 이하

ㄴ. ④-ㄷ에 해당하는 경우: 10억원 이하

⑥ 건축관계자등은 업무정지처분에도 불구하고 그 처분을 받기 전에 계약을 체결하였거나 관계 법령에 따라 허가, 인가 등을 받아 착수한 업무는 사용승인을 받은 때까지 계속 수행할 수 있다.

⑦ 위의 조치는 그 소속 법인 또는 단체에게도 동일하게 적용한다. 다만, 소속 법인 또는 단체가 위반행위를 방지하기 위하여 해당 업무에 관하여 상당한 주의와 감독을 게을리하지 아니한 경우에는 그러하지 아니하다.

⑧ 허가권자는 위의 조치를 한 경우 그 내용을 국토교통부장관에게 통보하여야 한다.

⑨ 국토교통부장관은 통보된 사항을 종합관리하고, 허가권자가 해당 건축 관계자등과 그 소속 법인 또는 단체를 알 수 있도록 공개하여야 한다.

⑩ 건축관계자등, 소속 법인 또는 단체에 대한 업무정지처분을 하려는 경우에는 청문을 하여야 한다.

공용건축물에 대한 특례**

① 국가나 지방자치단체는 건축물을 건축 · 대수선 · 용도변경하거나 가설 건축물을 건축하거나 공작물을 축조하려는 경우에는 미리 건축물의 소재지를 관할하는 허가권자와 협의하여야 한다.

② 국가나 지방자치단체가 건축물의 소재지를 관할하는 허가권자와 협의한 경우에는 허가를 받았거나 신고한 것으로 본다.

③ 협의한 건축물에는 제22조(건축물의 사용승인) ①항부터 ③항까지의 규정을 적용하지 아니한다. 다만, 건축물의 공사가 끝난 경우에는 지체 없이 허가권자 에게 통보하여야 한다.

④ 국가나 지방자치단체가 소유한 대지의 지상 또는 지하 여유공간에 구분 지상권을 설정하여 **다음 시설**을 설치하고자 하는 경우 허가권자는 구분 지상권자를 건축주로 보고 구분지상권이 설정된 부분을 대지로 보아 건축허가를 할 수 있다.

ㄱ. 제1종 근린생활시설

ㄴ. 제2종 근린생활시설(총포판매소, 장의사, 다중생활시설, 제조업소, 단란주점, 안마 시술소 및 노래연습장은 제외)

ㄷ. 문화 및 집회시설(공연장 및 전시장으로 한정)

ㄹ. 의료시설   ㅁ. 교육연구시설   ㅂ. 노유자시설   ㅅ. 운동시설

ㅇ. 업무시설(오피스텔은 제외)

건축법령상 국가가 소유한 대지의 지상 여유 공간에 구분지상권을 설정하여 시설을 설치하려는 경우, 허가권자가 **구분지상권자를 건축주로 보고 구분지상권이 설정된 부분을 대지로 보아 건축허가를 할 수 있는 시설**에 해당하는 것은?^{30회}

① 수련시설 중 청소년활동진흥법에 따른 유스호스텔

② 제2종 근린생활시설 중 다중생활시설

③ 제2종 근린생활시설 중 노래연습장

④ 문화 및 집회시설 중 공연장

⑤ 업무시설 중 오피스텔

> 보기 중에서 공연장만 가능합니다. 나머지는 허가할 수 없어요. 정답④

건축통계와 건축행정의 전산화*

1. 건축통계

허가권자는 **다음 건축통계**를 국토교통부장관이나 시·도지사에게 보고하여야 한다.

① 건축허가 현황 ② 건축신고 현황 ③ 용도변경허가 및 신고 현황

④ 착공신고 현황 ⑤ 사용승인 현황

2. 건축행정 전산화

① 국토교통부장관은 이 법에 따른 건축행정 관련 업무를 전산처리하기 위하여 종합적인 계획을 수립·시행할 수 있다.

② 허가권자는 신청서, 신고서, 첨부서류, 통지, 보고 등을 디스켓, 디스크 또는 정보통신망 등으로 제출하게 할 수 있다.

3. 건축허가 업무 등의 전산처리

① 허가권자는 건축허가 업무 등의 효율적인 처리를 위하여 전자정보처리 시스템을 이용하여 이 법에 규정된 업무를 처리할 수 있다.

② 전자정보처리 시스템에 따라 처리된 자료(→전산자료)를 이용하려는 자는 관계 중앙행정기관의 장의 심사를 거쳐 **다음 구분**에 따라 국토교통부장관, 시·도지사 또는 시장·군수·구청장의 승인을 받아야 한다. 다만, 지방자치 단체의 장이 승인을 신청하는 경우에는 관계 중앙행정기관의 장의 심사를 받지 아니한다.

ㄱ. 전국 단위의 전산자료 : 국토교통부장관

ㄴ. 특별시·광역시·특별자치시·도·특별자치도(→시·도) 단위의 전산자료 : 시·도지사

ㄷ. 시·군 또는 구(자치구) 단위의 전산자료 : 시장·군수·구청장

③ 국토교통부장관, 시 · 도지사 또는 시장 · 군수 · 구청장이 승인신청을 받은 경우에는 건축허가 업무 등의 효율적인 처리에 지장이 없고 건축주 등의 개인정보 보호기준을 위반하지 아니한다고 인정되는 경우에만 승인할 수 있다. 이 경우 용도를 한정하여 승인할 수 있다.

④ 건축물의 소유자가 본인 소유의 건축물에 대한 소유 정보를 신청하거나 건축물의 소유자가 사망하여 그 상속인이 피상속인의 건축물에 대한 소유 정보를 신청하는 경우에는 승인 및 심사를 받지 아니할 수 있다.

⑤ 승인을 받아 전산자료를 이용하려는 자는 사용료를 내야 한다.

4. 전산자료의 이용자에 대한 지도 · 감독

오장은 개인정보의 보호 및 전산자료의 이용목적 외 사용 방지 등을 위하여 필요하다고 인정되면 전산자료의 보유 또는 관리 등에 관한 사항에 관하여 전산자료를 이용하는 자를 지도 · 감독할 수 있다.

5. 건축종합민원실의 설치

오장은 건축허가, 건축신고, 사용승인 등 건축과 관련된 민원을 종합적으로 접수하여 처리할 수 있는 민원실을 설치 · 운영하여야 한다.

건축물의 유지 · 관리*

1. 건축지도원

오장은 이 법 또는 이 법에 따른 명령이나 처분에 위반되는 건축물의 발생을 예방하고 건축물을 적법하게 유지 · 관리하도록 지도하기 위하여 건축지도원을 지정할 수 있다.

2. 건축물대장

① 오장은 건축물의 소유 · 이용 및 유지 · 관리 상태를 확인하거나 건축정책의 기초 자료로 활용하기 위하여 다음에 해당하면 건축물대장에 건축물과 그 대지의 현황 및 건축물의 구조내력에 관한 정보를 적어서 보관하고 이를 지속적으로 정비 하여야 한다.

ㄱ. 사용승인서를 내준 경우

ㄴ. 건축허가 대상 건축물(신고 대상 건축물 포함) 외의 건축물의 공사를 끝낸 후 기재를 요청한 경우

ㄷ. 건축물대장의 신규등록 및 변경등록의 신청이 있는 경우

② 오장은 건축물대장의 작성 · 보관 및 정비를 위하여 필요한 자료나 정보의 제공을 중앙행정기관의 장 또는 지방자치단체의 장에게 요청할 수 있다. 이 경우 자료나 정보의 제공을 요청받은 기관의 장은 특별한 사유가 없으면 그 요청에 따라야 한다.

건축법령상 **건축물대장**에 건축물과 그 대지의 현황 및 건축물의 구조내력에 관한 정보를 적어서 보관하고 이를 지속적으로 정비하여야 하는 경우를 모두 고른 것은?(단, 가설건축물은 제외함)^{32회}

> ㄱ. 허가권자가 건축물의 사용승인서를 내 준 경우(○)
> ㄴ. 건축허가 또는 건축신고 대상 건축물 외의 건축물의 공사가 끝난 후 기재요청이 있는 경우(○)
> ㄷ. 집합건물의 소유 및 관리에 관한 법률에 따른 건축물대장의 신규등록 신청이 있는 경우(○)

① ㄱ ② ㄴ ③ ㄱ,ㄷ ④ ㄴ,ㄷ ⑤ ㄱ,ㄴ,ㄷ

세 가지 경우 모두 해당 합니다. 정답⑤

3. 등기촉탁

오장은 **다음 사유**로 건축물대장의 기재 내용이 변경되는 경우(②의 경우 신규 등록은 제외) 관할 등기소에 그 등기를 촉탁하여야 한다. 이 경우 ①과 ④의 등기촉탁은 지방자치단체가 자기를 위하여 하는 등기로 본다.

① 지번이나 행정구역의 명칭이 변경된 경우

② 사용승인을 받은 건축물로서 사용승인 내용 중 건축물의 면적 · 구조 · 용도 및 층수가 변경된 경우

③ 건축물을 해체한 경우

④ 건축물의 멸실 후 멸실신고를 한 경우

대지★★★★★

1. 대지의 안전

① 대지는 인접한 도로면보다 낮아서는 아니된다. 다만, 대지의 배수에 지장이 없거나 건축물의 용도상 방습의 필요가 없는 경우에는 인접한 도로면보다 낮아도 된다.

② 습한 토지, 물이 나올 우려가 많은 토지, 쓰레기, 그밖에 이와 유사한 것으로 매립된 토지에 건축물을 건축하는 경우에는 성토, 지반 개량 등 필요한 조치를 하여야 한다.

③ 대지에는 빗물과 오수를 배출하거나 처리하기 위하여 필요한 하수관, 하수구, 저수탱크, 그밖에 이와 유사한 시설을 하여야 한다.

④ 손궤(무너져 내림)의 우려가 있는 토지에 대지를 조성하려면 옹벽을 설치하거나 그밖에 필요한 조치를 하여야 한다.

2. 토지 굴착 부분에 대한 조치

① 공사시공자는 대지를 조성하거나 건축공사를 하기 위하여 토지를 굴착 · 절토 · 매립 또는 성토 등을 하는 경우 그 변경 부분에는 공사 중 비탈면 붕괴, 토사 유출 등 위험 발생의 방지, 환경 보존, 그밖에 필요한 조치를 한 후 해당 공사현장에 그 사실을 게시하여야 한다.

② 허가권자는 위반한 자에게 의무이행에 필요한 조치를 명할 수 있다.

3. 대지의 조경

면적이 200㎡ 이상인 대지에 건축을 하는 건축주는 용도지역 및 건축물의 규모에 따라 해당 지방자치단체의 조례로 정하는 기준에 따라 대지에 조경이나 그밖에 필요한 조치를 하여야 한다.

조경의무 면제
① 녹·관·농·자의 건축물
② 대지 5천㎡미만 공장
③ 연합 1,500㎡미만
  공장,물류시설
  (주·상지역 물류시설 제외)
④ 산단공장,축사,가설건축물
⑤ 대지에 염분

다만, **다음 건축물에 대하여는** 조경 등의 조치를 하지 아니할 수 있다.

① 녹지지역에 건축하는 건축물, 산업단지의 공장, 축사, 가설건축물

② 면적 5천㎡ 미만인 대지에 건축하는 공장

③ 연면적의 합계가 1,500㎡ 미만인 공장

④ 연면적의 합계가 1,500㎡ 미만인 물류시설(주거지역 또는 상업지역에 건축하는 것은 제외)

⑤ 대지에 염분이 함유되어 있는 경우 또는 건축물 용도의 특성상 조경 등의 조치를 하기가 곤란하거나 조경 등의 조치를 하는 것이 불합리한 경우로서 건축조례로 정하는 건축물

⑥ 관리지역·농림지역 또는 자연환경보전지역(지구단위계획구역으로 지정된 지역은 제외)의 건축물

⑦ **다음 건축물 중 건축조례로 정하는 건축물**

ㄱ. 관광지 또는 관광단지에 설치하는 관광시설

ㄴ. 전문휴양업의 시설 또는 종합휴양업의 시설

ㄷ. 관광·휴양형 지구단위계획구역에 설치하는 관광시설

ㄹ. 골프장

건축법령상 건축물의 대지에 **조경을 하지 않아도 되는 건축물**에 해당하는 것을 모두 고른 것은?(단, 건축협정은 고려하지 않음)^{27회}

> ㄱ. 면적 5,000㎡ 미만인 대지에 건축하는 공장
> ㄴ. 연면적의 합계가 1,500㎡ 미만인 공장
> ㄷ. 산업집적활성화 및 공장설립에 관한 법률에 따른 산업단지의 공장

① ㄱ ② ㄷ ③ ㄱ,ㄴ ④ ㄴ,ㄷ ⑤ ㄱ,ㄴ,ㄷ

모두 조경의무가 없는 건축물입니다. 정답⑤

건축법령상 **대지의 조경 등의 조치를 하지 아니할 수 있는 건축물**이 아닌 것은?(단, 가설건축물은 제외하고, 건축법령상 특례, 기타 강화·완화조건 및 조례는 고려하지 않음)^{35회}

① 녹지지역에 건축하는 건축물
② 면적 4천㎡인 대지에 건축하는 공장
③ 연면적의 합계가 1천㎡인 공장
④ 국토의 계획 및 이용에 관한 법률에 따라 지정된 관리지역(지구단위계획구역으로 지정된 지역이 아님)의 건축물
⑤ 주거지역에 건축하는 연면적의 합계가 1,500㎡인 물류시설

⑤ 일반적으로 연면적의 합계가 1,500㎡ 미만인 물류시설은 조경의무가 면제되지만 주거지역 또는 상업지역에 건축할 때는 조경조치를 해야합니다.(시행령27조1항8호) 정답⑤

건축법령상 대지면적이 2천제곱미터인 대지에 건축하는 경우 **조경 등의 조치를 하여야 하는 건축물**은?(단, 건축법령상 특례규정 및 조례는 고려하지 않음)^{31회}

① 상업지역에 건축하는 물류시설 ② 2층의 공장
③ 도시·군계획시설에서 허가를 받아 건축하는 가설건축물
④ 녹지지역에 건축하는 기숙사 ⑤ 연면적의 합계가 1천제곱미터인 축사

① 주거지역이나 상업지역 물류시설이면 조경해야죠. ② 공장 대지가 5천㎡ 미만이니까 조경면제 ③ 가설건축물은 면제, ④ 녹지지역이라 면제, ⑤ 축사는 면제 정답①

4. 공개 공지 등의 확보

① **다음 건축물**의 대지에는 공개 공지 또는 공개 공간(공개공지등)을 설치해야 한다. 이 경우 공개 공지는 필로티의 구조로 설치할 수 있다.

ㄱ. 문화 및 집회시설, 종교시설, 판매시설(농수산물유통시설은 제외), 운수시설(여객용 시설만 해당), 업무시설 및 숙박시설로서 해당 용도로 쓰는 바닥면적의 합계가 5천㎡ 이상인 건축물

ㄴ. 그밖에 다중이 이용하는 시설로서 건축조례로 정하는 건축물

공개공지 설치지역, 꼭 기억!

> ✚ 공개공지등 설치지역
> ㄱ. 일반주거지역, 준주거지역 (전용주거지역×) ㄴ. 상업지역 ㄷ. 준공업지역
> ㄹ. 오장이 도시화의 가능성이 크거나 노후 산업단지의 정비가 필요하다고 인정하여 지정·공고하는 지역

② 공개공지등의 면적은 대지면적의 10% 이하의 범위에서 건축조례로 정한다. 이 경우 조경면적과 매장문화재의 현지보존 조치 면적을 공개공지등의 면적으로 할 수 있다.

③ 공개공지등을 설치할 때에는 모든 사람들이 환경친화적으로 편리하게 이용할 수 있도록 긴 의자 또는 조경시설 등 건축조례로 정하는 시설을 설치해야 한다.

④ 건축물에 공개공지등을 설치하는 경우에는 **다음 범위**에서 대지면적에 대한 공개공지등 면적 비율에 따라 용적률과 높이제한을 완화하여 적용한다. 다만, 건축조례로 정한 기준이 완화 비율보다 큰 경우에는 해당 건축조례로 정하는 바에 따른다.

ㄱ. 용적률은 해당 지역에 적용하는 용적률의 1.2배 이하

ㄴ. 높이 제한은 해당 건축물에 적용하는 높이기준의 1.2배 이하

⑤ 공개공지등의 설치대상이 아닌 건축물의 대지에 공개 공지를 설치하는 경우에는 ④를 준용(완화 적용)한다.

⑥ 공개공지등에는 연간 60일 이내의 기간 동안 주민들을 위한 문화행사를 열거나 판촉활동을 할 수 있다. 다만, 울타리를 설치하는 등 공중이 해당 공개공지등을 이용하는데 지장을 주는 행위를 해서는 아니 된다.

⑦ 누구든지 공개공지등의 활용을 저해하는 **다음 행위**를 하여서는 아니 된다.

ㄱ. 공개공지등의 일정 공간을 점유하여 영업을 하는 행위

ㄴ. 공개공지등의 이용에 방해가 되는 행위로서 **다음 행위**

• 공개공지등에 긴 의자 또는 조경시설 등의 시설 외의 시설물을 설치하는 행위

• 공개공지등에 물건을 쌓아 놓는 행위

ㄷ. 울타리나 담장 등의 시설을 설치하거나 출입구를 폐쇄하는 등 공개공지등의 출입을 차단하는 행위

ㄹ. 공개공지등과 그에 설치된 편의시설을 훼손하는 행위

ㅁ. 그밖에 ㄱ부터 ㄹ까지의 행위와 유사한 행위로서 건축조례로 정하는 행위

건축법령상 건축물에 **공개공지 또는 공개공간**을 설치하여야 하는 대상지역에 해당하는 것은?(단, 지방자치단체장이 별도로 지정·공고하는 지역은 고려하지 않음)[27회]

① 전용주거지역 ② 일반주거지역 ③ 전용공업지역
④ 일반공업지역 ⑤ 보전녹지지역

일반주거, 준주거, 상업, 준공업지역에는 공개공지등을 설치해야 합니다. 정답②

건축법령상 **공개공지 또는 공개공간**을 설치하여야하는 건축물에 해당하지 않는 것은?(단, 건축물은 해당 용도로 쓰는 바닥면적의 합계가 5천제곱미터 이상이며, 조례는 고려하지 않음)[26회]

① 일반공업지역에 있는 종합병원 ② 일반주거지역에 있는 교회
③ 준주거지역에 있는 예식장 ④ 일반상업지역에 있는 생활숙박시설
⑤ 유통상업지역에 있는 여객자동차터미널

① 일반공업지역은 공개공지등을 설치해야 하는 지역이 아니에요. 준공업지역에 설치! 정답①

건축법령상 대지에 **공개공지 또는 공개공간을 설치하여야 하는 건축물**은?(단, 건축물의 용도로 쓰는 바닥면적의 합계는 5천㎡이상이며, 건축법령상 특례 및 조례는 고려하지 않음)[34회]

① 일반주거지역에 있는 초등학교
② 준주거지역에 있는 농수산물 유통 및 가격안정에 관한 법률에 따른 농수산물 유통시설
③ 일반상업지역에 있는 관망탑
④ 자연녹지지역에 있는 청소년활동진흥법에 따른 유스호스텔
⑤ 준공업지역에 있는 여객용 운수시설

공개공지 등은 일반주거, 준주거, 상업, 준공업지역에 설치해야 하므로 ④ 자연녹지지역은 탈락입니다. 또한 문화 및 집회시설, 종교시설, 판매시설(농수산물유통시설은 제외), 운수시설(여객용 시설만 해당), 업무시설 및 숙박시설로서 바닥면적의 합계가 5천㎡ 이상인 건축물에 설치해야 하므로 ① 초등학교, ② 농수산물 유통시설, ③ 관망탑도 탈락입니다. 정답⑤

건축법령상 공개공지등을 확보하여야 하는 건축물의 **공개공지등**에 관한 설명으로 ( )에 알맞은 것을 바르게 나열한 것은?[24회]

○ 공개공지등의 면적은 대지면적의 (ㄱ) 이하의 범위에서 건축조례로 정한다.
○ 대지에 공개공지등을 확보하여야 하는 건축물의 경우 공개공지등을 설치하는 때에는 해당 지역에 적용하는 용적률의 (ㄴ) 이하의 범위에서 건축조례로 정하는 바에 따라 용적률을 완화하여 적용할 수 있다.

① ㄱ: 100분의10, ㄴ: 1.1배 ② ㄱ: 100분의10, ㄴ: 1.2배
③ ㄱ: 100분의10, ㄴ: 1.5배 ④ ㄱ: 100분의20, ㄴ: 1.1배
⑤ ㄱ: 100분의20, ㄴ: 1.2배

건축법령상 **공개공지** 등에 관한 설명으로 옳은 것은?(단, 건축법령상 특례, 기타 강화 · 완화조건은 고려하지 않음)[35회]

① 노후 산업단지의 정비가 필요하다고 인정되어 지정 · 공고된 지역에는 공개공지 등을 설치할 수 없다.(×)

② 공개 공지는 필로티의 구조로 설치할 수 없다.(×)

③ 공개공지 등을 설치할 때에는 모든 사람들이 환경친화적으로 편리하게 이용할 수 있도록 긴 의자 또는 조경시설 등 건축조례로 정하는 시설을 설치해야 한다.(○)

④ 공개공지 등에는 건축조례로 정하는 바에 따라 연간 최장 90일의 기간 동안 주민들을 위한 문화행사를 열거나 판촉활동을 할 수 있다.(×)

⑤ 울타리나 담장 등 시설의 설치 또는 출입구의 폐쇄 등을 통하여 공개공지 등의 출입을 제한한 경우 지체 없이 관할 시장 · 군수 · 구청장에게 신고하여야 한다.(×)

건축법령상 **대지의 조경 및 공개공지등의 설치**에 관한 설명으로 옳은 것은?(단, 건축법 제73조에 따른 적용 특례 및 조례는 고려하지 않음)[25회수정]

① 주거지역에서 건축하는 연면적의 합계가 1,500㎡ 미만인 물류시설에 대하여는 조경 등의 조치를 하지 아니할 수 있다.(×)

② 면적 5천 제곱미터 미만인 대지에 건축하는 공장에 대하여는 조경 등의 조치를 하지 아니할 수 있다.(○)

③ 녹지지역에 건축하는 창고에 대해서는 조경 등의 조치를 하여야 한다.(×)

④ 상업지역의 건축물에 설치하는 공개공지 등의 면적은 대지면적의 100분의 10을 넘어야 한다.(×)

⑤ 공개공지등을 설치하는 경우 건축물의 용적률은 완화하여 적용할 수 있으나 건축물의 높이 제한은 완화하여 적용할 수 없다.(×)

저자의 한마디

②공장의 경우, 대지면적은 5천㎡ 미만, 연면적은 1,500㎡미만인 경우에 조경의무가 면제됩니다.

도로★★

1. 도로의 지정 · 폐지 또는 변경

① 허가권자는 도로의 위치를 지정 · 공고하려면 그 도로에 대한 이해관계인의 동의를 받아야 한다. 다만, **다음**에 해당하면 이해관계인의 동의를 받지 아니하고 건축위원회의 심의를 거쳐 도로를 지정할 수 있다.

ㄱ. 허가권자가 이해관계인이 해외에 거주하는 등의 사유로 이해관계인의 동의를 받기가 곤란하다고 인정하는 경우

ㄴ. 주민이 오랫동안 통행로로 이용하고 있는 사실상의 통로로서 해당 지방자치단체의 조례로 정하는 것인 경우

② 허가권자는 지정한 도로를 폐지하거나 변경하려면 그 도로에 대한 이해관계인의 동의를 받아야 한다. 그 도로에 편입된 토지의 소유자, 건축주 등이 허가권자에게 지정된 도로의 폐지나 변경을 신청하는 경우에도 또한 같다.

③ 허가권자는 도로를 지정하거나 변경하면 도로관리대장에 이를 적어서 관리하여야 한다.

2. 대지와 도로의 관계

① 건축물의 대지는 2m 이상이 도로(자동차만의 통행에 사용되는 도로는 제외)에 접하여야 한다. 다만, **다음**에 해당하면 그러하지 아니하다.

ㄱ. 해당 건축물의 출입에 지장이 없다고 인정되는 경우

ㄴ. 건축물의 주변에 공지(광장, 공원, 유원지 등)가 있는 경우

ㄷ. 농막을 건축하는 경우

② 연면적의 합계가 2천㎡(공장인 경우에는 3천㎡) 이상인 건축물(축사, 작물 재배사, 그밖에 이와 비슷한 건축물로서 건축조례로 정하는 규모의 건축물은 제외)의 대지는 너비 6m 이상의 도로에 4m 이상 접하여야 한다.

건축선★★★★

1. 건축선의 지정

① 도로와 접한 부분에 건축물을 건축할 수 있는 선(→건축선)은 대지와 도로의 경계선으로 한다.(원칙)

다만, 1)소요 너비에 못 미치는 너비의 도로인 경우에는 그 중심선으로부터 그 소요 너비의 2분의 1의 수평거리만큼 물러난 선을 건축선으로 하되,

2)그 도로의 반대쪽에 경사지, 하천, 철도, 선로부지, 그밖에 이와 유사한 것이 있는 경우에는 그 경사지 등이 있는 쪽의 도로경계선에서 소요 너비에 해당하는 수평거리의 선을 건축선으로 하며,

3)너비 8m 미만인 도로의 모퉁이에 위치한 대지의 도로모퉁이 부분의 건축선은 그 대지에 접한 도로경계선의 교차점으로부터 도로경계선에 따라 다음의 표에 따른 거리를 각각 후퇴한 두 점을 연결한 선으로 한다.

저자의 한마디

교차되는 도로의 너비가 넓고, 그 교차각이 작을수록 모퉁이를 깊게 깎아내야 합니다. 표에서 4m인 경우가 그렇죠?

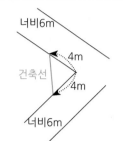

너비 6m인 도로가 90도 미만의 각도로 교차하는 경우 4m후퇴 한 두 점을 연결한 선이 건축선

도로의 교차각	당해도로의 너비		교차되는 도로의 너비
	6m이상 8m미만	4m이상 6m미만	
90도 미만	4m	3m	6m이상 8m미만
	3m	2m	4m이상 6m미만
90도 이상 120도 미만	3m	2m	6m이상 8m미만
	2m	2m	4m이상 6m미만

② 오장은 시가지 안에서 건축물의 위치나 환경을 정비하기 위하여 필요하다고 인정하면 도시지역에는 4m 이하의 범위에서 건축선을 따로 지정할 수 있다.

③ 오장은 ②에 따라 건축선을 지정하면 지체 없이 이를 고시하여야 한다.

건축법령상 건축선과 대지의 면적에 관한 설명이다. ( )에 들어갈 내용으로 옳은 것은?(단, 허가권자의 건축선의 별도지정, 건축법 제3조에 따른 적용제외, 건축법령상 특례 및 조례는 고려하지 않음)[34회]

> 건축법 제2조제1항제11호에 따른 소요 너비에 못 미치는 너비의 도로인 경우에는 그 중심선으로부터 그 (ㄱ)을 건축선으로 하되, 그 도로의 반대쪽에 하천이 있는 경우에는 그 하천이 있는 쪽의 도로경계선에서 (ㄴ)을 건축선으로 하며, 그 건축선과 도로 사이 의 대지면적은 건축물의 대지면적 산정 시 (ㄷ)한다.

① ㄱ: 소요 너비에 해당하는 수평거리만큼 물러난 선,
　ㄴ: 소요 너비에 해당하는 수평거리의 선, ㄷ: 제외

② ㄱ: 소요 너비의 2분의 1의 수평거리만큼 물러난 선,
　ㄴ: 소요 너비의 2분의 1의 수평거리의 선, ㄷ: 제외

③ ㄱ: 소요 너비의 2분의 1의 수평거리만큼 물러난 선,
　ㄴ: 소요 너비에 해당하는 수평거리의 선, ㄷ: 제외

④ ㄱ: 소요 너비의 2분의 1의 수평거리만큼 물러난 선,
　ㄴ: 소요 너비에 해당하는 수평거리의 선, ㄷ: 포함

⑤ ㄱ: 소요 너비에 해당하는 수평거리만큼 물러난 선,
　ㄴ: 소요 너비의 2분의 1의 수평거리의 선, ㄷ: 포함

ㄱ,ㄴ. 46조1항, ㄷ. 시행령119조1항1호가목 정답③

건축법령상 대지A의 **건축선**을 고려한 대지면적은?(다만, 도로는 보행과 자동차 통행이 가능한 통과도로로서 법률상 도로이며, 대지A는 도시지역임)[21회]

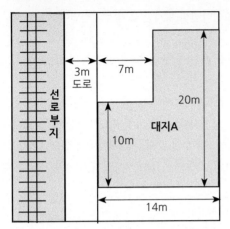

① 170㎡ ② 180㎡ ③ 200㎡ ④ 205㎡ ⑤ 210㎡

> 대지A의 도로의 건너편에 선로부지가 있는 경우에는 선로부지가 있는 쪽의 도로경계선에서 소요 너비(4m)에 해당하는 수평거리의 선을 건축선으로 합니다. 따라서 대지A의 건축선을 고려한 대지면적은 원래 면적 210㎡에서 1m를 후퇴한 면적 10㎡을 뺀 200㎡가 됩니다. 정답③

2. 건축선에 따른 건축제한

① 건축물과 담장은 <u>건축선의 수직면을 넘어서는 아니 된다.</u> 다만, 지표 아래 부분은 건축선의 수직면을 넘어도 된다.

② 도로면으로부터 높이 4.5m 이하에 있는 출입구, 창문, 그밖에 이와 유사한 구조물은 열고 닫을 때 <u>건축선의 수직면을 넘지 아니하는 구조로 하여야 한다.</u>

건축법령상 **도시지역**에 건축하는 건축물의 **대지와 도로** 등에 관한 설명으로 틀린 것은?[25회]

① 연면적의 합계가 2천 제곱미터인 공장의 대지는 너비 6미터 이상의 도로에 4미터 이상 접하여야 한다.(×)

② 쓰레기로 매립된 토지에 건축물을 건축하는 경우 성토, 지반 개량 등 필요한 조치를 하여야 한다.(○)

③ 군수는 건축물의 위치나 환경을 정비하기 위하여 필요하다고 인정하면 4미터 이하의 범위에서 건축선을 따로 지정할 수 있다.(○)

④ 담장의 지표 위 부분은 건축선의 수직면을 넘어서는 아니된다.(○)

⑤ 공장의 주변에 허가권자가 인정한 공지인 광장이 있는 경우 연면적의 합계가 1천 제곱미터인 공장의 대지는 도로에 2미터 이상 접하지 않아도 된다.(○)

> ① 일반적으로는 2천㎡ 이상이지만 공장의 대지는 3천㎡ 이상입니다.

건축법령상 건축물의 **대지와 도로**에 관한 설명으로 옳은 것은?(단, 건축법 제3조에 따른 적용제외 및 조례는 고려하지 않음)²³회

① 손궤의 우려가 있는 토지에 대지를 조성하면서 설치한 옹벽의 외벽면에는 옹벽의 지지 또는 배수를 위한 시설물이 밖으로 튀어 나오게 하여서는 아니 된다.(×)

② 건축물의 대지는 6미터 이상이 보행과 자동차의 통행이 가능한 도로에 접하여야 한다.(×)

③ 도시계획시설에서 건축하는 가설건축물의 경우에는 대지에 대한 조경의무가 있다.(×)

④ 연면적의 합계가 5천 제곱미터 이상인 농수산물유통 및 가격안정에 관한 법률에 따른 농수산물유통시설의 경우에는 공개 공지를 설치하여야 한다.(×)

⑤ 건축물의 지표 아래 부분은 건축선의 수직면을 넘을 수 있다.(○)

① 옹벽의 외벽면에는 이의 지지 또는 배수를 위한 시설외의 구조물이 밖으로 튀어 나오지 아니하게 할 것(규칙25조3호)이라고 규정되어 있으므로 옹벽의 지지 또는 배수를 위한 시설물은 밖으로 튀어나와도 되겠죠? ② 6m가 아니라 2m ③ 가설건축물은 조경의무가 없어요. ④ 5천㎡ 이상인 판매시설은 공개공지 설치대상이지만, 농수산물유통시설은 예외! 됩니다. ⑤ 지표 위 부분은 안 되지만 지표 아래 부분은 건축선의 수직면을 넘을 수 있어요.

구조내력★★

1. 구조내력

① 건축물은 고정하중, 적재하중, 적설하중, 풍압, 지진, 그 밖의 진동 및 충격 등에 대하여 안전한 구조를 가져야 한다.

② 건축물을 건축하거나 대수선하는 경우 해당 건축물의 설계자는 구조의 안전을 확인하여야 한다.

③ 구조 안전을 확인한 건축물 중 **다음 건축물**의 건축주는 해당 건축물의 설계자로부터 구조 안전의 확인 서류를 받아 착공신고를 하는 때에 그 확인 서류를 허가권자에게 제출하여야 한다. 다만, 표준설계도서에 따라 건축하는 건축물은 제외한다.

ㄱ. 층수가 2층 이상인 건축물(주요구조부인 기둥과 보를 설치하는 건축물로서 목구조 건축물은 3층)

ㄴ. 연면적이 200㎡(목구조 건축물은 500㎡) 이상인 건축물(창고, 축사, 작물 재배사는 제외)

ㄷ. 높이가 13m 이상인 건축물   ㄹ. 처마높이가 9m 이상인 건축물

ㅁ. 기둥과 기둥 사이의 거리가 10m 이상인 건축물

ㅂ. 건축물의 용도 및 규모를 고려한 중요도가 높은 건축물로서 국토교통부령으로 정하는 건축물

ㅅ. 국가적 문화유산으로 보존할 가치가 있는 건축물로서 국토교통부령으로 정하는 것

구조안전확인서류 제출
① 2층, 200㎡ 이상
  (목구조는 3층, 500㎡ 이상)
② 높이 13m이상
  (처마높이 9m이상)
③ 기둥간 거리 10m이상
④ 중요도 높음
⑤ 국가적 문화유산
⑥ 특수구조 (3m이상 돌출 등)
⑦ 단독주택,공동주택
*내진능력공개대상 건축물과 동일

ㅇ. 특수구조 건축물

- 한쪽 끝은 고정되고 다른 끝은 지지되지 아니한 구조로 된 보·차양 등이 외벽의 중심선으로부터 3m 이상 돌출된 건축물
- 무량판 구조를 가진 건축물로서 무량판 구조인 어느 하나의 층에 수직으로 배치된 주요구조부의 전체 단면적에서 보가 없이 배치된 기둥의 전체 단면적이 차지하는 비율이 4분의 1 이상인 건축물
- 특수한 설계·시공·공법 등이 필요한 건축물로서 국토교통부장관이 정하여 고시하는 구조로 된 건축물

ㅈ. 단독주택 및 공동주택

④ 지방자치단체의 장은 구조 안전 확인 대상 건축물에 대하여 허가 등을 하는 경우 내진성능 확보 여부를 확인하여야 한다.

건축법령상 **구조안전확인 대상 건축물** 중 건축주가 착공신고 시 구조안전확인 서류를 제출하여야 하는 건축물이 아닌 것은?(단, 건축법상 적용 제외 및 특례는 고려 하지 않음)[29회]

① 단독주택　② 처마높이가 10미터인 건축물
③ 기둥과 기둥 사이의 거리가 10미터인 건축물
④ 연면적이 330제곱미터인 2층의 목구조 건축물
⑤ 다세대주택

> 목구조 건축물이 아니라면, 2층 이상 200㎡ 이상일 경우에 구조안전확인서류를 제출해야 합니다. 하지만 목구조 건축물은 3층 이상 500㎡ 이상일 경우에 제출하면 되죠. 정답④

건축법령상 건축허가를 받은 건축물의 착공신고 시 허가권자에 대하여 **구조안전 확인서류의 제출이 필요한 대상 건축물의 기준**으로 옳은 것을 모두 고른 것은?(단, 표준설계도서에 따라 건축하는 건축물이 아니며, 건축법령상 특례는 고려하지 않음)[34회]

> ㄱ. 건축물의 높이: 13미터 이상
> ㄴ. 건축물의 처마높이: 7미터 이상
> ㄷ. 건축물의 기둥과 기둥 사이의 거리: 10미터 이상

① ㄱ ② ㄴ ③ ㄱ,ㄷ ④ ㄴ,ㄷ ⑤ ㄱ,ㄴ,ㄷ

> ㄴ. 건축물의 처마높이는 9미터 이상입니다.(시행령32조2항) 정답③

2. 건축물 내진등급의 설정

국토교통부장관은 지진으로부터 건축물의 구조 안전을 확보하기 위하여 건축물의 용도, 규모 및 설계구조의 중요도에 따라 내진등급을 설정하여야 한다.

3. 건축물의 내진능력 공개

다음 건축물을 건축하고자 하는 자는 <u>사용승인을 받는 즉시</u> 건축물의 내진능력을 공개하여야 한다. 다만, 구조안전 확인 대상 건축물이 아니거나 내진능력 산정이 곤란한 건축물은 공개하지 아니한다.

① 층수가 2층 이상인 건축물(주요구조부인 기둥과 보를 설치하는 건축물로서 목구조 건축물은 3층)

② 연면적이 200㎡(목구조 건축물은 500㎡) 이상인 건축물(창고, 축사, 작물 재배사는 제외)

③ 높이가 13m 이상인 건축물

④ 처마높이가 9m 이상인 건축물

⑤ 기둥과 기둥 사이의 거리가 10m 이상인 건축물

⑥ 건축물의 용도 및 규모를 고려한 중요도가 높은 건축물로서 국토교통부령으로 정하는 건축물

⑦ 국가적 문화유산으로 보존할 가치가 있는 건축물로서 국토교통부령으로 정하는 것

⑧ 특수구조 건축물

1) <u>한쪽 끝은 고정되고 다른 끝은 지지되지 아니한 구조</u>로 된 보·차양 등이 외벽의 중심선으로부터 3m 이상 돌출된 건축물

2) <u>무량판 구조</u>를 가진 건축물로서 무량판 구조인 어느 하나의 층에 수직으로 배치된 주요구조부의 전체 단면적에서 보가 없이 배치된 기둥의 전체 단면적이 차지하는 비율이 4분의 1 이상인 건축물

3) <u>특수한 설계·시공·공법 등이 필요한 건축물</u>로서 국토교통부장관이 정하여 고시하는 구조로 된 건축물

⑨ 단독주택 및 공동주택

건축법령상 건축허가 대상 건축물로서 **내진능력을 공개하여야 하는 건축물**에 해당하지 않는 것은?(단, 소규모건축구조기준을 적용한 건축물이 아님)[35회]

① 높이가 13미터인 건축물

② 처마높이가 9미터인 건축물

③ 기둥과 기둥 사이의 거리가 10미터인 건축물

④ 건축물의 용도 및 규모를 고려한 중요도가 높은 건축물로서 국토교통부령으로 정하는 건축물

⑤ 국가적 문화유산으로 보존할 가치가 있는 것으로 문화체육관광부령으로 정하는 건축물

⑤ 문화체육관광부령이 아니라 국토교통부령(48조의3 1항3호, 시행령32조2항7호) 정답⑤

피난시설 등**

1. 계단

(1) 직통계단의 설치

① 건축물의 피난층 외의 층에서는 피난층 또는 지상으로 통하는 직통계단을 거실의 각 부분으로부터 계단에 이르는 보행거리가 30m 이하가 되도록 설치해야 한다. 다만, 건축물의 주요구조부가 내화구조 또는 불연재료로 된 건축물은 그 보행거리가 50m(16층 이상인 공동주택의 경우 16층 이상인 층은 40m) 이하가 되도록 설치할 수 있으며, 자동화 생산시설에 스프링클러 등 자동식 소화설비를 설치한 공장인 경우에는 그 보행거리가 75m(무인화 공장인 경우에는 100m) 이하가 되도록 설치할 수 있다.

② 피난층 외의 층이 다음에 해당하는 건축물에는 피난층 또는 지상으로 통하는 직통계단을 2개소 이상 설치하여야 한다.

ㄱ. 제2종 근린생활시설 중 공연장ㆍ종교집회장, 문화 및 집회시설(전시장 및 동ㆍ식물원은 제외), 종교시설, 위락시설 중 주점영업 또는 장례시설의 용도로 쓰는 층으로서 그 층에서 해당 용도로 쓰는 바닥면적의 합계가 200㎡(제2종 근린생활시설 중 공연장ㆍ종교집회장은 각각 300㎡) 이상인 것

ㄴ. 단독주택 중 다중주택ㆍ다가구주택, 제1종 근린생활시설 중 정신과의원 (입원실이 있는 경우로 한정), 제2종 근린생활시설 중 인터넷컴퓨터게임 시설 제공업소(해당 용도로 쓰는 바닥면적의 합계가 300㎡ 이상인 경우만 해당)ㆍ학원ㆍ독서실, 판매시설, 운수시설(여객용 시설만 해당), 의료시설(입원실이 없는 치과병원은 제외), 교육연구시설 중 학원, 노유자시설 중 아동 관련 시설ㆍ노인복지시설ㆍ장애인 거주시설 및 장애인 의료재활시설, 수련시설 중 유스호스텔 또는 숙박시설의 용도로 쓰는 3층 이상의 층으로서 그 층의 해당 용도로 쓰는 거실의 바닥면적의 합계가 200㎡ 이상인 것

ㄷ. 공동주택(층당 4세대 이하인 것은 제외) 또는 업무시설 중 오피스텔의 용도로 쓰는 층으로서 그 층의 해당 용도로 쓰는 거실의 바닥면적의 합계가 300㎡ 이상인 것

ㄹ. ㄱ부터 ㄷ까지의 용도로 쓰지 아니하는 3층 이상의 층으로서 그 층 거실의 바닥면적의 합계가 400㎡ 이상인 것

ㅁ. 지하층으로서 그 층 거실의 바닥면적의 합계가 200㎡ 이상인 것

③ 초고층 건축물에는 피난층 또는 지상으로 통하는 직통계단과 직접 연결되는 피난안전구역을 지상층으로부터 최대 30개 층마다 1개소 이상 설치하여야 한다.

④ 준초고층 건축물에는 피난층 또는 지상으로 통하는 직통계단과 직접 연결 되는 피난안전구역을 해당 건축물 전체 층수의 2분의 1에 해당하는 층으로부터 상하 5개층 이내에 1개소 이상 설치하여야 한다.

저자의 한마디

피난시설 등은 출제가 빈번하지는 않습니다. 암기하는데 너무 힘을 빼진 마세요.

피난층

직접 지상으로 통하는 출입구가 있는 층 및 피난안전구역

직통계단설치(보행거리 기준)

① 30m이하(원칙)

② 50m이하(내화·불연)
40m(16층이상인층·공동주택)

③ 75m이하(자동소화설비공장)
100m이하(무인화 공장)

직통계단 2개소 이상 설치

① 공연장·종교집회장·공동주택·오피스텔(300㎡이상)·문화집회시설·종교시설·주점·장례식장(200㎡이상) -층수제한없음

② 다중주택·다가구주택·정신과의원·PC방·학원·독서실·판매시설·의료시설·노인복지시설·장애인시설·유스호스텔·숙박시설(200㎡이상) -3층이상의 층

③ 이상의 용도가 아니면서 3층이상의층, 바합 400㎡이상

④ 지하층은 바합 200㎡이상

⑤ 전시장동식물원·입원실없는치과병원·층당4세대이하인 공동주택 -설치하지 않음

피난안전구역

건축물의 피난·안전을 위하여 건축물 중간층에 설치하는 대피공간

① 초고층: 최대30개층마다 1개소 이상

② 준초고층: 전체층수의 1/2해당 층 상하 5개층 이내에 1개소 이상

건축법령상 고층건축물의 **피난시설**에 관한 내용으로 (   )에 들어갈 것을 옳게 연결한 것은?^{27회}

> 층수가 63층이고 높이가 190m인 (ㄱ)건축물에는 피난층 또는 지상으로 통하는 직통계단과 직접 연결되는 피난안전구역을 지상층으로부터 최대(ㄴ)개 층마다 (ㄷ)개소 이상 설치하여야 한다.

① ㄱ: 준고층, ㄴ: 20, ㄷ: 1   ② ㄱ: 준고층, ㄴ: 30, ㄷ: 2

③ ㄱ: 초고층, ㄴ: 20, ㄷ: 1   ④ ㄱ: 초고층, ㄴ: 30, ㄷ: 1

⑤ ㄱ: 초고층, ㄴ: 30, ㄷ: 2

> 층수가 50층 이상이거나 높이가 200m 이상이면 초고층 건축물이므로 ㄱ은 초고층입니다. 초고층건축물에는 30개 층 마다 1개소 이상 피난안전구역을 설치해요. 정답④

(2) 피난계단의 설치

① 5층 이상 또는 지하 2층 이하인 층에 설치하는 직통계단은 피난계단 또는 특별피난계단으로 설치하여야 한다.

다만, 건축물의 주요구조부가 내화구조 또는 불연재료로 되어 있는 경우로서 **다음**에 해당하면 그러하지 아니하다.

ㄱ. 5층 이상인 층의 바닥면적의 합계가 200㎡ 이하인 경우

ㄴ. 5층 이상인 층의 바닥면적 200㎡ 이내마다 방화구획이 되어 있는 경우

② 건축물의 11층(공동주택의 경우에는 16층) 이상인 층 또는 지하 3층 이하인 층으로부터 피난층 또는 지상으로 통하는 직통계단은 특별피난계단으로 설치하여야 한다.(바닥면적이 400㎡ 미만인 층은 제외)

③ 판매시설의 용도로 쓰는 층으로부터의 직통계단은 그 중 1개소 이상을 특별피난계단으로 설치하여야 한다.

④ 건축물의 5층 이상인 층으로서 문화 및 집회시설 중 전시장 또는 동·식물원, 판매시설, 운수시설(여객용 시설만 해당), 운동시설, 위락시설, 관광휴게시설(다중이 이용하는 시설만 해당) 또는 수련시설 중 생활권 수련시설의 용도로 쓰는 층에는 직통계단 외에 그 층의 해당 용도로 쓰는 바닥면적의 합계가 2천㎡를 넘는 경우에는 그 넘는 2천 ㎡ 이내마다 1개소의 피난계단 또는 특별피난계단을 설치하여야 한다.

(3) 옥외 피난계단의 설치

건축물의 3층 이상인 층(피난층은 제외)으로서 **다음 용도**로 쓰는 층에는 직통계단 외에 그 층으로부터 지상으로 통하는 옥외피난계단을 따로 설치 하여야 한다.

① 제2종 근린생활시설 중 공연장(해당 용도로 쓰는 바닥면적의 합계가 300㎡ 이상인 경우만 해당), 문화 및 집회시설 중 공연장이나 위락시설 중 주점영업의 용도로 쓰는 층으로서 그 층 거실의 바닥면적의 합계가 300㎡ 이상인 것

② 문화 및 집회시설 중 집회장의 용도로 쓰는 층으로서 그 층 거실의 바닥면적의 합계가 1천㎡ 이상인 것

피난계단의 설치

① 5층이상 또는 지하2층이하
  → 피난 또는 특별피난계단
② 11층이상 또는 지하3층이하
  → 특별피난계단
③ 판매시설
  → 1개소 이상을 특별피난계단
④ 5층이상인 층의 전시장·동식물원·판매시설·운수시설·운동시설·위락시설·관광휴게시설·생활권수련시설→직통계단+바합 2천㎡초과시 그 넘는2천㎡이내마다 1개소의 피난 또는 특별피난계단

(직통계단+옥외피난계단)설치

① 3층이상인 층+공연장·주점(300㎡이상)
② 3층이상인 층+집회장(1천㎡이상)

(4) 지하층과 피난층 사이의 개방공간 설치

바닥면적의 합계가 3천㎡ 이상인 공연장·집회장·관람장 또는 전시장을 지하층에 설치하는 경우에는 각 실에 있는 자가 지하층 각 층에서 건축물 밖으로 피난하여 옥외 계단 또는 경사로 등을 이용하여 피난층으로 대피할 수 있도록 천장이 개방된 외부 공간을 설치하여야 한다.

천장이 개방된 외부공간 설치

바합 3천㎡이상인 공연장·집회장·관람장·전시장

(5) 옥상광장 등의 설치

① 옥상광장 또는 2층 이상인 층에 있는 노대등의 주위에는 높이 1.2m 이상의 난간을 설치하여야 한다. 다만, 그 노대등에 출입할 수 없는 구조인 경우에는 그러하지 아니하다.

② 5층 이상인 층이 제2종 근린생활시설 중 공연장·종교집회장·인터넷컴퓨터게임시설제공업소(해당 용도로 쓰는 바닥면적의 합계가 각각 300㎡ 이상인 경우만 해당), 문화 및 집회시설(전시장 및 동·식물원은 제외), 종교시설, 판매 시설, 위락시설 중 주점영업 또는 장례시설의 용도로 쓰는 경우에는 피난 용도로 쓸 수 있는 광장을 옥상에 설치하여야 한다.

③ 층수가 11층 이상인 건축물로서 11층 이상인 층의 바닥면적의 합계가 1만㎡ 이상인 건축물의 옥상에는 **다음 구분**에 따른 공간을 확보하여야 한다.

ㄱ. 건축물의 지붕을 평지붕으로 하는 경우: 헬리포트를 설치하거나 헬리콥터를 통하여 인명 등을 구조할 수 있는 공간

ㄴ. 건축물의 지붕을 경사지붕으로 하는 경우: 경사지붕 아래에 설치하는 대피 공간

피난용 옥상광장 설치

① 5층이상인 층
공연장·종교집회장·PC방(300㎡이상)·문화집회시설·종교시설·판매시설·주점·장례식장
② 11층이상 건축물
11층이상인 층의 바합이 1만㎡이상 (평지붕-헬리포트, 경사지붕-대피공간)
③ 옥상광장 또는 2층이상인 층 높이 1.2m이상의 난간

건축법령상 건축물의 **피난시설**에 관한 설명으로 옳은 것은?[22회]

① 건축물의 3층에 있는 출입 가능한 노대의 주위에는 높이 1.2m 이상의 난간을 설치하여야 한다.(○)

② 건축물의 5층이 전시장의 용도로 쓰이는 경우에는 피난 용도로 쓸 수 있는 광장을 옥상에 설치하여야 한다.(×)

③ 층수가 12층인 건축물로서 10층 이상인 층의 바닥면적 의 합계가 9,000㎡인 건축물의 옥상에는 헬리포트를 설치하여야 한다.(×)

④ 바닥면적의 합계가 2,000㎡인 전시장을 지하층에 설치하는 경우에는 지하층과 피난층 사이에 천장이 개방된 외부 공간을 설치하여야 한다.(×)

⑤ 건축물의 5층이 판매시설의 용도로 쓰이는 층으로서 그 층 거실의 바닥면적의 합계가 1,000㎡인 경우에는 그 층으로부터 지상으로 통하는 옥외피난계단을 따로 설치하여야 한다.(×)

② 5층 이상인 층이 문화 및 집회시설의 용도인 경우에는 피난 용도의 옥상 광장을 설치해야 하지만, 전시장인 경우는 설치하지 않아도 됩니다. ③ 헬리포트는 층수가 11층 이상인 건축물로서 11층 이상인 층의 바닥면적 의 합계가 1만㎡ 이상인 경우에 설치합니다.(평지붕인 경우.) ④ 2,000㎡가 아니라 3,000㎡입니다. ⑤ 건축물의 3층 이상인 층이 판매시설이 아니라 집회장의 용도로 쓰는 층으로서 그 층 거실의 바닥면적의 합계가 1천㎡ 이상인 경우에는 직통계단 외에 그 층으로부터 지상으로 통하는 옥외피난계단을 따로 설치하여야 합니다.

2. 출구

(1) 관람실 등으로부터의 출구 설치

다음 건축물에는 관람실 또는 집회실로부터의 출구를 설치해야 한다.

① 제2종 근린생활시설 중 공연장·종교집회장(해당 용도로 쓰는 바닥면적의 합계가 각각 300㎡ 이상인 경우만 해당)

② 문화 및 집회시설(전시장 및 동·식물원은 제외)

③ 종교시설 ④ 위락시설 ⑤ 장례시설

(2) 건축물 바깥쪽으로의 출구 설치

다음 건축물에는 그 건축물로부터 바깥쪽으로 나가는 출구를 설치하여야 한다.

① 제2종 근린생활시설 중 공연장·종교집회장·인터넷컴퓨터게임시설제공업소(해당 용도로 쓰는 바닥면적의 합계가 각각 300㎡ 이상인 경우만 해당)

② 문화 및 집회시설(전시장 및 동·식물원은 제외) ③ 종교시설 ④ 판매시설

⑤ 업무시설 중 국가 또는 지방자치단체의 청사 ⑥ 위락시설

⑦ 연면적이 5천㎡ 이상인 창고시설 ⑧ 교육연구시설 중 학교

⑨ 장례시설 ⑩ 승강기를 설치하여야 하는 건축물

건축법령상 **건축물로부터 바깥쪽으로 나가는 출구를 설치하여야 하는 건축물**이 아닌 것은?(단, 건축물은 해당 용도로 쓰는 바닥면적의 합계가 300㎡ 이상으로 승강기를 설치하여야 하는 건축물이 아니며, 건축법령상 특례는 고려하지 않음)[34회]

① 전시장 ② 무도학원 ③ 동물 전용의 장례식장

④ 인터넷컴퓨터게임시설 제공업소

⑤ 업무시설 중 국가 또는 지방자치단체의 청사

> ① 전시장과 동·식물원은 출구를 설치하지 않아도 됩니다. 정답①

---

3. 통로

① 건축물의 대지 안에는 그 건축물 바깥쪽으로 통하는 주된 출구와 지상으로 통하는 피난계단 및 특별피난계단으로부터 도로 또는 공지로 통하는 통로를 **다음 기준에 따라 설치하여야 한다.**

ㄱ. 통로의 너비는 다음 구분에 따른 기준에 따라 확보할 것

1) 단독주택 : 유효 너비 0.9m 이상

2) 바닥면적의 합계가 500㎡ 이상인 문화 및 집회시설, 종교시설, 의료시설, 위락시설 또는 장례시설 : 유효 너비 3m 이상

3) 그 밖의 용도로 쓰는 건축물 : 유효 너비 1.5m 이상

ㄴ. 필로티 내 통로의 길이가 2m 이상인 경우에는 피난 및 소화활동에 장애가 발생하지 아니하도록 자동차 진입억제용 말뚝 등 통로 보호시설을 설치하거나 통로에 단차를 둘 것

② 다중이용 건축물, 준다중이용 건축물 또는 층수가 11층 이상인 건축물이 건축되는 대지에는 그 안의 모든 다중이용 건축물, 준다중이용 건축물 또는 층수가 11층 이상인 건축물에 소방자동차의 접근이 가능한 통로를 설치하여야 한다. 다만, 모든 다중이용 건축물, 준다중이용 건축물 또는 층수가 11층 이상인 건축물이 소방자동차의 접근이 가능한 도로 또는 공지에 직접 접하여 건축되는 경우로서 소방자동차가 도로 또는 공지에서 직접 소방활동이 가능한 경우에는 그러하지 아니하다.

소방차 접근가능한 통로 설치
① 다중(준다중)이용건축물
② 11층이상인 건축물

건축법령상 **대지 안의 피난 및 소화에 필요한 통로 설치**에 관한 규정의 일부이다. (   )에 들어갈 숫자를 바르게 나열한 것은?[33회]

제41조(대지 안의 피난 및 소화에 필요한 통로 설치) ① 건축물의 대지 안에는 그 건축물 바깥쪽으로 통하는 주된 출구와 지상으로 통하는 피난계단 및 특별피난계단으로부터 도로 또는 공지 (…생략…)로 통하는 통로를 다음 각 호의 기준에 따라 설치하여야 한다.
1. 통로의 너비는 다음 각 목의 구분에 따른 기준에 따라 확보할 것
가. 단독주택: 유효 너비 (ㄱ)미터 이상
나. 바닥면적의 합계가 (ㄴ)제곱미터 이상인 문화 및 집회시설, 종교시설, 의료시설, 위락시설 또는 장례시설: 유효 너비 (ㄷ)미터 이상
다. 그 밖의 용도로 쓰는 건축물: 유효 너비(ㄹ)미터 이상 〈이하 생략〉

① ㄱ: 0.9, ㄴ: 300, ㄷ: 1, ㄹ: 1.5   ② ㄱ: 0.9, ㄴ: 500, ㄷ: 3, ㄹ: 1.5
③ ㄱ: 1, ㄴ: 300, ㄷ: 1, ㄹ: 1.5   ④ ㄱ: 1, ㄴ: 500, ㄷ: 3, ㄹ: 1.2
⑤ ㄱ: 1.5, ㄴ: 300, ㄷ: 3, ㄹ: 1.2

잘 기억해 두세요. 정답②

4. 방화구획

(1) 방화구획 등의 설치

① 주요구조부가 내화구조 또는 불연재료로 된 건축물로서 연면적이 1천㎡를 넘는 것은 내화구조로 된 바닥·벽·자동방화셔터 및 갑종 방화문으로 구획(방화구획)해야 한다.

방화구획
주요구조부 내화구조 또는 불연재료 + 연면적 1천㎡ 초과

② 다음 건축물의 부분에는 방화구획을 구획하지 아니하거나 그 사용에 지장이 없는 범위에서 완화하여 적용할 수 있다.

ㄱ. 문화 및 집회시설(동·식물원은 제외), 종교시설, 운동시설 또는 장례시설의 용도로 쓰는 거실로서 시선 및 활동공간의 확보를 위하여 불가피한 부분

ㄴ. 물품의 제조·가공·보관 및 운반 등에 필요한 고정식 대형기기 설비의 설치를 위하여 불가피한 부분(지하층인 경우에는 지하층의 외벽 한쪽 면 전체가 건물 밖으로 개방되어 보행과 자동차의 진입·출입이 가능한 경우에 한정)

ㄷ. 계단실부분·복도 또는 승강기의 승강로 부분(해당 승강기의 승강을 위한 승강로비 부분을 포함)으로서 그 건축물의 다른 부분과 방화구획으로 구획된 부분

ㄹ. 건축물의 최상층 또는 피난층으로서 대규모 회의장·강당·스카이라운지·로비 또는 피난안전구역 등의 용도로 쓰는 부분으로서 그 용도로 사용하기 위하여 불가피한 부분

ㅁ. 복층형 공동주택의 세대별 층간 바닥 부분

ㅂ. 주요구조부가 내화구조 또는 불연재료로 된 주차장

ㅅ. 단독주택, 동물 및 식물 관련 시설 또는 국방·군사시설(집회, 체육, 창고 등의 용도로 사용되는 시설만 해당)로 쓰는 건축물

ㅇ. 건축물의 1층과 2층의 일부를 동일한 용도로 사용하며 그 건축물의 다른 부분과 방화구획으로 구획된 부분(바닥면적의 합계가 500㎡ 이하인 경우로 한정)

③ 건축물 일부의 주요구조부를 내화구조로 하거나 건축물의 일부에 완화하여 적용한 경우에는 내화구조로 한 부분 또는 완화하여 적용한 부분과 그 밖의 부분을 방화구획으로 구획하여야 한다.

④ 공동주택 중 아파트로서 4층 이상인 층의 각 세대가 2개 이상의 직통계단을 사용할 수 없는 경우에는 발코니에 인접 세대와 공동으로 또는 각 세대별로 다음 요건을 모두 갖춘 대피공간을 하나 이상 설치하여야 한다. 이 경우 인접 세대와 공동으로 설치하는 대피공간은 인접 세대를 통하여 2개 이상의 직통계단을 쓸 수 있는 위치에 우선 설치되어야 한다.

ㄱ. 대피공간은 바깥의 공기와 접할 것

ㄴ. 대피공간은 실내의 다른 부분과 방화구획으로 구획될 것

ㄷ. 대피공간의 바닥면적은 인접 세대와 공동으로 설치하는 경우에는 3㎡ 이상, 각 세대별로 설치하는 경우에는 2㎡ 이상일 것

ㄹ. 대피공간으로 통하는 출입문은 60분+ 방화문으로 설치할 것

ㅁ. 국토교통부장관이 정하는 기준에 적합할 것

⑤ 아파트의 4층 이상인 층에서 발코니에 다음에 해당하는 구조 또는 시설을 설치한 경우에는 대피공간을 설치하지 아니할 수 있다.

ㄱ. 인접 세대와의 경계벽이 파괴하기 쉬운 경량구조 등인 경우

ㄴ. 경계벽에 피난구를 설치한 경우

ㄷ. 발코니의 바닥에 하향식 피난구를 설치한 경우

ㄹ. 국토교통부장관이 중앙건축위원회의 심의를 거쳐 위의 대피공간과 동일하거나 그 이상의 성능이 있다고 인정하여 고시하는 구조 또는 시설을 설치한 경우

⑥ 요양병원, 정신병원, 노인요양시설, 장애인 거주시설 및 장애인 의료재활시설의 피난층 외의 층에는 다음 시설을 설치하여야 한다.

ㄱ. 각 층마다 별도로 방화구획된 대피공간

ㄴ. 거실에 접하여 설치된 노대등

ㄷ. 계단을 이용하지 아니하고 건물 외부의 지상으로 통하는 경사로 또는 인접 건축물로 피난할 수 있도록 설치하는 연결복도 또는 연결통로

60분+ 방화문
연기 및 불꽃을 차단할 수 있는 시간이 60분 이상이고, **열을 차단**할 수 있는 시간이 30분 이상인 방화문

(2) 방화에 장애가 되는 용도의 제한

저자의 한마디

같은 건축물에 함께 설치할 수 없는 시설들을 기억하세요. 시험에 내기 좋거든요.

① 의료시설, 노유자시설(아동 관련 시설 및 노인복지시설만 해당), 공동주택, 장례시설 또는 제1종 근린생활시설(산후조리원만 해당)과 위락시설, 위험물저장 및 처리시설, 공장 또는 자동차 관련 시설(정비공장만 해당)은 <u>같은 건축물에 함께 설치할 수 없다.</u>

다만, **다음 경우**에는 같은 건축물에 함께 설치할 수 있다.

ㄱ. 기숙사와 공장이 같은 건축물에 있는 경우

ㄴ. 중심상업지역·일반상업지역 또는 근린상업지역에서 재개발사업을 시행하는 경우

ㄷ. 공동주택과 위락시설이 같은 초고층 건축물에 있는 경우

ㄹ. 지식산업센터와 직장어린이집이 같은 건축물에 있는 경우

② **다음 용도**의 시설은 <u>같은 건축물에 함께 설치할 수 없다.</u>

ㄱ. 노유자시설 중 아동 관련 시설 또는 노인복지시설과 판매시설 중 도매시장 또는 소매시장

ㄴ. 단독주택(다중주택, 다가구주택에 한정), 공동주택, 제1종 근린생활시설 중 조산원 또는 산후조리원과 제2종 근린생활시설 중 다중생활시설

5. 거실

(1) 거실반자의 설치

공장, 창고시설, 위험물저장 및 처리시설, 동물 및 식물 관련 시설, 자원순환 관련 시설 또는 묘지 관련시설 <u>외의 용도</u>로 쓰는 건축물 거실의 반자는 그 높이를 1.2m이상으로 하여야 한다.

(2) 거실의 채광 등

① 단독주택 및 공동주택의 거실, 교육연구시설 중 학교의 교실, 의료시설의 병실 및 숙박시설의 객실에는 채광 및 환기를 위한 창문등이나 설비를 설치하여야 한다.

② **다음 건축물**의 거실(피난층의 거실은 제외)에는 배연설비를 해야 한다.

ㄱ. 6층 이상인 건축물로서 **다음 용도**로 쓰는 건축물

1) 제2종 근린생활시설 중 공연장, 종교집회장, 인터넷컴퓨터게임시설제공업소 및 다중생활시설(공연장, 종교집회장 및 인터넷컴퓨터게임시설제공업소는 해당 용도로 쓰는 바닥면적의 합계가 각각 300㎡ 이상인 경우만 해당)

2) 문화 및 집회시설 3) 종교시설 4) 판매시설 5) 운수시설

6) 의료시설(요양병원 및 정신병원은 제외) 7) 교육연구시설 중 연구소

8) 노유자시설 중 아동 관련 시설, 노인복지시설(노인요양시설은 제외)

9) 수련시설 중 유스호스텔 10) 운동시설 11) 업무시설 12) 숙박시설

13) 위락시설 14) 관광휴게시설 15) 장례시설

ㄴ. **다음 용도로 쓰는 건축물**(6층 이상이 아니어도 됨)

1) 의료시설 중 요양병원 및 정신병원

2) 노유자시설 중 노인요양시설 · 장애인 거주시설 및 장애인 의료재활시설

③ 오피스텔에 거실 바닥으로부터 높이 1.2m 이하 부분에 여닫을 수 있는 창문을 설치하는 경우에는 추락방지를 위한 안전시설을 설치하여야 한다.

④ 건축물의 11층 이하의 층에는 소방관이 진입할 수 있는 창을 설치하고, 외부에서 주야간에 식별할 수 있는 표시를 해야 한다. 다만, 대피공간 등을 설치한 아파트나 비상용승강기를 설치한 아파트는 제외한다.

(3) 거실 등의 방습

다음에 해당하는 거실 · 욕실 또는 조리장의 바닥 부분에는 방습을 위한 조치를 하여야 한다.

① 건축물의 최하층에 있는 거실(바닥이 목조인 경우만 해당)

② 제1종 근린생활시설 중 목욕장의 욕실과 휴게음식점 및 제과점의 조리장

③ 제2종 근린생활시설 중 일반음식점, 휴게음식점 및 제과점의 조리장과 숙박시설의 욕실

(4) 경계벽 등의 설치

① 경계벽 설치

ㄱ. 단독주택 중 다가구주택의 각 가구 간 또는 공동주택(기숙사는 제외)의 각 세대 간 경계벽(거실 · 침실 등의 용도로 쓰지 아니하는 발코니 부분은 제외)

ㄴ. 공동주택 중 기숙사의 침실, 의료시설의 병실, 교육연구시설 중 학교의 교실 또는 숙박시설의 객실 간 경계벽

ㄷ. 제2종 근린생활시설 중 다중생활시설의 호실 간 경계벽

ㄹ. 노유자시설 중 노인복지주택의 각 세대 간 경계벽

ㅁ. 노유자시설 중 노인요양시설의 호실 간 경계벽

② 층간바닥(화장실의 바닥은 제외) 설치

ㄱ. 단독주택 중 다가구주택   ㄴ. 공동주택(주택건설사업계획승인 대상은 제외)

ㄷ. 업무시설 중 오피스텔   ㄹ. 제2종 근린생활시설 중 다중생활시설

ㅁ. 숙박시설 중 다중생활시설

건축법령상 건축물의 가구 · 세대 등 간 소음 방지를 위한 **경계벽**을 설치하여야 하는 경우가 아닌 것은?[26회]

① 숙박시설의 객실 간   ② 공동주택 중 기숙사의 침실 간

③ 판매시설 중 상점 간   ④ 교육연구시설 중 학교의 교실 간

⑤ 의료시설의 병실 간

(5) 창문 등의 차면시설

인접 대지경계선으로부터 직선거리 2m 이내에 이웃 주택의 내부가 보이는 창문 등을 설치하는 경우에는 차면시설을 설치하여야 한다.

차면시설
직선거리 2m이내

6. 침수방지시설

자연재해대책법에 따른 자연재해위험개선지구 중 침수위험지구에 국가 · 지방자치단체 또는 공공기관이 건축하는 건축물은 침수 방지 및 방수를 위하여 다음 기준에 따라야 한다.

① 건축물의 1층 전체를 필로티 구조로 할 것

② 침수 방지시설을 설치할 것

7. 피난시설 등의 유지 · 관리에 대한 기술지원

국가 또는 지방자치단체는 건축물의 소유자나 관리자에게 피난시설 등의 설치, 개량 · 보수 등 유지 · 관리에 대한 기술지원을 할 수 있다.

내화 및 방화★★

1. 건축물의 내화구조

① 다음 건축물(ㅁ에 해당하는 건축물로서 2층 이하인 건축물은 지하층 부분만 해당)의 주요구조부와 지붕은 내화구조로 해야 한다. 다만, 연면적이 50㎡ 이하인 단층의 부속건축물로서 외벽 및 처마 밑면을 방화구조로 한 것과 무대의 바닥은 그렇지 않다.

ㄱ. 제2종 근린생활시설 중 공연장·종교집회장(해당 용도로 쓰는 바닥면적의 합계가 각각 300㎡ 이상인 경우만 해당), 문화 및 집회시설(전시장 및 동 · 식물원은 제외), 종교시설, 위락시설 중 주점영업 및 장례시설의 용도로 쓰는 건축물로서 관람실 또는 집회실의 바닥면적의 합계가 200㎡(옥외관람석의 경우에는 1천㎡) 이상인 건축물

ㄴ. 문화 및 집회시설 중 전시장 또는 동·식물원, 판매시설, 운수시설, 교육연구시설에 설치하는 체육관·강당, 수련시설, 운동시설 중 체육관·운동장, 위락시설(주점영업의 용도로 쓰는 것은 제외), 창고시설, 위험물저장 및 처리시설, 자동차 관련 시설, 방송통신시설 중 방송국·전신전화국·촬영소, 묘지 관련 시설 중 화장시설·동물화장시설 또는 관광휴게시설의 용도로 쓰는 건축물로서 그 용도로 쓰는 바닥면적의 합계가 500㎡ 이상인 건축물

ㄷ. 공장의 용도로 쓰는 건축물로서 그 용도로 쓰는 바닥면적의 합계가 2천㎡ 이상인 건축물

ㄹ. 건축물의 2층이 단독주택 중 다중주택 및 다가구주택, 공동주택, 제1종 근린생활시설(의료의 용도로 쓰는 시설만 해당), 제2종 근린생활시설 중 다중생활시설, 의료시설, 노유자시설 중 아동 관련 시설 및 노인복지시설, 수련시설 중 유스호스텔, 업무시설 중 오피스텔, 숙박시설 또는 장례시설의 용도로 쓰는 건축물로서 그 용도로 쓰는 바닥면적의 합계가 400㎡ 이상인 건축물

ㅁ. 3층 이상인 건축물 및 지하층이 있는 건축물
다만, 단독주택(다중주택 및 다가구주택은 제외), 동물 및 식물 관련 시설, 발전시설(발전소의 부속용도로 쓰는 시설은 제외), 교도소·감화원 또는 묘지 관련 시설(화장시설 및 동물화장시설은 제외)의 용도로 쓰는 건축물과 철강 관련 업종의 공장 중 제어실로 사용하기 위하여 연면적 50㎡ 이하로 증축하는 부분은 제외한다.

② 막구조의 건축물은 주요구조부에만 내화구조로 할 수 있다.

2. 대규모 건축물의 방화벽

방화벽 구획
① 연면적 1천㎡이상 건축물
② 구획된 바닥변적의 합계는 1천㎡미만
③ 연면적 1천㎡이상 목조건축물
 →방화구조 또는 불연재료

① 연면적 1천㎡ 이상인 건축물은 방화벽으로 구획하되, 각 구획된 바닥면적의 합계는 1천㎡ 미만이어야 한다. 다만, 주요구조부가 내화구조이거나 불연재료인 건축물과 건축물 또는 내부설비의 구조상 방화벽으로 구획할 수 없는 창고시설의 경우에는 그러하지 아니하다.

② 연면적 1천㎡ 이상인 목조 건축물의 구조는 방화구조로 하거나 불연재료로 하여야 한다.

3. 방화지구의 건축물

① 방화지구 안에서는 건축물의 주요구조부와 지붕·외벽을 내화구조로 하여야 한다. 다만, 다음 경우에는 그러하지 아니하다.

ㄱ. 연면적 30㎡ 미만인 단층 부속건축물로서 외벽 및 처마면이 내화구조 또는 불연재료로 된 것

ㄴ. 도매시장의 용도로 쓰는 건축물로서 그 주요구조부가 불연재료로 된 것

② 방화지구 안의 공작물로서 간판, 광고탑 등 공작물 중 건축물의 지붕 위에 설치하는 공작물이나 높이 3m 이상의 공작물은 주요부를 불연재료로 하여야 한다.

건축물의 마감**

1. 건축물의 마감재료

① 다음 건축물의 벽, 반자, 지붕(반자가 없는 경우에 한정) 등 내부의 마감재료는 방화에 지장이 없는 재료로 하되, 실내공기질관리법에 따른 실내공기질 유지기준 및 권고기준을 고려하고 관계 중앙행정기관의 장과 협의하여 국토교통부령으로 정하는 기준에 따른 것이어야 한다.

ㄱ. 단독주택 중 다중주택·다가구주택   ㄴ. 공동주택

ㄷ. 제2종 근린생활시설 중 공연장·종교집회장·인터넷컴퓨터게임시설제공업소·

학원·독서실·당구장·다중생활시설의 용도로 쓰는 건축물

ㄹ. 발전시설, 방송통신시설(방송국·촬영소의 용도로 쓰는 건축물로 한정)

ㅁ. 공장, 창고시설, 위험물 저장 및 처리 시설(자가난방과 자가발전 등의 용도로 쓰는 시설을 포함), 자동차 관련 시설의 용도로 쓰는 건축물

ㅂ. 5층 이상인 층 거실의 바닥면적의 합계가 500㎡ 이상인 건축물

ㅅ. 문화 및 집회시설, 종교시설, 판매시설, 운수시설, 의료시설, 교육연구시설 중 학교·학원, 노유자시설, 수련시설, 업무시설 중 오피스텔, 숙박시설, 위락시설, 장례시설

ㅇ. 다중이용업의 용도로 쓰는 건축물

② **다음 건축물**의 외벽에 사용하는 마감재료는 방화에 지장이 없는 재료로 하여야 한다.

ㄱ. 상업지역(근린상업지역은 제외)의 건축물로서 **다음** 어느 하나에 해당하는 것

• 제1종 근린생활시설, 제2종 근린생활시설, 문화 및 집회시설, 종교시설, 판매시설, 운동시설 및 위락시설의 용도로 쓰는 건축물로서 그 용도로 쓰는 바닥면적의 합계가 2천㎡ 이상인 건축물

• 공장의 용도로 쓰는 건축물로부터 6m 이내에 위치한 건축물

ㄴ. 의료시설, 교육연구시설, 노유자시설 및 수련시설의 용도로 쓰는 건축물

ㄷ. 3층 이상 또는 높이 9m 이상인 건축물

ㄹ. 1층의 전부 또는 일부를 필로티 구조로 설치하여 주차장으로 쓰는 건축물

③ 욕실, 화장실, 목욕장 등의 바닥 마감재료는 미끄럼을 방지할 수 있도록 국토교통부령으로 정하는 기준에 적합하여야 한다.

④ 대통령령으로 정하는 용도 및 규모에 해당하는 건축물 외벽에 설치되는 창호는 방화에 지장이 없도록 인접 대지와의 이격거리를 고려하여 방화성능 등이 국토교통부령으로 정하는 기준에 적합하여야 한다.

건축법령상 **건축물의 마감재료** 등에 관한 규정의 일부이다. (   )에 들어갈 내용으로 옳은 것은?[35회]

> 대통령령으로 정하는 용도 및 규모의 건축물의 벽, 반자, 지붕(반자가 없는 경우에 한정한다) 등 내부의 (ㄱ)는 (ㄴ)에 지장이 없는 재료로 하되, 실내공기질 관리법 제5조 및 제6조에 따른 (ㄷ) 유지기준 및 권고기준을 고려하고 관계 중앙행정기관의 장과 협의하여 국토교통부령으로 정하는 기준에 따른 것이어야 한다.

① ㄱ:난연재료, ㄴ:방화, ㄷ:공기청정 ② ㄱ:완충재료, ㄴ:내진, ㄷ:실내공기질
③ ㄱ:완충재료, ㄴ:내진, ㄷ:공기청정 ④ ㄱ:마감재료, ㄴ:방화, ㄷ:실내공기질
⑤ ㄱ:마감재료, ㄴ:내진, ㄷ:실내공기질

52조1항 정답④

2. 실내건축

① 다중이용 건축물 등의 실내건축은 방화에 지장이 없고 사용자의 안전에 문제가 없는 구조 및 재료로 시공하여야 한다.

② 실내건축의 구조 · 시공방법 등에 관한 기준은 국토교통부령으로 정한다.

③ 오장은 실내건축이 적정하게 설치 및 시공되었는지를 검사하여야 한다. 이 경우 검사하는 대상 건축물과 주기는 건축조례로 정한다.

3. 건축자재의 제조 및 유통 관리

① 제조업자 및 유통업자는 건축물의 안전과 기능 등에 지장을 주지 아니하도록 건축자재를 제조 · 보관 및 유통하여야 한다.

② 국토교통부장관, 시 · 도지사 및 시장 · 군수 · 구청장은 건축물의 구조 및 재료의 기준 등이 공사현장에서 준수되고 있는지를 확인하기 위하여 제조업자 및 유통업자에게 필요한 자료의 제출을 요구하거나 건축공사장, 제조업자의 제조현장 및 유통업자의 유통장소 등을 점검할 수 있으며 필요한 경우에는 시료를 채취하여 성능 확인을 위한 시험을 할 수 있다.

③ 국토교통부장관, 시 · 도지사 및 시장 · 군수 · 구청장은 점검을 통하여 위법 사실을 확인한 경우 공사 중단, 사용 중단 등의 조치를 하거나 관계 기관에 대하여 관계 법률에 따른 영업정지 등의 요청을 할 수 있다.

④ 국토교통부장관, 시 · 도지사, 시장 · 군수 · 구청장은 점검업무를 전문기관으로 하여금 대행하게 할 수 있다.

4. 건축자재의 품질관리

① 복합자재를 포함한 마감재료, 방화문 등 건축자재의 제조업자, 유통업자, 공사시공자 및 공사감리자는 국토교통부령으로 정하는 사항을 기재한 품질관리서를 허가권자에게 제출하여야 한다.

② 건축자재의 제조업자, 유통업자는 한국건설기술연구원 등 시험기관에 건축자재의 성능시험을 의뢰하여야 한다.

③ 성능시험을 수행하는 시험기관의 장은 성능시험 결과 등 건축자재의 품질 관리에 필요한 정보를 기관 또는 단체에 제공하거나 공개하여야 한다.

④ 정보를 제공받은 기관 또는 단체는 해당 건축자재의 정보를 홈페이지 등에 게시하여 일반인이 알 수 있도록 하여야 한다.

⑤ 건축자재 중 국토교통부령으로 정하는 단열재는 국토교통부장관이 고시하는 기준에 따라 해당 건축자재에 대한 정보를 표면에 표시하여야 한다.

지하층★★

① 건축물에 설치하는 지하층의 구조 및 설비는 **다음 기준**에 맞게 하여야 한다.

ㄱ. 거실의 바닥면적이 50㎡이상인 층에는 직통계단 외에 피난층 또는 지상으로 통하는 비상탈출구 및 환기통을 설치할 것.(직통계단이 2개소 이상 설치되어 있는 경우는 제외)

ㄴ. 제2종 근린생활시설 중 공연장 · 단란주점 · 당구장 · 노래연습장, 문화 및 집회시설 중 예식장 · 공연장, 수련시설 중 생활권수련시설 · 자연권수련시설, 숙박시설중 여관 · 여인숙, 위락시설중 단란주점 · 유흥주점 또는 다중이용업의 용도에 쓰이는 층으로서 그 층의 거실의 바닥면적의 합계가 50㎡이상인 건축물에는 직통계단을 2개소 이상 설치할 것

ㄷ. 바닥면적이 1천㎡이상인 층에는 피난층 또는 지상으로 통하는 직통계단을 방화구획으로 구획되는 각 부분마다 1개소 이상 설치하되, 이를 피난계단 또는 특별피난계단의 구조로 할 것

ㄹ. 거실의 바닥면적의 합계가 1천㎡ 이상인 층에는 환기설비를 설치할 것

ㅁ. 지하층의 바닥면적이 300㎡ 이상인 층에는 식수공급을 위한 급수전을 1개소이상 설치할 것

② 단독주택, 공동주택 등 건축물의 지하층에는 거실을 설치할 수 없다. 다만, 다음 사항을 고려하여 해당 지방자치단체의 조례로 정하는 경우에는 설치할 수 있다.

ㄱ. 침수위험 정도를 비롯한 지역적 특성

ㄴ. 피난 및 대피 가능성

ㄷ. 그밖에 주거의 안전과 관련된 사항

건축물의 범죄예방★★

① 국토교통부장관은 범죄를 예방하고 안전한 생활환경을 조성하기 위하여 건축물, 건축설비 및 대지에 관한 범죄예방 기준을 정하여 고시할 수 있다.

② **다음 건축물**은 범죄예방 기준에 따라 건축하여야 한다.

ㄱ. 다가구주택(다중주택×), 아파트, 연립주택 및 다세대주택

ㄴ. 제1종 근린생활시설 중 일용품을 판매하는 소매점

ㄷ. 제2종 근린생활시설 중 다중생활시설

ㄹ. 문화 및 집회시설(동 · 식물원은제외) ㅁ. 교육연구시설(연구소 및 도서관은제외)

ㅂ. 노유자시설 ㅅ. 수련시설 ㅇ. 업무시설 중 오피스텔

ㅈ. 숙박시설 중 다중생활시설

파란색 제외시설 주의!

건축법령상 국토교통부장관이 정하여 고시하는 건축물, 건축설비 및 대지에 관한 **범죄예방 기준**에 따라 건축하여야 하는 건축물에 해당하지 않는 것은?[29회수정]

① 교육연구시설 중 학교   ② 제1종근린생활시설 중 일용품을 판매하는 소매점
③ 제2종근린생활시설 중 다중생활시설   ④ 숙박시설 중 다중생활시설
⑤ 문화 및 집회시설 중 동·식물원

⑤ 동·식물원은 아니에요. 나머지는 범죄예방기준에 따라 건축해야 합니다. 정답⑤

지역과 지구의 건축물★★★

1. 건축물의 대지가 지역·지구 또는 구역에 걸치는 경우의 조치

① 대지가 이 법이나 다른 법률에 따른 지역·지구(녹지지역과 방화지구는 제외) 또는 구역에 걸치는 경우에는 그 건축물과 대지의 전부에 대하여 대지의 과반이 속하는 지역·지구 또는 구역 안의 건축물 및 대지 등에 관한 건축법 규정을 적용한다.

② 하나의 건축물이 방화지구와 그 밖의 구역에 걸치는 경우에는 그 전부에 대하여 방화지구 안의 건축물에 관한 건축법 규정을 적용한다. 다만, 건축물의 방화지구에 속한 부분과 그 밖의 구역에 속한 부분의 경계가 방화벽으로 구획되는 경우 그 밖의 구역에 있는 부분에 대하여는 그러하지 아니하다.

③ 대지가 녹지지역과 그 밖의 지역·지구 또는 구역에 걸치는 경우에는 각 지역·지구 또는 구역 안의 건축물과 대지에 관한 이 법의 규정을 적용한다. 다만, 녹지지역 안의 건축물이 방화지구에 걸치는 경우에는 ②에 따른다.

④ 해당 대지의 규모와 그 대지가 속한 용도지역·지구 또는 구역의 성격 등 그 대지에 관한 주변여건상 필요하다고 인정하여 해당 지방자치단체의 조례로 적용방법을 따로 정하는 경우에는 그에 따른다.

2. 건축물의 건폐율, 용적률, 높이 제한

(1) 건축물의 건폐율

대지면적에 대한 건축면적(대지에 건축물이 둘 이상 있는 경우에는 이들 건축면적의 합계)의 비율(→건폐율)의 최대한도는 국토계획법에 따른 건폐율의 기준에 따른다. 다만, 이 법에서 기준을 완화하거나 강화하여 적용하도록 규정한 경우에는 그에 따른다.

(2) 건축물의 용적률

대지면적에 대한 연면적(대지에 건축물이 둘 이상 있는 경우에는 이들 연면적의 합계)의 비율(→용적률)의 최대한도는 국토계획법에 따른 용적률의 기준에 따른다. 다만, 이 법에서 기준을 완화하거나 강화하여 적용하도록 규정한 경우에는 그에 따른다.

저자의 한마디

하나의 대지에 건축물이 둘이상 있는 경우 건폐율과 용적률은 건축물마다 각각 적용하는 것이 아니라 건축물들을 하나로 보아 적용합니다. 즉 건축물들의 건축면적의 합계 또는 연면적의 합계를 구해 대지면적과 비교합니다.

(3) 건축물의 높이 제한

① 허가권자는 가로구역을 단위로 하여 건축물의 높이를 지정·공고할 수 있다. 다만, 오장은 가로 구역의 높이를 완화하여 적용할 필요가 있다고 판단되는 대지에 대하여는 건축위원회의 심의를 거쳐 높이를 완화하여 적용할 수 있다.

② 특별시장이나 광역시장은 도시의 관리를 위하여 필요하면 가로구역별 건축물의 높이를 특별시나 광역시의 조례로 정할 수 있다.

③ 허가권자는 일조·통풍 등 주변 환경 및 도시미관에 미치는 영향이 크지 않다고 인정하는 경우에는 건축위원회의 심의를 거쳐 이 법 및 다른 법률에 따른 가로구역의 높이 완화에 관한 규정을 중첩하여 적용할 수 있다.

(4) 일조 등의 확보를 위한 건축물의 높이 제한

① 전용주거지역과 일반주거지역 안에서 건축하는 건축물의 높이는 일조 등의 확보를 위하여 정북방향의 인접 대지경계선으로부터 다음 범위에서 건축조례로 정하는 거리 이상을 띄어 건축하여야 한다.

ㄱ. 높이 10m 이하인 부분 : 인접 대지경계선으로부터 1.5m 이상

ㄴ. 높이 10m를 초과하는 부분 : 인접 대지경계선으로부터 해당 건축물 각 부분 높이의 2분의 1 이상

② 다음 경우에는 ①을 적용하지 아니한다.

ㄱ. 다음 구역 안의 대지 상호간에 건축하는 건축물로서 해당 대지가 너비 20m 이상의 도로에 접한 경우

1) 지구단위계획구역, 경관지구   2) 중점경관관리구역   3) 특별가로구역

4) 도시미관 향상을 위하여 허가권자가 지정·공고하는 구역

ㄴ. 건축협정구역 안에서 대지 상호간에 건축하는 건축물의 경우

ㄷ. 건축물의 정북 방향의 인접 대지가 전용주거지역이나 일반주거지역이 아닌 용도지역에 해당하는 경우

③ 다음 공동주택(일반상업지역과 중심상업지역에 건축하는 것은 제외)은 채광 등의 확보를 위하여 높이 제한이 적용된다.

ㄱ. 인접 대지경계선 등의 방향으로 채광을 위한 창문 등을 두는 경우

ㄴ. 하나의 대지에 두 동 이상을 건축하는 경우

④ 다음에 해당하면 건축물의 높이를 정남방향의 인접 대지경계선으로부터의 거리에 따라 높이 제한이 적용된다.

ㄱ. 택지개발지구 ㄴ. 대지조성사업지구 ㄷ. 지역개발사업구역

ㄹ. 국가산업단지, 일반산업단지, 도시첨단산업단지 및 농공단지

ㅁ. 도시개발구역 ㅂ. 정비구역

ㅅ. 정북방향으로 도로, 공원, 하천 등 건축이 금지된 공지에 접하는 대지인 경우

가로구역
도로로 둘러싸인 일단의 지역

저자의 한마디

가로구역별 건축물의 높이는 시·군·구 조례가 아니라 특·광조례로 정할 수 있습니다.

ㅇ. 정북방향으로 접하고 있는 대지의 소유자와 합의한 경우나 그밖에 대통령령으로 정하는 경우

⑤ 2층 이하로서 높이가 8m 이하인 건축물에는 해당 지방자치단체의 조례로 정하는 바에 따라 ①부터 ③까지의 규정을 적용하지 아니할 수 있다.

건축법령상 건축물의 높이 제한에 관한 설명으로 틀린 것은?(단, 건축법 제73조에 따른 적용 특례 및 조례는 고려하지 않음)²⁵회수정

① 전용주거지역과 일반주거지역 안에서 건축하는 건축물에 대하여는 일조의 확보를 위한 높이 제한이 적용된다.(○)

② 일반상업지역에 건축하는 공동주택으로서 하나의 대지에 두 동 이상을 건축하는 경우에는 채광의 확보를 위한 높이 제한이 적용된다.(×)

③ 지구단위계획구역 안의 대지 상호간에 건축하는 건축물로서 해당 대지가 너비 20m 이상의 도로에 접한 경우에는 일조의 확보를 위한 높이 제한이 적용되지 않는다.(○)

④ 허가권자는 같은 가로구역에서 건축물의 용도 및 형태에 따라 건축물의 높이를 다르게 정할 수 있다.(○)

⑤ 허가권자는 가로구역별 건축물의 최고 높이를 지정하려면 지방건축위원회의 심의를 거쳐야 한다.(○)

> ② 하나의 대지에 두 동 이상을 건축하는 경우의 공동주택에는 일반적으로 채광 확보를 위한 높이 제한이 적용되지만, 일반상업지역과 중심상업지역에는 적용되지 않아요.

건축법령상 지역 및 지구의 건축물에 관한 설명으로 옳은 것은?(단, 조례 및 특별건축구역에 대한 특례는 고려하지 않음)²⁶회수정

① 하나의 건축물이 방화벽을 경계로 방화지구와 그 밖의 구역에 속하는 부분으로 구획되는 경우, 건축물 전부에 대하여 방화지구 안의 건축물에 관한 건축법의 규정을 적용한다.(×)

② 대지가 녹지지역과 그 밖의 지역·지구 또는 구역에 걸치는 경우에는 각 지역·지구 또는 구역 안의 건축물과 대지에 관하여 건축법의 규정을 적용한다.(○)

③ 대지가 녹지지역과 관리지역에 걸치면서 녹지지역 안의 건축물이 취락 지구에 걸치는 경우에는 건축물과 대지 전부에 대해 취락지구에 관한 건축법의 규정을 적용한다.(×)

④ 시장·군수는 도시의 관리를 위하여 필요하면 가로구역별 건축물의 높이를 시·군의 조례로 정할 수 있다.(×)

⑤ 상업지역에서 건축물을 건축하는 경우에는 일조의 확보를 위하여 건축물을 인접 대지경계선으로부터 1.5미터이상 띄어 건축하여야 한다. (×)

> ① 이 경우는 방화지구에 속하는 부분만 건축법이 적용됩니다. ③ 취락지구에 대한 특례규정은 없습니다. ④ 시장·군수가 아니라 특별시장이나 광역시장이 특별시나 광역시의 조례로 정할 수 있어요. ⑤ 일조 확보를 위한 건축물의 높이 제한은 전용주거지역과 일반주거지역에만 적용됩니다. 상업지역은 아니에요.

3. 대지의 분할 제한과 대지 안의 공지

(1) 대지의 분할 제한

① 건축물이 있는 대지는 **다음 범위**에서 해당 지방자치단체의 조례로 정하는 면적(ㄴ최소분할면적)에 못 미치게 분할할 수 없다.

ㄱ. 주거지역: 60㎡ ㄴ. 상업지역: 150㎡ ㄷ. 공업지역: 150㎡ ㄹ. 녹지지역: 200㎡

ㅁ. 도시지역 외의 지역: 60㎡

② 건축물이 있는 대지는 **다음 기준**에 못 미치게 분할할 수 없다.

ㄱ. 대지가 도로에 접하는 길이가 2m 미만이 되는 분할

ㄴ. 건폐율을 초과하는 분할   ㄷ. 용적률을 초과하는 분할

ㄹ. 대지 안의 공지 규정에 위반하는 분할

ㅁ. 건축물의 높이 제한을 초과하는 분할

ㅂ. 일조 등의 확보를 위한 건축물의 높이 제한을 초과하는 분할

③ 건축협정이 인가된 경우 그 건축협정의 대상이 되는 대지는 ①,②에도 불구하고 분할할 수 있다.

건축법령상 건축물이 있는 대지는 조례로 정하는 면적에 못 미치게 분할할 수 없다. 다음 중 조례로 정할 수 있는 **최소 분할면적** 기준이 가장 작은 용도지역은?(단, 건축법 제3조에 따른 적용 제외는 고려하지 않음)[24회]

① 제2종전용주거지역 ② 근린상업지역 ③ 일반상업지역

④ 준공업지역   ⑤ 생산녹지지역

최소분할면적은 도시지역 중에서 주거지역이 60㎡로 가장 작고, 도시지역 외의 지역 역시 60㎡입니다. 보기에는 도시지역 외의 지역이 없기 때문에 제2종전용주거지역(주거지역)이 가장 작습니다. 정답①

건축법령상 **건폐율 및 용적률**에 관한 설명으로 옳은 것은?[23회]

① 건폐율은 대지면적에 대한 건축물의 바닥면적의 비율이다.(×)

② 용적률을 산정할 경우 연면적에는 지하층의 면적은 포함되지 않는다.(○)

③ 건축법의 규정을 통하여 국토의 계획 및 이용에 관한 법률상 건폐율의 최대한도를 강화하여 적용할 수 있으나, 이를 완화하여 적용할 수는 없다. (×)

④ 하나의 대지에 건축물이 둘 이상 있는 경우 용적률의 제한은 건축물별로 각각 적용한다.(×)

⑤ 도시지역에서 건축물이 있는 대지를 분할하는 경우에는 건폐율 기준에 못 미치게 분할하는 것도 가능하다.(×)

① 건폐율은 대지면적에 대한 건축물의 건축면적의 비율입니다. ③ 강화하거나 완화하여 적용할 수 있어요. ④ 건축물별로 각각 적용하지 않고, 각 건축물 연면적의 합계로 산정하여 적용합니다. ⑤ 건폐율 기준에 못 미치게 분할해서는 안 됩니다.

(2) 대지 안의 공지

대지 안의 공지
6m이내

건축물을 건축하는 경우에는 용도지역·용도지구, 건축물의 용도 및 규모 등에 따라 건축선 및 인접 대지경계선으로부터 6m 이내의 범위에서 해당 지방자치단체의 조례로 정하는 거리 이상을 띄워야 한다.

4. 맞벽 건축과 연결복도

다음 경우에는 제58조(대지 안의 공지), 제61조(일조 등의 확보를 위한 건축물의 높이 제한) 및 민법 제242조(경계선부근의 건축)를 적용하지 아니한다.

① **다음 지역**에서 도시미관 등을 위하여 둘 이상의 건축물 벽을 맞벽(대지경계선으로부터 50㎝ 이내인 경우)으로 하여 건축하는 경우

ㄱ. 상업지역(다중이용 건축물 및 공동주택은 스프링클러나 그밖에 이와 비슷한 자동식 소화설비를 설치한 경우로 한정)

ㄴ. 주거지역(건축물 및 토지의 소유자 간 맞벽건축을 합의한 경우에 한정)

ㄷ. 허가권자가 도시미관 또는 한옥 보전·진흥을 위하여 건축조례로 정하는 구역

ㄹ. 건축협정구역

② **다음 기준**에 따라 인근 건축물과 이어지는 연결복도나 연결통로를 설치하는 경우

ㄱ. 주요구조부가 내화구조일 것 ㄴ. 마감재료가 불연재료일 것

ㄷ. 밀폐된 구조인 경우 벽면적의 10% 이상에 해당하는 면적의 창문을 설치할 것

ㄹ. 너비 및 높이가 각각 5m 이하일 것

ㅁ. 건축물과 복도 또는 통로의 연결부분에 자동방화셔터 또는 방화문을 설치할 것

ㅂ. 연결복도가 설치된 대지 면적의 합계가 개발행위의 최대 규모 이하일 것

건축설비*

1. 건축설비 설치의 원칙

① 건축설비는 건축물의 안전·방화, 위생, 에너지 및 정보통신의 합리적 이용에 지장이 없도록 설치하여야 하고, 배관피트 및 닥트의 단면적과 수선구의 크기를 해당 설비의 수선에 지장이 없도록 하는 등 설비의 유지·관리가 쉽게 설치하여야 한다.

② 건축물에 설치하는 급수·배수·냉방·난방·환기·피뢰 등 건축설비의 설치에 관한 기술적 기준은 국토교통부령으로 정하되, 에너지 이용 합리화와 관련한 건축설비의 기술적 기준에 관하여는 산업통상자원부장관과 협의하여 정한다.

③ 건축물에 설치하여야 하는 장애인 관련 시설 및 설비는 장애인·노인·임산부 등의 편의증진보장에 관한 법률에 따라 작성하여 보급하는 편의시설 상세표준도에 따른다.

④ 건축물에는 방송수신에 지장이 없도록 공동시청 안테나, 유선방송 수신 시설, 위성방송 수신설비, 에프엠(FM)라디오방송 수신설비 또는 방송 공동수신 설비를 설치할 수 있다. 다만, **다음 건축물**에는 방송 공동수신설비를 설치하여야 한다.

ㄱ. 공동주택

ㄴ. 바닥면적의 합계가 5천㎡ 이상으로서 업무시설이나 숙박시설의 용도로 쓰는 건축물

⑤ 방송 수신설비의 설치기준은 과학기술정보통신부장관이 정하여 고시하는 바에 따른다.

⑥ 연면적이 500㎡ 이상인 건축물의 대지에는 전기사업자가 전기를 배전하는 데 필요한 전기설비를 설치할 수 있는 공간을 확보하여야 한다.

⑦ 해풍이나 염분 등으로 인하여 건축물의 재료 및 기계설비 등에 조기 부식과 같은 피해 발생이 우려되는 지역에서는 해당 지방자치단체는 이를 방지하기 위하여 **다음 사항**을 조례로 정할 수 있다.

ㄱ. 해풍이나 염분 등에 대한 내구성 설계기준

ㄴ. 해풍이나 염분 등에 대한 내구성 허용기준

ㄷ. 그밖에 해풍이나 염분 등에 따른 피해를 막기 위하여 필요한 사항

2. 승강기

① 건축주는 6층 이상으로서 연면적이 2천㎡ 이상인 건축물을 건축하려면 승강기를 설치하여야 한다. 층수가 6층인 건축물로서 각 층 거실의 바닥면적 300㎡ 이내마다 1개소 이상의 직통계단을 설치한 건축물에는 승강기를 설치하지 아니할 수 있다.

② 높이 31m를 초과하는 건축물에는 승강기뿐만 아니라 비상용승강기를 추가로 설치하여야 한다. 2대 이상의 비상용 승강기를 설치하는 경우에는 화재가 났을 때 소화에 지장이 없도록 일정한 간격을 두고 설치하여야 한다.

③ 고층건축물에는 건축물에 설치하는 승용승강기 중 1대 이상을 피난용승강기로 설치하여야 한다.

3. 지능형건축물의 인증

① 국토교통부장관은 지능형건축물의 건축을 활성화하기 위하여 지능형건축물 인증제도를 실시한다.

② 국토교통부장관은 지능형건축물의 인증을 위하여 인증기관을 지정할 수 있다.

③ 지능형건축물의 인증을 받으려는 자는 인증기관에 인증을 신청하여야 한다.

④ 국토교통부장관은 건축물을 구성하는 설비 및 각종 기술을 최적으로 통합하여 건축물의 생산성과 설비 운영의 효율성을 극대화할 수 있도록 **다음 사항**을 포함하여 지능형건축물 인증기준을 고시한다.

승강기
① 6층이상 연면적 2천㎡이상
② 높이 31m초과-비상용 추가
③ 고층-피난용 1대 이상

ㄱ. 인증기준 및 절차 ㄴ. 인증표시 홍보기준 ㄷ. 유효기간

ㄹ. 수수료 ㅁ. 인증 등급 및 심사기준 등

⑤ 허가권자는 지능형건축물로 인증을 받은 건축물에 대하여 조경설치면적을 85%까지 완화하여 적용할 수 있으며, 용적률 및 건축물의 높이를 115%의 범위에서 완화하여 적용할 수 있다.

4. 관계전문기술자

① 설계자와 공사감리자는 대지의 안전, 건축물의 구조상 안전, 부속구조물 및 건축설비의 설치 등을 위한 설계 및 공사감리를 할 때 다음 어느 하나의 자격을 갖춘 관계전문기술자의 협력을 받아야 한다.

ㄱ. 기술사사무소를 개설등록한 자   ㄴ. 건설기술용역업자로 등록한 자

ㄷ. 엔지니어링사업자의 신고를 한 자   ㄹ. 설계업 및 감리업으로 등록한 자

② 관계전문기술자는 건축물이 이 법 및 이 법에 따른 명령이나 처분, 그 밖의 관계 법령에 맞고 안전·기능 및 미관에 지장이 없도록 업무를 수행하여야 한다.

5. 기술적 기준

① 대지의 안전, 건축물의 구조상의 안전, 건축설비 등에 관한 기술적 기준은 이 법에서 특별히 규정한 경우 외에는 국토교통부령으로 정하되, 이에 따른 세부기준이 필요하면 국토교통부장관이 세부기준을 정하거나 국토교통부장관이 지정하는 연구기관(시험기관·검사기관을 포함), 학술단체, 그 밖의 관련 전문기관 또는 단체가 국토교통부장관의 승인을 받아 정할 수 있다.

② 국토교통부장관은 세부기준을 정하거나 승인을 하려면 미리 건축위원회의 심의를 거쳐야 한다.

③ 국토교통부장관은 세부기준을 정하거나 승인을 한 경우 이를 고시하여야 한다.

④ 국토교통부장관은 기술적 기준 및 세부기준을 적용하기 어려운 건축설비에 관한 기술·제품이 개발된 경우, 개발한 자의 신청을 받아 그 기술·제품을 평가하여 신규성·진보성 및 현장 적용성이 있다고 판단하는 경우에는 설치 등을 위한 기준을 건축위원회의 심의를 거쳐 인정할 수 있다.

6. 건축물의 구조 및 재료 등에 관한 기준의 관리

① 국토교통부장관은 기후 변화나 건축기술의 변화 등에 따라 건축물의 구조 및 재료 등에 관한 기준이 적정한지를 검토하는 모니터링(건축모니터링)을 3년마다 실시하여야 한다.

② 국토교통부장관은 전문기관을 지정하여 건축모니터링을 하게 할 수 있다.

건축모니터링은 3년마다!

특별건축구역, 건축협정, 결합건축, 보칙★★

특별건축구역★★

1. 특별건축구역의 지정

특별건축구역의 지정권자는
국장 또는 시·도지사

① 국토교통부장관 또는 시·도지사는 **다음 구분**에 따라 도시나 지역의 일부가 특별건축구역으로 특례 적용이 필요하다고 인정하는 경우에는 특별건축구역을 지정할 수 있다.

ㄱ. 국토교통부장관이 지정하는 경우

1) 국가가 국제행사 등을 개최하는 도시 또는 지역의 사업구역

2) 관계법령에 따른 국가정책사업으로서 대통령령으로 정하는 사업구역

ㄴ. 시·도지사가 지정하는 경우

1) 지방자치단체가 국제행사 등을 개최하는 도시 또는 지역의 사업구역

2) 관계법령에 따른 도시개발·도시재정비 및 건축문화 진흥사업으로서 건축물 또는 공간환경을 조성하기 위하여 대통령령으로 정하는 사업구역

3) 그밖에 대통령령으로 정하는 도시 또는 지역의 사업구역

② **다음 지역·구역** 등에 대하여는 특별건축구역으로 지정할 수 없다.

ㄱ. 개발제한구역 ㄴ. 자연공원 ㄷ. 접도구역 ㄹ. 보전산지

③ 국토교통부장관 또는 시·도지사는 특별건축구역으로 지정하고자 하는 지역이 군사기지 및 군사시설 보호법에 따른 군사기지 및 군사시설 보호구역에 해당하는 경우에는 국방부장관과 사전에 협의하여야 한다.

2. 특별건축구역의 건축물

특별건축구역에서 건축기준 등의 특례사항을 적용하여 건축할 수 있는 건축물은 **다음 어느 하나**에 해당되어야 한다.

① 국가 또는 지방자치단체가 건축하는 건축물

② **다음 공공기관**이 건축하는 건축물

> 한국토지주택공사, 한국수자원공사, 한국도로공사, 한국철도공사, 국가철도공단, 한국관광공사, 한국농어촌공사

③ **다음 건축물**로서 도시경관의 창출, 건설기술 수준향상 및 건축 관련 제도개선을 위하여 특례 적용이 필요하다고 허가권자가 인정하는 건축물

용도	규모(연면적, 세대 또는 동)
문화 및 집회시설, 판매시설, 운수시설, 의료시설, 교육연구시설, 수련시설	2천㎡ 이상
운동시설, 업무시설, 숙박시설, 관광휴게시설, 방송통신시설	3천㎡ 이상
종교시설	-
노유자시설	5백㎡ 이상
공동주택(아파트 및 연립주택만 해당)	300세대 이상 (주거용 외의 용도와 복합된 경우는 200세대 이상)
단독주택 (한옥이 밀집되어 있는 지역의 건축물로 한정하며, 단독주택 외의 용도로 쓰이는 건축물을 포함)	50동 이상
그 밖의 용도	1천㎡ 이상

3. 특별건축구역의 지정절차

① 중앙행정기관의 장, 사업구역을 관할하는 시 · 도지사 또는 시장 · 군수 · 구청장(→지정신청기관)은 특별건축구역의 지정이 필요한 경우에는 **다음 자료**를 갖추어 중앙행정기관의 장 또는 시 · 도지사는 국토교통부장관에게, 시장 · 군수 · 구청장은 특별시장 · 광역시장 · 도지사에게 각각 특별건축구역의 지정을 신청할 수 있다.

ㄱ. 특별건축구역의 위치 · 범위 및 면적 등에 관한 사항

ㄴ. 특별건축구역의 지정 목적 및 필요성

ㄷ. 특별건축구역 내 건축물의 규모 및 용도 등에 관한 사항

ㄹ. 특별건축구역의 도시 · 군관리계획에 관한 사항

ㅁ. 건축물의 설계, 공사감리 및 건축시공 등의 발주방법 등에 관한 사항

ㅂ. 특별건축구역 전부 또는 일부를 대상으로 통합하여 적용하는 미술작품, 부설주차장, 공원 등의 시설에 대한 운영관리 계획서

ㅅ. 그밖에 특별건축구역의 지정에 필요한 대통령령으로 정하는 사항

② 지정신청기관 외의 자는 자료를 갖추어 사업구역을 관할하는 시 · 도지사에게 특별건축구역의 지정을 제안할 수 있다.

③ 국토교통부장관 또는 특별시장 · 광역시장 · 도지사는 지정신청이 접수된 경우에는 특별건축구역 지정의 필요성, 타당성 및 공공성 등과 피난 · 방재 등의 사항을 검토하고, 지정 여부를 결정하기 위하여 지정신청을 받은 날부터 30일 이내에 국토교통부장관이 지정신청을 받은 경우에는 국토교통부장관이 두는 건축위원회, 특별시장 · 광역시장 · 도지사가 지정신청을 받은 경우에는 각각 특별시장 · 광역시장 · 도지사가 두는 건축위원회의 심의를 거쳐야 한다.

⑤ 국토교통부장관 또는 특별시장·광역시장·도지사는 각각 중앙건축위원회 또는 특별시장·광역시장·도지사가 두는 건축위원회의 심의 결과를 고려하여 필요한 경우 특별건축구역의 범위, 도시·군관리계획 등에 관한 사항을 조정할 수 있다.

⑥ 국토교통부장관 또는 시·도지사는 필요한 경우 직권으로 특별건축구역을 지정할 수 있다. 이 경우 자료에 따라 특별건축구역 지정의 필요성, 타당성 및 공공성 등과 피난·방재 등의 사항을 검토하고 각각 중앙건축위원회 또는 시·도지사가 두는 건축위원회의 심의를 거쳐야 한다.

⑦ 국토교통부장관 또는 시·도지사는 특별건축구역을 지정하거나 변경·해제하는 경우에는 주요 내용을 관보(시·도지사는 공보)에 고시하고, 국토교통부장관 또는 특별시장·광역시장·도지사는 지정신청기관에 관계 서류의 사본을 송부하여야 한다.

⑧ 관계 서류의 사본을 받은 지정신청기관은 관계 서류에 도시·군관리계획의 결정사항이 포함되어 있는 경우에는 지형도면의 승인신청 등 필요한 조치를 취하여야 한다.

⑨ 지정신청기관은 특별건축구역 지정 이후 변경이 있는 경우 변경지정을 받아야 한다.

⑩ 국토교통부장관 또는 시·도지사는 **다음 어느 하나에 해당하는 경우**에는 특별건축구역의 전부 또는 일부에 대하여 지정을 해제할 수 있다. 이 경우 국토교통부장관 또는 특별시장·광역시장·도지사는 지정신청기관의 의견을 청취하여야 한다.

ㄱ. 지정신청기관의 요청이 있는 경우

ㄴ. 거짓이나 그 밖의 부정한 방법으로 지정을 받은 경우

ㄷ. 특별건축구역 지정일부터 5년 이내에 특별건축구역 지정목적에 부합하는 건축물의 착공이 이루어지지 아니하는 경우

ㄹ. 특별건축구역 지정요건 등을 위반하였으나 시정이 불가능한 경우

⑪ 특별건축구역을 지정하거나 변경한 경우에는 도시·군관리계획의 결정(용도지역·지구·구역의 지정 및 변경은 제외)이 있는 것으로 본다.

4. 특별건축구역 내 건축물의 심의

① 특별건축구역에서 건축기준 등의 특례사항을 적용하여 건축허가를 신청하고자 하는 자(→허가신청자)는 **다음 사항**이 포함된 특례적용계획서를 첨부하여 해당 허가권자에게 건축허가를 신청하여야 한다.

ㄱ. 기준을 완화하여 적용할 것을 요청하는 사항

ㄴ. 특별건축구역의 지정요건에 관한 사항

ㄷ. 적용배제 특례를 적용한 사유 및 예상효과 등

ㄹ. 완화적용 특례의 동등 이상의 성능에 대한 증빙내용

ㅁ. 건축물의 공사 및 유지·관리 등에 관한 계획

② 건축허가는 해당 건축물이 특별건축구역의 지정 목적에 적합한지의 여부와 특례적용계획서 등 해당 사항에 대하여 시·도지사 및 시장·군수·구청장이 설치하는 지방건축위원회의 심의를 거쳐야 한다.

③ 허가신청자는 건축허가 시 교통영향평가서의 검토를 동시에 진행하고자 하는 경우에는 교통영향평가서에 관한 서류를 첨부하여 허가권자에게 심의를 신청할 수 있다.

④ 교통영향평가서에 대하여 지방건축위원회에서 통합심의한 경우에는 도시교통정비촉진법에 따른 교통영향평가서의 심의를 한 것으로 본다.

⑤ 심의된 내용에 대하여 변경사항이 발생한 경우에는 지방건축위원회의 변경심의를 받아야 한다.

⑥ 국토교통부장관 또는 특별시장·광역시장·도지사는 건축제도의 개선 및 건설기술의 향상을 위하여 허가권자의 의견을 들어 특별건축구역 내에서 건축허가를 받은 건축물에 대하여 모니터링을 실시할 수 있다.

⑦ 허가권자는 건축허가를 받은 건축물의 특례적용계획서를 심의하는 데에 필요한 자료를 특별시장·광역시장·특별자치시장·도지사·특별자치도지사는 국토교통부장관에게, 시장·군수·구청장은 특별시장·광역시장·도지사에게 각각 제출하여야 한다.

⑧ 건축허가를 받은 발주청은 설계의도의 구현, 건축시공 및 공사감리의 모니터링, 그밖에 발주청이 위탁하는 업무의 수행 등을 위하여 필요한 경우 설계자를 건축허가 이후에도 해당 건축물의 건축에 참여하게 할 수 있다.

5. 관계 법령의 적용 특례

① 특별건축구역에 건축하는 건축물에 대하여는 **다음**을 적용하지 아니할 수 있다.

ㄱ. 제42조(대지의 조경), 제55조(건축물의 건폐율), 제56조(건축물의 용적률), 제58조(대지 안의 공지), 제60조(건축물의 높이 제한) 및 제61조(일조 등의 확보를 위한 건축물의 높이 제한)

ㄴ. 주택법 제35조(주택건설기준 등) 중 대통령령으로 정하는 규정

건축법령상 **특별건축구역**에서 국가가 건축하는 건축물에 적용하지 아니할 수 있는 사항을 모두 고른 것은?(단, 건축법령상 특례 및 조례는 고려하지 않음)33회

> ㄱ. 건축법 제42조 대지의 조경에 관한 사항
> ㄴ. 건축법 제44조 대지와 도로의 관계에 관한 사항
> ㄷ. 건축법 제57조 대지의 분할 제한에 관한 사항
> ㄹ. 건축법 제58조 대지 안의 공지에 관한 사항

① ㄱ,ㄴ　② ㄱ,ㄷ　③ ㄱ,ㄹ　④ ㄴ,ㄷ　⑤ ㄷ,ㄹ

특별건축구역 비적용 규정

조경, 건폐율, 용적률, 대지 안의 공지, 높이제한

ㄴ. 대지와 도로의 관계(44조), ㄷ. 대지의 분할 제한(57조)은 특별건축구역 건축물에도 적용합니다. 정답③

② 특별건축구역에 건축하는 건축물이 관련 규정에서 요구하는 기준 또는 성능 등을 다른 방법으로 대신할 수 있는 것으로 지방건축위원회가 인정하는 경우에만 해당 규정의 전부 또는 일부를 완화하여 적용할 수 있다.

③ 소방시설 설치·유지 및 안전관리에 관한 법률에서 요구하는 기준 또는 성능 등을 다른 방법으로 대신할 수 있는 경우 전부 또는 일부를 완화하여 적용할 수 있다.

6. 통합적용계획의 수립 및 시행

① 특별건축구역에서는 **다음 관계 법령의 규정**에 대하여는 개별 건축물마다 적용하지 아니하고 특별건축구역 전부 또는 일부를 대상으로 통합하여 적용할 수 있다.

ㄱ. 문화예술진흥법에 따른 건축물에 대한 미술작품의 설치

ㄴ. 주차장법에 따른 부설주차장의 설치

ㄷ. 도시공원 및 녹지 등에 관한 법률 따른 공원의 설치

② 지정신청기관은 관계 법령의 규정을 통합하여 적용하려는 경우에는 특별건축구역 전부 또는 일부에 대하여 미술작품, 부설주차장, 공원 등에 대한 수요를 개별법으로 정한 기준 이상으로 산정하여 파악하고 이용자의 편의성, 쾌적성 및 안전 등을 고려한 통합적용계획을 수립하여야 한다.

③ 지정신청기관이 통합적용계획을 수립하는 때에는 해당 구역을 관할하는 허가권자와 협의하여야 하며, 협의요청을 받은 허가권자는 요청받은 날부터 20일 이내에 지정신청기관에게 의견을 제출하여야 한다.

④ 지정신청기관은 도시·군관리계획의 변경을 수반하는 통합적용계획이 수립된 때에는 관련 서류를 도시·군관리계획 결정권자에게 송부하여야 하며, 이 경우 해당 도시·군관리계획 결정권자는 특별한 사유가 없으면 도시·군관리계획의 변경에 필요한 조치를 취하여야 한다.

건축법령상 **특별건축구역**에 관한 설명으로 옳은 것은?[32회]

① 국토교통부장관은 지방자치단체가 국제행사 등을 개최하는 지역의 사업구역을 특별건축구역으로 지정할 수 있다.(×)

② 도로법에 따른 접도구역은 특별건축구역으로 지정될 수 없다.(○)

③ 특별건축구역에서의 건축기준의 특례사항은 지방자치단체가 건축하는 건축물에 적용되지 않는다.(×)

④ 특별건축구역에서 주차장법에 따른 부설주차장의 설치에 관한 규정은 개별건축물마다 적용하여야 한다.(×)

⑤ 특별건축구역을 지정한 경우에는 국토의 계획 및 이용에 관한 법률에 따른 용도지역·지구·구역의 지정이 있는 것으로 본다.(×)

저자의 한마디

① 국제행사의 경우 국가가 개최하면 국장이, 지자체가 개최하면 시·도지사가 특별건축구역을 지정합니다.

458

7. 의무

(1) 건축주 등의 의무

특별건축구역에서 건축기준 등의 적용 특례사항을 적용하여 건축허가를 받은 건축물의 공사감리자, 시공자, 건축주, 소유자 및 관리자는 시공 중이거나 건축물의 사용승인 이후에도 당초 허가를 받은 건축물의 형태, 재료, 색채 등이 원형을 유지하도록 필요한 조치를 하여야 한다.

(2) 허가권자 등의 의무

① 허가권자는 특별건축구역의 건축물에 대하여 설계자의 창의성 · 심미성 등의 발휘와 제도개선 · 기술발전 등이 유도될 수 있도록 노력하여야 한다.

② 허가권자는 모니터링 결과를 국토교통부장관 또는 특별시장·광역시장·도지사에게 제출하여야 하며, 국토교통부장관 또는 특별시장·광역시장·도지사는 검사 및 모니터링 결과 등을 분석하여 필요한 경우 이 법 또는 관계 법령의 제도개선을 위하여 노력하여야 한다.

8. 특별건축구역 건축물의 검사

① 국토교통부장관 및 허가권자는 특별건축구역의 건축물에 대하여 검사를 할 수 있으며, 필요한 경우 시정명령 등 필요한 조치를 할 수 있다.

② 국토교통부장관 및 허가권자는 모니터링을 실시하는 건축물에 대하여 직접 모니터링을 하거나 분야별 전문가 또는 전문기관에 용역을 의뢰할 수 있다. 이 경우 해당 건축물의 건축주, 소유자 또는 관리자는 특별한 사유가 없으면 모니터링에 필요한 사항에 대하여 협조하여야 한다.

9. 특별가로구역의 지정

① 국토교통부장관 및 허가권자는 도로에 인접한 건축물의 건축을 통한 조화로운 도시경관의 창출을 위하여 이 법 및 관계 법령에 따라 일부 규정을 적용하지 아니하거나 완화하여 적용할 수 있도록 다음의 지구 또는 구역에서 도로에 접한 대지의 일정 구역을 특별가로구역으로 지정할 수 있다.

ㄱ. 경관지구

ㄴ. 지구단위계획구역 중 미관유지를 위하여 필요하다고 인정하는 구역

② 국토교통부장관 및 허가권자는 특별가로구역을 지정하려는 경우에는 **다음 자료**를 갖추어 국토교통부장관 또는 허가권자가 두는 건축위원회의 심의를 거쳐야 한다.

ㄱ. 특별가로구역의 위치 · 범위 및 면적 등에 관한 사항

ㄴ. 특별가로구역의 지정 목적 및 필요성

ㄷ. 특별가로구역 내 건축물의 규모 및 용도 등에 관한 사항

ㄹ. 그밖에 특별가로구역의 지정에 필요한 사항으로서 대통령령으로 정하는 사항

③ 국토교통부장관 및 허가권자는 특별가로구역을 지정하거나 변경 · 해제하는 경우에는 이를 지역 주민에게 알려야 한다.

건축협정★★★

1. 건축협정의 체결

지상권자도 합의해야 함!
전원합의로 건축협정 체결
쉽따결

① 토지 또는 건축물의 소유자, 지상권자 등(→소유자등)은 전원의 합의로 **다음 지역 또는 구역**에서 건축물의 건축 · 대수선 또는 리모델링에 관한 협정(→건축협정)을 체결할 수 있다.

ㄱ. 지구단위계획구역

ㄴ. 주거환경개선사업을 시행하기 위하여 지정 · 고시된 정비구역

ㄷ. 도시재정비 촉진을 위한 특별법에 따른 존치지역

ㄹ. 도시재생 활성화 및 지원에 관한 특별법에 따른 도시재생활성화지역

ㅁ. 그밖에 시 · 도지사 및 시장 · 군수 · 구청장(→건축협정인가권자)이 도시 및 주거환경개선이 필요하다고 인정하여 해당 지방자치단체의 조례로 정하는 구역

② 위의 지역 또는 구역에서 둘 이상의 토지를 소유한 자가 1인인 경우에도 그 토지 소유자는 해당 토지의 구역을 건축협정 대상 지역으로 하는 건축협정을 정할 수 있다. 이 경우 그 토지 소유자 1인을 건축협정 체결자로 본다.

③ 소유자등은 건축협정을 체결하는 경우에는 **다음 사항**을 준수하여야 한다.

ㄱ. 이 법 및 관계 법령을 위반하지 아니할 것

ㄴ. 도시 · 군관리계획 및 건축물의 건축 · 대수선 또는 리모델링에 관한 계획을 위반하지 아니할 것

④ 건축협정은 **다음 사항**을 포함하여야 한다.

ㄱ. 건축물의 건축 · 대수선 또는 리모델링에 관한 사항

ㄴ. 건축물의 위치 · 용도 · 형태 및 부대시설에 관하여 대통령령으로 정하는 사항

⑤ 소유자등이 건축협정을 체결하는 경우에는 건축협정서를 작성하여야 하며, 건축협정서에는 **다음 사항**이 명시되어야 한다.

ㄱ. 건축협정의 명칭 ㄴ. 건축협정 대상 지역의 위치 및 범위

ㄷ. 건축협정의 목적 ㄹ. 건축협정의 내용

ㅁ. 건축협정을 체결하는 자(→협정체결자)의 성명, 주소 및 생년월일(법인, 법인 아닌 사단이나 재단 및 외국인의 경우에는 부동산등기법에 따라 부여된 등록번호)

ㅂ. 건축협정운영회가 구성되어 있는 경우에는 그 명칭, 대표자 성명, 주소 및 생년월일

ㅅ. 건축협정의 유효기간 ㅇ. 건축협정 위반 시 제재에 관한 사항

ㅈ. 그밖에 건축협정에 필요한 사항으로서 해당 지방자치단체의 조례로 정하는 사항

⑥ 시 · 도지사가 필요하다고 인정하여 조례로 구역을 정하려는 때에는 해당 시장 · 군수 · 구청장의 의견을 들어야 한다.

⑦ 협정체결자는 건축협정서 작성 및 건축협정 관리 등을 위하여 필요한 경우 협정체결자 간의 자율적 기구로서 운영회(→건축협정운영회)를 설립할 수 있다.

⑧ 건축협정운영회를 설립하려면 협정체결자 과반수의 동의를 받아 건축협정 운영회의 대표자를 선임하고, 건축협정인가권자에게 신고하여야 한다. 다만, 건축협정 인가 신청 시 건축협정운영회에 관한 사항을 포함한 경우에는 그러하지 아니하다.

2. 건축협정의 인가

① 협정체결자 또는 건축협정운영회의 대표자는 건축협정서를 작성하여 해당 건축협정인가권자의 인가를 받아야 한다. 이 경우 인가신청을 받은 건축협정 인가권자는 인가를 하기 전에 건축협정인가권자가 두는 건축위원회의 심의를 거쳐야 한다.

② 건축협정 체결 대상 토지가 둘 이상의 특별자치시 또는 시 · 군 · 구에 걸치는 경우 건축협정 체결 대상 토지면적의 과반이 속하는 건축협정인가권자에게 인가를 신청할 수 있다. 이 경우 인가 신청을 받은 건축협정인가권자는 건축협정을 인가하기 전에 다른 특별자치시장 또는 시장 · 군수 · 구청장과 협의 하여야 한다.

③ 건축협정인가권자는 건축협정을 인가하였을 때에는 그 내용을 공고하여야 한다.

3. 건축협정의 변경, 관리, 폐지

① 협정체결자 또는 건축협정운영회의 대표자는 인가받은 사항을 변경하려면 변경인가를 받아야 한다. 다만, 경미한 사항을 변경하는 경우에는 그러하지 아니하다.

② 건축협정인가권자는 건축협정을 인가하거나 변경인가하였을 때에는 건축협정 관리대장을 작성하여 관리하여야 한다.

③ 협정체결자 또는 건축협정운영회의 대표자는 건축협정을 폐지하려는 경우에는 협정체결자 과반수의 동의를 받아 건축협정인가권자의 인가를 받아야 한다. 다만, 특례를 적용하여 착공신고를 한 경우에는 착공신고를 한 날부터 20년이 지난 후에 건축협정의 폐지 인가를 신청할 수 있다.

4. 건축협정의 효력 및 승계

① 건축협정이 체결된 지역 또는 구역(→건축협정구역)에서 건축물의 건축·대수선 또는 리모델링을 하거나 그밖에 대통령령으로 정하는 행위를 하려는 소유자등은 인가·변경인가된 건축협정에 따라야 한다.

② 건축협정이 공고된 후 건축협정구역에 있는 토지나 건축물 등에 관한 권리를 협정체결자인 소유자등으로부터 이전받거나 설정받은 자는 협정체결자로서의 지위를 승계한다. 다만, 건축협정에서 달리 정한 경우에는 그에 따른다.

건축법령상 **건축협정**에 관한 설명으로 틀린 것은?[27회]

① 건축물의 소유자등은 과반수의 동의로 건축물의 리모델링에 관한 건축협정을 체결할 수 있다.(×)

② 협정체결자 또는 건축협정운영회의 대표자는 건축협정서를 작성하여 해당 건축협정인가권자의 인가를 받아야 한다.(○)

③ 건축협정인가권자가 건축협정을 인가하였을 때에는 해당 지방자치단체의 공보에 그 내용을 공고하여야 한다.(○)

④ 건축협정 체결 대상 토지가 둘 이상의 특별자치시 또는 시·군·구에 걸치는 경우 건축협정 체결 대상 토지면적의 과반이 속하는 건축협정인가권자에게 인가를 신청할 수 있다.(○)

⑤ 협정체결자 또는 건축협정운영회의 대표자는 건축협정을 폐지하려는 경우 협정체결자 과반수의 동의를 받아 건축협정인가권자의 인가를 받아야 한다.(○)

> ① 건축·대수선 또는 리모델링에 관한 협정을 체결할 때는 과반수가 아니라 전원합의가 필요해요. ④,⑤ 빈출지문!

건축법령상 **건축협정**에 관한 설명으로 옳은 것은?(단, 조례는 고려하지 않음)[31회]

① 해당 지역의 토지 또는 건축물의 소유자 전원이 합의하면 지상권자가 반대하는 경우에도 건축협정을 체결할 수 있다.(×)

② 건축협정 체결 대상 토지가 둘 이상의 시·군·구에 걸치는 경우에는 관할 시·도지사에게 건축협정의 인가를 받아야 한다.(×)

③ 협정체결자는 인가받은 건축협정을 변경하려면 협정체결자 과반수의 인가를 받아야 한다.(×)

④ 건축협정을 폐지하려면 협정체결자 전원의 동의를 받아야 건축협정 인가권자의 인가를 받아야 한다.(×)

⑤ 건축협정에서 달리 정하지 않는 한, 건축협정이 공고한 후에 건축협정구역에 있는 토지에 관한 권리를 협정체결자로부터 이전받은 자도 건축협정에 따라야 한다.(○)

① 지상권자도 합의해야 합니다. ② 토지면적의 과반이 속하는 건축협정인가권자에게 받아야 해요. ③ 건축협정을 변경하려면 건축협정 인가권자에게 변경인가를 받아야 합니다. ④ 건축협정을 폐지하려면 협정체결자 과반수 동의를 받아 폐지인가 받으면 됩니다.

5. 건축협정에 관한 계획 수립 및 지원

① 건축협정인가권자는 소유자등이 건축협정을 효율적으로 체결할 수 있도록 건축협정구역에서 건축물의 건축·대수선 또는 리모델링에 관한 계획을 수립할 수 있다.

② 건축협정인가권자는 도로 개설 및 정비 등 건축협정구역 안의 주거환경개선을 위한 사업비용의 일부를 지원할 수 있다.

6. 경관협정과의 관계

① 소유자등은 건축협정을 체결할 때 경관협정을 함께 체결하려는 경우에는 관련 사항을 반영하여 건축협정인가권자에게 인가를 신청할 수 있다.

② 인가 신청을 받은 건축협정인가권자는 건축협정에 대한 인가를 하기 전에 건축위원회의 심의를 하는 때에 경관위원회와 공동으로 하는 심의를 거쳐야 한다.

③ 절차를 거쳐 건축협정을 인가받은 경우에는 경관법에 따른 경관협정의 인가를 받은 것으로 본다.

7. 건축협정에 따른 특례

① 건축협정을 체결하여 둘 이상의 건축물 벽을 맞벽으로 하여 건축하려는 경우 맞벽으로 건축하려는 자는 공동으로 건축허가를 신청할 수 있다.

② 위의 경우에 제17조(건축허가 등의 수수료), 제21조(착공신고 등), 제22조 (건축물의 사용승인) 및 제25조(건축물의 공사감리)에 관하여는 개별 건축물마다 적용하지 아니하고 허가를 신청한 건축물 전부 또는 일부를 대상으로 통합하여 적용할 수 있다.

③ 건축협정의 인가를 받은 건축협정구역에서 연접한 대지에 대하여는 **다음 관계 법령의 규정**을 개별 건축물마다 적용하지 아니하고 건축협정구역의 전부 또는 일부를 대상으로 통합하여 적용할 수 있다.

ㄱ. 대지의 조경　ㄴ. 대지와 도로와의 관계　ㄷ. 지하층의 설치

ㄹ. 건폐율　ㅁ. 부설주차장의 설치　ㅂ. 개인하수처리시설의 설치

④ 관계 법령의 규정을 적용하려는 경우에는 건축협정구역 전부 또는 일부에 대하여 조경 및 부설주차장에 대한 기준을 이 법 및 주차장법에서 정한 기준 이상으로 산정하여 적용하여야 한다.

⑤ 건축협정을 체결하여 둘 이상 건축물의 경계벽을 전체 또는 일부를 공유하여 건축하는 경우에는 ①부터 ④까지의 특례를 적용하며, 해당 대지를 하나의 대지로 보아 이 법의 기준을 개별 건축물마다 적용하지 아니하고 허가를 신청한 건축물의 전부 또는 일부를 대상으로 통합하여 적용할 수 있다.

⑥ 건축협정구역에 건축하는 건축물에 대하여는 제42조(대지의 조경), 제55조(건축물의 건폐율), 제56조(건축물의 용적률), 제58조(대지 안의 공지), 제60조 (건축물의 높이 제한) 및 제61조(일조 등의 확보를 위한 건축물의 높이 제한)와 주택법 제35조(주택건설기준 등)를 완화하여 적용할 수 있다. 다만, **제56조(건축물의 용적률)**를 완화하여 적용하는 경우에는 건축위원회의 심의와 지방 도시계획위원회의 심의를 통합하여 거쳐야 한다.

건축법령상 **건축협정구역**에서 건축하는 건축물에 대하여 완화하여 적용할 수 있는 **건축기준** 중 건축위원회의 심의와 국토의 계획 및 이용에 관한 법률에 따른 지방도시계획위원회의 **심의를 통합**하여 거쳐야 하는 것은?[34회]

① 건축물의 용적률 ② 건축물의 건폐율 ③ 건축물의 높이 제한
④ 대지의 조경 면적 ⑤ 일조 등의 확보를 위한 건축물의 높이 제한

① 건축물의 용적률만 통합심의합니다.(77조의13 6항) 정답①

건축법령상 **건축협정의 인가를 받은 건축협정구역에서 연접한 대지**에 대하여 관계 법령의 규정을 개별 건축물마다 적용하지 아니하고 건축협정구역을 대상으로 **통합하여 적용**할 수 있는 것만을 모두 고른 것은?[28회]

> ㄱ. 건폐율 ㄴ. 계단의 설치 ㄷ. 지하층의 설치
> ㄹ. 주차장법 제19조에 따른 부설주차장의 설치
> ㅁ. 하수도법 제34조에 따른 개인하수처리시설의 설치

① ㄱ,ㄴ,ㄹ ② ㄱ,ㄴ,ㄷ,ㅁ ③ ㄱ,ㄷ,ㄹ,ㅁ
④ ㄴ,ㄷ,ㄹ,ㅁ ⑤ ㄱ,ㄴ,ㄷ,ㄹ,ㅁ

ㄴ. 계단의 설치는 통합적용의 대상이 아니에요. 나머지는 통합적용할 수 있습니다. 정답③

8. 건축협정 집중구역 지정

① 건축협정인가권자는 건축협정의 효율적인 체결을 통한 도시의 기능 및 미관의 증진을 위하여 **다음 지역 및 구역**의 전체 또는 일부를 건축협정 집중구역으로 지정할 수 있다.

ㄱ. 지구단위계획구역

ㄴ. 주거환경개선사업을 시행하기 위하여 지정·고시된 정비구역

ㄷ. 도시재정비 촉진을 위한 특별법에 따른 존치지역

ㄹ. 도시재생 활성화 및 지원에 관한 특별법에 따른 도시재생활성화지역

ㅁ. 그밖에 시·도지사 및 시장·군수·구청장(→건축협정인가권자)이 도시 및 주거환경개선이 필요하다고 인정하여 해당 지방자치단체의 조례로 정하는 구역

건축협정의 체결 대상지역과 동일!

② 건축협정인가권자는 건축협정 집중구역을 지정하는 경우에는 미리 **다음 사항**에 대하여 건축협정인가권자가 두는 건축위원회의 심의를 거쳐야 한다.

ㄱ. 건축협정 집중구역의 위치, 범위 및 면적 등에 관한 사항

ㄴ. 건축협정 집중구역의 지정 목적 및 필요성

ㄷ. 건축협정 집중구역에서 **다음 사항** 중 건축협정인가권자가 도시의 기능 및 미관 증진을 위하여 세부적으로 규정하는 사항

1) 건축물의 건축 · 대수선 또는 리모델링에 관한 사항

2) 건축물의 위치 · 용도 · 형태 및 부대시설에 관하여 대통령령으로 정하는 사항

ㄹ. 건축협정 집중구역에서 건축협정의 특례 적용에 관하여 세부적으로 규정하는 사항

결합건축**

1. 결합건축 대상지

① **다음 지역**에서 대지간의 최단거리가 100m 이내의 범위에서 대통령령으로 정하는 범위에 있는 2개의 대지의 건축주가 서로 합의한 경우 2개의 대지를 대상으로 결합건축을 할 수 있다.

ㄱ. 상업지역 ㄴ. 역세권개발구역

ㄷ. 정비구역 중 주거환경개선사업의 시행을 위한 구역

ㄹ. 건축협정구역 ㅁ. 특별건축구역 ㅂ. 리모델링 활성화 구역

ㅅ. 도시재생활성화지역 ㅇ. 건축자산 진흥구역

결합건축 대상지역
기억해!

② **다음 경우**에는 위의 지역에서 대통령령으로 정하는 범위에 있는 3개 이상 대지의 건축주 등이 서로 합의한 경우 3개 이상의 대지를 대상으로 결합건축을 할 수 있다.

ㄱ. 국가 · 지방자치단체 또는 공공기관이 소유 또는 관리하는 건축물과 결합 건축하는 경우

ㄴ. 빈집 또는 빈 건축물을 철거하여 그 대지에 공원, 광장 등 대통령령으로 정하는 시설을 설치하는 경우

ㄷ. 그밖에 대통령령으로 정하는 건축물과 결합건축하는 경우

③ 도시경관의 형성, 기반시설 부족 등의 사유로 해당 지방자치단체의 조례로 정하는 지역 안에서는 결합건축을 할 수 없다.

④ 결합건축을 하려는 2개 이상의 대지를 소유한 자가 1명인 경우에도 그 토지 소유자는 해당 토지의 구역을 결합건축협정 대상 지역으로 하는 결합건축 협정을 정할 수 있다. 이 경우 그 토지 소유자 1인을 결합건축협정 체결자로 본다.

건축법령상 **결합건축을 할 수 있는 지역·구역**에 해당하지 않는 것은?(단, 조례는 고려하지 않음)[33회]

① 국토의 계획 및 이용에 관한 법률에 따라 지정된 상업지역

② 역세권의 개발 및 이용에 관한 법률에 따라 지정된 역세권개발구역

③ 건축협정구역 ④ 특별가로구역 ⑤ 리모델링 활성화 구역

④ 특별가로구역은 해당하지 않아요. 정답④

2. 결합건축의 절차

① 결합건축을 하고자 하는 건축주는 건축허가를 신청하는 때에는 **다음 사항을** 명시한 결합건축협정서를 첨부하여야 하며 국토교통부령으로 정하는 도서를 제출하여야 한다.

ㄱ. 결합건축 대상 대지의 위치 및 용도지역

ㄴ. 결합건축협정체결자의 성명, 주소 및 생년월일(법인, 법인 아닌 사단이나 재단 및 외국인의 경우에는 부동산등기법에 따라 부여된 등록번호)

ㄷ. 조례로 정한 용적률과 결합건축으로 조정되어 적용되는 대지별 용적률

ㄹ. 결합건축 대상 대지별 건축계획서

② 허가권자는 도시·군계획사업에 편입된 대지가 있는 경우에는 결합건축을 포함한 건축허가를 아니할 수 있다.

③ 허가권자는 건축허가를 하기 전에 건축위원회의 심의를 거쳐야 한다. 다만, 결합건축으로 조정되어 적용되는 대지별 용적률이 해당 대지에 적용되는 도시계획조례의 용적률의 20%을 초과하는 경우에는 건축위원회 심의와 도시계획위원회 심의를 공동으로 하여 거쳐야 한다.

건축법령상 **결합건축**을 하고자 하는 건축주가 건축허가를 신청할 때 **결합건축협정서**에 명시하여야 하는 사항이 아닌 것은?[30회]

① 결합건축 대상 대지의 용도지역

② 결합건축협정서를 체결하는 자가 자연인인 경우 성명, 주소 및 생년월일

③ 결합건축협정서를 체결하는 자가 법인인 경우 지방세 납세증명서

④ 결합건축 대상 대지별 건축계획서

⑤ 국토의 계획 및 이용에 관한 법률 제78조에 따라 조례로 정한 용적률과 결합건축으로 조정되어 적용되는 대지별 용적률

지방세 납세증명서는 뜬금없죠? 결합건축협정서의 명시사항이 아닙니다. 정답③

3. 결합건축의 관리

① 허가권자는 결합건축을 포함하여 건축허가를 한 경우 그 내용을 공고하고, 결합건축 관리대장을 작성하여 관리하여야 한다.

② 허가권자는 결합건축과 관련된 건축물의 사용승인 신청이 있는 경우 해당 결합건축협정서상의 다른 대지에서 착공신고 또는 대통령령으로 정하는 조치가 이행되었는지를 확인한 후 사용승인을 하여야 한다.

③ 허가권자는 결합건축을 허용한 경우 건축물대장에 결합건축에 관한 내용을 명시하여야 한다.

④ 결합건축협정서에 따른 협정체결 유지기간은 최소 30년으로 한다. 다만, 결합건축협정서의 용적률 기준을 종전대로 환원하여 신축·개축·재축하는 경우에는 그러하지 아니한다.

⑤ 결합건축협정서를 폐지하려는 경우에는 결합건축협정체결자 전원이 동의하여 허가권자에게 신고하여야 하며, 허가권자는 용적률을 이전받은 건축물이 멸실된 것을 확인한 후 결합건축의 폐지를 수리하여야 한다.

보칙**

1. 감독

① 국토교통부장관은 시·도지사 또는 시장·군수·구청장이 한 명령이나 처분이 이 법이나 이 법에 따른 명령이나 처분 또는 조례에 위반되거나 부당하다고 인정하면 그 명령 또는 처분의 취소·변경, 그밖에 필요한 조치를 명할 수 있다.

② 특별시장·광역시장·도지사는 시장·군수·구청장이 한 명령이나 처분이 이 법 또는 이 법에 따른 명령이나 처분 또는 조례에 위반되거나 부당하다고 인정하면 그 명령이나 처분의 취소·변경, 그 밖에 필요한 조치를 명할 수 있다.

③ 시·도지사 또는 시장·군수·구청장이 조치명령을 받으면 그 시정 결과를 국토교통부장관에게 지체 없이 보고하여야 하며, 시장·군수·구청장이 조치명령을 받으면 그 시정 결과를 특별시장·광역시장·도지사에게 지체 없이 보고하여야 한다.

④ 국토교통부장관 및 시·도지사는 건축허가의 적법한 운영, 위법 건축물의 관리 실태 등 건축행정의 건실한 운영을 지도·점검하기 위하여 매년 지도· 점검 계획을 수립·시행하여야 한다.

⑤ 국토교통부장관 및 시·도지사는 건축위원회의 심의 방법 또는 결과가 이 법 또는 이 법에 따른 명령이나 처분 또는 조례에 위반되거나 부당하다고 인정하면 그 심의 방법 또는 결과의 취소·변경, 그밖에 필요한 조치를 할 수 있다.

⑥ 허가권자는 허가나 승인을 취소하려면 청문을 실시하여야 한다.

2. 위반 건축물 등에 대한 조치와 이행강제금

(1) 위반 건축물 등에 대한 조치

① 허가권자는 이 법 또는 이 법에 따른 명령이나 처분에 위반되는 대지나 건축물에 대하여 이 법에 따른 허가 또는 승인을 취소하거나 그 건축물의 건축주·공사시공자·현장관리인·소유자·관리자 또는 점유자(→건축주등)에게 공사의 중지를 명하거나 상당한 기간을 정하여 그 건축물의 해체·개축·증축·수선·용도변경·사용금지·사용제한, 그밖에 필요한 조치를 명할 수 있다.

② 허가권자는 허가나 승인이 취소된 건축물 또는 시정명령을 받고 이행하지 아니한 건축물에 대하여는 다른 법령에 따른 영업이나 그 밖의 행위를 허가·면허·인가·등록·지정 등을 하지 아니하도록 요청할 수 있다.

③ 허가권자는 시정명령을 하는 경우 건축물대장에 위반내용을 적어야 한다.

④ 허가권자는 이 법 또는 이 법에 따른 명령이나 처분에 위반되는 대지나 건축물에 대한 실태를 파악하기 위하여 조사를 할 수 있다.

(2) 이행강제금

① 허가권자는 시정명령을 받은 후 시정기간 내에 시정명령을 이행하지 아니한 건축주등에 대하여는 그 시정명령의 이행에 필요한 상당한 이행기한을 정하여 그 기한까지 시정명령을 이행하지 아니하면 **다음의 이행강제금**을 부과한다. 다만, 연면적(공동주택의 경우에는 세대 면적이 기준)이 60㎡ 이하인 주거용 건축물과 ㄴ중 주거용 건축물로서 대통령령으로 정하는 경우에는 **다음 금액**의 2분의 1의 범위에서 해당 지방자치단체의 조례로 정하는 금액을 부과한다.

ㄱ. 건축물이 건폐율이나 용적률을 초과하여 건축된 경우 또는 허가를 받지 아니하거나 신고를 하지 아니하고 건축된 경우에는 지방세법에 따라 해당 건축물에 적용되는 1㎡의 시가표준액의 100분의 50(50%)에 해당하는 금액에 위반면적을 곱한 금액 이하의 범위에서 위반 내용에 따라 **다음 비율**을 곱한 금액

무허가 > 용적률초과 > 건폐율 초과 > 무신고

1) 허가를 받지 아니하고 건축한 경우 : 100%

2) 용적률을 초과하여 건축한 경우 : 90%

3) 건폐율을 초과하여 건축한 경우 : 80%

4) 신고를 하지 아니하고 건축한 경우 : 70%

ㄴ. 건축물이 ㄱ 외의 위반 건축물에 해당하는 경우에는 지방세법에 따라 그 건축물에 적용되는 시가표준액에 해당하는 금액의 100분의 10(10%)의 범위에서 위반내용에 따라 대통령령으로 정하는 금액

② 허가권자는 **다음 경우**에 ①에 따른 금액을 100분의 100의 범위에서 해당 지방자치단체의 조례로 정하는 바에 따라 가중하여야 한다.

ㄱ. 임대 등 영리를 목적으로 법을 위반하여 용도변경을 한 경우(위반면적이 50㎡를 초과하는 경우로 한정)

468

ㄴ. 임대 등 영리를 목적으로 허가나 신고 없이 신축 또는 증축한 경우(위반면적이 50㎡를 초과하는 경우로 한정)

ㄷ. 임대 등 영리를 목적으로 허가나 신고 없이 다세대주택의 세대수 또는 다가구주택의 가구수를 증가시킨 경우(5세대 또는 5가구 이상 증가시킨 경우로 한정)

ㄹ. 동일인이 최근 3년 내에 2회 이상 법 또는 법에 따른 명령이나 처분을 위반한 경우

ㅁ. ㄱ부터 ㄹ까지의 규정과 비슷한 경우로서 건축조례로 정하는 경우

100% 범위에서 가중하는 경우

① 영리목적 위법 용도변경
② 영리목적 무허가 신증축 (이상 50㎡초과에 한정)
③ 영리목적 무허가 세대(가구)수 증가(5세대·가구 증가에 한정)
④ 3년내 2회이상 위법

③ 허가권자는 이행강제금을 부과하기 전에 이행강제금을 부과·징수한다는 뜻을 미리 문서로써 계고하여야 한다.

④ 허가권자는 이행강제금을 부과하는 경우 금액, 부과 사유, 납부기한, 수납기관, 이의제기 방법 및 이의제기 기관 등을 구체적으로 밝힌 문서로 하여야 한다.

⑤ 허가권자는 최초의 시정명령이 있었던 날을 기준으로 하여 1년에 2회 이내의 범위에서 해당 지방자치단체의 조례로 정하는 횟수만큼 그 시정명령이 이행될 때까지 반복하여 이행강제금을 부과·징수할 수 있다.

⑥ 허가권자는 시정명령을 받은 자가 이를 이행하면 새로운 이행강제금의 부과를 즉시 중지하되, 이미 부과된 이행강제금은 징수하여야 한다.

⑦ 허가권자는 이행강제금 부과처분을 받은 자가 이행강제금을 납부기한까지 내지 아니하면 지방행정제재·부과금의 징수 등에 관한 법률에 따라 징수한다.

건축법령상 이행강제금을 산정하기 위하여 위반 내용에 따라 곱하는 비율을 높은 순서대로 나열한 것은?(단, 조례는 고려하지 않음)[29회]

> ㄱ. 용적률을 초과하여 건축한 경우 ㄴ. 건폐율을 초과하여 건축한 경우
> ㄷ. 신고를 하지 아니하고 건축한 경우 ㄹ. 허가를 받지 아니하고 건축한 경우

① ㄱ-ㄴ-ㄹ-ㄷ ② ㄱ-ㄹ-ㄷ-ㄴ ③ ㄴ-ㄱ-ㄹ-ㄷ
④ ㄹ-ㄱ-ㄴ-ㄷ ⑤ ㄹ-ㄷ-ㄴ-ㄱ

무허가 건축이 가장 나쁘니까 100%이고, 그 다음은 용적률 초과(90%), 건폐율 초과(80%), 무신고 건축(70%) 순서입니다. 정답④

(3) 이행강제금 부과에 관한 특례

허가권자는 이행강제금을 다음에서 정하는 바에 따라 감경할 수 있다. 다만, 지방자치단체의 조례로 정하는 기간까지 위반내용을 시정하지 아니한 경우는 제외한다.

① 축사 등 농업용·어업용 시설로서 500㎡(수도권 외의 지역에서는 1천㎡) 이하인 경우는 5분의 1을 감경

② 그밖에 위반 동기, 위반 범위 및 위반 시기 등을 고려하여 대통령령으로 정하는 경우(영리목적을 위한 위반이나 상습적 위반 등으로 100분의 100의 범위에서 가중하는 경우는 제외)에는 2분의 1의 범위에서 대통령령으로 정하는 비율을 감경

3. 권한의 위임과 위탁

① 국토교통부장관은 이 법에 따른 권한의 일부를 시·도지사에게 위임할 수 있다.

② 시·도지사는 이 법에 따른 권한의 일부를 시장(행정시의 시장을 포함)·군수·구청장에게 위임할 수 있다.

③ 시장·군수·구청장은 이 법에 따른 권한의 일부를 구청장(자치구가 아닌 구의 구청장)·동장·읍장 또는 면장에게 위임할 수 있다.

④ 국토교통부장관은 건축허가 업무 등을 효율적으로 처리하기 위하여 구축하는 전자정보처리 시스템의 운영을 공기업이나 연구기관에 위탁할 수 있다.

4. 옹벽 등의 공작물에의 준용

대지를 조성하기 위한 옹벽, 굴뚝, 광고탑, 고가수조, 지하 대피호, 그밖에 이와 유사한 것으로서 **다음의 공작물을** 축조하려는 자는 특별자치시장 · 특별자치도지사 또는 시장 · 군수 · 구청장에게 신고하여야 한다.

① 높이 2m를 넘는 옹벽 또는 담장

② 높이 4m를 넘는 장식탑, 기념탑, 첨탑, 광고탑, 광고판 그밖에 이와 비슷한 것

③ 높이 5m를 넘는 태양에너지를 이용하는 발전설비와 그밖에 이와 비슷한 것

④ 높이 6m를 넘는 굴뚝

⑤ 높이 6m를 넘는 골프연습장 등의 운동시설을 위한 철탑, 주거지역·상업지역에 설치하는 통신용 철탑, 그밖에 이와 비슷한 것

⑥ 높이 8m를 넘는 고가수조나 그밖에 이와 비슷한 것

⑦ 높이 8m(위험을 방지하기 위한 난간의 높이는 제외) 이하의 기계식 주차장 및 철골 조립식 주차장(바닥면이 조립식이 아닌 것을 포함)으로서 외벽이 없는 것

⑧ 바닥면적 30㎡를 넘는 지하대피호

⑨ 건축조례로 정하는 제조시설, 저장시설(시멘트사일로를 포함), 유희시설, 그밖에 이와 비슷한 것

⑩ 건축물의 구조에 심대한 영향을 줄 수 있는 중량물로서 건축조례로 정하는 것

건축법령상 특별자치시장·특별자치도지사 또는 시장·군수·구청장에게 **신고하고 축조하여야 하는 공작물**에 해당하는 것은?(단, 건축물과 분리하여 축조하는 경우이며, 공용건축물에 대한 특례는 고려하지 않음)[27회수정]

① 높이 3m의 기념탑 ② 높이 7m의 고가수조 ③ 높이 3m의 광고탑

④ 높이 3m의 담장 ⑤ 바닥면적 25㎡의 지하대피호

① 기념탑은 4m이상, ② 고가수조는 8m이상, ③ 광고탑은 4m이상, ④ 담장은 2m이상, ⑤ 지하대피호는 30㎡ 이상일 경우에 신고대상입니다. 정답④

탑은 대체로 4m지만
철탑은 6m!

저자의 한마디

⑦의 주차장만 8m이하인경우에 신고하죠? 나머지는 초과하는 경우에 신고합니다.

건축법령상 대지를 조성하기 위하여 건축물과 분리하여 공작물을 축조하려는 경우, 특별자치시장·특별자치도지사 또는 시장·군수·구청장에게 **신고하여야 하는 공작물**에 해당하지 않는 것은?(단, 공용건축물에 대한 특례는 고려하지 않음)^{30회}

① 상업지역에 설치하는 높이 8미터의 통신용 철탑

② 높이 4미터의 옹벽   ③ 높이 8미터의 굴뚝

④ 바닥면적 40제곱미터의 지하대피호   ⑤ 높이 4미터의 장식탑

> ① 통신용 철탑은 6m이상, ② 옹벽은 2m 이상, ③ 굴뚝은 6m 이상, ④ 지하대피소는 30㎡ 이상일 경우에 신고합니다. 한편 ⑤ 장식탑은 4m를 넘는 경우에 신고합니다. 4m인 경우는 신고하지 않아도 됩니다. 정답⑤

5. 면적 · 높이 및 층수의 산정

① 대지면적은 대지의 수평투영면적으로 한다.

다만, **다음 면적**은 제외한다.

ㄱ. 대지에 건축선이 정하여진 경우 : 그 건축선과 도로 사이의 대지면적

ㄴ. 대지에 도시 · 군계획시설인 도로 · 공원 등이 있는 경우: 그 도시 · 군계획시설에 포함되는 대지면적

② 건축면적은 건축물의 외벽(외벽이 없는 경우에는 외곽 부분의 기둥)의 중심선으로 둘러싸인 부분의 수평투영면적으로 한다.

다만, **다음 경우**에는 각각 정하는 기준에 따라 산정한다.

ㄱ. 처마, 차양, 부연, 그밖에 이와 비슷한 것으로서 그 외벽의 중심선으로부터 수평거리 1m 이상 돌출된 부분이 있는 건축물의 건축면적은 그 돌출된 끝부분으로부터 **다음의 구분**에 따른 수평거리를 후퇴한 선으로 둘러싸인 부분의 수평투영면적으로 한다.

1) 전통사찰 : 4m 이하의 범위에서 외벽의 중심선까지의 거리

2) 사료 투여, 가축 이동 및 가축 분뇨 유출 방지 등을 위하여 상부에 한쪽 끝은 고정되고 다른 쪽 끝은 지지되지 아니한 구조로 된 돌출차양이 설치된 축사 : 3m 이하의 범위에서 외벽의 중심선까지의 거리(두 동의 축사가 하나의 차양으로 연결된 경우에는 6m 이하의 범위에서 축사 양 외벽의 중심선까지의 거리)

3) 한옥 : 2m 이하의 범위에서 외벽의 중심선까지의 거리

4) 충전시설(그에 딸린 충전 전용 주차구획을 포함)의 설치를 목적으로 처마, 차양, 부연, 그밖에 이와 비슷한 것이 설치된 공동주택(사업계획승인 대상으로 한정) : 2m 이하의 범위에서 외벽의 중심선까지의 거리

5) 신·재생에너지 설비(신·재생에너지를 생산하거나 이용하기 위한 것만 해당)를 설치하기 위하여 처마, 차양, 부연, 그밖에 이와 비슷한 것이 설치된 건축물로서 제로에너지건축물 인증을 받은 건축물 : 2미터 이하의 범위에서 외벽의 중심선 까지의 거리

면적, 높이, 층수
보칙에서 가장 중요한 부분!

후퇴거리

① 전통사찰 : 4m이하
② 축사 : 3m이하
③ 한옥,충전시설 공동주택,신·재생에너지 제로에너지건축물,수소연료공급시설 주유소·충전소 : 2m이하
④ 기타 : 1m

6) 수소연료공급시설을 설치하기 위하여 처마, 차양, 부연 그밖에 이와 비슷한 것이 설치된 주유소, 액화석유가스 충전소 또는 고압가스 충전소 : 2미터 이하의 범위에서 외벽의 중심선까지의 거리

7) 그 밖의 건축물 : 1m

ㄴ. **다음 경우에는 건축면적에 산입하지 아니한다.**

1) 지표면으로부터 1m 이하에 있는 부분(창고 중 물품을 입출고하기 위하여 차량을 접안시키는 부분의 경우에는 지표면으로부터 1.5m 이하에 있는 부분)

2) 기존의 다중이용업소(2004년 5월 29일 이전의 것만 해당)의 비상구에 연결하여 설치하는 폭 2m 이하의 옥외 피난계단

3) 건축물 지상층에 일반인이나 차량이 통행할 수 있도록 설치한 보행통로나 차량통로

4) 지하주차장의 경사로

5) 건축물 지하층의 출입구 상부(출입구 너비에 상당하는 규모의 부분)

6) 생활폐기물 보관함(음식물쓰레기, 의류 등의 수거함)

7) 어린이집(2005년 1월 29일 이전에 설치된 것만 해당)의 비상구에 연결하여 설치하는 폭 2m 이하의 영유아용 대피용 미끄럼대 또는 비상계단

8) 장애인용 승강기, 장애인용 에스컬레이터, 휠체어리프트 또는 경사로

9) 소독설비를 갖추기 위한 가축사육시설(2015년 4월 27일 전에 건축되거나 설치된 가축사육시설로 한정)에서 설치하는 시설

10) 현지보존 및 이전보존을 위하여 매장문화재 보호 및 전시에 전용되는 부분

11) 가축분뇨 처리시설

12) 영유아보육법 설치기준에 따라 직통계단 1개소를 갈음하여 건축물의 외부에 설치하는 비상계단

건축면적과 바닥면적의 공통사항
① 다중이용업소 옥외피난계단
(건축:폭2m이하, 바닥:폭1.5m이하)
② 지하주차장 경사로
③ 생활폐기물 보관함
④ 어린이집 대피용 미끄럼대 또는 비상계단
⑤ 장애인용 승강기등
⑥ 소독설비를 갖추기 위한 가축사육시설
⑦ 매장문화재 보호·전시에 전용되는 부분
⑧ 직통계단 1개소에 갈음하여 외부설치하는 비상계단

③ 바닥면적은 건축물의 각 층 또는 그 일부로서 벽, 기둥, 그밖에 이와 비슷한 구획의 중심선으로 둘러싸인 부분의 수평투영면적으로 한다.

다만, **다음 경우에는 각각 정하는 바에 따른다.**

ㄱ. 벽·기둥의 구획이 없는 건축물은 그 지붕 끝부분으로부터 수평거리 1m를 후퇴한 선으로 둘러싸인 수평투영면적으로 한다.

ㄴ. 건축물의 노대등의 바닥은 난간 등의 설치 여부에 관계없이 노대등의 면적(외벽의 중심선으로부터 노대등의 끝부분까지의 면적)에서 노대등이 접한 가장 긴 외벽에 접한 길이에 1.5m를 곱한 값을 뺀 면적을 바닥면적에 산입한다.

ㄷ. 필로티나 그밖에 이와 비슷한 구조의 부분은 그 부분이 1) 공중의 통행이나 차량의 통행 또는 주차에 전용되는 경우와 2) 공동주택의 경우에는 바닥면적에 산입하지 아니한다.

ㄹ. 승강기탑(옥상 출입용 승강장을 포함), 계단탑, 장식탑, 다락(층고가 1.5m, 경사진 형태의 지붕인 경우에는 1.8m 이하인 것만 해당), 건축물의 외부 또는 내부에 설치

하는 굴뚝, 더스트슈트, 설비덕트, 그밖에 이와 비슷한 것과 옥상 · 옥외 또는 지하에 설치하는 물탱크, 기름탱크, 냉각탑, 정화조, 도시가스 정압기, 그밖에 이와 비슷한 것을 설치하기 위한 구조물과 건축물 간에 화물의 이동에 이용되는 컨베이어벨트만을 설치하기 위한 구조물은 바닥면적에 산입하지 아니한다.

ㅁ. 공동주택으로서 지상층에 설치한 기계실, 전기실, 어린이놀이터, 조경시설 및 생활폐기물 보관함의 면적은 바닥면적에 산입하지 아니한다.

ㅂ. 기존의 다중이용업소(2004년 5월 29일 이전의 것만 해당)의 비상구에 연결하여 설치하는 폭 1.5m 이하의 옥외 피난계단은 바닥면적에 산입하지 아니한다.

ㅅ. 건축물을 리모델링하는 경우로서 미관 향상, 열의 손실 방지 등을 위하여 외벽에 부가하여 마감재 등을 설치하는 부분은 바닥면적에 산입하지 아니한다.

ㅇ. 단열재를 구조체의 외기측에 설치하는 단열공법으로 건축된 건축물의 경우에는 단열재가 설치된 외벽 중 내측 내력벽의 중심선을 기준으로 산정한 면적을 바닥면적으로 한다.

ㅈ. 어린이집(2005년 1월 29일 이전에 설치된 것만 해당)의 비상구에 연결하여 설치하는 폭 2m 이하의 영유아용 대피용 미끄럼대 또는 비상계단의 면적은 바닥면적에 산입하지 아니한다.

ㅊ. 장애인용 승강기, 장애인용 에스컬레이터, 휠체어리프트 또는 경사로는 바닥면적에 산입하지 아니한다.

ㅋ. 소독설비를 갖추기 위하여 가축사육시설(2015년 4월 27일 전에 건축되거나 설치된 가축사육시설로 한정)에서 설치하는 시설은 바닥면적에 산입하지 아니한다.

ㅌ. 현지보존 및 이전보존을 위하여 매장문화재 보호 및 전시에 전용되는 부분은 바닥면적에 산입하지 아니한다.

ㅍ. 영유아보육법에 따른 설치기준에 따라 직통계단 1개소를 갈음하여 건축물의 외부에 설치하는 비상계단의 면적은 바닥면적에 산입하지 않는다.

ㅎ. 지하주차장의 경사로(지상층에서 지하 1층으로 내려가는 부분으로 한정)는 바닥면적에 산입하지 않는다.

저자의 한마디

ㅇ의 경우, 내측 내력벽의 중심선을 기준으로 산정한 면적은 건축면적이기도 합니다.

건축법령상 건축물 **바닥면적**의 산정방법에 관한 설명으로 틀린 것은?[29회]

① 벽·기둥의 구획이 없는 건축물은 그 지붕 끝부분으로부터 수평거리 1미터를 후퇴한 선으로 둘러싸인 수평투영면적으로 한다.(○)

② 승강기탑은 바닥면적에 산입하지 아니한다.(○)

③ 필로티 부분은 공동주택의 경우에는 바닥면적에 산입한다.(×)

④ 공동주택으로서 지상층에 설치한 조경시설은 바닥면적에 산입하지 아니한다.(○)

⑤ 건축물의 노대의 바닥은 난간 등의 설치 여부에 관계없이 노대의 면적에서 노대가 접한 가장 긴 외벽에 접한 길이에 1.5미터를 곱한 값을 뺀 면적을 바닥면적에 산입한다.(○)

③ 필로티 부분은 공동주택의 경우에는 바닥면적에 산입하지 않아요.

④ 연면적은 하나의 건축물 각 층의 바닥면적의 합계로 하되, 용적률을 산정할 때에는 **다음에 해당하는 면적**은 제외한다.

ㄱ. 지하층의 면적

ㄴ. 지상층의 주차용(해당 건축물의 부속용도인 경우만 해당)으로 쓰는 면적

ㄷ. 초고층 건축물과 준초고층 건축물에 설치하는 피난안전구역의 면적

ㄹ. 건축물의 경사지붕 아래에 설치하는 대피공간의 면적

용적률 산정시 제외면적
반드시 암기!

쉽파맨

건축법령상 대지면적이 160제곱미터인 대지에 건축되어 있고, 각 층의 바닥면적이 동일한 지하 1층·지상 3층인 하나의 평지붕 건축물로서 용적률이 150%라고 할 때, 이 건축물의 **바닥면적**은 얼마인가?(단, 제시된 조건 이외의 다른 조건이나 제한은 고려하지 아니함)[25회]

① 60㎡ ② 70㎡ ③ 80㎡ ④ 100㎡ ⑤ 120㎡

용적률이 150%니까 연면적은 대지면적의 1.5배로 240㎡입니다. 지하층은 용적률에서 제외하므로 240㎡를 3개층이 나누면 되네요. 따라서 각층의 바닥면적은 80㎡(=240㎡/3)입니다. 정답③

건축법령상 1,000㎡의 대지에 건축한 다음 건축물의 **용적률**은 얼마인가?(단, 제시된 조건 외에 다른 조건은 고려하지 않음)[24회]

○ 하나의 건축물로서 지하 2개층, 지상 5개층으로 구성되어 있으며, 지붕은 평지붕임
○ 건축면적은 500㎡이고, 지하층 포함 각 층의 바닥면적은 480㎡로 동일함
○ 지하 2층은 전부 주차장, 지하 1층은 전부 제1종근린생활시설로 사용됨
○ 지상 5개층은 전부 업무시설로 사용됨

건축면적 500㎡는 함정

쉽파걸

① 240% ② 250% ③ 288% ④ 300% ⑤ 480%

용적률은 연면적을 대지면적 1,000㎡로 나눈 값입니다. 용적률 산정 시 지하층 면적은 연면적에서 제외합니다. 따라서 각층 바닥면적의 합인 연면적은 2,400㎡(=480㎡×5개층)이고, 용적률은 240%(=2,400/1,000)입니다. 정답①

건축법령상 지상 11층 지하 3층인 하나의 건축물이 다음 조건을 갖추고 있는 경우 건축물의 **용적률**은?(단, 제시된 조건 이외의 다른 조건이나 제한 및 건축법령상 특례는 고려하지 않음)[34회]

○ 대지면적은 1,500㎡임
○ 각 층의 바닥면적은 1,000㎡로 동일함
○ 지상 1층 중 500㎡는 건축물의 부속용도인 주차장으로, 나머지 500㎡는 제2종 근린생활시설로 사용함
○ 지상 2층에서 11층까지는 업무시설로 사용함
○ 지하 1층은 제1종 근린생활시설로, 지하 2층과 지하 3층은 주차장으로 사용함

① 660% ② 700% ③ 800% ④ 900% ⑤ 1,100%

⑤ 건축물의 높이는 지표면으로부터 그 건축물의 상단까지의 높이(건축물의 1층 전체에 필로티가 설치되어 있는 경우에는 필로티의 층고를 제외한 높이)로 한다. 다만, **다음 경우**에는 각각 정하는 바에 따른다.

ㄱ. 건축물의 높이는 전면도로의 중심선으로부터의 높이로 산정한다.

다만, 전면도로가 **다음 어느 하나에 해당하는 경우**에는 그에 따라 산정한다.

1) 건축물의 대지에 접하는 전면도로의 노면에 고저차가 있는 경우에는 그 건축물이 접하는 범위의 전면도로부분의 수평거리에 따라 가중평균한 높이의 수평면을 전면도로면으로 본다.

2) 건축물의 대지의 지표면이 전면도로보다 높은 경우에는 그 고저차의 2분의 1의 높이만큼 올라온 위치에 그 전면도로의 면이 있는 것으로 본다.

ㄴ. 건축물 높이를 산정할 때 건축물 대지의 지표면과 인접 대지의 지표면 간에 고저차가 있는 경우에는 그 지표면의 평균 수평면을 지표면으로 본다. 다만, 높이를 산정할 때 해당 대지가 인접 대지의 높이보다 낮은 경우에는 해당 대지의 지표면을 지표면으로 보고, 공동주택을 다른 용도와 복합하여 건축하는 경우에는 공동주택의 가장 낮은 부분을 그 건축물의 지표면으로 본다.

ㄷ. 건축물의 옥상에 설치되는 승강기탑·계단탑·망루·장식탑·옥탑 등으로서 그 수평투영면적의 합계가 해당 건축물 건축면적의 8분의 1(사업계획승인 대상인 공동주택 중 세대별 전용면적이 85㎡ 이하인 경우에는 6분의 1)이하인 경우로서 그 부분의 높이가 12m를 넘는 경우에는 그 넘는 부분만 해당 건축물의 높이에 산입한다.

ㄹ. 지붕마루장식·굴뚝·방화벽의 옥상돌출부나 그밖에 이와 비슷한 옥상 돌출물과 난간벽(그 벽면적의 2분의 1 이상이 공간으로 되어 있는 것만 해당)은 그 건축물의 높이에 산입하지 아니한다.

⑥ 처마높이는 지표면으로부터 건축물의 지붕틀 또는 이와 비슷한 수평재를 지지하는 벽·깔도리 또는 기둥의 상단까지의 높이로 한다.

⑦ 반자높이는 방의 바닥면으로부터 반자까지의 높이로 한다. 다만, 한 방에서 반자높이가 다른 부분이 있는 경우에는 그 각 부분의 반자면적에 따라 가중평균한 높이로 한다.

⑧ 층고는 방의 바닥구조체 윗면으로부터 위층 바닥구조체의 윗면(아랫면×)까지의 높이로 한다. 다만, 한 방에서 층의 높이가 다른 부분이 있는 경우에는 그 각 부분 높이에 따른 면적에 따라 가중평균한 높이로 한다.

층고는 윗면에서 윗면까지!!

쉽파절

⑨ 층수는 승강기탑(옥상 출입용 승강장을 포함), 계단탑, 망루, 장식탑, 옥탑, 그밖에 이와 비슷한 건축물의 옥상 부분으로서 그 수평투영면적의 합계가 해당 건축물 건축면적의 8분의 1(사업계획승인 대상인 공동주택 중 세대별 전용면적이 85㎡ 이하인 경우에는 6분의 1)이하인 것과 지하층은 건축물의 층수에 산입하지 아니한다.

⑩ 층의 구분이 명확하지 아니한 건축물은 그 건축물의 높이 4m마다 하나의 층으로 보고 그 층수를 산정하며, 건축물이 부분에 따라 그 층수가 다른 경우에는 그 중 가장 많은 층수를 그 건축물의 층수로 본다.

⑪ 지하층의 지표면은 각 층의 주위가 접하는 각 지표면 부분의 높이를 그 지표면 부분의 수평거리에 따라 가중평균한 높이의 수평면을 지표면으로 산정 한다.

지하층이 2개층이고 지상층은 전체가 층의 구분이 명확하지 아니한 건축물로서, 건축물의 바닥면적은 600㎡이며 바닥면적의 300㎡에 해당하는 부분은 그 높이가 12m이고 나머지 300㎡에 해당하는 부분의 높이는 16m이다. 이러한 건축물의 건축법령상 **층수**는?(단, 건축물의 높이는 건축법령에 의하여 산정한 것이고, 지표면의 고저차는 없으며, 건축물의 옥상에는 별도의 설치물이 없음)^{23회}

① 1층 ② 3층 ③ 4층 ④ 5층 ⑤ 6층

> 층의 구분이 명확하지 아니한 건축물은 높이 4m마다 하나의 층으로 보고 층수를 산정하므로 높이가 12m인 부분은 3층이고, 높이가 16m인 부분은 4층입니다. 이처럼 층수가 다른 경우에는 가장 많은 층수를 그 건축물의 층수로 보므로 4층이 답이네요. 정답③

건축법령상 건축물의 **면적, 층수** 등의 산정방법에 관한 설명으로 틀린 것은?^{21회}

① 건축물의 1층이 차량의 주차에 전용되는 필로티인 경우 그 면적은 바닥면적에 산입되지 아니한다.(○)

② 층고가 2m인 다락은 바닥면적에 산입된다.(○)

③ 용적률을 산정할 때에는 초고층 건축물의 피난안전구역의 면적은 연면적에 포함시키지 아니한다.(○)

④ 층의 구분이 명확하지 않은 건축물은 건축물의 높이 4m마다 하나의 층으로 보고 층수를 산정한다.(○)

⑤ 주택의 발코니의 바닥은 전체가 바닥면적에 산입된다.(×)

> ② 층고가 1.5m 이하인 다락은 바닥면적에 산입하지 않아요. 따라서 층고가 2m라면 산입합니다. ⑤ 발코니의 면적에서 발코니가 접한 가장 긴 외벽에 접한 길이에 1.5m를 곱한 값을 뺀 면적을 바닥면적에 산입합니다.

건축법령상 **건축물의 면적 등의 산정방법**에 관한 설명으로 틀린 것은?(단, 건축법령상 특례는 고려하지 않음)^{33회}

① 공동주택으로서 지상층에 설치한 조경시설의 면적은 바닥면적에 산입하지 않는다.(○)

② 지하주차장의 경사로의 면적은 건축면적에 산입한다.(×)

③ 태양열을 주된 에너지원으로 이용하는 주택의 건축면적은 건축물의 외벽 중 내측 내력벽의 중심선을 기준으로 한다.(○)

④ 용적률을 산정할 때에는 지하층의 면적은 연면적에 산입하지 않는다.(○)

⑤ 층의 구분이 명확하지 아니한 건축물의 높이는 4미터마다 하나의 층으로 보고 그 층수를 산정한다.(○)

> ② 지하주차장의 경사로의 면적은 건축면적에 산입하지 않아요. ③ 시행규칙 43조1항

건축법령상 건축물의 **면적 및 층수의 산정방법**에 관한 설명으로 옳은 것을 모두 고른 것은?[24회수정]

> ㄱ. 공동주택으로서 지상층에 설치한 전기실의 면적은 바닥면적에 산입하지 아니한다.(○)
> ㄴ. 용적률을 산정할 때에는 해당 건축물의 부속용도로서 지상층의 주차용으로 쓰는 면적은 연면적에 포함한다.(×)
> ㄷ. 건축물이 부분에 따라 그 층수가 다른 경우에는 그 중 가장 많은 층수를 그 건축물의 층수로 본다.(○)
> ㄹ. 층의 구분이 명확하지 아니한 건축물은 그 건축물의 높이가 5m마다 하나의 층으로 보고 그 층수를 산정한다.(×)

① ㄱ,ㄴ ② ㄱ,ㄷ ③ ㄴ,ㄷ ④ ㄴ,ㄹ ⑤ ㄷ,ㄹ

> ㄴ. 지상층의 주차용으로 쓰는 면적은 연면적에서 제외 ㄹ. 5m가 아니라 4m 정답②

건축법령상 **건축물의 면적 등의 산정방법**으로 옳은 것은?[31회]

① 공동주택으로서 지상층에 설치한 생활폐기물 보관함의 면적은 바닥면적에 산입한다.(×)

② 지하층에 설치한 기계실, 전기실의 면적은 용적률을 산정할 때 연면적에 산입한다.(×)

③ 건축법상 건축물의 높이 제한 규정을 적용할 때, 건축물의 1층 전체에 필로티가 설치되어 있는 경우 건축물의 높이는 필로티의 층고를 제외하고 산정한다.(○)

④ 건축물의 층고는 방의 바닥구조체 윗면으로부터 위층 바닥구조체의 아랫면까지의 높이로 한다.(×)

⑤ 건축물이 부분에 따라 그 층수가 다른 경우에는 그 중 가장 많은 층수와 가장 적은 층수를 평균하여 반올림한 수를 그 건축물의 층수로 본다.(×)

> ① 생활폐기물 보관함의 면적은 바닥면적에 산입하지 않아요. ② 지하층은 용적률을 산정할 때 연면적에 산입하지 않아요. ④ 건축물의 층고는 아래 위 바닥구조체의 윗면과 윗면(아랫면×) 사이의 높이로 합니다. ⑤ 그 중 가장 많은 층수를 그 건축물의 층수로 봅니다.

6. 행정대집행법 적용의 특례

① 허가권자는 허가에 필요한 조치를 할 때 **다음 경우**로서 행정대집행법에 따른 절차에 의하면 그 목적을 달성하기 곤란한 때에는 해당 절차를 거치지 아니하고 대집행할 수 있다.

ㄱ. 재해가 발생할 위험이 절박한 경우

ㄴ. 건축물의 구조 안전상 심각한 문제가 있어 붕괴 등 손괴의 위험이 예상되는 경우

ㄷ. 허가권자의 공사중지명령을 받고도 따르지 아니하고 공사를 강행하는 경우

ㄹ. 도로통행에 현저하게 지장을 주는 불법건축물인 경우

ㅁ. 그밖에 공공의 안전 및 공익에 매우 저해되어 신속하게 실시할 필요가 있다고 인정되는 경우로서 대통령령으로 정하는 경우

② 대집행은 건축물의 관리를 위하여 필요한 최소한도에 그쳐야 한다.

7. 지역건축안전센터와 건축안전특별회계

(1) 지역건축안전센터 설립

① 지방자치단체의 장은 **다음 업무**를 수행하기 위하여 관할 구역에 지역건축안전센터를 설치할 수 있다.〈개정〉

ㄱ. 기술적인 사항에 대한 보고 · 확인 · 검토 · 심사 및 점검

ㄴ. 건축허가 또는 신고에 관한 업무　ㄷ. 건축물의 공사감리에 대한 관리 · 감독

ㄹ. 그밖에 대통령령으로 정하는 사항

② **다음 지방자치단체의 장**은 관할 구역에 지역건축안전센터를 설치하여야 한다.〈신설〉

ㄱ. 시 · 도　ㄴ. 인구 50만명 이상 시 · 군 · 구

ㄷ. 국토교통부령으로 정하는 바에 따라 산정한 건축허가 면적(직전 5년 동안의 연평균 건축허가 면적) 또는 노후건축물 비율이 전국 지방자치단체 중 상위 30퍼센트 이내에 해당하는 인구 50만명 미만 시 · 군 · 구

③ 체계적이고 전문적인 업무 수행을 위하여 지역건축안전센터에 건축사 또는 기술사 등 전문인력을 배치하여야 한다.〈개정〉

(2) 건축안전특별회계의 설치

① 시 · 도지사 또는 시장 · 군수 · 구청장은 관할 구역의 지역건축안전센터 설치 · 운영 등을 지원하기 위하여 건축안전특별회계를 설치할 수 있다.

② 특별회계는 **다음 재원**으로 조성한다.

ㄱ. 일반회계로부터의 전입금

ㄴ. 건축허가 등의 수수료 중 해당 지방자치단체의 조례로 정하는 비율의 금액

ㄷ. 이행강제금 중 해당 지방자치단체의 조례로 정하는 비율의 금액

ㄹ. 과태료 중 해당 지방자치단체의 조례로 정하는 비율의 금액

ㅁ. 그 밖의 수입금

③ 특별회계는 **다음 용도**로 사용한다.

ㄱ. 지역건축안전센터의 설치 · 운영에 필요한 경비

ㄴ. 지역건축안전센터의 전문인력 배치에 필요한 인건비

ㄷ. 지역건축안전센터의 업무 수행을 위한 조사 · 연구비

ㄹ. 특별회계의 조성 · 운용 및 관리를 위하여 필요한 경비

ㅁ. 그밖에 건축물 안전에 관한 기술지원 및 정보제공을 위하여 해당 지방자치단체의 조례로 정하는 사업의 수행에 필요한 비용

8. 건축분쟁전문위원회

(1) 건축분쟁전문위원회

건축등과 관련된 **다음의 분쟁**의 조정 및 재정을 하기 위하여 국토교통부에 건축분쟁전문위원회(이하 분쟁위원회)를 둔다.

① 건축관계자와 해당 건축물의 건축등으로 피해를 입은 인근주민 간의 분쟁

② 관계전문기술자와 인근주민 간의 분쟁

③ 건축관계자와 관계전문기술자 간의 분쟁

④ 건축관계자 간의 분쟁 ⑤ 인근주민 간의 분쟁

⑥ 관계전문기술자 간의 분쟁 ⑦ 그밖에 대통령령으로 정하는 사항

조정 및 재정 대상 분쟁, 기억해!

쉽따맨

건축법령상 건축등과 관련된 분쟁으로서 **건축분쟁전문위원회**의 조정 및 재정의 대상이 되지 않는 것은?(단, 건설산업기본법 제69조에 따른 조정의 대상이 되는 분쟁은 제외함)[28회]

① 공사시공자와 해당 건축물의 건축으로 피해를 입은 인근주민 간의 분쟁

② 관계전문기술자와 해당 건축물외 건축으로 피해를 입은 인근주민 간의 분쟁

③ 해당 건축물의 건축으로 피해를 입은 인근주민 간의분쟁

④ 건축허가권자와 건축허가신청자 간의 분쟁

⑤ 건축주와 공사감리자 간의 분쟁

④ 건축허가권자와 건축허가신청자 간의 분쟁은 대상이 아니에요. ⑤는 건축관계자 간의 분쟁이죠. 정답④

저자의 한마디

건축허가권자(또는 신고수리자)는 조정 및 재정을 위한 분쟁의 당사자가 될 수 없습니다. 만약 당사자가 된다면, 허가 안해준다는 이유로 분쟁이 끊이길 않겠죠?

건축법령상 건축등과 관련된 분쟁으로서 **건축분쟁전문위원회의 조정 및 재정의 대상**이 되는 것은?(단, 건설산업기본법 제69조에 따른 조정의 대상이 되는 분쟁은 고려하지 않음)[32회]

① 건축주와 건축신고수리자 간의 분쟁

② 공사시공자와 건축지도원 간의 분쟁

③ 건축허가권자와 공사감리자 간의 분쟁

④ 관계전문기술자와 해당 건축물의 건축등으로 피해를 입은 인근주민 간의 분쟁

⑤ 건축허가권자와 해당 건축물의 건축등으로 피해를 입은 인근주민 간의 분쟁

①③⑤ 건축허가권자이나 건축신고수리자가 당사자인 분쟁은 대상이 되지 않아요. ② 건축지도원은 건축관계자나 관계전문기술자가 아니어서 당사자가 될 수 없답니다.다. 정답④

(2) 분쟁위원회의 구성

① 분쟁위원회는 위원장과 부위원장 각 1명을 포함한 15명 이내의 위원으로 구성한다.

② 분쟁위원회의 위원은 건축이나 법률에 관한 학식과 경험이 풍부한 자로서 **다음에 해당하는 자** 중에서 국토교통부장관이 임명하거나 위촉한다. 이 경우 ㄷ에 해당하는 자가 2명 이상 포함되어야 한다.

ㄱ. 3급 상당 이상의 공무원으로 1년 이상 재직한 자

ㄴ. 대학에서 건축공학이나 법률학을 가르치는 조교수 이상의 직에 3년 이상 재직한 자

ㄷ. 판사, 검사 또는 변호사의 직에 6년 이상 재직한 자(2명 이상)

ㄹ. 건축분야 기술사 또는 건축사사무소개설신고를 하고 건축사로 6년 이상 종사한 자

ㅁ. 건설공사나 건설업에 대한 학식과 경험이 풍부한 자로서 그 분야에 15년 이상 종사한 자

③ 분쟁위원회의 위원장과 부위원장은 위원 중에서 국토교통부장관이 위촉한다.

④ 공무원이 아닌 위원의 임기는 3년으로 하되, 연임할 수 있으며, 보궐위원의 임기는 전임자의 남은 임기로 한다.

⑤ 분쟁위원회의 회의는 재적위원 과반수의 출석으로 열고 출석위원 과반수의 찬성으로 의결한다.

⑥ **다음에 해당하는 자는 분쟁위원회의 위원이 될 수 없다.**

ㄱ. 피성년후견인, 피한정후견인 또는 파산선고를 받고 복권되지 아니한 자

ㄴ. 금고 이상의 실형을 선고받고 그 집행이 끝나거나(집행이 끝난 것으로 보는 경우를 포함)되거나 집행이 면제된 날부터 2년이 지나지 아니한 자

ㄷ. 법원의 판결이나 법률에 따라 자격이 정지된 자

(3) 대리인

① 당사자는 당사자의 배우자, 직계존·비속 또는 형제자매, 당사자인 법인의 임직원, 변호사를 대리인으로 선임할 수 있다.

② 대리인의 권한은 서면으로 소명하여야 한다.

③ 대리인은 신청의 철회, 조정안의 수락, 복대리인의 선임을 하기 위하여는 당사자의 위임을 받아야 한다.

(4) 조정등의 신청

① 건축물의 건축등과 관련된 분쟁의 조정 또는 재정(→조정등)을 신청하려는 자는 분쟁위원회에 조정등의 신청서를 제출하여야 한다.

② 조정신청은 해당 사건의 당사자 중 1명 이상이 하며, 재정신청은 해당 사건 당사자 간의 합의로 한다. 다만, 분쟁위원회는 조정신청을 받으면 해당 사건의 모든 당사자에게 조정신청이 접수된 사실을 알려야 한다.

③ 분쟁위원회는 당사자의 조정신청을 받으면 60일 이내에, 재정신청을 받으면 120일 이내에 절차를 마쳐야 한다. 다만, 부득이한 사정이 있으면 분쟁위원회의 의결로 기간을 연장할 수 있다.

(5) 조정등의 신청에 따른 공사중지

시·도지사 또는 시장·군수·구청장은 위해 방지를 위하여 긴급한 상황이거나 그밖에 특별한 사유가 없으면 조정등의 신청이 있다는 이유만으로 해당 공사를 중지하게 하여서는 아니된다.

(6) 조정위원회와 재정위원회

① 조정은 3명의 위원으로 구성되는 조정위원회에서 하고, 재정은 5명의 위원으로 구성되는 재정위원회에서 한다.

② 조정위원회의 위원(→조정위원)과 재정위원회의 위원(→재정위원)은 사건마다 분쟁위원회의 위원 중에서 위원장이 지명한다. 이 경우 재정위원회에는 판사, 검사 또는 변호사의 직에 6년 이상 재직한 자에 해당하는 위원이 1명 이상 포함되어야 한다.

③ 조정위원회와 재정위원회의 회의는 구성원 전원의 출석으로 열고 과반수의 찬성으로 의결한다.

(7) 조정을 위한 조사 및 의견 청취

① 조정위원회는 조정에 필요하다고 인정하면 조정위원 또는 사무국의 소속 직원에게 관계 서류를 열람하게 하거나 관계 사업장에 출입하여 조사하게 할 수 있다.

② 조정위원회는 필요하다고 인정하면 당사자나 참고인을 조정위원회에 출석하게 하여 의견을 들을 수 있다.

③ 분쟁의 조정신청을 받은 조정위원회는 조정기간 내에 심사하여 조정안을 작성하여야 한다.

(8) 조정의 효력

① 조정위원회는 조정안을 작성하면 지체 없이 각 당사자에게 조정안을 제시하여야 한다.

② 조정안을 제시받은 당사자는 제시를 받은 날부터 15일 이내에 수락 여부를 조정위원회에 알려야 한다.

③ 조정위원회는 당사자가 조정안을 수락하면 즉시 조정서를 작성하여야 하며, 조정위원과 각 당사자는 이에 기명날인하여야 한다.

④ 당사자가 조정안을 수락하고 조정서에 기명날인하면 조정서의 내용은 재판상 화해와 동일한 효력을 갖는다. 다만, 당사자가 임의로 처분할 수 없는 사항에 관한 것은 그러하지 아니하다.

(9) 분쟁의 재정

① 재정은 문서로써 하여야 하며, 재정 문서에는 다음 사항을 적고 재정위원이 이에 기명날인하여야 한다.

ㄱ. 사건번호와 사건명

ㄴ. 당사자, 선정대표자, 대표당사자 및 대리인의 주소·성명

ㄷ. 주문 ㄹ. 신청 취지 ㅁ. 이유 ㅂ. 재정 날짜

② 이유(①의 ㅁ)를 적을 때에는 주문의 내용이 정당하다는 것을 인정할 수 있는 한도에서 당사자의 주장 등을 표시하여야 한다.

③ 재정위원회는 재정을 하면 지체 없이 재정 문서의 정본을 당사자나 대리인에게 송달하여야 한다.

(10) 재정을 위한 조사권

① 재정위원회는 분쟁의 재정을 위하여 필요하다고 인정하면 당사자의 신청이나 직권으로 재정위원 또는 소속 공무원에게 다음 행위를 하게 할 수 있다.

ㄱ. 당사자나 참고인에 대한 출석 요구, 자문 및 진술 청취

ㄴ. 감정인의 출석 및 감정 요구

ㄷ. 사건과 관계있는 문서나 물건의 열람·복사·제출 요구 및 유치

ㄹ. 사건과 관계있는 장소의 출입·조사

② 당사자는 조사 등에 참여할 수 있다.

③ 재정위원회가 직권으로 조사 등을 한 경우에는 그 결과에 대하여 당사자의 의견을 들어야 한다.

④ 재정위원회는 당사자나 참고인에게 진술하게 하거나 감정인에게 감정하게 할 때에는 당사자나 참고인 또는 감정인에게 선서를 하도록 하여야 한다.

⑤ 사건과 관계있는 장소의 출입·조사의 경우에 재정위원 또는 소속 공무원은 그 권한을 나타내는 증표를 지니고 이를 관계인에게 내보여야 한다.

(11) 재정의 효력

재정위원회가 재정을 한 경우 재정 문서의 정본이 당사자에게 송달된 날부터 60일 이내에 당사자 양쪽이나 어느 한쪽으로부터 그 재정의 대상인 건축물의 건축등의 분쟁을 원인으로 하는 소송이 제기되지 아니하거나 그 소송이 철회되면 그 재정 내용은 재판상 화해와 동일한 효력을 갖는다. 다만, 당사자가 임의로 처분할 수 없는 사항에 관한 것은 그러하지 아니하다.

(12) 시효의 중단

당사자가 재정에 불복하여 소송을 제기한 경우 시효의 중단과 제소기간을 산정할 때에는 재정신청을 재판상의 청구로 본다.

(13) 조정 회부

분쟁위원회는 재정신청이 된 사건을 조정에 회부하는 것이 적합하다고 인정하면 직권으로 직접 조정할 수 있다.

(14) 비용부담

① 분쟁의 조정등을 위한 감정·진단·시험 등에 드는 비용은 당사자 간의 합의로 정하는 비율에 따라 당사자가 부담하여야 한다. 다만, 당사자 간에 비용부담에 대하여 합의가 되지 아니하면 조정위원회나 재정위원회에서 부담비율을 정한다.

② 조정위원회나 재정위원회는 필요하다고 인정하면 당사자에게 비용을 예치하게 할 수 있다.

(15) 분쟁위원회의 운영 및 사무처리 위탁

① 국토교통부장관은 분쟁위원회의 운영 및 사무처리를 국토안전관리원에 위탁할 수 있다.

② 국토교통부장관은 예산의 범위에서 분쟁위원회의 운영 및 사무처리에 필요한 경비를 국토안전관리원에 출연 또는 보조할 수 있다.

PART 6 농지법

01 총칙, 농지의 소유 ★★★

용어 정의 ★★

1. 농지

① 전 · 답, 과수원, 그밖에 법적 지목을 불문하고 실제로 <u>농작물 경작지</u> 또는 다음의 다년생식물 재배지로 이용되는 토지

ㄱ. 목초 · 종묘 · 인삼 · 약초 · 잔디 및 조림용 묘목

ㄴ. 과수 · 뽕나무 · 유실수 그 밖의 생육기간이 2년 이상인 식물

ㄷ. 조경 또는 관상용 수목과 그 묘목(조경목적으로 식재한 것을 제외)

② 다음 시설의 부지도 농지에 해당

ㄱ. 개량시설

• 유지(웅덩이), 양 · 배수시설, 수로, 농로, 제방

• 그밖에 농지의 보전이나 이용에 필요한 시설(계단 · 흙막이 · 방풍림 등)

ㄴ. 농축산물 생산시설

• 고정식온실 · 버섯재배사 및 비닐하우스와 그 부속시설

• 축사 · 곤충사육사와 그 부속시설   • 간이퇴비장

• 농막(연면적 20㎡ 이하이고, <u>주거 목적이 아닌 경우로 한정</u>)

• 농촌체류형 쉼터(연면적 33㎡ 이하이고, 방재지구·붕괴위험지역·자연재해위험개선지구 외의 농지에 설치)

• 간이저온저장고(연면적 33㎡ 이하일 것)

• 간이액비저장조(저장 용량이 200톤 이하일 것)

• 농촌산업지구 및 농촌융복합산업지구, 스마트농업 육성지구 안에 설치하는 수직농장 · 식물공장

> **＋ 농지가 아닌 토지**
> ㄱ. 지목이 전 · 답, 과수원이 아닌 토지(지목이 임야인 토지는 제외)로서 농작물 경작지 또는 위의 다년생식물 재배로 계속하여 이용되는 기간이 3년 미만인 토지
> ㄴ. 지목이 임야인 토지로서 산지관리법에 따른 <u>산지전용허가를 거치지 아니하고</u> 농작물의 경작 또는 다년생식물의 재배에 이용되는 토지
> ㄷ. 초지법에 따라 조성된 초지

농지법령상 **농지**에 해당하는 것만을 모두 고른 것은?^{30회}

> ㄱ. 대통령령으로 정하는 다년생식물 재배지로 실제로 이용되는 토지(초지법에 따라 조성된 초지 등 대통령령으로 정하는 토지는 제외)(○)
> ㄴ. 관상용 수목의 묘목을 조경목적으로 식재한 재배지로 실제로 이용되는 토지(×)
> ㄷ. 공간정보의 구축 및 관리 등에 관한 법률에 따른 지목이 답이고 농작물 경작지로 실제로 이용되는 토지의 개량시설에 해당하는 양·배수시설의 부지(○)

저자의 한마디

농지법에서는 두 문제가 나옵니다. 조금만 공부해도 한 문제는 득점할 수 있고, 다른 2차과목인 중개실무에도 한 문제가 출제되니 반드시 공부해야 합니다.

저자의 한마디

조경 또는 관상용 수목을 판매하기 위해 재배하는 땅은 농지지만, 조경목적으로 식재한 땅은 농지가 아니에요. 우리 집 꾸미려고 땅에 나무를 심었다고 해서 우리 집 땅이 농지는 아닌 거죠.

농지
1. 지목이 전·답·과수원(이용기간 불문)
2. 농작물경작지, 다년생식물재배지(지목불문) *조경 또는 관상용 수목이 판매용이면 농지
3. 개량시설 및 농축산물 생산시설의 부지

저자의 한마디

농지냐 아니냐를 구분할 수 있어야 합니다. 농지가 아닌 토지를 꼭 암기하세요.

① ㄱ ② ㄱ,ㄴ ③ ㄱ,ㄷ ④ ㄴ,ㄷ ⑤ ㄱ,ㄴ,ㄷ

농지법령상 농지를 농축산물 생산시설의 부지로 사용할 경우 **농지의 전용**으로 보지 않는 것을 모두 고른 것은?[35회]

저자의 한마디

문제지문은 농지의 전용으로 보지 않는 것으로 되어 있기 때문에 농지전용이 필요 없는, 즉 원래 농지인 것을 고르면 됩니다. ㄱ을 답으로 고른 수험생이 많았어요. 주의!

> ㄱ. 연면적 33제곱미터인 농막
> ㄴ. 연면적 33제곱미터인 간이저온저장고
> ㄷ. 저장 용량이 200톤인 간이액비저장조

① ㄱ ② ㄴ ③ ㄱ,ㄷ ④ ㄴ,ㄷ ⑤ ㄱ,ㄴ,ㄷ

2. 농업인

농업에 종사하는 개인으로서 **다음**의 자를 말한다.

저자의 한마디

자경농의 농지소유 기준이 1천㎡이상이니까 뒤에 나오는 주말·체험영농의 소유 상한이 1천㎡ 미만인 것입니다. 취미로 농사짓는 사람이 농업인만큼 농지를 보유하지 못하도록 하는 것이지요.

① 1천㎡ 이상의 농지에서 농작물 또는 다년생식물을 경작 또는 재배(→자경농)하거나 1년 중 90일 이상 농업에 종사(→임대농)하는 자

② 농지에 330㎡ 이상의 고정식온실·버섯재배사·비닐하우스, 그 밖의 농림축산식품부령으로 정하는 농업생산에 필요한 시설을 설치하여 농작물 또는 다년생식물을 경작 또는 재배하는 자(→시설농)

③ 대가축 2두, 중가축 10두, 소가축 100두, 가금 1천수 또는 꿀벌 10군 이상을 사육하거나 1년 중 120일 이상 축산업에 종사하는 자(→축산농)

④ 농업경영을 통한 농산물의 연간 판매액이 120만원 이상인 자(→판매농)

농지법령상 농업에 종사하는 개인으로서 **농업인**에 해당하는 자는?[28회]
① 꿀벌 10군을 사육하는 자 ② 가금 500수를 사육하는 자
③ 1년 중 100일을 축산업에 종사하는 자
④ 농산물의 연간 판매액이 100만원인 자
⑤ 농지에 300㎡의 비닐하우스를 설치하여 다년생식물을 재배하는 자

농업은 90일 이상
축산업은 120일 이상
종사해야 농업인!

축산농 기준

대가축(소) 2마리
중가축(돼지) 10마리
소가축(토끼) 100마리
가금(닭) 1,000마리
꿀벌 10통

농지법령상 농업에 종사하는 개인으로서 **농업인**에 해당하지 않는 자는?[20회]

① 1년 중 150일을 축산업에 종사하는 자

② 1,200㎡의 농지에서 다년생식물을 재배하면서 1년 중 100일을 농업에 종사하는 자

③ 대가축 3두를 사육하는 자   ④ 가금 1,200수를 사육하는 자

⑤ 농업경영을 통한 농산물의 연간 판매액이 80만원인 자

⑤ 농산물 연간 판매액이 120만원 이상인 자를 농업인이라고 했어요. 정답⑤

3. 농업법인

농어업경영체 육성 및 지원에 관한 법률에 따라 설립된 영농조합법인과 같은 법에 따라 설립되고 업무집행권을 가진 자 중 3분의 1 이상이 농업인인 농업회사법인

4. 농업경영

농업인이나 농업법인이 자기의 계산과 책임으로 농업을 영위하는 것

5. 자경(自耕)

① 농업인이 그 소유 농지에서 농작물 경작 또는 다년생식물 재배에 상시 종사하거나 농작업의 2분의 1 이상을 자기의 노동력으로 경작 또는 재배하는 것

② 농업법인이 그 소유 농지에서 농작물을 경작하거나 다년생식물을 재배하는 것

6. 위탁경영

농지 소유자가 타인에게 일정한 보수를 지급하기로 약정하고 농작업의 전부 또는 일부를 위탁하여 행하는 농업경영

저자의 한마디

위탁경영과 대리경작이 다른 점은 보수 지급 여부에 있습니다. 즉, 대리경작자에게는 보수가 지급되지 않죠.

농지법령상 **용어**에 관한 설명으로 틀린 것은?[27회]

① 실제로 농작물 경작지로 이용되는 토지이더라도 법적지목이 과수원인 경우는 농지에 해당하지 않는다.(×)

② 소가축 80두를 사육하면서 1년 중 150일을 축산업에 종사하는 개인은 농업인에 해당한다.(○)

③ 3,000㎡의 농지에서 농작물을 경작하면서 1년 중 80일을 농업에 종사하는 개인은 농업인에 해당한다.(○)

④ 인삼의 재배지로 계속하여 이용되는 기간이 4년인 지목이 전인 토지는 농지에 해당한다.(○)

⑤ 농지소유자가 타인에게 일정한 보수를 지급하기로 약정하고 농작업의 일부만을 위탁하여 행하는 농업경영도 위탁경영에 해당한다.(○)

① 지목이 과수원이면 농지에 해당합니다. ② 소가축 100두 이상 사육과 1년 중 120일 이상 축산업 종사 조건 중 하나만 충족하더라도 농업인입니다. ③ 1,000㎡ 이상의 농지에서 농작물 경작과 1년 중 90일 이상 농업 종사 조건 중 하나만 충족하더라도 농업인이죠. ④ 법적지목이 전이고 인삼(다년생물)을 재배하면 기간과 상관없이 농지랍니다. ⑤ 일부위탁경영도 가능해요.

7. 농지개량

농지의 생산성을 높이기 위하여 농지의 형질을 변경하는 **다음 행위**

ㄱ. 농지의 이용가치를 높이기 위하여 농지의 구획을 정리하거나 개량시설을 설치하는 행위

ㄴ. 농지의 토양개량이나 관개, 배수, 농업기계 이용의 개선을 위하여 해당 농지에서 객토·성토 또는 절토하거나 암석을 채굴하는 행위

8. 농지의 전용

농지를 농작물의 경작이나 다년생식물의 재배 등 농업생산 또는 농지개량 외의 용도(예를 들면, 집짓기 용도)로 사용하는 것을 말한다. 다만, 토지의 개량시설과 토지에 설치하는 농축산물 생산시설(1의 ②)의 부지로 사용하는 경우에는 전용으로 보지 아니한다.

9. 주말·체험영농

농업인이 아닌 개인이 주말 등을 이용하여 취미생활이나 여가활동으로 농작물을 경작하거나 다년생식물을 재배하는 것

농지소유 제한 및 상한★★★

1. 농지소유 제한

① 농지는 자기의 농업경영에 이용하거나 이용할 자가 아니면 소유하지 못한다. (→경자유전의 원칙)

② 자기의 농업경영에 이용하거나 이용할 자가 아니더라도 **다음에 해당하는 경우**에는 농지를 소유할 수 있다. 다만, 소유 농지는 농업경영에 이용되도록 하여야 한다.(ㄱ, ㄴ은 제외)

ㄱ. 초·중등교육법 및 고등교육법에 따른 학교, 농림축산식품부령으로 정하는 공공단체·농업연구기관·농업생산자단체 또는 종묘나 그 밖의 농업 기자재 생산자가 그 목적사업을 수행하기 위하여 필요한 시험지·연구지·실습지·종묘생산지 또는 과수 인공수분용 꽃가루 생산지로 쓰기 위하여 농지를 취득하여 소유하는 경우

ㄴ. 주말·체험영농을 하려고 농업진흥지역 외의 농지를 소유하는 경우(→소유상한 1천㎡)

ㄷ. 국가나 지방자치단체가 농지를 소유하는 경우

ㄹ. 상속(유증을 포함)으로 농지를 취득하여 소유하는 경우(→소유상한 1만㎡)

ㅁ. 8년 이상 농업경영을 하던 사람이 이농한 후에도 이농 당시 소유하고 있던 농지를 계속 소유하는 경우(→소유상한 1만㎡)

ㅂ. 담보농지를 취득하여 소유하는 경우(유동화전문회사등이 저당권자로부터 농지를 취득하는 경우를 포함)

ㅅ. 농지전용허가를 받거나 농지전용신고를 한 자가 그 농지를 소유하는 경우

ㅇ. 농지전용협의를 마친 농지를 소유하는 경우

ㅈ. 한국농어촌공사 및 농지관리기금법에 따른 농지의 개발사업지구에 있는 농지로서 1천500㎡ 미만의 농지(도·농간의 교류촉진을 위한 농원부지와 농어촌관광휴양지에 포함된 농지)나 농어촌정비법에 따른 농지를 취득하여 소유하는 경우

ㅊ. 농업진흥지역 밖의 농지 중 최상단부부터 최하단부까지의 평균경사율이 15% 이상인 농지로서 영농여건불리농지를 소유하는 경우

ㅋ. 다음 경우

• 한국농어촌공사가 농지를 취득하여 소유하는 경우

• 농어촌정비법에 따라 농지를 취득하여 소유하는 경우

• 매립농지를 취득하여 소유하는 경우

• 토지수용으로 농지를 취득하여 소유하는 경우

• 농림축산식품부장관과 협의를 마치고 공익사업을 위한 토지 등의 취득 및 보상에 관한 법률(→토지보상법)에 따라 농지를 취득하여 소유하는 경우

• 공공토지비축심의위원회가 비축이 필요하다고 인정하는 토지로서 계획관리지역과 자연녹지지역 안의 농지를 한국토지주택공사가 취득하여 소유하는 경우 (이 경우 그 취득한 농지를 전용하기 전까지는 한국농어촌공사에 지체 없이 위탁 하여 임대하거나 무상사용하게 하여야 함)

③ 농지를 임대하거나 무상사용하게 하는 경우에는 그 기간 동안 농지를 계속 소유할 수 있다.

④ 이 법에서 허용된 경우 외에는 농지 소유에 관한 특례를 정할 수 없다.

농지법령상 농지는 자기의 농업경영에 이용하거나 이용할 자가 아니면 소유하지 못함이 원칙이다. 그 **예외**에 해당하지 않는 것은?[33회]

① 8년 이상 농업경영을 하던 사람이 이농한 후에도 이농당시 소유 농지 중 1만 제곱미터를 계속 소유하면서 농업경영에 이용되도록 하는 경우(○)

② 농림축산식품부장관과 협의를 마치고 공익사업을 위한 토지 등의 취득 및 보상에 관한 법률에 따라 농지를 취득하여 소유하면서 농업경영에 이용되도록 하는 경우(○)

③ 공유수면 관리 및 매립에 관한 법률에 따라 매립농지를 취득하여 소유 하면서 농업경영에 이용되도록 하는 경우(○)

④ 주말·체험영농을 하려고 농업진흥지역 내의 농지를 소유하는 경우(×)

⑤ 초·중등교육법 및 고등교육법에 따른 학교가 그 목적사업을 수행하기 위하여 필요한 연구지·실습지로 쓰기 위하여 농림축산식품부령으로 정하는 바에 따라 농지를 취득하여 소유하는 경우(○)

④ 주말·체험영농을 하려고 농업진흥지역 외의 농지를 소유하는 경우에 예외가 인정됩니다. 나머지는 6조2항에 규정된 예외입니다.

2. 농지소유 상한

① 상속으로 농지를 취득한 사람으로서 농업경영을 하지 아니하는 사람은 그 상속 농지 중에서 총 1만㎡까지만 소유할 수 있다.

② 8년 이상 농업경영을 한 후 이농한 사람은 이농 당시 소유 농지 중에서 총 1만㎡까지만 소유할 수 있다.

③ 주말·체험영농을 하려는 사람은 총 1천㎡ 미만의 농지를 소유할 수 있다. 이 경우 면적 계산은 그 세대원 전부가 소유하는 총 면적으로 한다.

④ 농지를 임대하거나 무상사용하게 하는 경우에는 그 기간 동안 소유 상한을 초과하는 농지를 계속 소유할 수 있다.

농지소유 상한
- 상속 1만㎡
- 8년 농업경영 후 이농 1만㎡
- 주말·체험영농 1천㎡

농지법령상 **농지소유상한**에 관한 내용 중 ( ) 안에 들어갈 내용은?(다만, 농지소유자가 농지법령에 따라 농지를 임대하거나 사용대하는 경우는 제외함)[21회]

○ 상속으로 농지를 취득한 자로서 농업경영을 하지 아니하는 자는 그 상속 농지 중에서 총 (ㄱ)㎡ 까지만 소유할 수 있다.
○ 8년 이상 농업경영을 한 후 이농한 자는 이농당시 소유농지 중에서 총 (ㄴ)㎡ 까지만 소유할 수 있다.

① ㄱ: 5,000, ㄴ: 5,000　　② ㄱ: 10,000, ㄴ: 5,000

③ ㄱ: 10,000, ㄴ: 10,000　　④ ㄱ: 30,000, ㄴ: 10,000

⑤ ㄱ: 30,000, ㄴ: 30,000

둘 다 1만㎡죠? 정답③

3. 담보농지의 취득

① 농지의 저당권자로서 **다음에 해당하는 자**는 농지 저당권 실행을 위한 경매기일을 2회 이상 진행하여도 경락인이 없으면 그 후의 경매에 참가하여 그 담보 농지를 취득할 수 있다.

ㄱ. 지역농업협동조합, 지역축산업협동조합, 품목별·업종별협동조합 및 그 중앙회와 농협은행, 지구별 수산업협동조합, 업종별 수산업협동조합, 수산물가공 수산업협동조합 및 그 중앙회와 수협은행, 지역산림조합, 품목별·업종별산림조합 및 그 중앙회

ㄴ. 은행법에 따라 설립된 은행, 상호저축은행, 신용협동조합, 새마을금고 및 그 중앙회, 한국농수산식품유통공사

ㄷ. 한국농어촌공사　ㄹ. 한국자산관리공사　ㅁ. 유동화전문회사등

ㅂ. 농업협동조합자산관리회사

② ①의 ㄱ 및 ㄴ에 따른 농지 저당권자는 취득한 농지의 처분을 한국농어촌공사에 위임할 수 있다.

농지취득자격증명 발급과 농지 위탁운영★★★

줄여서
농·취·증이라고 하죠!

1. 농지취득자격증명의 발급

① 농지를 취득하려는 자는 농지 소재지를 관할하는 시장, 구청장, 읍장 또는 면장(→시·구·읍·면의 장)에게서 농지취득자격증명을 발급받아야 한다.

다만, **다음 경우**에는 <u>농지취득자격증명을 발급받지 아니하고 농지를 취득</u>할 수 있다.

ㄱ. 국가나 지방자치단체가 농지를 소유하는 경우

ㄴ. 상속(유증을 포함)으로 농지를 취득하여 소유하는 경우

ㄷ. 담보농지를 취득하여 소유하는 경우(유동화전문회사등이 저당권자로부터 농지를 취득하는 경우를 포함)

ㄹ. 농지전용협의를 마친 농지를 소유하는 경우

ㅁ. **다음 경우**

- 한국농어촌공사가 농지를 취득하여 소유하는 경우
- 농어촌정비법에 따라 농지를 취득하여 소유하는 경우
- 매립농지를 취득하여 소유하는 경우
- 토지수용으로 농지를 취득하여 소유하는 경우
- 농림축산식품부장관과 협의를 마치고 공익사업을 위한 토지 등의 취득 및 보상에 관한 법률(→토지보상법)에 따라 농지를 취득하여 소유하는 경우

ㅂ. 농업법인의 합병으로 농지를 취득하는 경우

ㅅ. 공유 농지의 분할이나 시효의 완성으로 농지를 취득하는 경우

ㅇ. 농지이용증진사업 시행계획에 따라 농지를 취득하는 경우

② 농취증을 발급받으려는 자는 **다음 사항**이 모두 포함된 농업경영계획서 또는 주말·체험영농계획서를 작성하고 농림축산식품부령으로 정하는 서류를 첨부하여 농지 소재지를 관할하는 시·구·읍·면의 장에게 발급신청을 하여야 한다.

ㄱ. 취득 대상 농지의 면적(공유로 취득하려는 경우 공유 지분의 비율 및 각자가 취득하려는 농지의 위치도 함께 표시)

ㄴ. 취득 대상 농지에서 농업경영을 하는 데에 필요한 노동력 및 농업 기계·장비·시설의 확보 방안

ㄷ. 소유 농지의 이용 실태(농지 소유자에게만 해당)

ㄹ. 농지취득자격증명을 발급받으려는 자의 직업·영농경력·영농거리

다만, **다음**에 따라 농지를 취득하는 자는 농업경영계획서 또는 주말·체험영농계획서를 작성하지 아니하고 농림축산식품부령으로 정하는 서류를 첨부하지 아니하여도 발급신청을 할 수 있다.

ㄱ. 초·중등교육법 및 고등교육법에 따른 학교, 농림축산식품부령으로 정하는 공공단체·농업연구기관·농업생산자단체 또는 종묘나 그 밖의 농업 기자재

저자의 한마디

상속이나 합병은 포괄승계이므로 별도로 농취증 발급이 필요 없는 것이죠.

생산자가 그 목적사업을 수행하기 위하여 필요한 시험지·연구지·실습지·종묘생산지 또는 과수 인공수분용 꽃가루 생산지로 쓰기 위하여 농지를 취득하여 소유하는 경우

ㄴ. 농지전용허가를 받거나 농지전용신고를 한 자가 그 농지를 소유하는 경우

ㄷ. 한국농어촌공사 및 농지관리기금법에 따른 농지의 개발사업지구에 있는 농지로서 1천500㎡ 미만의 농지(도·농간의 교류촉진을 위한 농원부지와 농어촌관광휴양지에 포함된 농지)나 농어촌정비법에 따른 농지를 취득하여 소유하는 경우

ㄹ. 공공토지비축심의위원회가 비축이 필요하다고 인정하는 토지로서 계획관리지역과 자연녹지지역 안의 농지를 한국토지주택공사가 취득하여 소유하는 경우

ㅁ. 농업진흥지역 밖의 농지 중 최상단부부터 최하단부까지의 평균경사율이 15% 이상인 농지로서 영농여건불리농지를 소유하는 경우

저자의 한마디

농업경영계획서를 작성하지 않고 농취증 발급신청을 할 수 있는 5가지 경우를 살펴볼까요? ㄱ~ㄹ의 경우는 계획서 없이도 목적을 알 수 있고, ㅁ의 경우는 영농여건이 불리해서 계획서 작성이 곤란한 경우네요. 그래서 계획서 작성이 면제되는군요.

농지법령상 **농지취득자격증명**을 발급받지 아니하고 농지를 취득할 수 있는 경우에 해당하지 않는 것은?[26회]

① 농업법인의 합병으로 농지를 취득하는 경우
② 농지를 농업인 주택의 부지로 전용하려고 농지전용신고를 한 자가 그 농지를 취득하는 경우
③ 공유농지의 분할로 농지를 취득하는 경우
④ 상속으로 농지를 취득하는 경우
⑤ 시효의 완성으로 농지를 취득하는 경우

②번 지문은 농취증은 발급받되, 농업경영계획서를 작성하지 않아도 되는 경우죠. 정답②

농지법령상 **농지취득자격증명**을 발급하지 아니하고 농지를 취득할 수 있는 경우가 아닌 것은?[32회]

① 시효완성으로 농지를 취득하는 경우
② 공유 농지의 분할로 농지를 취득하는 경우
③ 농업법인의 합병으로 농지를 취득하는 경우
④ 국가나 지방자치단체가 농지를 소유하는 경우
⑤ 주말·체험영농을 하려고 농업진흥지역 외의 농지를 소유하는 경우

⑤ 주말농장하려는 사람은 농취증을 발급받고 농지를 취득해야 합니다. 이때 주말체험영농계획서를 작성하여 제출해야 합니다. 정답⑤

③ 시·구·읍·면의 장은 농지 투기가 성행하거나 성행할 우려가 있는 지역의 농지를 취득하려는 자 등이 농지취득자격증명 발급을 신청한 경우 농지위원회의 심의를 거쳐야 한다.

④ 시·구·읍·면의 장은 농지취득자격증명의 발급 신청을 받은 때에는 그 신청을 받은 날부터 7일(농업경영계획서 또는 주말·체험영농계획서를 작성하지 아니하고 농지취득자격증명의 발급신청을 할 수 있는 경우에는 4일, 농지위원회의 심의 대상의 경우에는 14일) 이내에 신청인에게 농지취득자격증명을 발급하여야 한다.

⑤ 농지취득자격증명을 발급받아 농지를 취득하는 자가 그 소유권에 관한 등기를 신청할 때에는 농지취득자격증명을 첨부하여야 한다.

⑥ 시·구·읍·면의 장은 제출되는 농업경영계획서 또는 주말·체험 영농계획서를 10년간 보존하여야 한다. 농업경영계획서 또는 주말·체험 영농계획서 외의 농지취득자격증명 신청서류의 보존기간도 10년으로 한다.

⑦ 농지취득자격증명의 발급제한

ㄱ. 시·구·읍·면의 장은 농지취득자격증명을 발급받으려는 자가 농업경영계획서 또는 주말·체험영농계획서에 포함하여야 할 사항을 기재하지 아니하거나 첨부하여야 할 서류를 제출하지 아니한 경우 농지취득자격증명을 발급해서는 아니된다.

ㄴ. 시·구·읍·면의 장은 1필지를 공유로 취득하려는 자가 시·군·구의 조례로 정한 수를 초과한 경우에는 농지취득자격증명을 발급하지 아니할 수 있다.

ㄷ. 시·구·읍·면의 장은 농어업경영체 육성 및 지원에 관한 법률에 따른 실태조사 등에 따라 영농조합법인 또는 농업회사법인이 같은 법에 따른 해산명령 청구 요건에 해당하는 것으로 인정하는 경우에는 농지취득자격증명을 발급하지 아니할 수 있다.

2. 농지의 위탁경영

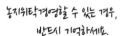

농지 소유자가 소유 농지를 **위탁경영**할 수 있는 경우
① 병역법에 따라 징집 또는 소집된 경우
② 3개월 이상 국외여행(국내여행×) 중인 경우
③ 농업법인이 청산 중인 경우
④ 질병, 취학, 선거에 따른 공직 취임으로 자경할 수 없는 경우
⑤ 부상으로 3월 이상의 치료가 필요하여 자경할 수 없는 경우
⑥ 교도소·구치소 또는 보호감호시설에 수용 중이어서 자경할 수 없는 경우
⑦ 임신 중이거나 분만 후 6개월 미만이어서 자경할 수 없는 경우
⑧ 농지이용증진사업 시행계획에 따라 위탁경영하는 경우
⑨ 농업인이 자기 노동력이 부족하여 농작업의 일부를 위탁하는 경우

ㄱ. **다음 재배작물의 종류별 주요 농작업의 3분의 1 이상**을 자기 또는 세대원의 노동력에 의하는 경우

• 벼 : 이식 또는 파종, 재배관리 및 수확

• 과수 : 가지치기 또는 열매솎기, 재배관리 및 수확

• 벼와 과수 외의 농작물 또는 다년생식물 : 파종 또는 육묘, 이식, 재배관리 및 수확

ㄴ. 자기의 농업경영에 관련된 위 농작업에 1년 중 30일 이상 직접 종사하는 경우

농지법령상 농지소유자가 소유 농지를 **위탁경영**할 수 없는 경우는?^{29회}

① 병역법에 따라 현역으로 징집된 경우 ② 6개월간 미국을 여행 중인 경우

③ 선거에 따른 지방의회의원 취임으로 자경할 수 없는 경우

④ 농업법인이 청산 중인 경우 ⑤ 교통사고로 2개월간 치료가 필요한 경우

⑤ 부상치료는 3개월 이상이어야 위탁경영할 수 있습니다. 정답⑤

농지법령상 농지 소유자가 소유 농지를 **위탁경영**할 수 있는 경우는?^{25회}

① 1년간 국내 여행 중인 경우 ② 농업법인이 소송 중인 경우

③ 농작업 중의 부상으로 2개월간 치료가 필요한 경우

④ 구치소에 수용 중이어서 자경할 수 없는 경우

⑤ 2개월간 국외 여행 중인 경우

① 국내 여행은 위탁경영 사유에 해당하지 않아요. ② 농업법인이 청산 중인 경우, ③ 부상치료는 3개월 이상인 경우, ⑤ 국외여행도 3개월 이상인 경우에 위탁경영할 수 있어요. 정답④

농지법령상 농지 소유자가 **소유 농지를 위탁경영**할 수 있는 경우가 아닌 것은?^{34회}

① 선거에 따른 공직 취임으로 자경할 수 없는 경우

② 병역법에 따라 징집 또는 소집된 경우

③ 농업법인이 청산 중인 경우

④ 농지이용증진사업 시행계획에 따라 위탁경영하는 경우

⑤ 농업인이 자기 노동력이 부족하여 농작업의 전부를 위탁하는 경우

농지의 위탁경영 가능한 경우는 9조가 규정하고 있어요. ⑤ 전부가 아니라 일부를 위탁하는 경우죠. 정답⑤

농지법령상 농지의 소유자가 소유 농지를 **위탁경영**할 수 없는 경우만을 모두 고른 것은?^{30회}

> ㄱ. 과수를 가지치기 또는 열매솎기, 재배관리 및 수확하는 농작업에 1년 중 4주간을 직접 종사하는 경우(×)
> ㄴ. 6개월간 대한민국 전역을 일주하는 여행 중인 경우(×)
> ㄷ. 선거에 따른 공직취임으로 자경할 수 없는 경우(○)

① ㄱ ② ㄴ ③ ㄱ,ㄴ ④ ㄴ,ㄷ ⑤ ㄱ,ㄴ,ㄷ

ㄱ. 농업인이 자기 노동력이 부족하여 농작업의 일부를 위탁하는 경우로서 과수 가지치기 등 농작업에 1년 중 30일 이상 직접 종사하는 경우에 위탁경영할 수 있어요.(시행령 8조2항2호) ㄴ. 여행은 3개월 이상 국외여행 중인 경우에 위탁경영 가능해요. 국내여행은 위탁경영 사유가 아닙니다. 정답③

농업경영에 이용하지 아니하는 농지 등의 처분***

1. 농업경영에 이용하지 아니하는 농지 등의 처분

① 농지 소유자는 **다음 사유**가 발생하면 그 사유가 발생한 날부터 1년 이내에 해당 농지를 그 사유가 발생한 날 당시 세대를 같이하는 세대원이 아닌 자, 그 밖에 농림축산식품부령으로 정하는 자에게 처분하여야 한다.

ㄱ. 초·중등교육법 및 고등교육법에 따른 학교, 농림축산식품부령으로 정하는 공공단체·농업연구기관·농업생산자단체 또는 종묘나 그 밖의 농업 기자재 생산자가 그 목적사업을 수행하기 위하여 필요한 시험지·연구지·실습지·종묘생산지 또는 과수 인공수분용 꽃가루 생산지로 쓰기 위하여 농지를 취득한 자가 그 농지를 해당 목적사업에 이용하지 아니하게 되었다고 시장·군수 또는 구청장이 인정한 경우

ㄴ. 주말·체험영농을 하려고 농지를 취득한 자가 **정당한 사유**(=처분의무 면제사유) **없이** 그 농지를 주말·체험영농에 이용하지 아니하게 되었다고 시장· 군수 또는 구청장이 인정한 경우

ㄷ. 상속으로 농지를 취득하여 소유한 자가 농지를 임대하거나 한국농어촌공사에 위탁하여 임대하는 등 **정당한 사유** 없이 자기의 농업경영에 이용하지 아니하거나 이용하지 아니하게 되었다고 시장·군수 또는 구청장이 인정한 경우

ㄹ. 8년 이상 이상 농업경영을 하던 사람이 이농한 후에도 이농 당시 소유하고 있던 농지를 계속 소유하는 경우 농지를 임대하거나 한국농어촌공사에 위탁하여 임대하는 등 **정당한 사유** 없이 자기의 농업경영에 이용하지 아니하거나 이용하지 아니하게 되었다고 시장·군수 또는 구청장이 인정한 경우

ㅁ. 소유 농지를 자연재해·농지개량·질병 등 **정당한 사유** 없이 자기의 농업경영에 이용하지 아니하거나 이용하지 아니하게 되었다고 시장·군수 또는 구청장이 인정한 경우

ㅂ. 농지를 소유하고 있는 농업회사법인이 요건(→업무집행권을 가진 자 중 3분의 1 이상이 농업인)에 맞지 아니하게 된 후 3개월이 지난 경우

ㅅ. 농지전용허가를 받거나 농지전용신고를 한 자가 농지를 취득한 날부터 2년 이내에 그 목적사업에 착수하지 아니한 경우

ㅇ. 농림축산식품부장관과 협의를 마치고 토지보상법에 따라 농지를 취득하여 소유하는 경우에 협의를 마치지 아니하고 농지를 소유한 경우

ㅈ. 공공토지비축심의위원회가 비축이 필요하다고 인정하는 토지로서 계획관리지역과 자연녹지지역 안의 농지를 한국토지주택공사가 취득하여 소유하는 경우에 소유한 농지를 한국농어촌공사에 지체 없이 위탁하지 아니한 경우

ㅊ. 농지소유 상한을 초과하여 농지를 소유한 것이 판명된 경우(농지소유 상한을 초과하는 면적에 해당하는 농지만 처분)

ㅋ. 자연재해·농지개량·질병 등 **정당한 사유** 없이 농업경영계획서 또는 주말·체험 영농계획서 내용을 이행하지 아니하였다고 시장·군수 또는 구청장이 인정한 경우

처분의무면제사유,
기억해!

심파절

✚ 정당한 사유(=처분의무 면제사유)

- 소유농지를 임대 또는 무상사용하게 하는 경우
- 임대인의 지위를 승계한 양수인이 그 임대차 잔여기간 동안 계속하여 임대하는 경우
- 자연재해, 징집 또는 소집, 질병 또는 취학, 선거에 따른 공직취임 등으로 인하여 휴경하는 경우
- 농산물의 생산조정 또는 출하조절, 농지개량 또는 영농준비를 위하여 휴경하는 경우
- 연작으로 인한 피해가 예상되는 재배작물의 경작이나 재배 전후에 피해예방을 위하여 필요한 기간 동안 휴경하는 경우
- 부상으로 3월 이상의 치료가 필요한 경우
- 임신 중이거나 분만 후 6개월 미만인 경우
- 3월 이상 국외여행을 하는 경우
- 교도소·구치소 또는 보호감호시설에 수용 중인 경우
- 농업법인이 청산 중인 경우
- 가축사육시설이 폐쇄되거나 가축의 사육이 제한되어 해당 축사에서 가축을 사육 하지 못하게 된 경우
- 곤충의 사육 및 유통이 제한되거나 폐기 명령을 받은 경우
- 소유농지가 공원자연보존지구로 지정된 경우

② 시장·군수 또는 구청장은 농지의 처분의무가 생긴 농지의 소유자에게 처분 대상 농지, 처분의무 기간 등을 구체적으로 밝혀 그 농지를 처분하여야 함을 알려야 한다.(→처분의무 발생의 통지)

농지법령상 주말·체험영농을 하려고 **농지를 소유**하는 경우에 관한 설명으로 틀린 것은?[26회]

① 농업인이 아닌 개인도 농지를 소유할 수 있다.(○)
② 세대원 전부가 소유한 면적을 합하여 총 1천 제곱미터 미만의 농지를 소유할 수 있다.(○)
③ 농지를 취득하려면 농지취득자격증명을 발급받아야 한다.(○)
④ 소유 농지를 농수산물 유통·가공시설의 부지로 전용하려면 농지전용신고를 하여야 한다.(○)
⑤ 농지를 취득한 자가 징집으로 인하여 그 농지를 주말·체험영농에 이용하지 못하게 되면 1년 이내에 그 농지를 처분하여야 한다.(×)

④ 농지전용신고는 조금 후에 학습합니다. ⑤ 징집의 경우에는 농지처분의무가 면제됩니다.

2. 처분명령과 매수 청구

① 시장·군수 또는 구청장은 **다음**에 해당하는 농지소유자에게 6개월 이내에 그 농지를 처분할 것을 명할 수 있다.(처분명령)

ㄱ. 거짓이나 그 밖의 부정한 방법으로 농지취득자격증명을 발급받아 농지를 소유한 것으로 시장·군수 또는 구청장이 인정한 경우

ㄴ. 처분의무기간(사유발생일로부터 1년 이내)에 처분 대상 농지를 처분하지 아니한 경우

ㄷ. 농업법인이 농어업경영체 육성 및 지원에 관한 법률을 위반하여 부동산업을 영위한 것으로 시장·군수 또는 구청장이 인정한 경우

② 농지 소유자는 처분명령을 받으면 한국농어촌공사에 그 농지의 매수를 청구할 수 있다.

③ 한국농어촌공사는 매수 청구를 받으면 공시지가를 기준으로 해당 농지를 매수할 수 있다. 이 경우 인근 지역의 실제 거래 가격이 공시지가보다 낮으면 실제 거래 가격을 기준으로 매수할 수 있다.

④ 한국농어촌공사가 농지를 매수하는 데에 필요한 자금은 농지관리기금에서 융자한다.

농지법령상 농업경영에 이용하지 아니하는 농지의 처분의무에 관한 설명으로 옳은 것은?[25회]

① 농지소유자가 선거에 따른 공직취임으로 휴경하는 경우에는 소유농지를 자기의 농업경영에 이용하지 아니하더라도 농지처분의무가 면제된다.(○)

② 농지소유상한을 초과하여 농지를 소유한 것이 판명된 경우에는 소유농지 전부를 처분하여야 한다.(×)

③ 농지처분의무 기간은 처분사유가 발생한 날부터 6개월이다.(×)

④ 농지전용신고를 하고 그 농지를 취득한 자가 질병으로 인하여 취득한 날부터 2년이 초과하도록 그 목적사업에 착수하지 아니한 경우에는 농지처분의무가 면제된다.(×)

⑤ 농지소유자가 시장·군수 또는 구청장으로부터 농지처분명령을 받은 경우 한국토지주택공사에 그 농지의 매수를 청구할 수 있다.(×)

① 공직취임의 경우 농지처분의무가 면제됩니다. ② 소유농지 전부가 아니라 초과하는 면적만 처분하면 됩니다. ③ 6개월이 아니라 1년이죠. ④ 이 경우에는 질병 등 처분의무 면제사유가 규정되어 있지 않아요.(10조1항5호) 따라서 질병이 있더라도 2년이 지나도록 목적사업에 착수하지 않으면 농지를 처분해야 합니다. ⑤ 한국토지주택공사가 아니라 한국농어촌공사입니다.

3. 처분명령의 유예

① 시장·군수 또는 구청장은 처분의무기간에 처분대상 농지를 처분하지 아니한 농지 소유자가 **다음**에 해당하면 처분의무 기간이 지난 날부터 3년간 처분명령을 직권으로 유예할 수 있다.

ㄱ. 해당 농지를 자기의 농업경영에 이용하는 경우

ㄴ. 한국농어촌공사나 그밖에 대통령령으로 정하는 자와 해당 농지의 매도위탁 계약을 체결한 경우

② 시장·군수 또는 구청장은 처분명령을 유예 받은 농지 소유자가 처분명령 유예 기간에 위의 유예사유에 해당하지 아니하게 되면 지체 없이 그 유예한 처분 명령을 하여야 한다.

③ 농지 소유자가 처분명령을 유예 받은 후 유예한 처분명령을 받지 아니하고 그 유예 기간이 지난 경우에는 처분의무에 대하여 처분명령이 유예된 농지의 그 처분의무만 없어진 것(처분의무의 소멸)으로 본다.

4. 이행강제금

① 시장·군수 또는 구청장은 정당한 사유 없이 지정기간까지 그 처분명령을 이행하지 아니한 자 또는 원상회복 명령의 이행에 필요한 상당한 기간을 정하였음에도 그 기한까지 원상회복을 아니한 자에게 감정평가법인등이 감정평가한 감정가격 또는 개별공시지가 중 더 높은 가액의 100분의 25에 해당하는 이행강제금을 부과한다.

② 시장·군수 또는 구청장은 이행강제금을 부과하기 전에 이행강제금을 부과·징수한다는 뜻을 미리 문서로 알려야 한다.

③ 시장·군수 또는 구청장은 이행강제금을 부과하는 경우 이행강제금의 금액, 부과사유, 납부기한, 수납기관, 이의제기 방법, 이의제기 기관 등을 명시한 문서 로 하여야 한다.

④ 시장·군수 또는 구청장은 최초로 처분명령을 한 날을 기준으로 하여 그 처분 명령이 이행될 때까지 이행강제금을 매년 1회 부과·징수할 수 있다.

⑤ 시장·군수 또는 구청장은 처분명령을 받은 자가 처분명령을 이행하면 새로운 이행강제금의 부과는 즉시 중지하되, 이미 부과된 이행강제금은 징수 하여야 한다.

⑥ 이행강제금 부과처분에 불복하는 자는 그 처분을 고지받은 날부터 30일 이내 에 시장·군수 또는 구청장에게 이의를 제기할 수 있다.

⑦ 이행강제금 부과처분을 받은 자가 이의를 제기하면 시장·군수 또는 구청장 은 지체 없이 관할 법원에 그 사실을 통보하여야 하며, 그 통보를 받은 관할 법원 은 비송사건절차법에 따른 과태료 재판에 준하여 재판을 한다.

농업경영에 이용하지 아니하는 농지에 관하여 농지법령에 규정되어 있지 않은 것은?[20회]

① 처분의무 발생의 통지 ② 처분명령의 유예 ③ 매수청구권의 행사

④ 대집행   ⑤ 이행강제금의 부과

④ 대집행에 대해서는 규정하고 있지 않아요. 정답④

농지의 이용 증진★★

1. 농지이용증진사업

(1) 농지이용증진사업의 시행

시장 · 군수 · 자치구구청장, 한국농어촌공사, 그밖에 대통령령으로 정하는 자(→사업시행자)는 농지 이용을 증진하기 위하여 **다음 사업** (농지이용증진사업)을 시행할 수 있다.

① 농지의 매매 · 교환 · 분합 등에 의한 농지 소유권 이전을 촉진하는 사업

② 농지의 장기 임대차, 장기 사용대차에 따른 농지 임차권(사용대차에 따른 권리를 포함) 설정을 촉진하는 사업

③ 위탁경영을 촉진하는 사업

④ 농업인이나 농업법인이 농지를 공동으로 이용하거나 집단으로 이용하여 농업경영을 개선하는 농업 경영체 육성사업

(2) 농지이용증진사업의 요건

농지이용증진사업은 **다음의 모든 요건**을 갖추어야 한다.

① 농업경영을 목적으로 농지를 이용할 것

② 농지 임차권 설정, 농지 소유권 이전, 농업경영의 수탁 · 위탁이 농업인 또는 농업법인의 경영규모를 확대하거나 농지이용을 집단화하는 데에 기여할 것

③ 기계화 · 시설자동화 등으로 농산물 생산 비용과 유통 비용을 포함한 농업경영 비용을 절감하는 등 농업경영 효율화에 기여할 것

(3) 농지이용증진사업 시행계획의 수립

① 시장·군수 또는 자치구구청장이 농지이용증진사업을 시행하려고 할 때에는 농지이용증진사업 시행계획을 수립하여 시·군·구 농업·농촌 및식품산업정책심의회의 심의를 거쳐 확정하여야 한다. 수립한 계획을 변경하려고 할 때에도 또한 같다.

② 시장 · 군수 또는 자치구구청장 외의 사업시행자(→한국농어촌공사 등)가 농지이용증진사업을 시행하려고 할 때에는 농지이용증진사업 시행계획을 수립하여 시장 · 군수 또는 자치구구청장에게 제출하여야 한다.

③ 농지이용증진사업 시행계획에 포함될 사항

ㄱ. 농지이용증진사업의 시행 구역(장소)

농지이용증진사업
① 농지소유권 이전 촉진사업
② 농지 임차권 설정 촉진사업
③ 위탁경영 촉진사업
④ 농업경영체 육성사업

ㄴ. 농지 소유권이나 임차권을 가진 자, 임차권을 설정받을 자, 소유권을 이전받을 자 또는 농업경영을 위탁하거나 수탁할 자에 관한 사항(사람)

ㄷ. 임차권이 설정되는 농지, 소유권이 이전되는 농지 또는 농업경영을 위탁하거나 수탁하는 농지에 관한 사항(대상)

ㄹ. 설정하는 임차권의 내용, 농업경영 수탁ㆍ위탁의 내용 등에 관한 사항(내용)

ㅁ. 소유권 이전 시기, 이전 대가, 이전 대가 지불 방법(대가)

ㅂ. 임차권을 설정하는 경우에는 임차료 및 그 지불방법(대가)

ㅅ. 농업경영을 위탁하거나 수탁하는 경우에는 보수 및 그 지불방법(대가)

ㅇ. 소유권을 이전하는 농지에 다른 권리가 설정되어 있는 경우에는 그 권리에 관한 사항(권리)

(4) 농지이용증진사업 시행계획의 고시와 효력

① 시장ㆍ군수 또는 자치구구청장이 농지이용증진사업 시행계획을 확정하거나 그 계획을 제출받은 경우(보완을 요구한 경우에는 그 보완이 끝난 때)에는 지체 없이 이를 고시하고 관계인에게 열람하게 하여야 한다.

② 사업시행자는 농지이용증진사업 시행계획이 고시되면 농지 소유권이나 임차권을 가진 자, 임차권을 설정받을 자, 소유권을 이전받을 자 또는 농업 경영을 위탁하거나 수탁할 자의 동의를 얻어 해당 농지에 관한 등기를 촉탁 하여야 한다.

③ 사업시행자가 등기를 촉탁하는 경우에는 농지이용증진사업 시행계획을 확정한 문서 또는 농지이용증진사업 시행계획이 고시된 문서와 동의서를 등기원인을 증명하는 서면으로 본다.

(5) 농지이용증진사업에 대한 지원

국가와 지방자치단체는 농지이용증진사업을 원활히 실시하기 위하여 필요한 지도와 주선을 하며, 예산의 범위에서 사업에 드는 자금의 일부를 지원할 수 있다.

2. 대리경작자의 지정

① 시장ㆍ군수 또는 구청장은 유휴농지에 대하여 그 농지의 소유권자나 임차권자를 대신하여 농작물을 경작할 자(→대리경작자)를 직권으로 지정하거나 유휴농지를 경작하려는 자의 신청을 받아 대리경작자를 지정할 수 있다.

② 대리경작자를 지정할 수 없는 농지

ㄱ. 지력의 증진이나 토양의 개량ㆍ보전을 위하여 필요한 기간 동안 휴경하는 농지

ㄴ. 연작으로 인하여 피해가 예상되는 재배작물의 경작 또는 재배 전후에 지력의 증진 또는 회복을 위하여 필요한 기간 동안 휴경하는 농지

ㄷ. 농지전용허가를 받거나 농지전용협의를 거친 농지

ㄹ. 농지전용신고를 한 농지

ㅁ. 농지의 타용도 일시사용허가를 받거나 협의를 거친 농지

ㅂ. 농지의 타용도 일시사용신고를 하거나 협의를 거친 농지

ㅅ. 그밖에 농림축산식품부장관이 정하는 농지로서 위 농지에 준하는 농지

유휴농지
농작물 경작이나 다년생식물 재배에 이용되지 아니하는 농지

③ 시장 · 군수 또는 구청장은 <u>대리경작자를 지정하려면</u> 그 농지의 소유권자 또는 임차권자에게 예고하여야 하며, <u>대리경작자를 지정하면</u> 그 농지의 대리경작자와 소유권자 또는 임차권자에게 지정통지서를 보내야 한다.

④ 대리경작 기간은 <u>따로 정하지 아니하면 3년</u>으로 한다.

⑤ 대리경작자는 <u>수확량의 100분의 10</u>을 그 농지의 소유권자나 임차권자에게 토지사용료로 지급하여야 한다. 이 경우 <u>수령을 거부하거나 지급이 곤란한</u> <u>경우</u>에는 토지사용료를 공탁할 수 있다.

⑥ 대리경작 농지의 소유권자 또는 임차권자가 그 농지를 <u>스스로 경작하려면</u> 대리경작 기간이 끝나기 3개월 전까지, 그 대리경작 기간이 끝난 후에는 (바로) <u>대리 경작자 지정을 중지할 것</u>을 시장·군수 또는 구청장에게 신청(·대리경작자 지정 중지 신청)하여야 하며, 신청을 받은 시장 · 군수 또는 구청장은 신청을 받은 날부터 1개월 이내에 대리경작자 지정 중지를 그 대리경작자와 그 농지의 소유권자 또는 임차권자에게 알려야 한다.

⑦ 시장·군수 또는 구청장은 **다음**에 해당하면 <u>대리경작 기간이 끝나기 전이라도</u> 대리경작자 지정을 해지할 수 있다.

ㄱ. 대리경작 농지의 소유권자나 임차권자가 정당한 사유를 밝히고 지정 해지 신청을 하는 경우

ㄴ. 대리경작자가 경작을 게을리하는 경우

ㄷ. 대리경작자로 지정된 자가 토지사용료를 지급 또는 공탁하지 아니하는 경우

ㄹ. 대리경작자로 지정된 자가 대리경작자의 지정해지를 신청하는 경우

농지법령상 유휴농지에 대한 대리경작자의 지정에 관한 설명으로 옳은 것은?[32회]

① 지력의 증진이나 토양의 개량·보전을 위하여 필요한 기간 동안 휴경하는 농지에 대해서도 대리경작자를 지정할 수 있다.(×)

② 대리경작자 지정은 유휴농지를 경작하려는 농업인 또는 농업법인의 신청이 있을 때만 할 수 있고, 직권으로는 할 수 없다.(×)

③ 대리경작자가 경작을 게을리하는 경우에는 대리경작 기간이 끝나기 전이라도 대리경작자 지정을 취소할 수 있다.(○)

④ 대리경작 기간은 3년이고, 이와 다른 기간을 따로 정할 수 없다.(×)

⑤ 농지 소유권자를 대신할 대리경작자만 지정할 수 있고, 농지 임차권자를 대신할 대리경작자를 지정할 수는 없다.(×)

① 지력증진을 위해 휴경하려고 하는데 대리경작자를 지정하면 안 되겠죠? ② 직권으로도 지정할 수 있어요. ④ 대리경작 기간은 따로 기간을 정함이 없을 경우 3년입니다. 따로 정하면 그 기간에 따릅니다. ⑤ 농지 소유권자 뿐만 아니라 농지 임차권자를 대신할 대리경작자도 지정할 수 있어요.

농지법령상 (   ) 안에 알맞은 것을 나열한 것은?[23회]

> ○ 유휴농지를 대리경작하는 경우 대리경작자는 수확량의 (ㄱ)을 그 농지의 소유
> 권자나 임차권자에게 토지사용료로 지급하여야 한다.
> ○ 농업법인이란 농어업경영체 육성 및 지원에 관한 법률에 따라 설립된 영농조합법
> 인과 같은 법에 따라 설립되고 업무집행권을 가진 자 중 (ㄴ) 이상이 농업인인
> 농업회사법인을 말한다.

① ㄱ: 100분의 10, ㄴ: 4분의 1 ② ㄱ: 100분의 10, ㄴ: 3분의 1

③ ㄱ: 100분의 20, ㄴ: 4분의 1 ④ ㄱ: 100분의 20, ㄴ: 2분의 1

⑤ ㄱ: 100분의 30, ㄴ: 2분의 1

대리경작자는 수확량의 10%를 지급해야 하고, 농업법인에서 업무집행권을 가진 자 중 1/3이
상은 농업인이어야 하죠. 빈출지문들입니다. 정답②

3. 농지 소유의 세분화 방지

① 국가와 지방자치단체는 농업인이나 농업법인의 농지 소유가 세분화되는
것을 막기 위하여 농지를 어느 한 농업인 또는 하나의 농업법인이 일괄적으로
상속·증여 또는 양도받도록 필요한 지원을 할 수 있다.

② 농업생산기반 정비사업이 시행된 농지는 **다음 경우**에만 분할할 수 있다.

ㄱ. 도시지역의 주거지역·상업지역·공업지역 또는 도시·군계획시설부지에
포함되어 있는 농지를 분할하는 경우

ㄴ. 농지전용허가를 받거나 농지전용신고를 하고 전용한 농지를 분할하는 경우

ㄷ. 분할 후의 각 필지의 면적이 2천㎡를 넘도록 분할하는 경우

ㄹ. 농지를 개량하는 경우

ㅁ. 인접 농지와 분합하는 경우

ㅂ. 농지의 효율적인 이용을 저해하는 인접 토지와의 불합리한 경계를 시정하는 경우

ㅅ. 농업생산기반 정비사업을 시행하는 경우

ㅇ. 농지의 교환·분합을 시행하는 경우

ㅈ. 농지이용증진사업을 시행하는 경우

③ 시장·군수 또는 구청장은 농지를 효율적으로 이용하고 농업생산성을 높이기
위하여 통상적인 영농 관행 등을 감안하여 농지 1필지를 공유로 소유(상속으로
농지를 취득하여 소유하는 경우는 제외)하려는 자의 **최대인원수를** 7인 이하의
범위에서 시·군·구의 조례로 정하는 바에 따라 제한할 수 있다.

농업생산기반 정비사업
농어촌정비사업의 일종으로
농지, 농어촌용수 등의 자원을
효율적으로 이용하여 농업의
생산성을 높일 수 있도록 종합
적이고 체계적으로 시행하는
사업(농어촌정비법 6조)

농지의 임대차***

1. 농지의 임대차 또는 사용대차

① 다음의 경우에만 농지를 임대하거나 무상사용하게 할 수 있다.

ㄱ. **다음 농지를 임대하거나 무상사용하게 하는 경우**

농업경영을 하지 않는데도 예외적으로 농지를 소유할 수 있는 경우 중에서 1) 학교 등이 목적사업을 수행하기 위하여 소유하는 경우와 2) 주말·체험영농을 하려고 소유하는 경우를 제외한 나머지의 경우

ㄴ. 농지이용증진사업 시행계획에 따라 농지를 임대하거나 무상사용하게 하는 경우

ㄷ. 질병, 징집, 취학, 선거에 따른 공직취임, **다음의 부득이한 사유로** 인하여 일시적으로 농업경영에 종사하지 아니하게 된 자가 소유하고 있는 농지를 임대하거나 무상사용하게 하는 경우

- 부상으로 3월 이상의 치료가 필요한 경우
- 교도소·구치소 또는 보호감호시설에 수용 중인 경우
- 3월 이상 국외여행을 하는 경우
- 농업법인이 청산 중인 경우
- 임신 중이거나 분만 후 6개월 미만인 경우

ㄹ. 60세 이상인 사람으로서 농업인 또는 농업경영에 더 이상 종사하지 않게 된 사람이 소유하고 있는 농지 중에서 자기의 농업경영에 이용한 기간이 5년이 넘은 농지를 임대하거나 무상 사용하게 하는 경우

ㅁ. 개인이 소유하고 있는 농지 중 3년 이상 소유한 농지를 주말·체험영농을 하려는 자에게 임대하거나 무상사용하게 하는 경우, 또는 주말·체험영농을 하려는 자에게 임대하는 것을 업으로 하는 자에게 임대하거나 무상사용하게 하는 경우

ㅂ. 농업법인이 소유하고 있는 농지를 주말·체험영농을 하려는 자에게 임대하거나 무상사용하게 하는 경우

ㅅ. 개인이 소유하고 있는 농지 중 3년 이상 소유한 농지를 한국농어촌공사 등에게 위탁하여 임대하거나 무상사용하게 하는 경우

ㅇ. **다음의 농지를** 한국농어촌공사 등에게 위탁하여 임대하거나 무상사용하게 하는 경우

- 상속으로 농지를 취득한 사람으로서 농업경영을 하지 아니하는 사람이 소유 상한을 초과하여 소유하고 있는 농지
- 8년 이상 농업경영을 한 후 이농한 사람이 소유 상한을 초과하여 소유하고 있는 농지

ㅈ. 농지 규모화, 농작물 수급 안정 등을 목적으로 한 사업을 추진하기 위하여 필요한 자경 농지를 임대하거나 무상사용하게 하는 경우

ㅊ. 자경 농지를 농림축산식품부장관이 정하는 이모작을 위하여 8개월 이내로 임대하거나 무상사용하게 하는 경우

농지법령상 농지를 임대하거나 무상사용하게 할 수 있는 요건 중 일부이다. ( )에 들어갈 숫자로 옳은 것은?[34회]

> 가. (ㄱ)세 이상인 농업인이 거주하는 시·군에 있는 소유 농지 중에서 자기의 농업경영에 이용한 기간이 (ㄴ)년이 넘은 농지
> 나. (ㄷ)월 이상의 국외여행으로 인하여 일시적으로 농업경영에 종사하지 아니하게 된 자가 소유하고 있는 농지

① ㄱ: 55, ㄴ: 3, ㄷ: 3 ② ㄱ: 60, ㄴ: 3, ㄷ: 5 ③ ㄱ: 60, ㄴ: 5, ㄷ: 3
④ ㄱ: 65, ㄴ: 4, ㄷ: 5 ⑤ ㄱ: 65, ㄴ: 5, ㄷ: 1

> 가. 60세 이상 농업인, 5년 넘은 농지(23조1항4호) 나. 3월 이상 국외여행(시행령24조1항3호)
> 정답③

② 농지를 임차하거나 사용대차한 임차인 또는 사용대차인이 그 농지를 정당한 사유 없이 농업경영에 사용하지 아니할 때에는 시장·군수·구청장이 임대차 또는 사용대차의 종료를 명할 수 있다.

> ✚ **금지 행위**(제7조의2)
> **누구든지 다음에 해당하는 행위**를 하여서는 아니 된다.
> ① 농지 소유 제한이나 농지 소유 상한에 대한 위반 사실을 알고도 농지를 소유하도록 권유하거나 중개하는 행위
> ② 농지의 위탁경영 제한에 대한 위반 사실을 알고도 농지를 위탁경영하도록 권유하거나 중개하는 행위
> ③ 농지의 임대차 또는 사용대차 제한에 대한 위반 사실을 알고도 농지 임대차나 사용대차하도록 권유하거나 중개하는 행위
> ④ 위의 행위와 그 행위가 행하여지는 업소에 대한 광고 행위

2. 임대차·사용대차 계약 방법과 확인

① 임대차계약과 사용대차계약은 서면계약을 원칙으로 한다.(농업경영을 하려는 자에게 임대 또는 무상사용하게 하는 경우만 해당)

② 임대차계약은 그 등기가 없는 경우에도 임차인이 농지소재지를 관할하는 시·구·읍·면의 장의 확인을 받고, 해당 농지를 인도받은 경우에는 그 다음 날부터 제3자에 대하여 효력(대항력)이 생긴다.

③ 시·구·읍·면의 장은 농지임대차계약 확인대장을 갖추어 두고, 임대차 계약증서를 소지한 임대인 또는 임차인의 확인 신청이 있는 때에는 임대차 계약을 확인한 후 대장에 그 내용을 기록하여야 한다.

> **저자의 한마디**
> 일반적으로 계약은 불요식이지만, 농지임대차(사용대차)계약은 서면계약이 원칙입니다. 주의!

3. 임대차 기간

① 임대차 기간은 3년 이상으로 하여야 한다.

다만, **다음 농지의 경우에는** 5년 이상으로 하여야 한다.(자경 농지를 이모작을 위하여 8개월 이내로 임대하는 경우는 제외)

ㄱ. 농지의 임차인이 다년생식물의 재배지로 이용하는 농지

ㄴ. 농지의 임차인이 농작물의 재배시설로서 고정식온실 또는 비닐하우스를 설치한 농지

② 임대차 기간을 정하지 아니하거나 3년 미만으로 정한 경우에는 3년으로 약정된 것으로 본다. 다만, 임차인은 3년 미만으로 정한 임대차 기간이 유효함을 주장할 수 있다.

③ 임대인은 **다음의 불가피한 사유가** 있는 경우에는 임대차 기간을 3년 미만으로 정할 수 있다.

ㄱ. 질병, 징집, 취학, 선거에 의한 공직에 취임의 경우

ㄴ. 부상으로 3개월 이상의 치료가 필요한 경우

ㄷ. 교도소 · 구치소 또는 보호감호시설에 수용 중인 경우

ㄹ. 농업법인이 청산 중인 경우

ㅁ. 농지전용허가를 받았거나 농지전용신고를 하였으나 농지전용목적사업에 착수하지 않은 경우

④ 위의 임대차 기간은 임대차계약을 연장 또는 갱신하거나 재계약을 체결하는 경우에도 동일하게 적용한다.

4. 임대차계약에 관한 조정

① 임대차계약의 당사자는 임대차 기간, 임차료 등 임대차계약에 관하여 서로 협의가 이루어지지 아니한 경우에는 농지소재지를 관할하는 시장 · 군수 또는 자치구구청장에게 조정을 신청할 수 있다.

② 시장·군수 또는 자치구구청장은 조정의 신청이 있으면 지체 없이 농지임대차 조정위원회를 구성하여 조정절차를 개시하여야 한다.

③ 농지임대차조정위원회에서 작성한 조정안을 임대차계약 당사자가 수락한 때에는 이를 해당 임대차의 당사자 간에 체결된 계약의 내용으로 본다.

④ 농지임대차조정위원회는 위원장 1명을 포함한 3명의 위원으로 구성하며, 위원장은 부시장 · 부군수 또는 자치구의 부구청장이 되고, 위원은 시 · 군 · 구 농업 · 농촌및식품산업정책심의회의 위원으로서 조정의 이해당사자와 관련이 없는 사람 중에서 시장 · 군수 또는 자치구구청장이 위촉한다.

농지법령상 **농지의 임대차**에 관한 설명으로 틀린 것은?(단, 농업경영을 하려는 자에게 임대하는 경우를 전제로 함)[31회]

① 60세 이상 농업인은 자신이 거주하는 시·군에 있는 소유 농지 중에서 자기의 농업경영에 이용한 기간이 5년이 넘은 농지를 임대할 수 있다.(○)

② 농지를 임차한 임차인이 그 농지를 정당한 사유 없이 농업경영에 사용하지 아니할 때에는 시장·군수·구청장은 임대차의 종료를 명할 수 있다.(○)

③ 임대차계약은 그 등기가 없는 경우에도 임차인이 농지소재지를 관할하는 시·구·읍·면의 장의 확인을 받고, 해당 농지를 인도받은 경우에는 그 다음 날부터 제 3자에 대하여 효력이 생긴다.(○)

④ 농지의 임차인이 농작물의 재배시설로서 비닐하우스를 설치한 농지의 임대차기간은 10년 이상으로 하여야 한다.(×)

⑤ 농지임대차조정위원회에서 작성한 조정안을 임대차계약당사자가 수락한 때에는 이를 당사자 간에 체결된 계약의 내용으로 본다.(○)

④ 비닐하우스를 설치한 농지는 5년 이상입니다.(시행령 24조의 2 1항2호)

5. 기타

(1) 묵시의 갱신

임대인이 임대차 기간이 끝나기 3개월 전까지 임차인에게 임대차계약을 갱신하지 아니한다는 뜻이나 임대차계약 조건을 변경한다는 뜻을 통지하지 아니하면 그 임대차 기간이 끝난 때에 이전의 임대차계약과 같은 조건으로 다시 임대차계약을 한 것으로 본다.

(2) 임대인의 지위 승계

임대 농지의 양수인은 이 법에 따른 임대인의 지위를 승계한 것으로 본다.

(3) 강행규정

이 법에 위반된 약정으로서 임차인에게 불리한 것은 그 효력이 없다.

(4) 국유농지와 공유농지의 임대차 특례

국유재산과 공유재산인 농지에 대하여는 제24조(임대차·사용대차 계약 방법과 확인), 제24조의2(임대차 기간), 제24조의3(임대차계약에 관한 조정 등), 제25조(묵시의 갱신), 제26조(임대인의 지위 승계) 및 제26조의2(강행규정)를 적용하지 아니한다.

농지법령상 **농지의 임대차**에 관한 설명으로 틀린 것은?(단, 농업경영을 하려는 자에게 임대하는 경우이며, 국유농지와 공유농지가 아님을 전제로 함)[24회]

① 임대차 기간을 정하지 아니하거나 5년보다 짧은 경우에는 5년으로 약정된 것으로 본다.(×)

② 농지법에 위반된 약정으로서 임차인에게 불리한 것은 그 효력이 없다.(○)

농지임대차는
서면계약이 원칙!

③ 임대차계약은 서면계약을 원칙으로 한다.(○)

④ 임대 농지의 양수인은 농지법에 따른 임대인의 지위를 승계한 것으로 본다.(○)

⑤ 임대차계약은 그 등기가 없는 경우에도 임차인이 농지소재지를 관할하는 시·구·읍·면의 장의 확인을 받고, 해당 농지를 인도받은 경우에는 그 다음날부터 제3자에 대하여 효력이 생긴다.(○)

> ① 5년이 아니라 3년입니다. ④ 빈출지문!

농지법령상 농지의 대리경작 및 임대차에 관한 설명으로 틀린 것은?[21회수정]

① 유휴농지의 대리경작 기간은 따로 정하지 아니하면 3년으로 한다.(○)

② 농업경영을 하려는 자에게 농지를 임대하는 경우 서면계약을 원칙으로 한다.(○)

③ 임대 농지의 양수인은 농지법에 따른 임대인의 지위를 승계한 것으로 본다.(○)

④ 지력의 증진을 위하여 필요한 기간 동안 휴경하는 농지에 대하여는 대리경작자를 지정할 수 없다.(○)

⑤ 자기의 농업경영을 위해 농지를 소유하는 자는 주말·체험영농을 하려는 자에게 임대하는 것을 업으로 하는 자에게 자신의 농지를 임대할 수 없다.(×)

> ①②③ 빈출지문! ⑤ 주말·체험영농을 하려는 자에게 임대하는 것을 업으로 하는 자에게도 자신의 농지를 임대할 수 있습니다.

농지법령상 국·공유재산이 아닌 A농지와 국유재산인 B농지를 농업경영을 하려는 자에게 임대차하는 경우에 관한 설명으로 옳은 것은?(단, 다년생식물 재배지등에 해당하는 농지가 아님)[27회수정]

① A농지의 임대차계약은 등기가 있어야만 제3자에게 효력이 생긴다.(×)

② 임대인이 취학을 이유로 A농지를 임대하는 경우 임대차기간은 3년 이상으로 하여야 한다.(×)

③ 임대인이 질병을 이유로 A농지를 임대하였다가 같은 이유로 임대차계약을 갱신하는 경우 임대차기간은 3년 이상으로 하여야 한다.(×)

④ A농지의 임차인이 그 농지를 정당한 사유 없이 농업경영에 사용하지 아니할 경우 농지소재지 읍·면장은 임대차의 종료를 명할 수 있다.(×)

⑤ B농지의 임대차기간은 3년 미만으로 할 수 있다.(○)

> ① A농지는 등기가 없어도 시·구·읍·면의 장에게 확인받고 인도받으면 제3자에게 효력이 생깁니다. ② 취학을 이유로 하는 임대는 불가피한 경우에 해당하므로 임대차기간은 3년 미만으로 할 수 있습니다. ③ 질병을 이유로 하는 임대도 불가피한 경우로 임대차기간은 3년 미만으로 할 수 있습니다. 또한 임대차계약을 갱신하는 경우에도 임대차기간은 3년 미만으로 할 수 있어요. ④ 읍·면장이 아니라 시장·군수·구청장이 임대차의 종료를 명할 수 있습니다. ⑤ 국유농지는 임대차기간 규정의 적용을 받지 않으므로 임대차기간을 3년 미만으로도 할 수 있답니다.

03 농지의 보전, 보칙★★★

저자의 한마디

절대농지라는 말을 들어보셨죠?
바로 농업진흥지역이 예전 절대
농지의 미비점을 보완한 제도랍
니다.

시·도지사가
농업진흥지역의 지정권자!

농업진흥지역의 지정과 운용★★★

1. 농업진흥지역의 지정

① 특별시장·광역시장·특별자치시장·도지사 또는 특별자치도지사(→
시·도지사)는 농지를 효율적으로 이용하고 보전하기 위하여 농업진흥지역을
지정한다.

② 농업진흥지역은 다음의 용도구역으로 구분하여 지정할 수 있다.

ㄱ. 농업진흥구역

농업의 진흥을 도모하여야 하는 다음 지역으로서 농림축산식품부장관이 정하는
규모로 농지가 집단화되어 농업 목적으로 이용할 필요가 있는 지역

1) 농지조성사업 또는 농업기반정비사업이 시행되었거나 시행 중인 지역으로서
   농업용으로 이용하고 있거나 이용할 토지가 집단화되어 있는 지역

2) 위 지역 외의 지역으로서 농업용으로 이용하고 있는 토지가 집단화되어 있는 지역

ㄴ. 농업보호구역

농업진흥구역의 용수원 확보, 수질 보전 등 농업 환경을 보호하기 위하여 필요한 지역

2. 농업진흥지역의 지정 대상

저자의 한마디

달리 말하면, 도시지역 중 주거·
상업·공업지역과 특별시의 녹지
지역에만 농업진흥지역을 지정
할 수 없습니다.

농업진흥지역 지정은 녹지지역·관리지역·농림지역 및 자연환경보전지역을
대상으로 한다. 다만, 특별시의 녹지지역은 지정대상이 아니다.

농지법령상 **농업진흥지역**을 지정할 수 없는 지역은?[31회]

① 특별시의 녹지지역 ② 특별시의 관리지역 ③ 광역시의 관리지역
④ 광역시의 농림지역 ⑤ 군의 자연환경보전지역

농업진흥지역은 주·상·공을 제외한 녹·관·농·자에서 지정할 수 있지만, 특별시의 녹지지역은
제외합니다. 정답①

3. 농업진흥지역의 지정 절차

① 시·도지사는 시·도 농업·농촌및식품산업정책심의회의 심의를 거쳐 농림
축산식품부장관의 승인을 받아 농업진흥지역을 지정한다.

② 시·도지사는 농업진흥지역을 지정하면 지체 없이 이 사실을 고시하고 관계
기관에 통보하여야 하며, 시장·군수 또는 자치구구청장으로 하여금 일반인
에게 열람하게 하여야 한다.

③ 농림축산식품부장관은 녹지지역이나 계획관리지역이 농업진흥지역에 포함되면 농업진흥지역 지정을 승인하기 전에 국토교통부장관과 협의하여야 한다.

4. 농업진흥지역 등의 변경과 해제

① 시·도지사는 **다음 사유가** 있으면 농업진흥지역 또는 용도구역을 변경하거나 해제할 수 있다. 다만, 그 사유가 없어진 경우에는 원래의 농업진흥지역 또는 용도구역으로 환원하여야 한다.

ㄱ. 농업진흥지역을 해제하는 경우

1) 용도지역을 변경하는 경우(농지의 전용을 수반하는 경우에 한함)

2) 미리 농지의 전용에 관한 협의를 하는 경우

3) 해당 지역의 여건변화로 농업진흥지역의 지정요건에 적합하지 않게 된 경우 (농업진흥지역 안의 부지의 면적이 3만㎡ 이하인 경우로 한정)

ㄴ. 해당 지역의 여건변화로 농업진흥지역 밖의 지역을 농업진흥지역으로 편입하는 경우

ㄷ. 용도구역을 변경하는 경우

1) 해당 지역의 여건변화로 농업보호구역의 전부 또는 일부를 농업진흥구역으로 변경하는 경우

2) 해당 지역의 여건변화로 농업진흥구역 안의 3만㎡ 이하의 토지를 농업보호구역으로 변경하는 경우

3) **다음에** 해당하는 농업진흥구역 안의 토지를 농업보호구역으로 변경하는 경우
- 계획홍수위선으로부터 상류 반경 500m 이내의 지역으로서 농업생산기반 정비사업이 시행되지 않은 지역
- 저수지 부지

저자의 한마디

해당지역의 여건변화로 농업진흥지역을 해제하거나 농업진흥구역 안의 토지를 농업보호구역으로 변경하는 경우에는 토지면적이 3만㎡ 이하여야 해요.

② 농업진흥지역 또는 용도구역의 변경 절차, 해제 절차 또는 환원 절차 등에 관하여는 농업진흥지역의 지정 절차를 준용한다. 다만, 원래의 농업진흥지역 또는 용도구역으로 환원하거나 농업보호구역을 농업진흥구역으로 변경하는 경우 등의 변경은 시·도 농업·농촌 및 식품산업 정책심의회의 심의나 농림축산식품부장관의 승인 없이 할 수 있다.

5. 주민의견청취

시·도지사는 농업진흥지역을 지정·변경 및 해제하려는 때에는 미리 해당 토지의 소유자에게 그 내용을 개별통지하고 해당 지역주민의 의견을 청취하여야 한다.

다만, **다음 경우**에는 지역주민의 의견을 청취하지 않아도 된다.

① 다른 법률에 따라 토지소유자에게 개별 통지한 경우

② 통지를 받을 자를 알 수 없거나 그 주소·거소, 그밖에 통지할 장소를 알 수 없는 경우

환원이나 변경의 경우 심의나 승인 필요없어!

6. 실태조사

① 농림축산식품부장관은 효율적인 농지 관리를 위하여 매년 **다음 조사**를 하여야 한다.

ㄱ. 유휴농지 조사

ㄴ. 농업진흥지역의 실태조사

ㄷ. 정보시스템에 등록된 농지의 현황에 대한 조사

ㄹ. 그 밖의 농림축산식품부령으로 정하는 사항에 대한 조사

② 농림축산식품부장관이 농업진흥지역 실태조사 결과 농업진흥지역 등의 변경 및 해제 사유가 발생했다고 인정하는 경우 시·도지사는 해당 농업진흥지역 또는 용도구역을 변경하거나 해제할 수 있다.

7. 용도구역에서의 행위 제한

① 농업진흥구역에서는 농업 생산 또는 농지 개량과 직접적으로 관련된 행위로서 **다음의 토지이용행위만**을 할 수 있다.

ㄱ. 농작물의 경작 ㄴ. 다년생식물의 재배

ㄷ. 고정식온실·버섯재배사 및 비닐하우스와 농림축산식품부령으로 정하는 그 부속시설의 설치

ㄹ. 축사·곤충사육사와 농림축산식품부령으로 정하는 그 부속시설의 설치

ㅁ. 간이퇴비장의 설치 ㅂ. 농지개량사업 또는 농업용수개발사업의 시행

ㅂ. 농막·농촌체류형 쉼터·간이저온저장고 및 간이액비 저장조 중에서 농림축산식품부령으로 정하는 시설의 설치

ㅅ. 농촌산업지구 및 농촌융복합산업지구, 스마트농업 육성지구 안에서 수직 농장·식물공장의 설치

농업진흥구역에서는 **다음의 토지이용행위도** 할 수 있다.

ㄱ. 농수산물의 가공·처리 시설의 설치 및 농수산업 관련 시험·연구 시설의 설치

ㄴ. 어린이놀이터, 마을회관 등 농업인의 공동생활에 필요한 편의 시설 및 이용 시설의 설치

ㄷ. 농업인 주택, 어업인 주택, 농업용 시설, 축산업용 시설 또는 어업용 시설의 설치

ㄹ. 국방·군사 시설의 설치

ㅁ. 하천, 제방, 그밖에 이에 준하는 국토 보존 시설의 설치

ㅂ. 문화재의 보수·복원·이전, 매장 문화재의 발굴, 비석이나 기념탑, 그밖에 이와 비슷한 공작물의 설치

ㅅ. 도로, 철도 등 공공시설의 설치

ㅇ. 지하자원 개발을 위한 탐사 또는 지하광물 채광과 광석의 선별 및 적치를 위한 장소로 사용하는 행위

ㅈ. 농어촌 소득원 개발 등 농어촌 발전에 필요한 시설

② 농업보호구역에서는 **다음의 토지이용행위만**을 할 수 있다.

ㄱ. 농업진흥구역에서 허용되는 토지이용행위

ㄴ. 농업인 소득 증대에 필요한 시설로서 건축물·공작물, 그 밖의 시설의 설치

ㄷ. 농업인의 생활 여건을 개선하기 위하여 필요한 시설로서 건축물·공작물, 그 밖의 시설의 설치

③ 농업진흥지역 지정 당시 관계 법령에 따라 인가·허가 또는 승인 등을 받거나 신고하고 설치한 기존의 건축물·공작물과 그 밖의 시설에 대하여는 위(①,②)의 행위 제한 규정을 적용하지 아니한다.

④ 농업진흥지역 지정 당시 관계 법령에 따라 **다음 행위**에 대하여 인가·허가·승인 등을 받거나 신고하고 공사 또는 사업을 시행 중인 자는 그 공사 또는 사업에 대하여만 위(①,②)의 행위 제한 규정을 적용하지 아니한다.

ㄱ. 건축물의 건축 ㄴ. 공작물이나 그 밖의 시설의 설치 ㄷ. 토지의 형질변경

ㄹ. 그밖에 위의 행위에 준하는 행위

8. 농업진흥지역에 대한 개발투자 확대 및 우선 지원

① 국가와 지방자치단체는 농업진흥지역에 대하여 농지 및 농업시설의 개량·정비, 농어촌도로·농산물유통시설의 확충, 그밖에 농업 발전을 위한 사업에 우선적으로 투자하여야 한다.

② 국가와 지방자치단체는 농업진흥지역의 농지에 농작물을 경작하거나 다년생식물을 재배하는 농업인 또는 농업법인에게 자금 지원이나 조세 경감 등 필요한 지원을 우선 실시하여야 한다.

9. 농업진흥지역의 농지매수 청구

① 농업진흥지역의 농지를 소유하고 있는 농업인 또는 농업법인은 한국농어촌공사에 그 농지의 매수를 청구할 수 있다.

② 한국농어촌공사는 매수 청구를 받으면 감정평가법인등이 평가한 금액을 기준으로 해당 농지를 매수할 수 있다.

③ 한국농어촌공사가 농지를 매수하는 데에 필요한 자금은 농지관리기금에서 융자한다.

저자의 한마디

처분명령을 받은 농지는 공시지가로 매수하지만, 농업진흥지역의 농지는 감정평가금액으로 매수합니다. 차이점, 주의!

농지법령상 **농업진흥지역**에 관한 설명으로 옳은 것은?[22회수정]
① 농업보호구역의 용수원 확보, 수질보전 등 농업 환경을 보호하기 위하여 필요한 지역을 농업진흥구역으로 지정할 수 있다.(×)
② 광역시의 녹지지역은 농업진흥지역의 지정 대상이 아니다.(×)
③ 농업보호구역에서는 매장 문화재의 발굴행위를 할 수 없다.(×)

④ 육종연구를 위한 농수산업에 관한 시험·연구시설로서 그 부지의 총면적이 3,000㎡ 미만인 시설은 농업진흥구역 내에 설치할 수 있다.(○)

⑤ 녹지지역을 포함하는 농업진흥지역을 지정하는 경우 국토교통부장관의 승인을 요한다.(×)

> ① 농업진흥구역과 농업보호구역이 서로 바꿔야 맞습니다. ② 특별시의 녹지지역이 농업진흥지역의 지정대상이 아니죠. ③ 농업진흥구역뿐 아니라 농업보호구역에서도 매장문화재의 발굴행위를 할 수 있어요. ④ 시행령29조2항3호 ⑤ 농림식품축산부장관은 이 경우에 국장과 협의해야 합니다. 장관끼리 승인하고 승인받고 하진 않죠.(30조3항)

농지의 전용***

1. 농지의 전용허가 · 협의

① 농지를 전용하려는 자는 농림축산식품부장관의 허가를 받아야 한다. 다만, **다음 경우**에는 허가를 받지 않아도 된다.

ㄱ. 도시지역 또는 계획관리지역에 있는 농지로서 협의를 거친 농지나 협의 대상에서 제외되는 농지를 전용하는 경우

ㄴ. 농지전용신고를 하고 농지를 전용하는 경우

ㄷ. 산지전용허가를 받지 아니하거나 산지전용신고를 하지 아니하고 불법으로 개간한 농지를 산림으로 복구하는 경우

② **다음의 중요 사항**을 변경하려는 경우에도 농림축산식품부장관의 허가를 받아야 한다.

ㄱ. 전용허가를 받은 농지의 면적 또는 경계

ㄴ. 전용허가를 받은 농지의 위치(동일 필지 안에서 위치를 변경하는 경우에 한함)

ㄷ. 전용허가를 받은 자의 명의

ㄹ. 설치하려는 시설의 용도 또는 전용목적사업

③ 주무부장관이나 지방자치단체의 장은 **다음**에 해당하면 농림축산식품부장관과 미리 농지전용에 관한 협의를 하여야 한다.

ㄱ. 도시지역에 주거지역 · 상업지역 또는 공업지역을 지정하거나 도시지역에 도시 · 군계획 시설을 결정할 때에 해당 지역 예정지 또는 시설 예정지에 농지가 포함되어 있는 경우(이미 지정된 주거지역 · 상업지역 · 공업지역을 다른 지역으로 변경하거나 이미 지정된 주거지역 · 상업지역 · 공업지역에 도시 · 군계획시설을 결정하는 경우는 제외)

ㄴ. 계획관리지역에 지구단위계획구역을 지정할 때에 해당 구역 예정지에 농지가 포함되어 있는 경우

ㄷ. 도시지역의 녹지지역 및 개발제한구역의 농지에 대하여 개발행위를 허가하거나 토지의 형질변경허가를 하는 경우

2. 농지전용신고

① 농지를 **다음 시설**의 부지로 전용하려는 자는 시장·군수 또는 자치구구청장에게 신고하여야 한다. 신고한 사항을 변경하려는 경우에도 또한 같다.

ㄱ. 농업인 주택, 어업인 주택, 농축산업용 시설, 농수산물 유통·가공 시설

ㄴ. 어린이놀이터·마을회관 등 농업인의 공동생활 편의 시설

ㄷ. 농수산 관련 연구 시설과 양어장·양식장 등 어업용 시설

② 시장·군수 또는 자치구구청장은 신고를 받은 경우 그 내용을 검토하여 이 법에 적합하면 신고를 수리하여야 한다.

농지법령상 농지의 전용에 관한 설명으로 옳은 것은?[29회]

① 과수원인 토지를 재해로 인한 농작물의 피해를 방지하기 위한 방풍림 부지로 사용하는 것은 농지의 전용에 해당하지 않는다.(○)

② 전용허가를 받은 농지의 위치를 동일 필지 안에서 변경하는 경우에는 농지전용신고를 하여야 한다.(×)

③ 산지전용허가를 받지 아니하고 불법으로 개간한 농지라도 이를 다시 산림으로 복구하려면 농지전용허가를 받아야 한다.(×)

④ 농지를 농업인 주택의 부지로 전용하려는 경우에는 농림축산식품부장관에게 농지전용신고를 하여야 한다.(×)

⑤ 농지전용신고를 하고 농지를 전용하는 경우에는 농지를 전·답·과수원 외의 지목으로 변경하지 못한다.(×)

> ① 방풍림 부지도 농지에 해당하므로 과수원에서 방풍림 부지로 바꾸는 것은 농지전용이 아니에요. ② 중요사항의 변경이므로 신고하는 것이 아니라 허가를 받아야 합니다. ③ 불법개간한 농지를 산림으로 복구하는 경우에는 농지전용허가를 받지 않아도 됩니다. ④ 농장이 아니라 시장·군수·구청장에게 전용신고를 해야 해요. ⑤ 농지전용을 신고하거나 허가를 받는 이유는 농지 외의 용도(예를 들면, 택지)로 쓰기 위해서잖아요? 따라서 전·답·과수원 외의 지목으로 변경할 수 있어요죠.

3. 농지의 타용도 일시사용허가

① 농지를 **다음 용도**로 일시 사용하려는 자는 일정 기간 사용한 후 농지로 복구한다는 조건으로 시장·군수 또는 자치구구청장의 (조건부)허가를 받아야 한다. 허가받은 사항을 변경하려는 경우에도 또한 같다. 다만, 국가나 지방자치단체의 경우에는 시장·군수 또는 자치구구청장과 협의하여야 한다.

ㄱ. 건축허가 또는 건축신고 대상시설이 아닌 간이 농수축산업용 시설과 농수산물의 간이 처리 시설을 설치하는 경우

ㄴ. 주목적사업(해당 농지에서 허용되는 사업만 해당)을 위하여 현장 사무소나 부대시설, 그밖에 이에 준하는 시설을 설치하거나 물건을 적치하거나 매설하는 경우

ㄷ. 대통령령으로 정하는 토석과 광물을 채굴하는 경우

ㄹ. 전기사업을 영위하기 위한 목적으로 설치하는 태양에너지 발전설비로서 법정 요건을 모두 갖춘 경우

ㅁ. 건축허가 또는 건축신고 대상시설이 아닌 작물재배사(고정식온실·버섯재배사 및 비닐하우스는 제외) 중 농업생산성 제고를 위하여 정보통신기술을 결합한 시설로서 법정요건을 모두 갖춘 시설을 설치하는 경우

② 시장·군수 또는 자치구구청장은 주무부장관이나 지방자치단체의 장이 다른 법률에 따른 사업 또는 사업계획 등의 인가·허가 또는 승인 등과 관련하여 농지의 타용도 일시사용 협의를 요청하면, 그 인가·허가 또는 승인 등을 할 때에 해당 사업을 시행하려는 자에게 <u>일정 기간 그 농지를 사용한 후 농지로 복구한다는</u> 조건을 붙일 것을 전제로 협의할 수 있다.

③ 시장·군수 또는 자치구구청장은 허가를 하거나 협의를 할 때에는 사업을 시행하려는 자에게 농지로의 복구계획을 제출하게 하고 복구비용을 예치하게 할 수 있다. 이 경우 예치된 복구비용은 사업시행자가 사업이 종료된 후 농지로의 복구계획을 이행하지 않는 경우 복구대행비로 사용할 수 있다.

④ 시장·군수·자치구구청장은 <u>최초 농지의 타용도 일시사용 후 목적사업을 완료하지 못하여 그 기간을 연장하려는 경우</u>에는 복구비용을 재산정하여 예치한 복구비용이 재산정한 복구비용보다 적은 경우에는 그 차액을 추가로 예치하게 하여야 한다.

4. 농지의 타용도 일시사용신고

① 농지를 다음 용도로 일시사용하려는 자는 <u>지력을 훼손하지 아니하는 범위에서 일정 기간 사용한 후 농지로 원상복구한다는</u> 조건으로 시장·군수 또는 자치구구청장에게 신고하여야 한다. 신고한 사항을 변경하려는 경우에도 또한 같다. 다만, 국가나 지방자치단체의 경우에는 시장·군수 또는 자치구구청장과 협의하여야 한다.

ㄱ. 썰매장, 지역축제장 등으로 일시적으로 사용하는 경우

ㄴ. 다음 시설을 일시적으로 설치하는 경우

• 건축허가 또는 건축신고 대상시설이 아닌 간이 농수축산업용 시설과 농수산물의 간이 처리 시설을 설치하는 경우

• 주목적사업(해당 농지에서 허용되는 사업만 해당)을 위하여 현장 사무소나 부대시설, 그밖에 이에 준하는 시설을 설치하거나 물건을 적치하거나 매설하는 경우

② 시장·군수 또는 자치구구청장은 주무부장관이나 지방자치단체의 장이 다른 법률에 따른 사업 또는 사업계획 등의 인가·허가 또는 승인 등과 관련하여 농지의 타용도 일시사용 협의를 요청하면, 그 인가·허가 또는 승인 등을 할 때에 해당 사업을 시행하려는 자에게 <u>일정 기간 그 농지를 사용한 후 농지로 복구한다는</u> 조건을 붙일 것을 전제로 협의할 수 있다.

③ 시장·군수 또는 자치구구청장은 신고를 수리하거나 협의를 할 때에는 사업을 시행하려는 자에게 농지로의 복구계획을 제출하게 하고 복구비용을 예치하게 할 수 있다. 이 경우 예치된 복구비용은 사업시행자가 사업이 종료된 후 농지로의 복구계획을 이행하지 않는 경우 복구대행비로 사용할 수 있다.

④ 시장·군수 또는 자치구구청장은 신고를 받은 날부터 10일 이내에 신고수리 여부를 신고인에게 통지하여야 한다.

⑤ 시장·군수 또는 자치구구청장이 기간 내에 신고수리 여부 또는 민원 처리 관련 법령에 따른 처리기간의 연장을 신고인에게 통지하지 아니하면 그 기간이 끝난 날의 다음 날에 신고를 수리한 것으로 본다.

농지법령상 농지의 타용도 일시사용신고를 할 수 있는 용도에 해당하지 않는 것은?
(단, 일시사용기간은 6개월 이내이며, 신고의 다른 요건은 충족한 것으로 봄)[35회]

① 썰매장으로 사용하는 경우

② 지역축제장으로 사용하는 경우

③ 해당 농지에서 허용되는 주목적사업을 위하여 물건을 매설하는 경우

④ 해당 농지에서 허용되는 주목적사업을 위하여 현장 사무소를 설치하는 경우

⑤ 전기사업법상 전기사업을 영위하기 위한 목적으로 신에너지 및 재생에너지 개발·이용·보급 촉진법에 따른 태양에너지 발전설비를 설치하는 경우

> ①② 36조의2 1항1호 ③④ 3조의2 1항2호 ⑤ 태양에너지 발전설비를 설치하는 경우에는 일시사용신고가 아니라 일시사용허가를 받아야 해요.(36조1항4호) 정답⑤

5. 농지전용허가 등의 제한

① 농림축산식품부장관은 농지전용허가를 결정할 경우 **다음 시설의** 부지로 사용하려는 농지는 전용을 허가할 수 없다. 다만, 도시지역·계획관리지역 및 개발진흥지구에 있는 농지는 **다음 시설의** 부지로 사용하더라도 전용을 허가할 수 있다.

ㄱ. 대기오염배출시설로서 대통령령으로 정하는 시설

ㄴ. 폐수배출시설로서 대통령령으로 정하는 시설

ㄷ. 농업의 진흥이나 농지의 보전을 해칠 우려가 있는 시설로서 대통령령으로 정하는 시설

② 농림축산식품부장관, 시장·군수 또는 자치구구청장은 농지전용허가 및 협의를 하거나 농지의 타용도 일시사용허가 및 협의를 할 때 그 농지가 **다음에** 해당하면 전용을 제한하거나 타용도 일시사용을 제한할 수 있다.(전용이나 일시사용 제한사유)

ㄱ. 전용하려는 농지가 농업생산기반이 정비되어 있거나 농업생산기반 정비사업 시행예정 지역으로 편입되어 우량농지로 보전할 필요가 있는 경우

ㄴ. 해당 농지를 전용하거나 다른 용도로 일시사용하면 일조·통풍·통작에 매우 크게 지장을 주거나 농지개량시설의 폐지를 수반하여 인근 농지의 농업경영에 매우 큰 영향을 미치는 경우

ㄷ. 해당 농지를 전용하거나 타용도로 일시 사용하면 토사가 유출되는 등 인근 농지 또는 농지개량시설을 훼손할 우려가 있는 경우

ㄹ. 전용 목적을 실현하기 위한 사업계획 및 자금 조달계획이 불확실한 경우

ㅁ. 전용하려는 농지의 면적이 전용 목적 실현에 필요한 면적보다 지나치게 넓은 경우

6. 둘 이상의 용도지역·용도지구에 걸치는 농지에 대한 전용허가 시 적용기준

한 필지의 농지에 도시지역·계획관리지역 및 개발진흥지구와 그 외의 용도지역 또는 용도지구가 걸치는 경우로서 해당 농지 면적에서 차지하는 비율이 가장 작은 용도지역 또는 용도지구가 330㎡ 이하인 경우에는 해당 농지 면적에서 차지하는 비율이 가장 큰 용도지역 또는 용도지구를 기준으로 적용한다.

7. 농지관리위원회의 설치·운영

저자의 한마디

타용도일시사용허가를 받은 자는 농지보전부담금을 내지 않습니다.

① 농림축산식품부장관의 **다음 사항**에 대한 자문에 응하게 하기 위하여 농림축산식품부에 농지관리위원회를 둔다.

ㄱ. 농지의 이용, 보전 등의 정책 수립에 관한 사항

ㄴ. 농지전용허가 및 협의 또는 농지전용신고 사항 중 100만㎡(농업진흥지역의 경우 30만㎡) 이상의 농지전용에 관한 사항

ㄷ. 그 밖에 농림축산식품부장관이 필요하다고 인정하여 위원회에 부치는 사항

② 위원회는 위원장 1명을 포함한 20명 이내의 위원으로 구성한다.

③ 위원회의 위원은 관계 행정기관의 공무원, 농업·농촌·토지이용·공간정보·환경 등과 관련된 분야에 관한 학식과 경험이 풍부한 사람 중에서 농림축산식품부장관이 위촉하며, 위원장은 위원 중에서 호선한다.

④ 위원장 및 위원의 임기는 2년으로 한다.

8. 농지보전부담금

① **다음에 해당하는 자**는 농지의 보전·관리 및 조성을 위한 부담금(→농지보전부담금)을 농지관리기금을 운용·관리하는 자에게 내야 한다.

ㄱ. 농지전용허가를 받는 자

ㄴ. 농지전용협의를 거친 지역 예정지 또는 시설 예정지에 있는 농지를 전용하려는 자

ㄷ. 농지전용에 관한 협의를 거친 구역 예정지에 있는 농지를 전용하려는 자

ㄹ. 농지전용협의를 거친 농지를 전용하려는 자

ㅁ. 농지전용신고를 하고 농지를 전용하려는 자

② 농지보전부담금의 분납이 가능한 경우

ㄱ. 공공기관과 지방공기업이 산업단지의 시설용지로 농지를 전용하는 경우

ㄴ. 도시개발법에 따른 사업시행자(국가와 지방자치단체 제외)가 도시개발사업(환지방식에 한함)의 부지로 농지를 전용하는 경우

ㄷ. 관광진흥법에 따른 개발사업시행자(지방자치단체 제외)가 관광지 또는 관광단지의 시설용지로 농지를 전용하는 경우

ㄹ. 중소기업을 영위하려는 자가 중소기업의 공장용지로 농지를 전용하는 경우

ㅁ. 공장설립 등의 승인을 받으려는 자가 공장용지로 농지를 전용하는 경우

ㅂ. 농지보전부담금이 개인의 경우 건당 2천만원 이상, 그 외의 경우 건당 4천만원 이상인 경우

③ 농림축산식품부장관은 농지보전부담금을 나누어 내게 하려면 농지보전부담금을 나누어 내려는 자에게 나누어 낼 농지보전부담금에 대한 납입보증보험증서 등을 미리 예치하게 하여야 한다. 다만, 농지보전부담금을 나누어 내려는 자가 국가나 지방자치단체, 공공기관인 경우에는 그러하지 아니하다.

④ 농지를 전용하려는 자는 농지보전부담금의 전부 또는 일부를 농지전용허가 · 농지전용신고 전까지 납부하여야 한다.

⑤ 농지관리기금을 운용 · 관리하는 자는 **다음**에 해당하는 경우 그에 해당하는 농지보전부담금을 환급하여야 한다.(환급사유)

ㄱ. 농지보전부담금을 낸 자의 허가가 취소된 경우

ㄴ. 농지보전부담금을 낸 자의 사업계획이 변경된 경우

ㄷ. 농지보전부담금을 납부하고 허가를 받지 못한 경우

ㄹ. 그밖에 이에 준하는 사유로 전용하려는 농지의 면적이 당초보다 줄어든 경우

⑥ 농림축산식품부장관은 **다음**에 해당하면 농지보전부담금을 감면할 수 있다.

ㄱ. 국가나 지방자치단체가 공용 목적이나 공공용 목적으로 농지를 전용하는 경우

ㄴ. 대통령령으로 정하는 중요 산업 시설을 설치하기 위하여 농지를 전용하는 경우

ㄷ. 농지전용신고 대상시설이나 그밖에 대통령령으로 정하는 시설을 설치하기 위하여 농지를 전용하는 경우

⑦ 농지보전부담금은 해당 농지의 개별공시지가의 범위에서 대통령령으로 정하는 부과기준을 적용하여 산정한 금액으로 하되, 농업진흥지역과 농업진흥지역 밖의 농지를 차등하여 부과기준을 적용할 수 있으며, 부과기준일은 **다음**과 같다.

ㄱ. 농지전용허가를 받는 경우 : 허가를 신청한 날(허가를 받은 날×)

ㄴ. 농지전용신고를 하고 농지를 전용하려는 경우 : 신고를 접수한 날

⑧ 농림축산식품부장관은 농지보전부담금을 내야 하는 자가 납부기한까지 내지 아니하면 납부기한이 지난 후 10일 이내에 납부기한으로부터 30일 이내의 기간을 정한 독촉장을 발급하여야 한다.

⑨ 농림축산식품부장관은 농지보전부담금을 내야 하는 자가 납부기한까지 부담금을 내지 아니한 경우에는 납부기한이 지난날부터 체납된 농지보전부담금의 100분의 3(3%)에 상당하는 금액을 가산금으로 부과한다.

가산금 3%, 중가산금 1.2%
100만원 미만 중가산금 X
중가산금 60개월 초과 X

⑩ 농림축산식품부장관은 농지보전부담금을 체납한 자가 체납된 농지보전부담금을 납부하지 아니한 때에는 납부기한이 지난날부터 1개월이 지날 때마다 체납된 농지보전부담금의 1천분의 12(1.2%)에 상당하는 가산금(__중가산금)을 위의 가산금에 더하여 부과하되, 체납된 농지보전부담금의 금액이 100만원 미만인 경우는 중가산금을 부과하지 아니한다. 이 경우 중가산금을 가산하여 징수하는 기간은 60개월을 초과하지 못한다.

⑪ 농림축산식품부장관은 농지보전부담금을 내야 하는 자가 독촉장을 받고 지정된 기한까지 부담금과 가산금 및 중가산금을 내지 아니하면 국세 또는 지방세 체납처분의 예에 따라 징수할 수 있다.

⑫ 농림축산식품부장관은 다음 사유가 있으면 해당 농지보전부담금에 관하여 결손처분을 할 수 있다. 다만, ㄱ·ㄴ 및 ㄷ의 경우 결손처분을 한 후에 압류할 수 있는 재산을 발견하면 지체 없이 결손처분을 취소하고 체납처분을 하여야 한다.

ㄱ. 체납처분이 종결되고 체납액에 충당된 배분금액이 그 체납액에 미치지 못한 경우

ㄴ. 체납처분의 목적물인 총재산의 추산가액이 체납처분비에 충당하고 남을 여지가 없는 경우

ㄷ. 체납자가 사망하거나 행방불명되는 등의 사유로 인하여 징수할 가능성이 없다고 인정되는 경우

ㄹ. 농지보전부담금을 받을 권리에 대한 소멸시효가 완성된 경우

9. 전용허가의 취소

① 농림축산식품부장관, 시장·군수 또는 자치구구청장은 농지전용허가 또는 농지의 타용도 일시사용허가를 받았거나 농지전용신고, 농지의 타용도 일시사용신고 또는 농지개량행위의 신고를 한 자가 다음에 해당하면 허가를 취소하거나 관계 공사의 중지, 조업의 정지, 사업규모의 축소 또는 사업계획의 변경, 그밖에 필요한 조치를 명할 수 있다. 다만, ㅅ에 해당하면 그 허가를 취소하여야 한다.

ㄱ. 거짓이나 그 밖의 부정한 방법으로 허가를 받거나 신고한 것이 판명된 경우

ㄴ. 허가 목적이나 허가 조건을 위반하는 경우

ㄷ. 허가를 받지 아니하거나 신고하지 아니하고 사업계획 또는 사업 규모를 변경하는 경우

ㄱ이 절대적 취소사유가
아니라는 점, 주의!

ㄱ~ㅂ : 임의적 취소사유
ㅅ : 절대적 취소사유

ㄹ. 허가를 받거나 신고를 한 후 농지전용 목적사업과 관련된 사업계획의 변경 등의 정당한 사유 없이 최초로 허가를 받거나 신고를 한 날부터 2년 이상 대지의 조성, 시설물의 설치 등 농지전용 목적 사업에 착수하지 아니하거나 농지전용 목적사업에 착수한 후 1년 이상 공사를 중단한 경우

ㅁ. 농지보전부담금을 내지 아니한 경우

ㅂ. 허가를 받은 자나 신고를 한 자가 허가취소를 신청하거나 신고를 철회하는 경우

ㅅ. 허가를 받은 자가 관계 공사의 중지 등 조치명령을 위반한 경우(→절대적 허가취소 사유)

② 농림축산식품부장관은 다른 법률에 따라 농지의 전용이 의제되는 협의를 거쳐 농지를 전용하려는 자가 농지보전부담금 부과 후 농지보전부담금을 납부하지 아니하고 2년 이내에 농지전용의 원인이 된 목적사업에 착수하지 아니하는 경우 관계 기관의 장에게 그 목적사업에 관련된 승인·허가 등의 취소를 요청할 수 있다. 이 경우 취소를 요청받은 관계 기관의 장은 특별한 사유가 없으면 이에 따라야 한다.

농지법령상 농지의 전용에 관한 설명으로 옳은 것은?[24회수정]

① 농업진흥지역 밖의 농지를 마을회관 부지로 전용하려는 자는 농지전용 허가를 받아야 한다.(×)

② 농지전용허가를 받은 자가 조업의 정지명령을 위반한 경우에는 그 허가를 취소하여야 한다.(○)

③ 농지의 타용도 일시사용허가를 받는 자는 농지보전부담금을 납입하여야 한다.(×)

④ 농지전용허가권자는 농지보전부담금의 납입을 조건으로 농지전용허가를 할 수 없다.(×)

⑤ 해당 농지에서 허용되는 주목적사업을 위하여 현장사무소를 설치하는 용도로 농지를 일시 사용하려는 자는 시·도지사의 허가를 받아야 한다.(×)

① 농지를 마을회관 부지로 전용할 때는 전용신고를 해야죠. ② 조치명령의 위반은 절대적 허가취소사유입니다. ③ 타용도 일시사용의 경우에는 농지보전부담금을 납입하지 않아요. ④ 조건부 허가할 수 있어요. ⑤ 시장·군수 또는 자치구구청장에게 일시사용허가를 받아야 해요.

농지법령상 농지의 전용 등에 관한 설명으로 틀린 것은?[23회수정]

① 산지관리법에 따른 산지전용허가를 받지 아니하고 불법으로 개간한 농지를 산림으로 복구하는 경우는 농지전용허가의 대상이 아니다.(○)

② 다른 법률에 따라 농지전용허가가 의제되는 협의를 거쳐 농지를 전용하는 경우는 농지전용허가를 받지 않아도 된다.(○)

③ 시장은 허가를 하거나 협의를 할 때에는 사업을 시행하려는 자에게 농지로의 복구계획을 제출하게 하고 복구비용을 예치하게 할 수 있다.(○)

④ 농지를 전용하려는 자는 농지보전부담금의 전부 또는 일부를 농지전용 허가·농지전용신고 전까지 납부하여야 한다. (○)

⑤ 농지전용허가를 받은 자가 관계 공사의 중지명령을 위반한 경우에는 허가를 취소하거나 조업의 정지를 명할 수 있다.(×)

① 빈출지문! ⑤ 조치명령 위반은 절대적 취소사유입니다. 취소할 수 있는 것이 아니라 취소해야 해요. 빈출지문!

10. 용도변경의 승인

① 농지전용허가, 농지전용협의, 농지전용신고 절차를 거쳐 농지전용 목적사업에 사용되고 있거나 사용된 토지를 5년 이내에 다른 목적으로 사용하려는 경우에는 시장·군수 또는 자치구구청장의 승인을 받아야 한다.

② 승인을 받아야 하는 자 중 농지보전부담금이 감면되는 시설의 부지로 전용된 토지를 농지보전부담금 감면 비율이 다른 시설의 부지로 사용하려는 자는 그에 해당하는 농지보전부담금을 내야 한다.

11. 농지의 지목 변경 제한

① 다음 경우에만 농지를 전·답·과수원 외의 지목으로 변경할 수 있다.

ㄱ. 농지전용허가를 받거나 농지를 전용한 경우

ㄴ. 산지전용허가를 받지 아니하거나 산지전용신고를 하지 아니하고 불법으로 개간한 농지를 산림으로 복구하는 경우와 하천관리청의 허가를 받고 농지의 형질을 변경하거나 공작물을 설치하기 위하여 농지를 전용하는 경우

ㄷ. 농지전용신고를 하고 농지를 전용한 경우

ㄹ. 농어촌용수의 개발사업이나 농업생산기반 개량사업의 시행으로 토지의 개량 시설의 부지로 변경되는 경우

ㅁ. 시장·군수 또는 자치구구청장이 천재지변이나 그 밖의 불가항력의 사유로 그 농지의 형질이 현저히 달라져 원상회복이 거의 불가능하다고 인정하는 경우

② 토지소유자는 위의 사유로 토지의 형질변경 등이 완료·준공되어 토지의 용도가 변경된 경우 그 사유가 발생한 날부터 60일 이내에 지적소관청에 지목변경을 신청하여야 한다.

12. 농지개량행위의 신고

농지를 개량하려는 자 중 성토 또는 절토를 하려는 자는 시장·군수 또는 자치구구청장에게 신고하여야 하며, 신고한 사항을 변경하려는 경우에도 또한 같다. 다만, 다음 경우에는 신고하지 않아도 된다.

① 개발행위의 허가를 받은 경우

② 국가 또는 지방자치단체가 공익상의 필요에 따라 직접 시행하는 사업을 위하여 성토 또는 절토하는 경우

③ 재해복구나 재난수습에 필요한 응급조치를 위한 경우

④ 경미한 행위

ㄱ. 면적 1천㎡ 이하인 농지에 대한 성토

ㄴ. 면적 1천㎡ 이하인 농지에 대한 절토

ㄷ. 높이(최근 1년간 성토한 높이를 합산한 것) 50㎝ 이내의 성토

ㄹ. 깊이(최근 1년간 절토한 깊이를 합산한 것) 50㎝ 이내의 절토

13. 원상회복

① 농림축산식품부장관, 시장 · 군수 또는 자치구구청장은 다음에 해당하면 그 행위를 한 자, 해당 농지의 소유자 · 점유자 또는 관리자에게 기간을 정하여 원상회복을 명할 수 있다.

ㄱ. 농지전용허가 또는 농지의 타용도 일시사용허가를 받지 아니하고 농지를 전용하거나 다른 용도로 사용한 경우

ㄴ. 농지전용신고 또는 농지의 타용도 일시사용신고를 하지 아니하고 농지를 전용하거나 다른 용도로 사용한 경우

ㄷ. 허가가 취소된 경우

ㄹ. 농지전용신고를 한 자가 조치명령을 위반한 경우

ㅁ. 농지개량 기준을 준수하지 아니하고 농지를 개량한 경우

ㅂ. 신고 또는 변경신고를 하지 아니하고 농지를 성토 또는 절토한 경우

② 농림축산식품부장관, 시장 · 군수 또는 자치구구청장은 원상회복명령을 위반하여 원상회복을 하지 아니하면 대집행으로 원상회복을 할 수 있다.

14. 농지전용허가의 특례

농지전용허가를 받아야 하는 자가 농업진흥지역 밖의 농지 중 최상단부부터 최하단부까지의 평균경사율이 15% 이상인 농지(=영농여건불리농지)로서 대통령령으로 정하는 농지를 전용하려면 시장 · 군수 또는 자치구구청장에게 신고하고 농지를 전용할 수 있다.

농지위원회*

1. 농지위원회의 설치

농지의 취득 및 이용의 효율적인 관리를 해 시·구·읍·면에 각각 농지위원회를 둔다. 다만, 해당 지역 내의 농지가 650만㎡ 이하이거나, 농지위원회의 효율적 운영을 위하여 필요한 경우 시 · 군의 조례로 정하는 바에 따라 그 행정구역 안에 권역별로 설치할 수 있다.

2. 농지위원회의 구성

① 농지위원회는 위원장 1명을 포함한 10명 이상 20명 이하의 위원으로 구성하며 위원장은 위원 중에서 호선한다.

② 농지위원회의 위원은 **다음에 해당하는 사람**으로 구성한다.

ㄱ. 해당 지역에서 농업경영을 하고 있는 사람

ㄴ. 해당 지역에 소재하는 농업 관련 기관 또는 단체의 추천을 받은 사람

ㄷ. 비영리민간단체의 추천을 받은 사람

ㄹ. 농업 및 농지정책에 대하여 학식과 경험이 풍부한 사람

③ 농지위원회의 효율적 운영을 위하여 필요한 경우에는 각 10명 이내의 위원으로 구성되는 분과위원회를 둘 수 있다.

④ 분과위원회의 심의는 농지위원회의 심의로 본다.

3. 농지위원회의 기능

농지위원회는 **다음 기능**을 수행한다.

① 농지취득자격증명 심사에 관한 사항

② 농지전용허가를 받은 농지의 목적사업 추진상황에 관한 확인

③ 농지의 소유 등에 관한 조사 참여

④ 그밖에 농지 관리에 관하여 농림축산식품부령으로 정하는 사항

농지 관리 기본방침★★

1. 농지 관리 기본방침의 수립

① 농림축산식품부장관은 10년마다 농지의 관리에 관한 기본방침을 수립·시행하여야 하며, 필요한 경우 5년마다 그 내용을 재검토하여 정비할 수 있다.

② 기본방침에는 **다음 사항**이 포함되어야 한다.

ㄱ. 농지 관리에 관한 시책의 방향

ㄴ. 농지 면적의 현황 및 장래예측

ㄷ. 관리하여야 하는 농지의 목표 면적

ㄹ. 특별시·광역시·특별자치시·도 또는 특별자치도에서 관리하여야 하는 농지의 목표 면적 설정 기준

ㅁ. 농업진흥지역의 지정 기준

ㅂ. 농지의 전용 등으로 인한 농지 면적 감소의 방지에 관한 사항

ㅅ. 그밖에 농지의 관리를 위하여 필요한 사항으로서 대통령령으로 정하는 사항

③ 농림축산식품부장관은 기본방침을 수립하거나 변경하려면 미리 지방자치단체의 장의 의견을 수렴하고 관계 중앙행정기관의 장과 협의한 후 위원회의 심의를 거쳐야 한다.

④ 농림축산식품부장관은 기본방침의 수립을 위하여 관계 중앙행정기관의 장 및 지방자치단체의 장에게 필요한 자료의 제출을 요청할 수 있다. 이 경우 자료제출을 요청받은 중앙행정기관의 장 등은 특별한 사유가 없으면 이에 따라야 한다.

2. 농지 관리 기본계획 및 실천계획의 수립

① 시·도지사는 기본방침에 따라 관할구역의 농지의 관리에 관한 기본계획을 10년마다 수립하여 농림축산식품부장관의 승인을 받아 시행하고, 필요한 경우 5년마다 그 내용을 재검토하여 정비할 수 있다. 기본계획 중 중요한 사항(③의 ㄷ, ㄹ, ㅁ)을 변경할 때에도 또한 같다.

② 시장·군수 또는 자치구구청장은 기본계획에 따라 관할구역의 농지의 관리에 관한 세부 실천계획을 5년마다 수립하여 시·도지사의 승인을 받아 시행하여야 한다. 실천계획 중 중요한 사항(③의 ㄷ,ㄹ,ㅁ)을 변경할 때에도 또한 같다.

③ 기본계획 및 실천계획에는 다음 사항이 포함되어야 한다.

ㄱ. 관할구역의 농지 관리에 관한 시책의 방향

ㄴ. 관할구역의 농지 면적 현황 및 장래예측

ㄷ. 관할구역별로 관리하여야 하는 농지의 목표 면적

ㄹ. 관할구역 내 농업진흥지역 지정 및 관리

ㅁ. 관할구역 내 농업진흥지역으로 지정하는 것이 타당한 지역의 위치 및 규모

ㅂ. 관할구역의 농지의 전용 등으로 인한 농지 면적 감소의 방지에 관한 사항

ㅅ. 그밖에 관할구역의 농지 관리를 위하여 필요한 사항으로서 대통령령으로 정하는 사항

ㄷ, ㄹ, ㅁ은 중요한 사항이야!

④ 시·도지사가 기본계획을 수립 또는 변경하려면 미리 관계 시장·군수 또는 자치구구청장과 전문가 등의 의견을 수렴하고 해당 지방의회의 의견을 들어야 한다.

⑤ 시·도지사는 기본계획의 수립을 위하여 시장·군수 또는 자치구구청장에게 필요한 자료의 제출을 요청할 수 있다. 이 경우 자료제출을 요청받은 시장·군수 또는 자치구구청장은 특별한 사유가 없으면 이에 따라야 한다.

⑥ 시장·군수 또는 자치구구청장이 실천계획을 수립 또는 변경하거나 기본계획에 대한 의견을 제시하려면 미리 주민과 관계 전문가 등의 의견을 수렴하고 해당 지방의회의 의견을 들어야 한다.

⑦ 시·도지사, 시장·군수 또는 자치구구청장은 기본계획 또는 실천계획의 수립 또는 변경에 대한 승인을 받으면 그 내용을 공고한 후 일반인이 열람할 수 있도록 하여야 한다.

농지대장**

1. 농지대장의 작성과 비치

① 시·구·읍·면의 장은 농지 소유 실태와 농지 이용 실태를 파악하여 이를 효율적으로 이용하고 관리하기 위하여 농지대장을 작성하여 갖추어 두어야 한다.

② 농지대장은 모든 농지에 대해 필지별로 작성한다. 농지대장에는 농지의 소재지·지번·지목·면적·소유자·임대차 정보·농업진흥 지역 여부 등을 포함한다.

③ 시·구·읍·면의 장은 농지대장을 작성·정리하거나 농지 이용 실태를 파악하기 위하여 필요하면 해당 농지 소유자에게 필요한 사항을 보고하게 하거나 관계 공무원에게 그 상황을 조사하게 할 수 있다.

④ 시·구·읍·면의 장은 농지대장의 내용에 변동사항이 생기면 그 변동사항을 지체 없이 정리하여야 한다.

⑤ 농지대장에 적을 사항을 전산정보처리조직으로 처리하는 경우 그 농지대장 파일(자기디스크나 자기테이프, 그 밖에 이와 비슷한 방법으로 기록하여 보관하는 농지대장을 말함)은 <u>농지대장으로 본다.</u>

⑥ 시·구·읍·면장은 관할구역 안에 있는 농지가 농지전용허가 등의 사유로 <u>농지에 해당하지 않게 된 경우</u>에는 그 농지대장을 따로 편철하여 10년간 보존해야 한다. 이 경우 전산정보처리조직을 이용할 수 있다.

2. 농지이용 정보 등 변경신청

농지소유자 또는 임차인은 **다음 사유**가 발생하는 경우 그 변경사유가 발생한 날부터 60일 이내에 시·구·읍·면의 장에게 농지대장의 변경을 신청하여야 한다.

① 농지의 임대차계약과 사용대차계약이 체결·변경 또는 해제되는 경우

② 토지에 농축산물 생산시설을 설치하는 경우

③ 그밖에 농림축산식품부령으로 정하는 사유에 해당하는 경우

3. 농지대장의 열람 또는 등본 등의 교부

① 시·구·읍·면의 장은 농지대장의 열람신청 또는 등본 교부신청을 받으면 농지대장를 열람하게 하거나 그 등본을 내주어야 한다.

② 농지대장의 열람은 해당 시·구·읍·면의 사무소 안에서 <u>관계공무원의 참여 하</u>에 해야 한다.

③ 시·구·읍·면의 장은 자경하고 있는 농업인 또는 농업법인이 신청하면 자경증명을 발급하여야 한다.

농지법령상 **농지대장**에 관한 설명으로 틀린 것은?[33회]

① 농지대장은 모든 농지에 대해 필지별로 작성하는 것은 아니다.(×)

② 농지대장에 적을 사항을 전산정보처리조직으로 처리하는 경우 그 농지대장 파일은 농지대장으로 본다.(○)

③ 시·구·읍·면의 장은 관할구역 안에 있는 농지가 농지전용허가로 농지에 해당하지 않게 된 경우에는 그 농지대장을 따로 편철하여 10년간 보존해야 한다.(○)

④ 농지소유자 또는 임차인은 농지의 임대차계약이 체결된 경우 그 날부터 60일 이내에 시·구·읍·면의 장에게 농지대장의 변경을 신청하여야 한다.(○)

⑤ 농지대장의 열람은 해당 시·구·읍·면의 사무소 안에서 관계공무원의 참여 하에 해야 한다.(○)

저자의 한마디

③ 농업경영계획서, 농취증신청 서류의 의무보존기간도 10년이 었죠? 농지법에서 보존기간이 나오면 10년입니다.

① 농지대장은 모든 농지에 대해 필지별로 작성합니다.(시행령70조) ② 49조5항 ③ 시행규칙 56조4항 ④ 49조의2 ⑤ 시행규칙 58조2항

보칙*

1. 권한의 위임과 위탁

① 이 법에 따른 농림축산식품부장관의 권한은 그 일부를 소속기관의 장, 시·도지사 또는 시장·군수·자치구구청장에게 위임할 수 있다.

② 농림축산식품부장관은 이 법에 따른 업무의 일부를 그 일부를 한국농어촌공사, 농업 관련 기관 또는 농업 관련 단체에 위탁할 수 있다.

③ 농림축산식품부장관은 농지관리기금의 운용·관리업무를 위탁받은 자에게 농지보전부담금 수납 업무를 대행하게 할 수 있다.

2. 포상금

농림축산식품부장관은 **다음에 해당하는 자**를 주무관청이나 수사기관에 신고하거나 고발한 자에게 포상금을 지급할 수 있다.

① 농지 소유 제한이나 농지 소유 상한을 위반하여 농지를 소유할 목적으로 거짓이나 그 밖의 부정한 방법으로 농지취득자격증명을 발급받은 자

② 농지전용신고 규정을 위반한 자

③ 농지전용허가를 받지 아니하고 농지를 전용한 자 또는 거짓이나 그 밖의 부정한 방법으로 농지전용허가를 받은 자

④ 신고를 하지 아니하고 농지를 전용한 자

⑤ 농지의 타용도 일시사용허가를 받지 아니하고 농지를 다른 용도로 사용한 자

⑥ 농지의 타용도 일시사용신고를 하지 아니하고 농지를 다른 용도로 사용한 자

⑦ 전용된 토지를 승인 없이 다른 목적으로 사용한 자

3. 농업진흥구역과 농업보호구역에 걸치는 한 필지의 토지 등에 대한 행위 제한의 특례

① 한 필지의 토지가 농업진흥구역과 농업보호구역에 걸쳐 있으면서 농업진흥구역에 속하는 토지 부분이 330㎡ 이하이면 그 토지 부분에 대하여는 행위제한을 적용할 때 농업보호구역에 관한 규정을 적용한다.

② 한 필지의 토지 일부가 농업진흥지역에 걸쳐 있으면서 농업진흥지역에 속하는 토지 부분의 면적이 330㎡ 이하이면 그 토지 부분에 대하여는 농업진흥구역과 농업보호구역의 행위제한을 적용하지 아니한다.

4. 농지의 소유 등에 관한 조사

① 농림축산식품부장관, 시장·군수 또는 자치구구청장은 농지의 소유·거래·이용 또는 전용 등에 관한 사실을 확인하기 위하여 소속 공무원에게 그 실태를 정기적으로 조사하게 하여야 한다.

② 위의 조사는 일정기간 내에 농지취득자격증명이 발급된 농지 등 농림축산식품부령으로 정하는 농지에 대하여 매년 1회 이상 실시하여야 한다.

③ 시장·군수 또는 자치구구청장은 조사를 실시하고 그 결과를 다음연도 3월 31일까지 시·도지사를 거쳐 농림축산식품부장관에게 보고하여야 한다.

④ 농림축산식품부장관은 조사 결과를 농림축산식품부령으로 정하는 바에 따라 공개할 수 있다.

⑤ 검사 또는 조사를 하는 공무원은 그 권한을 표시하는 증표를 지니고 이를 관계인에게 내보여야 한다.

⑥ 농림축산식품부장관은 시장·군수 또는 자치구구청장이 조사를 실시하는 데 필요한 경비를 예산의 범위에서 지원할 수 있다.

5. 농지정보의 관리 및 운영

① 농림축산식품부장관과 시장·군수·구청장 등은 농지 관련 정책 수립, 농지대장 작성 등에 활용하기 위하여 주민등록전산자료, 부동산등기전산자료 등 대통령령으로 정하는 자료에 대하여 해당 자료를 관리하는 기관의 장에게 그 자료의 제공을 요청할 수 있으며, 요청을 받은 관리기관의 장은 특별한 사정이 없으면 이에 따라야 한다.

② 농림축산식품부장관은 농어업경영체 육성 및 지원에 관한 법률에 따라 등록된 농업경영체의 농업경영정보와 이 법에 따른 농지 관련 자료를 통합적으로 관리할 수 있다.

③ 농림축산식품부장관은 농지업무에 필요한 각종 정보의 효율적 처리와 기록·관리 업무의 전자화를 위하여 정보시스템을 구축·운영할 수 있다.

6. 농지정보의 제공

시장·군수 또는 자치구구청장은 다른 법률에 따라 농지 처분통지, 농지 처분명령, 이행강제금 부과 등에 관한 정보를 은행이나 그밖에 금융기관이 요청하는 경우 이를 제공할 수 있다.

7. 청문

농림축산식품부장관, 시장·군수 또는 자치구구청장은 **다음 행위**를 하려면 청문을 하여야 한다.

① 농업경영에 이용하지 아니하는 농지 등의 처분의무 발생의 통지

② 농지전용허가의 취소

8. 수수료

다음에 해당하는 자는 수수료를 내야 한다.

① 농지취득자격증명 발급을 신청하는 자

② 농지전용허가를 신청하는 자

③ 농지전용을 신고하는 자

④ 용도변경의 승인을 신청하는 자

⑤ 농지대장 등본 교부를 신청하거나 자경증명 발급을 신청하는 자

반복학습이 왕도입니다.

2025년 공인중개사 2차 시험 대비

쉽따 부동산공법

1판 1쇄	2025년 4월 1일

지은이	이동우
표지그림	박미희 (그 시간_캔버스에 아크릴_2025)

펴낸이	이지씨씨
출판신고	제 505-2020-000001호
주소	경주시 소티남길 7 1층
전화번호	070-7311-2330
홈페이지	blog.naver.com/easycc
인터넷매장	smartstore.naver.com/easycc
이메일	easycc@naver.com
인쇄	(주)열림씨앤피

ISBN	979-11-93972-05-2 13360